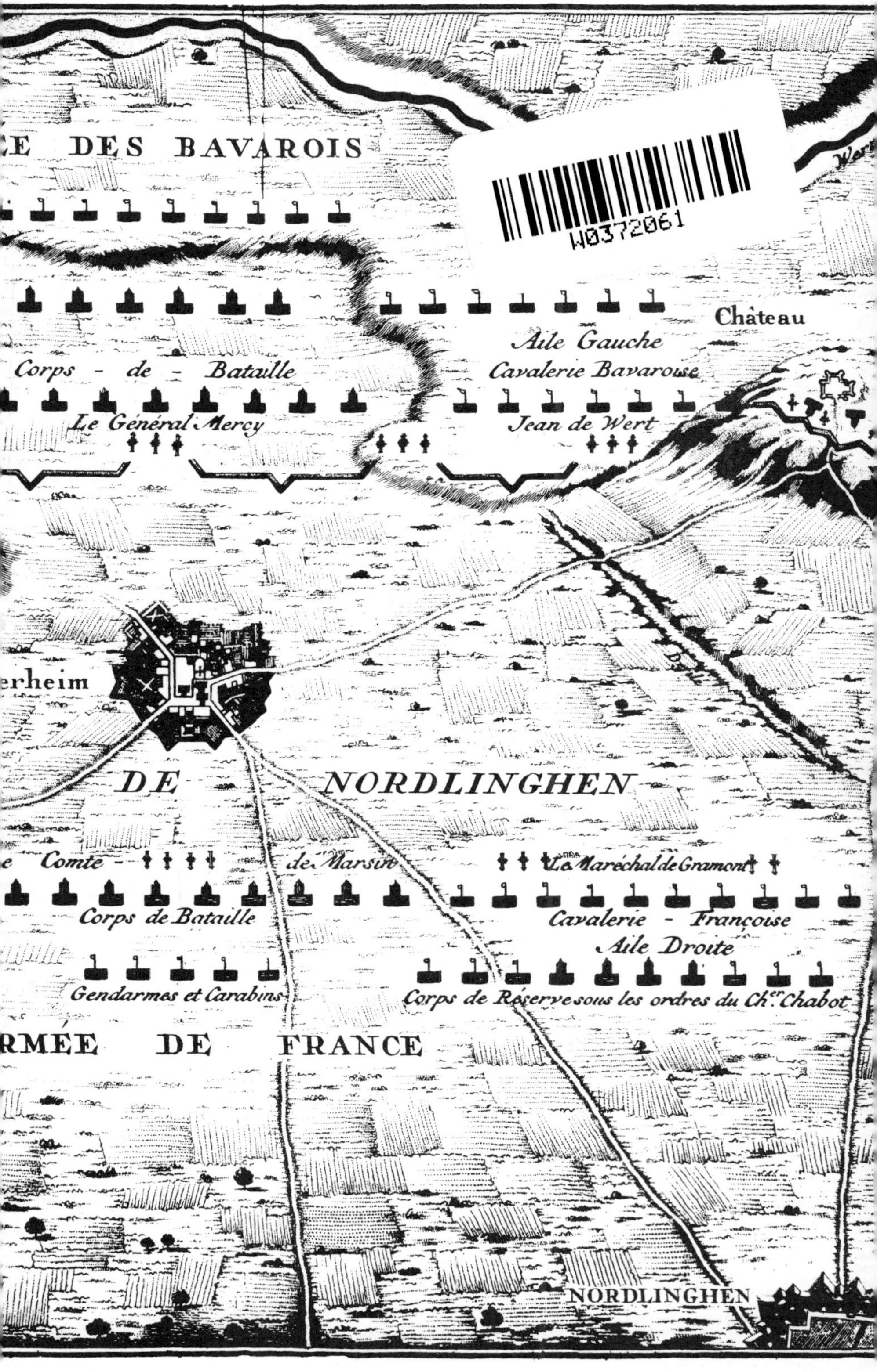

E DES BAVAROIS
Château
Aile Gauche
Cavalerie Bavaroise
Corps - de - Bataille
Le Général Mercy
Jean de Wert
erheim
DE NORDLINGHEN
Comte - de Marsin
Le Maréchal de Gramont
Corps de Bataille
Cavalerie - Françoise
Aile Droite
Gendarmes et Carabins
Corps de Réserve sous les ordres du Chr. Chabot
RMÉE DE FRANCE
NORDLINGHEN

Philippe Erlanger

LUDWIG XIV.

Das Leben eines Sonnenkönigs

Societäts-Verlag

Aus dem Französischen übertragen von Ulla Leippe
Titel des Originals: Louis XIV.
(Editions Arthème Fayard, 1971)

CIP-Kurztitelaufnahme der Deutschen Bibliothek
Erlanger, Philippe:
Ludwig XIV. [der Vierzehnte]: d. Leben e. Sonnenkönigs /
Philippe Erlanger. [Aus d. Franz. übertr. von Ulla Leippe. – 3. Aufl. –
Frankfurt (Main): Societäts-Verlag, 1987
Einheitssacht.: Louis quatorze «dt.» ISBN 3-7973-0290-8

3. Auflage

Umschlag nach einem Gemälde von Hyacinthe Rigaud (Prado)
Gesamtherstellung: May & Co., Darmstadt
Printed in Germany 1987
ISBN 3 7973 0290 8

Die großen Geschehnisse dieser Welt entstehen aufgrund allgemeiner Ursachen, die durch persönliche Ereignisse befruchtet werden.

Alexis de Tocqueville
»Erinnerungen«

Ein so ernster Mann ... so bedacht auf seine Würde und die Würde Frankreichs ...

Napoleon
von Barante übermittelt

ERSTER TEIL

Tragisches Morgenrot

(1637-1661)

Seitdem Frankreich mit Spanien und dem Habsburger Reich in einem gigantischen Kampf lag – Frankreich war erst spät in den Dreißigjährigen Krieg eingetreten –, nahm die schon lange bestehende Verschwörung gegen die Politik des Kardinals Richelieu im Innern des Landes wie draußen immer stärkere Ausmaße an. Ende Juli 1637 machte Richelieu König Ludwig XIII. auf Vorgänge aufmerksam, deren Zusammenhänge von seiner Polizei nach langwährender, geduldiger Arbeit aufgedeckt worden waren. Königin Anna von Österreich, die Gemahlin Ludwigs XIII., hatte sich unter dem Vorwand, Exerzitien abhalten zu wollen, ins Kloster Val-de-Grâce zurückgezogen. Hier verfaßte sie belastende Briefe, die ihr Kammerdiener La Porte einem Sekretär der englischen Gesandtschaft überbrachte. Dieser übernahm die Weiterleitung.

Am 12. August wurde La Porte festgenommen, die Papiere, die er bei sich trug, wurden beschlagnahmt. Im Beisein des Erzbischofs von Paris nahm der Kanzler Séguier im Val-de-Grâce eine Durchsuchung vor und scheute sich nicht, in dem Eifer, etwas zu finden, das vermeintlich versteckt war, die Hand an das Mieder Ihrer Majestät zu legen. Anfänglich leugnete die Königin alles und schreckte nicht davor zurück, einen Meineid auf die Hostie zu leisten. Dann sah sie ein, daß es besser sei, einige Dinge zu gestehen, um schlimmere zu verschleiern. Natürlich mußte zwischen den Geständnissen La Portes und denen der Herrscherin völlige Übereinstimmung bestehen.

Eine unerschrockene Amazone, Marie de Hautefort, der Ludwig XIII. in Verehrung zugetan war, die jedoch ihrerseits Anna von Österreich liebte, verkleidete sich als Reiter, verschaffte sich Zugang zur Bastille und gelangte zu dem eingekerkerten Komtur de Jars, einem Todfeind Richelieus. Sie übergab ihm einen Brief, der genaue Angaben und Anweisungen enthielt, mit denen die Aussagen des Kammerdieners und seiner Herrin in Einklang gebracht werden sollten. Jars' Zelle befand sich einige Stockwerke über der von La Porte.

Ohne daß die Kerkermeister Verdacht schöpften, wurden die Fußböden, die Decken nach unten hin durchbohrt. Auf diesem Weg erhielt der Diener den wichtigen Brief. La Porte war ein der Königin ergebener, mutiger und geistesgegenwärtiger Mann. Selbst die Drohung mit der Folter konnte ihn nicht wankend machen. Der Streich war gelungen.

So blieben zwar die Hintergründe der Verschwörung unentdeckt, aber Richelieu hatte dennoch den Beweis, daß die Königin von Frankreich meineidig geworden war und mitten im Krieg Verbindung mit dem Feind unterhielt. Bei den Gefühlen, die Ludwig seiner Frau entgegenbrachte, war dies Anlaß genug, Anna, die Schwester des Königs von Spanien, ein für allemal ins Herz zu treffen.

Eine Herrscherin ohne Kinder, ohne Liebe, war bei dieser Lage der Dinge ein Nichts. Durch einen schimpflichen Prozeß konnte sie vom Thron gestoßen, auf immer und ewig in eine Klosterzelle verbannt werden. Warum sollte der König, der Menschen, die ihm sehr nahestanden, nicht verschont hatte, sich seiner Frau gegenüber nachsichtig erweisen, die er seit fünfzehn Jahren mit unablässigem Groll bedachte?

Nach langem Überlegen kam der Kardinal zu der Einsicht, daß die von seinen Feinden ersehnte Versöhnung der beiden Ehegatten auch seinen eigenen Absichten nützlich sein würde. Zweifellos hoffte die gegen ihn arbeitende Clique, Ludwig auf die Seite Spaniens zu bringen. Doch war das eine schiere Illusion, denn Anna von Österreich vermochte so großen Einfluß nie auszuüben. Andererseits mußte bei einer Scheidung zwischen Ludwig und Anna die Hoffnung endgültig begraben werden, ein Dauphin, ein Thronfolger, werde das große Erbe bewahren und die Zukunft sichern. Die Ironie des Schicksals wollte es, daß die erklärte Gegnerin des Kardinals und Ministers, die Frau, die nur auf seinen Sturz hingearbeitet hatte, der einzige Mensch war, über den er zur Krönung seines Werks gelangen konnte.

Richelieu begab sich zu der völlig ratlosen Königin. Er führte ihr ihre Lügen vor Augen und verschaffte sich die Genugtuung, die stolze, ihrer Würde verlustig gegangene Frau gedemütigt vor sich zu sehen, ehe er selbst sie wieder in ihren hohen Rang einsetzte.

Der König verschloß sich den Vorstellungen des Kardinals nicht und willigte ein, Anna von Österreich zu verzeihen. Ein feierlicher Akt besiegelte das Ereignis. Danach verbrachten die Majestäten etwa zehn Tage in Fontainebleau. Und als günstiges Zeichen der wiederhergestellten Harmonie trafen frohe Siegesnachrichten aus Italien, Holland, von La Capelle und Leucate ein.

Dies alles war nur äußerer Schein. Ludwig vergaß ihm zugefügte Kränkungen nicht so schnell und bedachte nicht seine Frau, sondern Marie de Hautefort mit seiner Anbetung. Doch verursachte diese »Freundschaft« seiner Frau keine Schmerzen; er war es, der unsterblich eifersüchtig war auf die Zuneigung, die das junge Mädchen der Königin entgegenbrachte. Seine Gehässigkeit wurde nur um so stärker. Würde er der Versuchung widerstehen können, endlich das auszumerzen, was er auf der Welt am meisten haßte, alles, was aus Spanien kam: Intrigen, Hoffart, die fremde Kleidung und Sprache?

Die Anhänger und Fürsprecher einer Versöhnung kamen mithin nicht zum Ziel. Von neuem schwebte Anna in tausend Ängsten. Als Gespenster sah sie Verstoßung und Klosterleben vor sich. Sie, die das

Leben heiß liebte und es noch kaum genossen hatte, erhoffte sich vom Sommer, vielleicht vom Herbst ihres Daseins die Freuden, die ihr der Frühling versagt hatte.

Die Zwietracht zwischen den beiden Ehegatten bestand seit 1622. Beschwörende Ermahnungen des Papstes und ein Gefühl der Pflicht hatten Ludwig einst bewogen, das Nötige zu tun, um den Fortbestand seiner Dynastie zu gewährleisten. Ein kurzes eheliches Idyll war die Folge gewesen. Doch hatte Anna ihre Aufgabe nicht ernst genug genommen. Nach einer ersten Fehlgeburt verursachte sie eine zweite, als sie während ihrer Schwangerschaft wie ein Schulmädchen mit Madame de Chevreuse durch die Galerien des Louvre tollte.

Ludwig hatte die Geduld verloren, dann hatte Buckingham Schande in die Gemächer der Königin gebracht, und Madame de Chevreuse hatte Komplotte geschmiedet. Der König war sicher, daß seine Frau, zumindest einmal, anläßlich der Affäre Chalais, die Hoffnung gehegt hatte, Witwe zu werden und dann mit seinem Bruder, Gaston d'Orléans (Monsieur genannt), regieren zu können.

Bei seinen unermüdlichen Ritten und Jagden durch die Wälder grübelte Ludwig XIII. über die Unbill seines Liebeslebens nach. Er hatte das Sakrament der Ehe achten wollen und nicht einmal erreicht, daß der Herrgott diese unleidliche Vereinigung segnete. Marie de Hautefort hätte die auserwählte Freundin werden können, der er seine Besorgnisse, seinen Kummer, seine Skrupel anvertraute. Doch die Vermessene machte sich lustig über ihn.

Dann freilich war Louise de La Fayette erschienen, sein Engel, seine »schöne Lilie«. Gott allein wäre solch einer Vollkommenheit würdig gewesen. Noch in Erinnerung der frevelhaften Worte, die er damals ausgesprochen hatte, stieg dem König die Röte ins Gesicht: »Wollen Sie, daß ich Sie nach Versailles mitnehme, wollen Sie dort in meiner Obhut leben und mir ganz gehören?« Die entsetzte Jungfrau hatte sich bekreuzigt. Um diese Irrung zu sühnen, hatte Ludwig dem höchsten Opfer zugestimmt und das geliebte Mädchen in ein Kloster eintreten lassen. Nun waren die langen Gespräche mit der Novizin im Kloster Mariä Heimsuchung in der Rue Saint-Antoine der einzige Trost in seiner Qual.

Doch noch immer hatte er gewaltige Anstürme auf sein Gewissen zu bestehen: Louise de La Fayette glaubte, ihre Aufgabe nicht erfüllt zu haben, wenn sie nicht zum Nutzen Frankreichs den Sturz Richelieus, die Beendigung der Kriege und vor allem die Aussöhnung der verfeindeten Gatten zustande brachte.

Der Winter 1637 kam heran. Während die Königin in ihren Gemächern des Louvre dahinwelkte, suchte Ludwig XIII. in seinem geliebten Versailles Linderung von seinen körperlichen Leiden, die seine

Ärzte mit Gelehrsamkeit hinhielten, sowie von den Zweifeln und Ahnungen, die ihn quälten. Am 5. Dezember entschloß er sich unvermittelt, Mademoiselle de La Fayette einen Besuch abzustatten. Da die Anwesenheit der Königin ihm den Aufenthalt in Paris verleidete, wollte er bei den Condés in Saint-Maur übernachten. Wie stets, wenn der König sich auf eine Reise begab, wurden das Bett, die Möbel des königlichen Schlafzimmers, das Tafelgeschirr, die Tafeldiener und die übrige Dienerschaft zum Bestimmungsort auf den Weg gebracht.

Im düsteren Sprechzimmer des Klosters in der Rue Saint-Antoine wurde Seine Majestät empfangen. In respektvoller Entfernung hinter dem Gitter, das für einen Nachkommen Ludwigs des Heiligen hätte geöffnet werden dürfen, warteten die Edelleute seines Gefolges. Die Nonne, die zur Begleitung der Novizin ausersehen war, machte, wie bei früheren Besuchen, Anstalten, sich zurückzuziehen. Ebenfalls wie bei früheren Besuchen forderte der König sie auf zu bleiben, und so stand die alte Frau reglos in einem Winkel, den Rosenkranz in den Händen, wie eine runzlige Statue. Von Angesicht zu Angesicht genossen Louis und Louise die herbe Lust ihres heroischen Verzichts, als seien sie Gestalten aus einem Drama von Corneille. Er offenbarte ihr die Regungen seines Herzens, berichtete von den tausend erschütternden, teilweise kindlichen Kümmernissen. Dann sprach auch sie, lange Zeit. Viele Stunden vergingen. Als der König zu später Stunde aufbrechen wolle, war ein Sturm aufgekommen. Der Regen floß in Strömen vom Himmel, der Wind löschte die Laternen aus. Der Hauptmann der königlichen Garde Guitaut, der seine Herrscherin ebenso sehr verehrte wie er den Kardinal verachtete, hatte einen Plan. Überdies fürchtete er, sich bei dem Wetter Rheumatismus zuzuziehen.

In seiner freimütigen Art wagte er zu bemerken, es sei wohl besser, die Nacht im Louvre zu verbringen, als sich den Unbilden des Wetters und des Weges auzusetzen.

»Wir wollen warten«, sagte Ludwig, »es wird vorübergehen.«

Es wurde aber ganz im Gegenteil immer schlimmer. Guitaut versuchte noch einmal, den König umzustimmen. Ludwig erwiderte gereizt, seine Gemächer seien am Morgen bereits im Schloß Saint-Maur hergerichtet worden und könnten jetzt in der Nacht nicht in Paris aufgeschlagen werden. Der königliche Haushalt war bei aller Prachtentfaltung des Hofes so einfach geblieben, daß der Monarch, wenn er unversehens in einer seiner Residenzen erschien, sich in kahlen Räumen befand. Das unbedingt Notwendige führte er stets mit sich.

Mit unschuldiger Miene behauptete Guitaut, die Königin würde sich gewiß glücklich schätzen, ihrem erlauchten Gemahl Unterkunft und einen gedeckten Tisch bieten zu können. Statt einer Antwort gab Ludwig den Befehl, zur Übernachtung nach Saint-Maur aufzubrechen.

Guitaut konnte sich nicht enthalten, seinem Unmut Luft zu machen. Er fragte, ob Seine Majestät nicht Mitleid empfinde mit den Bediensteten und ob die Majestät selber nicht befürchte, von irgendeinem bösen Fieber befallen zu werden. Der König ließ verlauten, gemessen an seinen Gewohnheiten speise seine Frau zu spät und gehe auch zu spät schlafen. Guitaut erbot sich sofort, ihr Nachricht zukommen zu lassen. Die Königin würde sich ganz sicher eine Freude daraus machen, ihre Gewohnheiten den seinen anzupassen.

Ludwig seufzte, ein Zeichen, daß er kapitulierte. Triumphierend machte sich Guitaut auf den Weg zum Louvre.

Als der Herr und Gebieter dort eintraf, waren alle Vorkehrungen getroffen, damit nichts seine Laune beeinträchtige, nichts seinen Neigungen und seinem Geschmack zuwiderlaufe. Das Herrscherpaar soupierte in Anwesenheit einer vor Neugier berstenden Gesellschaft. Die Speisen waren erlesen. Da ein zweites Bett nicht vorhanden war, wurde ein Kopfkissen neben das der Königin gelegt.

Der König zog, dem Ritus des *Coucher* gemäß, sein Nachtgewand und seine Pantoffeln an. Unter Vorantritt des Ersten Kammerdieners, der den Leuchter trug, begab er sich zu seiner Frau. Den Stadtgemeinden von Paris war eine, offensichtlich aus dem Kloster der Heimsuchung Mariä stammende Benachrichtigung zugeleitet worden, und eben zu der Stunde, als das königliche Paar sich zur Ruhe begab, wurden in allen frommen Häusern Gebete zum Himmel geschickt.

Ludwig XIII. blieb bis zum Morgengrauen im Louvre. Kurze Zeit später teilte der Prior der Franziskaner der Königin bei ihrem Lever mit, ein einfacher, demutvoller Bruder des Ordens habe die Verheißung empfangen, dem französischen Volk würde endlich Gnade zuteil werden.

Am 20. Januar 1638 veröffentlichte Renaudots »La Gazette« eine für kaum glaublich gehaltene Nachricht: die Königin war schwanger.

Die Neuigkeit wirkte wie ein Donnerschlag. Prinzen und Granden machten sich unverzüglich nach Saint-Germain auf und entboten den Majestäten die dem Ereignis entsprechenden Glückwünsche. Hinter der zur Schau gestellten Freude vermochten sie ihre Verblüffung kaum zu verbergen. Gaston d'Orléans, dem die sehnlichst erwünschte und erhoffte Krone zu entgehen schien, zwang sich nur mühsam zu einem Lächeln.

Am 10. Februar erneuerte der König sein der Heiligen Jungfrau gegebenes Gelübde: Für alle Zeit sollte am 15. August eine Prozession abgehalten, eine Medaille geschlagen werden und ferner der Hauptaltar von Notre-Dame de Paris eine Statue der Jungfrau erhalten, zu deren Füßen der kniende Monarch Zepter und Krone niederlegt.

Doch unterdessen gab es keine zärtliche Geste, kein freundliches

Wort zwischen den Ehegatten, von Milde und Entspannung war nichts zu bemerken.

Die ihrer Herrin bis zur Aufopferung ergebene Marie de Hautefort war entsetzt darüber. Während der Schwangerschaftsmonate mußten alle schädlichen Einflüsse von Anna von Österreich ferngehalten werden.

Mademoiselle de Hautefort war sich ihrer Stellung und Macht bewußt. Zwar war für den König Louise de La Fayette zum Sinnbild der göttlichen Liebe geworden, doch über die lebenslustige Gascognerin Marie waren (obwohl Ludwig der Keusche sie nie berührt hatte) ein paar Verse im Umlauf:

Die wunderbare Hautefort kann'
tut sie nur leise lachen,
in König Ludwigs Brust den Mann,
im Mann die Lust entfachen.

Ihrer Königin zuliebe schenkte Marie ihrem sonderbaren Verehrer oft ein Lächeln. Noch einmal blühte die Romanze auf, die von so vielen Stürmen geschüttelt worden war. Ludwig XIII. bekam wieder Geschmack am Dasein; Gicht, Migräne und Leibschmerzen quälten ihn nicht mehr so arg, und er blieb in der Nähe seiner Frau, weil er die kokette Marie nicht aus den Augen lassen wollte. Doch die spöttische, ungeduldige Madame de Hautefort (sie führte den Titel »Madame«, weil sie als Hofdame die Aufsicht über die Toiletten der Königin hatte) war der Jagdgeschichten, die der König erzählte, bald müde, zudem konnte ein bißchen »Zwist« durchaus als Sporn für des Königs Gefühle wirken. Es vergingen kaum drei Monate, da begann der Leidensweg des Unglücklichen von neuem: Sticheleien, Launen, Szenen, Auseinandersetzungen. Tag für Tag erhielt Richelieu einen Stapel Briefe, in denen der Ablauf der Gewitter beschrieben wurde. Der Kardinal konnte sich kaum noch um den Dreißigjährigen Krieg kümmern, so viele Streitigkeiten mußte er schlichten.

Am 22. April wurde die erste Regung der »königlichen Frucht« festgestellt. Das Volk nahm diese Nachricht wahrscheinlich mit größerer Freude auf als kurz danach die Eroberung von Guadeloupe. Am übernächsten Tag wurde zur Feier des Ereignisses im Arsenal ein Fest veranstaltet. Im Hermelin und mit langer roter Schleppe schritt der Kardinal durch die freudig erregte Menge, er bewunderte die Lichtergarben beim Feuerwerk, als sähe er am Himmel eine verheißungsvolle Schrift.

Im Juli ernannte der König die Marquise de Lansac zur Gouvernante der *Enfants de France,* der Kinder Frankreichs, worüber Marie de Hautefort maßlos verärgert war, denn sie hatte diese Stellung ihrer Tante, Madame de La Flotte, zugedacht. Von nun an kam Ludwig überhaupt nicht mehr zur Ruhe. Von der »Kreatur« zum äußersten getrieben, unzufrieden auch über die neue wichtige Rolle, welche die Königin spielte, flüchtete er sich zu seinen Soldaten.

Am 19. August riefen ihn die Ärzte zurück. Voreilig. Er schrieb an Richelieu: »Es wäre besser, nicht so früh gekommen und noch in der Picardie zu sein. Morgen gehe ich für zwei oder drei Tage nach Versailles. Ich habe die Weiblichkeit in diesen Angelegenheiten ebenso bar jeden Sinnes und ebenso ungebührlich gefunden wie sonst auch. Es verdrießt mich, daß die Königin noch nicht niedergekommen ist, denn sonst könnte ich wieder in die Picardie zurückkehren, wenn Sie es für richtig halten, oder anderswo hin; Hauptsache, daß ich mit diesen ganzen Frauen nichts mehr zu tun habe.«

Das vertraute Verhältnis zwischen Anna und Marie mißfiel ihm aufs höchste. Zweifellos begriff das junge Mädchen, daß Gefahr drohte, denn sie willigte in eine Aussöhnung ein:

Der Minister Chavigny schrieb am 25. August an den Kardinal: »Die Versöhnung ist außerordentlich gut vonstatten gegangen. Der König, zuvor ungewöhnlich unruhig und schlecht aussehend, kam äußerst munter zurück. Und sein Leib hatte sich entleert, ohne daß er die üblichen Mittel zu nehmen brauchte.«

Drei Tage danach wurde damit begonnen, im ganzen Reich öffentliche Gebetsstunden abzuhalten. Die Ärzte setzten die Entbindung für Ende des Monats fest, was sich jedoch als falsch erwies. Ludwig XIII. zeigte Ungeduld, mit ihm die königliche Familie und dazu der ganze Hof, der im Schloß versammelt war, darauf bedacht, bei dem ersten Anzeichen der Wehen herbeizustürzen. Denn ein »Kind von Frankreich« durfte ohne ein Gefolge von Zeugen nicht ins Leben treten.

Am 5. September 1638, genau neun Monate nach der unverhofften Liebesnacht, wurde dem König in Saint-Germain mitgeteilt, daß Ihre Majestät kurz vor der Niederkunft stehe. Er eilte zu ihr. Die Prinzen von Geblüt, die Gräfin von Soissons, die Herzogin von Vendôme, die Frau des Konnetabel von Montmorency, Madame de Sénecé und einige andere standen dicht gedrängt um das königliche Bett. Gaston d'Orléans reckte den Hals, als wollte er sich versichern, daß kein Betrug geschehe.

Die Wehen waren schwer, man glaubte sogar, die Königin sei in Gefahr. Tränenüberströmt machte Marie de Hautefort Ludwig Vorwürfe, sie sagte, er zeige sich nicht besorgt genug.

»Die Hauptsache, das Kind wird gerettet«, antwortete er. »Sie werden die Mutter verschmerzen können.«

Eine Viertelstunde vor Mittag streckte ihnen die Hebamme Péronne stolz das Häuflein rosigen Fleisches hin, das später einmal der Sonnenkönig werden sollte. Madame de Sénecé brach in den schicksalsträchtigen Ruf aus:

»Es ist ein Dauphin!«

Die Kanonen donnerten, die Glocken läuteten, fünfzig Kuriere stießen ihren Pferden die Sporen in die Flanken, und der König fiel auf die Knie, um dem Himmel zu danken. Für seine Frau hingegen hatte er kein Wort und keine Geste. »Er mußte förmlich gezwungen werden, zu ihr zu gehen und sie zu umarmen.«

Ludwig XIII. begab sich in die Kapelle des Château-Vieux, um das Tedeum anzuhören. Monseigneur le Dauphin, dem der Bischof von Meaux die vorläufige Taufe gespendet hatte und der dann von Mademoiselle de La Girodière gestillt worden war, wurde bereits in seine Gemächer gebracht. Madame de Lansac trug das kostbare Bündel. Auf jeder Seite der Galerie standen rote Musketiere mit weißen Federbüschen und gezogenen Rapieren. So nahm Louis-Dieudonné (Ludwig – der Gottgegebene) seine erste Parade ab.

In Saint-Germain spieen vier silberne Delphine unaufhörlich Wein unter die Volksmenge, vierzig Kanonen und dreihundert Büchsen verkündeten der Stadt Paris die frohe Botschaft. Zwei Tage lang folgten Tänze, Konzerte, Illuminationen, Triumphwagen und Freudenfeuer aufeinander. Das Krachen der Raketen und der Geschütze übertönte den Klang der Geigen, das Palais-Cardinal war in Licht getaucht, von Stadt zu Stadt, bis hinein in die Schweiz, gaben die Glockenspiele die Festesfreude weiter. Ganz Frankreich befand sich in einem Taumel.

Die umlaufenden bösen Worte über die ungewöhnliche Gnade, die nach dreiundzwanzigjähriger Ehe und fünfzehnjährigem Zwist in letzter Stunde das Schicksal Annas von Österreich zum Guten wandte, verstummten bei dieser überströmenden Freude. Erst später, sehr viel später, waren sie wieder zu hören, sie wurden so vernehmlich und weiteten sich derart aus, daß ein ungeheures Gerücht entstand. Genährt wurde es von den Gegnern der Monarchie, den Freigeistern, den Geschichtenerzählern und den Liebhabern skandalöser Anekdoten. Michelet hat geschrieben: »Die Ursprünge großer Dinge sind niemals ganz klar ... Wir brauchen uns nicht zu wundern, wenn die wahren Ursprünge des Messias der Monarchie ein wenig im dunkel geblieben sind, wenn sein erlauchtes Weihnachten ebenfalls ein bißchen fragwürdig ist.« Hier handelt es sich jedoch ganz im Gegenteil um einen der seltenen Fälle, bei denen die sonst im verborgenen bleibenden Umstände der Empfängnis genau festzulegen sind. Dadurch wurde allerdings nicht verhindert, daß die Phantasie sich falscher Mysterien bemächtigte. Es gab keine Ungereimtheit, auf die die Anhänger vom Gerede des »Bastardentums des Großen Königs« nicht verfielen.

Einige scheuten sich nicht, den Namen Buckingham zu nennen, der allerdings seit zehn Jahren tot war, oder den Grafen von Moret, der ebenfalls viele Jahre vor dem glücklichen Ereignis in die Erde gebettet worden war. Andere, offenkundig besser Inspirierte, schrieben Mazarin die Vaterschaft zu.

Um 1939 erschien ein Buch, das die rührende Geschichte von der Königin und dem Kardinal, die während der Fronde den Thron ihres Kindes verteidigten, noch einmal aufgriff. Das Unglückliche an dieser Version ist, daß sich Mazarin 1637 in Italien befand. Erst am 5. Januar 1640 erschien er wieder am Hof.

Der schöne Herzog von Beaufort, der »König der Markthallen«, hatte es einigen phantasiereichen Gemütern angetan. Vertraute ihm Anna von Österreich nicht gleich nach dem Tod Ludwigs XIII. die Aufgabe an, über ihre eigene und die Sicherheit der »Söhne von Frankreich« zu wachen?

Man schnüffelte unter den Garden, den Domestiken der Königin herum, wer der kecke Edelmann sein könnte, der auserwählt worden war, das Fortbestehen der Bourbonen zu gewährleisten: Rochefort, Guitaut, Comminges, Rantzau? Michelet ließ durchblicken, es könne sich um Comminges gehandelt haben.

Schließlich, und das ist der Gipfel romanhafter Erfindung, wurde auch Richelieu ins Spiel gebracht, ohne daß jedoch begreiflich wurde, wie die stolze Tochter Habsburgs ihren Haß und ihre religiösen Skrupel soweit hätte vergessen und ihren Alkoven diesem verabscheuten Priester hätte öffnen können.

Solche gar zu haarsträubenden Phantastereien geben nicht einmal Stoff für eine Debatte ab. Das unvorhergesehene Zusammentreffen am 5. Dezember hätte sich nicht ereignet, wenn Ludwig XIII. nicht in reiner Liebe zu einer künftigen Karmeliterin entbrannt gewesen wäre, wenn nicht ein Unwetter ausgebrochen und die Verschlagenheit eines der Königin ergebenen Kapitäns der Garden nicht mitgespielt hätte; andere phantastische Elemente gibt es bei diesem Ereignis nicht.

Anna von Österreich war stets und ständig von Spähern umgeben, die Etikette erlaubte es nicht, daß sie jemals allein blieb; um einen Ehebruch zu begehen, hätten unüberwindliche Schwierigkeiten beiseite geräumt werden müssen. Was die Impotenz Ludwigs XIII. angeht, die häufig als unbestreitbar hingestellt worden ist, so wird sie durch das Tagebuch des Arztes Héroard in aller Form widerlegt; zudem beweisen die Schwangerschaften Annas von Österreich, daß die Kühle des Weiberfeindes keineswegs auf Zeugungsunfähigkeit beruhte.

Es war also kein Wunder geschehen. Besser gesagt, es war mehr geschehen. Wer gemeint hatte, Ludwig XIII. durch eine Aussöhnung mit seiner Frau von seinem Minister trennen zu können, sah seine Hoffnungen dahinschwinden. Der Triumph der unerbittlichen Feinde des Kardinals (Anna, La Fayette, Hautefort), des rebellischen Adels und der spanischen Partei, vermochte Spanien nicht zu retten; er bewirkte ein Nachgeben des Königs der Politik Richelieus gegenüber und verbürgte in Frankreich den Erfolg der »königlichen Revolution«. (Unter »königliche Revolution« ist die Festigung der Macht des Königs im Staat zu verstehen.) Gaston d'Orléans büßte seinen unsicheren Rang als Thronerbe ein, die Zukunft hing nicht mehr allein am Lebensfaden eines ewig kranken Monarchen.

Auch 1637 noch betrieben Ludwig XIII. und Richelieu, beide schon halb im Grabe, allein gegen alle, ein ungeheures Werk, von dem niemand annahm, daß es sie überleben könnte. 1638 hatten sie alle Ursache zu meinen, daß das Haus Österreich die Christenheit nicht länger beherrschen, daß die Einheit des Königreichs unzerstörbar bleiben würde und daß der Herd der Bürgerkriege am Erlöschen wäre. Dazu bedurfte es des Daseins eines Dauphins.

Der Sohn der Zwietracht

In der Entwicklung und Bildung eines Menschen ist alles von Bedeutung. Wenn dieser Mensch aufgerufen ist, eines Tages über Millionen von Untertanen zu herrschen, muß dem Klima seiner frühesten Jugend besondere Wichtigkeit beigemessen werden.

Louis-Dieudonné hatte Eltern, die ebenso unähnlich wie uneins waren und zwei entgegengesetzte Lebensauffassungen vertraten. Anstatt sie einander näherzubringen, erwuchs aus seinem Dasein ein weiteres Hindernis. Nur widerwillig beugte sich der König der Tradition und überließ den Dauphin den Händen der Königin. Um nicht erleben zu müssen, daß sein Sohn sich später einmal auf die Seite der gegnerischen Partei schlug, setzte er alle Hoffnungen auf Madame de Lansac, der früheren Hofdame der Reine Margot; sie wurde zur Erzieherin ernannt, weil sie nie einer Königin ausländischer Abkunft gedient hatte. Die Opposition hingegen sah die politische Rolle, die der Königin durch die Mutterschaft zukam, als eine wertvolle Trumpfkarte an.

Die ausländischen Diplomaten suchten bestimmte Anzeichen zu deuten, sie beobachteten sogar den Appetit des Neugeborenen. Der schwedische Gesandte Grotius schrieb: »Der Dauphin hat bereits drei verschiedene Ammen gehabt [es wurden später acht]. Die für dieses Amt ausgewählten Frauen verzichten, weil das kräftige, mit feurigem Temperament behaftete Kind ihnen die Brust zerfetzt, wenn es zubeißt ... *Die Nachbarn Frankreichs sollten sich vor einer so frühreifen Habgier in acht nehmen!*« Die Geburt war ein aufsehendes Ereignis, denn die Welt hatte gewiß nicht mehr damit gerechnet, daß der tuberkulöse Bourbone, der, ehe er Vierzig wurde, schon verbraucht war, und die Tochter der degenerierten Habsburger einem so quicklebendigen Erben das Leben schenken würden.

Mit Ludwig XIII. ging es bereits bergab. Im gleichen Maße wie die Wirkungen der Krankheit, zusammen mit den Heilmitteln, die ihm die Kräfte raubten, gewannen die beunruhigenden und düsteren Seiten seines Wesens die Oberhand. Zu jener Zeit wurde das Bild dieses großen Herrschers, des Märtyrers der Staatsräson, des Stoikers der Monarchie, den Karikaturen, die von ihm umliefen, merkwürdig ähnlich. Der König war von Qualen, Skrupeln und Ränken heimgesucht, er empfand ein tragisches Gefühl der Einsamkeit und verbreitete eine Atmosphäre allgemeinen Mißtrauens um sich. Bald mißtraute er sogar dem Sohn, den er sich sehnlichst gewünscht hatte. Auch Eifersucht spielte mit. Der Dauphin wurde zu sehr umworben, man bewunderte in ihm zu stark das Symbol der Zukunft – als sei Ludwig XIII. soweit, ihm den Platz zu überlassen. Das Gesicht seines Vaters, das der Junge über der Wiege erblickte, war ein strenges, grämliches und eiskaltes Gesicht.

Das Antlitz Annas von Österreich hingegen spiegelte leidenschaftliche Fürsorge wider. Welche Hoffnungen, welche Gefahren traten der Spanierin beim Anblick des dicken Wickelkindes vor Augen, das in seinem langen Kleid und dem runden Häubchen schon mit einem blauen Ordensband dekoriert war.

1639 war das Jahr der Ungnade für Marie de Hautefort und des höchst erstaunlichen Aufstiegs für den kleinen Marquis de Cinq-Mars. Der König stellte ihn seiner Frau vor, »mit Worten, die seine Leidenschaft deutlich bezeugten«. Anna begriff. Sie zeigte sich dem Günstling gegenüber äußerst gnädig, und dieser war gescheit genug zu erkennen, daß eine Aussöhnung zwischen den beiden Ehegatten ihm vielleicht größere Freiheit einbringen würde. Am Weihnachtsabend gab der König die Anweisung, »sein Bett bei der Königin aufzuschlagen«. Am 28. Januar 1640 veröffentlichte »La Gazette« die Nachricht, daß Ihre Majestät wiederum schwanger sei.

Sie war im neunten Monat, als ein stürmischer Streit sie innerlich erschütterte. Ludwig XIII. kam aus dem Krieg zurück und stattete dem Dauphin einen Besuch ab; er stellte fest, dieser sei »bei bester Gesundheit«. Cinq-Mars wollte das Kind streicheln, doch der spätere Sonnenkönig mochte diese Vertraulichkeit nicht und begann zu schreien. Als sein Vater sich einmischte, schrie er nur um so lauter. Wütend sagte Ludwig zur Königin: »Mein Sohn kann meinen Anblick nicht ertragen! Sie geben ihm anscheinend eine merkwürdige Nahrung [Erziehung], aber ich werde das in Ordnung bringen.«

Am gleichen Abend schrieb er an Richelieu, berichtete ihm den

Vorfall und schloß: »Mein Sohn ist bildschön geworden, aber sehr eigensinnig [einst hatte Heinrich IV. das gleiche von ihm, Ludwig XIII., gesagt]. Ich bin keineswegs gesonnen, diese schlechten Launen zu ertragen.

Zwei Tage darauf wurden die Dinge noch schlimmer. Am 9. September 1640 erklärte der König seinem Minister: »Ich bin höchst unzufrieden mit meinem Sohn. *Sobald er mich erblickt, schreit er, als sähe er den Teufel, und stets verlangt er nach seiner Mama.* Diese schlimmen Launen müssen ihm ausgetrieben und so bald wie möglich muß er der Königin abgenommen werden.«

Zwei weitere Briefe sind der Beachtung wert. Am 13. schrieb er: »Diese Zeilen schreibe ich Ihnen, um Ihnen zu sagen, daß mein Sohn aufgrund der geschickten Vermittlung von Madame de Lansac auf den Knien um Verzeihung gebeten hat. Länger als eine gute Stunde hat er mit mir gespielt. Ich habe ihm Spielzeug gegeben, damit er sich freuen kann; wir sind die besten Freunde von der Welt. Ich bete zu Gott, es möge so bleiben.« Am 14.: »Ich danke Ihnen für die guten Ratschläge, die Sie mir hinsichtlich der Abneigung, die mein Sohn gegen mich bezeigt, gegeben haben ... Ich hoffe zu Gott, daß Sie durch den Brief, den ich Ihnen gestern morgen schrieb, erfahren haben, wie die Aussöhnung vor sich gegangen ist. *Seitdem kann er nicht mehr ohne mich sein, er folgt mir überall hin.* Ich lasse ihm alle nur möglichen Zärtlichkeiten zukommen. *Ich nehme an, daß die kleine Ansprache, die ich vor einigen Personen, die sie sicher weiter verbreitet haben, gehalten habe, und die Geschicklichkeit von Madame de Lansac zu diesem Wandel beigetragen haben.* In der Ansprache sagte ich, daß es in der Umgebung meines Sohnes Frauen gebe, die ihm Angst vor Männern beibrächten, und daß ich, wenn diese schlimmen Launen andauern sollten, alles, was ihm zu Diensten ist, auswechseln würde, ausgenommen Madame de Lansac und zwei Frauen, und daß ich wünschte, er solle nur noch Männer zu Gesicht bekommen ... Dieses sagte ich, um durchblicken zu lassen, *daß ich ihn durchaus von hier fortnehmen könnte;* ich erkundigte mich sogar, ohne zu sagen warum, bei Monsieur Bouvard [Arzt des Königs], wo die Luft besser sei, in Chantilly oder in Versailles. *Zweimal vierundzwanzig Stunden nach dieser Ansprache geschah das, worüber ich Ihnen bereits geschrieben habe, und er war wieder in guter Stimmung* ... Ich glaube, daß die Freundschaft, die er mir bezeigt, fortdauern wird, doch falls sich dies ändern sollte, würde ich von den guten Ratschlägen, die Sie mir geben, Gebrauch machen.«

Der König macht sich also nichts vor. Ihm ist klar, daß die Drohung, ihn von der Königin wegzunehmen, die Ursache für die »gute Laune« des Dauphins ist, auch ist er keineswegs sicher, daß dieser Frieden von Dauer sein wird. Es lohnt, darüber nachzudenken. Ein zweijähriges

Kind wird gezwungen, eine Komödie aufzuführen, damit es nicht von seiner Mutter getrennt wird. Dem Bericht Ludwigs XIII. zufolge waren zwei Tage nötig, um den Jungen einzustimmen, ihn vorzubereiten. Madame de Lansac übernahm die Aufgabe, aber vor allem beschäftigte sich Anna von Österreich mit ihm, denn ihr Schicksal hing vom guten Ausgang dieser Angelegenheit ab. Noch vor einigen Jahren hatte sich ihr die Zukunft bestenfalls unter der Perspektive einer glanzlosen Witwenschaft dargestellt. Jetzt durfte die Mutter des Kindes, das schon in der Wiege König werden konnte, mit Fug und Recht von der Allmacht träumen, die eine Katharina oder Maria von Medici ausgeübt hatten. Da sie sah, daß sich der Gesundheitszustand des Königs, wie auch des Kardinals, mit erschreckender Schnelligkeit verschlimmerte, wußte sie, daß die entscheidende Wende ihres Lebens nahe war. Wann und wie das Ereignis auch eintreten sollte, sie mußte, wenn es soweit war, den Dauphin bei sich haben und in der Lage sein, die Regentschaft zu fordern. Man verunglimpft diese Frau nicht, wenn man einen Teil des Entsetzens, die Obhut über ihren Sohn zu verlieren, dieser Überlegung zuschreibt. Ein Entsetzen, das auch der Junge begriff und teilte: so daß er es auf sich nahm, herzlich und liebevoll gegenüber dem bleichen Schreckgespenst mit dem spitzen Schnurrbart zu sein.

Die Folgen dieses Vorgangs nahmen später ungewöhnliche Ausmaße an. Nie wurde am Hof seines Sohns von Ludwig XIII. gesprochen. Nie nahm der Sonnenkönig ihn als Vorbild, nie erzählte er von ihm. Der zweite Herrscher aus dem Haus der Bourbonen verschwand aus dem Gedächtnis der Franzosen, und Ludwig XIV. betrug sich so, als sei er selbst der Begründer seines Geschlechts. Daher rührt die beklagenswerte Anerkennung seiner unehelichen Söhne, daher rührt auch die Abfassung seines Testaments, die die eigentliche Macht dem ältesten unter ihnen zuschrieb, und die daraus folgende Notwendigkeit, daß der Regent seine legitimen Rechte durch einen Staatsstreich erringen mußte. Das Parlament zog Nutzen daraus und verschaffte sich politische Vorrechte, die verlorengegangen waren. So konnte sich das Parlament über zwei Regierungszeiten hinweg jeder ernsthaften Reform widersetzen. So mußte es unausweichlich zur Revolution kommen.

Der Oedipuskomplex ist besonders gefährlich, wenn er das Räderwerk einer absoluten Monarchie verbiegt.

Ungefähr eine Woche nach dieser großen Aufregung brachte die Königin ihren zweiten Sohn zur Welt, er erhielt den Namen Philippe und wurde zum Herzog von Anjou ernannt. Madame de Motteville, die erst kürzlich an den Hof berufen worden war, bezeugt, daß der König »mehr Freude äußerte als bei der Geburt des ersten Kindes, weil er ein so großes Glück, sich als Vater von zwei Kindern betrachten zu können, nicht erhofft hatte, er, der voller Furcht gewesen war, überhaupt keine zu bekommen«.

Doch die Beziehungen zwischen den Ehegatten gestalteten sich keineswegs erträglicher; die Königin schlug sich auf die Seite ihres Schwagers, der Rebellen, der Verschwörungen, deren Teufelskreis sie selbst fünfzehn Jahre zuvor in Gang gebracht hatte. 1641 unterstützte sie im geheimen den Aufstand des Grafen von Soissons, dann förderte sie durch Zuspruch das kühne Unterfangen, in das Cinq-Mars sich stürzte und bei dem Spanien, ihr Schwager Monsieur, der Herzog von Bouillon und viele andere sich gegen Richelieu zusammentaten.

Bevor Ludwig XIII. aufbrach, um das Roussillon zu erobern, schärfte er Madame de Lansac ein, keinesfalls zuzulassen, daß Monsieur die kleinen Prinzen besuchte, wenn er von mehr als drei Personen begleitet sei. Dem Hauptmann der Garden Montigny gab er »die eine Hälfte eines Goldtalers, von dem er die andere Hälfte behielt ... und sollte es geschehen, das er [Montigny] den Befehl erhielt, die Prinzen an einen anderen Ort zu bringen oder sie jemand anderem zu übergeben, verbot er ihm, den Befehl auszuführen, selbst wenn er ihn von der Hand Seiner Majestät geschrieben vor sich sah, sofern derjenige, der den Befehl überbrachte, nicht zugleich die andere Hälfte des Goldtalers vorweisen konnte«. (Memoiren der Grande Mademoiselle) Außerdem ordnete er an, daß bei jedem Besuch, den Monsieur bei der Königin machte, die Prinzen von Offizieren bewacht werden sollten, und Richelieu brachte in der nächsten Umgebung von Anna zwei Beobachter unter, sie spielten ungefähr die Rolle von Kerkermeistern und wurden mit den Titeln eines Grand-Maître und einer Ehrendame belehnt. Es waren Baron und Baronin von Brassac.

Durch diese Vorsichtsmaßnahmen zweifellos beruhigt, nahm der König fast zärtlich Abschied von seiner Frau. Das geschah im Februar 1642. Im April erhielt die Königin, ohne daß sie den Grund dafür erahnte, von Ludwig XIII. die Weisung, Fontainebleau nicht zu verlassen. Wieder einmal wurde davon gesprochen, daß ihr die Prinzen fortgenommen werden sollten. In ihrer Bestürzung schrieb sie an Richelieu: »Mich von meinen Kindern in ihrem zarten Alter trennen zu sollen hat mir einen so großen Schmerz verursacht, daß ich nicht Kraft genug habe, es zu ertragen.« Sie erhielt keine Antwort. Wochenlang schürten die Brassacs ihre Angst, indem sie ihr einflüsterten, ihre Söhne könnten plötzlich geraubt werden. Überdies kam Cinq-Mars nicht voran, die Verschwörung verlief im Sande. Anna fühlte sich dem kranken König und dem kranken Kardinal gegenüber, auf deren Nachfolge sie erpicht war, voller Kraft und Leben, sie überlegte, daß sie, um ihren Einsatz zu retten, auf jeden Fall Zeit gewinnen müsse. Sie ließ Richelieu eine Abschrift des Vertrages zukommen, der zwischen dem

König von Spanien, Monsieur und Cinq-Mars abgeschlossen worden war. Zwar gibt es keinen ausdrücklichen Beweis dafür, aber es hat sich wohl ohne Zweifel so verhalten.

Am 13. Juni wurde Cinq-Mars festgenommen, am 15. sandte Ludwig XIII. seiner Frau einen liebevollen Brief und empfahl ihr, bei ihren Kindern zu bleiben. Als er sie jedoch am 25. Juli in Fontainebleau wiedersah, wurde ihr eine recht unfreundliche Begrüßung zuteil. Er war so untröstlich über das Mißgeschick, das seinen Günstling betroffen hatte, daß er ihr, die er als Urheberin ansah, nicht verzeihen konnte. Wiederum wurde die Königin in Schrecken gestürzt. Sie demütigte sich bis zum äußersten und bot Richelieu die Erziehung der Prinzen an. Allerdings herrschte allgemein die Ansicht, der Kardinal habe nur noch drei Monate zu leben.

Bei seiner Rückkehr nach Paris war der Mann im Purpur tatsächlich sehr krank. Die Königin stattete ihm einen Besuch ab – eine ganz ungewöhnliche Gunst. In Gedanken kreuzten sie die Klingen, wechselten jedoch leere, wenn auch freundliche Worte. Richelieu spielte mit der Idee, selbst die Regentschaft übernehmen zu wollen, doch Anna hatte ihm gegenüber den Vorteil ihrer ungebrochenen Jugend. Ihre Freude muß groß gewesen sein, als sie am 4. Dezember 1642 die Nachricht von seinem Tod erhielt. Ob der Dauphin davon etwas gemerkt hat, ist nicht bekannt.

Die drei hauptsächlichsten Mitarbeiter des Verstorbenen, Chavigny, de Noyers und Kardinal Mazarin, bildeten eine Art Kollegialregierung. Der Vorsitz hätte Chavigny zukommen müssen, doch konnte der König die führende Rolle dieses Mannes in der Affäre Cinq-Mars nicht vergessen. Hingegen schätzte er de Noyers sehr und bezeigte seit langem schon Mazarin echte Freundschaft. Der italienische Kardinal untergrub das Ansehen seines Rivalen, indem er ihn fälschlich beschuldigte, der Königin die Regentschaft zuspielen zu wollen. Dann redete er dem leichtgläubigen de Noyers ein, es wäre ein geschickter Schachzug, wenn er um seine Entlassung nachkommen würde: der König würde ihn behalten wollen und seine Befugnis stärken. De Noyers ging in die Falle, sein Rücktrittsgesuch wurde angenommen, und ohne Aufhebens, fast sich entschuldigend, nahm Mazarin Richelieus Platz ein.

Welch ein Unterschied wurde offenbar! Der neue Minister schien nur aus Sanftmut, Geschmeidigkeit, Entgegenkommen und Großzügigkeit zu bestehen: es war, als sei er »untröstlich darüber, daß seine Würde als Kardinal ihm nicht erlaubte, so viel Demut aller Welt gegenüber zu zeigen, wie er es gern gewünscht hätte«. (Kardinal de Retz) Er war bedacht darauf zu gefallen, gute Dienste zu erweisen, und bezeigte der Königin große Ergebenheit.

Der Dauphin machte es sich zur Gewohnheit, diesen schillernden, beflissenen, sanften Mann oft zu sehen, der »von annehmbarer Gestalt war, etwas größer als der Durchschnitt, der frische und schöne Gesichtsfarbe hatte, feurige Augen, eine große Nase, eine breite, mächtige Stirn und kastanienbraunes, etwas krauses Haar«. Obwohl Mazarin ein Geschöpf Richelieus gewesen war, begegnete die Königin ihm mit Wohlwollen, das seit jenem fernen Tag des Jahres 1632 bestand, als der Kardinal den Majestäten den jungen Hauptmann der päpstlichen Armee vorgestellt und anzüglich hinzugefügt hatte:

»Er wird Ihnen gefallen, Madame, er hat Ähnlichkeit mit Herrn von Buckingham.«

Vergleicht man die Porträts der beiden, so kann in der Tat eine Übereinstimmung der Gesichtszüge des Italieners und des schönen Engländers festgestellt werden, der das Herz der Königininfantin entflammt hatte.

Anna wußte Kardinal Mazarin Dank dafür, daß er den König dazu brachte, an sein Seelenheil zu denken und den Rebellen zu vergeben. Richelieu hatte die Absicht gehabt, den Bruder des Königs, Gaston d'Orléans, alle Rechte abzusprechen, er hatte seinen Sturz geplant. Jetzt wurde Abstand davon genommen, und Monsieur wurde wieder am Hof zugelassen. Er hatte nichts von seiner Fröhlichkeit eingebüßt. Damit begann die Zeit der Wiedergutmachungen, mit denen Ludwig sein Gewissen abschirmen wollte gegen jeden Vorwurf der Ungerechtigkeit. Richelieus Gegner wurden aus der Bastille entlassen, andere kehrten aus dem Exil zurück, unter ihnen vor allem die Herzöge von Vendôme, von Mercœur und von Beaufort, natürliche Söhne und Enkel Heinrichs IV. Nur vier Personen wurden von dieser Amnestie ausgenommen: der ehemalige Siegelbewahrer Chateauneuf, den die Verschwörer immer wieder für den Posten des Ersten Ministers vorgesehen hatten, die Herzogin von Chevreuse, die allzu vertraute, allzu gefährliche Freundin der Königin, ferner Marie de Hautefort und La Porte.

»Ich werde, mit Gottes Hilfe, etwas gegen die Libertinage unternehmen, ich werde die Duelle abschaffen und einmal in der Woche zur Kommunion gehen, und sobald ich sehe, daß mein Dauphin zu Pferde sitzt und er großjährig ist, werde ich ihn an meine Stelle setzen und mich nach Versailles zurückziehen und mich mit vier Patres über göttliche Fragen unterhalten, ich werde nur noch an das Heil meiner Seele denken, mit Ausnahme des Jagdvergnügens, das ich stets beibehalten möchte, jedoch mit größerer Mäßigung als gewohnt.«

Solchen Träumereien hing der König nach, als ein vorübergehender Stillstand seines Leidens, wenn es nicht nur ein Nachgeben der Ärzte war, ihm wieder Hoffnung gab, ihm Trugbilder vorgaukelte. Doch vom 21. Februar 1643 an konnte er Saint-Germain nicht mehr verlassen, er war den schlimmsten Attacken der Lungen- und Darmtuberkulose ausgesetzt, dieser alten Geißel, an die er sich in zwanzig Jahren allmählich gewöhnt hatte. Am 16. März, nach einer fürchterlichen Nacht, gab er jeden Widerstand auf. Niederdrückende Traurigkeit verdoppelte seine Schmerzen. Am 27. stellte er dem Arzt Bouvard eine bündige Frage, und als der schwarze Mann ihm nicht zu antworten wagte, seufzte er:

»Aus Ihrem Schweigen ersehe ich, daß ich sterben muß.«

Er fügte hinzu:

»Gott ist mein Zeuge, daß ich am Leben nie Gefallen gefunden habe und daß ich entzückt bin, zu ihm zu gelangen.«

Als gläubiger Christ war er entzückt, aber als König von Frankreich quälten ihn große Sorgen. Er vertraute sich Mazarin an: Er hatte den Krieg nicht beenden können, und das Land blieb der Rachsucht der Grandseigneurs ebenso ausgesetzt wie den Schlägen des Feindes. Der neue Souverän war erst viereinhalb Jahre alt. Seine natürlichen Vormünder, seine Mutter und sein Onkel, die den Gesetzen des Königreichs gemäß in seinem Namen regieren sollten, waren im Jahr zuvor noch in eine Hochverratsaffäre verstrickt gewesen. Und die dritthöchste Persönlichkeit im Staat, der Prinz von Condé *(Monsieur le Prince)*, galt als unersättlich habgierig, sein Ehrgeiz war so groß wie sein Geiz und seine üblen Streiche. Sollten die düsteren Tage der voraufgegangenen Regentschaft sich wiederholen, mußte es sein, daß das Werk eines jeden Bourbonen von seiner Witwe wieder zerstört wurde? Nein, Ludwig XIII. wollte sein Leben nicht den Staatsangelegenheiten geopfert haben, damit eine Ausländerin seine Mühen nutzlos machte. Und wenn er ihr Schande damit zufügte, er wollte seine Frau von den Regierungsgeschäften fernhalten, er wollte ihr jede Möglichkeit nehmen, Schaden anzurichten.

Mazarin wies auf die Wirkungslosigkeit, auf die Gefahr allzu drakonischer Maßnahmen hin. Eine mittlere Linie bot größere Sicherheiten. Und der Fuchs rückte mit seinem Vorschlag heraus: Es müsse ein Regentschaftsrat gebildet werden, der seine Entscheidungen mit der Mehrheit der Stimmen treffen würde. Dann war es nicht mehr von Bedeutung, daß die Königin ihm vorstand, selbst wenn sie den Titel Regentin führte; dann war es nicht mehr von Bedeutung, daß Monsieur Lieutenant Général wurde (Generalstatthalter), vorausgesetzt daß ihnen vertrauenswürdige Persönlichkeiten beigegeben würden. Ludwig gab seine Zustimmung. Außer Anna von Österreich, dem Herzog von Orléans und dem Prinzen von Condé sollten der Kanzler Séguier, Bouthillier und natürlich Mazarin Mitglieder des Regentschaftsrats werden. So würde die Mehrheit bei den geistigen Erben Richelieus liegen.

Und die Königin? Würde sie widerspruchslos eine so demütigende Behandlung über sich ergehen lassen? Würde der auf Vergeltung sinnende Klüngel, der sich bereits wieder zusammenfand, nicht irgend etwas unternehmen, um seine Rechte zu verteidigen?

Es wäre Wahnsinn, Einspruch zu erheben, flüsterte der Italiener Anna von Österreich ins willfährige Ohr. Er, Mazarin, gehorche nur seinem leidenschaftlichen Eifer, Ihrer Majestät zu dienen, wenn er ein solches Verhalten anrate. Was vor allem erreicht werden mußte: Die Mutter des zukünftigen Königs durfte nicht von der Regentschaft ausgeschlossen werden. Hatte sie den bedeutungsvollen Titel erst einmal inne, würde es ihr möglich sein, ebenso tatkräftig zu regieren wie Maria von Medici. Die Königin schenkte ihm Glauben, sie war gerührt und bewunderte das Genie des uneigennützigen Freundes.

Denn, das verkündete der Kardinal, persönlich erstrebe er nichts, er betrachte sich nur als Stellvertreter. Die Übernahme einer Gesandtschaft in weiter Ferne würde seinen Wünschen entsprechen. Der Hof ließ sich täuschen, nicht aber der sterbende König. Mochte sich Ludwig über Geltung und Wert seines Testaments auch Illusionen hingeben, was den Charakter des Mannes anging, dem er seinen Sohn anvertrauen wollte, irrte er sich nicht. Da er den Entschluß gefaßt hatte, die beiden aneinander zu binden, tat er kund, der Nachfahr sizilianischer Fischer solle den Erben Ludwigs des Heiligen über das Taufbecken halten. (Der Dauphin war nur vorläufig getauft worden.)

Am 19. April erlitt der König einen »Leberfluß mit einer Art von schleichendem Fieber«. Er befahl, die Fenster zu öffnen, zeigte mit der Hand auf den fernen Turm der Kathedrale von Saint-Denis und murmelte: »Dort hinten ist meine letzte Wohnstatt, wohin ich frohen Herzens gehen will. Die Wege sind sehr schlecht, mein Leib wird tüchtig geschüttelt werden.«

Am Abend ließ er sich ein Kapitel aus der »Einführung in das gottesfürchtige Leben« und der »Nachfolge Christi« vorlesen. Am folgenden Tag, dem 20. April, begaben sich die Königin mit den Kindern, die Prinzen, die Herzöge und Pairs, die Minister und die hohen Beamten der Krone in sein Schlafgemach. Am Fußende des Bettes, das durch die Wirkung der ständig eingenommenen Abführmittel und den Auswurf einen gräßlichen Anblick bot, bildete sich eine Gruppe wie auf einem Gemälde; es glänzte und glitzerte vor Gold und Edelsteinen, vor Samt und Federn.

Monsieur de La Vrillière verlas »Die Erklärung Seiner Majestät über die Regierung seiner Staaten«. Die Präambel hob die wichtigsten Ereignisse der Regierungszeit hervor, rief die einzigartigen Segnungen ins Gedächtnis, die der Himmel dem König in jeder schwierigen Lage hatte zuteil werden lassen, angefangen vom unmündigen Alter bis zur

Geburt seiner beiden Söhne, »als wir sie kaum noch zu erhoffen wagten«. Außerdem erwähnte die Präambel eines der unveränderlichen Gesetze der Geschichte: »Frankreich hat deutlich gezeigt, daß es unbesiegbar bleibt, solange es einig ist, und daß seine Größe abhängt von seiner Einigkeit wie sein Untergang von seiner Zwietracht.« Die eigentliche Erklärung legte dar, wie die bevorstehende Regentschaft vor sich gehen sollte. Einer der Artikel legte fest, daß Chateauneuf in der Bastille bleiben müsse und Madame de Chevreuse in der Verbannung.

Als die Vorlesung beendet war, fragte der König, ob jemand einen Einwand vorzubringen habe. Da niemand das Schweigen brach, nahm er das Dokument in die Hand und setzte unten den folgenden Satz hinzu: »Das Obige ist mein ganz ausdrücklicher und letzter Wille, der ausgeführt werden soll.« Dann unterzeichnete er, und das Testament wurde in die Hände des Parlamentspräsidenten und der anderen Präsidenten mit ihren hohen mörserförmigen Hüten gelegt, die es registrieren sollten. Die Anwesenden verließen den Raum, nur die Königin und Monsieur blieben zurück. Ihnen beiden empfahl der König mit feierlicher Stimme, sich zu lieben und gegenseitig zu helfen.

Die Taufe fand am 21. April statt. Charlotte de Montmorency, Prinzessin von Condé, für die Heinrich IV. fast ganz Europa in Brand gesetzt hätte, war die Patin; Pate war der ehemalige Doppelagent, der jetzt den Kardinalspurpur trug. Die Zeremonie beeindruckte den Dauphin zutiefst, anscheinend verwechselte er sie mit der Königskrönung.

»Wie heißt du nun?« fragte ihn der König, als der Junge ihn danach aufsuchte; er trug noch das silberne Taufgewand.

»*Louis Quatorze*, lieber Papa.«

»Noch nicht, noch nicht, mein Sohn ... Aber vielleicht wirst du es bald sein, wenn es Gottes Wille ist.«

Es ist möglich, daß das Herz des Stoikers ein letztes Mal Eifersucht empfand, aber es währte nicht lange. Ludwig XIII. begann zu beten:

»Herr, verleihe ihm die Gnade, nach mir in Frieden und als wirklicher Christ regieren zu können.«

Trotz des unaufhörlichen Hustens, der ihn unsäglich quälte, wurde sein »blühendes Gesicht« zum Erstaunen derer, die ihn sahen, vermerkt. Am 22. April erhielt der König die Letzte Ölung. Am Tag darauf fiel er in eine vorübergehende Bewußtlosigkeit.

»Ach«, seufzte er, als er, von vielen zu diensteifrigen Personen umgeben, wieder zu sich kam, »diese Leute wollen sehen, ob ich bald sterbe.«

Er vernahm ein Lachen, das aus dem Ankleidezimmer kam, und murmelte:

»Das müssen die Königin und Monsieur sein.«

Diese Bemerkung war ungerecht seiner Frau gegenüber. Anna war außer sich vor Schmerz, pflegte ihn mit Hingabe und vergoß heiße Tränen. Sie war untröstlich darüber, daß er sie für fähig hielt, seinen Tod herbeizusehnen. Sein Beichtvater beschwor ihn, diesen abwegigen Gedanken fallenzulassen, und der Kranke antwortete:

»In dem Zustand, in dem ich mich befinde, bin ich gezwungen, ihr zu verzeihen, ich bin aber nicht gezwungen, ihr zu glauben.«

Louis-Dieudonné war wirklich der Sohn der Zwietracht.

Die Königin und der »dienende Laienbruder«

Dieser 21. April, an dem der kleine Dauphin glaubte, er sei bereits Ludwig XIV., bezeichnete eine wichtige Station in der Laufbahn des Mannes, der ihn über das Taufbecken gehalten hatte und den dessen Herr und Meister Richelieu einst mit einer Mischung aus Härte, Zuneigung und Geringschätzung den »illustrissime colmardo« nannte, das heißt den »dienenden Bruder«, der im Kloster mit niedrigen Arbeiten beauftragt wird.

Die Französische Revolution machte es möglich, daß ein kleiner korsischer Leutnant Kaiser der Franzosen wurde und Söhne von Gastwirten oder Verwaltern sich Kronen aufs Haupt setzten. Durch die Wirren des 20. Jahrhunderts gelangten Mussolini, Hitler, Stalin, von denen das Schicksal der Welt abhing, an die Macht. Man staunt über solche phantastischen Schicksalsläufte. Doch mehr noch müßte man es vielleicht bestaunen, daß zu einer Zeit, da die Kasten durch unüberwindliche Schranken voneinander getrennt waren, da alles von der »Geburt« abhing, da eine soziale Vermischung undenkbar war, kurz, daß mitten im 17. Jahrhundert der Enkel eines unbekannten Plebejers, wahrscheinlich eines sizilianischen Fischers, der Sohn eines römischen Haushofmeisters im Alter von vierzig Jahren Kardinal, Erster Minister und Pate des zukünftigen Königs von Frankreich wurde.

Pietro Mazarini, Haushofmeister von Don Filippe Colonna, Konnetabel von Neapel, hegte, was seinen Sohn Giulio anging, große Hoffnungen; er wollte einen Jesuiten aus ihm machen. Doch als Giulio das Kolleg verließ, hatte er nichts anderes im Sinn, als die Vergnügungen dieser Welt auszukosten. Überdies besaß er damals schon jene umfassende Skepsis, die ihm später so viele Wandlungen gestattete. Zu jener Zeit war er »ein junger Mann mit einem anziehenden Gesicht, gefälligen Umgangsformen, artig, wendig, lebhaft, liebenswürdig, höflich, scharfsinnig, von heiterer Gemütsart, geschickt im Verstellen und Verschweigen, mit einem Wort: fähig zu allem ... Er pflegte zu sagen, der Himmel sei der Hort aller edlen Menschen.«

Der Familie Colonna verdankte er es, daß er in eine brillante Gesellschaft eingeführt wurde, deren Prunk und Verschwendungssucht er nachzuahmen strebte. Da er nicht über das notwendige Geld verfügte, wollte er es im Spiel erwerben und gab sich dem mit wahrer Leidenschaft hin. Sein Vater war entsetzt und beschloß, ihn wegzuschicken: Er erreichte es, daß Don Girolamo, der jüngere Sohn des Konnetabels, ihn zu seinem »Cameriere« machte und ihn nach Spanien mitnahm, wo er sein Studium beenden sollte.

Es war eine herrliche Reise. Giulio, damals zwanzig Jahre alt, unternahm, wie nicht anders zu erwarten, alles, um seinen Herrn, der achtzehn Jahre alt war, für sich zu gewinnen. Es gelang ihm voll und ganz Es gibt Beweise dafür, daß der junge Colonna »ihm mehr als übliche Zuneigung entgegenbrachte«.

In Madrid studierte Mazarini keineswegs Rechtswissenschaft, wie er es hätte tun sollen; er erkundete vielmehr die Hauptstadt des mächtigsten christlichen Reichs und verspürte die ersten Stacheln des Ehrgeizes. Was ihn nicht hinderte, sich ausgelassen dem Vergnügen zu widmen und zu spielen, wie in Italien. »Oh, wie armselig ist der Mensch ohne Geld!« rief er aus, wenn er verlor.

Eines Tages, als das Glück ihm nicht hold war, lieh er Geld von einem Notar namens Nodardo und behauptete fälschlicherweise, er erwarte die Überweisung von einigem Kapital. Bei dieser Gelegenheit lernte er die entzückende Tochter des Notars kennen, der in ihm eine gute Partie sah. Giulio verliebte sich in das Mädchen und kündigte Girolamo an, er habe die Absicht, sich zu verheiraten. Girolamo jedoch war keineswegs damit einverstanden, daß sein Freund eine Ehe schließen wollte. Er schickte ihn nach Rom und gab ihm einen Brief für den Konnetabel mit, der, als er ihn gelesen hatte, den Jungen streng ins Gebet nahm und dafür sorgte, daß er nicht zu seiner Auserwählten zurückkehrte. Mazarin, der schon damals wie auch später sich stets den Ereignissen fügte, verschmerzte es leicht.

Diese Episode ist interessant, weil sie zeigt, von welchen anscheinend nebensächlichen Umständen zuweilen eine glänzende Laufbahn abhängt. Hätte der junge Colonna weniger stark auf der Ehelosigkeit seines »Cameriere« bestanden, wäre der Weg des späteren Kardinals völlig anders verlaufen. Bemerkenswert ist auch, daß in der Lebensgeschichte des sinnenfreudigen Mannes nicht die geringste Spur von einer Frau zu finden ist: es war, als hätte er zwanzig Jahre lang auf die Königin von Frankreich gewartet.

Mazarins erster Lebensabschnitt hat Ähnlichkeit mit einer Komödie jener Epoche. Davon zeugt ein ebenso ergötzlicher Akt. Der junge Mann, der die Laufbahn eines Rechtsgelehrten ausschlägt, setzt es durch, zum Hauptmann in der päpstlichen Armee ernannt zu werden;

Garnison bezieht er in Ancona. Dort erfährt er, daß seine Mutter krank geworden ist. Ohne um eine Genehmigung einzukommen, die ihm nicht verweigert worden wäre, eilt er nach Rom, pflegt seine Mutter und wird sich der Folgen seiner Leichtfertigkeit erst bewußt, als sie wieder gesund ist. Aber sein Vergehen hat keine abträglichen Folgen für ihn, im Gegenteil, es verschafft ihm die Gelegenheit, sich Papst Urban VIII. zu Füßen zu werfen, der von ihm beeindruckt ist. Der Heilige Vater ist gerührt über seine »impulsive Art«, er läßt ihm den ersten Beweis seiner Zuneigung zuteil werden, die sich als dauerhaft und höchst segensreich erweisen wird.

Auch dem apostolischen Kommissar der Armee, Sachetti, hat Mazarini gut gefallen. Als Sachetti 1628 zum außerordentlichen Nuntius in Mailand ernannt wird, nimmt er ihn als Sekretär mit. Mit siebenundzwanzig Jahren erfährt der junge Mann, wofür er eigentlich berufen ist: für die Diplomatie. Er schreibt später: »Ich verschaffte mir Ansehen, mehr durch die praktische Arbeit als durch die Stellung, die ich innehatte.«

Der schreckliche Wirrwarr, der um die Erbfolge in Mantua entstanden war, befand sich auf dem Höhepunkt. Das Spanien von Olivares und das Frankreich Richelieus standen gegeneinandeer; die beiden Mächte bekämpften sich bereits durch Dritte.

Der Papst wollte einen allgemeinen Krieg um jeden Preis verhindern. Während die Bevollmächtigten immer den Kopf verlieren, ergreift der unbedeutende Sekretär kühn die Initiative, womit die anderen höchst zufrieden sind. Er hat erkannt, wie wichtig und wirksam persönliche Kontakte sind, unermüdlich eilt er von einer Stadt zur anderen. Seine Intelligenz und sein Charme beeindrucken sowohl die spanischen Generale wie die italienischen Fürsten. Ihn allein halten sie für fähig, den in ganz Europa gefürchteten Kardinal Richelieu umstimmen und ihn daran hindern zu können, an der Spitze einer Armee die Alpen zu überqueren. Der eitle und frivole Kardinal Antonio Barberini begibt sich nach Lyon mit dem Ziel, eine Vermittlung herbeizuführen. Mit ihm reist der eigentliche Botschafter, der Hauptmann Mazarini.

Die entscheidende Zusammenkunft findet am 29. Januar 1630 statt. Mazarini fordert einen Waffenstillstand. Drei Stunden lang redet er ohne Unterbrechung auf Richelieu ein und bezeigt dabei eine solche Bescheidenheit, daß er zwar nicht die Sache des Heiligen Stuhls gewinnt, wohl aber seine eigene.

»Und wenn Sie zwanzig Jahre lang redeten, ich würde nicht nachgeben«, sagt Richelieu zu ihm, doch er ist entzückt von diesem brillanten Geist und lädt ihn, was eine große Auszeichnung ist, zum Abendessen ein.

An jenem Tag erkennt der Italiener die Triebfedern der französischen Politik und erfährt die Faszination durch ein Genie. Er gesteht selber: »Unbewußt fühlte ich mich zu ihm [Richelieu] hingezogen, noch bevor es mir gegeben war, seine großen Fähigkeiten zu kennen.«

Im Frühjahr haben die Franzosen die Festung Pinerolo eingenommen, sie bereiten sich auf die Belagerung von Casale vor. Wieder versuchen der Legat Barberini und der unentbehrliche Mazarini, den Strom einzudämmen. Am 10. Mai werden sie in Grenoble vom König selbst empfangen, sie werden ihm von Richelieu vorgestellt. Wieder scheitert Mazarini mit seiner Mission, und wieder trägt er einen Erfolg anderer Art davon. Er gefällt Ludwig XIII., der sich sonst nicht leicht umgarnen läßt. Seine Majestät bietet ihm sogar Geld an (für die Diplomaten der damaligen Zeit ein geläufiges Verfahren), doch der geschickte Mazarini hütet sich, es anzunehmen.

So viel Gewandtheit schließt aber Heldentum nicht aus, wenn es nötig ist. Im Monat Oktober wollen zwei gegnerische Armeen vor Casale eine Schlacht beginnen, als zu aller Erstaunen der Kapitän Mazarini sich zwischen sie wirft mit dem Ruf: »Frieden! Frieden!« Kurz darauf versammeln sich die Generale um ihn, und es kommt zu einer Vereinbarung. Eine Zeitlang ist Mazarini der bekannteste Mann in Europa. Hocherfreut belohnt ihn der Papst und ernennt ihn ... zum Kanonikus.

Jetzt erkennt man allgemein, daß der junge Mann außer der unschätzbaren Kunst zu gefallen andere große Fähigkeiten besitzt: »Eine erstaunliche Überzeugungskraft, eine unglaubliche Zähigkeit, eine Angelegenheit zu Ende zu führen, und eine großartige Wendigkeit des Charakters und des Verstandes, was ihm erlaubt, sich mühelos seinen Gesprächspartnern jeglicher Herkunft und Prägung anzupassen.« Richelieu läßt keine Zeit verstreichen und ersucht darum, ihm die Nuntiatur in Paris zu übertragen. Verärgert lehnt Urban VIII. ab. Mazarini arbeitet trotzdem zugunsten Frankreichs und handelt einen Vertrag zwischen Frankreich und Savoyen aus. Als er 1632 nach Saint-Germain kommt, bereitet ihm der Hof einen prächtigen Empfang.

Girolamo Colonna, jetzt Kardinal und Legat in Bologna, schreibt weiterhin herzliche Briefe an den, den er mit *»Signor Giulio mio«* anredet. Auch Kardinal Antonio Barberini hat, nicht unbeeindruckt von dem Charmeur, zwei Aufträge mit ihm zusammen ausgeführt. Er bietet ihm an, im Palazzo Barberini Wohnung zu nehmen, der damals das Zentrum des politischen, geistigen und mondänen Lebens ist. Als Dank dafür dient Mazarini ihm als Vermittler zwischen dem Kardinal und der schönen Leonora, seiner Mätresse.

Das alles trägt 1633 reiche Frucht. Der heldenhafte Kapitän von Casale wird Monsignore und trägt, ohne zum Priester geweiht worden zu sein, das geistliche Gewand. Er erhält zwei Kanonikate, deren Bezüge von Frankreich, das ihm weiterhin gewogen bleibt, bezahlt werden. Im Jahr darauf kann er in der Eigenschaft eines außerordentlichen Nuntius nach Frankreich zurückkehren. Wiederum hat Urban VIII. ihn beauftragt, den Krieg zwischen den beiden katholischen Königreichen zu verhindern.

Das ist der Zeitpunkt, da der Abenteurer sich zum Staatsmann wandelt. Es mag so aussehen, als hofiere er Richelieu, als bemühe er sich, ihn zu »amüsieren«, doch in Wirklichkeit kämpft er inbrünstig für einen Frieden in der Christenheit, einen Frieden, den er fünfundzwanzig Jahre später zustande bringt. Richelieu will etwas ganz anderes als Mazarini. Sein Ziel ist die Niederringung des Hauses Österreich und die Erhebung Frankreichs zur ersten Macht Europas. Als der Krieg 1635 ausbricht, wird der Abgesandte des Heiligen Stuhls krank vor Kummer und versucht, unverzüglich einen Friedenskongreß in die Wege zu leiten. Doch Spanien verdächtigt ihn seiner frankophilen Gesinnung wegen und erreicht 1636 seine Abberufung. Völlig entmutigt zieht Mazarini sich nach Avignon zurück. Wie er selber sagt, hat er einen Raum des Papstschlosses in einen Spielsaal verwandelt.

Er bleibt nicht lange in Avignon. Sein Freund Kardinal Barberini holt ihn wieder nach Rom, wo er endgültig über seinen Weg entscheidet: von nun an begibt sich Mazarini in den Dienst Richelieus. Das ist eine undankbare Aufgabe, denn der päpstliche Hof hat sich fast vollständig Spanien verschrieben. Mazarini möchte dieser »Hölle« entrinnen, die andererseits unendlich viele Vergnügungen bietet. Er bittet Richelieu flehentlich, ihn zurück nach Paris kommen zu lassen. Sofern er ihn nicht mit Staatsangelegenheiten beschäftigen könne, möge er ihn verwenden, »um die Statuen aufzustellen und sich um das Schloß zu kümmern«. Doch leider hält es Eminentissime für besser, den wertvollen Mittelsmann in Rom zu belassen.

Die Dinge ändern sich beim Tod des Père Joseph, der die Rolle eines Außenministers gespielt hatte. Ob Richelieu eines Tages Mazarini auserwählen wird, um seine eigene Nachfolge anzutreten, ist nicht gewiß; gewiß aber ist, daß er ihm die Nachfolge seines wichtigsten Mitarbeiters vorbehält. Er geht sogar soweit, zugunsten Mazarinis den roten Kardinalshut zu fordern, der für den verstorbenen Père Joseph bestimmt war.

Hier muß auf einen Irrtum Alphonse Chéruels hingewiesen werden, der von vielen Historikern übernommen worden ist. Die »Einbürgerungsurkunde«, durch die der Hausprälat des Heiligen Vaters zu einem Untertanen des Allerchristlichen Königs geworden wäre, hat nie existiert. Mazarin regiert Frankreich, ohne Franzose zu sein, er wird Kardinal, ohne Priester zu sein.

Doch am 14. Dezember 1639 liegen solche Erwartungen noch in

weiter Ferne. An diesem Tag folgt er Richelieus Ruf und verläßt Rom für immer. Als unverbesserlicher Spieler setzt er, was seine Zukunft angeht, alles auf eine Karte. »Er hat keine wirkliche Sicherheit, keine Garantie. Er vertraut dem Wort, der wertvollen, mächtigen Freundschaft eines einzigen Mannes, der in seinem eigenen Land bekämpft, bedroht und überdies schwerkrank ist . . . Mazarin[i] ist der Abenteurer geblieben, der er in seiner Jugend war: ebenso zuversichtlich, wie er mit zwanzig Jahren in die päpstliche Armee eintrat, bricht er, als er auf die Vierzig zugeht, von neuem seine Bindungen.« (Anne-Marie Cabrini, »Mazarin, Abenteurer und Politiker«)

In Frankreich stellte er bei jeder Gelegenheit das Ausmaß seiner Fähigkeiten und die Geschmeidigkeit seines Charakters unter Beweis. Er bediente sich bereits der Methode, die er selber ausgezeichnet definiert hat: »Ich verschleiere, mache Umwege, ich mildere, ich schlichte alles, soweit es nur möglich ist.« Die Belohnung erfolgte am 16. Dezember 1641. Auf Richelieus ständiges Drängen hin entschließt sich der Papst schließlich, den früheren Offizier seiner Truppe zum Kardinal zu ernennen. Im Februar 1642 überreichte ihm Ludwig XIII. in Valence das rote Kardinalsbirett.

Schon am Tag nach Richelieus Tod berief der König Kardinal Mazarin in seine Ratsgremien. Der König sagte: »Er hat uns so treue und beträchtliche Dienste geleistet, daß wir ihm ebenso vertrauen können, als wäre er als unser Untertan geboren.«

Folgte er dem ausdrücklichen Wunsch des dahingeschiedenen Kardinals? Viele Historiker sind davon überzeugt. Im Verlauf »verschiedener Unterredungen mit dem Monarchen unter vier Augen« habe der Sterbende ihn dahin gebracht, dieser Entscheidung zuzustimmen. Einen Beweis dafür gibt es jedoch nicht, abgesehen von einem falschen Manifest, das ebenfalls eine Erfindung von Alphonse Chéruel ist. Mit seinen letzten Ratschlängen empfahl der Kardinal dem König nur, Mazarin zu »verwenden«. Daß dieser unverzüglich einen Teil der Machtbefugnis und dann die ungeteilte Macht zugesprochen bekam, verdankte er der Freundschaft und der Weitsicht Ludwigs XIII.

Da die Krankheit des Königs sich verschlimmerte, ist es begreiflich, daß die Unterredungen zwischen der künftigen Regentin und dem Ersten Minister häufiger wurden. Mazarin standen ungefähr drei Wochen zur Verfügung, um den »Gang der Geschichte« zu bestimmen sowie den Gang seines eigenen Geschicks, die Gesinnung einer Frau, die zu Lässigkeit und Leichtfertigkeit neigte, grundlegend zu ändern.

Einer der jüngsten Biographen Ludwigs XIV., Jacques Roujon, hat die allgemein gültige These übernommen und geschrieben: »Zwischen Mazarin und Anna von Österreich ist ein Fluidum vorhanden, eine gegenseitige und tiefe Liebe, die allen Prüfungen widersteht, auch denen der Zeit.« Daß zwischen zwei Wesen, die sich seit elf Jahren kannten, plötzlich Liebe entstanden sein soll, ist nicht sehr wahrscheinlich, vor allem zu einem Zeitpunkt, da beide von völlig verschiedenartigen Sorgen geplagt waren.

Mit zweiundvierzig Jahren war Anna von Österreich nicht mehr die strahlende Schönheit, die sogar Richelieu beeindruckt und Buckingham betört hatte. Aus der jungen Infantin war eine blasse, sehr blonde, üppige Ceres geworden. Die Dichter priesen wieder ihre sanften grünen Augen, besonders aber ihre Arme und Hände, bei deren Anblick jeder, sobald Ihre Majestät die Handschuhe abstreifte, in Verzückung geriet. Nur die große, an der Spitze zu dicke Nase und die berühmte Unterlippe erinnerten bei diesem kräftigen Geschöpf an ihre Herkunft aus dem Escorial. Anna liebte die Tafelfreuden, die Jagd, »ehrbare« Galanterie und die gewagten Scherze von Madame de Chevreuse.

Ohne die Mißgeschicke in ihrem Leben wäre die Enkelin Philipps II. ihres fröhlichen Gemüts wegen geschätzt worden. Trotz allem bewahrte sie sich eine Zuversicht, einen leichten Sinn und eine Lebenslust, die von inbrünstiger Frömmigkeit kaum gedämpft wurden. Keine Königin von Frankreich, ausgenommen Marie-Antoinette, war so durch und durch weiblich, so kokett. Kokett wie die Spanierinnen, das heißt, nach Madame de Chevreuse, »im höchsten Grade«, doch die Auffassung der Königin, »daß die Männer straflos zärtliche Gefühle für die Frauen hegen könnten«, verleitete sie nicht zur Übertreibung, denn ihre »Gloire« und ihre Gottesfurcht zügelten das Ungestüm, das sie manchmal überfiel.

Wie mag sich eine solche Frau verhalten haben, als der frühere Schützling Richelieus es wagte, ihr den Hof zu machen, seine Gleichgültigkeit hingegen ziemlich wahrscheinlich war? Hier müssen die Beziehungen zwischen der Königininfantin und dem »illustrissime colmardo« einmal in ihrer Gesamtheit untersucht werden. Liselotte von der Pfalz hat behauptet: »Die Witwe Ludwigs XIII. hat etwas noch Schlimmeres getan, als den Kardinal Mazarin zu lieben, sie hat ihn geheiratet.« Das schreibt die temperamentvolle Prinzessin jedoch *vierundsiebzig Jahre danach* (der Brief stammt von 1717), und wenn man ihr Glauben schenkt, ist Madame de Maintenon eine Giftmischerin und Brandstifterin gewesen.

Die Herzogin von Chevreuse, die beste Freundin der Königin und das erste Opfer der Mazarinschen Regierung, war viel weniger hart. Zu Kardinal von Retz sagte sie, »daß sie bei ihr [Anna von Österreich] bestimmte Verhaltensweisen beobachtet habe, die denen aus der Zeit Buckinghams ähnlich waren; daß sie aber auch andere Umstände bemerkt und daraus geschlossen habe, zwischen ihnen habe es nur eine innige geistige Bindung gegeben; daß eines der auffälligsten Merkmale die Art und Weise gewesen sei, wie der Kardinal mit ihr umging, nämlich wenig ritterlich und sogar rauh ... Was«, so schloß die Herzogin, die eher mißgünstigen Sinnes war, *»bei dem Naturell der Königin, wie ich es kenne, zweierlei Bedeutung hat: deshalb weiß ich nicht, wie ich darüber urteilen soll.«*

Es gibt in der Tat Briefe – sie sind zuweilen recht ungeschickt verschlüsselt –, die in zweifacher Hinsicht erstaunlich sind: einerseits ihres vertraulichen Tons und einiger Ausdrücke wegen, »die seelische Unruhe verraten«; andererseits weil einige Briefe, die dem Anschein nach als Beweisstücke gelten könnten, aus einer Zeit stammen, in der die beiden mehr als fünfzig Jahre alt, das heißt für jene Epoche fast schon Greise sind.

»Adieu, ich kann nicht mehr, Mazarin [verschlüsselt] weiß wohl warum«, schreibt 1653 die einundfünfzigjährige Herrscherin an ihren Minister, der zwei Wochen später von einer Reise zurückkehrt. Zugegeben, es kann sich hier noch um ein sinnliches Verlangen handeln. Aber 1660? Der gealterte und schwerkranke Mazarin ist nun »unleidlich« geworden. Schonungslos hält er die Königin von den Staatsgeschäften fern und begegnet ihr oft ohne die gehörige Achtung. Sie ist neunundfünfzig Jahre alt, was, verglichen mit heute, siebzig bedeutet. Und sie schreibt: »Bis zum letzten Atemzug ist Anna die Ihre, was Sie auch glauben mögen.«

Den letzten Atemzug macht der Kardinal acht Monate danach. Madame de Motteville bezeugt, daß die leidenschaftliche Frau »bewegt war, die Tränen kamen ihr in die Augen«. Weiter nichts. Dann sagt sie seltsamerweise, *»daß die Königin ihn allezeit besser gekannt habe als irgend jemand sonst und daß sie jene nicht gering einschätzte, die der Meinung waren, sie solle ihn vom Hof fernhalten«*. Demnach hat sie sich nur um Politik gekümmert!

Das alles ist nicht ganz klar. Hingegen stehen drei Tatsachen fest, die eine körperliche Vereinigung der Mutter und des Paten Ludwigs XIV. völlig ausschließen. Das Leben der Königin vollzog sich in aller Öffentlichkeit, ihre Kammerfrauen schliefen neben ihrem Bett. Ist sie gelegentlich *allein* gewesen? Das hätte bedeutet, daß ihre Bediensteten sich außerhalb der Rufweite befanden. Aber die Türen blieben stets offen. Ein eheähnliches Verhältnis zwischen ihr und dem »Schurken aus Sizilien« wäre den Mißgünstigen nicht verborgen geblieben und hätte stärkere Reaktionen ausgelöst als Klatsch und Schmähschriften.

Anna von Österreich verkörpert in höchstem Grade die Frömmigkeit und den Stolz der Habsburger: eine Frömmigkeit, die keine Kompromisse zuließ, einen Stolz, wie ihn keine andere Dynastie aufbrachte.

Die Königin, die so fromm war, daß die Kasteiungen, denen sie sich unterwarf, ihr Leben verkürzten, konnte keine »fortwährende Todsünde« mit einem Kardinal begehen. Sie war so stolz, daß sie sogar einen Bürgerkrieg entfesselt haben würde, wenn Ludwig XIV. Marie Mancini geheiratet hätte; sie konnte nicht die Frau des Kardinals sein.

Und nun die dritte Tatsache. Guy Patin zufolge »starb Mazarin in der Hoffnung, Papst zu werden«. Das beweisen auch andere Zeugnisse und die allgemeine Richtung seiner Politik, die zum Pyrenäischen Frieden führte. Mazarin glaubte nicht, daß er vor seinem sechzigsten Lebensjahr sterben würde, und er kannte den Charakter Ludwigs XIV. Es gab nur eine Möglichkeit, der Gefahr zu entgehen, eines Tages wenn nicht wie Concini, so doch wie Sully zu enden: er mußte die Papstwürde erlangen. Doch das Schicksal, das ihm so viel gegeben hatte, verweigerte ihm diesen letzten Triumph.

Wie stand es nun wirklich um seine Beziehungen zu Anna von Österreich? Letztlich und nach gründlichem Überlegen sollte man der Königin selbst Glauben schenken, wenn sie sich Madame de Brienne gegenüber folgendermaßen äußert: *»Ich gestehe dir, daß ich ihn liebe, und ich kann sagen, zärtlich liebe; aber meine Zuneigung zu ihm geht nicht bis zur Liebe, oder, wenn sie so weit geht, ohne daß es mir bewußt ist, haben meine Sinne keinen Teil daran; nur mein Geist ist bezaubert von der Schönheit des seinen.«*

Im Licht dieser Worte werden die Hintergründe der großen Wende erhellt, die sich zwischen dem 21. April und 18. Mai 1643 anbahnte. Anna war tief beeindruckt von der Intelligenz Mazarins und bezwungen von seinen Umgangsformen; plötzlich begriff sie, was sie schon gleich nach der Geburt ihrer Söhne hätte einsehen müssen. Wenn sie sich wie Maria von Medici verhielt, wenn sie als Regentin an Spanien gebunden und ihrer Sippe verhaftet blieb, würde sie, wie Maria, eine ruhmlose Regierungszeit erleben, die ebenfalls schlecht ausgehen konnte. Die vernachlässigte, schlecht behandelte Gemahlin Ludwigs XIII. muße die Vergangenheit vergessen und zur glorreichen Mutter Ludwigs XIV. werden. Einst war sie das Symbol der Ausländer-Partei gewesen, jetzt mußte sie sich mit Frankreich identifizieren.

Ludwig XIII. war von den Ärzten bereits aufgegeben, als er am 24. April wieder zu Kräften kam und fast wieder Hoffnung schöpfte, doch von neuem peinigten ihn die Heilkünstler derart, daß das Ende nur beschleunigt wurde.

Am 14. Mai 1643, am Jahrestag des Todes Heinrichs IV., befanden sich zwischen zwei und drei Uhr nachmittags wieder viele Menschen im Krankenzimmer, das von gräßlichen Gerüchen erfüllt war. Man konnte in dieser Luft kaum atmen.

Der König rang nach Atem, aber der Gedanke, irgend jemand vom Schauspiel seines Sterbens auszuschließen, kam ihm nicht. Der Oberste des Geschlechts muße seine Seele aufgeben, wie er geboren war, wie er seine Ehe vollzogen und wie er jede Stunde seines Daseins verbracht hatte: in aller Öffentlichkeit. Im Angesichts seines Volks, im Angesicht der Welt zelebrierte er die letzten Riten. Kurz vor dem Ende jedoch gelang es ihm, sich als Mensch darzustellen, die Symbolgestalt in den Hintergrund treten zu lassen.

Er ließ Pater Dinet rufen, seinen Beichtvater. Er nestelte ein kleines Kruzifix von seinem Hals und beauftragte den Geistlichen, dieses Pfand der Schwester Louise-Angélique zu überbringen, die im weltlichen Leben Mademoiselle de La Fayette geheißen hatte. Dann versuchte er, die Sterbegebete laut mitzusprechen. Bald ging ihm der Atem aus. Leise murmelte er noch:

»Jesus!«

Kurz danach machte er Pater Dinet ein Zeichen, das bedeutete, er solle den Auftrag, den er ihm anvertraut hatte, geheimhalten. Ein leichtes Lächeln glitt über sein Gesicht, er legte einen Finger auf seine Lippen und starb.

Anna von Österreich trug so viel Schmerz und Trauer zur Schau, wie der Anstand es erforderte. Die getreue Madame de Motteville sagt: »Es sah aus, als habe man ihr das Herz herausgerissen.« Anna eilte zu ihrem ältesten Sohn und begrüßte ihn »als ihren König und als ihr Kind, beides zusammen«. Und im gleichen Augenblick bangte sie um ihn. In solchen Situationen ähnelte der Hof von Frankreich noch einem Dschungel.

Wie gereift ihr Verstand war, bewies die Königin dadurch, daß sie weder Monsieur noch Condé, den rechtlichen Beschützern des vaterlosen Jungen, vertraute. Unter den Prinzen war ein gutaussehender junger Mann, unbegabt, selbstgefällig, prahlerisch, der sich einbildete, Anna habe sich von seinem blonden Haar und seinem hübschen Schnurrbart betören lassen. Er, der Herzog von Beaufort, wurde, mit der Zustimmung von Monsieur und Condé, ausersehen – man hielt ihn für den richtigen Mann, da er die Regentin vermutlich beherrschen würde –, Schutz und Aufsicht über den neuen König und dessen Bruder auszuüben. Dann wurden die Tore des Schlosses von Saint-Germain zugemacht, die Schweizer Garde trat unter die Waffen.

Ohne Zweifel war Louis-Dieudonné vom Tod seines Vaters wenig beeindruckt (es gibt keinen Beweis für das Gegenteil), er hatte nicht den Eindruck, den Thron zu besteigen, sondern sich in eine schreckliche Gefahr zu begeben.

Ein weiteres Ereignis blieb ihm bis ans Ende seiner Tage in Erinnerung: von der Höhe einer Pyramide lilienbestickter Kissen führte er den Vorsitz über die Sitzung, in der das Parlament das Testament seines Vaters für ungültig erklärte und seiner Mutter unbeschränkte Machtbefugnis einräumte. Der beim Tod Heinrichs IV. erfolgte halbe Staatsstreich wurde zur Tradition erhoben. »Die Sitte, den Müttern der Könige die Regentschaft zu überlassen, wurde für die Franzosen fast genauso zu einem Grundgesetz wie dasjenige, das die Frauen von der Krone fernhält.« (Voltaire, »Le Siècle de Louis XIV«)

Noch sechs Monate zuvor war die Königin gezwungen gewesen, sich Richelieu zu beugen. Jetzt kehrte sie in den Louvre zurück und war mächtiger, als er selber es gewesen war, ebenso mächtig wie Blanche von Kastilien und Katharina von Medici.

Zunächst wußte sie noch nicht, wen sie beauftragen sollte, in ihrem Namen zu regieren. Die früheren Gegner des »Mannes im Purpur« glaubten, ihre Stunde sei gekommen; sie feierten ihren Sieg. Anna von Österreich berief nur einen einzigen ihrer Freunde aus schlimmen Zeiten an ihre Seite, Lord Montagu, einst der Vertraute des geliebten Buckingham. Madame de Motteville berichtet, daß der Engländer, als er gefragt wurde, was er von Mazarin halte, »um ihn zu rühmen, gesagt habe, er sei in allem das Gegenstück zu Kardinal von Richelieu«. Was die ehrenwerte Dame berichtet, ist allerdings nicht ausreichend. Montagu nämlich machte der Königin klar, daß ihr niemand besser dienen würde als ein Mann, der aus dem Nichts heraufstieg, in das sie ihn jederzeit wieder zurückstoßen konnte. Mazarin galt nicht als wirklicher Kirchenfürst; er hielt es weder mit den Großen noch mit dem Adel oder dem Parlament; er hatte nicht einmal ein Vaterland und konnte sich in keiner Sprache ordentlich ausdrücken. Er war ganz und gar von der Königin abhängig, und so lag es in seinem eigenen Interesse, ihr niemals zu schaden, sie niemals zu verraten.

Anna war glücklich, daß Vernunftgründe die Entscheidung guthießen, die das Gefühl ihr eingab. Zur größten Verwunderung Frankreichs und der ganzen Welt wurde Kardinal Mazarin am 18. Mai in seinem Amt als Erster Minister bestätigt. Sogleich übte er »jene Macht aus, die ein kluger Mann über eine Frau haben sollte, die von Natur aus so viel Schwäche besitzt, daß sie beherrscht werden kann, und so viel Festigkeit, daß sie auf ihrer Entscheidung beharrt« (Voltaire).

Es war ein bemerkenswerter Augenblick in der Geschichte: kurz vor der Schlacht von Rocroi, als Fankreich sich anschickte, Europa seinen Stempel aufzudrücken, wurde das Schicksal des Landes in die Hände einer Spanierin gelegt, die vor kurzem noch mit dessen Feinden verbündet war, und in die Hände eines sizilianischen Abenteurers, der im Ränkespiel des päpstlichen Rom großgeworden war.

Im 17. Jahrhundert verschmilzt die Gestalt eines fünfjährigen Herrschers mit einer Mythologie, die ebenso viele Sagen hervorbringt wie die Mythologie der Antike. Wie ein legendärer Heros zeigt er mehrere Gesichter, er entstammt zugleich der Religion, dem Traum und einer unerbittlichen Wirklichkeit, er vereint in sich die menschliche Misere und den Glanz der Unsterblichen.

Mit vier Jahren und acht Monaten ist Ludwig XIV., König von Frankreich und Navarra, nicht nur Herr über Leib und Gut von neunzehn Millionen Menschen, sondern ihr Eigentümer. Ein Dekret des Allmächtigen hat sie ihm übereignet. Im Parlament ist Omer Talon, der Generaladvokat, vor ihm niedergekniet und hat die Worte gesprochen: »Sire, der Sessel Eurer Majestät stellt für uns den Thron des lebendigen Gottes dar. Die Stände des Königreichs entbieten Ihnen Ehre und Achtung wie einer sichtbar gewordenen Gottheit.«

Er trägt noch Kinderkleider und ein »Lätzchen«, doch der Nachkomme Karls des Großen, Ludwigs des Heiligen und Heinrichs IV. verkörpert bereits das Zentrum, den Dreh- und Angelpunkt einer Welt. Noch weiß man nicht, daß er eines Tages sagen wird: *»L'Etat c'est moi«* – dieses pausbäckige kleine Kind mit blondem Haar und mattem Blick ist wahrhaftig der Staat. Ohne ihn wäre alles in Frage gestellt.

Kein Mensch kann behaupten, ihm gleich zu sein, niemand sich rühmen, ihm vergleichbar zu sein. Die ganze Welt blickt auf seine Gesten, seine Taten, sucht seine Gedanken zu ergründen. Hingebungsvolle Anbetung umgibt ihn. Bei jeder feierlichen Gelegenheit werden ihm golddurchwirkte Gewänder angelegt, und wie eine Monstranz wird er in einer Prozession umhergetragen. Bald wird er Kranke heilen, wird er Wunder tun. Wenn er vorübergeht, ertönen die Trommeln, die Stirnen senken sich. Ein ganzes Volk umdrängt ihn, umjubelt ihn, verehrt ihn.

Doch so sieht die andere Seite aus: Der älteste Sohn Ludwigs XIII. ist in den Besitz der schönsten Erbschaft unter der Sonne gelangt, und das in einem Alter, in dem er sie nicht selbst verteidigen kann. In einem Alter auch, in dem der Tod gern Hoch und Niedrig dahinmäht. Seine Familie schirmt ihn ab, achtet auf ihn, voller Angst und Hoffnung. Im Hintergrund stehen prächtige, großmächtige Lehnsherren und hohe Beamte in roter Robe, die ihm Treue geschworen haben und entschlossen sind, jede Schwäche, die er erkennen läßt, zu ihren Gunsten zu nutzen.

Der kleine Ludwig XIV. weiß schon sehr früh, daß nur seine Mutter und sein Pate bereit sind, sein Erbe zu schützen, ihn selbst und seinen jüngeren Bruder Philippe gegen den Onkel zu verteidigen, die Vettern, die Vertrauten und Würdenträger, alle begierig, ihm seinen Besitz zu nehmen. Denn es liegt ein Widersinn in diesem Königtum. Die Durchführung einer nationalen Politik, die Verteidigung der französischen Einheit, beides bedroht vom rebellischen Geist der Franzosen, ruhen auf zwei Ausländern!

Ein lebender Gott, Fetisch seines Stammes, ein zartes Wesen, das im höchsten Maß ungeheuren Begierden ausgesetzt ist: diese beiden Vorstellungen decken sich seltsam mit dem Bild eines nicht glücklichen, ungeliebten, schlechtgepflegten Kindes, dem es zuweilen am Lebensnotwendigen fehlt.

Anna von Österreich widmet ihrem Sohn einen wahren Götzendienst und behandelt ihn, von wenigen Ausnahmen abgesehen, mit einer Sanftmut, die Ludwig XIII. nicht erlebt hat. Nach einer in Bangen und Unfreiheit verbrachten Jugend ist sie jetzt frei, allmächtig und noch schön von Gestalt. Sie gibt sich den Wonnen einer späten Rache hin.

Ludwig XIV. fühlt sich vernachlässigt, vergessen. Der ganze Hof will an den Vergnügungen teilhaben, die während der ersten Jahre der Regentschaft wiederaufleben. Der kleine König bleibt den Bediensteten überlassen, den Dienstmädchen der Kammerfrauen. (Es waren Damen von Stand, die ihre eigenen Domestiken hatten.) In dieser Umgebung wird ihm weder Achtung noch Reverenz erwiesen. Der junge Gott spielt vergnügt die Rolle eines Kammerdieners bei der Tochter einer Zofe. Man kümmert sich so wenig um ihn, daß er eines Tages in ein Wasserbassin fällt, aus dem er im letzten Augenblick herausgezogen wird. Sobald er außer Sichtweite der Öffentlichkeit ist, trägt er anstelle der märchenhaften Gewänder ausgefranste Wämser und durchlöcherte Beinkleider, in einem wackligen Wagen fährt er spazieren. Seinen Morgenrock trägt er so lange, daß er ihm kaum noch bis ans Knie reicht.

Eine weitere Kränkung: er wird für griesgrämig, für plump gehalten, man findet, er sieht aus wie ein »Idiot«, während man die Lebhaftigkeit und Liebenswürdigkeit seines Bruders preist.

Es ist, als habe sich die Natur den Spaß gemacht, die Elemente, aus denen sie den Stammbaum der »Söhne Frankreichs« geformt hat, zwischen ihnen aufzuteilen. (Ludwig XIV. hatte nur ein Viertel französisches Blut. Unter sechzehn Ururahnen waren sechs Habsburger, zwei Valois, ein Bourbon, ein Bourgogne [Portugal], ein Albret, zwei Jagellonen [Ungarn], ein Wittelsbacher, ein Medici [Italien], ein Alvarez de Toledo [Spanien]. Sechsmal stammte er von Johanna der Wahnsinnigen ab und hatte mehr Valois- als Bourbonen-Blut.) Ludwig macht mit seinen blauen Augen, seinem blonden Haar und seinem vollen Gesicht die austro-flämische Abstammung seiner Mutter deutlich. Doch besitzt er auch die Tatkraft Heinrichs IV. und der Albrets, den frühreifen Ernst, die Selbstbeherrschung und die Kunst der Verstellung Ludwigs XIII. Philippe hat die gefälligen Eigenschaften Heinrichs IV., des Vert-Galant erhalten: er lacht gern, er ist heiter, geschwätzig, mitteilsam, liebevoll. Ludwig lacht fast nie.

Die Regentin läßt sich zwischen zehn und elf Uhr vormittags wecken, versenkt sich lange in ein Gebet und ruft dann nach der Kammerfrau, die »neben ihrem Bett schläft«. Ihre Söhne werden hereingebracht, und sie behält sie bei sich während der Zeremonie des Lever und während sie ihr (erstes) Frühstück einnimmt, das aus Fleischbrühe, gebratenem Fleisch und Würstchen besteht. Der König reicht ihr das Hemd und küßt sie zärtlich. Wie alle anderen empfindet er »ein Vergnügen ohnegleichen« daran, ihr zuzusehen, wenn sie sich frisiert, wobei die Schönheit ihrer wohlgeformten Hände zur Geltung kommt. Dann wird die Königin von Ergebenheitsbezeigungen, dem Mittagessen, Besuchen in der Stadt, der Ratssitzung, dem Hofzirkel, dem Abendessen und anschließenden Lustbarkeiten in Anspruch genommen; das alles dauert bis weit nach Mitternacht.

Ludwig und Philipp kommen nur in ihre Nähe, wenn eine Feierlichkeit es erfordert. Dann werden sie prächtig herausgeputzt, sie wirken schon pompös und hoheitsvoll. Doch sobald sie wieder in ihren Gemächern sind, sobald die Samtanzüge und der Federschmuck wieder abgelegt sind, sind sie von neuem vernachlässigte, fast sich selbst überlassene Kinder. Ein halbes Jahrhundert später zeigt sich Madame de Maintenon, diese pedantische Pädagogin, noch bestürzt über die Erziehung der Königskinder.

Anna hat nicht gezögert, sich sogleich von Madame de Lansac, der Vertrauten Ludwigs XIII., zu trennen. An ihre Stelle setzte sie eine getreue Jugendfreundin, Madame de Sénecé. Sie wollte sich damit erkenntlich zeigen, aber klug war es nicht. Die neue Gouvernante tat sich viel auf die Ehren ihres Amtes zugute und vergaß darüber ihre Pflichten. Die zweite Erzieherin, Madame de Lassalle, kümmerte sich ausschließlich um die Spiele ihrer Zöglinge. Sie steckte sich schwarze Federn ins Haar, einen Degen in den Gürtel und ließ die Kompanie der »Ehrenkinder« aufmarschieren.

Am 7. Oktober 1643 zog die Regentin aus dem alten unkomfortablen und ärgerliche Erinnerungen bergenden Louvre aus und richtete sich im glanzvollen Palais-Cardinal ein, das Richelieu Ludwig XIII. vermacht hatte und das zum Palais-Royal wurde. Dort ergründet der kleine König nach und nach seine Welt, eine von zugleich untertänigen und hoffärtigen Geschöpfen bevölkerte Welt, in der das immerwährende Zeremoniell die Kulisse abgibt für Intrigen und Liebesspiele, für Verschwörungen, Vorzimmertragödien und Taten, die in die Geschichte eingehen.

Da ist zunächst seine schwierige Familie. Sein Onkel, Gaston d'Orléans, dem das Parlament die nichtigen Titel eines Ratsvorsitzenden und Chefs der Regentschaftsarmeen zuerkannt hat, ist erst fünfunddreißig Jahre alt. Trotz zahlreicher Dramen, Niederlagen und Demütigungen läuft er weiter pfeifend herum, die Hände in den Taschen, den Hut keck auf dem Kopf. Er hat viele liebenswürdige Eigenschaften und sogar eine gewisse Gutmütigkeit, aber – wie Kardinal von Retz später sagt – sein Herz ist schwach vor Angst, sein Geist ist schwach vor Unentschlossenheit. Er »denkt an alles und will nichts«, und er hat noch nicht alle Hoffnung aufgegeben, auf den Thron steigen zu können, dessen Anwärter er lange Zeit gewesen ist.

Der Königin gegenüber bezeigt er indes sichtlich Zuneigung und dem König gegenüber »unendlich zärtliche Liebe«, in einem Maß, »daß man oft Tränen in seinen Augen erblickt hat«. Das ist übertrieben, und instinktiv empfindet es das Kind so. Ludwig spürt, daß die »Ehrerbietung« seines Onkels viele Hintergedanken und wirklkche Angst verbirgt. In seiner Gegenwart läßt Ludwig nie die ernste, hochmütige und rätselhafte Maske fallen.

Ebenso verhält er sich Monsieur le Prince gegenüber, der so häßlich, ungepflegt und arrogant ist, und dessen Sohn gegenüber, dem Gott der Schlachten, dem Herzog von Enghien, in die Geschichte als der »Große Condé« eingegangen (im Volke nennt man ihn Monsieur le Duc). Das Adleranlitz des Helden, »die übergroßen hervorquellenden Augen, die gebogene Nase, die hageren Wangen, der eigenwillige Mund, das fliehende Kinn« flößen ihm weder Furcht noch Sympathie ein.

Die erstgeborene Tochter von Monsieur – später die *Grande Mademoiselle* genannt – ist elf Jahre älter als Ludwig, nennt ihn aber trotzdem »mein kleiner Gemahl«. Bevor Anna die Regentschaft übernahm, hatte sie ihr einmal versprochen, sie würde Ludwig heiraten können, und das Mädchen allein hatte es ernst genommen. Diese von der Schönheit nicht berührte Cousine und ihre Halbschwestern erwecken in dem kleinen König nur eine Art ärgerlicher Ablehnung.

Seine Patin Madame la Princesse ist blond geblieben, strahlend, hoheitsvoll, liebenswürdig, »wenn sie es nicht gerade für richtig hält, sich unerträglich aufzuführen«. Sie könnte ihren Patensohn beeinflussen, wenn sie sich mit ihm beschäftigen würde.

Aber wer beschäftigt sich mit einem fünfjährigen König, wenn sich der Hof in Aufregung befindet! Nun sind auch die letzten Verbannten und Geächteten wieder zurückgekehrt, das heißt die besten Freundinnen der Königin, Madame de Chevreuse und Marie de Hautefort. La Porte ist aus der Bastille entlassen und wieder Kammerdiener geworden. Die Königin bereitet ihm einen großherzigen Empfang und sagt: »Hier steht der arme Mann, der so viel für mich hat erleiden müssen und dem ich alles verdanke, was ich jetzt bin.«

Die Zurückgekehrten meinen, sie könnten wieder Einfluß gewinnen auf die Frau, die recht leichtsinnig war, als sie sie verlassen mußten. Sie sind höchst überrascht, vor einer Regentin zu stehen, die der Verschwörerin von einst sehr wenig ähnelt, und sie verfolgen nur ein Ziel: den Urheber dieser beklagenswerten Wandlung so schnell wie möglich unschädlich zu machen. Madame de Chevreuse äußert, es sei eine Todsünde, einen Kardinal zu lieben. Marie de Hautefort, die in Tugendfragen gern engherzig ist, scheut sich nicht, Ihrer Majestät sehr deutliche Vorhaltungen zu machen. Anna errötet, sagt dann aber lachend: »Der Kardinal liebt die Frauen nicht. Er stammt aus einem Land, wo Neigungen anderer Art vorherrschen.«

Was La Porte nicht davon abhält, ihr untertänigst zu melden, daß alle Welt über sie und Seine Eminenz in einer Weise spräche, die ihr »Anlaß zum Nachdenken über sich« geben sollte. Der Bischof von Lisieux, der Bischof von Limoges und Vinzenz von Paul erscheinen persönlich, um ihr ins Gewissen zu reden. Sie sind schockiert, daß Ihre Majestät »allein« bleibt mit Seiner Eminenz, das heißt, daß sie sich im hintersten Raum einer Zimmerflucht mit ihrem Minister außer Hörweite der Höflinge, *aber nicht außer ihrer Sichtweite* unterhält.

Da die Königin nicht begreifen will, geht man zu den traditionellen Komplotten über. Es bildet sich ein Clan um die früheren Favoritinnen und den Herzog von Beaufort, sie werden die »Importants« genannt, weil sie sich als Doktrinäre aufführen. Während wahre Schlachten zwischen den Damen der Familie Condé und der Familie Rohan, zu der Madame de Chevreuse gehört, ausbrechen, bereiten Beaufort und seine Freunde die Ermordung Mazarins vor. Nun handelt die Königin genauso, wie ihr Gemahl es getan hätte. Beaufort wird festgenommen, Madame de Chevreuse und, etwas später, auch Marie de Hautefort werden vom Hof verbannt. Wer hätte geglaubt, daß die »gütige Fürstin« dazu fähig wäre, wer hätte einem ausländischen Spitzbuben, dessen niedrige Herkunft Anlaß zum Lachen gab, so viel Kühnheit zugetraut? Ihr Vorgehen wirkt wie ein Donnerschlag. Er zeitigt mehr Wirkung als die Hinrichtungen zur Zeit Richelieus, und die Königin kann »das süße Leben« wiederaufnehmen.

Ein weiterer Glücksfall bringt ihr Siege ein über ihren Bruder, den sie an sich sehr liebt, Siege, wie Frankreich sie seit Marignano nicht errungen hat. Nach der Schlacht von Rocroi (1643) »hat sich der Respekt, den man in Europa vor den spanischen Armeen hatte, den französischen Armeen zugewandt« (Voltaire), Enghien nimmt Diedenhofen und Syrck ein, stürzt sich dann auf die Kaiserlichen und schlägt sie, von Turenne unterstützt, bei Freiburg und Nördlingen. Diese großen Schlachten sind fürchterlich blutig, der Adel erleidet riesige Verluste, und der Hof, an dem während der Sommerzeit kein Edelmann unter sechzig Jahren anzutreffen ist, trauert um unzählige Angehörige. In das Tedeum mischt sich lautes Wehklagen, doch dem kleinen König flößt das keineswegs Haß gegen den Krieg ein.

Henri-Louis de Brienne, als Ehrenknabe ein Gefährte seiner Spiele, schreibt: »Sein einziges Vergnügen war der Krieg; seine Finger schlugen unaufhörlich den Trommeltakt.« Seine Lieblingsspielzeuge sind Degen, Pistolen und Miniaturkanonen. Erstaunlich ist es nicht. Sein Großvater war ein Kriegsheld und sein Vater ein großer Soldat. (Vor der Schlacht am Susa-Paß sagte Ludwig XIII.: »Ich kann meine Soldaten nicht zur Schlachtbank schicken, ich kann sie nur selbst dorthin führen.«)

Von wenigen Ausnahmen abgesehen bleibt der Mensch unauslöschlich geprägt von der religiösen Erziehung, die er im frühesten Alter erhalten hat, selbst wenn er sich später von ihr lossagt. Deshalb ist es angebracht, schon jetzt die Lehren zu analysieren, denen der König sein ganzes Leben lang treu geblieben ist. Es handelt sich hier um einen ganz wesentlichen Punkt. Man würde die Entwicklung der Persönlichkeit, der Regierung und demzufolge die Entwicklung Europas im 17. Jahrhundert nicht verstehen, wenn man sich nicht mit den Ideen befaßt, die Ludwig XIV. sich von Gott und dem Katholizismus gemacht hat.

In dieser Hinsicht war seine Mutter sein Lehrmeister und sein Vorbild. Anna hatte sich das Feuer, die Leidenschaft der spanischen Gläubigkeit bewahrt. »Sie fastete an allen vorgeschriebenen Tagen, und trotz ihres großen Appetits aß sie die ganze Fastenzeit über nichts. Regelmäßig ging sie an den Sonn- und Festtagen zur Kommunion. Vor den großen Festen verbrachte sie, abgeschieden von aller Welt, einige Tage im Kloster Val-de-Grâce.« (Madame de Motteville) Am Karfreitag begann sie bereits um fünf Uhr morgens mit Exerzitien.

Dieser Glaubenseifer und diese Übungen genügten, um ihren religiösen Drang zu befriedigen. Die Enkelin Philipps II. war unfähig, irgendeinen Zweifel aufkommen zu lassen, es wäre ihr nicht in den Sinn gekommen, ihre religiösen Überzeugungen durch Studien zu unterbauen. Zudem schreibt Madame de Motteville, »sie habe kaum gelesen und nicht viel gewußt«. Von ihr empfing Ludwig einen ganz naiven Glauben, und wie sie unterließ er es, die Quellen zu erforschen. Nie nahm er eine Bibel in die Hand, nie las er irgendein theologisches Werk. Das wäre ein Verlust an Zeit gewesen, fast eine Unschicklichkeit. Es steht den Fürstlichkeiten nicht an, religiöse Probleme zu lösen. Hingegen ist es ihre Pflicht, die Entscheidungen durchzusetzen, welche die Kirche trifft und für die sie verantwortlich ist. Den Jansenisten warf

Anna von Österreich vor, wie würfen Fragen auf, die der Laie und in Sonderheit die Frauen nicht ergründen durften. Der Begriff der Toleranz verfiel weiterhin der Ablehnung. Nur schreckliche »Freigeister« waren imstande sich vorzustellen, daß Wahrheit und Irrtum nebeneinander bestehen könnten. (Noch zu Ende des 18. Jahrhunderts war die Kaiserin Maria Theresia empört über diese Vorstellung. Sie schrieb an ihren Sohn Joseph II.: »Die Religion würde völlig zerstört werden, wenn du fortfährst, die allgemeine Toleranz zu begünstigen. Ich hoffe, daß Gott dich vor diesem Unheil bewahren wird.«)

Mit zunehmendem Alter fand Ludwig XIV. weitere Gründe, den Katholizismus zu verteidigen, den Katholizismus als Prinzip der königlichen Macht, zumindest Bossuets Meinung zufolge. Er machte auch die Erfahrung, daß durch die Befolgung der religiösen Praktiken sehr viele Sünden vergeben werden können. Nie hat er sich in dieser Hinsicht eine Abweichung gestattet. Einmal befahl ihm seine Mutter, zwei Tage eingeschlossen in seinem Zimmer zu bleiben, weil er geflucht hatte. Abbé de Choisy sagt dazu: »Sie malte ihm das Verbrechen, Gott im Himmel zu beleidigen, derart schrecklich aus, daß er es wohl niemals wieder begangen hat.«

Noch etwas darf nicht übersehen werden: Anna von Österreich verstand es, ihrem Sohn die Furcht vor gewissen »Verbrechen« gegen Gott einzupflanzen. So vermittelte sie dem heranwachsenden Despoten ein heilsames Gegengewicht, das den neuzeitlichen Diktatoren ebenso fehlte wie den römischen Cäsaren.

Frömmigkeit, Ernsthaftigkeit, Höflichkeit, gewählte Ausdrucksweise, unwillkürliche Verstellungskunst, wenn aller Blicke auf ihn gerichtet waren, das alles besaß der Knabe schon, als er sieben Jahre alt war und »den Händen der Frauen entrissen« wurde. Die Stunde war gekommen, ihn das Metier des Herrschers zu lehren.

Nachdem die Opposition die Bestürzung über ihre Niederlage beim Tod Ludwigs XIII. verwunden hatte, hegte sie die Hoffnung, nun den Geist des jungen Monarchen formen zu können. Schon die Kammerfrauen hatten ihm Lieder vorgesungen, die den Ersten Minister verunglimpften. Die Regentin zögerte nicht, einen Gegenzug zu tun: Sie ernannte Mazarin zum »Oberaufseher der Erziehung und der Lebensführung des Königs«. Das erregte Ärgernis und Zorn. Die Wut und Empörung der Grandseigneurs hielt viele Jahre an. Auch die Historiker ließen sich später durch die bösartigen Äußerungen aus der spitzen Feder Liselottes von der Pfalz und Saint-Simons beeindrucken.

Was an Anwürfen und Anklagen vorgebracht wurde, ist bekannt. Der »Schurke aus Sizilien« habe Ludwigs Kinderzeit künstlich verlängert, habe ihn daran gehindert, zu lernen und sich zu bilden, ihm »verpestete« Lebensregeln eingegeben und ihn auf das Niveau seiner eigenen Niedrigkeit heruntergedrückt. »Man hat allen Grund«, schreibt Saint-Simon, »tränenvoll die schreckliche Erziehung zu beklagen, die einzig darauf gerichtet war, Geist und Herz dieses Prinzen zu ersticken, dazu das abscheuliche Gift der Erzschmeichelei, durch die er im Schoß des Christentums vergöttlicht wurde«.

An dem Vorwurf der Schmeichelei ist etwas Wahres: Der Knabe stellte selber fest, daß sein Erzieher manchmal »ja« sagte, bevor er überhaupt gesprochen hatte. Alles übrige gehört dem Reich der Polemik an. Weder die Königin noch der Kardinal vernachlässigten je ihre Pflicht und ließen es an Zärtlichkeit dem König gegenüber nicht fehlen. (Mit einer Mazarin betreffenden Ausnahme, von der später die Rede sein wird.) Gewiß, sie begingen den Fehler, ihm keine umfassende Erziehung angedeihen zu lassen, ihm keine Bildung zu verschaffen. Sie waren keine Intellektuellen und maßen daher Büchern keine Bedeutung bei. Allerdings darf nicht übertrieben werden: Ludwig erlernte die italienische und spanische Sprache.

Mazarin umgab seinen Zögling mit einem Netz von Spionen. »Aus Furcht, man könne ihm gute Gefühle einflößen«, schrie die ränkesüchtige Gegenpartei, womit sie nicht ganz unrecht hatte, denn für diese Partei waren »gute Gefühle« gleichbedeutend mit Haßgefühlen dem Minister gegenüber. Ein günstiges Ergebnis hatte die Angelegenheit: Der junge Souverän wurde sich endgültig klar darüber, daß er auch die gerinste Äußerung abwägen mußte und seine eigentlichen Gedanken niemanden offenbaren durfte.

Unter der Oberaufsicht des Kardinals wurden ein Erzieher, ein Hofmeister und ein Assistent des Hofmeisters zur erlauchten Erziehung bestellt, dazu eine ganze Schar von Lehrern beauftragt, »alle Wissenschaften«, angefangen von der Mathematik bis zum Gitarrespiel, zu lehren.

Saint-Simon hat nicht darauf verzichtet, den Erzieher Seiner Majestät, den Marschall-Marquis de Villeroy, mit Vorwürfen zu überhäufen. Villeroy habe sich gerühmt, »den Ministern, solange sie im Amt waren, stets das Nachtgeschirr hingehalten zu haben und es ihnen, wenn sie ins Straucheln kamen, über den Kopf zu gießen«. In der Tat bewies Villeroy seinem Zögling gegenüber zu viel Nachgiebigkeit, doch er war ein intelligenter Mann und hatte große Fähigkeiten. Der König liebte und schätzte ihn bis an sein Lebensende (er starb 1685), man könnte sagen, er tat des Guten zu viel, denn Villeroys Sohn erbte diese Zuneigung des Königs, die zum Grundstein schrecklichen Unheils wurde. Im großen Gewebe des Schicksals geht kein Faden verloren.

Saint-Simons Abneigung gegen den Hofmeister Hardouin de Beaumont de Péréfixe, den späteren Erzbischof von Paris, ist ebenfalls nicht gerechtfertigt, wiewohl dieser Abbé die Geschmeidigkeit und Beflissenheit eines Höflings an den Tag legte.

Die beiden Würdenträger hatten im übrigen nur einen sehr bedingten Einfluß auf den königlichen Knaben. Eine andere, weit unter ihnen stehende Persönlichkeit gewann viel größeren Einfluß auf ihn. La Porte erzählt in seinen Memoiren:

»Ich war der erste [Mann], der im Gemach Seiner Majestät schlief. Zuerst war er erstaunt darüber, daß keine Frauen mehr bei ihm waren; am meisten Kummer aber machte es ihm, daß ich keine Geschichten von ›Peau d'Ane‹ erzählen konnte, mit denen die Frauen ihn bisher in Schlaf gewiegt hatten. Eines Tages sprach ich mit der Königin darüber und sagte, daß ich ihm gern aus irgendeinem guten Buch vorlesen würde, wenn es Ihrer Majestät angenehm wäre. Sollte er dabei nicht einschlafen, könnte er Gewinn aus der Lektüre ziehen. Sie fragte mich, an welches Buch ich dächte; ich antwortete, ich könnte mir kein besseres zum Vorlesen denken als die ›Geschichte von Frankreich‹; daß ich ihn auf die untauglichen Könige aufmerksam machen würde, um seinen Eifer anzuspornen, nur nicht zu werden wie sie. Die Königin fand es ausgezeichnet ... Monsieur de Beaumont gab mir die von Mézeray geschriebene ›Geschichte‹, die ich jeden Abend in erzählendem Ton vorlas. Der König fand Gefallen daran und nahm sich vor, dem großherzigsten seiner Ahnen gleich zu werden, und er wurde sehr zornig, wenn man ihm sagte, er würde ein zweiter Louis le Fainéant* werden. Denn oft hielt ich ihm seine Fehler vor, wie es die Königin mir empfohlen hatte.«

Dieser fast väterliche Diener erwarb die Zuneigung und das Vertrauen seines jungen Herrn. In schlimmen Stunden suchte der Knabe Zuflucht bei ihm. Weiterhin berichtet La Porte:

»Wenn er schlafen wollte, wünschte er, daß ich meinen Kopf neben den seinen auf das Kissen legte. Wachte er in der Nacht einmal auf, erhob er sich und legte sich neben mich nieder, so daß ich ihn mehrere Male, wenn er wieder eingeschlafen war, in sein Bett zurücktrug.«

Weder die Ergebenheit noch die guten Absichten des Kammerdieners können in Zweifel gezogen werden. Doch jeder Mensch hat seine Eigenheiten und Schwächen: La Porte, der so viel für seine Königin getan und gewagt hatte, konnte es nicht ertragen, daß sie, wie er meinte, von einem Eindringling, von einem Abenteurer unterjocht wurde. In Mazarin sah er den Teufel oder etwas Ähnliches und bekämpfte ihn mit allen Kräften. Er »versetzte ihm kleine Hiebe«, vor allem während der Geschichtsvorlesungen; dann geißelte er die Hausmeier. Immer empfindet ein Kind schmerzliche Eifersucht einem Frem-

* Louis V., der »Faule«, König von Frankreich 986–87.

den gegenüber, der die Mutter beherrscht. La Porte gab sich alle Mühe, diese Empfindung in Abneigung umzuwandeln. »So geschickt wie möglich versuchte ich«, schriebt er, »seinen Sinn nicht in der Verfassung zu belassen, in der er sich Seiner Eminenz gegenüber befand.«

Den Erfolg dieser Bemühung bewies eine unvermutete Äußerung, die der junge König eines Tages machte.

»Da geht der Großtürke vorüber«, sagte er, als er einmal den Kardinal mit großem Gefolge auf der Terrasse des Schlosses von Compiègne erblickte.

Diese Bemerkung wirkte wie ein Blitz aus heiterem Himmel. Die Königin war äußerst beunruhigt und drang in ihren Sohn, ihr zu gestehen, wer ihm so etwas eingeredet habe. Doch der Knabe blieb stumm. Bei einer anderen Gelegenheit sagte er in Saint-Germain, wieder auf den Kardinal bezogen: »Wo er auch ist, macht er großen Lärm. Ich glaube, er hat mehr als fünfhundert Personen in seinem Gefolge.«

Solche Aufzüge brachten ihn in Harnisch. Später mußten am Hof sogar die Prinzen darauf verzichten. Bemerkenswert ist folgender Umstand: La Porte beklagte es vor allem, daß »ihm nicht stark genug Herrengefühle eingepflanzt würden«. Der getreue Kammerdiener hätte sich sein Klagen und Saint-Simon seine »Tränen« sparen können über die im wahrsten Sinne des Wortes ungewöhnliche Erziehung, die der stets gefährdete junge Monarch erhielt, der Knabe, der subalternen Beamten überantwortet worden war. Ludwig XIV. war und blieb, seit Heinrich IV., der einzige seines Geschlechts, der nicht von der Macht der Erinnerungen an seine ersten Lebensjahre erdrückt wurde. Unter den vielen Menschen, die ihm zu Diensten standen, blieb er ungewöhnlich frei, er wuchs auf wie eine wilde Pflanze und zog seine Lehren aus den Dingen und der persönlichen Erfahrung. Er entging den Komplexen, mit denen Ludwig XIII. behaftet war, der maßlos grob behandelt wurde, den seine Mutter nie in die Arme nahm und der mitansehen mußte, wie sehr sein jüngerer Bruder bevorzugt wurde. Wenn er von seinem Vater eine gewisse Schüchternheit geerbt hatte, so bedrückte sie ihn nicht, sie lähmte ihn nicht, wie es später bei Ludwig XV. und Ludwig XVI. der Fall war. Insonderheit wurde ihm der Vorzug zuteil, nicht in äußerster Abgeschlossenheit erzogen zu werden, er konnte die Außenwelt mit eigenen Augen wahrnehmen und sich sein Urteil bilden.

Von seinem siebenten Lebensjahr an war sich Ludwig bewußt, zu einer besonderen Spezies Mensch zu gehören, doch er wußte auch, daß eine ständige Drohung über seinem Haupt schwebte und daß er weder wahre Freunde noch wahre Vertraute haben konnte. Er verabscheute den Kardinal, unterwarf sich aber der Notwendigkeit, ihn um sich haben zu müssen. Er war stolz, zeigte es jedoch selten. Er geriet in Zorn, wenn ein Prinz oder ein Mitglied des Parlaments es an Achtung der königlichen Majestät gegenüber fehlen ließ, litt aber zuweilen an einer seltsamen Schwermut, über die La Porte und die Anhänger der Monarchie besorgt waren. Ungestüm gab er sich seinen kindlichen Spielen hin, legte aber oft einen so nachdenklichen, rätselhaften Ernst an den Tag, daß seine Mutter beunruhigt war.

Sein Gesicht war unbewegt, seine Gebärden bedächtig, der Blick unergründlich, die Stimme verhalten, jedes Wort wurde sorgfältig abgewogen: so sah ihn der Hof mit einiger Sorge schon damals, und diese Haltung bewunderten, siebzig Jahre später, kurz vor seinem Tod, die ausländischen Diplomaten noch immer.

Begegnung mit der Revolution

Im Jahr 1645 hielt Seine Majestät ein »Lit de justice«, eine feierliche Sitzung im Parlament ab. Es ging darum, Geld zu beschaffen. Die Monarchie entfaltete ihren ganzen Prunk, da die Grandseigneurs, die sich in Geldnot befanden, die Finanziers, bei denen sie Geld entliehen, beeindrucken wollten. Die Königin trug ein Collier aus großen Diamanten und birnenförmigen Perlen. »Dieser Schmuck, dazu ihr schwarzer Schleier verliehen ihr ein schönes und strahlendes Aussehen«, sagt die begeisterte Madame de Motteville. »An dem Ernst und der Milde ihrer Augen war die Hoheit ihrer Geburt und die Schönheit ihrer Seele abzulesen.« Vom König sagt sie, »seine Schönheit war vollkommen«.

Es fand ein großartiger Aufmarsch der Garden, der Schweizer, der Musketiere und leichten Reiter statt. Alle Prinzen, Pairs, Marschälle und Minister nahmen an der Sitzung teil. Ludwig saß auf den lilienbestickten Kissen, grüßte die Versammlung und erklärte, nachdem er einen Blick auf seine Mutter gerichtet hatte:

»Meine Herren, ich bin hierhergekommen, um mit Ihnen über meine geschäftlichen Angelegenheiten zu sprechen. Mein Kanzler wird Ihnen meinen Willen kundtun.«

»Diese wenigen Worte sprach er mit einer Anmut aus, die von der ganzen Versammlung mit freudiger Bewunderung aufgenommen wurde, und diese Freude löste einen allgemeinen Beifall aus, der lange anhielt. Als sich der Lärm gelegt hatte, trug der Kanzler die Erfordernisse des Staates vor.«

Ungeheure Erfordernisse. Zum erstenmal wurde in Gegenwart des königlichen Knaben das finanzielle Problem aufgeworfen, mit dem sein Vater zu tun gehabt hatte und das auch ihn sein ganzes Leben lang begleiten sollte. Als Ludwig XIII. den Kardinal Richelieu in die Regierung berief und gegen alle Stürme in seiner Stellung beließ, hatte er sich für eine großangelegte Politik entschieden, mit der er Frankreich zum bedeutendsten christlichen Reich machen wollte. Das bedeutete, daß gewaltige militärische und diplomatische Anstrengungen unternommen werden mußten, was wiederum unermeßlich hohe Ausgaben erforderte und das Elend des Volkes zur Folge hatte. Fast jedes Jahr hatte Richelieu die unerträgliche Steuerlast erhöhen müssen, wodurch in den meisten Provinzen Aufstände hervorgerufen wurden, die grausam unterdrückt wurden. Als mildernder Umstand für Gaston d'Orléans und die Verschwörer kann geltend gemacht werden, daß sie nicht nur ihre ehrgeizigen Bestrebungen befriedigen, sondern einen Frieden (zugunsten Spaniens) herbeiführen wollten, damit die Bevölkerung der Provinzen endlich wieder aufatmen könnte. Ein Frieden zugunsten Frankreichs erforderte 1645 noch weitere große Opfer.

Der Kanzler verkündete es dem Parlament und erinnerte an »die großartigen und strahlenden Siege, die man über die Feinde davongetragen hatte, an die Friedenssehnsucht der Königin und die Notwendigkeit, die Spanier durch die Fortsetzung der Eroberungen zum Frieden zu zwingen«. Nach einer schwülstigen Rede des Präsidenten Mathieu Molé sprach der Generaladvokat Omer Talon »mit gewagten Worten: er stellte der Königin das durch die Kriege zugrundegerichtete Volk vor Augen, warf sich auf die Knie und bat in leidenschaftlicher und rührender Weise um Gnade für das Volk«.

Ludwig XIV. lernte bei dieser Gelegenheit die Leute kennen, die seine Macht einschränken wollten, denn Omer Talon, im übrigen ein höchst achtbarer Mann, hatte noch andere Gedanken im Kopf. In diesen vierziger Jahren wehte ein revolutionärer Wind in Europa. Neapel, Portugal und Katalonien hatten sich erhoben, das englische Parlament führte Krieg gegen seinen König, ehe es ihm die Krone entriß. Dieses Beispiel wirkte ansteckend auf das Parlament in Paris, denn schon beim Tod Ludwigs XIII. war es von der Monarchie um einen Schiedsspruch ersucht worden. Die jungen Parlamentsräte wollten »an einer Reform des Staates arbeiten, der durch die Veruntreuungen der Finanziers und die schlechte Führung der Verwaltungsgeschäfte in Gefahr geraten war«. Die Kühnsten trachteten danach, Frankreich eine konstitutionelle Charta zu geben.

Da das Parlament bei jeder Gelegenheit die Sache der armen Leute vertrat, war es beliebt, doch das alles beruhte auf einem dreifachen Irrtum. Die Räte waren damit beauftragt, Recht zu sprechen, besaßen aber keine gesetzgeberische Befugnis. Da sie ihre Ämter gekauft hatten, konnten sie, trotz ihres Anspruchs, nicht als Vertreter des Landes betrachtet werden. (Nur Heinrich III. hatte den Mut, zeitweilig die Käuflichkeit der Ämter, die von Franz I. eingeführt worden war, abzuschaffen. Heinrich IV. führte sie wieder ein und machte den Zustand noch schlimmer, indem er den Gerichtsherren erlaubte, die Ämter ihren Nachkommen zu vererben, indem sie dafür eine Abgabe zahlten, die »Paulette« genannt wurde.) Ihr Ansehen beruhte auf ihrem juristischen Wissen, ihrer steifen Würde und ihrem Zensorengebaren den Übergriffen des Hofes gegenüber. Doch leider dachten diese Nachfahren Catos, diese »Väter des Volkes«, wenn sie großspurig von »Freiheiten« sprachen, in erster Linie daran, ihre Vorrechte zu verteidigen. Schlimmer noch: um das Geld, das sie für ihre Ämter bezahlt hatten, wieder hereinzubekommen, verkauften sie schamlos die Gerechtigkeit. Das war ein so althergebrachtes Verfahren, daß es niemandem in den Sinn kam, sich darüber zu empören.

Weder legal noch moralisch waren die Parlamentarier mithin befugt, sich als Reformatoren aufzuwerfen. Trotzdem versuchten sie unter Ausnutzung des Geldmangels, der Regierung Zügel anzulegen, denn ihnen oblag es, die Steuerverordnungen zu registrieren. Anna von Österreich sah ihre vornehmste Pflicht darin, ihrem Sohn das Erbe und die Machtbefugnis Ludwigs XIII. unversehrt zu hinterlassen. Sie konnte dies Art von Bevormundung nicht zulassen, und von nun an verschärfte sich der Konflikt zwischen der Krone und den hohen Beamten.

Die Grandseigneurs hatte Mazarin im Zaum zu halten verstanden, mit dem Parlament mußte er einen Ausgleich zu finden versuchen. Er war von den großen europäischen Projekten derart in Anspruch genommen, die er bald siegreich abzuschließen gedachte, daß er der Innenpolitik nicht Sorgfalt genug widmete, auch schätzte er die Macht der öffentlichen Meinung falsch ein. Er sagte:

»Die Franzosen sollten sich, wenn sie wollen, an meine Handlungsweise gewöhnen, denn ich will mich an die ihre nicht gewöhnen. Habe ich den König und die Königin auf meiner Seite, werden alle Franzosen meine Freunde sein; falle ich jedoch in Ungnade, werde ich mit den Franzosen nichts mehr zu tun haben, denn ich würde nicht in Frankreich bleiben.«

Die Franzosen ihrerseits wollten mit ihm nichts zu tun haben. Ruhm und Ehre für die gewonnenen Schlachten fielen Monsieur le Duc und Turenne zu. Für die spitzfindigen diplomatischen Manöver, von denen die Zukunft des Kontinents abhing, hatten allein die Eingeweihten und Fachleute Sinn und Verstand. In den Augen der Öffentlichkeit war Mazarin ein wiedererstandener Concini, ein fragwürdiger Geck, der unter das Kopfkissen der Königin gegriffen und sich das Zepter angeeignet hatte, der sich außerdem schamlos bereicherte. Dieses »Monstrum an Geschicklichkeit und Intelligenz«, dieser fremdländische Minister, der fast als einziger darum bemüht war, die wahren Interessen der Nation zu verteidigen, wurde hingestellt, als wäre er ein Betrüger, ein Feigling, ein Dieb.

Mit dem Tod des alten Prinzen von Condé, Henris II. von Bourbon, zog eine weitere Gefahr herauf. Jetzt trug der Sieger von Rocroi, Louis II., der »Große Condé«, diesen Titel neben dem eines Herzogs von Enghien, er wurde außerdem Großmeister von Frankreich, Statthalter von Burgund, des Berry und der Champagne. Er forderte die Admiralität, er wollte die gesamten militärischen Kräfte des Königreichs unter seinem Oberbefehl zusammenfassen und hegte den Plan, die Franche-Comté zu erobern, um sie dann als Souverän zu beherrschen. Würde der bis zum Wahnsinn stolze, unermeßlich ehrgeizige, ungezügelten Leidenschaften unterworfene, aber dennoch kluge und hochgebildete Kriegsmann eine Feudalherrschaft, die gefährlicher war als zur Zeit der Bürgerkriege, gegen die Krone wiedererstehen lassen? Monsieur le Prince verabscheute den »Schurken aus Sizilien«, und seine Verachtung ging so weit, daß er ihn verkannte. Mazarin schmeichelte seiner Ruhmsucht, indem er ihn zum Vizekönig von Katalonien ernannte, was dem Prinzen seine erste Niederlage eintrug, denn er belagerte vergeblich die unbezwingbare Festung Lerida.

Der Kardinal erkannte, daß er alle Gerüchte ersticken könnte, wenn er das königliche Idol auf den Schild hob. So hielt denn der achtjährige Ludwig, in Gold gewandet und einen Schimmel reitend, seine Truppenrevue ab. Er durfte auf Bällen tanzen, und Madame de Motteville erzählt: »Der König trug ein schwarzes, mit Gold und Silber besticktes Gewand aus Satin, das nur schwarz zu sein schien, um die Stickerei besser hervorzuheben. Leuchtende Federn und Bänder schmückten den Kopfputz. Doch die Schönheit seines Gesichts, die mit Ernst gepaarte Sanftmut seines Blicks, die helle, frische Gesichtsfarbe und das damals noch sehr blonde Haar schmückten ihn weit mehr als sein Anzug.«

Der kleine König wurde höchst eitel. So berichtet sein Kammerdiener Dubois: »Monsieur de Jarzé begab sich zur Hirschjagd in einem *Pourpoint* [dem Wams des 17. Jahrhunderts] aus einfachem weißem Leinen, ohne Futter, mit Spitze aus weißem Garn. Der König war so versessen darauf, daß er drängte, man solle ihm auch eines machen. ›Ich will eines, und zwar sofort! Es kommt mir auf ein paar hundert Pistolen nicht an, die sind es mir wert, wenn ich es nur in zwei Stunden haben kann!‹ Also wurde es sofort angefertigt.«

Zweierlei geht aus dieser Anekdote hervor: Das Kind verstand sich schon aufs Befehlen, und man überging es nicht mehr wie vorher.

Sein Vetter, Prinz von Wales, der spätere Karl II. von England, machte ihm einen Besuch in Fontainebleau. Beide Knaben waren von ihrer Bedeutung so durchdrungen und fürchteten so sehr, sich etwas zu vergeben, daß sie völlig stumm miteinander spielten.

Der Kardinal blickte weit voraus. Er hielt es für notwendig, jetzt schon die Zukunft vorzubereiten, und ließ drei seiner Nichten aus Italien anreisen, eine Martinozzi und zwei Mancinis, dazu seinen Neffen Paul Mancini. Der Hof beging schon den Fehler, in den die späteren Geschichtsschreiber verfielen, und interessierte sich sehr für die jungen Mädchen, aber kaum für den Jüngling. Man pries das hübsche Gesicht und das Blondhaar des Fräuleins Martinozzi, während von den brünetten Mancinis nicht viel Wesens gemacht wurde. Von der jüngeren meinte unsere vortreffliche Madame de Motteville: »Ihre Augen waren klein, aber lebhaft, und man durfte hoffen, daß sie im Alter von fünfzehn Jahren recht anmutig werden würde.« Villeroy meinte: »Was den Jungen anbetrifft – um ihn groß zu machen, braucht es seine Zeit, und er wird das Glück vielleicht nur auf einem Bild sehen.«

Ahnte er, welches Glück der Kardinal seinem jungen Verwandten zugedacht hatte? Man lebte noch im Jahrhundert der Günstlinge; Buckingham in England, Lerma und Olivarès in Spanien, Concini, Luynes, selbst Richelieu dank seiner Macht über Maria von Medici – alle hatten als Günstlinge geherrscht, und man durfte erwarten, daß auch Ludwig XIV. sich einen Herzensfreund wählen würde, der dann zum natürlichen Rivalen des Ersten Ministers werden müßte. Doch wenn dieser Freund dem Minister verbunden war, änderte sich das Bild: Gewann er das Herz des Herrschers, mochte er es wohl auch dem Manne zuwenden, dessen Nachfolge er dann später, wenn die Zeit gekommen war, übernehmen konnte. Das jedenfalls war die Rolle, die Mazarin einem Neffen zudachte, als dessen Qualitäten sich zu entfalten begannen. Die Beobachter merkten bald, wie man versuchte, die gewohnten Begleiter des Königs auszuschalten, um seine Vertrautheit mit Paul Mancini zu fördern.

Indessen litt der kleine Herzog von Anjou an einem Durchfall – das genügte, gewaltige Aufregungen zu verursachen. Der Hof begann zu berechnen, welche Wendung die Dinge nehmen könnten, falls sich Gaston wieder als der Nächste am Thron sehen sollte. »Doch niemand ließ sich etwas anmerken, wenn auch aus verschiedenen Gründen: Die Königin, voll verzweifelter Angst, den Prinzen zu verlieren, gab sich trotzdem fröhlich, und der Herzog von Orléans, der darüber nur allzu froh gewesen wäre, hatte solche Angst, irgendwelche Freude zu verraten, daß er weder zu sprechen noch über irgendein Thema zu lachen wagte«, schreibt Madame de Motteville.

Der kleine Prinz genas, Königin und Kardinal atmeten auf – doch nicht für lange. »Der König, der die beste Gesundheit der Welt hatte, hörte am 10. November (1647) zu spielen auf, hatte auch keinen Spaß an der Komödie und erklärte der Königin, er fühle sich elend und habe

Kreuzschmerzen«, erzählt wiederum Madame de Motteville. Es waren die Pocken. Sie verliefen zunächst, wie man es gewohnt war, und die jungen Frauen, die um ihre Schönheit zitterten, flüchteten aus dem Palais-Royal. Doch am elften Tag stieg das Fieber, das Kind verlor das Bewußtsein.

Schluchzend kniete die Königin neben dem Bett. Der Herzog von Orléans, der neben ihr stand, verbarg hinter gefaßter Miene die verworrenen Gedanken, die – wie Olivier d'Ormesson berichtete – am nächsten Tag zu heller Munterkeit gediehen. Als der Prinz mit seinem Günstling, dem Abbé de la Rivière, zum Souper bei Monsieur de Frémont weilte, trank man bereits auf das Wohl von Gaston I. und begann mit der Verteilung der Ämter. Es war auch die Rede davon, den kleinen Herzog von Anjou zu entführen, den man aus Furcht vor der Ansteckung bei einem Herrn de Mauroy untergebracht hatte. Die Parlamentsräte wiederum überlegten, ob man der Königin nicht Gaston und Condé beigeben könne, falls eine zweite Regentschaft nötig werde. Sie feilten außerdem an einem Text, nach dem kein Ausländer Minister sein konnte. Mazarin versuchte, dem Schlag zuvorzukommen, indem er La Rivière in sein Spiel einbezog.

Am vierzehnten Tag schien Ludwig XIV. dem Tode nahe und Frankreich allen Wirrungen ausgeliefert. Doch um Mitternacht wendete sich das Blatt. Der Ausbruch der Pocken, die »zurückgekommen« waren, verlief nun normal, das Fieber fiel: Kind und Königreich waren gerettet.

»In seiner Krankheit«, erzählt Madame de Motteville, »war der König besonders zuvorkommend und gütig gegen alle, die zu ihm kamen. Er versprach verbindlich und fromm mit denen, die ihn bedienten, und gehorchte den Ärzten in allem, was sie ihm rieten. Der Königin bezeugte er ergreifende Freundschaft, die sie sehr bewegte; denn in jedem Augenblick rief er nach ihr und bat sie, bei ihm zu bleiben, weil ihre Gegenwart die Krankheit erträglicher mache.« Doch die Pocken zerstörten seine Schönheit. Zu Weihnachten stellte der Hof entsetzt fest, daß aus dem Cherub ein kleiner Junge mit entstellter Haut, mit geschwollenen und von roten Flecken übersäten Wangen geworden war.

Dann schien Anna von Österreich, die sich verausgabt hatte, dem Tode nahe. Aber sie genas und erklärte ihrer Vertrauten, daß »der Tod ihr selbst niemals Angst gemacht habe, aber bei dem Zustand von König und Land sei sie von tiefem Mitleid mit ihren Kindern und mit Frankreich durchdrungen gewesen«.

Sie hatte Grund dazu. Im fünften Jahr der Herrschaft Ludwigs XIV. stand die Welt vor einer Situation ohnegleichen: Das ausgeblutete, besiegte, um mehrere Provinzen amputierte Spanien war dennoch entschlossen, den Kampf weiterzuführen und die Folgen der Niederlagen nicht hinzunehmen, und ebensowenig war der Kaiser dazu bereit, obwohl er unter höchst ungünstigen Bedingungen verhandeln mußte.

Viele Ereignisse in der Regierungszeit von Ludwig XIV., dem XV. und dem XVI. bereiteten die Revolution von 1789 vor. So wichtig sie alle waren, wäre es aber ein Irrtum, in ihnen bereits die eigentliche Quelle der Revolution zu sehen: Denn sämtliche Vorbedingungen für den Sturz des Ancien Regime waren schon Anfang 1648 beisammen.

Die Einrichtung von zwölf »Conseiller«-Posten, die Sorge der übrigen Richter, daß ihre eigene Stellung dadurch abgewertet werde, waren die edlen Motive, die das Parlament bewogen, sich nicht zu mäßigen. Die Ablehnung eines neuen fiskalischen Edikts führte am 15. Januar 1648 zu einem neuen »lit de justice«. Omer Talon scheute sich nicht, das ganze Prinzip zu verdammen: »Ist es denn nicht«, sagte er zu dem kleinen König, »moralisch gesehen ein Selbstbetrug, politisch ein Widerspruch, wenn man annimmt, daß die Edikte – die nach den Gesetzen des Königreichs erst rechtskräftig werden, wenn sie in den souveränen Gerichtshöfen vorgetragen und beraten worden sind – schon deshalb gültig sein sollen, weil Eure Majestät sie in Ihrer Gegenwart verlesen und veröffentlichen läßt?«

Mit erhobener Stimme, im Ton des Revolutionärs, ging es weiter: »Sie sind, Sire, unser souveräner Herr. Die Macht Eurer Majestät kommt von oben, sie schuldet nächst Gott nur Ihrem Gewissen Rechenschaft. Doch für Ihren Ruhm ist es wichtig, daß wir freie Männer und keine Sklaven sind ... Seit zehn Jahren, Sire, ist das Land verwüstet. Die Bauern schlafen auf Stroh, denn ihre Möbel mußten sie verkaufen, um die Abgaben zu bezahlen, die sie nicht aufbringen können ...«

Dann, an die Königin gewandt: »Madame, es möge Ihnen gefallen, in einem Winkel des Herzens an das allgemeine Elend zu denken. Heute Abend, in der Einsamkeit Ihrer Kapelle, bedenken Sie die Leiden, die Bitterkeit und die Bestürzung aller Beamten des Königreichs, die zusehen müssen, wie man ihr Hab und Gut einzieht, ohne daß sie irgendein Vergehen begangen hätten. Überlegen Sie dann, Madame, die elende Lage der Provinzen, in denen die Hoffnung auf Frieden, die Ehre aus gewonnenen Schlachten, der Ruhm über eroberte Provinzen nicht diejenigen ernähren können, die kein Brot mehr haben, Leute, für die Palmen und Lorbeer nicht zu den gewohnten Früchten der Erde gehören.«

Welches Echo würden solche Worte bei einem neunjährigen König erwecken, der nicht imstande war, jemals etwas zu vergessen? Im Augenblick konnte das Kind nur entrüstet sein, weil es die Empörung seiner Mutter über diesen Angriff auf die königlichen Vorrechte sah. Wenn der König aber erst alt genug war, um darüber nachzudenken, würde er dann Gründe finden, solche Kühnheit zu gestatten?

Seit das Parlament die Buchdruckerkunst und die Reformation verdammt hatte, verkörperte es nach wie vor die »beharrendste« und »unbeweglichste« ideologische Tradition. Diese Richter, deren Ämter dem Bürgertum dicke Pfründe boten und die ohne zu erröten ihre Urteile verkauften, bildeten eine Kaste, die vor allem darauf bedacht war, die eigenen Vorrechte auf Kosten der Zentralmacht zu erweitern. Hätten sie wirklich das Los der Franzosen erleichtern wollen, dann hätten sie mit gutem Beispiel vorangehen, hätten gerechtere und menschlichere Justiz üben müssen. Da sie aber gar nicht daran dachten, mußte Ludwig, der sie nur aus seiner eigenen Sicht aus beurteilen konnte, in ihrer Parteinahme für das Volk ein pures Manöver sehen, das den Umsturz vorbereiten sollte. Dieser 15. Januar 1648 war ein wahrer Unglückstag, denn die noblen Grundsätze, der Begriff der Freiheit, deren Banner Omer Talon hier schwang, wurden durch und durch unglaubwürdig, weil ihre Verteidiger Heuchler waren. Man muß hier wieder auf die Berichte von Annas Vertrauter zurückgreifen, die schon wegen ihrer Arglosigkeit so köstlich sind. »Die Bürger«, sagte Madame de Motteville nämlich und drückt damit auch das Urteil aus, das man dem kleinen König nahelegte, *»waren alle von einer Liebe für das allgemeine Wohl verseucht, das im Grunde für sie nur ihr eigenes Wohl bedeutete.«*

Danach überstürzten sich die dramatischen Ereignisse, die wie eine Vorwegnahme der Vorgänge von 1789 wirken. Da das Parlament den königlichen Gerichtstag als »Formalität ohne Bedeutung« behandelte, wurde es von der Königin dadurch bestraft, daß sie die »Paulette« suspendierte, also das Recht der Richter, die Erblichkeit ihrer Ämter zu erkaufen. Die Parlamentsräte, empfindlich getroffen, taten sich mit dem Großen Rat, dem Rechnungshof und dem Steueramt zusammen und überredeten sie zu einem »Einigkeitsbeschluß«, dem *Arrêt d'Union*, der den Staat reformieren sollte. Mazarin rief die Vertreter der vier Gremien zusammen, um ihnen die Durchführung ihres Beschlusses zu verbieten. Er machte ihnen um so weniger Eindruck, als er das Wort »Union« wie »oignon« (Zwiebel) aussprach. Der Beschluß wurde abgewiesen, im Königlichen Rat kassiert. Das Parlament antwortete mit einer Versammlung der vier souveränen Gremien, die trotz königlichem Verbot am 16. Juni in der Chambre Saint-Louis zusammentrafen, begeistert vom Volk gefeiert.

Außer sich vor Zorn warf die Königin Mazarin Schwäche vor und dachte ernstlich daran, ihn durch Chateauneuf zu ersetzen, der schon lange auf diesen Posten wartete (ein weiteres Argument gegen die angebliche Heirat zwischen Anna und Mazarin). Der Kardinal hatte große Mühe, die zürnende Juno wiederzugewinnen, wie der ehrbare Rat Broussel jedenfalls versichert, und sie zu überzeugen, »daß es der Zustand Frankreichs nicht mehr gestattet, mit Strenge vorzugehen, ohne das Land der Gefahr großer Revolutionen auszusetzen«.

Die Körperschaften durften sich also versammeln und formulierten vom 30. Juni bis 10. Juli eine Art Verfassung von siebenundzwanzig Artikeln, deren Durchführung die Struktur des Staates auf den Kopf gestellt hätte. Die Grundsätze waren demokratisch: Freiheit der Person, Sicherheit des Eigentums, Verbot, einen Gefangenen länger als vierundzwanzig Stunden ohne Verhör festzuhalten, Verbot, ohne Zustimmung des Parlaments eine neue Steuer oder ein neues Amt einzuführen. Doch mit all diesen heilsamen Reformen verhinderte man die Fortsetzung des Krieges, weil ein Viertel der Steuern gestrichen und die Administration durch die Abschaffung der königlichen Intendanten abgebaut wurde.

Mazarin wollte Zeit gewinnen, ließ sich auf lange Auseinandersetzungen mit den Richtern ein und überhäufte sie mit unglaublichen Schmeicheleien. Doch für eine Aussöhnung war die Stunde nicht günstig.

Un vent de Fronde
S'est levé ce matin.
Je crois qu'il gronde
Contre le Mazarin.

Ein Wind der Fronde[1] / hat sich heut morgen aufgemacht, / ich glaube, er bläst / gegen den Mazarin.

Überall begehrte man auf gegen den Hof, in den unteren Schichten wie im Bürgertum. Drei Monate vor Unterzeichnung des Westfälischen Friedens, der Frankreich von der Gefahr aus Deutschland befreite, wollte man den Meister dieses Sieges davonjagen, wollte vor allem den Staat erschüttern und auf irgendeine Weise irgend etwas aus der Unordnung für sich ergattern.

Ein »Doktor der Wissenschaft für Cliquenbildung« blies ins Feuer und zündete immer neue Fackeln der Zwietracht an: Der Prälat und Koadjutor beim Erzbischof von Paris, Paul de Gondi de Retz, war der einzige Bischof in Frankreich, der einen Bürgerkrieg entfachte, ohne die Religion auch nur als Vorwand anzuführen. »Er wird herumsausen wie eine kohlschwarze Fliege, von den Prinzen zu den Edelleuten, von den Kaufleuten zu den Richtern und den Bettlern, quer durch das niedere Volk und den Klerus. Überall, wo er sich niedergelassen hat, werden

[1] Anmerkung des Übersetzers: »Fronde« kommt von *la fronde*, der Steinschleuder aus Lederstreifen und Stricken, gerade damals ein beliebtes Spielzeug der Kinder.

wilde Wut und Aufruhr aufspringen, und niemand wird etwas davon haben, nicht einmal er selbst, doch das Land wird an den Rand des Abgrunds gebracht werden«, schreibt Jacques Roujon in seiner Biographie Ludwigs XIV.

Der Monarchie blieb als Halt nur die Armee mit ihrem berühmten Heerführer. Monsieur le Prince, der Große Condé, hatte die stolze Freude erlebt, daß man ihn anflehte, daß die Regentin und der Erste Minister ihn baten, und nun zermalmte er die Spanier bei Lens in einer entscheidenden, den Frieden verheißenden Schlacht. Als der kleine König die Nachricht erhielt, rief er:

»Die Herren vom Parlament werden aber wütend sein!«

Hier zeichnet sich von fern der Umriß seiner Taktik gegen die Leute ab, die von Frankreichs Glück enttäuscht waren.

Dieser Taktik verschrieb sich die Königin zu früh. Als das Tedeum in Notre Dame gesungen worden war, ließ sie am Ausgang der Kathedrale vier Mitglieder des Parlaments verhaften, darunter auch Broussel, der »durch seinen Ruf als Unbestechlicher mehr gewonnen hatte, als wenn er bestechlich gewesen wäre«, wie es bei Pierre-Georges Lorris in seinem Buch über die Fronde heißt.

Anna wäre besser beraten gewesen, sich an Richelieus Grundsatz zu erinnern, daß man »dieses fette Tier [das Parlament] nicht anrühren, sondern es schlafen lassen« sollte. Broussels Bedienerin brachte ganz Paris in Aufruhr. Der Marschall de la Meilleraie, der die Ordnung wiederherstellen sollte, wäre fast samt seiner Garde massakriert worden, wäre nicht im letzten Augenblick Gondi als Retter in Chorhemd und Bischofsumhang aufgetaucht. Die beiden begaben sich ins Palais-Royal, um den Ernst der Stunde darzulegen. Die wütende Königin schrie: »Es ist schon allein eine Revolte, sich vorzustellen, daß revoltiert werden könnte! Broussel freilassen? Lieber erwürge ich ihn mit eigenen Händen!«

Mazarin dämpfte den Sturm und beauftragte Gondi schließlich, dem Volk mitzuteilen, daß die Räte am kommenden Tag entlassen werden würden. Nach neuen, heftigen Straßenunruhen kam der Koadjutor noch einmal in den Palast, wurde aber von Anna mit der Aufforderung verabschiedet, er solle »sich um seine Sachen kümmern und zu Gott beten«. Erbittert veranlaßte Gondi am nächsten Tag, dem 27. August, einen »Tag der Barrikaden«, wie man sie in den Zeiten der Liga gekannt hatte. Man mußte nun wirklich die Verhafteten entlassen, und die Stadt beruhigte sich.

Heinrich III. war 1588 einem solchen Tag aus dem Weg gegangen und hatte damit die Monarchie gerettet. Anna beschloß, es ihm gleichzutun. Am 12. September gelangten der König und Mazarin mit knapper Not nach Rueil, als sich gerade ein Aufstand an den Toren zu entfesseln begann. Die Königin kam ihnen am Tag darauf mit demonstrativer Gelassenheit nach.

Im Haus von Richelieu, der sich im Grab gedreht haben wird, diente nun Monsieur le Prince als Vermittler zwischen Krone und Parlament, und das Parlament siegte. Am 22. Oktober in Saint-Germain willigte die Königin, jetzt unter Tränen, in eine Deklaration zur Reform des Staates ein. Wie sie sagte, werde Frankreich künftig »von einem hübschen Kartenkönig« regiert werden, einem konstitutionell arg eingeengten Monarchen. Das Parlament trug die Deklaration am 24. Oktober ein, während Omer Talon eine flammende Rede hielt. Und am selben Tag wurde in Münster und in Osnabrück der Westfälische Frieden unterzeichnet. Der Kaiser hatte seine Macht in Deutschland verloren, Europas Gesicht wandelte sich, das Elsaß wurde französisch, aber niemand schien sich darum zu kümmern in diesem Paris, in das die Königin mit dem festen Entschluß zurückgekehrt war, ihr Wort nicht zu halten. Das Feuer brach wieder aus, und jetzt mischte sich die Burleske hinein. Der machiavellistische Mazarin hatte eine gewisse für die Truppen bestimmte Summe Condé zugeschanzt und damit die Vorwürfe des Parlaments provoziert. Condé vergab es dem Parlament nie.

Eine andere Komödie entwickelte sich rund um einen Kardinalshut, der zugleich dem Abbé de La Rivière – Gastons Günstling – und dem Prinzen Conti zugesagt worden war, dem Bruder von Condé. Monsieur le Prince, entschlossen, auch nicht einen roten Heller vom väterlichen Erbe herzugeben, hatte seinen jüngeren Bruder in den Dienst der Kirche getrieben. Conti war ein boshafter kleiner Buckliger, geistig leicht verwirrt, leidenschaftlich in seine Schwester, die schöne Herzogin von Longueville, verliebt; er hatte nicht die geringste Neigung gehabt, Priester zu werden. Madame de Longueville wiederum, die von unschuldigen Zerstreuungen nicht viel hielt, versprach sich viel Vergnügen von der Fronde. Sie verstrickte Conti in die Rebellion, deren Haupt wieder einmal Gaston von Orleans zu sein schien, eben wegen dieser Kardinalsernennung, die den Zorn des enttäuschten La Rivière geweckt hatte. Wie Madame de Motteville bemerkt, »haben die großen Bewegungen der Welt, durch die Reiche zerstört oder errichtet werden, keine andere Quelle als die geheimen Intrigen einiger Leute«.

Auf beiden Seiten bereitete man sich auf den Krieg vor. Während Conti, Bouillon, Longueville, La Rochefoucauld und die anderen Grandseigneurs der Fronde von Gondi ihre Rolle zugeteilt erhielten, verlegte Condé die Flandernarmee rund um die Hauptstadt: Die Königin hatte beschlossen, künftig durch den Mund der Kanonen zu ihrem Volk zu sprechen.

Am Abend des 5. Januar 1649 vergnügte sich der König (damals schon!) mit einem Glücksspiel im kleinen Kabinett seiner Mutter, die ihm zusah, die Arme lässig auf den Tisch gestützt. Die Herzogin de La Trémouïlle machte Madame de Motteville ein Zeichen und flüsterte ihr zu: »In Paris wird verbreitet, daß die Königin heute Nacht fortreisen will.« »Ich war von dieser Mitteilung überrascht«, berichtet uns Frau von Motteville. »Als Antwort deutete ich nur auf die Königin hin, die so völlig gelassen dasaß. Ich zuckte mit den Schultern bei diesem Gedanken, der mir recht unwahrscheinlich vorkam. Die Königin verbrachte den Abend in der ihr eigenen Ausgeglichenheit, mit der sie immer handelte. Sie schien uns fröhlicher als sonst zu sein.«

Später verabschiedete die Königin ihren Hofstaat und teilte dann den Dreikönigskuchen mit Ludwig XIV., Madame de Brégy, Madame de Motteville und deren Schwester. Sie selbst fand die versteckte Bohne. Nachdem der König mit den anderen gerufen hatte: »Die Königin trinkt!«, ging er schlafen.

Um drei Uhr morgens wurde er von Villeroy geweckt, angezogen und mit seinem Bruder in eine der Karossen gesetzt, die vor den Gittern des Palais-Royal aufgereiht standen. Anna von Österreich kam mit einigen Würdenträgern hinzu, und man rumpelte bis Cours-la-Reine – also aus den Stadtmauern hinaus. Mazarin fand sich bald hier ein. Unterdessen hatten Boten die verdutzten Prinzen aus dem Bett geholt und aufgefordert, sich zu Ihren Majestäten zu begeben. Alle gehorchten – bis auf Madame de Longueville, die sich darauf vorbereitete, Paris zu regieren.

Anna nahm ihre Abwesenheit gelassen hin. Das Königliche Haus gelangte friedlich bis Saint-Germain – ein Saint-Germain ohne Betten, ohne Möbel, ohne Leinenzeug, ohne Diener, denn die Königin hatte alles Aufsehen vermeiden wollen und darum nichts herrichten lassen. Mazarin hatte immerhin drei kleine Feldbetten mitgeschickt, die von der Königin und den beiden Prinzen benutzt wurden, während die Königlichen Hoheiten auf Stroh schliefen. In wenigen Stunden stieg der Preis für Stroh in schwindelnde Höhen.

Prinz Conti spielte seine Rolle gut. Er folgte zwar dem Hof, begab sich aber mit dem Herzog de Longueville heimlich nach Paris zurück, und der Zauber des königlichen Bluts wirkte so unwiderstehlich, daß die Anwesenheit dieses sonderbaren Krüppels bereits genügte, um die Pariser zu beschwichtigen, die sich schon der Verzweiflung und dem Entsetzen hingegeben hatten. Man ernannte ihn zum Generalissimus der Fronde. An der Spitze seiner zahlreichen Stellvertreter stand der Herzog von Beaufort, der aus Vincennes entwichen war. Der »König der Markthallen«, wegen seines blonden Haars und seiner derben Sprache von den Massen vergöttert, war so hübsch wie der andere häßlich, besaß aber ebenso wenig gesunden Menschenverstand. Unter all den rebellierenden Herrschaften waren nur drei denkende Köpfe –

der Koadjutor de Gondi, die Herzoginnen von Longueville und von Chevreuse. Selbst de La Rochefoucauld hatte nur zweierlei im Kopf: seiner teuren Longueville zu gefallen und zu höfischen Ehren zu kommen.

Die Königin befahl das Parlament nach Montargis. Als es sich weigerte, begann Condé mit der Belagerung und Blockade von Paris.

In Saint-Germain zogen nach kurzer Munterkeit über das Abenteuer Unbehagen und Unruhe ein. Man mußte die Diamanten der Krone verpfänden und die Pagen entlassen, »weil man sie nicht ernähren konnte«, und dem König fehlte es oft am Nötigsten. So jung er noch war: Ludwig genoß die Abwechslung keineswegs. Nächtliche Flucht, die zwischen Strohballen kampierende Monarchie, der Abfall der bösen Vetter und Pairs des Reiches waren für ihn niemals Kapitel aus einem Abenteuerroman. In seiner Erinnerung blieben nur beschämende Bilder von Sakrileg und Verrat haften.

Im Februar hörte er, daß sein Onkel Karl I. von England enthauptet worden war, und er hörte seine Mutter wiederholen: »Das ist ein Schlag, der die Könige zittern läßt!«

Die Lehren aus dem Unglück

Der Bürgerkieg brach also aus, vielmehr, er erneuerte sich, denn in einem Zeitraum von vierzig Jahren war es der neunte, den die Erben des Feudalsystems gegen die monarchische Macht entfesselten. Die Grandseigneurs trugen die eigentliche Verantwortung für das Abenteuer, das Parlament hatte nur die Rolle des Zauberlehrlings gespielt; es wünschte keineswegs einen Zusammenbruch des Königtums, der auch das Parlament in seinen Sturz gerissen hätte, wie es dann 1789 tatsächlich geschah; doch nun sah es sich von seinen gefährlichen Verteidigern und seiner eigenen Demagogie gefangen. Das Volk wiederum, unfähig, die Lage zu beurteilen, hoffte auf bessere Tage.

Hervorragende Historiker haben die Aristokratie mit dem Argument rechtfertigen wollen, daß sie den Kampf gegen den Absolutismus führte. Doch sie verkennen, daß ihre Unruhe und ihre Gier, daß der Mangel an Nationalgefühl bei den großen Herren, die immer bereit waren, dem Feind die Tore zu öffnen (im Gegensatz zum englischen oder spanischen Adel) gerade die Quellen waren, aus denen der Absolutismus seine Kraft schöpfte.

Für Ludwig war die Fronde die Prüfung, die sein künftiges Denken, seinen Charakter, sein Verhalten prägte. Die Folgen wirken noch heute nach: Hätte es die Fronde nicht gegeben, wäre die Welt von heute nicht genau so, wie sie nun ist.

Die Revolution enthielt für den jungen König eine menschliche und eine politische Lehre. Sie lehrte ihn Armut und Unglück kennen. Sie zeigte ihm, daß gerade die Franzosen schwer zu regieren sind, daß der tausendjährige Thron der Kapetinger auf höchst schwachen Füßen stand. Von seinem elften bis zum fünfzehnten Lebensjahr lernte Ludwig die Niedertracht der Grandseigneurs und die Wut des Volkes kennen, die Straßenkämpfe und die Palastverschwörungen, die Gewalt und den Verrat, das Doppelspiel und die Staatsstreiche, die Umarmungen, die Racheakten vorangehen, die triumphalen Paraden, die Abdankungen sind. Er lernte Angst und Sorgen und Scham kennen, er litt unter Kälte und Hunger.

Man hat die Fronde oft als eine Komödie, eine Art Maskerade interpretiert: Es war aber ein Shakespeare-Drama, in dem alles vorkam, ausgefallene Balletts, Idyllen der Komischen Oper, Farcen, Burlesken, Tragödien, Melodramen und Greuel, die an der göttlichen Gerechtigkeit zweifeln lassen. Erstaunliche Mischung: Bonmots, Satiren, schöne Damen als Generäle, Plünderungen, Schlachten, Massaker, tödliche Tollheiten und Tollheiten des Herzens: Madame de Longueville und Turenne, Madame de Longueville und La Rochefoucauld, Madame de Longueville und Nemours; Madame de Montbazon und Beaufort; Madame de Châtillon und Condé; Madame de Châtillon und Nemours; Mademoiselle de Chevreuse und Conti: die auswechselbaren Liebschaften hatten unabsehbare Rückwirkungen. Man sah die Königin und Regentin die Kokette spielen, um einen Bischof – Gondi – zu erobern, eine fast schwachsinnige Person (die Prinzessin de Condé) Provinzen aufwiegeln, ein überspanntes junges Mädchen (Mademoiselle, die Tochter von Gaston) eine Stadt einnehmen und damit den Ausgang einer Schlacht ändern.

Gutwillige Autoren haben in diesem Wahnsinn die leichte und geistreiche Lebhaftigkeit, den Geist der Unabhängigkeit, die Galanterie der Nation sehen wollen. Und doch übertrafen die Greuel und das Elend alles, was man vor den Kriegen des zwanzigsten Jahrhunderts in dieser Hinsicht kannte. Während die Pariser die Diener des Königs wie jagdbares Wild verfolgten, tötete Condé »alles, was sich ihm zu widersetzen wagte«, warf die Gefangenen in die Seine oder ließ sie nackt in der Kälte frieren. Die Soldaten, und vor allem die deutschen Söldner, betrugen sich wie in einem eroberten Land, raubten die Kirchen aus, vergewaltigten zehnjährige Mädchen, legten Feuer, plünderten, folterten die Landbewohner. Sie fanden es unterhaltsam, Kinder auf dem Ofen zu rösten! In manchen Gebieten gab es fünf Jahre lang weder Ernten noch Weinlesen. Von Ort zu Ort schlich sich die Verwüstung, überall Hunger und Tod, überall unbegrabene Leichen. Man sammelte Haferstroh auf den Feldern, um daraus Brot zu backen, man aß Kadaver von Hunden und manchmal von Menschen. In einem zeitgenössischen Bericht heißt es: »Wir treffen Menschen, die aus Schwäche kriechen wie Eidechsen an den Düngerhaufen. Sie schleichen sich nachts hierher wie Tiere, die sich tagsüber in der Sonne wärmen, sie sind schon von Würmern angefüllt und durchsetzt.« Diese Schrecken, die der Kindkönig nie vergißt, bilden die unmittelbare Quelle für das Regierungssystem von Ludwig XIV.

Die erste Sorge der Verschwörer galt der Hilfe aus dem Ausland. Da sich Turenne aus Liebe zu Madame de Longueville auf die Seite der Fronde geschlagen hatte, hoffte Gondi, daß Condé zwischen den Truppen seines einstigen Waffengefährten, den Pariser und den spanischen Truppen zermalmt werden würde. Ein Vertreter der Katholischen Majestät erschien unter Contis Schutz vor dem Parlament, um zu fordern, daß die Westfälischen Verträge nicht eingetragen würden. Das Werk von Ludwig XIII. und Richelieu war fast vernichtet, die Frucht der Siege verspielt, Frankreich in den Zustand des Hundertjährigen Kriegs zurückgeworfen. Doch achthunderttausend Livres brachten die Rettung: Mazarin lieh die Summe von Condé und verteilte sie unter Turennes Soldaten, um sie bei ihrer Pflicht zu halten.

Dieser Theatercoup entmutigte die Rebellen, der Friede wurde geschlossen. Das Parlament behielt seine Errungenschaften, die Verfassung von 1648 blieb in Kraft, die Schuldigen wurden amnestiert. Obwohl dem Anschein nach siegreich, hatte die Königin an Macht und Ansehen viel eingebüßt. Mazarin wiederum, »dieser ausländische Lump, Taschenspieler, Komödiant, Erzspitzbube«, wie sein Zeitgenosse Guy Patin ihn schimpfte, wurde nun erst recht der Gegenstand des allgemeinen Abscheus. »Der einzige Sieger war Condé ... Die absolute Macht der Königin wurde von nun an begrenzt durch den gnädigen Willen, die Launen und den Ehrgeiz dieses herrschsüchtigen und heftigen Mannes, von dem die Herzogin von Nemours sehr richtig bemerkte, daß er ›lieber Schlachten als Herzen gewann‹.« (Zitiert von P.-G. Lorris in seinem Buch über die Fronde.)

Am 18. August 1649 kehrten König und Regentin nach Paris zurück, zu ihrem Erstaunen mit Beifall begrüßt. Doch fast unmittelbar danach waren neue Stürme zu bestehen, waren die Forderungen von Monsieur le Prince (Condé) zur Kenntnis zu nehmen.

Ludwig konnte die dick aufgetragenen Unverschämtheiten seines Vetters nicht übersehen, der den Kardinal ärgerte und beleidigte und ihm sogar eine Abfuhr erteilte, als es um eine Heirat zwischen dem Herzog von Mercœur und dem Fräulein Martinozzi ging. Mazarin übertrieb bei solchen Gelegenheiten die Demut und Ergebenheit bis ins Unerträgliche. Er gab sämtlichen Forderungen Condés nach und räumte vor allem La Rochefoucauld das Recht ein, mit der Karosse in den Hof des Louvre einzufahren, und dessen Frau, in Anwesenheit der Königin auf einem Taburett Platz zu nehmen. Außerordentliche Vorrechte, die nur den Prinzen und Pairs gebührten, aber Madame de Longuevilles Liebhaber noch nicht, weil sein Vater noch lebte. Das brachte mit einem Schlag die gesamte Aristokratie gegen Condé und seinen Schützling auf: Mazarin durfte einen Punkt für sich verbuchen.

Condé, berauscht von Dünkel und Anmaßung, beging eine Torheit nach der anderen. Ihm kam der Gedanke, der Königin einen »amant« an die Seite zu geben, den Marquis de Jarzé (»amant« in dem Sinne verstanden, wie das Wort bei Corneille und im Hôtel de Rambouillet verstanden wurde – Jarzé spielte dem ganzen Hof den schüchternen Liebhaber vor). Anna von Österreich, Wort für Wort von Mazarin instruiert, kanzelte das Herrchen gehörig ab. Das aber brachte Monsieur le Prince so in Harnisch, daß er öffentlich Genugtuung für seinen Schützling forderte, denn sonst, so sagte er, »wird es allerhand Lärm geben«. Man braucht sich also nicht zu wundern, daß Ludwig, der solche beschämenden Auftritte hinnehmen mußte, später den Mitgliedern seiner Familie so hart begegnete.

Königin und Kardinal hatten sich der Unverschämtheit gebeugt, aber ihrem Tyrannen den Untergang geschworen. Sie zögerten nicht, sich den Frondeurs zu nähern. Die Herzogin von Chevreuse und ihre Tochter, die eine Liebschaft mit Gondi hatte, brachten romantische Begegnungen zwischen Anna von Österreich und dem Koadjutor Gondi im Kloster Saint-Honoré zustande. Gondi verkaufte seine Treue zu all seinen Freunden, einschließlich des Herzogs von Orléans, sehr teuer: Er erreichte, daß Chateauneuf wieder Großsiegelbewahrer wurde, während er selbst, wie er behauptete, nur mit Widerstreben das Versprechen eines Kardinalshuts entgegennahm. Auf solche Weise isoliert, schien Condé bereits geschlagen, durfte aber noch nicht mißtrauisch werden. Am 16. Januar 1650 schrieb ihm Mazarin: »Ich verspreche Ihnen, Monsieur le Prince, mit Einverständnis des Königs und seiner Mutter, der Königin und Regentin, daß ich Ihre Interessen niemals vernachlässigen und jederzeit und gegen alle auf Ihrer Seite stehen werde. Ich bitte Eure Hoheit, in mir Ihren sehr demütigen Diener zu sehen und mir Ihren Schutz zu gewähren, den ich mit allem Gehorsam, den Sie von mir fordern können, verdienen will.« (Zitiert von P.-G. Lorris.) Und die Verhaftung war schon auf zwei Tage danach festgesetzt!

Am Morgen des 18. Januar führte Anna ihren Sohn in ihre Kapelle, wo sich die beiden ins Gebet vertieften, während Guitaut Condé, Gondi und Longueville verhaftete und nach Vincennes brachte. Mutter und Sohn rührten sich nicht, bevor sie den Erfolg der Aktion erfahren hatten. Dann ließ die Königin die Tore öffnen und nahm die Glückwünsche des Hofes entgegen. Paris zündete Freudenfeuer an.

Aber leider gelang Mazarins Plan doch nur zur Hälfte, denn Mutter und Ehefrau von Condé, ferner Madame de Longueville, La Rochefoucauld, Bouillon und Turenne entgingen den Maschen des Netzes und verließen Paris mit dem festen Entschluß, den Bürgerkrieg wieder anzufachen.

Am 1. Februar begann der jetzt elfjährige Ludwig XIV. seine erste kriegerische Unternehmung. Es ging gegen seine Untertanen, genauer gesagt, gegen seine Kusine Longueville, die sich bemühte, die Normandie aufzuwiegeln. Drei Wochen lang eilten König und Regentin durch das Land, um die Brandherde der Aufstände auszutreten. Wie sie hatte auch der Herzog von Vendôme Erfolg, und zwar in Condés eigenem Gouvernement, der Bourgogne. Doch die Offiziere des Prinzen hatten sich in Bellegarde verschanzt, so daß Vendôme sie belagern mußte. Man führte Ludwig vor die Festung, wo der kleine König mit großem Ernst seine Truppen inspizierte. Die Rebellen auf der Mauer erkannten ihn, riefen Vivat! – und schossen. Neben dem Kind fiel ein Offizier. Schüsse, die nicht vergessen werden konnten.

Unterdessen unterzeichneten die Prinzessinnen und Turenne einen Vertrag mit Spanien, aber durch den Sieg von Marschall Plessis-Praslin bei Rethel in den Ardennen wurde die Invasion der Spanier verhindert. Bei den Rebellen, die er gefangennahm, war ein zweiter Buckliger, dieser aber ein kühner, geistreicher Mann, François de Montmorency-Boutteville, der Bruder von Condés Liebster, der faszinierenden Herzogin von Châtillon.

Der Sieg brachte der Regentin nicht die geringste Erleichterung. Condés Frau – Richelieus Nichte – hatte es tatsächlich fertiggebracht, mit Hilfe von Bouillon und La Rochefoucauld, die sich ebenfalls an die Spanier wandten, die Guyenne aufzuwiegeln.

König, Königin und der ganze Hof mit Ausnahme von Monsieur begleiteten die Armee, die den Aufstand niederschlagen sollte. Unterwegs ließ Anna das Schloß von La Rochefoucauld in Verteuil schleifen. Nach ergebnislosen Verhandlungen griff Marschall de La Meilleraie Bordeaux an, konnte es aber nicht einnehmen und mußte wieder einen Belagerungskrieg beginnen.

Der kleine König verfolgte alle Operationen aus der Nähe. Louis-Henri de Brienne überraschte ihn eines Tages, »als er Tränen vergoß, wie sie der Zorn und die Empörung den Augen der größten Männer abfordern«.

»Was haben Sie, mein lieber Herr?« rief er entsetzt. »Sie weinen?«

»Ich werde nicht immer ein Kind bleiben«, antwortete Ludwig.

»Aber schweigen Sie darüber, niemand soll wissen, daß ich geweint habe. Diese Bordelaiser Schufte werden mir nicht lange mehr befehlen. Ich werde sie bestrafen, wie sie es verdienen.«

Der 1. Oktober kam heran, der Tag, an dem die Aquitanier andere Sorgen hatten, als gegen ihren Herrscher zu kämpfen. Sie verhandelten. »Machen Sie sich nur keine Sorgen, Madame«, sagten die Verteidiger des Parlaments von Bordeaux zu Madame la Princesse. »Nach der Weinlese kämpfen wir weiter.«

Im Norden wurde der Kampf heftiger; die Spanier rückten auf die Hauptstadt vor und verwüsteten das ganze Land. Der Haß der Bevölkerung auf Mazarin, den man für alles verantwortlich machte, erreichte seinen Gipfel. Monsieur le Prince hatte einen neuen Verbündeten für seine Sache gefunden, eine sehr hübsche und höchst geschickte Unterhändlerin, deren »unbegrenzte Fruchtbarkeit im Erfinden von Auswegen« Bossuet rühmt: Anna von Gonzaga, »Princesse Palatine«[1]. Während sich die Intrigantin bemühte, die Anführer der ersten Fronde zu verführen, beging der nach Paris zurückgekehrte Mazarin die grobe Ungeschicklichkeit, Gondi die Hoffnung auf den Kardinalspurpur zu nehmen. Wütend erklärte der Koadjutor:

»Ich bin sehr ärgerlich, daß man mich gegen meinen Willen in eine Lage gebracht hat, in der ich nur noch Anführer einer Partei oder Kardinal sein kann.«

Der Princesse Palatine bot sich dadurch Gelegenheit zu einem unglaublichen Handel: Sie sicherte Gondi den Kardinalshut zu, den ihre Schwester, die Königin von Polen, vom Papst für ihn erhalten werde, falls Gondi bereit sei, dem Prinzen von Conti seine Mätresse, das Fräulein von Chevreuse, abzutreten. Die Ehe zwischen dem Buckligen und der ehrgeizigen Schönen bedeutete zugleich die Verklammerung der alten und der neuen Fronde. Gondi, der La Rivière als Mentor Gastons von Orléans abgelöst hatte, brachte es fertig, Contis Ängste und Unsicherheit zu überspielen und ihn zu veranlassen, sich wieder als Haupt der Verschwörung zur Verfügung zu stellen.

Das Parlament eröffnete die Feindseligkeiten mit Vorwürfen gegen die Regentin wegen der Gefangennahme der Prinzen. Am 20. Januar 1651 begab sich der Präsident Mathieu Molé ins Palais-Royal, und obwohl er zu den Loyalen gehörte, hielt er dennoch dem König und seiner Mutter eine flammende Protestrede.

»Die Steine, die sie [die Prinzen] einschließen, sind imstande, auseinanderzurücken und ihre Klagen ins Land dringen zu lassen, so daß man sie in allen Provinzen hören wird und ihre Stimmen ganz Frankreich zu ihrer Befreiung veranlassen werden.«

Die empörte Anna antwortete mit zwei Worten und entließ den

[1] Anmerkung des Übersetzers: Anna hatte den Pfalzgrafen Eduard von Bayern geheiratet.

Redner. »Maman!« rief Ludwig, als sie allein waren. »Wenn ich nicht gefürchtet hätte, Sie zu erzürnen, hätte ich den Präsidenten dreimal zum Schweigen gebracht und fortgeschickt!«

Er war zwölf Jahre alt.

In diesen kritischen Tagen verlor Mazarin, der am Ende seiner Nerven war, leider seine Geschmeidigkeit und bewundernswerte Selbstbeherrschung. Als er im Rat den Adel und das Parlament mit den englischen Königsmördern verglich, bot er damit Gaston von Orléans den Vorwand, mit ihm zu brechen. Das Parlament beschloß unverzüglich die Befreiung der Prinzen und die Absetzung des Ersten Ministers, den das Volk *in effigie* hängte.

Am Abend noch fand eine geheime Besprechung statt, in der Königin und Kardinal zum erstenmal dem König die verhängnisvolle Lage erklärten und ihn mit ihren Plänen bekanntmachten. Dann zog Mazarin die Tracht eines Musketiers an, verließ so die Stadt und erreichte Saint-Germain. In seinem leichten Gepäck befanden sich die Krondiamanten, in seinem kleinen Gefolge der Sekretär von Minister Le Tellier. Dieser Zweiunddreißigjährige erhielt den Auftrag, eine Geheimverbindung zwischen dem Kardinal und seinen in Paris verbliebenen Mitarbeitern herzustellen. Der Mann hieß Jean-Baptiste Colbert.

Gondi und Chateauneuf vermuteten sofort, daß die Königin beabsichtige, Mazarin nachzufahren. Sie verlangten von Monsieur, die Tore von Paris zu schließen, und als er sich, zaudernd wie immer, nicht dazu aufraffen konnte, unterzeichnete seine Frau den Befehl. Die Frauen hatten sich entschlossen gegen Mazarin verschworen, was höchst verwunderlich gewesen wäre, wenn der Italiener tatsächlich die männliche Autorität, die Macht über das schöne Geschlecht besessen hätte, die man ihm zuschreibt.

Fräulein von Chevreuse, die es nicht abwarten konnte, Prinzessin zu werden, bewährte sich als beste Stellvertreterin des Koadjutors, ihres Geliebten. Die zweite Frau ihres Großvaters, die Herzogin von Montbazon, stachelte ihrerseits ihren Geliebten Beaufort auf; Anna von Gonzaga eilte von einem Tor zum anderen. Auf den Appell der Erinnyen hin schwangen sich die Freunde der Prinzen aufs Pferd; Bürgermilizen sammelten sich, die Bevölkerung von Paris war in hellem Aufruhr.

Der König, voll angekleidet und gestiefelt, mußte sich auf Anweisung seiner Mutter ins Bett legen. Sie selbst beendete so rasch wie möglich ihre nächtliche Toilette. Schon hämmerte eine von Gondi aufgewiegelte Menge an die Palasttore und schrie, man wolle sehen, ob der König da sei.

Anna von Österreich war weder so unentschlossen wie Ludwig XVI.

noch so ängstlich wie Nikolaus II. (und dabei war Mazarin nicht einmal in der Nähe!). Sie ließ die Palasttore öffnen und die Leute bis in das Zimmer des Königs eindringen. Halb erstickt vor Wut und Beschämung gab Ludwig XIV. vor zu schlafen, während Männer und Frauen mit wutverzerrten Gesichtern vor sein Bett drängten und den Vorhang hoben.

Beim Anblick des Königs blieben die Eindringlinge stehen und verließen dann auf Zehenspitzen den Raum. Doch das milderte nicht das unauslöschliche Rachebedürfnis, das sie im Herzen des Kindes geweckt hatten. Die Königin spielte ihre Rolle bewundernswert. Sie bat zwei der Anführer, bei dem König zu bleiben, und plauderte vergnügt mit ihnen bis zum frühen Morgen. Am nächsten Tag war die Monarchie im Palais-Royal gefangen, wie sie es 1789 in den Tuilerien war.

Die tolle Anarchie

Als Mazarin seine Niederlage erkannte, fuhr er sofort nach Le Havre, wohin man die Prinzen gebracht hatte. Er selbst befreite sie, lud sie zum Souper und warf sich ihnen zu Füßen. Buchstäblich. Jedenfalls berichtet Gastons Tochter, die Grande Mademoiselle, er habe Monsieur le Prince den Stiefel geküßt! Dann hielt sich Mazarin ratlos einige Wochen in der Normandie und der Picardie auf, bis er sich entschloß, Frankreich zu verlassen.

Das Parlament verfügte die Beschlagnahme seines Besitzes. Seine Bibliothek mit ihren 54 000 Bänden wurde geplündert, seine Häuser wurden versteigert, die Kostbarkeiten seiner Sammlungen an Gläubiger verteilt, die keine Schuldforderungen vorweisen konnten. Nichts wurde so allgemein bekannt, so allgemein geschmäht wie sein offensichtlicher Reichtum. Der *Illustrissimo Colmardo* war sicherlich vor keinem Mittel zur persönlichen Bereicherung zurückgeschreckt, doch konnte man von einer solchen Person mehr Uneigennützigkeit als von einem Richelieu oder einem Sully erwarten? Der strenge Ludwig XIII. selbst hatte nichts dagegen einzuwenden gehabt, daß sein anfangs so unbemittelter Minister am Lebensende drei Millionen Livres Einkommen hatte. Was bei Mazarin den eigentlichen Groll erregte, war nicht so sehr seine Gier, in der ihm die Prinzen nicht nachstanden, sondern es waren die oft ziemlich schäbigen Geschäfte, zu denen er sich hergab, und zwar nicht mit der Lässigkeit des großen Herrn, sondern mit der Hast und Verworrenheit, die den armen Emigranten verrieten.

Der Kardinal wollte sich aber nicht ins Exil begeben, ohne seine persönlichen Interessen in sicheren Händen zu wissen. Doch wem vertrauen? Wenn er sich umblickte, fiel ihm die aufrechte und brutale

Treue Colberts ein. Der Mann hatte seine Karriere aufs Spiel gesetzt, als er seinen Herrn, Le Tellier, kühn gegen seine Eminenz persönlich verteidigte. Mazarin, zuerst erbost, hatte daraufhin als der große Menschenkenner, der er war, seine so selten verschenkte Achtung diesem Sohn eines Tuchhändlers aus Reims zugewandt.

Er fragte ihn, ob er bereit sei, eine bestimmte heikle Aufgabe zu übernehmen. Colbert ließ sich Zeit mit der Antwort, spielte den Bescheidenen und zählte seine Bedingungen auf; damit setzten förmliche Verhandlungen ein, die andauerten, bis der Kardinal die Landesgrenze überschritten hatte. (Dargestellt von Georges Mongrédien in *Colbert.*)

Wie alles in dieser Geschichte höchst wunderlich zuging, so verdankte der Kardinal es ausgerechnet den Spaniern, daß er ungehindert das Gebiet des Kurfürsten von Köln betreten konnte. In Schloß Brühl, wo er sich niederließ, tauchte ein Edelmann auf, um ihn im Namen der Katholischen Majestät zum Übertritt ins andere Lager aufzufordern; goldene Berge winkten. Der Kardinal war ja nicht einmal Franzose: Hätte er die Fronten gewechselt, wäre er nur dem Beispiel der Prinzen gefolgt und hätte viele gewichtige Entschuldigungsgründe gehabt. Doch er weigerte sich auf noble Art:

»Ich möchte meine Tage im Dienst für Frankreich beschließen, sei es auch nur in Gedanken und mit guten Wünschen, wenn es nicht anders sein kann.«

Das enthob ihn freilich nicht den tausend Ängsten, die er sich wegen seines Vermögens machte. Colbert, der es wohl wußte, diktierte seine Bedingungen. Er wollte bei der Königin in aller Form akkreditiert sein und das Vertrauen des Kardinals mit niemandem teilen müssen. »Eure Eminenz darf nur eine einzige Person mit der Leitung Ihrer Geschäfte betrauen«, schrieb er, »und diese Person muß nicht nur Redlichkeit, Erfahrung und Eifer für die Sache Eurer Eminenz mitbringen, sondern darf auch nicht zu den vielen niedrigen Seelen gehören, die sich am liebsten in einem Mauseloch verkriechen und nicht möchten, daß außer Eurer Eminenz irgend jemand etwas von dem Auftrag weiß. Dieser Mann muß seine Aufgabe überall bekanntmachen dürfen; er muß außerdem die Ehre genießen, das uneingeschränkte Vertrauen Eurer Eminenz zu besitzen. Man darf ihm keine ärgerlichen Vorkommnisse anlasten, die irgendeinen Teil der seinem Ermessen überantworteten Aufgaben ganz oder teilweise hinauszögern oder zunichte machen könnten; er muß offen sprechen und außerdem so viel Urteilskraft besitzen, daß er die Königin nur mit wichtigen Dingen behelligt und sie nur dann zum Eingreifen veranlaßt, wenn es sich um folgenschwere Entscheidungen handelt.« (Zitiert von Georges Mongrédien in *Colbert.*)

Mazarin unterschrieb sofort. Er wußte, daß er sich mit diesem Vertrag uneingeschränkte Treue sicherte, und er zweifelte nicht daran, daß er damit auch seinem Nachfolger den Weg bahnte.

Von Brühl aus, wo er in großem Stil lebte, regierte er weiterhin das Königreich. Er sandte der Regentin seine Instruktionen, die sie peinlich genau ausführte; wenn eine Sache fehlschlug, entschuldigte sie sich: »Sie habe ihm nicht mißfallen wollen, auch nicht in Gedanken, die sich ohnehin kaum mit etwas anderem als dem beschäftigen, was [der Königin] so teuer sei, nämlich [Mazarin].« (Die hier in Klammern gesetzten Wörter waren in den Briefen durch Chiffren ersetzt.)

Die Frondeure durchschauten sie und machten der Regentin heftige Vorwürfe, »bis zu der Behauptung, man glaube, daß der Kardinal sie verhext oder daß sie ihn geheiratet habe«, wie Le Tellier berichtet. Sofort hielt es Anna von Gonzaga für angezeigt, sich rückzuversichern. Sie nahm die Verbindung mit dem Mann im Exil auf und begann ein meisterhaftes Doppelspiel zwischen Monsieur le Prince und Mazarin.

Gaston von Orléans sah endlich seinen Traum Wirklichkeit werden. Nach so vielen vergeblichen Unternehmungen hielt er die Macht in Händen, bestimmte er das Los der königlichen Familie. »Alle Personen von Rang haben sich von der Königin fort und Monsieur zugewandt und suchen sie nicht mehr auf.« Montglat, der hier seine eigenen Erfahrungen wiedergibt – er hatte ein Hofamt inne – fügt noch hinzu, die Diener der Königin ständen »dem Gedanken, den König aus Paris zu bringen, so fern, daß die meisten einen solchen Plan nicht nur mißbilligt, sondern auch sofort Monsieur gemeldet und mit ihm zusammen verhindert hätten«.

Gastons Umgebung drängte ihn, seine Schwägerin ins Kloster Val-de-Grâce einzusperren, sich seines Neffen zu bemächtigen und sich zum Regenten ausrufen zu lassen, doch der ewige Verschwörer besaß nicht das Zeug zum Staatsmann, nicht einmal die Entschlossenheit, die das Haupt einer Partei haben muß. Seine Chance war schon verspielt, als er sich mit Beaufort und Gondi nach Saint-Denis begab, um die befreiten Prinzen zu begrüßen. Alles umarmte sich, jeder schien die Ereignisse des vergangenen Jahres vergessen zu haben. Condés Triumphzug kam, als er durch Paris defilierte, zwischen Freudenfeiern hindurch, die den Fackeln auf seiner Reise als Gefangener nicht unähnlich waren. Er machte Monsieur einen Höflichkeitsbesuch im Palais Luxembourg und verdeutlichte die Versöhnung, indem er mit seiner Kusine, der Mademoiselle, schäkerte, die ihn gehaßt hatte ... wegen seiner Siege, die das Haus Orléans in den Schatten stellten.

Anne Marie Louise von Orléans, Herzogin von Montpensier (mütterliches Erbe), war damals vierundzwanzig Jahre alt. Ihre durch Blatternarben und eine zu lange Nase beeinträchtigte Schönheit entsprach nicht so ganz den Huldigungen der Dichter. Über ihren Geist urteilte die wohlwollende Madame de Motteville, er sei »nicht an Denken gewöhnt« gewesen, und sie selbst gab zu: »Ich ahne nie etwas.«

Mademoiselle war der erste Pair des Reiches und dazu seine reichste Persönlichkeit, aber von ihrer Bedeutung so durchdrungen, daß ihr Tun und Lassen Spuren von Wahnwitz verrät: Sie hätte zwei Kaiser, drei Könige und eine große Zahl von Prinzen heiraten können, blieb aber dennoch »Mädchen« bis in ein Alter hinein, wo es wenig überzeugend klang. Ob sie (die 1627 geboren worden war) immer noch den Traum hegte, den man ihr als Kind vorgegaukelt hatte – sie werde die Gemahlin Ludwigs XIV. werden? Doch sie hatte nur ihres Vaters wirrköpfige Unentschlossenheit geerbt, die bei ihr noch durch Wunschträume und die Vorliebe für romantische Abenteuer verstärkt wurde.

Ein Held war also gerade nach ihrem Geschmack, vor ihm verblaßte sogar der Glanz der Kronen. Madame la Princesse war ja recht kränklich, und falls der Sieger von Rocroi Witwer werden sollte, wäre er eine verlockende Partie. Diese Wunschvorstellung der Grande Mademoiselle hat Frankreichs Wirren noch erheblich vermehrt.

In diesem Augenblick allerdings beugten sich alle, demütigte sich jeder vor Condé. Man beschwor ihn, wenn nicht den Thron, so doch dessen Vorrechte zu usurpieren. Doch man ging von falschen Vorstellungen aus: Wie so viele Soldaten fürchtete sich Monsieur le Prince vor den Verwicklungen der Politik, und wenn er sich auch weigerte, sich irgendeiner Autorität zu fügen, wies er doch die Last des Regierens weit von sich. Außerdem empfand er dynastische Skrupel. Doch so viele gute Gründe hätten ihn kaum bestimmt, sich einem Staatsstreich zu verweigern, wenn nicht wieder weiblicher Einfluß ins Spiel gekommen wäre.

Seit früher Jugend liebte Condé seine Kusine Isabelle de Montmorency-Boutteville, die Gattin und bald auch Witwe des 1649 vor Paris gefallenen Herzogs von Châtillon. Die »Circe«, wie man sie im Kreis der »Preziösen« nannte, hatte sich als ebenso tüchtig wie Anna von Gonzaga erwiesen, als es sich um die Annäherung der beiden Fronden handelte; sie hatte ohne Scheu ihre Schönheit eingesetzt, um zögernde Parlamentsräte zu überzeugen, und sie hatte ihren »offiziellen« Liebhaber, den Herzog von Nemours, dem Fähnlein der Prinzen zugeführt.

Ohne diesen ritterlichen Herrn aufzugeben, womit seine Dienste ja auch schlecht vergolten worden wären, war sie bereit, ihres berühmten Anbeters »Liebesglut zu belohnen«. Der verzauberte Condé verfiel ihr völlig. Die Herzogin ließ es alle Welt durch ein Gemälde wissen, auf dem sie in prächtiger Aufmachung porträtiert war, die Hand auf dem Kopf eines Löwen mit Menschenantlitz, das die Züge des Helden trug. Nun hatte aber immer schon wilde Eifersucht die beiden Kusinen entzweit, Longueville die Blonde, Châtillon die Brünette. Anne de Longueville trieb ihren Bruder den extremsten Parteien zu, Isabelle de Châtillon predigte ihm Mäßigung.

»Ich bin von solcher Abkunft, daß mir das Verhalten von Balafré[1] nicht zu Gesicht steht«, antwortete der Prinz hochmütig seinen betrübten Freunden.

Eine Woche nach seiner Rückkehr hatte er übrigens keine Wahl mehr, denn Mazarins Abreise begann die Koalition zu erschüttern, die nur durch den gemeinsamen Haß auf den »Roten Tyrannen« zusammengehalten wurde.

Der Adel hatte keineswegs die Absicht, seine Macht mit dem Parlament zu teilen, sondern wollte es vielmehr in den Rang eines gewöhnlichen Gerichtshofs zurückstufen. Das Parlament verlangte darauf Einberufung der Generalstände, und die Königin, erfreut über die Möglichkeit, ihre Feinde miteinander zu entzweien, versprach sie für den 8. September, das heißt also nach der Volljährigkeitserklärung des Königs. Darauf erhob sich unter den Edelleuten wilder Tumult, man sprach davon, den Parlamentspräsidenten in die Seine zu werfen; das Parlament dagegen mobilisierte die Bürgermiliz.

Indessen erkaufte sich die Königin wieder einmal die Ergebenheit Condés, indem sie ihm das Gouvernement Guyenne, seinem Bruder Conti die Provence und Longueville die Normandie versprach. Der Vertrag, der unter der diskreten Förderung von Madame de Châtillon geschlossen wurde, sah ferner vor, daß Anna von Österreich Chateauneuf absetzte, Chavigny in den Königlichen Rat berief und die Siegel Mathieu Molé anvertraute, was alles der Herzog von Orléans nicht dulden konnte.

Gaston empfand nämlich Annas selbständiges Handeln als Beleidigung und rief alle Chefs der Fronde zusammen. Gondi schlug vor, den Gardehauptmann Seiner Hoheit zu Molé zu schicken, um ihn zur Abdankung zu zwingen, während er selbst die Pariser aufwiegeln sollte. Doch da lächelte Condé spöttisch:

»Ich bin ziemlich feige, wenn es sich um Volksaufstände und Unruhen handelt, und gestehe, daß ich nichts vom Krieg der Nachtgeschirre verstehe.«

Man trennte sich im Streit. Am nächsten Morgen erhielt die Herzogin von Chevreuse die Mitteilung, daß Prinz Conti ihre Tochter nicht heiraten werde. Damit war der brutale Bruch zwischen beiden Fronden vollzogen. Später, besiegt und versöhnt, mußten die Rebellen lange nach dem Ursprung dieser verblüffenden Entscheidung forschen, mit

[1] Balafré, »Narbengesicht«, war der Beiname des Henri de Guise, der zu den Anstiftern der Bartholomäusnacht gehörte, für kurze Zeit die Krone an sich riß, aber von Heinrich III. ermordet wurde (Anm. d. Übers.).

der die Niederlage begann. Keiner von ihnen gab je zu, der Urheber gewesen zu sein.

Wie es auch gewesen sein mag – die Folgen ließen nicht auf sich warten: Gondi riet dem Herzog von Orléans, sich der Regentin zu nähern, und zog sich demonstrativ in ein Kloster zurück. Anna von Österreich war nur zu glücklich, ihren Schwager gegen Monsieur le Prince auszuspielen, wobei sie Molé opferte. Sie schien die Regierung wieder fest in der Hand zu haben. Der kleine König hatte in der kritischen Zeitspanne nachdrücklich geholfen, indem er mit vollendeter Ungezwungenheit seinem Onkel und seinem Vetter »schmeichelte«.

Mazarin allerdings machte sich keine Illusionen. Gegen den Wunsch der Regentin zwang er sie, Gondi entgegenzukommen und die romanhaften Besprechungen im Klostergang von Saint-Honoré wieder aufzunehmen. Dieses Mal wurde der Kardinalshut in Rom in aller Form für Gondi beantragt. Mazarin war einverstanden gegen das Geschenk von zweihunderttausend Livres!

Als Condé davon erfuhr, erinnerte er sich an die Wirkung, die das Bündnis im Jahr zuvor gehabt hatte. Ein Wirbel in der Stadt, verursacht durch eine betrügerische Weinlieferung, genügte, um Condé von seiner bevorstehenden Verhaftung zu überzeugen, und von Panik gepackt floh der Held am 5. Juli nach Saint-Maur. Reichlich Stoff zum Gelächter!

Um sein Ansehen zu retten, forderte er nun die Absetzung der »mazarinschen« Minister Le Tellier, Servien und Lionne. Anna entsprach seinen Wünschen, wie es Mazarin riet, und brachte damit Verwirrung unter die Anhänger Condés. In Saint-Maur kam es zu heftigen Auseinandersetzungen, an denen sich Madame de Châtillon leider kaum beteiligte. Deshalb konnte Madame de Longueville, die sich rächen wollte, ihren Bruder Condé überreden, der Regentin Trotz zu bieten.

Am 23. Juli zog Condé lärmend in Paris ein, mit einem Gefolge, das schon fast einer Armee glich. Er versäumte einen Besuch bei Anna von Österreich und benahm sich so drohend, daß die Regentin daran dachte, Gondi oder Chateauneuf zum Ersten Minister zu machen, um sich einen Schutz zu verschaffen.

Am 31. Juli 1651 nahm der König wie jeden Tag ein Bad in der Seine. Auf dem Rückweg über den Cours-la-Reine begegnete ihm Monsieur le Prince mit Gefolge. Condé grüßte, ohne aus der Karosse zu steigen, und beging damit eine Beleidigung, fast schon ein Sakrileg. Ludwig wurde blaß vor Zorn.

»Hätte ich meine Garde bei mir gehabt, dann hätte ich Monsieur le Prince heute das Fürchten gelehrt!«

Am übernächsten Tag richtete Mathieu Molé im Parlament eine

öffentliche Ermahnung an den Sieger von Rocroi. Condé zog sich mit der Erklärung aus der Affaire, er habe diese Begegnung nicht gesucht und die Tageszeit nicht für günstig für das Bad Seiner Majestät gehalten. Doch der Zwischenfall zeigte ihm, daß sein Einfluß auf die Parlamentsräte schwand, und nun zog er es vor, nicht dem Rat seiner Geliebten, sondern dem seiner Schwester zu folgen: Er begann den Bürgerkrieg vorzubereiten. Der eigentliche Anlaß des neuen Verbrechens gegen Frankreich lag allerdings in dem Wunsch von Madame de Longueville, einen Vorwand zu finden, um sich nicht zu ihrem Ehemann in die Normandie begeben zu müssen, sondern bei ihrem Liebhaber La Rochefoucauld bleiben zu können!

In diesem Reich der Narren schien keine Verrücktheit unmöglich zu sein. Man war also auch nicht überrascht, als der Koadjutor nun als Verteidiger der Krone auftrat und eine königliche Erklärung gegen Monsieur le Prince verfaßte. Sein Eifer rührte die Königin »bis zur Zärtlichkeit«.

Die Erklärung rief im Parlament eine Rangelei hervor, die um ein Haar in regelrechten Kampf ausgeartet wäre. La Rochefoucauld klemmte den Kopf des Koadjutors zwischen zwei Türflügeln fest und befahl einem seiner Freunde, den Verräter zu erdolchen. Gondi kam mit knapper Not davon.

Daraufhin beschwor das Parlament die Regentin, Frieden zu stiften, und zwar mit zwei neuen, noch vor der Volljährigkeit des Königs erlassenen Erklärungen: eine sollte Condés Unschuld, die andere Mazarins Schuld anerkennen. Anna von Österreich war dazu bereit. Der Kardinal hatte ihr geraten, Monsieur le Prince nachzugeben, aber er scheint nicht dem Text zugestimmt zu haben, der ihn selbst betraf und in dem sich die Handschrift des Koadjutors erkennen läßt. Es heißt hier: »Es ist eine gerechte Strafe für so viele Verbrechen, daß der besagte Kardinal aus dem Königreich verbannt bleibt ... Der König ... bestätigt aufs neue das Verbot für den besagten Kardinal, seine Anhänger und Diener, jemals in das Königreich und auf den Boden Frankreichs zurückzukehren. Sie würden als Majestätsverbrecher und Feinde der öffentlichen Ruhe verfolgt werden.«

Die Historiker beurteilen die Erklärung einhellig als Täuschungsmanöver, und zwar ein eilig vorgenommenes. Es war der letzte Regierungsakt der Regentschaft. Mazarin aber empfand es anders. Er sah sich in Ungnade, glaubte sich verloren. Und vielleicht erlag ja auch Anna von Österreich, die für Intelligenz so empfänglich war, dem Einfluß des Koadjutors.

»Ich verzichte auf alles«, schrieb Mazarin dem Herzog von Mercœur, *»und ich verlange von der Königin nur mit blutigen Tränen meine Ehre zurück. Ich habe ihr, dem König und dem Staat so gut gedient,*

daß ich mit erhobenem Kopf darum ersuchen kann.« Man muß wohl sagen, daß es ein sehr sonderbarer Brief wäre, wenn er tatsächlich vom Ehemann der Regentin geschrieben worden wäre.

Bléneau

Ludwig wurde dreizehn Jahre alt, erreichte also den Tag, an dem seit Karl V. Könige für fähig erklärt wurden, in eigener Person zu regieren. Durch die Wechselfälle seiner Jugend gereift, war er sich der Macht, die er nun übernahm, voll bewußt. Seine Mutter erfuhr es auf schmerzliche Weise.

Seit seiner Kindheit hatte der Enkel des Schürzenjägers Heinrich IV. den Damen das Interesse entgegengebracht, das seinem Vater gefehlt hatte. Mit neun Jahren suchte er die Gesellschaft der blendenden Madame de Châtillon, und Paris sang:

> Châtillon, nicht allzusehr locken!
> Sind Sie auch bereit,
> der König ist's nicht.

1651 galt sein Interesse einer Dame aus der Umgebung von Mademoiselle, der Komtesse Frontenac. Ludwig machte es sich zur Gewohnheit, mit seiner Kusine auszureiten, die sich natürlich für den Gegenstand seiner Neigung hielt und wieder einmal von Frankreichs Thron träumte. Die Königin sah klarer. Sie fürchtete die Mutter Frontenac, eine große Dame und geschickte Intrigantin, Kusine von Chavigny. Die Ausritte wurden verboten. Ludwig geriet in Zorn: »Wenn ich erst Herr bin, gehe ich hin, wohin es mir paßt, und ich werde es bald sein!«

Anna von Österreich zerfloß in Tränen, der König selbst schluchzte. Man führte die beiden wieder zusammen, und der reuige Ludwig hütete sich fortan, das Fräulein von Frontenac zu beachten.

Seine Volljährigkeit wurde am 7. September 1651 erklärt. Am späten Morgen erschienen die Königin, die Prinzen von Geblüt, die Herzöge und Pairs, die Marschälle, um ihm die Hand zu küssen. Nur Condé fehlte. Er hatte seinen Bruder Conti beauftragt, einen Entschuldigungsbrief zu übergeben, der aber nicht geöffnet wurde. »Entweder gehe ich zugrunde oder Monsieur le Prince!« rief die Königin, außer sich über diese neue Kränkung.

Eine prachtvolle Kavalkade setzte sich vom Palais-Royal zum Parlamentsgebäude in Bewegung. Ludwig XIV. ritt einen isabellfarbenen Berber, dessen Schabracke mit gestickten Lilien übersät war. Er selbst trug ein Gewand, das »so mit Goldstickerei bedeckt war, daß man weder den Stoff noch seine Farbe erkennen konnte«. Die aufsässige Stadt befand sich in einem Rausch von Liebe, Geschrei und Freudentränen.

»Messieurs«, erklärte der junge Monarch seinem Parlament, »ich bin gekommen, um Ihnen nach dem Gesetz meines Staates zu verkünden, daß ich selbst die Regierung übernehmen will. Ich erbitte von Gottes Güte, daß ich sie in Frömmigkeit und Gerechtigkeit führe.«

Als ihm die Königin ihre Vollmachten als Regentin zurückgegeben hatte, umarmte er sie mit den Worten: »Madame, ich danke Ihnen für die Sorgfalt, mit der Sie meine Erziehung und die Verwaltung meines Königreiches geleitet haben. Ich bitte Sie, mir auch weiterhin Ihren Rat zu gewähren, und wünsche, daß Sie nach mir in meinem Rat den Vorsitz haben.«

Jedermann staunte über den Ernst, die Gemessenheit, die frühreife Majestät. Marschall de Clérembault schrieb: »Seine Handlungen und seine Überlegungen sind die eines Fünfundzwanzigjährigen.«

Seine erste Entscheidung galt der Bildung eines Ministeriums, in dem Molé wieder die Siegel erhielt und Chateauneuf endlich den seit zwanzig Jahren begehrten Platz. Die Königin erfüllte damit ein Gondi gegebenes Versprechen und hatte es nicht zu bereuen: Chateauneuf erwies sich als uneingeschränkt loyal und entfaltete staatsmännische Fähigkeiten, die schließlich Mazarin sogar lästig wurden.

Unterdessen verließ Condé Paris und stieß zu den Spaniern. Aber er hatte lange gezögert, bis er den letzten Kompromißvorschlag, der ihm im Namen des Königs gemacht worden war, zurückwies. Es waren seine Schwester Longueville, sein Bruder Conti, Herzog Nemours und La Rochefoucauld, die ihn an den verhängnisvollen Abgrund hinschoben.

»Weil Sie den Krieg wollen, werde ich ihn führen«, erklärte der Prinz. »Doch denken Sie daran, daß ich wider Willen zum Schwert gegriffen habe und daß ich vielleicht der letzte sein werde, der es wieder in die Scheide steckt.«

Die Provinzen Guyenne, Saintonge, Aunis, Poitou, Anjou und Berry erhoben sich, der letzte Bürgerkrieg des Ancien Régime begann – unerbittlich, unentschuldbar und, nach einem Wort von Michelet, »noch schmachvoller als unsinnig«. Man hat oft den Hof beschuldigt, die Sache auf die Spitze getrieben zu haben. Sicherlich zog Anna von Österreich, nicht weniger kriegerisch als Madame de Longueville (und mit besseren Gründen), eine radikale Lösung vor, doch Mazarin hielt sie bis zum letzten Augenblick zurück. Die Eröffnung der Feindseligkeiten fiel mit dem Nachlassen seiner Wirkung zusammen; im königlichen Lager trug Gondi zweifellos mehr Verantwortung als er.

Wie im Jahr zuvor beschlossen König und Königin, die kleine Armee zu begleiten, die den Aufstand niederschlagen sollte. Dieses Mal war Ludwig glücklich, denn der Feldzug bot dem Hof den besten Vorwand, das Netz zu zerreißen und den Parisern zu entkommen. Niemand hätte sich vorgestellt, daß der König fast ein volles Jahr lang seiner Hauptstadt fernbleiben mußte.

In den ersten Wochen verliefen die Ereignisse ganz im Sinne der Krone. Chateauneuf ging geschickt vor, Condé verlor den Mut, und der Krieg schien rasch beendet zu werden – da geriet Anna von Österreich wieder unter den Einfluß von Mazarin. Der abwesende Gondi verlor seine Überzeugungskraft. Die Königin aber, an der Spitze einer siegreichen Armee, sehnte sich nach dem Verbannten. Sie schrieb ihm, um ihr Vertrauen auszusprechen und ihm seine Macht zurückzugeben. Ein »sehr verbindlicher« Brief Ludwigs begleitete den seiner Mutter.

Von diesem Augenblick an hatte der König seine Vorurteile gegen den Kardinal abgelegt. Er erkannte seinen Wert. Und es ist bemerkenswert, daß ein Knabe in seinem Alter bereits mit vernunftbestimmten Überlegungen seine instinktive Abneigung überwand. Marschall d'Hocquincourt führte Mazarin eine Truppe von achttausend Mann zu, die der Kardinal aus eigener Tasche bezahlte (was vielleicht das Geschenk der zweihunderttausend Livres entschuldigte oder begründete). Die Soldaten trugen seine Feldzeichen, eine grüne Schärpe – die Leute der Madame de Longueville umgürteten sich mit einer isabellfarbenen: man war fast wieder bei der mittelalterlichen Anarchie angelangt, als jeder große Herr über eigene Soldaten verfügte.

Chateauneuf wagte der Königin vorzuhalten, daß die Rückkehr des Kardinals die fast schon erloschenen Fronden beleben und miteinander verbünden werde, und Anna von Österreich schwankte. Doch Mazarin hörte davon und ließ laut verkünden, er werde jetzt den König »befreien«. An der Spitze seiner Armee kehrte er nach Frankreich zurück und beging zweifellos damit den schwersten Fehler, den man ihm nachweisen kann. Die Neuigkeit genügte, die alte Fronde wieder zu wecken. Das Parlament setzte einen Preis auf den Kopf des Verhaßten, und Monsieur schloß trotz seiner Abneigung ein Bündnis mit Condé.

Die Kehrtwendung Gastons war ernst zu nehmen, denn bei allen Widersprüchlichkeiten umgab ihn doch immer noch das ungeheure Prestige eines »Sohnes von Frankreich«. Er beherrschte die Hauptstadt, das Parlament, einen Teil der Aristokratie. Diesen Mann erneut zum Gegner zu machen hätte für die Monarchie tödlich werden können, wenn jetzt nicht ein notorischer Rebell zu ihren Fahnen gestoßen wäre.

Betrachtet man die Porträts von Turenne, das recht biedere Gesicht eines ernsthaften, nachdenklichen, realistischen Mannes, dem jede Leidenschaft fern zu sein scheint, dann wundert es immer noch, daß ein solcher Mann sein Vaterland und seinen König einer unsinnigen Liebe wegen verraten konnte. Der Sieger von Nördlingen brauchte lange, um aus seinem romantischen Traum aufzutauchen, die Augen zu öffnen und seine Pflicht zu erkennen. Er veranlaßte auch seinen

Bruder, den Herzog von Bouillon, sich wieder dem König zur Verfügung zu stellen. Es war höchste Zeit. Ein ganzes Jahr lang hing das Schicksal der französischen Monarchie nicht nur von Turennes militärischem Genie, sondern auch von seiner Kaltblütigkeit ab.

Man hat bemerkt, daß in dieser Zeit des spanischen Überschwangs und der Corneilleschen Lyrismen Turenne die Prosa verkörperte. Trotz seinen großen Zielen und seinem tiefwurzelnden Stolz[1] war er wirklich ein realistisch denkender Mann, ein rechnender Kopf, von einer Einfachheit und Mäßigung, die sich wie in einer klassischen Tragödie scharf von Condés hochmütigem und etwas verrücktem Schwung abhob.

Zwischen diesen beiden Schlachtensiegern verloren Gaston und das Parlament den Kopf. Die Parlamentsräte, die Mazarin außerhalb des Gesetzes gestellt hatten, weigerten sich, eine Armee zu bezahlen, um ihn verhaften zu lassen; die Conseillers forderten ihn statt dessen auf, wieder über die Grenze zurückzumarschieren – ohne Scheu, sich damit ausgerechnet in dem Augenblick, wo sie selbst ihr Leben aufs Spiel setzten, unsterblich lächerlich zu machen. Mazarin war auch keineswegs beeindruckt. Er durchquerte Frankreich inmitten seiner Truppen und stieß endlich zum Hof, wo er mit einem Empfang belohnt wurde, der die erlittene Unbill ausglich. Die strahlende Anna von Österreich vergaß ihre Zweifel, der König seine Eindrücke aus frühester Kindheit, und Chateauneuf besaß den Anstand zu verschwinden: Der »Schurke aus Sizilien« war wieder allmächtig.

Doch leider war Frankreich noch nicht bereit, ihn wieder hinzunehmen. Es stürzte sich in den Bürgerkrieg, zur großen Freude der Katholischen Majestät, die sofort Katalonien wieder an sich nahm. Eine spanische Armee unter dem Befehl des Herzogs von Nemours überschritt bei Mantes die Seine und vereinigte sich mit den von Beaufort kommandierten Truppen Gastons. Zum erstenmal seit zwanzig Jahren erntete Philipp IV. die Früchte der Unterstützung, die er den Aristokraten gewährt hatte.

Der Papst, der Mazarin nicht leiden konnte, wollte zu seinem Sturz beitragen und gewährte Gondi endlich den roten Hut. Doch der Hut, der den neuen Kardinal de Retz schmückte, erwies sich als Kerzenlöscher: Er löschte die Popularität des Unruhestifters aus und machte ihn zu einem Nichts.

Im selben Augenblick wurde die Fronde in Paris durch einen Streit der beiden Schwäger Nemours und Beaufort gelähmt. Dieser Nemours wirkte geradezu wie ein Zankapfel. Er hatte die Gunst der Madame de

[1] Saint-Simon, der Memoirenschreiber, entrüstet sich noch nachträglich heftig darüber, daß Turenne, der davon träumte, Konnetabel zu werden, seinen Rang als Prinz betonte, weil seine Familie in Sedan regiert hatte.

Longueville genossen und damit La Rochefoucauld und Prinz Conti in Verzweiflung gestürzt. Conti gestattete sich seiner Schwester gegenüber »ein so zorniges und eifersüchtiges Wesen, wie es eher einem Liebhaber als einem Bruder zu verzeihen gewesen wäre«, schreibt Madame de Motteville. Bordeaux, wo sie aufeinanderstießen, wurde zur Bühne eines Atridenkampfes, der es der Terroristengruppe *Ormee* ermöglichte, eine bösartige Diktatur über die Stadt auszuüben. In der Guyenne wie in Paris wünschte das Bürgertum allmählich die Fronde zum Teufel und ersehnte die Rückkehr der königlichen Ordnung. Doch die Prinzen, von der Bourgeoisie selbst entfesselt, berauschten sich an ihrem verbrecherischen Spiel, die Mittelklasse war machtlos.

Da Chavigny Monsieur le Prince dringend bat, zwischen den beiden tollen Schwägern Frieden zu stiften, galoppierte Condé fast allein von Agen nach Châtillon, wo er den Befehl über die Armee der Aufständischen übernahm. Doch während er seinen nach Wunsch mit romantischen Zwischenfällen gespickten Ritt unternahm, hatte sich Mademoiselle, Gastons Tochter, bereits entschlossen, auf eigene Faust Lorbeeren zu erringen.

Die überspannte Amazone eilte nach Orléans, der Hauptstadt in ihres Vaters Apanage, kletterte auf die Mauern, ließ sich feiern, schüchterte die Schöffen der Stadt ein und befahl, dem König die Tore vor der Nase zu schließen. »Sie bewies, daß man, um etwas zu wollen, zu wagen und durchzusetzen, nichts zu wissen, nichts zu sehen, wenig zu begreifen braucht«, meint Michelet. Dem jungen König, mit dem sie doch den Thron zu teilen wünschte, bot sie als Verlobungsgeschenk die Kränkung, daß er sich vor einer Frau zurückziehen mußte und in die Gefahr geriet, von Condé besiegt und entführt zu werden.

Mazarin, der von der Reise Condés nichts wußte, besaß nicht die Tatkraft, eine einheitliche Heeresführung zu erzwingen, die jetzt zwischen Hocquincourt und Turenne geteilt war. Die beiden Marschälle bildeten geradezu ein Gegenstück zu dem Paar Nemours-Beaufort. Sie besiegten Beaufort bei Jargeau und überschritten dann die Loire. Das Corps Hocquincourt zog sich – oder besser, verstreute sich – rund um Bléneau, während Turenne sein Lager bei Briare aufschlug, zwei Meilen entfernt von Gien, wo der König und sein Hof ihre vorübergehende Residenz hatten. Während der Nacht zum 7. April überfiel Condé überraschend Hocquincourt und zerschlug seine Truppen. Turenne, der von fern am Schein der Brände den Verlauf der Schlacht erkannte, meinte nur mit der Ruhe, die ihn in keinem Augenblick verließ:

»Aha, Monsieur le Prince ist gekommen. Er selbst befehligt seine Armee.«

Der Satz versetzte Gien in Panik. Gegen die zwölftausend Mann von Condé hatte Turenne nur viertausend einzusetzen, und es sah ganz so aus, als ob die Fronde mit einem Sturmangriff den König gefangennehmen und die Monarchie zerschlagen könne. Die Königin verlor ihren Mut und brach in Schluchzen aus. Ebenso mutlos war Mazarin. Er sprach davon, daß er die Brücken über die Loire zerstören, das Lager abbrechen und sich nach Bourges zurückziehen wolle. Um zwei Jahrhunderte zurückgeworfen, fand sich Frankreich in diesem Augenblick in der furchtbaren Epoche von Karls VII. Jugend[1]. Turenne war der einzige, der es vom Abgrund zurückhielt. Er erklärte, wenn der König fliehe, werde er die Krone verlieren. Er müsse standhalten und alles einsetzen. Turenne setzte sich durch.

Seine kleine Armee versammelte er auf einer Ebene am Rande eines Waldes, den Condé passieren mußte, um nach Gien zu gelangen. Zwischen Wald und Ebene zogen sich Sümpfe hin, durch die eine schmale Landstraße führte. Turenne stellte seine Artillerie so auf, daß er die Straße unter Feuer nehmen konnte.

Condé griff an, marschierte durch den Wald, zerschlug die Schwadronen, die den Ausgang sichern sollten, und sah sich schon als Herrn Frankreichs. Doch als sich seine Kavallerie auf die Landstraße ergoß, tauchte die von Turenne auf und zwang die Gegner zur Umkehr. Während die Frondeure versuchten, sich in dem Durcheinander wieder zu sammeln, setzte Turennes Artillerie ein. Condé feuerte zurück, konnte aber den Marsch nicht fortsetzen. Nachts zog er sich nach Châtillon zurück, Turenne nach Gien.

Die Schlacht von Bléneau kostete nur einige hundert Tote. Sie war vielleicht in der ganzen Regierungszeit Ludwigs XIV., in der so viele, so berühmte und so mörderische Schlachten stattfanden, die wichtigste. Niemand weiß, wie die Geschichte verlaufen wäre, wenn dieser Kampf anders ausgegangen wäre – nur eines kann man sagen: Frankreich und Europa wären nicht das, was sie heute sind.

Da er den König nicht gefangennehmen konnte, bemächtigte sich Monsieur le Prince der Hauptstadt. Monsieur, der leicht einzuschüchtern war, gab nach, Retz verschanzte sich in seinem Kloster. Das Parlament war gespalten, und Präsident Bailleul wagte dem Helden sogar zu sagen, die Versammlung »könne ihn nur mit Groll sehen, seit er das Schwert gegen den König gezogen habe«. Doch es war schwierig, Condé und Mazarin gleichzeitig zu widerstehen. Das Parlament, das endlich die Katastrophen wahrnahm, die es selbst entfesselt hatte, dachte daran, sich dem Hof wieder zu nähern, aber die Prinzen kauften ihm den

[1] Als der »kleine König von Bourges« hatte Karl VII. den Engländern in Frankreich nichts entgegenzusetzen, bis Johanna von Orleans erschien und das französische Nationalgefühl mobilisierte (Anmerkung d. Übers.).

Schneid ab, indem sie die Bevölkerung aufhetzten. Unruhen und Plünderungen waren die Folge, die Richter wurden belästigt. Colbert, erkannt als »Mazariner«, wurde eines Tages angefallen, ausgeplündert und verprügelt.

Als die Prinzen so jede Übereinkunft zwischen Hof und Parlament vereitelt hatten, suchten sie sich selbst »anzupassen«. Madame de Châtillon veranlaßte ihren Liebhaber, sich ebenfalls dafür zu entscheiden, und vermochte es, seine Ansprüche herabzuschrauben. Alles in allem begnügte sich Monsieur le Prince damit, die Regierungsgewalt für sich selbst und für jeden seiner Stellvertreter gewaltige Belohnungen zu verlangen.

Am 28. April empfing der König den Herzog von Rohan, Chavigny und Goulas als Unterhändler der Prinzen. Mit seinen dreizehneinhalb Jahren war Ludwig kein Kind mehr. Er hatte schon Wochen zuvor eine Abordnung des Parlaments verblüfft, als er die ihm überreichte Beschwerdeschrift zerriß, ohne sie zu lesen. Jetzt gab Seine Majestät den Frondeuren zu verstehen, daß sie ihre Angelegenheiten mit dem Kardinal zu besprechen hätten. Und als sie aufschrieen, ihre Instruktionen gestatteten es ihnen nicht, mit dem Verbannten zu sprechen, führte sie der junge Monarch mit fester Hand zu seinem Minister, mit dem er sie alleinließ.

Man kam übrigens zu nichts. Madame de Châtillon, die nun selbst als Vermittlerin auftrat, konnte ebenfalls keinen Erfolg verbuchen. Mazarin wollte einfach Zeit gewinnen, damit Turenne seine Streitkräfte vergrößern konnte. Ein Sieg des Marschalls bei Etampes, wo er die Armee Condés einschloß, machte den Verhandlungen ein Ende.

Jetzt wandten sich die Frondeure an den Herzog von Lothringen, dessen Banden fürchterlich hausten. Mazarin verlangte Hilfe gegen ihn von einer anderen Frau, der Herzogin von Chevreuse, die darauf brannte, die ihrer Tochter angetane Kränkung zu rächen. Die geschickte Verschwörerin erreichte, daß sich der plündernde Herzog zurückzog, wogegen dann die Belagerung von Etampes auf eine Weise aufgehoben wurde, die wie ein Sieg der Belagerten wirken durfte. Allmählich versank man im Krieg wie in Treibsand. Nur die Abreise des Kardinals konnte noch einen Ausweg bieten. Mazarin begriff es. Auf seine Veranlassung bot die Königin an, ihn wieder fortzuschicken, stellte aber eine ganze Reihe von Bedingungen, um die königliche Autorität wieder zu festigen. Trotz dem Widerstand der Prinzen, dem Geschrei des Pöbels nahm das Parlament sie an, und Mazarin bereitete sich auf seinen Aufbruch vor, vielmehr auf eine vorgetäuschte Abreise. Er rechnete fest damit, daß er nach wiederhergestellter Ordnung siegreich zurückkehren werde. Doch immerhin begab er sich ja auch in Gefahr, denn nach der schmerzlichen Erfahrung des vergangenen Herbstes verließ er sich nicht mehr auf Annas Beständigkeit: Das Wesentliche war anscheinend, das Herz der Königin endgültig zu gewinnen.

Der Meister des Westfälischen Friedens hatte seine Mentalität nicht geändert, war der Abenteurer geblieben, kannte sich zu gut in den Sitten an den kleinen italienischen Höfen aus. Wie er es sich erhofft hatte, brachte der König dem glänzenden Paul Mancini lebhafte Freundschaft entgegen und schien ihn seinen anderen Gefährten vorzuziehen – Vivonne, Villequier, Brienne, Duplessis-Praslin. Vielleicht war der Augenblick gekommen, wo der Neffe zum Favoriten und damit zum Garanten für das Glück des Onkels werden konnte.

Am Abend des Johannistages befand sich der Hof in Melun. Der Kardinal veranstaltete ein kleines Fest für den König und lud Paul Mancini und ein paar andere junge Leute ein. Der König blieb recht lange. Bei der Gelegenheit kam es zu dem ominösen Vorfall, den der Kammerdiener La Porte beim Baden des Königs feststellte und der ihm ein Jahr später die Ungnade zuzog, weil er der Königin die Sache vorgetragen hatte[1].

Dieser sonderbare Zwischenfall hätte ernste Folgen haben können, aber es geschah nichts. Paul Mancini fiel neun Tage später auf dem Schlachtfeld, und das ungewöhnliche körperliche und moralische Gleichgewicht des jungen Souveräns litt keinen Schaden. La Porte bemerkte nur eine vorübergehende kleine »Traurigkeit«. Ludwig XIV. hat niemals einen Günstling gehabt.

Die Kanonen der Bastille

Condés auf fünftausend Mann zusammengeschmolzene Armee lagerte bei Saint-Cloud und verwüstete von dort aus die Umgebung von Paris, vernichtete nicht nur die Ernte, sondern plünderte und brannte die Häuser der Landbevölkerung nieder, was, wie La Rochefoucauld gelassen bemerkt, »die Pariser zu verbittern begann«.

Marschall de La Ferté hatte Mazarin eine beträchtliche Truppenverstärkung verschafft, und der Kardinal drängte nun Turenne, einen Sieg zu erringen, der ihm die zweite Verbannung ersparen konnte. Condé, an Zahl sehr unterlegen, wollte die Begegnung vermeiden und Charenton erreichen, was Turenne vereitelte. Also entschloß sich Monsieur le Prince zum Kampf und verschanzte sich unweit der Bastille, an der

[1] Das geht aus den Erinnerungen von La Porte und aus einem Brief hervor, den er 1664 an die Königin schrieb. Damals hätte er sich damit in schlimmste Gefahr gebracht, wenn der Brief nicht auf Wahrheit beruht hätte. Um einen Schlag gegen Mazarin konnte es sich 1664 nicht handeln, denn der Kardinal war bereits drei Jahre zuvor gestorben.

Kreuzung, die vom Tor Saint-Antoine geschlossen wurde. Die entsetzten Pariser und Gaston von Orléans schützten sich vor den beiden Gegnern hinter ihrer unbezwinglichen Stadtmauer. (Der Faubourg Saint-Antoine war als Vorstadt damals nicht in den Mauergürtel eingeschlossen.)

In der Morgendämmerung des 2. Juli 1652 begab sich Anna von Österreich in das Karmeliterkloster von Saint-Denis und verharrte dort den ganzen Tag hindurch vor dem Altar. Ludwig XIV. und Mazarin stellten sich auf den Hügel von Charonne, um den Verlauf der Schlacht zu verfolgen – der letzten großen Schlacht der Feudalzeit, in der sich die Edelleute gegenüberstanden wie einst zur Zeit der mittelalterlichen Ritter.

Der junge König und sein kampferfahrener Mentor sahen mit gleicher Ungeduld, daß Turenne regungslos abwartete; sie befahlen, die Operationen zu eröffnen. Doch der stets vorsichtige Turenne antwortete, daß er La Fertés Kanonen erwarte, um die Barrikaden niederzulegen, und rief damit auf dem Hügel von Charonne solche Unruhe hervor, daß sogar von »Verrat« die Rede war. Als der Herzog von Bouillon davon erfuhr, schickte er seinem Bruder eine dringliche Nachricht, und man griff an, ohne Artillerie. Dadurch erhielt dieser gigantische Zweikampf zwischen den oft eng miteinander verwandten Landsleuten einen geradezu archaischen Zug.

Nach der Affäre vom Johannistag mußte sich Paul Mancini auszeichnen. Er schwor, dem Sieger von Rocroi von Mann zu Mann entgegenzutreten, und griff an der Spitze des rechten Flügels mit blanker Waffe an. Die Königlichen nahmen die Verschanzungen der Straße von Charonne, wurden aber auf dem Platz Saint-Antoine von Condés Schwadronen aufgehalten. Der siebzehnjährige Paul Mancini, tödlich verwundet, beendete eine Laufbahn, die wahrscheinlich ihre Spuren in der Geschichte hinterlassen hätte.

Von den Höhen von Charonne aus übersah der aufgeregte Ludwig das ganze Schlachtfeld. Er verfolgte auch den seltsamen Kampf, den Condé und Turenne aus kürzester Entfernung, Mann gegen Mann, die Waffe in der Faust, miteinander ausfochten – Krieger vor Ilion. Mit Verdruß bemerkte er, daß sich gegen Mittag die Waagschale der Schlacht nicht rührte – die Hitze erzwang eine Waffenpause.

Zwei Stunden später glaubte er, die Rebellion sei niedergerungen. Ein feindlicher Angriff war heftig zurückgeschlagen worden, La Rochefoucauld an beiden Augen verwundet, und die Artillerie von La Ferté, die sich endlich ins Spiel mischte, mähte die Frondeure nieder, die gegen das Tor Saint-Antoine drängten. Doch es war zu früh zum Aufatmen. Im entscheidenden Augenblick wurde die Monarchie von der tollsten ihrer Prinzessinnen erschüttert. Mademoiselle, die von diesem Tag an die Grande Mademoiselle hieß, hatte in ihrem Rausch von Heldentum ihrem jammernden Vater Befehle abgetrotzt, die so ungenau abgefaßt waren, daß sie die Schöffen der Stadt damit tyrannisieren und in die Bastille eindringen konnte: Das Tor Saint-Antoine öffnete sich und rettete die besiegte Armee.

Als Condé seiner Verwandten dafür dankte, konnte er die Tränen nicht zurückhalten. Er weinte um La Rochefoucauld und um Nemours, die er für tot hielt. »Er hatte zwei Fingerbreit Staub auf dem Gesicht, sein Haar war völlig wirr, sein Kragen und sein Hemd mit Blut befleckt, obwohl er selbst nicht verwundet war; sein Küraß zerbeult; er hielt sein bloßes Schwert in der Hand und hatte die Scheide vergessen.« Condé hielt sich nicht lange auf, sondern sammelte die Soldaten, die in völligem Durcheinander unter den Kugeln der Königlichen durch das Tor drängten.

Der Rückzug ging nur langsam vor sich, und der König faßte neue Hoffnung, als sich Turennes Kavallerie auf die Nachhut der Frondeure stürzte. Im selben Augenblick hüllte sich der Turm der Bastille in Rauch. Mazarin stieß einen Freudenschrei aus. Er hatte unter den Rebellen so viele Getreue, daß er nicht daran zweifelte, die Artillerie der Festung greife im richtigen Augenblick ein, um Turenne zu helfen. Er täuschte sich so gründlich, daß er Ludwig XIV. seine Vermutung noch mitteilte, als die Feuerstöße schon den Schwung ihrer Truppen bremsten.

Oben auf dem Turm feuerte die Grande Mademoiselle eigenhändig die Geschütze ab; sie empfand sich als Penthesilea oder Johanna von Orléans. Welch ein Stolz aber auch, sich »bei dieser Gelegenheit auf eine wenig übliche Weise zu verhalten, wie es vielleicht noch nie einer Person meiner Art zuteil geworden ist«! So schrieb sie in ihren *Memoiren.* Den Siegerblick durch das Fernglas richtend, erblickte sie den Hügel von Charonne und die kleine Schar, die dort versammelt stand. Sie erfaßte sofort die Situation und befahl, die Kanonen auf den Hügel zu richten. Kugeln fielen zu Füßen von Ludwig XIV. und Mazarin nieder, der sich seinerseits bemühte, seinen Irrtum zu verschleiern.

»Diese Kanone hat ihr einen Ehemann getötet«, meinte er.

Sie hatte viel mehr angerichtet. Das Epizentrum der Revolutionen, die alte Festung, die 1789 die sterbende Monarchie verkörperte, verkündete 1652 das Ende für die politische Macht der Grandseigneurs. Ludwig XIV. erlebte wieder den Schrecken des vergangenen Jahres, als man in das Palais-Royal eingedrungen war. Von nun an grollte er den Prinzen und dem Hochadel so gründlich und nachhaltig wie dem Pöbel von Paris. Bis zu seinem letzten Tag blieben die Salven der Grande Mademoiselle und das Eindringen des Pöbelhaufens in sein Kinderzimmer in seinem Herzen »frische Kränkungen«. Monsieur le Prince, der die Hauptstadt erobert zu haben glaubte, fand ein völliges Durcheinander vor. Die Fronde war zu Staub zerfallen. Es gab die »untätige Fronde« des Kardinals de Retz, der sich in Notre-Dame verkrochen hatte, die orleanistische Fronde, deren Führung Monsieur behauptete, die royalistische Fronde, die den König, aber ohne Mazarin, wiederhaben wollte, und schließlich Condés Fronde, die schwächlichste von allen. Der Held, der zur Regierung drängte, kümmerte sich nicht um solche Feinheiten.

Der Vorsteher der Kaufmannschaft hatte beschlossen, am 4. Juli im Rathaus eine Versammlung abzuhalten, die den Schutz der Pariser gegen die Aufständischen organisieren sollte. Sechs Parlamentsräte und sechs Bürger, dazu zahlreiche Pfarrer wurden aus jedem Stadtviertel einberufen, so daß an die vierhundert Männer zusammenkamen. Schon am Tage nach der Schlacht plante Condé, wie er die Versammlung zwingen könne, ihm die Macht zu übergeben. Er verkleidete achthundert rauhe Soldaten als Arbeiter, schickte sie auf den Grève-Platz und ließ sie sich dort zwischen eine Menge aus wohlbezahlten Lumpen mischen. Danach begab er sich mit Monsieur in die Versammlung. Die Prinzen fuhren auf, als der Sprecher vorschlug, »den König zu bitten, seinem Volk Frieden zu geben und ohne die Person des Kardinals Mazarin zurückzukommen«; sie verließen die Versammlung. Auf der Freitreppe des Rathauses rief Condé seinen Leuten zu: »Das sind alles Mazariner, macht mit ihnen, was ihr wollt!«

Sobald sich die Prinzen aus dem Staub gemacht hatten, gingen die verkleideten Haudegen zum Angriff vor, legten Feuer an die Tore und erstürmten die Treppe, trotz der heldenhaften Gegenwehr der städischen Bogenschützen, drangen in das Rathaus ein und machten Jagd auf die Versammelten.

Alle Männer, die sich hier befanden, wurden vollständig ausgeplündert, an die dreißig kamen um, darunter fünf Conseillers und der Rechnungsrat Miron, Oberst der Bürgermiliz. Die meisten dieser Männer waren an der »Verfassung« von 1648 und der ersten Fronde beteiligt gewesen. Sie wurden umgebracht wie später die Girondisten oder Lenins Kampfgefährten: Auch eine scheiternde Revolution frißt ihre Väter.

Paris lebte in tausend Ängsten, Monsieur wurde Generalleutnant des Königreichs, Monsieur le Prince Generallissimus, Beaufort Gouverneur von Paris, der alte Broussel Vorsteher der Kaufmannschaft – also eine wahre Revolutionsregierung, der nur der Glaube und die echte Begeisterung fehlte. Der Tod seines Neffen hatte Mazarin zerschmettert. Madame de Châtillon, diese Penelope des Friedens, und Präsident Nesmond bestanden auf Verhandlungen, doch eine Art Fatalismus machte ihre Bemühungen zunichte. »In dieser Zeit gab es keine Partei, die nicht erschöpft war, die des Hofes nicht weniger als die der anderen; allen fehlte es an Geld und Truppen. Die Parteiungen vervielfachten sich; die Kämpfe hatten jeder Seite nichts als Verlust und Kummer eingebracht.« (Voltaire)

Der König und seine Feinde schätzten die Lage ab. Die Äbtissin Mère Angelique Arnauld schrieb: »Wir sehen nur Arme, die zu uns kommen und klagen, daß sie seit zwei oder drei Tagen nichts gegessen haben ... Die Soldaten hausen so fürchterlich, die Türken könnten nicht schlimmer sein ... Ganz Frankreich ist verzweifelt: es gibt keine Provinz, die nicht entsetzlich leidet ...« Und dann entrüstete sich die berühmte Jansenistin: »Der Cours-La-Reine und die Tuilerien sind so besucht wie vorher, die Erfrischungen und sonstigen Überflüssigkeiten wie gewohnt, und die Herzen werden nicht gerührt, und Gottes Zorn spüren sie nicht beim Anblick der Straßen, die voller Elend und Mord sind, und die allgemeine Teuerung kümmert sie nicht.«

Wie verfolgt von Gewissensbissen, schienen Condés Freunde den Verstand zu verlieren. Beaufort tötete im Duell seinen Schwager Nemours; Monsieur le Prince und Graf Rieux ohrfeigten sich beim Herzog von Orléans. »Die Ausschweifungen waren zu öffentlicher Schande gediehen.« Währenddessen belagerten die Spanier Dünkirchen und rückten gegen die Aisne vor. 1652 war ein furchtbares Jahr für Frankreich.

Das Vorrücken der Spanier steigerte die Verwirrung am Hof. Aufs neue empfahl der Rat den Rückzug des Königs, diesmal bis Lyon, und aufs neue widersetzte sich Turenne, nahm selbst die Dinge in die Hand und handelte von Juli bis November als das eigentliche Haupt der Regierung.

Es gelang ihm, einen an Zahl weit überlegenen Feind zu beunruhigen; er konnte die Spanier aufhalten, die nicht über Laon hinauskamen. Der König begab sich nach Pontoise und befahl das Parlament dorthin. Doch die Herren verweigerten den Gehorsam, solange Mazarin nicht das Land verlassen habe. Trotzdem verließ ein Teil des Parlaments Paris und scharte sich um den Ersten Präsidenten Molé. Um auch bei dieser Farce auf seinen Rechten zu bestehen, beteuerte das Rumpfparlament in Pontoise seine Treue, forderte aber zugleich, daß Mazarin gehe. Das allerdings war eine Forderung, die der gerissene Italiener ihnen selbst in den Mund gelegt hatte, und der König gab ohne Zögern nach.

Mazarin beugte sich dem Unvermeidlichen. Er beauftragte Le Tellier und Servien, ihn im Rat zu vertreten, und zog sich nach Bouillon zurück, also auf das Territorium von Turennes Bruder, mit dem die Komödie abgesprochen worden war. Um das Ungewöhnliche der Situation noch hervorzuheben, pries ein öffentliches Manifest den Ruhm des Verbannten: »Seine Majestät ... sieht sich durch sein Ehrgefühl und sein Gewissen veranlaßt, nicht länger die Angriffe gegen einen Unschuldigen zu dulden, denn das Recht ist die erste Aufgabe der Könige, für die sie Gott verantwortlich sind. Seine Majestät hat sich entschlossen, dem besagten Herrn Kardinal, der ihm von dem verstorbenen König, seinem Vater, überkommen und empfohlen worden, der ferner sein Pate und sein Erster Minister ist, die Gerechtigkeit zu gewähren, die Seine Majestät dem Geringsten seiner Untertanen nicht verweigern kann.« Mazarin war also verabschiedet worden, ohne sein Ministeramt zu verlieren.

Dann forderte das Pontoiser Rumpfparlament die in Paris verbliebenen Parlamentsräte auf, ebenfalls an den Hof zu kommen, falls die Herren nicht ihre Ämter einbüßen wollten – eine Drohung, die sie sehr erschreckte. Monsieur le Prince war erkrankt, Gaston von Orléans untröstlich über den Tod seines kleinen Sohnes, des Herzogs von Valois – Anna von Österreich deutete den Verlust als Zeichen göttlichen Zorns. Und das Volk, begeistert, weil es von Mazarin befreit worden war, forderte Frieden und verhöhnte die Frondeure.

Retz hätte gar zu gern den Schiedsrichter gespielt und wäre am liebsten Nachfolger seines Rivalen geworden. Unter dem Vorwand, sich vom König das Kardinalsbirett zu holen, erschien er mit großem Pomp in Compiègne, wo sich der Hof inzwischen eingerichtet hatte, und am Ende der Zeremonie, die ihn zum Mitglied des Heiligen Kollegiums machte, redete er mit dem König wie eine Großmacht zur anderen: »Sire, alle Untertanen Eurer Majestät können Ihnen ihre Sorgen anvertrauen. Doch nur die Kirche hat das Recht, Ihnen von Ihren Pflichten zu sprechen.«

In dem Tonfall ging es weiter. Er erinnerte an Heinrich IV. und verlangte eine Generalamnestie und die Rückkehr des Königs nach Paris. Ludwig XIV., aufgebracht durch diese Rede »von äußerster Eitelkeit und unerträglicher Anmaßung«, erinnerte seinerseits an die Zeiten der Liga, als die Pariser »die Leute, die ihre Freiheit bedrohten, verjagt haben«. Der Plan des einstigen Koadjutors war damit gescheitert.

Condé, der sich vom Volk schon verdrängt sah, suchte noch einmal sein Glück bei den Waffen. Er veranlaßte die Spanier, dem Herzog von Lothringen so viel Geld zu schicken, daß dieser brutale, gierige, derbe Fürst sein Ehrenwort vergaß und mit elftausend Mann in Frankreich einfiel. Mazarin konnte ihn mit ungewöhnlichen Angeboten, die er selbst vorbrachte, nicht daran hindern, bei Juvisy seine Streitkräfte mit denen Condés zu vereinen.

Wieder einmal schwankte die Waage des Schicksals, wieder einmal war Turenne der Retter. Der Marschall nahm bei Villeneuve-le-Roi Aufstellung, vermied jede Schlacht und hielt einen Monat lang die Gegner in Schach – einen Monat, in dem die Bannmeile um Paris gänzlich verwüstet wurde und die Spanier die Gelegenheit nutzten, Dünkirchen und Gravelingen einzunehmen.

Karl von Lothringen war nicht gerade hartnäckig. Da das Glück der Fronde nicht mehr lächelte, nahm er die Verhandlungen mit dem Hof wieder auf und ließ anfragen, welche Summe sein Rückzug wohl wert sein möchte. Zu spät. Seine Erpressungen hatten die Franzosen endlich zu Royalisten gemacht, und man wies ihn höflich ab. Der Herzog gab auf. Er nahm die Straße nach Flandern und führte Condé mit sich, der zwar seine Niederlage erkannte, sich aber nicht beugen, sondern sein Schwert dem König von Spanien anbieten wollte. Im Grunde besaß Monsieur le Prince das Temperament eines Kondottiere der Renaissance. Daß er völlig unnötig den Tod Tausender Franzosen verursacht hatte, bedrückte sein Gewissen nicht, und die Laufbahn eines getreuen Soldaten erschien ihm weniger reizvoll als die Abenteuer eines umherstreifenden, bezahlten Massenmörders.

Am Tag seines Aufbruchs kamen die Vertreter der Milizen und der Zünfte zum König, um ihn anzuflehen, endlich wieder in seine getreue Stadt zurückzukehren. Vor der Monarchie stand als einziges Hindernis Gaston von Orléans.

Monsieur spielte Komödie, eine so erbärmliche, daß seine Frau darüber gleichzeitig lachte und weinte. Als er am 18. Oktober einen Brief empfing, in dem ihn der König seine Ankunft am 21. wissen ließ, rief er Retz zu sich und hielt flammende Reden. »Man hätte meinen können, er säße waffenstarrend hoch zu Roß, bereit, das Land um Saint-Denis und Grenelle mit Blut und Tod zu überziehen.«

Am 21. Oktober zog Ludwig XIV. endgültig in Paris ein. Er ritt neben Karl II., dem geächteten König von England, und dessen Bruder, dem Herzog von York und späteren König Jakob II. von England, der sich unter Turennes Befehl tapfer geschlagen hatte. Das Volk jubelte dem König zu wie am Tag seiner Volljährigkeitserklärung und wie es Condé und dem Herzog von Lothringen zugejubelt hatte. Er richtete sich jetzt im Louvre ein, »nachdem widerwärtige Ereignisse im Palais-Royal ihm bewiesen hatten, daß sich private Gebäude ohne Sicherung durch Gräben nicht für ihn eigneten«, schreibt Madame de Motteville. Schon am selben Abend hielt die Königin Hof, während im Palais Luxembourg Gaston von Orléans prahlte, er werde sich bei den Hallen verschanzen und Barrikaden bauen. Beaufort nahm ihn beim Wort und bot ihm an, den König aus dem Louvre zu vertreiben. Gaston dankte, befahl ihm, bei Morgendämmerung mit seinen Parteigängern wiederzukommen, und verabschiedete ihn. Dann bereitete er seine Flucht vor. Während er eifrig beschäftigt war, tauchte seine Tochter auf, die der König aus den Tuilerien gewiesen hatte.

»Aber was denn!« rief die Amazone. »Sie lassen Monsieur le Prince und Monsieur von Lothringen im Stich?«

Ihr Vater warf ihr mit bitteren Worten ihre Kriegstaten vor und forderte sie auf, Paris sofort zu verlassen.

»Und wohin soll ich gehen, Monsieur?« fragte die Prinzessin.

»Wohin Sie wollen!«

Er begab sich nach Limours, sie nach Saint-Fargeau.

Am 22. Oktober hielt der König einen königlichen Gerichtstag ab, der wesentlich anders als die Vorläufer verlief. Hundert Schweizer besetzten unter Trommelklang den Saal, als der König mit Gefolge erschien. Der Kanzler rühmte die Weisheit der Majestäten, verlas den Text einer Generalamnestie und danach die Liste derjenigen, die von ihr ausgenommen wurden: Beaufort, La Rochefoucauld, Rohan, Broussel, Frau von Châtillon waren dabei, der Name Retz fiel nicht. Eine zweite Erklärung untersagte dem Parlament, sich »mit den Prinzen und Großen des Landes« einzulassen und sich künftig in Staats- oder Finanzfragen einzumischen, »für die ihr Beruf ihnen zu wenig Wissen vermittelt hat«.

So wurden die Parlamentsräte auf sechzig Jahre hinaus auf ihre richterlichen Funktionen beschränkt, und mit ihren politischen Ambitionen wurde die konstitutionelle Monarchie begraben. Man kann es nicht genug beklagen, daß sie als Experiment unter so ungünstigen Verhältnissen stattfand. Denn die Ausschweifungen, die eben im Namen einer Pseudo-Demokratie begangen worden waren, haben leider zu den Ausschweifungen des königlichen Absolutismus geführt. Der gefährlichste Führer der Fronde, Retz, ihr einziger Staatsmann, der einzige auch, der so etwas wie einen »Apparat« gegen die Autorität des Königs aufziehen konnte, war durch die Amnestie geschützt. Noch besser: Er hatte den König am 21. Oktober am Tor des Louvre erwartet, um ihm die Glückwünsche der Kirche zu übermitteln. Der Hof fühlte sich aber nicht sicher, solange der Mann der Barrikaden in Freiheit neue Verschwörungen anzetteln konnte. Le Tellier und Servien verlangten seine Verhaftung. Sie wurde beschlossen, aber einige Wochen hinausgeschoben.

Retz hielt sich meistens im Kloster von Notre-Dame auf, wo man ihn kaum herausgeholt hätte. Am 19. Dezember begab er sich morgens in den Louvre, sicherlich, um die Lage zu sondieren. Die Gelegenheit kam unerwartet – würde man wagen, ihn zu fassen? Alles hing vom König ab, der mit seinen vierzehn Jahren seine Rolle so gut spielte wie der fünfzehnjährige Ludwig XIII. bei der Hinrichtung Concinis.

Man meldete Ludwig, daß der Kardinal im Anmarsch sei, worauf er mit unbewegtem Gesicht antwortete:

»Nun muß ich sofort als König auftreten.«

Er empfing den Frondeur lächelnd und so guter Laune, daß sich sein Beichtvater, der Jesuitenpater Paulin, wunderte. Kindlich und munter plauderte er über ein Theaterstück, ging von einem zum anderen und näherte sich dem Gardehauptmann d'Aumont, dem er den Verhaftungsbefehl zuflüsterte. Nach ein paar Minuten verließ er den Raum mit dem verabredeten Satz:

»Daß mir aber ja niemand auf der Bühne ist!«

Der Rest ging blitzschnell, und das Idol der Pariser, der Mann, der den König aus der Hauptstadt verjagt hatte, fand sich in Bois de Vincennes wieder – wie früher Beaufort und Condé. Als man Ludwig meldete, daß der Befehl ausgeführt worden war, sagte er seinem Beichtvater feierlich:

»Hier drinnen habe ich den Kardinal von Retz festnehmen lassen.«

Die Augenzeugen wunderten sich weniger über das Ereignis selbst als über die Kaltblütigkeit und die Verstellungskunst des Königs. Noch vor der Schwelle zum eigentlichen Jünglingsalter hatte Ludwig XIV. alles Kindliche abgestreift. Und daran waren die Kanonen der Bastille nicht unwesentlich beteiligt.

Der Gesalbte des Herrn

Im Winter 1652/53 tauschten Anna von Österreich und Mazarin die mit geheimnisvollen Chiffren gespickten Briefe aus, in der viele Autoren den Beweis für ihre Verbindung sehen wollen. Mazarin nimmt hier oft den trockenen, gebieterischen, gereizten Ton eines autoritären Ehemannes an, Anna den der ergebenen Frau, die von Unruhe und sinnlichem Verlangen erfüllt ist. (»Adieu, ich kann nicht mehr, Mazarin weiß wohl, warum«.) Da es auf diesem psychologischen Gebiet an einem schlüssigen Beweis fehlt, kann die Scharfsicht des Romanschreibers leicht über die des Historikers siegen. Deshalb sei hier La Varende zitiert, der über den berühmten Satz geschrieben hat: »Es wäre durchaus folgerichtig, ihn anderen Sorgen zuzuschreiben, wenn wir ihn nicht gerade wegen seiner Direktheit als sinnliches Geständnis empfinden würden. Und doch scheint dieser kurze, hastig hingeworfene Brief nicht von der allmählichen Steigerung sinnlicher Bilder erfüllt zu sein, die manchmal die ehrenwertesten Frauen ergreift, wenn sie am Schreibtisch sitzen. Vielleicht ist die Königin nur von einer allzu langen Ratssitzung, einer ständigen Intrige erschöpft ... Wir selbst ... wir

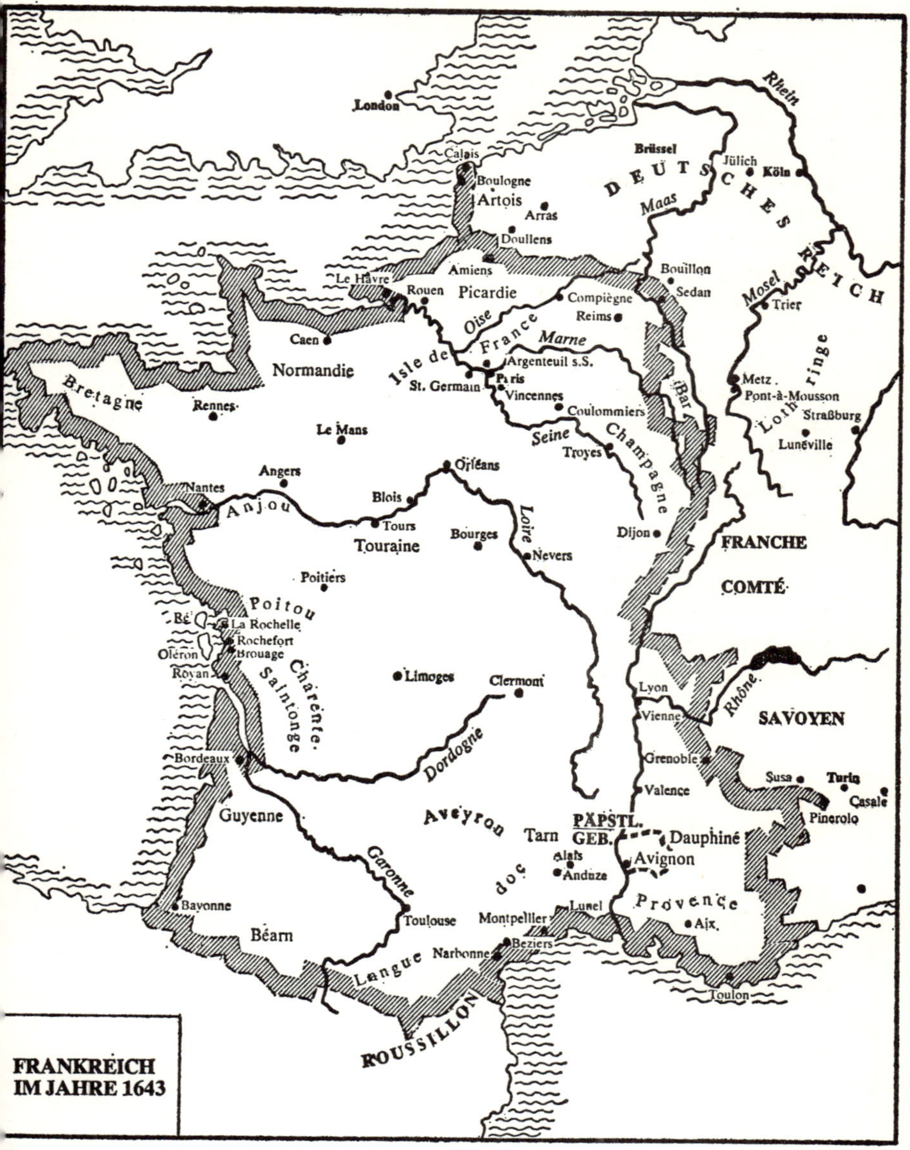

FRANKREICH IM JAHRE 1643

wundern uns vor allem darüber, daß ein solches Geständnis *auf französisch* geschrieben sein sollte (die Königin schreibt nur mit Mühe in französischer Sprache, Mazarin versteht sie schlecht und benutzt Spanisch, sobald es um eine Bemerkung über die Königin geht). Liebend oder sterbend kennen Frauen nur noch ihre Muttersprache.« (La Varende in seiner Biographie Annas von Österreich)

Es gibt aber noch einen weiteren, sehr überzeugenden Grund zum Zweifel. Die Briefe, die ihr Geheimnis geradezu kindlich verhüllen, sprechen oft vom König als von dem *Vertrauten*. So liest man: »Der Vertraute empfiehlt sich Ihnen ... Der Vertraute schreibt nicht selbst, bittet mich aber, Ihnen auszurichten, daß er niemandem, wer es auch sei, nachgeben könne.«

Sollte er etwa der »Vertraute« einer Liebesbeziehung zwischen seiner Mutter und seinem Paten gewesen sein? Das scheint undenkbar, wenn man sich an seine kindliche Bindung an die Mutter, seine frühe Eifersucht, den gewaltigen dynastischen Stolz erinnert, der ein Teil seines angeborenen Wesens war. Ein Vierzehnjähriger seiner Erziehung konnte kein Verständnis und keine Nachsicht für solche Beziehungen haben. Der junge Herrscher, der *persönlich* an der Verhaftung von Kardinal Retz teilgenommen hatte, hätte einem untragbaren Ehemann seiner Mutter gewiß nicht geschrieben: »Wenn Sie wieder in meiner Nähe sind, werden Sie erkennen, daß die Zuneigung, die ich Ihnen immer entgegengebracht habe, sich in keiner Weise geändert hat.«

Außer in der Guyenne, wo die Fronde noch einige Monate schwelte, herrschte wieder Ordnung im Lande. »Die Ruhe im Königreich war die Wirkung von Kardinal Mazarins Verbannung; doch kaum hatte ihn das allgemeine Geschrei der Franzosen davongejagt, als ihn der König zurückrief. Verwundert stellte er fest, daß er allmächtig und ungestört in Paris einziehen konnte. Ludwig XIV. empfing ihn wie einen Vater, das Volk wie einen Herrn. Man gab ihm ein Fest im Rathaus, und er warf Geld unters Volk. Doch es heißt, daß er bei aller Freude über die glückliche Wendung doch Verachtung für die Unbeständigkeit oder besser Torheit der Pariser zeigte.« (Voltaire)

Die Verachtung beschränkte sich nicht auf die Pariser. Richelieu hatte seine Gegner geachtet und deshalb getötet. Mazarin zog es vor, sie zu korrumpieren, zu erniedrigen: Er verheiratete seine Nichte Anne Marie Martinozzi mit dem Prinzen Conti.

Der Kardinal, der sich jetzt – wie sein Zeitgenosse Guy Patin schrieb – »allmächtig wie Gottvater am Anfang der Welt« fühlte, hatte keineswegs vor, dem Volk Erleichterung zu verschaffen, sondern setzte drei Ziele: Er wollte den Krieg siegreich beenden, den Condés Verrat aber noch um Jahre verlängerte; er wollte sich ein ungeheures Vermögen verschaffen, und er wollte seine Pflicht als der Verantwortliche für die Erziehung des Königs voll erfüllen.

Der Krieg bereitete ihm noch viele Sorgen und Ängste, und um ihn führen zu können, überließ er Frankreichs Wirtschaft ein paar Dutzend Steuerpächtern, die zusammen mit dem Oberintendanten der Finanzen, Nicolas Fouquet, immer neue Machenschaften ausheckten; die Kosten hatte das Volk zu tragen – und Fouquet und der Erste Minister erwarben sich dabei ein Vermögen. Denn nach allem, was er durchgemacht hatte, war Mazarin entschlossen, ohne jeden Skrupel um alles und jedes zu feilschen.

Colbert, der seine privaten Interessen wahrzunehmen hatte, erledigte sein Amt glänzend. Er hätte schon ein wahrer Heiliger sein müssen, wenn er neben Mazarin und Fouquet selbst den Versuchungen widerstanden hätte: Er tat es auch nicht, sondern sicherte sich einen Wohlstand, den man zu anderen Zeiten für skandalös gehalten hätte. Wenn man den Schulkindern seine strenge Redlichkeit vor Augen führt, ist es nur eine Legende unter vielen anderen.

Die menschliche Natur setzt sich aus Widersprüchen zusammen. Durch seine unredlich erworbenen Schätze hat sich Mazarin in Verruf gebracht, doch seine Art, wie er Ludwig XIV. lehrte, ein König zu sein, fordert Achtung. Man dürfte sich kaum wundern, wenn ein solcher Mann Racine inspiriert und Saint-Simons verleumderische Vorwürfe rechtfertigt hätte – wenn er sich also bemüht hätte, seinen Schüler »in einer langen Kindheit« altern zu lassen. Es wäre ihm nicht schwergefallen, ihn zu Trägheit, zu Ausschweifungen, zur Vergnügungssucht anzuhalten. Er hätte ihn auch stumpfsinnig machen, ihn geistig lähmen können, wie es die Günstlinge Marias von Medici bei seinem Vater versucht hatten. Man hat viel zuviel von der Gleichgültigkeit, ja Apathie Ludwigs XIV. in dieser Zeit gesprochen, hat zu gern auf die wollüstige Weichlichkeit hingewiesen, die ein von Nocret gemaltes Porträt (heute im Prado) zu verraten scheint. Tatsächlich aber hatten die verschiedenen Schicksalsschläge ihre Spuren hinterlassen, und 1653 »war die erstaunliche Maschine zur Beherrschung der Menschen, die Ludwig XIV. dann wurde ... schon zur Hälfte fertig«, wie Jacques Roujon betont.

»Er wird sich etwas spät auf den Weg machen, aber weiter als jeder andere gehen«, soll Mazarin gesagt haben. Eine Prophezeiung, von der man annehmen darf, daß sie im nachhinein gemacht worden ist. Aber das spielt keine Rolle: Der junge König ist schon auf seinem Weg. Er hat selbst erkannt, daß er allem mißtrauen und sich durch nichts rühren lassen darf, daß er wenige Menschen zu achten braucht und sein Herz vor Liebe und Haß zu hüten hat.

Sein Lehrer bringt ihm bei, wie diese tiefe Unantastbarkeit, dieser

Gleichmut in den Zufällen des Menschenlebens seinen Plänen dienstbar gemacht werden können, das heißt dem Staat. Doch der Heranwachsende sublimiert die Vorschriften auf seine eigene Art. An die Stelle des zynischen Realismus, der den Abenteurer verrät, setzt er die olympische Majestät, die unerbittliche Hoheit des Halbgottes. Der Italiener verstellt sich und spielt Komödie: »Er gab sich fröhlich, wenn die Dinge schlecht standen ... und betrübt, wenn alles gut lief«, hat wiederum Madame de Motteville berichtet. Ludwig XIV. dagegen bewahrte das undurchdringliche Gesicht, eine unerschütterliche Gelassenheit in guten wie in bösen Tagen.

Lavisse hat seine politische Erziehung »ungenügend und *korrumpierend*« genannt, doch bin ich anderer Meinung. Ludwig XIV., der nicht in die Falle der Vergnügungssucht gegangen war, hätte ein Ungeheuer werden können, wenn er verdorben worden wäre. Von Tiberius bis Stalin hat die Welt erlebt, welche Greuel die gescheitesten Autokraten begehen. Das unverwandelte Bild des Sonnenkönigs in den Übertreibungen eines Boileau wie in den Verwünschungen eines Fénelon beweist, daß man ihm im Gegenteil eine moralische Rüstung mitgegeben hat. Auch seine schlimmsten Fehler entarteten nie zu den Impulsen eines Maßlosen.

Dank seiner Fähigkeit, sich auf das Wesentliche zu konzentrieren, verschmäht Mazarin nach seiner Rückkehr, seinen spielerischen Charme, dem er den Beginn seiner Laufbahn verdankt, an die Königin zu verschwenden; jetzt bemüht er sich um den Patensohn. Zweifellos ist der Stolz des Kindes insgeheim abgestoßen vom Schurkischen, von der niedrigen Gesinnung dieser Persönlichkeit, aber das wiegt gering gegen die Bewunderung, die er dem Zauberer der Politik, dem Virtuosen in der Kunst des Regierens entgegenbringt. Und noch auf eine andere Art wird Mazarin zum Vorbild. Denn der einstige Tischgenosse der Barberinis verfügt über die ästhetische Kultur, die Verfeinerung der Sitten, die Kunst, das Leben zu schmücken, die im damaligen Frankreich noch höchst selten ist; auch die »Preziösen« des Hôtel de Rambouillet haben die »Barbarei« noch nicht ausgerottet. Ludwig ist überwältigt vom köstlichen (und auf seine Kosten erworbenen) Luxus, den Kunstwerken, Edelsteinen, Spiegeln, den Parfums, Affen, Hofnarren und Komödianten des schwelgerischen Kardinals. Von ihm eignet sich Ludwig für alle Zeiten die Vorliebe für Prunk, Eleganz und nobles Auftreten an. Er scheut sich nicht, in seinen eigenen Memoiren zu bekennen: »Dieser Minister ... liebte mich, und ich liebte ihn.« Niemand sonst auf der Welt kann sich eines solchen Geständnisses rühmen.

Mazarin macht sich nicht die Mühe, die mangelhafte Bildung seines Zöglings zu vervollständigen, und errötend gesteht Ludwig eines viel späteren Tages, als er sich selbst darum bemüht, »daß es eine Art

Schande ist, sich zu spät an das Lernen zu machen, doch besser ist es, noch spät zu studieren, als nie das zu wissen, was man wissen muß«. Zwischen dem Schlafengehen und dem Lever, das bereits jetzt eine recht feierliche Angelegenheit geworden ist, lernt der König ein wenig unter Anleitung seines Meisters. Das hat aber wenig zu tun mit dem, was ein Oberschüler lernte und sogar einige Angehörige seiner Familie an Schulwissen erwarben. (Condé konnte mit elf Jahren lateinische Reden halten.)

Zum Ausgleich widmet Ludwig nach dem Lever eine angemessene Zeit der Körperertüchtigung mit Reiten, Fechten, dem Exerzieren mit der Lanze. Dann betritt er das Zimmer des Kardinals, das genau über dem seinen liegt. Ein Staatssekretär, mit dem der Erste Minister arbeitet, wird hinzugezogen, und der aufmerksame und ernste Zögling erlebt, wie sich das Räderwerk der Regierung dreht, hört politische Leitsätze und wird mit Geheimnissen vertraut, die gewöhnlichen Sterblichen verschlossen bleiben müssen. Oft nimmt er am Kronrat teil, und Mazarin achtet darauf, daß die Bedeutung der Fragen, die in Anwesenheit Seiner Majestät verhandelt werden, allmählich steigt: Dieser Pragmatiker glaubt an den Wert der Lehrzeit.

Der König erledigt seine Pflichtarbeit: Nachmittags schreibt er auf, was er am Morgen gelernt hat, und fügt seine Anmerkungen hinzu. Eines Tages beglückwünscht ihn der entzückte Mazarin: »Ich möchte Ihnen ohne Übertreibung sagen, daß ich Ihren Brief mit äußerster Befriedigung gelesen habe. Er ist so gut geschrieben, und Sie versenken sich so gründlich in die Dinge, daß man merkt, Sie selbst wollen die Angelegenheiten in die Hand nehmen und nichts vergessen, was notwendig ist, um ein großer König zu werden ... Ich würde an dem Tage, an dem Sie imstande sind, selbst zu regieren, beruhigt und zufrieden sterben.«

In jener Zeit muß ein König von Frankreich auch ein Soldat sein. Er würde viel Ansehen verlieren, wenn er sich wie der König von Spanien von den Schlachtfeldern fernhielte. Ludwig hat bereits während der Bürgerkriege an Feldzügen teilgenommen, und Mazarin will, daß er jetzt auch dem Feind gegenübertritt. Im Juli 1653 stellt sich der König persönlich der neuen, von Condé angeführten spanischen Invasion entgegen.

Heinrich IV. griff selbst an der Spitze seiner Truppen an, warf sich ins Getümmel und setzte hundertmal sein Leben aufs Spiel. Auch Ludwig XIII. schonte sich nicht und sah in sich selbst den eigentlichen Befehlshaber seiner Streitkräfte: Er war ein ebenso befähigter Kriegsminister wie tüchtiger Oberst. Ludwig XIV. geriet zwar mehrmals in echte Gefahr, doch ist er weder ein General noch ein Frontsoldat. Welche Ironie! Nicht auf ihn hat sich die kriegerische Berufung seines

Geschlechts vererbt, sondern auf seinen Bruder, den allzu hübschen, geschwätzigen, mädchenhaften Bruder, den Anna von Österreich gern »ihr kleines Mädchen« nennt. Er hätte das Zeug zu einem großen Heerführer gehabt. Ludwig verfolgt die Kämpfe nur als Zuschauer, obwohl Turenne ihn vieles lehrt.

Künftig begibt er sich in jedem Frühjahr zur Truppe, doch für einen Mann ist die Jahreszeit der Kämpfe auch die der Liebe, und als gute Mutter macht sich Anna von Österreich ihre Gedanken. Nach reiflicher Überlegung fordert sie ihre Erste Kammerfrau auf, dem König beizubringen, »wie man sich bei den Damen benehmen muß«, um es mit den Worten Annas von Gonzaga auszudrücken. Die Frau ist wegen ihrer »Lüsternheit« so bekannt wie wegen ihrer Häßlichkeit und trägt einen entsprechenden Spitznamen. Ihr Ehemann, Pierre Beauvais, hat früher mit Bändern gehandelt. Diese »alte Circe« (wie Saint-Simon sie nennt) erledigt ihre Aufgabe ausgezeichnet, die Königin ist beruhigt über die Zukunft der Dynastie und bezeugt ihre Dankbarkeit für alle Zeiten mit dem schönen Hôtel de Beauvais. Der Ehemann wird Königlicher Rat und Baron. Viel später erst fällt einer Gärtnerstochter die Ehre zu, dem Halbgott die Reize der Jugend zu enthüllen.

Je nach der besonderen Einstellung hat man Ludwigs Gefühlen unterschiedliche Bedeutung zugemessen, doch in Rachsucht und Stolz sieht man allgemein die Triebfeder seines Verhaltens. Man kennt sein während der Fronde aufgestautes Rachebedürfnis; es ist aber angebracht, sich seinen Stolz näher anzusehen und vor allem festzustellen, welcher Art er ist.

Der Historiker Lavisse hat »diese Religion, diese Leidenschaft für den Ruhm, dieses Vermächtnis der Vergangenheit« angeprangert; es habe »auf einer schließlich doch ganz durchschnittlichen Person geruht, die kein Gegengewicht zu diesem mächtigen, lastenden Schicksal in sich hatte«. Aber dieses Urteil spiegelt nur die Epoche, in der es gefällt wurde, denn zur Zeit Corneilles und des Großen Condé, am Ende einer Revolution, die von ritterlicher Tollheit geprägt gewesen war, könnte man sich da einen bescheidenen, aller Heldenverehrung abholden König vorstellen? Frankreich hätte er vielleicht wohlgetan, aber es hätte ihn nicht lange ertragen. Ein Ludwig XIV. von solcher Haltung hätte das Schicksal Ludwigs XVI. erlitten, der den Hochmut verwarf und den Ruhm verachtete. Für Ludwig XVI. war tatsächlich »das Vermächtnis der Vergangenheit« ein »mächtiges und lastendes Schicksal«. Doch Ludwig XIV. nahm es seit seiner frühen Jugend so an, wie es »bei einem ganz gewöhnlichen Menschen« allerdings erstaunlich gewesen wäre.

Seine Umgebung wird beschuldigt, ihn zu einem lebenden Götzenbild gemacht zu haben, aber auch das ist eine Verfälschung, weil Vereinfachung des Problems. Die Höflinge waren nicht die einzigen, die das Wesen ihres künftigen Herrn auf diese Weise beeinflußten. Selbst Omer Talon, dessen revolutionärer Mut von den Historikern so gepriesen wird, »erwies ihm Ehre und Achtung wie einer sichtbaren Gottheit«. Die überwältigende Mehrheit der Franzosen sah ihn so – und wollte ihn so sehen. In den Augen der Öffentlichkeit hingen Ordnung und Einheit davon ab. Der Nachkomme Ludwigs des Heiligen hätte die unendliche Hoffnung seiner Untertanen nicht erfüllen können, wäre er für die Zweifel anfällig gewesen, die seinen Nachfolgern so verhängnisvoll wurden. Man kann feststellen, daß Ludwig von übermenschlichem Stolz durchdrungen war, man kann manche Auswirkungen des Stolzes beklagen, aber man kann sich nicht aufrichtig darüber wundern und kann es dem königlichen Jüngling nicht vorwerfen, daß er nicht über eine Versuchung triumphierte, die von allen Seiten an ihn herantrat. Fénelon war der erste, der dem Fürsten Demut predigte, und man wird sehen, wozu es führte.

Außerdem sollte man Übertreibungen mißtrauen und keine Schlüsse aus der Tatsache ziehen wollen, daß der König in einem Ballett die Sonne verkörperte. Die Sonne gehört seit langem in die Mythologie des Hauses von Frankreich, und der erste Sonnenkönig war schon Karl VI. (der von 1380 bis 1422 regierte). Der junge Ludwig, der hinreißend gut tanzte, trat als Zephir auf, auch, und zwar er allein, als »Scherz und Lachen«, eines Tages dann als Phoebus. Als er sich später daran erinnerte, maß er der Sache keineswegs irgendeine Bedeutung bei.

Doch sehr nachhaltig wirkte sich Mazarins Anweisung aus, daß es die Pflicht der Könige sei, die Gefühle gewöhnlicher Menschen zu meiden: Güte, Milde, Mitleid können zuzeiten brauchbare Mittel des Herrschens sein, werden aber zu unwürdigen Schwächen, wenn sie einer Regung des Herzens entspringen.

Nun, die Großen pflegen kein weiches Herz zu haben – die Bourbonen schon gar nicht. Ludwigs Herz war sensibel, wie es sich in der Affäre Mancini und beim Tode Mazarins zeigte. Danach aber befolgte der Herrscher getreu die Anweisung seines Lehrmeisters, und sobald er selbst regierte, zwang er sich zu kühler Starre. Und das trotz gelegentlich entwaffnender Züge, trotz der seltenen Neigung, Tränen zu vergießen. Keinerlei Bosheit, nichts von Leichtsinn. Doch unter den abgezirkelten Manieren, unter der edlen Sprache, unter einer vollkommenen Ausgeglichenheit dieser Marmor, an dem alle zerbrachen, die ihn zu ritzen versuchten: Dem unvermeidlichen Stolz fehlte das Gegengewicht, die menschliche Wärme.

Gegen Ende seines sechzehnten Lebensjahres zeigt das Gesicht des

Königs – trotz der Pockennarben immer noch schön –, auf welcher Entwicklungsstufe er sich befindet: Zwar ist der obere Teil kindlich, der Blick weich, zärtlich, scheu, aber daß man sich darauf nicht verlassen sollte, sagen schon die starke Nase, der festgeschlossene, harte und doch sinnliche Mund.

Am 7. Juni 1654 wird Louis-Dieudonné, der Gottgegebene, geweiht. Jetzt steht er endgültig über der Gemeinschaft aller anderen Menschen. Der Gesalbte des Herrn, mit priesterlicher Würde bekleidet, vertritt in seinem Reich Gott selbst. Gott allein wird er Rechenschaft über eine Gewalt abzulegen haben, der sich kein Franzose entziehen kann, ohne ein Verbrechen zu begehen. Ludwig XIV. ist sich dessen voll bewußt. Er bleibt es bis zum letzten Atemzug.

Zwei Monate nach der Weihe ist er bei der Eroberung von Stenay dabei und sieht, wie Turenne das von Condé belagerte Arras befreit. Dieser Krieg ohne Ende stellt in jedem Jahr die gleichen Probleme. Am 20. März 1655 führt ein königlicher Gerichtshof wie gewohnt neue Steuern ein. Doch noch lebt der Geist der Fronde, Retz ist entkommen, lebt in Rom und intrigiert kräftig gegen Frankreich.

Am 13. April vernimmt der König in Vincennes, das Parlament habe die bereits eingetragenen Edikte noch einmal zur Diskussion gestellt. Er jagt nach Paris. Sollte ihm Mazarin den Theaterdonner angeraten haben, so ist ihm allerdings die Art, wie Ludwig seine Rolle spielt, völlig fremd.

Das erstarrte Parlament sieht den König vor sich in rotem Gewand, gestiefelt und gespornt (die Jagdpeitsche dient offenbar nur der Schönheit des Aufzugs). Er spricht in einem Ton, den man noch nie gehört hat, er weist mit dem Finger auf die Räte, die ihn erzürnt haben.

»Jeder kennt die Schwierigkeiten, die Ihre Versammlungen in meinem Reich verursachten, und die gefährlichen Folgen, die Sie heraufbeschworen haben. Ich habe gehört, daß Sie beabsichtigen, so fortzufahren, unter dem Vorwand, die Edikte zu beraten, die bereits beraten und in meiner Gegenwart veröffentlicht worden sind. Ich bin hierher gekommen, um ausdrücklich auf ihrer Durchführung zu bestehen, und Ihnen, Herr Präsident, steht nur zu, sie hinzunehmen, nicht aber, sie gutzuheißen, gleichgültig, welche Instanz sie in Frage stellen will.«

Alle Welt ist sprachlos über die Enthüllung eines Charakters, mit dem niemand gerechnet hat. Mazarin selbst erschrickt und stellt die Ruhe dadurch her, daß er seinen Schüler sozusagen dementiert und über die maßgebenden Räte große Geldsummen ausschüttet. Der König unternimmt nichts dagegen. Er zieht sich in sich selbst zurück, als bereue er, die Karten zu früh auf den Tisch gelegt zu haben.

Bald nach diesem Ausbruch von Despotismus läßt er sich von seiner Mutter heftig ausschelten, weil er zu einem Ball zuerst Madame de Mercœur (eine Mancini) und nicht die junge Prinzessin Henriette von England eingeladen hat. Der Halbgott senkt die Stirn und murmelt, er »habe nichts für kleine Mädchen übrig«.

Schwierigkeiten des Heranwachsens

Europas Schicksal wurde in dem Kampf hin- und hergezerrt, den die beiden größten Heerführer des Jahrhunderts in jedem Jahr neu entfachten. Turenne und Condé entfalteten unermüdlich »die Herrlichkeiten ihres Genies. Man bewunderte sie bei ihren Rückzügen wie bei ihren Siegen, bewunderte ihre gute Haltung wie die Fehler, die sie stets auszugleichen verstanden. Ihre Fähigkeiten hemmten Zug um Zug den Fortschritt der einen wie der anderen Monarchie, doch die Unordnung der Finanzen in Spanien wie in Frankreich waren wiederum ein noch größeres Hindernis für ihre Erfolge.« (Voltaire)

Monsieur le Prince wäre gern bis Paris vorgestoßen, um die Revolution wieder anzufachen. Mehrmals sah er die Gelegenheit dazu gekommen, vor allem nach seinem Sieg bei Valenciennes. Doch er irrte sich sehr. Spanien lag überhaupt nichts daran, ihm das Königreich auszuliefern, sondern es wollte vor allem den Zwiespalt in Frankreich nähren, der Mazarin ohne Ende seufzen machte. Während sich kein Gegenbeispiel nennen läßt, fand die Katholische Majestät immer bei den Franzosen irgendeinen großen Herrn, irgendeine große Kokotte, die zum Verrat bereit waren. So brachte es Madame de Châtillon fertig, Hocquincourt zum Übertritt ins andere Lager zu verlocken, der ohne das rasche Eingreifen des Kardinals Péronne für Condé geöffnet hätte.

Unter solchen Umständen hatten beide Länder das gleiche Interesse, endlich Ruhe zu finden. Mazarin nahm geheime Verhandlungen in Madrid auf, weigerte sich aber, die von Philipp IV. für Condé geforderten Vergünstigungen zu gewähren. Die Katholische Majestät wollte ihren Verbündeten hocherhobenen Hauptes und mit einem großen Gouvernement belehnt zurückkehren sehen – er sollte die Mittel haben, den Bürgerkrieg nach Lust und Laune wieder zu entfesseln. Und das sollte man diesem Wilden bieten, der geschrieben hatte: »Wenn ich ganz Frankreich zum Aufruhr verleiten könnte, wenn ich in der Lage wäre, die ganze Welt auf meine Seite zu ziehen, würde ich es aus vollem Herzen tun, und es wäre sehr dumm, daran zu zweifeln!«

Die beiden gegnerischen Mächte, von denen keine die andere bezwingen konnte, mußten nach einem Verbündeten suchen, der den Ausschlag geben konnte. Da der Kaiser seit dem Westfälischen Frieden aus dem Spiel ausgeschieden war, wandten sie sich Großbritannien zu, das seit 25 Jahren, nach seiner Revolution, dem europäischen Schachbrett fernblieb.

Für die Katholische Majestät wie für den Allerchristlichsten König war es ein Schritt der Verzweiflung, eine echte Selbstverleugnung, denn England, nun wieder protestantisch und furchteinflößend, war das England des Königsmörders Cromwell. Der Mann, der Karl I. dem Henker ausgeliefert hatte, genoß eine Weile die Befriedigung, sich von den mächtigsten Fürsten des Westens umworben zu sehen, ganz zu schweigen von Monsieur le Prince. Der Rat von Madrid bot ihm Calais, Mazarin Dünkirchen, also zwei Städte, die zuerst noch erobert werden mußten. Der Protektor konnte wählen zwischen dem Tor nach Frankreich und dem Tor nach Flandern.

Jedenfalls war der Plan für den Kardinal viel kühner als für den spanischen Minister Don Luis de Haro, der keine Opposition zu beachten brauchte. In Frankreich aber konnte ein Bündnis mit dem englischen Ketzer, der für die Hinrichtung von Heinrichs IV. Schwiegersohn verantwortlich war, durchaus die Leidenschaften von 1648 gegen den »sizilianischen Schurken« aufs neue beleben. »Mazarin zeigte sehr klar, daß er von Richelieu das große Gesetz des Jahrhunderts gelernt hatte, nämlich die Unterordnung religiöser Leidenschaften unter politische Interessen. Doch für die Annäherung an Cromwell gab es kein Vorbild, keine Empfehlung; die Ereignisse sprachen nicht dafür, sondern dagegen; niemand glaubte an sie, niemand wollte sie; sie mußte gegen die Wirkung nach außen und gegen die Gefühle, gegen Tatsachen und Menschen, gegen Cromwell selbst durchgesetzt werden ... Mazarin begann es, blieb dabei und gewann schließlich, weil eine ganz schlichte Einsicht ihn aus dem Labyrinth von Erinnerungen und Hindernissen herausführte«, schreibt Maurice Schumann.

Der Entschluß, den der Lordprotektor endlich faßte, war so klug wie die Entscheidung der britischen Regierung für die Entente im Jahre 1904. Ein einfacher Vertrag über Handelsfreiheit verband die beiden Mächte zunächst miteinander; sie versprachen, einander die Häfen zu öffnen und sich nicht auf See zu bekämpfen. Das Haupt der englischen »Rebellion« zwang den König von Frankreich, ihn in den Briefen als »Bruder« anzureden, und sein Sekretär unterzeichnete das Vertragspapier vor dem Vertreter Ludwigs XIV.

Es war der Triumph der Emporkömmlinge. Der unglückliche Karl II., der das Bündnis zu sprengen hoffte, indem er sich um eine Nichte Mazarins bewarb, mußte erleben, daß der ehemalige Angestellte der Colonna es verächtlich ablehnte, sich mit dem Stuart zu verschwägern!

Damit begann ein Karussel zwischen England und dem Frankreich Ludwigs XIV., das sich sechzig Jahre lang drehte. Wer hätte geahnt, daß die Geschicke der Welt davon abhingen!

Keine Verhandlung wurde ohne Wissen des Königs beendet, doch der König war siebzehn Jahre alt, und die Natur forderte ihr Recht. Sie mußte sich allerdings vorderhand mit flüchtigen Abenteuern zufriedengeben. Als Kameraden und zum »Courmachen« hatte Ludwig die Mancinis, von denen drei schon auf eine vorteilhafte Heirat rechneten, Olympia, Marie und die schönste von ihnen, Hortense. Marie-Anne, die jüngste, war noch ein Kind.

Olympia siegte. Ihre achtzehn Jahre hatten sie hübsch gemacht, was sogar Madame de Motteville ihr widerwillig zugesteht. Trotzdem hätte Ludwigs Neigung zu denken gegeben, wenn Olympia ihrer Natur freien Lauf gelassen hätte; doch das gefährliche Geschöpf verbarg noch seine perversen Neigungen. »Der König verharrte eine Weile in diesem Zustand, im Grunde wohl mehr der Wunsch, sich mit dem Mädchen zu vergnügen, als eine große Leidenschaft. Der König führte sie stets zum Tanz, und es schien, als ob alle Bälle, Unterhaltungen und Vergnügen nur für sie unternommen wurden«, berichtet Madame de Motteville. Eine vollkommen keusche Idylle. Die »Mazarinette« wollte ihre Aussichten, Prinzessin zu werden, nicht verscherzen. Sie wurde es denn auch 1657, als sie Eugène von Savoyen-Carignan, Grafen von Soissons, heiratete, was Ludwig kaum anzufechten schien. »Habe ich Ihnen nicht gleich gesagt, daß von dieser Zuneigung nichts zu befürchten war?« sagte die Königin triumphierend zu ihrer lieben Motteville.

Die verheiratete Olympia hat später dem König eingeräumt, was sie ihm als junges Mädchen verweigerte. Inzwischen aber verliebte sich der junge Mann in eine blauäugige Blonde, die ihn den Italienerinnen abspenstig machte, das Fräulein de La Motte d'Argencourt.

Es hätte eine rührende Geschichte im Stil des Roman *Astrée* werden können oder auch eine galante Erzählung, wie sie Brantôme erzählte. Doch es wurde eine kleine Tragödie. Die Königin, die immer noch von ihrem Sohn ins Vertrauen gezogen wurde, fürchtete eine so hinreißend schöne Person. Sie berief sich sofort auf die Religion und bewies dem armen Jungen, »daß er in Gefahr sei, Gott zu beleidigen, und daß er sich weit von den Pfaden der Unschuld und der Tugend entfernt habe«.

Eine wirklich rührende Szene: Ein Ludwig XIV., der bereits fähig ist, Retz verhaften zu lassen und das Parlament abzukanzeln, zittert vor seiner Mutter, der er alles zu beichten pflegt. Er erkennt, er sei »nach seinem Gewissen verpflichtet, sich von den Gelegenheiten zur Sünde fernzuhalten«. Und Madame de Motteville notiert im Stil von Corneille: »Er seufzte, er bebte, aber endlich siegte er.«

Ein flüchtiger Sieg. Als er nach einer Reise, die ihn zerstreuen sollte, aus Vincennes zurückkam, sah er auf einem Ball den Gegenstand seiner Leidenschaft wieder, erblaßte, errötete, erbebte. Nun griff der Kardinal ein. Da die Frömmigkeit nichts ausgerichtet hatte, bediente er sich teuflischer Waffen: Schamlos verleumdete er das Fräulein de La Motte, dichtete ihr einen Liebhaber an und behauptete, sie plaudere Ludwigs Geheimnisse aus und belustige sich über ihn. Der zutiefst getroffene Ludwig wollte die Ungetreue nicht wiedersehen, und aus Angst vor Ungnade schickte die Mutter La Motte ihre Tochter in ein Kloster, aus dem sie nie wieder herauskam. Unter den vielen Opfern, die von der Staatsräson im Großen Jahrhundert gefordert wurden, gehört die allzu hübsche Mademoiselle de La Motte zu den am wenigsten bekanntesten und bedauernswertesten.

Ludwig suchte Trost in der fast brüderlichen Freundschaft mit der am wenigsten verführerischen der Mancinis, Marie. Madame de Motteville hat ein recht unfreundliches Bild von ihr entworfen: »Sie war so mager, ihre Arme und ihr Hals so lang und dünn, daß man davon nun wirklich nichts Lobendes sagen könnte. Sie war braun und gelb, die Augen groß und schwarz und ohne Feuer, fast trübe; ihr Mund war groß und flach, und abgesehen von den sehr schönen Zähnen, konnte man behaupten, daß sie häßlich war.«

Ludwig machte sich nichts daraus, denn Marie hatte für ihn andere Vorzüge. Sie »unterhielt und begeisterte ihn ... Sie beschämte ihn wegen seines Mangels an literarischer Bildung und versorgte ihn reichlich mit heroischer Lektüre. Wenn er sie einen ganzen Tag lang nicht gesehen hatte – immer lebhaft, immer bereit zum Gespräch, dessen Kosten sie fast allein trug, lachend, um die schönen Zähne zu zeigen –, empfand er eine unbestimmte Sehnsucht. Doch das alles war nur Spaß und gute Kameradschaft ... Sie konnte nicht seine Mätresse werden, weil sich keine von Mazarins Nichten vor der Heirat zu amourösen Abenteuern verstand ... Er konnte kein Ehemann für sie werden, weil die Heiraten der Könige der Politik und dem Wohl des Landes vorbehalten sind. So von aller Zukunft befreit, entschlossen, füreinander keine heftigen und vollkommen unnützen Gefühle zu entwickeln, die ihre Beziehungen nur gestört hätten ... begnügten sie sich damit, einander fröhlich zu begegnen, sich mit Freuden zu treffen ... Er bewahrte den vergangenen Abenteuern und Mißgeschicken eine trübe Erinnerung und verachtete die Frauen tief: Diese hier vermittelte ihm aber einen neuen Begriff von der Frau«, heißt es in Marie Mancinis Biographie von Henry Bordeaux.

Sollte dieser von den Verwirrungen des Heranwachsens beunruhigte König etwa noch Kaiser werden? Mazarin hatte vor dem Tode Ferdinands III. daran gedacht. Die Käuflichkeit der Kurfürsten und der übrigen deutschen Fürsten hatte er auf drei Millionen Livres eingeschätzt. Colbert erhielt den Auftrag, die ungeheure Summe auf seinen eigenen Namen zu leihen. Doch als Ferdinand am 1. April 1657 starb, änderte Mazarin seine Pläne und verbarg hinter der Kandidatur seines Herrn ein anderes Projekt, das erst nach der Wahl Leopolds I. verwirklicht wurde.

In verständlicher Sorge um ihre Sicherheit hatten souveräne Fürsten, darunter auch der König von Schweden, die Rheinische Allianz gegründet, der Frankreich beitrat, um den Westfälischen Frieden zu sichern. Der Kaiser mußte ihn seinerseits garantieren. »Im selben Augenblick, als sich Frankreich im Elsaß festsetzte, verzichtete es ein für allemal darauf, als Glied des deutschen Reichskörpers aufzutreten, und wandte sich vom Symbol der Hegemonie ab zugunsten einer nationalen Politik. Andererseits brachte es die deutschen Fürsten dazu, den Religionsstreit zu überwinden.« (Maurice Schumann)

Wie sehr jetzt die Politik die Religion überwog, zeigte sich eindringlich, als die französisch-englische Übereinkunft zu einem echten Bündnis erweitert wurde. Viele Zeitgenossen waren entsetzt, und sicherlich hatte Frankreich mit dem Vertrag einiges Bittere zu schlucken. Nicht nur erhielt England Dünkirchen, sondern der König mußte seine Vettern, die Söhne Karls I., aus seinem Land vertreiben; die laute Empörung des katholischen Europas ließ Mazarin wie so vieles andere ins Leere laufen: Nichts zählte außer dem endlichen Sieg und Frieden.

Eine englische Flotte nahm bei den Kanarischen Inseln die Galeonen und damit den Spaniern einen großen Teil ihrer ohnehin geschrumpften Einkünfte. Eine andere blockierte den Hafen von Dünkirchen. Sechstausend kriegserprobte »Eisenseiten«, die in Großbritannien die Republik erkämpft hatten, verstärkten Turennes Streitkräfte. Daß Frankreich sie zu besolden hatte, führte unvermeidlich zu Konflikten, und Mazarin mußte alle Künste aufbieten, um sie wieder aus der Welt zu schaffen.

Das Schicksal des Krieges entschied sich vor dem belagerten Dünkirchen, dem Condé und Don Juan d'Austria zu Hilfe zu kommen versuchten. Trotz den Ängsten seiner Mutter verlangte Ludwig, an der Belagerung teilzunehmen, doch man gestattete ihm nicht, sich solcher Gefahr auszusetzen. Am 14. Juni 1658 errang Turenne in der Schlacht bei den Dünen seinen schönsten Sieg. Elf Tage später zog der König in Dünkirchen ein – aber nur, um es wieder zu verlassen und den englischen Truppen auszuliefern. Sein Schmerz und seine Demütigung darüber trafen ihn tief.

Er nahm an der Einnahme von Bergue teil und begab sich dann in das Lager von Mardyck. Die Gefahren für seine Person waren groß genug: Aus den überfüllten Leichenhäusern verbreiteten sich Seuchen, und auch die Lebensmittel waren verdorben – wie es hieß, dank den Machenschaften des Kardinals, dem seine Feinde vorwarfen, er wolle selbst »Lebensmittelhändler und Munitionslieferant« sein; sie beschuldigten ihn, den Soldaten den Wein, das Fleisch, das Brot und sogar das Wasser zu verkaufen.

Am 30. Juni fühlte sich der König elend. Man brachte ihn eilig nach Calais, wo ihn das Fieber packte. Die vier Ärzte, die um sein Bett standen, ließen ihn reichlich zur Ader, ließen ihn purgieren, bedeckten ihn mit Zugpflastern. Am 4. Juli begann man mit seinem Tod zu rechnen.

Thronerbe war der kleine »Monsieur«, Philippe, Herzog von Anjou. Voller Sorge vor den Verschwörungen von »Monsieur Gaston«, wie er jetzt genannt wurde, und dem Aufruhr so vieler Fürsten, hatten Anna von Österreich und Mazarin dieses Kind stets mit Unbehagen betrachtet. Wenn die Fronde besiegt war, blieb er der einzige Franzose, der das auf den Ruinen der Bürgerkriege erbaute schönere Frankreich zerstören konnte. Von frühester Jugend an hatte man Philippe gezwungen, dem Älteren zu gehorchen. Doch das genügte offenbar noch nicht. Man bemühte sich, ihn möglichst untüchtig zu machen, und gab ihm eine Erziehung, in der Schmeichelei und hemmungslose Unterstützung aller Laster seine Fähigkeiten unterdrückten. Im Bewußtsein, dem Staat gut zu dienen, gratulierten sich seine eigene Mutter und der Kardinal, einem tapferen, geistreichen, temperamentvollen und charmanten Jungen die frivole Seele eines Hermaphroditen anerzogen zu haben. Seine jetzt bereits sichtbare Entwürdigung bildete einen Sicherheitsfaktor für die Krone.

Und nun schien das Ergebnis all dieser Mühen plötzlich ein Verhängnis zu werden! Philippe hatte ein Herz, wie man es an diesem rauhen Hof kaum kannte. Von ehrgeizigen Träumen frei, schluchzte er, weil sein Bruder in Lebensgefahr schwebte. Doch andere träumten an seiner Statt. Die geübteste Frondeuse, Anna von Gonzaga, sah schon den Augenblick gekommen, Philippe als Trumpf auszuspielen. In der besten Tradition des Bürgerkriegs heckte sie ihren Plan aus, zusammen mit zweien ihrer guten Freundinnen, der Madame de Choisy – die Mazarin für fähig hielt, ein Königreich zu regieren – und Madame de Fiennes, einer »Teufelin«: Sobald Ludwig XIV. die Augen geschlossen hätte, wollten die Damen den neuen König nach Boulogne entführen, den Ersten Minister verhaften und seinen Besitz beschlagnahmen lassen – denn endlich würde die Stunde für Kardinal de Retz gekommen sein! Ehemalige Frondeure, darunter Brissac, Jarzé und einige Parlamentsräte, schlossen sich dem Komplott an.

Philippe hatte für Mazarin nichts übrig und hätte sich vielleicht, wenn die Gelegenheit gekommen wäre, der Palastrevolution gefügt. Doch im Augenblick dachte er kaum daran, sondern wandte alle Kraft auf, um seine Mutter zu trösten, deren Kummer geradezu erschrekkend war. Mazarin, ebenso unglücklich, traf trotzdem seine Vorbereitungen. Auf seinen Befehl hin sorgte Colbert dafür, daß die Garnisonen von Vincennes und in der Bastille »in gutem Zustand« waren; er ließ den Palast Seiner Eminenz von Gardesoldaten bewachen.

In der Nacht zum 7. Juli empfing der König die Sterbesakramente. Er hielt sich dem Tod gegenüber schon so gelassen wie siebenundfünfzig Jahre später. Zwischen zwei Fieberanfällen flüsterte er dem Kardinal zu: »Sie sind ein entschlossener Mann und mein bester Freund, deshalb bitte ich Sie, mir zu sagen, wenn mein Ende da ist, denn die Königin wird es nicht wagen, weil sie fürchtet, dadurch meinen Zustand zu verschlimmern. Versprechen Sie es mir.«

Am 8. Juli hielt man den Kranken für endgültig verloren, und viele Höflinge machten bereits Monsieur ihre Aufwartung. In Frankreichs Kirchen knieten die Gläubigen im Gebet, Prozessionen zogen durch die Städte. Die Ärzte, am Ende ihrer Weisheit, ließen es zu, daß der Arzt Sausoi aus Abbéville hinzugezogen wurde. Sausoi empfahl das noch wenig bekannte Mittel Brechweinstein, und gegen den Widerspruch und die schäumende Wut des Leibarztes Valot wurde es angewandt. Der Brechweinstein, aber eher noch die zähe Natur des Kranken, half – am 10. Juli war er fieberfrei. Am meisten verblüfft schienen die Mediziner, und Valot bemühte sich eilends, Sausois Rolle herunterzuspielen, indem er verkündete, ein Wunder sei geschehen.

Monsieur war aufrichtig froh, mußte aber die Rolle, die ihm wider Willen aufgedrängt worden war, schwer büßen. Die hübschen Pläne der drei Damen wurden nämlich rasch entdeckt. Anna von Gonzaga konnte sich aus der Schlinge befreien, aber Madame de Fiennes wurde davongejagt, Madame de Choisy, der Herzog Brissac und Marquis de Jarzé wurden verbannt. Der König neckte seinen Bruder höchst gröblich und spottete: »Wären Sie nun König geworden, säßen Sie in der Patsche, denn Madame de Fiennes und Madame de Choisy hätten sich schon bald zerstritten, und Sie hätten nie gewußt, vor welcher Sie sich hüten müßten.«

Seine ohnehin etwas verächtliche Zuneigung zu seinem Bruder war künftig noch durch Mißtrauen getrübt.

Mazarins unfreundliche Gefühle für den jungen Prinzen hatten neue Nahrung erhalten. Ihm war jede Gelegenheit recht, die Ausschweifungen Philippes heuchlerisch zu beklagen. (Nach Ansicht von Primi Visconti war es übrigens Mazarins jüngerer Neffe, Philippe Mancini, der Monsieur als erster verführte.) Doch trotzdem sorgte der wachsame alte Fuchs vor: Der Kardinal, der an die verborgene Macht dachte, die ein Sohn Frankreichs darstellte, hielt es für klug, Monsieur auf irgendeine Weise zu erfreuen. Deshalb schenkte er ihm die schöne Villa in Saint-Cloud, die er von seinem Freund Barthelemy d'Hervart kaufte, das Haus, in dem Heinrich III. ermordet worden war. Monsieur zeigte sich begeistert, vergaß allen Kummer und widmete sich der Ausschmückung dieses »ländlichen Paradieses«.

Ludwig zog seine Lehre daraus. Vierzig Jahre hindurch hat er seinen Bruder verwöhnt und gleichzeitig erniedrigt und seine Existenz sinnlos gemacht.

»Sie weinen, und ich gehe«

Während Mazarin bei der Armee blieb, führte Anna von Österreich ihren Sohn langsam nach Paris zurück. Um Seine Majestät zu erfreuen, erzählte man ihm unterwegs, daß Marie Mancini über seine Krankheit in maßlosen Kummer versunken sei. Kein Zweifel: Sie liebte ihn.

Es war das erste Mal, daß Ludwig ein Herz bewegte. Er selbst war bewegt – wie es wohl jeder Junge seines Alters gewesen wäre –, ließ sich aber nichts anmerken. Als er das junge Mädchen wiedersah, schienen sie keine zärtlichen Worte zu tauschen. Es wäre auch ein allzu gewagter Schritt gewesen – ein Schritt in eine Sackgasse. Der junge Mann forderte weiterhin von Olympia die Gunst, die sie ihm seit ihrer Heirat unter den gerührten Blicken des Ehemannes einräumte. Aufmerksame Beobachter wollten jedoch festgestellt haben, daß sich in der Beziehung des Königs zu den beiden Schwestern etwas verändert habe.

Dann kam der Besuch der Königin Christine von Schweden. Voller Neugier sah der Hof auf diese etwas verwachsene, häßliche, phantasievolle, verschwenderische und gelehrte Person, die auf ihre Krone verzichtet hatte, wie man eine allzu drückende Frisur ablegt. Christine machte sich den Spaß, ihre Umgebung aus der Fassung zu bringen. Eines Abends, als sie den Ehrenplatz zwischen Ludwig und Marie Mancini innehatte, sagte sie zum König: »An Ihrer Stelle würde ich jemanden heiraten, den ich liebe!« Von Paris begab sich der Hof nach Fontainebleau, begleitet von Gaston d'Orléans und der Grande Mademoiselle, die sich beide um den Preis ihres Stolzes Frieden erkauft hatten. Anna von Österreich, die ihre Nichte nach sechs Jahren der Verbannung wiedersah, überhäufte sie mit reichlich boshaften Bemerkungen über schwindende Jugend und vergaß auch nicht zu erwähnen, daß sie die Nichte am Morgen nach dem Kampf am Faubourg Saint-Antoine gern eigenhändig erwürgt hätte.

Gaston wich solchen Bosheiten aus, indem er seiner Schwägerin erklärte, falls sie ihm etwas nachtrage, »könne sie sich ohne Schwierigkeiten rächen durch zwanzig Stockschläge, die er gern hinnehmen werde, wenn sie dann die Güte habe, das Vergangene zu vergessen«. Bis zum Vergessen dauerte es zwei Jahre, und inzwischen fand Ludwig die Gelegenheit zu einer kleinen Rache im Stil Heinrichs IV., der eines Tages durch einen gewaltsamen Fußmarsch den dicken Mayenne außer Atem gebracht hatte. Als sich nun Ludwig XIV. in Fontainebleau aufhielt, verschmähte er es eines Abends bei Sonnenuntergang im Park trotz feuchter Luft, einen Hut aufzusetzen, womit er den Herzog von Orléans zwang, ebenfalls mit bloßem Kopf herumzulaufen. Der Prinz, der sich unbeschreiblich vor Erkältungen fürchtete, legte sich schließlich die Handschuhe über den Kopf, wie uns seine Tochter in ihren Erinnerungen berichtet.

Doch der alte Verschwörer hätte gern viele andere Quälereien hingenommen, denn er glaubte das Mittel gefunden zu haben, die Erinnerung an seine vielen Niederlagen auszulöschen und sein verfehltes Dasein in Glanz und Gloria zu beenden: Warum sollte Ludwig nicht Mademoiselle von Orléans heiraten, die älteste von Gastons Töchtern aus seiner zweiten Ehe!

Den König heiraten! Er war die beste Partie der Welt, und alle Höfe träumten davon. Die Königin von Portugal versuchte, Mazarin zu kaufen, damit er die Tochter berücksichtige. Die Herzoginregentin von Savoyen, Ludwigs XIII. Schwester, bot die ihre an und erinnerte bei der Gelegenheit an die Bedeutung der Alpenpässe für Frankreich. Der französisch-englische Vertrag hinderte Karls I. Witwe nicht, Henriette zu empfehlen, das zu magere Mädchen, das Ludwig nicht gefiel.

Königin und Kardinal wiesen niemanden zurück, hegten aber eine ganz andere Hoffnung: den Krieg zu beenden durch die Verbindung des Königs mit der ersten Prinzessin der westlichen Welt, der Infantin Maria-Theresia von Österreich, ältesten Tochter des Königs von Spanien. Tief innen in seinem Palast träumte die Katholische Majestät von ähnlichen Vorstellungen. Aber leider widersetzten sich die Erinnerungen an einen Krieg von dreiundzwanzig Jahren und der ungeheure Stolz selbst des besiegten Spaniens einem Schritt zur Versöhnung der beiden Dynastien, der einigen Dutzend Millionen Menschen den Frieden bringen konnte. Die Hindernisse wären vielleicht unüberwindlch gewesen – wären nicht in diesem Augenblick die Herren der Welt maßvolle, geduldige, vernünftige Menschen gewesen, ohne Leidenschaft für Ruhm und Gewalt.

Velazquez hat uns Philipp IV. gemalt, lang, blond und blaß, eine in Einsamkeit und Langeweile gezogene Treibhauspflanze. Dieser gleichgültige Intellektuelle war zweifellos der Humanste unter den Fürsten seines Geschlechtes. Um die Rückschläge zu vergessen, denen er während seiner Regierungszeit unaufhörlich ausgesetzt war, flüchtete er in die Mystik, zerstreute sich mit Jagd, mit galanten Zwischenspielen und Literatur. Er schrieb Komödien, übersetzte die umfangreichen Werke des italienischen Historikers Guichardin, verschönerte Madrid, unterhielt eine ausführliche Korrespondenz mit der seherisch begabten Nonne Maria d'Agreda und förderte die Künstler. Die Basreliefs an seiner Reiterstatue stellten weder Siege noch Trophäen dar, denn der Bildhauer Pietro Tacca zog es vor, den wahren Ruhm dieses Königs zu verherrlichen und an den Augenblick zu erinnern, in dem Karls V. Erbe dem Maler Velazquez das Ritterkreuz vom heiligen Jakob überreichte.

Zu den Sorgen, die den König bedrängten, gehörte die um seine Nachfolge, denn obwohl er zahlreiche Kinder gehabt hatte, waren nur die Töchter herangewachsen; alle Infanten waren jung gestorben, in immer zarterem Alter.

Man hat behauptet, Mazarin habe niemals den Ehrgeiz gehabt, das spanische Reich mit Frankreich zu vereinen, und sicherlich hätte ein solcher Größenwahn die politischen Grundsätze des Kardinals verleugnet. Aber ebenso richtig ist es, daß er dem Problem nicht aus dem Weg gehen konnte, denn wenn der König von Frankreich auch nicht gerade nach den sämtlichen dreiundzwanzig Kronen seines Onkels strebte, so konnte er es wiederum nicht gutheißen, wenn andere Monarchen sie sich aufs Haupt setzten. Und falls sich auch die Spanier nicht vorstellen konnten, eines Tages Untertanen ihres Erbfeindes zu sein, liebte doch der König seine Tochter, und der Gedanke, sie könne eines Tages zugleich über die Länder Ludwigs des Heiligen und Philipps II. herrschen, beschäftigte ihn insgeheim. Philipp IV., seine Schwester Anna von Österreich und die Minister der beiden Länder hegten also die gleichen geheimen Vorstellungen, die sie aber nicht laut werden lassen durften, wollten sie nicht Europa aufstören. Schon dadurch wurde die Aufnahme von Verhandlungen erschwert.

Inzwischen starb Cromwell und nahm die letzte Hoffnung der Spanier mit ins Grab. Denn nachdem der Protektor Dünkirchen in der Hand hatte, war ihm der Gedanke gekommen, das Bündnis auszuwechseln, um auch noch Calais zu erhalten. In England setzten die inneren Auseinandersetzungen nach seinem Tod sofort wieder ein, und Frankreich und Spanien standen sich aufs neue gegenüber. Sollten sie nun ein Duell ausfechten, das keiner wünschte, nur weil jeder von ihnen sich scheute, den ersten Schritt zu tun?

Um die Sache in Gang zu bringen, griff Mazarin zu einer List, die geradezu einem Lustspiel entstammen konnte: Er nahm Heiratsgespräche mit Madame Royale auf – so nannte man die Regentin von Savoyen im Gedenken an ihren Vater Heinrich IV. Im November 1658 begab sich der Hof auf eine lange, anstrengende Reise, und Madame Royale verließ mit Tochter und Gefolge Turin, um in Lyon mit den Franzosen zusammenzutreffen.

Der König, dem man keinen klaren Wein eingeschenkt hatte, war der Meinung, er solle sich der Prinzessin Marguerite als Verlobter antragen. Dabei stellte er als einzige Bedingung, daß die unbekannte Kusine ihm gefallen müsse. Das Bündnis mit Savoyen war ihm nicht die Ehe mit einer häßlichen Person wert.

Die Reise verlief großartig und vergnüglich zugleich. Es gab Salutschüsse und Ansprachen und königliche Gerichtstage in großen Städten wie Dijon, wo man sozusagen im Vorübergehen dem Volk Geld abpreßte. Aber es gab auch viel Lachen und Spaß bei der lebhaften Jugend. »Der König schien der fröhlichste Mensch der Welt zu sein«, notierte die Grande Mademoiselle, »er sprach von nichts als seiner Hochzeit, wie ein Mann, der sehr gern heiraten will.« Doch hielt er sich »immer in der Nähe von Mademoiselle Mancini auf und behandelte sie außerordentlich galant ... Er war gewohnt, unterwegs mit Mademoiselle Mancini zu reiten ... Er sprach kaum je mit der Gräfin Soissons.«

Der Kardinal war nicht so unbekümmert, sondern wartete dringend auf das Auftauchen einer der Personen, »die nichts sind, aber zu allem zu gebrauchen« – eines Bettelmönchs, eines Händlers, eines Astrologen, der eine geheime Botschaft des spanischen Königs bringen würde. Aber leider erschien niemand.

Hätte der Kardinal, der Wahrsager zu befragen pflegte, einen halbwegs tüchtigen bei sich gehabt, wären ihm die Sorgen erspart geblieben, denn eben hatte sich in Madrid etwas Entscheidendes vollzogen. Als nämlich die Katholische Majestät von der Reise des französischen Königs und derem schlecht verhehlten Ziel erfuhr, schlug Philipp IV., was noch niemand erlebt hatte, mit der Faust auf den Tisch und rief mit erhobener Stimme:

»Das kann nicht sein, und das wird nicht geschehen!«

Indessen galoppierte Ludwig XIV. in Lyon den savoyardischen Prinzessinnen entgegen.

»Na und?« fragte Anna von Österreich, als er wieder vor ihrer Karosse hielt.

»Sie ist sehr viel kleiner als die Frau Marschallin de Villeroy«, antwortete der junge Herrscher wohlwollend, »sie hat die angenehmste Figur der Welt, sie hat einen olivfarbenen Teint [er vermied, von »dunkel« oder »braun« zu sprechen], der ihr gut steht. Sie hat schöne Augen, und sie entspricht meiner Vorstellung.«

»Ich bin zufrieden«, seufzte die Königin.

Marie Mancini war es nicht. Sie flüsterte dem König zu: »Schämen Sie sich denn nicht, daß man Ihnen eine so häßliche Frau geben will?«

Abends fand ein großer Ball statt, bei dem Colbert gemeldet wurde, ein Fremder ohne Paß sei erschienen und wünsche ihn dringend zu sprechen. Colbert ging zu ihm. Als er zurückkam, verließ Mazarin den

Ball. Eine Stunde später trat er ins Zimmer der Königin. »Ich bringe Ihnen die Neuigkeit, auf die Sie am wenigsten gefaßt sind.«

Anna von Österreich rief: »Also die Infantin!«

»Sie haben es gesagt: Die Infantin ist unser!«

Philipp IV. hatte den Haken geschluckt. Er schickte aber weder Mönch noch Händler, sondern einen seiner ersten Minister, Don Antonio Pimentel.

Jetzt lag es an der Königin, ihrer Schwägerin auf behutsame Weise klarzumachen, daß eine Prinzessin von Savoyen nicht mit der Infantin konkurrieren könne. Madame Royale vergoß viele Tränen, nahm aber als Trost wunderbare Juwelen und das Versprechen an, daß man sich wieder auf Madame Marguerite besinnen werde, falls sich die spanischen Pläne zerschlagen sollten.

Der junge Herzog von Savoyen, entsetzt vom Anblick der Grande Mademoiselle, die er angeblich heiraten sollte, wollte auf der Stelle abreisen. Das lief allerdings den französischen Absichten zuwider, denn von der Ankunft des Deux ex machina durfte nichts durchsickern. Also war Madame Royale bereit, noch ein paar Tage zu bleiben, dann aber flüchtete sie mit ihrer Tochter, deren würdiges Verhalten großes Lob von allen Seiten erntete.

Marie triumphierte, denn sie wußte nichts von Pimentel. »Sie bewunderte die Treue des Königs und die Macht, die sie über ihn hatte ... Ihre Befriedigung, sich geliebt zu wissen, steigerte noch die Liebe zu dem Mann, den sie schon allzusehr liebte«, läßt uns Madame de Motteville wissen.

Auf dem Rückweg ereignete sich Seltsames. Alle hinderlichen Personen, die Königin, der Kardinal, Olympia und Hortense liehen sich Karosse oder Boot, so daß die Liebenden Seite an Seite reiten konnten. Diese Zeit der Reise war wohl die einzige, in der Ludwig XIV. das Glück gewöhnlicher Sterblicher kennenlernte. Marie trug ein schwarzsamtenes enges Mieder mit kleinem Schoß und einen dazu passenden Hut mit vielfarbenen Federn. Liebe und Stolz machten sie schön, sie sprühte vor Geist. Die guten Leute, die herbeiströmten, um ihren König zu grüßen, bewunderten das Paar und machten es sogleich zur Legende. Abends, an den Rastorten, wurde Gitarre gespielt, gelacht, Hände fanden und drückten sich. Ludwig konnte sich keine schöneren Erinnerungen an unschuldige Zärtlichkeiten wünschen.

In Paris war nur die fromme Gouvernante der Mazarinetten, Madame de Venel, dem liebenswerten Paar gelegentlich im Wege. »Niemals«, schrieb Marie später, »ist die Zeit angenehmer verbracht worden als damals. Die verliebten Spiele bei unseren Mahlzeiten würden ein ganzes Buch füllen.« Man sang und tanzte nach Melodien, die ein gewisser Baptiste komponiert hatte. Der König bewahrte dem Komödianten seine Anhänglichkeit – es war der spätere Lulli. Auf den Kostümbällen erschien Marie hinreißend als Schäferin mit silbernem Hirtenstab.

An gewöhnlichen Abenden verweilte der König lange bei den Damen Mancini – viel zu lange für die Gouvernante, die den König verabschiedete, indem sie ihm eine tiefe Reverenz machte. Der Junge ging aus einer Tür hinaus – und zur anderen hinein. Madame de Venel stieß spitze Schreie aus. Ludwig rächte sich mit einer Schachtel, die statt der erwarteten Süßigkeiten zwölf Mäuse enthielt. Doch die wachsame Person blieb auf ihrem Posten, eine unerbittliche Schranke zwischen der Schönen und dem König.

Ein Geschenk anderer Art wurde viel beschwatzt. Seine Majestät bot Mademoiselle Mancini das Perlencollier der unglücklichen Witwe von England an, und Seine Eminenz überwand seinen Geiz, um ohne allzuviel Gejammer siebzigtausend Livres dafür zu zahlen. Zweifellos war Marie ein Trumpf in Frankreichs Spiel. Mazarin führte noch immer höchst geheimnisvolle Gespräche mit Pimentel. Man sprach nie von der Infantin, dachte aber immer an sie. Die bloße Tatsache, daß sich Ludwig XIV. so offen für ein anderes Mädchen begeisterte, verschaffte Mazarin die Position dessen, der nichts fordert.

Der Staatssekretär für äußere Angelegenheiten, Hugues de Lionne, verkündete den Erfolg der Verhandlungen, als er den König und die Königin zu einem Besuch bei sich in Berni empfing. Große Überraschung! Man sah bei diesem kleinen Fest den Kardinal den spanischen Minister »führen«. Der Hof begriff und überschlug sich in Aufmerksamkeiten für Pimentel.

Bald kam es noch besser. Ohne daß der Krieg auch nur eingeschränkt worden wäre, machte Don Juan d'Austria, Gouverneur der Niederlande und natürlicher Sohn Philipps IV., einen Besuch im Louvre bei der Königin, seiner Tante. Sie empfing ihn fast mütterlich. Solch Verhalten kultivierter Leute ist im zwanzigsten Jahrhundert kaum noch vorstellbar.

Im Gefolge von Don Juan befand sich eine Frau namens Capitor, in der Kleidung und mit den Aufgaben einer Hofnärrin. Es fiel dieser großmäuligen »Verrückten« zu, einen – angeblichen – diplomatischen »Schnitzer« zu begehen, als sie lauthals von der spanischen Heirat redete. Sie machte es so wirkungsvoll, daß Marie in heftigen Streit mit ihr geriet und ihre Abreise verlangte und erhielt. Der Zwischenfall schien beendet, der Hof wurde über die bevorstehende Reise nach Bayonne unterrichtet, denn die offiziellen Verhandlungen sollten in Saint-Jean-de-Luz stattfinden. Tatsächlich aber hatte die Capitor den König veranlaßt, alles noch einmal in Frage zu stellen.

Man muß hier betonen, daß sich Ludwig keineswegs im Handumdrehen entschloß. Er dachte viel nach seit dem Scheitern der savoyardischen Verlobung, das heißt also seit einigen Monaten. Nun war er es, der vor dem Corneilleschen Konflikt zwischen Liebe und Pflicht stand, wie er den Fürsten des Jahrhunderts so geläufig war. Ludwig XIII. hatte ihn ausgefochten, bevor er Louise de La Fayette opferte, der Große Condé, als er die halb irre Nichte Richelieus statt der schönen Marthe du Vigean heiratete. Doch Ludwig XIV. gehörte nicht zur Generation Corneilles. Mit zwanzig Jahren zog ihn italienische Beweglichkeit mehr als spanische Steifheit an, und die Staatsräson schien ihm nicht das oberste Gesetz zu sein.

Der Gesalbte des Herrn zog das Glück dem Ruhm vor, die Gefühle des Mannes den Interessen des Herrschers. Ein einzigartiger Augenblick im Laufe seines langen Lebens, ein bedachter Verstoß gegen seine Pflicht – der ihn vor der Nachwelt verteidigt. Dank diesem Fehlgriff wissen wir, daß der Sonnenkönig auch menschlich und verwundbar sein konnte – wie uns seine vielgeschmähte Schöpfung Versailles beweist, daß er ein Künstler war.

Was mag Mazarin durch den Kopf gegangen sein, als ihn der König um die Hand seiner Nichte bat, »weil er kein besseres Mittel wisse, seine wertvollen, langjährigen Dienste zu belohnen«? Vergessen wir einmal Gift und Galle seiner Gegner, Lobhudelei seiner Anhänger: Der Abenteurer von einst war weder ein Tartuffe noch der alte Horaz. Der knabenhafte Antrag seines Patensohnes dröhnte ihm wie Donner in den Ohren, und natürlich war er betäubt, verblüfft, erschrocken und in Versuchung geführt. Er selbst hatte nun das Corneillesche Dilemma auszufechten.

Wie immer man seine Haltung interpretiert hat, so hat doch niemand behauptet, der erwartungsvolle Liebende habe eine Antwort von ihm erhalten. Hat Mazarin ihm geraten, sich an die Königin zu wenden? Die von Madame de Motteville überlieferte schneidende Antwort Annas, die ihrem Minister einen Bürgerkrieg androhte, ist als Fälschung nachgewiesen. Doch sie spiegelt die Reaktion der Königin auf diese »Niederträchtigkeit«. Anna mochte die Mancini nicht, und sie träumte von der Versöhnung ihres Vaterlandes mit dem Land, das sie längst als ihr eigenes anerkannt hatte: zwei wichtige Gründe, die Entrüstung, die sie ihrem Sohn unverhüllt zeigte, auf die Spitze zu treiben. Sie warf ihm vor, Spanien zu beleidigen und wegen einer Mißheirat ohnegleichen den Krieg neu zu beleben.

Ludwig ließ sich nicht überzeugen. Mazarin konnte den Wunsch der Königin nicht ablehnen, selbst mit seiner Nichte zu reden, um sie zur Aufgabe dieser unmöglichen Liebe zu bewegen. Das Gespräch war entscheidend: Marie liebte ihren Onkel nicht. Sie gab sich spöttisch, hochmütig, ihrer Macht sicher, und der Kardinal begriff, daß für ihn von einem Drama im Stil Corneilles keine Rede war: Wenn er zuließ, daß eine Mancini Königin wurde, zerstörte er nicht nur sein Werk mit eigener Hand, nahm sich selbst durch die Rache der Spanier alle Aussicht auf die Tiara, sondern würde auch bald aufhören müssen, Frankreich zu regieren. Er änderte sofort den Ton und erklärte dem anmaßenden jungen Mädchen, über das er die väterliche Gewalt besaß, daß sie sofort mit ihren jüngeren Schwestern nach Brouage übersiedeln solle, wo Madame de Venel während der Reise des Hofes ein wachsames Auge auf sie haben werde.

Marie lehnte es ab, zu protestieren. Sie eilte zu Ludwig, meldete ihm den Befehl und entfesselte die italienische *furia*. War er der Herr? Würde er ihre Abreise hinnehmen? Ludwig stürzte zu seiner Mutter, bei der er den Kardinal vorfand. Er flehte, weinte, er warf sich auf die Knie. Anna war bestürzt, fast schon gewonnen. Da erinnerte Mazarin erst an die Notwendigkeit, weiter zu verhandeln, und nahm dann den Ton des weisen Mentors an, der sich weigerte, »zu dulden, daß der König einen seinem Ruhm so abträglichen Schritt unternimmt«. Schließlich schwor er in prächtiger theatralischer Pose, er würde »seine Nichte lieber erdolchen, als sie durch einen so großen Verrat zu erhöhen«.

Ludwig kehrte zu Marie zurück und schwor, sich niemals zu ändern. Doch, so fügte er hinzu, es sei besser, sich jetzt zu fassen und Zeit zu gewinnen. Der Frieden würde sonst vielleicht nicht unterzeichnet werden. Sie lagen einander weinend in den Armen.

Mazarin, der die berühmtesten Verträge des Jahrhunderts entworfen hatte, schloß jetzt einen mit seinem König: Als Entschädigung für die Abreise der Vielgeliebten durfte Ludwig ihr schreiben. »Sie schreiben ihr Ihre Erlebnisse, und meine Nichte wird die Ehre haben, Ihnen die ihren zu schreiben.«

Ludwig verlangte mehr und erhielt das formelle Versprechen, Marie mindestens einmal wiederzusehen, dann, wenn er nach Bayonne reiste. Am nächsten Morgen, am 22. Juni 1659, führte der König Mademoiselle zu ihrer Karosse. Er stand lange vor dem Wagenschlag und versuchte nicht, die Tränen zu verbergen.

»Ach, Sire«, sagte das stolze junge Mädchen, »Sie sind König, Sie weinen, und ich gehe.«

Im Augenblick, als sich der Wagen in Bewegung setzte, entriß sie ihm ihren Ärmel und rief: »Ich bin verlassen!«

Ludwig flüchtete sich mit seinem Kummer nach Chantilly. Wie sein Vater ritt er stundenlang durch den Wald, und als er zurückkam, begann er Liebesbriefe zu schreiben.

Das endlose Gefolge des Kardinals Mazarin hatte sich auf den Weg zum Fluß Bidassoa gemacht, während Don Luis de Haro, mit allen Vollmachten des Königs von Spanien versehen, ihm entgegenzog. Das Schicksal des Kontinents sollte geordnet werden, aber es waren nicht Provinzen, Völker und Armeen, die beide Minister in Atem hielten: Zwei unsterblich Verliebte verdarben ihnen die glatte Rechnung.

Mazarin traf in Fontainebleau seine Nichte krank und fiebernd an. Er nahm sie mit sich. An jedem Rastort erschien ein Musketier mit einem Umschlag für Seine Eminenz, in dem ein verschlossener Brief an Mademoiselle Mancini lag. Der arme Soldat hatte den Auftrag, nicht ohne Antwort zurückzukehren. Unzählige Botschaften wurden auf diese Weise ausgetauscht, von denen wir aber leider nicht eine einzige besitzen. Doch die Ängste *der Engel* und des *Meeres* – Pseudonyme für die Königin und den Kardinal – kennen wir aus ihrer sonderbaren Korrespondenz.

Anna von Österreich widmete ihrem Sohn »äußerste Zärtlichkeit«, ohne daß es ihr gelang, seine Stimmung zu heben. »Seine Majestät«, notierte der Arzt Valot, »hat Fieber, leidet an Schlaflosigkeit und magert täglich ab.« Mazarin schrieb seinem Zögling in einem Ton, der bei diesem Zyniker überrascht. »Ich beschwöre Sie bei Ihrem Ruhm, Ihrer Ehre, Ihrer Pflicht vor Gott, beim Wohl Ihres Landes, sich edelmütig zu fassen und die Reise nach Bayonne nicht mit Unbehagen zu unternehmen, denn Sie werden vor Gott und den Menschen schuldig, wenn Sie sich nicht mit der festen Absicht dorthin begeben, die Sie aus Vernunft um Ihrer Ehre und Ihrer eigenen Interessen wegen vertreten müssen.« Aber ach, Ludwig XIV. dachte weder an Ehre noch an Interessen.

Von Poitiers aus, wo die Fräulein Mancini ihren Onkel verließen, fuhren sie nach Brouage. Marie lebte hier streng überwacht einsam in der Gesellschaft von Hortense und las wieder und wieder die Briefe des Königs, die ihr der Gouverneur Colbert du Terron, ein Vetter Colberts, überbrachte. Mazarin hatte seinen getreuen Intendanten beauftragt, selbst die Antworten zu übermitteln. Am 5. Juli hatte er geschrieben: »Meine Nichte wird die Briefe an Sie adressieren, Sie werden sie mit eigener Hand übergeben oder, wenn Sie in Paris sind, übergeben lassen.«

Diese Korrespondenz, in die er keinen Einblick nehmen konnte, unterhöhlte die bereits erschütterte Gesundheit des Kardinals. Er schrieb jetzt im Stil der großen Prediger: »Gott hat die Könige eingesetzt, damit sie über das Wohl, die Sicherheit und die Ruhe ihrer Untertanen wachen, aber nicht, damit sie diese Güter zugunsten ihrer privaten Leidenschaft opfern ... Sie können mit Ihren guten Eigenschaften ein großer König werden, überlegen Sie, ob Sie es wollen.«

Schließlich aber mußte er zu einem verzweifelten Mittel greifen: Seine Majestät möge eindeutig erklären, ob sein Minister die Heirat vorbereiten solle. Im anderen Falle wolle der Kardinal die Verhandlungen abbrechen, dem König sein Hab und Gut übergeben und *sich mit seinen Nichten* nach Italien zurückziehen, und »sei es auf eine einsame Insel«.

Ludwig gab nach: Die Verhandlungen durften beginnen, er selbst wollte sich mit seiner Mutter auf die Reise machen.

Er gab nach – aber voller Zorn. Zum erstenmal behandelte er seinen Lehrmeister als »Überspannten«. Schlimmer noch: Er berief sich auf ihre Abmachung und erklärte, er werde die Mademoiselle Mancini in La Rochelle treffen.

Im letzten Augenblick konnte Anna von Österreich diesen Skandal vermeiden: Sie befahl die jungen Mädchen in das Reisequartier Saint-Jean-d'Angély. Der König galoppierte ihnen entgegen und kam drei Stunden vor seinem Gefolge an. Er war lange mit seiner Liebsten zusammen. »Es gibt nichts ähnliches«, schrieb später Hortense, »wie die Leidenschaft, die der König an den Tag legte, und die Zärtlichkeit, mit der er sie bat, ihm alles zu verzeihen, was sie seinetwegen zu erdulden hatte.« Anna von Österreich empfing das junge Mädchen so überaus huldvoll, daß es zu fragen wagte, ob es dem Hof nach Bordeaux folgen dürfe. Die Königin war einverstanden, vorausgesetzt, »daß es der Kardinal für richtig hält«.

Annas Haltung hat Anlaß zu vielen Spekulationen über ihre wahren Absichten gegeben. Tatsächlich dachte die hochmütige Spanierin nicht daran, diese beklagenswerte Liebschaft zu begünstigen – sie hatte sich nur mit dem Kardinal in die Rollen geteilt, um besser auf den König einzuwirken, sie durch Güte, er durch strenge Ermahnungen zur Pflichterfüllung.

Die Liebenden blieben bis zwei Uhr morgens zusammen und trennten sich wie berauscht von der Hoffnung, sich in Bordeaux wiederzusehen. Sie vergaßen, daß Seine Eminenz es für »richtig halten« mußte.

Am selben Tag, dem 15. August, betraten Mazarin die Fasaneninsel in der Bidassoa auf dem französischen, Don Luis de Haro auf dem spanischen Ufer. Die Spanier waren in kleiner Zahl erschienen, sämtlich dunkel gekleidet, ohne jeden Schmuck. Ihre Schlichtheit wirkte auf den Emporkömmling wie eine verächtlich erteilte Lehre.

Eine gewaltige Palisade teilte die Insel so, daß auch nicht der geringste Zusammenstoß zwischen dem empfindlichen Hochmut der Spanier und der aggressiven Ironie der Franzosen möglich war.

Die Konferenz begann mit Mißtönen, weil mit der Erwähnung Condés der Krieg selbst mit all seinen Schrecken im Raum zu stehen schien und sich dem Frieden in den Weg stellte: Der König von Spanien wollte für seinen Verbündeten ein Fürstentum oder hohe Ämter. Und als sich Mazarin laut entrüstete über den Gedanken, Verrat auf diese Weise zu belohnen, warf Don Luis de Haro hin: »Es ist bei den Franzosen ziemlich üblich, derartige Verbrechen zu begehen und nicht nur Verzeihung, sondern auch Vorteile dafür zu erhalten.«

Mazarin, den seine unerschütterliche Geduld im Stich ließ, fuhr auf und wollte den Raum verlassen. Mit Mühe vermied man den Bruch.

Die Gespräche wurden also wieder aufgenommen, verliefen aber sehr zähflüssig. Unterdessen erfuhr Mazarin von der Begegnung in Saint-Jean-d'Angély. Er vergaß alle Vorsicht, Mäßigung und psychologische Taktik. Außer sich, schickte er dem König eine Strafpredigt von achtzehn Seiten: »Sie verbringen Ihre Zeit mit dem Lesen ihrer Briefe und dem Schreiben Ihrer eigenen. Und obwohl es unfaßbar scheint, wenden Sie alle nur denkbaren Kniffe an, um Ihre Leidenschaft aufzustacheln, während Sie am Vorabend Ihrer Heirat stehen.«

Dann aber beging er den unglaublichen Fehler, seine Nichte haßerfüllt anzuschwärzen. »Sie ist von maßlosem Ehrgeiz besessen, ist querköpfig und jähzornig, sie verachtet jedermann, läßt jede Zurückhaltung vermissen, ist zu Tollheiten aller Art geneigt ... Sie wissen so wie ich, daß sie tausend Fehler hat und nicht eine einzige Eigenschaft, die sie der Ehre Ihres Wohlwollens würdig macht.«

Es wäre gefährlich gewesen, anschließend an diese Epistel den Rücktritt anzubieten. Doch der edelmütige Schlußsatz barg keine Gefahren: »Ich versichere Ihnen, ich wäre nicht imstande, meinen Tod aus Kummer zu verhindern, wenn ich einen Menschen, der mir so nahesteht, Ihnen mehr Unglück und Gefahren bringen sehe, als ich Ihnen jemals Dienste leisten konnte seit dem Tag, an dem ich Ihnen zu dienen begann.«

Ludwig XIV. empfand diesen Brief wie einen Peitschenschlag. Er dachte daran, daß er einundzwanzig Jahre und daß er der Herr war. Und er antwortete: »Machen Sie, was Sie wollen. Wenn Sie die Angelegenheiten nicht mehr führen wollen, gibt es genügend andere, die es gerne täten.«

Es war eine Revolution, es war der postume Sieg der Fronde, es war die Bedrohung des gesamten von Richelieu begonnenen Werks. Sollte die Geschichte wirklich so grausam ihren Sinn ändern? Nein, denn Mazarin setzt alles auf eine Karte und führt die Verhandlungen fort. Nein – denn die Spanier, die vermutlich unterrichtet worden sind, geben plötzlich nach. Der Kardinal, durch einen offiziellen Mittelsmann ermutigt, wagt endlich von der Infantin zu sprechen, und lächelnd stimmt Don Luis zu – er redet sogar davon, die Hochzeit bereits im Oktober zu feiern! »Ich schäme mich«, schreibt Mazarin der Königin, »daß ich Don Luis im Hinblick auf die Heirat Dinge sagen muß, die nicht der Wahrheit entsprechen.«

Seine Briefe an den König wurden jetzt übertrieben ehrerbietig. Ludwig erhielt eine Abschrift des allgemeinen und des Ehevertrags. Er mußte nun eine Wahl treffen, vor die nur wenige Menschen gestellt werden, er mußte zeigen, ob er ein geborener Herrscher oder nur ein beliebiges Individuum war. Aber nicht er entschied, sondern Marie. Das junge Mädchen hatte seine Hoffnungen auf das Scheitern der Verhandlungen oder auf einen Bruch zwischen König und Kardinal gegründet. Sie erhielt umgehend die Nachricht, daß der Vertrag ausgehandelt worden war. Ob durch ihren »Liebhaber«, der ihr oft von Mazarins Moralpredigten berichtete? Oder durch den Onkel selbst? Es ist unwichtig. Marie hatte den scharfen Verstand ihrer Sippe und begriff.

Der König hatte gar nicht die Kraft, alles hinzuwerfen aus Liebe zu ihr; und brächte er sie heute auf, würde er es morgen bereuen. Die ganze Welt und er selbst würden sich rasch gegen die Freche verbünden, die den Krieg wieder aufflammen ließ, die Habsburger herausforderte, die Bourbonen unglaubwürdig machte.

Marie erkannte alles, und ihr lag nur noch an einem: selbst den Bruch zu vollziehen, ehe sie verlassen wurde. Am 3. September benachrichtigte sie den König, sie werde ihm nicht mehr schreiben und bitte ihn, auch seine Briefe einzustellen; sie unterwarf sich völlig dem Willen ihres Onkels.

Mazarin erhielt erstaunt eine ähnliche Erklärung, die ihm Madame de Venel übergab. Er zweifelte keinen Augenblick an Maries guten Willen. Doch Ludwig glaubte nicht daran. Er schrieb ihr wieder, er schickte ihr seine kleine Hündin »Friponne«. Als er sich von ihrem Ernst überzeugen mußte, empfand er die Bitterkeit, den Schmerz, den Zorn des abgewiesenen Liebenden.

Das verdarb dem Kardinal die Freude. »Mein Herz ist so bedrängt«, schrieb er der Königin, »ich kann Ihnen nicht mehr darüber sagen, Sie können es sich ohne Mühe vorstellen, wenn Sie an alles denken, was mir durch den Kopf geht.« Und an den König, der ihm endlich die Blankovollmacht erteilte: »Was auch immer Ihr Wohl, Ihre Ehre und die Ruhe Ihrer Untertanen angeht, so empfinde ich dafür dieselbe Verpflichtung, als handle es sich um mein eigenes Leben.«

Welch sonderbare Situation! Frankreich reckte die Hand nach dem höchsten Gipfel, der seiner Macht je erreichbar war. Nach einem Jahrhundert der Kämpfe entriß es den Habsburgern die Vormachtstellung, beherrschte es die Christenheit. Und der junge Mann, der eben dadurch zum ersten Herrscher Europas wurde, überließ sich der Verzweiflung. Und der Minister, der Schöpfer eines unerwarteten Sieges, war niedergedrückt durch endlose Mühen und Sorgen. Sorgen um sein Werk, Sorgen um seine eigene Zukunft. Seine Beziehungen zum Zögling hatten sich geändert. Wie lange noch würde Ludwig eine Vormundschaft ertragen, deren Gewicht er gerade jetzt gespürt hatte? Mazarin stand diese Frage ständig vor Augen, während er die letzten Erörterungen über den Pyrenäenvertrag führte. Nicht nur seine persönliche Veranlagung riet ihm zur Mäßigung, sondern vielleicht würde er eines Tages gezwungen sein, Maries Beispiel zu folgen und auf eigenen Entschluß hin zu gehen. Dann aber war es notwendig, daß er den Stuhl Petri besteigen konnte.

Wie es erzürnte Liebende zu tun pflegen, wollte Ludwig jetzt sofort heiraten. Schon im Oktober, denn vom Oktober war ja die Rede. Der Kardinal wollte den Tag lieber hinausschieben und hielt es für angebracht, daß der Herzog von Gramont in Madrid um die Hand der Infantin anhielt. »Ich glaube, für den Vertrauten ist diese Verzögerung nur gut«, schrieb die Königin, »denn ich sage Ihnen, wenn er in dieser Verfassung heiratet, wird er unglücklich und die Infantin auch, und Sie und ich würden untröstlich sein.«

Ludwig bat Marie, seine Briefe zu verbrennen, und veranstaltete selbst ein Autodafé. Er kehrte zu Olympia zurück und nahm den Vorschlag an, die Jahreszeit zu einem Besuch der südlichen Provinzen zu nutzen. Der Hof nahm Aufenthalt in Toulouse, in Auch, in Beaucaire und Aix – während die Mademoiselles Mancini traurig in Brouage saßen. Im Januar erlaubte man ihnen endlich, in den Louvre zurückzukehren. Während aller Verhandlungen hatte Mazarin außerdem noch einen Ehemann für seine schreckliche Nichte gefunden, den Konnetabel Colonna! Das hieß, zum Ursprung zurückzukehren: Ein Colonna, begierig nach einer Verbindung mit dem ehemaligen Kammerherrn seines Großonkels, und dann als Notbehelf hingenommen! Wer hätte das vor zwanzig Jahren gedacht!

Marie machte sich nichts daraus. Sie hätte den Prinzen Karl von Lothringen vorgezogen, um in Frankreich zu bleiben. Man verfehlte nicht, dem König zuzuraunen, sie habe sich getröstet, und ihr, der König vergnüge sich munter. Europas Frieden hing immer noch von dieser Tragikomödie ab, denn der Pyrenäenvertrag war zwar schon unterzeichnet, sollte aber erst nach der Heirat in Kraft treten. Das gab Mazarins Feinden und auch manchen seiner Freunde Anlaß zur offenen Kritik.

Wenn man den Generälen glauben will, verstehen die Diplomaten nie, aus ihren Siegen den richtigen Nutzen zu ziehen. Auch Turenne machte da keine Ausnahme, wie der Schriftsteller Saint-Evremond meint, denn er beklagte sich, daß Frankreich nicht bis an die Schelde vorgedrungen war. Die öffentliche Meinung verdammte die Rückgabe Lothringens an seinen Herzog, aber auch die Räumung von Saint-Omer, Ypern, Menen, Oudenarde und vielen anderen Städten. Voltaire meinte, Mazarin sei allzu nachgiebig gewesen – obwohl er immerhin das Roussillon annektiert hatte, die Cerdagne, das Artois, Marienbourg, Thionville, Gravelingen, Montmedy, Landrecies und Avesnes, den letzten Ort, der Monsieur le Prince die Amnestie, die neue Gnade einbrachte.

Später warf man wiederum dem Kardinal vor, sein maßloser Ehrgeiz habe das Unglück heraufbeschworen. Die Infantin sollte dafür, daß sie auf alle Rechte an spanischem Boden verzichtete, mit einer Mitgift von 500 000 Talern entschädigt werden, die aber von der ruinierten Monarchie ihres Vaters offensichtlich niemals bezahlt werden konnten. Mazarin dachte deshalb an die Niederlande oder an die Franche-Comté, doch Spanien wollte nichts von einer solchen Abtretung hören; bei dem Gesundheitszustand Philipps IV., der durch Ammenmilch zu genesen hoffte, war es andererseits unmöglich, nicht an seine Nachfolge zu denken.

Don Luis de Haro wußte nur zu gut, daß er keine Möglichkeit hatte, die 500 000 Taler zu zahlen. Es ist also nicht abwegig, hier an eine Komplizenschaft der beiden Minister zu denken, die sich alle Möglichkeiten für die Zukunft offenhalten wollten. Ein junger und unternehmender Monarch konnte eines Tages den Vertrag durchaus anders interpretieren, als es sich der seinem Ende schon nahe Kardinal gedacht hatte.

Mazarin sah in Spanien keinen besiegten Feind. Er wollte genau wie Richelieu Frankreich an die Spitze der Christenheit führen, doch er war von päpstlicher und imperialer Tradition geprägt und nicht vom Geist des bourbonischen Fürstentums, nicht vom hegemonialen Denken seines Vorgängers. Richelieu hatte von einem vor Frankreich »gedemütigten« Habsburg geträumt, doch Mazarin hatte ein im Herzen der Christenheit mit Frankreich verbündetes Habsburg vor Augen, wobei die Bourbonen zwar eine Überlegenheit, aber keine Vormachtstellung innehaben sollten. Dieser Italiener, der von der Papstkrone träumte, bemühte sich, die katholischen und mittelmeerischen Nationen zu einigen, ohne dabei auf ein Bündnis mit England zu verzichten. Auf diese Weise konnte der König von Frankreich Schiedsrichter eines endlich geeinten Europas werden[1].

[1] Im 18. Jahrhundert handelten Dubois und Fleury wie Erben Mazarins, während die Revolution Richelieus Politik wieder aufnahm und verhärtete.

Zu diesem Zeitpunkt allerdings schien Ludwig XIV. eines solchen Ruhms kaum würdig. Es war nicht der Pyrenäenvertrag, es war immer noch Marie, die seine Gedanken beherrschte. Als er von der bevorstehenden Rückkehr des jungen Mädchens nach Paris erfuhr, wollte er sogleich in die Hauptstadt reisen. Glücklicherweise entschloß sich Marseille in diesem Augenblick zu einer Meuterei, und der König mußte deren Ende abwarten: Er zog mit Gewalt in die Stadt ein.

Marschall Herzog von Gramont, der als Sonderbotschafter abgeordnet wurde, brauchte einen vollen Monat von Bordeaux nach Madrid, so oft feierte man ihn unterwegs; dann aber galoppierte er unter allgemeinem Jubel in die spanische Hauptstadt ein. Die Edelleute seines Gefolges trugen rosarote Reitermäntel – »Kasacken« – mit einer Unzahl von Federn und Bändern.

Doch aller Überschwang erstarrte unter der eisigen Majestät der habsburgischen Etikette. »Die Audienzen, die der König von Frankreich erteilt, sind kümmerlich im Vergleich mit denen des Königs von Spanien«, urteilte ein Teilnehmer. Die Bemerkung wurde Ludwig XIV. hinterbracht und trug später ihre Früchte. Jetzt aber verbargen die Franzosen nur mühsam ihr Erstaunen, als sie im königlichen Palast Zimmerfluchten durchschritten, an deren Wänden Damen und Herren aufgereiht standen, aufrecht, unbeweglich, stumm, eine schillernde Hecke. Schließlich, im letzten Saal, sozusagen im Allerheiligsten, erschien ihnen die Katholische Majestät, in Schwarz gekleidet, unter einem Thronhimmel aus Goldstoff. Er bewegte sich nicht mehr als eine Statue, selbst die Pupillen blieben starr; er antwortete mit keiner Silbe auf die Rede des Marschalls.

Die Franzosen verneigten sich wie vor einer Reliquie und wurden dann in einen Raum geführt, in dem sich die vierundzwanzigjährige Königin (eine Nichte ihres Mannes, nämlich die Tochter seiner Schwester) mit ihrer Stieftochter, der einundzwanzigjährigen Infantin, aufhielt. Maria Theresia war klein, ihr etwas langes Gesicht mit den schweren Wangen hatte frische Farbe, die Augen waren blau, hinter den zu vollen Lippen verbargen sich arg vernachlässigte Zähne; ihr schönster Schmuck war wundervolles blondes Haar.

Die beiden Fürstinnen, die auf einer Estrade standen, tauchten aus unendlich weiten, starren Gewändern auf, an sonderbare Schiffe erinnernd. Gramont küßte den Saum ihrer Kleider, wagte aber nicht, die vorbereitete Ansprache zu halten, sondern zog sich stillschweigend zurück.

Ihm wurde gestattet, der Königin, die allein speiste, beim Diner zuzuschauen. Zwei in Weiß gekleidete Damen vollendeten das Zeremoniell, indem sie die Königin knieend bedienten.

Am Abend tröstete der Herzog von Orsonne den etwas verstörten Gesandten: Er lud ihn zu einem pantagruelischen Essen von sechshundert Gängen, dem ein Konzert, eine Komödie und ein Ballett folgten. Gramont nutzte natürlich die Gelegenheit, um sich nach der Braut seines Herrn zu erkundigen: Maria Theresia hatte eine ausgezeichnete Erziehung erhalten. Da sie überzeugt war, daß eine Person königlichen Geblüts nur eine andere Person ebenso königlicher Abstammung lieben könne, wagte sie nicht, auf die Mancini eifersüchtig zu sein. Seit sie vernünftig denken konnte, wußte sie, daß sie zur Königin von Frankreich bestimmt war. Sie nahm als selbstverständlich an, daß der König seinerseits niemals jemanden anders als sie geliebt und begehrt habe. Der Gesandte war recht erbaut. Nur eines schien ihm störend: Die künftige Königin von Frankreich verstand nicht ein Wort Französisch!

Man erklärte ihm, Maria Theresia wolle ihren Beichtvater mitnehmen, ferner ihre Zwergin und ihre bevorzugte Kammerfrau, die Molina. Das allerdings war ein ernstzunehmender Anspruch – man hatte noch nicht vergessen, wieviel Unglück die Anwesenheit der Galigai im Louvre angerichtet hatte. Doch die Infantin hatte nicht das Temperament einer Medici und würde ihrem Mann völlig ergeben sein. Der Marschall war einverstanden, bedauerte aber doch, daß die Zwergin so abschreckend häßlich war.

Er hatte noch Abschied zu nehmen, und als unbelehrbarer Franzose hätte er gern eine Botschaft des Herzens mitgenommen. Er fragte danach. Maria Theresia begnügte sich, ausdruckslos herzusagen: »Übermitteln Sie der Königin, meiner Herrin und Tante, daß ich ihr jederzeit zu Füßen liegen werde.«

Als Gramont dem König Bericht erstattete, wählte er möglichst angenehme Vokabeln und übertrieb ein wenig die schöne Gesichtsfarbe, das Gold der Haarpracht. Ludwig hörte teilnahmslos zu, als handle es sich um die Frau eines anderen. An der Aufregung, der sich seine Mutter, Mazarin und sogar Colbert hingaben, hatte er keinen Anteil. Sie waren beschäftigt, alles neu herzurichten, die Paläste, die Uniformen, für die jungen Eheleute Kleidung, die ihresgleichen nicht hatte. Er sagte nur mit einem flüchtigen Blick auf die Truhen: »Aber die Aussteuer ist auch etwas wert.«

Wichtig war, daß er jetzt ein eigenes Haus und damit auch einen eigenen Hofstaat erhielt, denn bisher war er nur der Glanzpunkt in dem seiner Mutter gewesen.

Die Geschichte nahm indessen ihren Verlauf und entriß die beiden verlorenen Liebenden ihrer sehnsuchtskranken Stimmung. Am 27. Januar 1660 erschien Condé, der sich in den Armen der immer noch schönen Herzogin von Châtillon versäumt hatte, in Aix zu einem ersten Besuch bei den Majestäten, die er um ein Haar gefangengenommen hätte.

»Monsieur le Prince«, berichtet Coligny-Saligny, »wurde äußerlich sehr gut, im Grunde aber ungnädig empfangen. Der Kardinal brachte ihn bei sich (!) unter. Die Königin sagte: ›Ich gestehe, daß ich Ihnen alles Böse gewünscht habe, und Sie werden mir gerechterweise zugestehen, daß ich Grund dazu hatte.‹ Monsieur le Prince antwortete nicht, worüber wir uns wunderten, weil er hundert Dinge vorzubringen hatte.«

Der König bot seinem Vetter an, entweder an seiner Hochzeit teilzunehmen oder sich nach Paris zu begeben. »Monsieur le Heros« hatte den Takt, Paris zu wählen. Er kam gut davon. Obwohl sein Onkel, hätte Richelieu ihm auf keinen Fall den Kopf auf den Schultern gelassen, doch Mazarin fand keinen Geschmack an Blut und keinen an der Rache.

Der Rebell hatte viel von seinem Reichtum eingebüßt, obwohl ihm die Spanier die gewaltige Summe von 1 400 000 Livres versprochen hatten. Doch immerhin besaß er noch sein Haus in Paris, das Schloß in Saint-Maur und die Domäne Chantilly. Sein Sohn erhielt das Gouvernement Bourgogne und den Rang eines Großmeisters. Condé nahm sofort seine Angelegenheiten in die Hand und ließ vor allem Chantilly prachtvoll herrichten, während er darauf wartete, daß die königliche Gnade ihm wieder leuchtete. Er hatte begriffen, »daß es Zeit war, sich zu demütigen«, wie Madame de Motteville meint.

Auch Gaston wartete darauf, bis er am 2. Februar starb. Man mußte sein Silberzeug verpfänden, um die Kosten für die Beerdigung aufzubringen. Das Volk beweinte den Prinzen, der immer davon gesprochen hatte, seine Leiden zu mildern – und ihm so viele verursacht hatte. Ludwig war nicht bewegt. Jetzt erhielt sein Bruder den Titel des Herzogs von Orléans und mit diesem Gouvernement zugleich das von Valois und Chartres, abgesehen von zahlreichen Gütern.

Die Welt änderte ihr Gesicht. Im Augenblick des Vertragsabschlusses hatte sich Karl von England den Pyrenäen genähert, war aber weder von seinem Onkel von Spanien, noch von seinem Vetter von Frankreich empfangen worden. Nun verbreitete sich das Gerücht, er werde seinen Thron wiedergewinnen: Man war schlecht beraten gewesen, als man ihm die Hand einer Mancini verweigerte und seine Lieblingsschwester brüskierte.

Im anbrechenden Frühling machen sich der König von Spanien und seine Tochter auf die Reise zur Grenze, unter den Segenswünschen des Volkes, das der Infantin herzbewegende Abschiedsszenen bereitet. Die Heirat durch Prokuration soll in Fuenterabbia stattfinden, wo Don

Luis de Haro den Bräutigam vertreten wird; die eigentliche Hochzeit wird dann in Saint-Jean-de-Luz durch den Bischof von Bayonne vorgenommen werden.

Die Spanier nehmen Quartier in San Sebastian, die Franzosen in Saint-Jean-de Luz. Beide Seiten versuchen, sich zu erkennen zu geben, bis auf Ludwig XIV., dem es verboten ist, die Braut vor der Eheschließung durch Prokuration zu sehen. Die Spanier gönnen sich eine kleine Überheblichkeit: Mit ihren schwarzen Samtröcken und ihrem goldenen Vlies zeigen sie ihre Verachtung für diese allzu auffälligen Leute, diese bunten Franzosen, die so lächerlich mit Borten, Federn, Bändern und Edelsteinen überladen sind.

Tag auf Tag vergeht, denn die beiden Minister streiten sich noch über bestimmte Einzelheiten des Vertrages und erweisen sich als gleich starrköpfig. Ludwig schickt der Infantin einen Brief, doch der König von Spanien erlaubt nicht, daß sie ihn in Empfang nimmt. Der Bote erreicht nur, daß ihr das Schreiben gezeigt wird, und Maria Theresia flüstert schnell: »Ich darf ohne Erlaubnis meines Vaters keine Briefe erhalten, doch er hat mir versprochen, daß bald alles in Ordnung sein wird.« Mit lauter Stimme bringt sie dann Grüße an Anna von Österreich vor und fügt leise hinzu: »Was ich der Königin sage, kann auch für den König gelten.«

Schließlich ist das Verhandeln beendet, die Heirat durch Prokuration wird festgesetzt.

Sie findet am 3. Juni 1660 statt. Philipp IV., sehr blaß, betritt die Kirche, die Tochter an der linken Hand führend. Er ist in Grau und Silber gekleidet; auf seinem Hut funkelt ein riesiger Diamant, der »Spiegel von Portugal«, darüber schwebt die dickste Perle der Welt, die »Pelegrina«. Die Franzosen bemerken sprachlos, daß die Infantin nur ein weißes, kaum besticktes Kleid aus Wolle trägt. Sie halten sie für klein, aber niedlich und anmutig. Ihre Damen dagegen kommen ihnen trocken, schwarz und dank ihrer Kostümierung wie aus Tonnen aufragende Pfähle vor.

Die Katholische Majestät führt die Tochter zum Altar. Sie kniet auf ein Samtkissen. Als der schicksalhafte Augenblick gekommen ist, macht Maria Theresia ihrem Vater eine tiefe Verbeugung und sagt bescheiden »Ja«. Dann hält sie ihren Arm Don Luis de Haro hin, der eine entsprechende Geste macht. Und schon streckt die Prinzessin, ohne den Arm zu senken, ihre Hand nach ihrem Vater aus, der sie umarmt. Das Licht der Kerzen enthüllt ein Wunder: Der unbewegliche Philipp IV., diese lebende Statue, vergießt Tränen!

Am nächsten Tag begibt sich Anna von Österreich auf die Fasaneninsel, wo sie nach fünfundvierzig Jahren zum erstenmal ihren Bruder Philipp und die ihr noch unbekannte Schwiegertochter begrüßen will.

Die Begegnung findet im Konferenzsaal statt, wo man von beiden Seiten Teppiche entrollt, die einander nicht berühren: Der Zwischenraum bezeichnet die Grenzlinie, die verbotene Linie, denn ein Souverän darf sein Königreich nicht verlassen. Vom äußersten Rand des ihren beugt sich Anna vor, um ihren Bruder zu küssen, doch Philipp, der darin wohl wieder eine ungehörige Vertraulichkeit sieht, wirft den Kopf zurück. Das bringt sofort einen kühlen Ton in die Höflichkeiten, die jetzt gewechselt werden. Plötzlich klopft es an die Tür, ein Edelmann meldet dem König von Spanien, ein »Fremder« wünsche Zutritt. Alle Welt tut verwundert. Der Kardinal und Don Luis öffnen gleichzeitig auf jeder Seite einen Türflügel und bleiben wie Statuen stehen, lassen aber zwischen sich so viel Platz, daß der »Fremde« gesehen werden kann – Ludwig XIV., inkognito.

Maria Theresia sieht ihn an und wird blaß. Der König von Spanien wirft ihm einen prüfenden Blick zu: »Ein schöner Schwiegersohn! Wir werden Enkel haben.«

Die Königinmutter wartet ungeduldig auf eine Reaktion ihrer Schwiegertochter: »Was halten Sie von diesem Fremden?«

Philipp hält die Frage für unpassend und erlaubt seiner Tochter keine Antwort: »Dies ist nicht der richtige Augenblick, es zu sagen«, erklärt er streng.

Enttäuschung bei den Franzosen. Der schelmische Philippe von Orléans entschärft die Situation: »Meine Schwester«, fragt er, »wie gefällt Ihnen die Tür?«

Maria Theresia errötet und murmelt atemlos: »Die Tür scheint mir sehr schön und sehr gut zu sein.«

Philipp IV. begibt sich mit seiner Tochter zu Schiff nach Fuenterabbia. Während der Fahrt sprengt Ludwig XIV., den Hut unterm Arm, auf dem französischen Ufer neben dem Boot her. Der König wendet nicht den Kopf, Maria Theresia wagt nur ein paar verstohlene Blicke.

Am Abend erhält sie die Geschenke des Königs, Perlen und eine ganze Truhe voller Herrlichkeiten. Die Franzosen, die sie gebracht haben, möchtern gern ihre Freude miterleben, doch unbeweglich wie ein Götzenbild gibt das junge Mädchen die Truhe an ihre Hofdamen weiter – ohne sie zu öffnen.

Drei Tage danach begegnen sich die beiden Könige auf der Fasaneninsel und diesmal mit allem offiziellen Prunk. An beiden Seiten eines Tisches knieend, die rechten Hände auf völlig gleiche Kruzifixe haltend, schwören sie Frieden, Bündnistreue, ewige Freundschaft (die Freundschaft dauerte dann knapp zwei, der Frieden ungefähr sieben Jahre).

Am nächsten Morgen folgt die große Trennung. In dieser Familie vergießt man gern und reichlich Tränen. Anna von Österreich weint, Philipp IV., Ludwig XIV. und sein Bruder weinen. Maria Theresia macht dreimal einen Kniefall vor ihrem Vater und ist einer Ohnmacht nahe. Sie geht fort, um sich nach französischer Manier ankleiden zu lassen, während Mazarin dem König von Spanien dankt, daß er selbst die Braut dem Ehemann zugeführt habe.

»Ich wäre auch zu Fuß gekommen«, antwortet der Habsburger. Das sind viele Worte für eine Statue.

Maria Theresia erscheint wieder, diesmal in einer roten Atlasrobe, die mit Gold und Silber bestickt und mit Juwelen in schweren Goldfassungen behängt ist.

Man befindet sich in Saint-Jean-de-Luz in dem Haus, das Anna von Österreich bewohnt. Die Familie soupiert im engsten Kreis. Der 8. Juni ist den Anproben vorbehalten. Am 9. findet die Märchenhochzeit statt.

Von den königlichen Häusern bis zur Kirche ist der Boden reich mit Teppichen belegt, und den ganzen Weg entlang stehen weiß und golden bemalte, durch Girlanden verbundene Pfeiler.

Der Festzug bewegt sich zu Fuß wie eine Prozession durch eine unabsehbare Menschenmenge, unter ohrenbetäubendem Glockengeläut. Der Prinz von Conti schreitet voran, nach ihm Mazarin mit Hermelinkragen, fließenden Purpur hinter sich herziehend. In einigem Abstand, isoliert in seiner Größe, der König in goldenem, schwarz überschleiertem Gewand. Er schreitet majestätisch, er ist sehr ernst. Dann kommt Maria Theresia, zur Rechten geleitet vom Herzog von Orléans, zur Linken von ihrem Ehrenkavalier, Monsieur Bernaville. Ihr Gewand aus Silberbrokat wird von einem violetten, mit Goldlilien bestickten Samtmantel bedeckt, dessen zehn Ellen Stoff an den Seiten von den Mademoiselles Valois und Alençon getragen wird; die Prinzessin von Carignan trägt die Schleppe. Zwei andere Damen halten die geschlossene Krone über dem schönen blonden Haar: Wie ein mystisches, golden und silbern getakeltes Schiff bewegt sich das Gebilde vorwärts.

Noch immer schön ist die Königinmutter unter ihren langen, mit Silber bestickten schwarzen Schleiern. Die Grande Mademoiselle beschließt den Zug in Schwarz mit zwanzig Reihen Perlen um den Hals, was, wie sie meint, eine recht hübsche Trauer (um ihren Vater) darstellt.

In der Kirche setzen sich die Neuvermählten unter einen Thronhimmel aus lilienbesticktem Samt, der mit Helmbüschen geschmückt ist. Anna von Österreich hat ihren Platz auf einer mit schwarzem Samt ausgeschlagenen Estrade unter einem Baldachin aus gleichem Stoff. Dann vollzieht der Bischof von Bayonne die Trauung.

Nach der Zeremonie speisen der König, die beiden Königinnen und Monsieur miteinander. Die Neuvermählten zeigen sich auf dem Balkon, lassen sich zujubeln und werfen Geldstücke unter die Menge.

Kaum ist das Essen beendet, will Ludwig XIV. schlafen gehen. Maria Theresia ist erschrocken: »Es ist noch zu früh.« Doch sie faßt sich und treibt sogar ihre Kammerfrauen beim Auskleiden an: »Rasch, rasch! Der König erwartet mich!«

Vermutlich denkt Anna von Österreich an die Kümmernisse ihrer Ehe, die ihren Ursprung in der (seit Jahrhunderten üblichen) öffentlichen Vollziehung der Ehe hatten. Diesmal soll die Hochzeitsnacht diskreter verlaufen. Anna küßt und segnet die beiden und zieht die Vorhänge vor dem Paar zu.

Vom anderen Morgen an widmete Maria Theresia ihrem Mann diese kindliche, rührende und lästige Hingabe, die sie ihm bis an ihren letzten Tag entgegenbrachte. Leider sprach sie nicht Französisch, er nur schlecht Spanisch. Hier konnte also keine Rede von funkelndem »Austausch« sein, mit dem Marie Mancini so bewundernswert den Geist ihres Anbeters geweckt hatte.

Die erste Mahlzeit nach der Hochzeitsnacht nahmen sie getrennt ein, was sofort die bösen Zungen in Bewegung setzte. Um sie zum Schweigen zu bringen und um, wie der König erklärte, leichter zu Maria zu kommen, wollten sie während der Rückreise die Unterkunft miteinander teilen. Man atmete auf.

Ludwig benahm sich untadelig gegen seine junge Frau, die zugleich so sanft und so leidenschaftlich war. Wie wäre wohl alles gekommen, hätte Maria Theresia den Kopf und das Herz ihrer Mutter gehabt? Elisabeth von Frankreich, Tochter Heinrichs IV. und Marias von Medici, war Philipp IV. die beste Stütze und der beste Minister gewesen, aber ach, Maria Theresia hatte nichts von dieser großen Königin.

Man hat Ludwig XIV. viele Male seine Ausschweifungen vorgeworfen – aber hat man ihn je bedauert? Vielleicht wäre das gerechter gewesen. In dem Augenblick, wo er eine fast übermenschliche Aufgabe übernahm, hatte dieser Zweiundzwanzigjährige gewiß das Recht, sich eine Gefährtin zu erhoffen, die ihm einen Teil der Last abnehmen konnte.

Aber davon war keine Rede. Wie ihre Körpergröße war auch ihr Verstand unter dem Durchschnitt geblieben. Die großen Habsburger, die im günstigen Augenblick in Annas von Österreich Vorstellung auftauchten, hatten mit Maria Theresia offenbar wenig zu schaffen, und auch ihr Großvater Heinrich IV. schien ihr nichts von seinem Wesen vererbt zu haben. Man darf auch der Italienerin nichts anlasten, denn die heftige und verworrene Maria von Medici hatte mit ihrer Enkelin nur die blauen Augen und das blonde Haar gemeinsam. In Wahrheit war die Königin trotz ihrem Haar unterwürfig wie eine Odaliske, liebte nichts als Naschwerk, Schoßtiere und zwergenhafte Närrinnen und ähnelte so ziemlich der Sultanin eines Harems – mit einem Mehr an Eifersucht und einem Weniger an Schönheit[1].

In dem Gewirr der Erbgänge mögen ein paar Tropfen orientalischen Blutes sich mit dem von Aragon vermengt und in dieser Königin wieder wirksam geworden sein. Ein sehr dunkles kleines Mädchen, das man tief in der Abtei von Moret verbarg, wo es von den Prinzessinnen besucht wurde, galt später als Kind des Königs und der Königin.

Doch wie es auch immer gewesen sein mag: Ludwig machte den Eindruck eines glücklichen Mannes, als ihn die Triumphreise nach Paris zurückbrachte, das er ein Jahr lang nicht gesehen hatte. Wenige Herrscher haben seine Erfahrungen gemacht. Er hatte alle Teile seines Königreichs in den Zeiten des Aufruhrs kennengelernt, das Elend, den Hunger, den Schrecken des Krieges. Jetzt fuhr er wieder durch sein Land, inmitten allgemeiner Glückseligkeit, begleitet von den Segenswünschen des geeinten Volkes, das in ihm die Ordnung und den Frieden begrüßte.

Von einem Fest zum anderen gelangte man endlich nach Saintes. Es war der 27. Juni. Der König erklärte, die Königinnen und der Hof sollten die Reise nach Saint-Jean-d'Angely fortsetzen, während er selbst seinen Hafen La Rochelle besichtigen wolle.

Anna von Österreich und Mazarin waren entsetzt. Nicht nur, daß Ludwig bisher niemals etwas Ähnliches angeordnet hatte – der Sinn dieses improvisierten Umwegs war ihnen nur allzu klar. Glücklicherweise war aber der Kardinal Gouverneur des Aunis und der Saintonge, und er wollte Seine Majestät begleiten, um ihm das Land vorzustellen. In trockenem Ton sagte Ludwig nein: Nur Philippe Mancini und zwei andere Edelleute sollten ihn begleiten.

Der Besuch von La Rochelle und von einigen Schiffen verlief kurz und ohne jedes Zeremoniell. Am 28. Juni übernachtete der König in Brouage, dem eigentlichen Ziel seines Abstechers; Brouage, wo Marie seine Briefe gelesen, wo sie geschrieben und geträumt hatte, voller Hoffnung und Verzweiflung gewesen war. Als er hier ankam, fegten Liebe, Erinnerung und Schmerz aus seinem noch viel zu verwundbaren Herzen alles hinweg, was die Vernunft und »der Ruhm« ihm aufgezwungen hatten.

Der König von Frankreich wich dem unglücklichen Liebenden. Einen Teil der Nacht irrte Ludwig am Meeresufer umher und schluchzte sich fast die Seele aus dem Leib. Dann wollte er in dem Zimmer und in dem Bett schlafen, die Marie innegehabt hatte. Am anderen Morgen stieß er in Saint-Jean-d'Angely wieder zum Hof.

[1] Wenn der König ihre Huldigungen belohnt hatte, pflegte sie am anderen Morgen beim Lever in die Hände zu klatschen, damit der ganze Hof es wisse.

Der Große König, wie er der menschlichen Schwäche seinen letzten Tribut zahlt, ehe er sich völlig mit dem Staat identifiziert, wie er über die reine und alles umfassende Liebe weint, die er nie wieder erleben wird – gewiß, ein schönes Bild, das nicht weniger schön besungen worden ist. Aber leider richtet sich das Leben kaum nach der Poesie, und sei sie von Corneille oder von Racine: Später wurden die beiden beauftragt, eine *Berenice* zu schreiben, einen Widerhall dieser intimen Tragödie. In Wahrheit hatte der vom Sturm der Leidenschaft wieder gepackte Ludwig XIV.-Titus nicht die Absicht, den Kelch bis zur Neige zu leeren. Philippe Mancini hatte er mitgenommen, damit er sofort seiner Schwester die Ausbrüche schildere, die er mitangesehen hatte. Konnte es eine überzeugendere Art geben, die Verbindung neu zu knüpfen? Konnte Marie ungerührt bleiben? Sie hatte doch das Beispiel ihrer Schwester Olympia vor Augen, die sich dem König vor der Heirat verweigert, dann aber hingegeben hatte. Der Prinz von Savoyen schien sich geehrt zu fühlen – sollte ein Colonna weniger anpassungsfähig als ein Prinz von Savoyen sein?

Die Königinmutter und der Kardinal kamen dem König auf die Schliche und entschlossen sich auf dem letzten Teil der Reise, seinen Plan ein für allemal zunichte zu machen. Aber wie? Über den verheirateten König hatten sie nicht mehr den alten Einfluß, und die Staatsräson hatte hier auch nichts anzumahnen. Doch die Geschichte des Fräuleins de La Motte d'Argencourt zeigte, welchen Weg man einschlagen mußte, um die Gefühle des Königs mit Stumpf und Stiel auszurotten.

Also Verleumdung! Ludwig erfuhr, daß Marie den Prinzen Karl von Lothringen liebte. An dem Abend, als er in Brouage geweint hatte, brachte sie sich, wie alle Tage, in den Tuilerien mit ihm ins Gerede. Madame La Fayette berichtet genauer: »Der König wäre zu Mademoiselle Mancini gekommen, wenn man ihn nicht davon überzeugt hätte, daß sie sich unter allen Ehekandidaten, die ihr die Hand antrugen, besonders für den Prinzen Karl, den Neffen des Herzogs von Lothringen, interessierte, und wenn er nicht angenommen hätte, daß dieser Prinz es verstanden habe, ihr Herz zu erobern.«

Diese Untreue, diese Kränkung konnte Ludwig nicht vergeben. Als sie sich endlich in Fontainebleau wiedersahen, ließ er das junge Mädchen seine ganze Verachtung fühlen. In ihren Memoiren schreibt Marie: »Ich hatte nicht mit der Kälte und Gleichgültigkeit gerechnet, mit der Seine Majestät mich behandelte. Ich gestehe, daß ich davon überrascht war und tödlichen Schmerz empfand.«

Es war wie eine Szene aus Molières *Dépit Amoureux* – die Wahrheit lag zwischen Racine und Molière.

Bis hin zu Frau von Maintenon bezahlten die von Ludwig XIV.

geliebten Frauen bitter für den Ruhm, ihm gefallen zu haben. Marie erholte sich nie wieder davon: Sie überlebte sich selbst ein halbes Jahrhundert hindurch in der Zerrissenheit und dem Aufruhr eines vertanen Lebens. Für Ludwig hingegen war das trauige Erlebnis heilsam. Fast ohne es zu wissen, hatte ihn Marie von den Hemmungen und Schwierigkeiten des Heranwachsens befreit, hatte seinen Geist angeregt, seine Wißbegier und seine Phantasie geweckt – hatte ihn in gewisser Weise emanzipiert.

Und Ludwig mußte eine weitere Erfahrung verbuchen: Er wußte jetzt, was es kostet, die Stimme der Vernunft zu ersticken, um die des Herzen zu vernehmen. Er brauchte es nie wieder zu tun.

Frankreich im Jahre 1660

Am 26. August 1660 hielt Ludwig XIV. seinen berühmten Einzug in Paris, der den Schwung der Poeten und Memoirenschreiber so anfachte. Mit geradezu unwirklichem Prunk und Überschwang vollzog sich hier die Verherrlichung der Monarchie, die Besitzergreifung der absoluten Macht. Der Mann, der sie verkörperte, der König, trat auf, »wie uns die Dichter die Menschen schildern, die man als Götter verehrt hat«, berichtet Madame de Motteville. Der Mann aber, der sie ausübte, hatte nicht die Kraft, seinen Platz in dem Festzug einzunehmen. Nur seine Equipagen rumpelten mit, während er an der Seite der Königinmutter vom Balkon des Hôtel de Beauvais dem Schauspiel zusah.

Die beiden Verbündeten, die seit siebzehn Jahren so hartnäckig gekämpft hatten, erhielten jetzt den strahlenden Lohn aller Mühen. Doch wenn ein Unternehmen bis zu einem solchen Grad von Vollkommenheit gediehen ist, verbannt es seine Urheber in den Schatten. An einer Stelle allerdings zeigte Mazarins diplomatisches Gebäude ernstzunehmende Risse. Drei Monate vorher war Karl II. nach England in die Arme einer fast einmütigen Begeisterung seiner Untertanen zurückgekehrt, die nur zu glücklich waren, der puritanischen Theokratie zu entrinnen. Ihre neue Königstreue wandte sich sofort gegen Cromwells Verbündete, und unter ihren Verwünschungen mußte der französische Botschafter das Land verlassen.

Zum Glück brauchten die Stuarts aber das Geld der Bourbonen, um sich der Vormundschaft des Parlaments zu entziehen. Und jetzt fand Anna von Gonzaga ein neues Feld: Die erlauchte Intrigantin brachte die Aussöhnung der beiden Dynastien zustande, und die Königinmutter von Frankreich erbat von der Königinmutter von England die Hand der Prinzessin Henriette für Monsieur. Der König machte sich auf Kosten seines Bruders lustig. »Er sagte zu Monsieur, daß er sich nicht zu beeilen brauche, die Knochen der ›Unschuldigen Kindlein‹ [die Herodes töten ließ] zu ehelichen. Es stimmt allerdings«, so fügt die Grande Mademoiselle hinzu, »daß [die künftige] Madame sehr mager war. Aber man kann nicht leugnen, daß sie recht liebenswert war; bei allem, was sie tat, zeigte sie solche Anmut und Schicklichkeit, daß alle, die mit ihr zu tun hatten, zufrieden waren. Sie hatte das Geheimnis erfunden, ihren schönen Wuchs bewundern zu lassen, obwohl sie bucklig war. Doch das merkte Monsieur selbst erst nach der Hochzeit.«

Auf jeden Fall spielten körperliche Unzulänglichkeiten der Prinzessin nicht die geringste Rolle. Wichtig war das europäische Gleichgewicht unter dem Vorsitz Frankreichs.

Nach einem halben Jahrhundert der Kriege im Innern und mit dem Ausland – wie sieht denn nun dieses Königreich aus, das aus den alten Händen eines genialen Abenteurers in die eines von seinem göttlichen Recht überzeugten jungen Mannes gerät?

Stärker bevölkert, reicher und besser bewaffnet als seine Nachbarn, beherrscht Frankreich den Kontinent. Es hält allen stand, dem besiegten Habsburg, dem gigantischen und altersschwachen Spanien, dem Kaiser, der jetzt zur Adria und zum Balkan strebt, dem Rheinbund, dessen Beschützer Frankreich ist, seinem Verbündeten Schweden, den Sandkörnern der italienischen Staaten. Mögen England und vor allem Holland Herren der Meere sein, so hält er doch das eine Land in Schach, weil es sein Geld braucht, und pflegt die traditionelle Freundschaft mit dem anderen. Zum ersten Mal seit der Thronbesteigung der Kapetinger hat Frankreich keinen erklärten Feind.

Doch im Norden und Osten ist es auf weite Strecken ungeschützt. Frankreich verbietet zwar Lothringen, Truppen und Festungen zu unterhalten – aber das betrifft nur Lille, Besançon und Straßburg. Weite Breschen klaffen, durch die so oft fremde Heere eingedrungen sind. Den Schraubstock, in dem Karl V. und seine Erben Frankreich zu erdrücken versuchten, könnte einmal wieder die Zangen zusammenpressen: Dazu braucht es nur etwas Tatkraft in Madrid und Wien.

Aber genauso könnte eine Schwäche der Regierung den revolutionären Geist wiederbeleben, der zwar unterdrückt und gelähmt, aber nicht vernichtet ist. Für die Struktur der Gesellschaft hat die Fronde dieselben, nur noch verschärften Wirkungen hervorgebracht wie die Religionskriege. Der Hochadel muß endgültig auf seine feudale Macht verzichten. Die Zeiten sind dahin, wo ein Herr auf dem Lande seine Machtvollkommenheit ausdehnte, ungehindert seine Gerichtsbarkeit ausübte und Mittel bereithielt, um den König einzuschüchtern und ihm schließlich den Krieg zu erklären. Die Tollheiten der Fronde, die so vielen anderen folgten, haben ihre Klasse die Möglichkeit gekostet, eine politische Rolle zu spielen. Erst im 19. Jahrhundert gibt es wieder Herzöge an der Spitze der Regierungen[1]. Die Edelleute, die gänzlich verarmt dem Abenteuer entsteigen, können sich nur noch in der Armee hervortun oder bei Hofe glänzen, wollen sie sich nicht in ihren mit Hypotheken überhäuften Schlössern vergraben.

Zwar ist die Niederlage des Parlaments auch die des Großbürgertums, aber sie hemmt dessen Aufstieg keineswegs. Wieder einmal hat die »Unordnung« auf Kosten der unbeweglichen Güter den beweglichen Besitz begünstigt, hat dem Bürger neue Güter, neue Ehren, neue Ämter verschafft. Mazarin hat sich nicht bemüht, irgendwelche Mißbräuche abzustellen. Soweit sie aus der Käuflichkeit der Ämter herrühren, haben sie sich übrigens nur noch verschlimmert: Gerechtigkeit wird weiterhin verkauft.

Allerdings bietet die unheilvolle Käuflichkeit der Ämter einen wichtigen Vorteil: In diesem unerbittlichen System, das jeden auf den Platz seiner Geburt festnagelt, öffnet sie einen Ausweg. Genug Geld zusammenzuraffen, um sich ein Amt zu kaufen, dessen Inhaber zum »officier«, zum Beamten, und schließlich zum Ritter wird: das ist das Ziel der ganzen Bourgeoisie. Es trifft besonders die Kaufmannschaft, die hier kein Ansehen genießt wie in England oder Italien. In Frankreich erwirbt man nur militärischen Ruhm (der literarische dämmert erst herauf). Monsieur Jourdain (die Titelfigur von Molières »Der Bürger als Edelmann«), gemästet in den Wirren der Zeit, wütet, weil er sich zur Gesellschaft von seinesgleichen verdammt sieht und sich mit der Erdgeschoßwohnung unter dem Dach der Arkaden begnügen muß, fern von Luft und Licht. Er grübelt über seinen Aufstieg nach, während er sich endlosen Geschäften hingibt, einem Feilschen wie auf orientalischen Basaren.

Der Handel zählt nicht weniger als 124 Innungen. Obenan stehen Männer, die nicht mehr mit eigener Hand arbeiten und würdig sind, städtische Ämter zu übernehmen, Tuch- und Kolonialwarenhändler, Kaufleute, die mit Kurzwaren, mit Mützen und Strümpfen, mit Juwelen handeln. Ihnen reihen sich die Ärzte und Wundärzte an, die schon von weitem an ihrem berühmten Aufputz zu erkennen sind, dann schließlich die vielen anderen Berufe. Auf der untersten Stufe der Handelswelt begegnen sich die »geringen Personen«, die Handwerker. Ein Handwerk auszuüben, also selbst zu arbeiten, ist verächtlich, vergebens die Hoffnung, jemals ein Amt kaufen zu können. Und doch stellt selbst diese unterste Stufe, die des Handwerks, ein Privileg dar.

Der Arbeiter hat seine Bruderschaft, die ihm hilft, wenn es nötig

[1] Mit einer Ausnahme, dem Herzog von Aiguillon unter Ludwig XV. Choiseul bildet keine Ausnahme, denn er wurde als Anerkennung zum Herzog erhoben, als er bereits einige Zeit an der Macht war.

ist. Die Abgaben, die er an sie zahlt, helfen den Bedürftigen, dienen aber auch zur Veranstaltung gewaltiger, ausgelassener Lustbarkeiten. Das Leben des Arbeiters ist hart, Natur und Politik treffen ihn mit den schlimmsten Geißeln, Epidemien, Hungersnöten, Überschwemmungen, Bürgerkriegen – er erträgt alles mit stoischer Unempfindlichkeit. Man beachtet ihn nicht: Kein Philosoph, kein Dichter singt sein Lob. Aber immerhin hat er nicht unter Fiskus und Militärdienst zu leiden. Übrigens: So streng die Zunftdisziplin auch ist, das Gebiet, auf dem sie keine Rolle spielt, dehnt sich aus: Kunsthandwerk, Glas, Spitzen, Seidenstrümpfe, Bank- und Geldwesen, »Hoflieferanten«, das alles entzieht sich ihr.

Doch die Masse der »Untertanen« sind die Landbewohner. Ihr Dasein vergeht in nie endender Arbeit, deren wesentlicher Ertrag nicht für sie selbst bestimmt ist. Sie sind der Unerbittlichkeit der Steuereintreiber, der Erpressung der Beamten, der Habgier der Wucherer, der Plünderung durch die Heere auf ihren Feldzügen ausgeliefert. Diese anonymen Geschöpfe sind es, die mit ihrem beharrlichen Fleiß die Größe Frankreichs tragen; sie sind die Unentbehrlichen, sie müssen die Privilegierten nicht nur ernähren, sondern ihnen auch ihre ganze Prunkentfaltung ermöglichen; sie sind Leute, die weder Dank noch Anerkennung zu erwarten haben. Man hält sie für dumm und stumpf, böswillig und schmutzig. Vinzenz von Paul, selbst dieser Schicht entstiegen, nennt sie »wilde Völkerschaften«. Aber der »Jacques Bonhomme«, der kleine Landmann, hat trotzdem buchstäblich an Boden gewonnen. Trotz den riesigen kirchlichen Domänen, trotz der Dienstbarkeit gibt es den kleinen Landbesitz, und er entwickelt sich. Der Dienstbare ist doch Herr des Landes, das er gekauft hat, und er vererbt es seinem Sohn oder teilt es wie La Fontaines Ackersmann unter seine Kinder auf. In sehr wenigen Ländern genießt seinesgleichen so viel Freiheit.

So wird der Sockel des Königreichs von Millionen Wesen gebildet, die kaum lesen und schreiben können und sich fast nie vom Fleck rühren. Sie wissen nichts von der Welt, deren Entwicklung sie geopfert werden. Auf dem Gipfel aber glänzt eine Gesellschaft, deren Prachtentfaltung, Kultur und auch Geist erstaunt. Die Fronde hat das Hôtel de Rambouillet eingehen lassen, diesen »einen Ort der Welt, wo das Leben seine höchsten Wonnen bietet«, dieses »Paradies guter Lebensart und schmeichelnder Sitten«. Doch inzwischen hat sich die Entwicklung vollendet. Heinrichs IV. polternde Gesellschaft hat sich zur mondänen Welt gemausert, das Talent von Schriftstellern und Gelehrten wird öffentlich gewürdigt.

1660 ist der Hof noch nicht wieder zum strahlenden Mittelpunkt geworden, der er unter den Valois' war. Die Salons, in denen die feine

Lebensart erfunden und das Denken geboren wird, gibt es nicht mehr. Es ist eine Übergangszeit für die Gesellschaft wie für Kunst und Wissenschaft. Das »Große Jahrhundert« von Descartes und Pascal, von Corneille und den Malern Le Nain geht seinem Ende zu. Welche Richtung der neue Zyklus einschlagen wird, läßt sich noch nicht erkennen.

Seit den Religionskriegen hat sich die Kirche von Frankreich erneuert; sie verdankt es dem frommen Humanismus, dem Mystizismus, der Demut vor Gott, vor allem aber dem Geist der Nächstenliebe, den Vinzenz von Paul verkörpert. Der Jansenismus entwickelt sich, Richelieu hat ihn als erster gefürchtet wegen seiner asketischen Erwartung eines durch nichts gesicherten Heils, wegen seines sozialen Einflusses. »Monsieur de Cyran ist gefährlicher als sechs Armeen«, hat Eminentissime, der Kardinal Richelieu, gesagt.

Die Sorbonne, auch der Papst haben diese neue Lehre verdammt, zwischen Jansenisten und Jesuiten herrscht Krieg, ganz Frankreich nimmt daran teil. Es kommt der Tag, an dem Mazarin dem König rät, »die Sekte der Jansenisten nicht mehr zu dulden, nicht einmal mehr ihren Namen«.

Dagegen scheint das protestantische Problem erloschen zu sein. Die Kalvinisten bilden nicht mehr einen Staat im Staate, nicht einmal eine politische Partei, sondern halten nur an der Gewissensfreiheit und der ungehinderten Kultausübung fest, die ihnen das Edikt von Nantes zusichert. Während der Zeit der Fronde haben sie sich völlig königstreu verhalten. Und doch trübt ihr bloßes Vorhandensein die vollkommene Einheit der Nation, von der die Franzosen träumen. Diese Einheit wünschen sich auch viele Protestanten, sie empfinden Skrupel, sie bemühen sich, die Unterschiede der beiden Konfessionen herunterzuspielen, und es kommt zu vielen berechneten oder aufrichtigen Übertritten. Der Hochadel, Ende des 16. Jahrhunderts noch fast geschlossen protestantisch, kehrt allmählich in die katholische Kirche zurück. Doch schon zeichnet sich eine neue Entwicklung ab. Ludwig XIII., der so oft gegen die Protestanten kämpfte, hat ihrer Religionsausübung niemals Hindernisse in den Weg gelegt. Nur auf dem Sterbebett hat er die protestantischen Adligen beschworen, zu konvertieren. Ist nun Annas von Österreich spanische Mentalität im Spiel? Mazarins römische Vergangenheit? Die halbherzige Toleranz schwindet dahin. Man hat Ludwig XIV. beigebracht, daß die Reformation aus gewissen Mißständen der Kirche entstanden sei, Mißständen, die seit langem durch das Konzil von Trient beseitigt worden sind. Die Hartnäckigkeit der Ketzer, denen ihre Haltung beträchtliche Unannehmlichkeiten einträgt, läßt sich also nur entweder als Verblendung erklären, die man beseitigen muß, oder als Tarnung aufrührerischer Ideen.

1660 beschließt Mazarin, die Compagnie du Saint-Sacrement auflösen zu lassen, die 1627 von dem jungen Herzog von Ventadour gegründet worden ist. Die »Ordensbrüder« von Saint-Sacrement betätigen sich in Werken der Nächstenliebe, bekämpfen das Ketzertum, die (atheistische) Freigeisterei und den Verfall der Sitten, und das mit so unduldsamem, strengem Eifer, daß es dem englischen Puritanismus schon recht nahekommt. Doch nicht ihr übertriebener »frommer Eifer« beunruhigt den Kardinal, sondern ihre große Zahl und die Tatsache, daß es sich um eine Geheimgesellschaft handelt. Auch die aufgelöste Compagnie du Saint-Sacrement bewahrt ihren Einfluß und betätigt sich bald heimtückisch, bald offen drohend. Die Freigeister, die sich im Tempel versammeln, haben allen Grund, sich in acht zu nehmen.

Seltener werden die Hexenprozesse, diese Schande von zwei Regierungen. Doch die Scheiterhaufen sind noch nicht erloschen. Morin, ein unglücklicher Schwärmer, der sich für den Messias hält, wird 1663 verbrannt.

Frankreich besteht aus Gegensätzen. Es kennt keine individuellen Freiheiten, quillt aber über von kollektiven Freiheiten, die sich als Dämme der Zentralgewalt entgegenstemmen. Es unterwirft sich dem monarchischen Despotismus, und der König könnte tatsächlich sagen (hat er es gesagt?): »Der Staat – das bin ich.« Aber der Staat ist eine Festung voller Risse. Selbst die Beamten hängen nicht von ihm ab, denn haben sie ihr Amt erst käuflich erworben, gibt es für sie weder Beförderung noch Versetzung oder Abberufung.

Der Herrscher muß die grundlegenden Gesetze beachten, die Justiz, Eigentum und Thronfolge betreffen. Mit diesem Vorbehalt hat seine Macht tatsächlich theoretisch keine Grenzen. Praktisch aber stößt sie bald an ihre Schranken, an Sitten und Bräuche, an die Zollfreiheit, an die vielen Privilegien. Es ist unmöglich, eine Person zu enteignen, es ist unmöglich zu schätzen, wieviel Geflügel sich die Pariser von ihren Bauernhöfen kommen lassen, unmöglich, in Bayonne Tabaksteuer zu erheben, unmöglich, die Hypothekenrechte gegen die Einwohner von Perpignan geltend zu machen. Die lokalen Verwaltungen schaffen Steuern ab und erheben andere, stellen Anleihen aus und beschließen über öffentliche Arbeiten; die Stadtverwaltungen sind mächtig. »In Frankreich«, sagt Voltaire später, »wechselt ein Reisender so oft das Recht wie die Pferde.«

Der König und seine Minister schlagen sich mit Schwierigkeiten herum, wie sie später der amerikanischen Bundesregierung zu schaffen machen, als sie sich gegen die Gesetzgebung der Einzelstaaten durchzusetzen sucht. Das Unterrichtswesen entzieht sich der Zentralregierung. Die Wirtschaft ist mit einer Vielzahl von Auflagen und entsprechend vielen Ausnahmen so belastet, daß man schon von einer Anarchie reden muß. Oft trennen Zollschranken die einzelnen Provinzen. Der Gedanke an einen ungehinderten Getreidemarkt, wie ihn die Hauptstadt wünscht, weckt nur überall Entrüstung. Hungersnöte und ihre entsetzlichen Folgen sind offenbar einer solchen Regelung vorzuziehen. Und doch haben Zentralisierung und Einigkeit des Landes in Europa nicht ihresgleichen.

Und Paris selbst, das die Bewunderung aller Fremden findet, bleibt, wie es Montaigne gesagt hat, »Frankreichs Ruhm, eines der schönsten Schmuckstücke der Welt«. Doch Sauval schreibt: »Es gibt keine Stadt, die schmutziger und schlammiger wäre. Der Schlamm ist schwarz und stinkt, der unerträgliche Geruch ist noch meilenweit rings um die Stadt zu spüren.« 15 000 Pferde, 800 Karossen verknäueln sich oft unentwirrbar in den Straßen, durch die Soldatentrupps ziehen und stinkende Abwässer rinnen. Die berühmte Cour des Miracles ist nach wie vor Unterschlupf für ausgehungerte, furchterregende Gestalten, die täglich Verbrechen begehen. Landstreicher und Bettler machen sieben Prozent der Einwohner aus!

Und wieder ein Gegensatz – zwischen Frankreichs Machtstellung und seinen leeren Staatskassen. Der Staat schuldet dem Oberintendanten Fouquet rund fünf Millionen. Nach dem Tode Serviens ist Fouquet allmächtiger Hauptverwalter der Finanzen. Er entfaltet unerhörten Prunk, läßt das Schloß Vaux-le-Vicomte errichten und kauft und befestigt Belle-Isle. Er fördert die Künste. Wie ein Taschenspieler findet er überall das notwendige Geld, verhilft Mazarins Spekulationen zum Erfolg – aber um welchen Preis!

Colbert möchte an seine Stelle treten. Er schätzt Ordnung. Als der Pyrenäenvertrag mit Spanien (1659) geschlossen wird, verfaßt er einen unnachsichtigen Bericht gegen den Hauptverwalter Fouquet und zieht alle Mißbräuche ans Licht, »die verheerenden Gewinne und die Frechheit der Beauftragten, die unglaublichen Gebühren der Steuerpächter, die skandalösen Gewinne der Finanzbeamten, die Verschwendung öffentlicher Gelder, die trüben Geschäfte, die unbezahlten alten Schatzanweisungen, die zu drei oder vier Prozent ihres Wertes zurückgekauft, auf gute Fonds neu angewiesen und noch einmal voll bezahlt werden«.

Colbert empfiehlt, Fouquet abzusetzen und vor Gericht zu stellen. Statt dessen erhält er den Befehl des Kardinals, sich mit dem Oberintendanten zu versöhnen. Fouquet läßt seinen Triumph von den Dichtern feiern, denen er Pensionen ausgesetzt hat. Frankreichs Vermögen wird weiterhin verschwendet, zum Vorteil der Minister und der Steuereintreiber.

Und nun enthüllt sich ein sonderbarer Widerspruch. 1630 hatte Gaston von Orléans seinem Bruder, Ludwig XIII., geschrieben: »Noch kein Drittel Ihrer Untertanen auf dem Land ißt richtiges Brot; ein zweites Drittel ernährt sich von Haferbrot; das letzte aber muß nicht nur betteln, sondern fristet ein Dasein in so erbärmlichem Elend, daß ein Teil von ihnen buchstäblich verhungert, andere sich wie Tiere von Eicheln und Gräsern nähren. Am besten geht es noch denen, die sich Kleie oder das Blut aus den Abwässern der Schlachtereien besorgen können.« Und später, 1694, hält Fénelon Ludwig XIV. vor: »Eure Untertanen verhungern ... ganz Frankreich ist ein großes trauriges Hospital ohne Versorgung.«

Zwischen diesen beiden Briefen könnte dieselbe Klage hundertmal wiederholt werden. Doch diese Franzosen, von denen angeblich neun Zehntel ohne Unterbrechung nur leiden, sollen die Vorherrschaft errungen, das verbündete Europa in Schach gehalten, Kriege gewonnen, sechs Provinzen erobert, die Struktur ihres Staates verändert, die Städte wieder aufgebaut, Paläste errichtet, die Grenzen befestigt, Genies ohne Zahl hervorgebracht, der westlichen Welt ihren Stil und ihre Kultur auferlegt haben! Entweder sind die wirtschaftlichen Gesetze leeres Geschwätz, oder das alles hätte sich nicht ereignet. Frankreich kann nicht durch Waffen, Geist und Glanz geherrscht haben, während sich die meisten seiner Söhne im Elend abquälten.

Das alles will bedacht sein, ehe man vorbehaltlos die Aussagen der vielen hinnimmt, der rebellischen Prinzen und bitteren Memoirenschreiber, der oppositionellen Prälaten und der Gouverneure, deren erste Sorge es ist, ihren Provinzen harte Steuern zu ersparen, und vor allem die Klagen der Steuerzahler, die ständig die Komödie der Zahlungsunfähigkeit spielen. Gewiß, es hat schreckliches Elend gegeben, vor allem dann, wenn Armeen durch das Land zogen, oder bei Naturkatastrophen wie Hungersnöte, gegen die sich kein Mittel finden will. Die Auswirkungen der schlechten Ernten von 1661 und 1662 kommen einer nationalen Katastrophe sehr nahe. Doch La Fontaines reicher Arbeitsmann und singender Schuhflicker sind nicht so selten.

Betrachten wir uns die Bauern auf Louis Le Nains Bild »Bauernmahlzeit«: Die Frauen sind kräftig, die Kinder reizend. Der junge Mann, der seine Geige stimmt, um die Mahlzeit zu verschönern, weckt keineswegs Mitleid. Wenn die Möbel auch nicht gerade auf Überfluß deuten, so sind sie doch auch nicht verkommen. Die Kleidung allerdings ist absichtlich kärglich, denn als »äußeres Zeichen« dient sie dazu, dem Fiskus die Steuern vorzuenthalten. Man wird die Taler eines Tages ausgraben, um eine Wiese oder eine Mühle dem Stutzer abzukaufen, der darauf brennt, sie in Samt und Seide umzutauschen.

Tatsächlich ist die Kaufkraft des Durchschnittsfranzosen nicht schlecht. Der letzte Handlanger verdient während der Fronde täglich den Gegenwert von 3,80 l Weizen, unter Ludwig XIV. von 6,10 l. Das Volk wächst und vermehrt sich, und mit seinen neunzehn Millionen Einwohnern ist das Königreich seinen Nachbarn weit überlegen. Die

Leute auf dem Lande und die Handwerker leben länger als bei Hofe, was allerdings daran liegen mag, daß sie den Ärzten weniger ausgeliefert sind. Mit Ausnahme von England und Holland gibt es in Europa kein Proletariat, das nicht Grund hätte, die Untertanen der Bourbonen zu beneiden.

Ein untrügliches Zeichen: Nach den schlimmen Zeiten seit dem Tod Heinrichs IV. könnte sich der Franzose nun wohl nach Ruhe sehnen. Aber er sprudelt über, er ist schöpferisch, er diskutiert, er denkt an Ruhm und Eroberungen, mit einem Wort: er ist jung. Wie ein feuriges Pferd gehorcht er willig einer starken Hand, ist aber ebenso bereit, seinen Herrn abzuwerfen, wenn er ihn für unwürdig hält. Das weiß Ludwig, und er vergißt es nie.

Nachtwache

Als Ludwig seine Gefühlskrise überwunden hatte, kehrte er in sein Gehäuse zurück und wurde wieder Mazarins Schüler. Von Maries Verrat überzeugt, vergaß er seinen Groll auf den Minister, dessen Belehrungen ihm noch unentbehrlich waren. Das Bild, das er im Herbst 1660 bei Hofe bot, könnte allerdings manchmal sonderbar wirken, wenn man nicht seine neu errungene Selbstbeherrschung und seine Kunst der Verstellung in Rechnung stellt. Der venezianische Gesandte Batista Nani schrieb dem Senat der Republik:

»Es wird den Ministern nicht schwerfallen, ihn bei jeder Gelegenheit abzulenken. Seine liebsten Lektionen sind militärisches Exerzieren, und seine angenehmste Zerstreuung findet er in der Gesellschaft seiner dreihundert berittenen Musketiere ..., Seine Majestät ist ihr Hauptmann, bringt ihnen Disziplin bei, läßt sie exerzieren und bildet Schwadronen. Im übrigen zerstreut er sich mit Jagd, Tanz und Bällen und mit dem Kartenspiel, dem sich Seine Majestät mehr als nur mäßig hingibt ... Seine Majestät informiert sich gern über alles, hält sich aber für zu jung und unerfahren, um die Dinge selbst zu leiten ... Er ist kein Mensch, der sich von Empörung hinreißen läßt oder von dem man Klagen oder Lügen zu hören bekäme, es sei denn im Scherz. *Er legt gegen alle Welt eine vollendete Gleichgültigkeit an den Tag, so ausgeprägt, daß sich unter seinen Vertrauten niemand einer Äußerung von Parteinahme oder eines Vertrauensbeweises rühmen dürfte. Diese Eigenschaft, bei einem Fürsten ohnehin selten zu finden, ist bei einem Monarchen in der Blüte der Jugend höchst erstaunlich* ... Der junge König verehrt seine Mutter [die er allerdings gerade gedemütigt hatte, weil er in einer Frage der Etikette nicht ihr, sondern der Grande Mademoiselle recht gegeben hatte] ... Von seiner Gemahlin ist er aufs äußerste eingenommen [!]. Er liebt seinen Bruder zärtlich, aber seine ganze Zuneigung scheint dem Kardinal zu gelten ... Man muß sich eingestehen, daß hier eine tiefe Sympathie waltet, eine Unterordnung von Geist und Verstand, die es bewirkt, daß ein großer Fürst dazu neigt, sich vom Genie eines unter ihm Stehenden abhängig zu machen ... Er sieht ihn mehrmals täglich ... Sobald er angekleidet ist, begibt er sich zum Kardinal ... Diese Besuche verlaufen ganz zwanglos, ohne jedes Zeremoniell. Der Kardinal geht nicht aus und begleitet den König nicht zurück. Wenn er beschäftigt ist, geruht der König im Vorzimmer zu warten ... Im allgemeinen dauert die Besprechung mehrere Stunden, in denen der Kardinal ihn über alles unterrichtet, ihn belehrt und ihn bildet. So kennt Seine Majestät alles aus bester Quelle.«

Mazarin führte sich als der wahre Monarch auf, und ihm folgte der Hof, wohin er sich auch begab. Niemand hatte freien Zugang zu ihm. Wer ein so tolpatschiger Hofmann war, daß er sich eine Gnade beim König selbst erbat, war verloren. Der Kardinal gestattete der Königinmutter nicht, sich in Staatsgeschäfte zu mischen, sondern ließ sie sogar rücksichtslos spüren, daß sie ihm lästig wurde. Wer aus dem Nichts kommt und auf den Gipfel steigt, entwickelt manchmal Groll gegen den, der ihm hinaufgeholfen hat. Niemals hatte der Minister soviel Prunk entfaltet, niemals mehr das Geld geliebt. Macht und Reichtum sollten ihm die Angst vor dem nahenden Tod vertreiben; seine Gesundheit verschlechterte sich zusehends. Ständig von Gicht und Harngries gequält, hatte er nun auch Wasser in der Lunge.

In solch einem Zustand schuf er den Frieden im Norden und ließ Frankreich den Vertrag von Oliva (3. Mai 1660) garantieren, der das Gleichgewicht zwischen Schweden, Preußen, Polen und Dänemark herstellte. Beunruhigt über türkische Erfolge in Transsylvanien, schickte er Truppen nach Kreta, um die Venezianer zu unterstützen. Er scheint sogar daran gedacht zu haben, eine Politik aufzugreifen, die seit Franz I. aufgegeben worden war: die christlichen Völker gegen den Halbmond zusammenzuschließen. Sollte dieser Skeptiker tatsächlich diese Absicht gehegt haben, die den Grundsätzen der Valois', Heinrichs IV. und Richelieus völlig zuwiderlief, dann läßt es sich nur mit seinen Hoffnungen auf den Papstthron erklären.

Am 26. Oktober 1660 fand ein Ereignis statt, das allerdings keinen gemeinsamen Nenner mit solchen hochfliegenden Plänen hatte: Monsieurs Komödianten, nämlich Molière und seine Truppe, die sich seit kurzem im Palais-Royal niedergelassen hatte, spielten im Louvre, in den Gemächern des Kardinals. Der König war »inkognito« anwesend und sah stehend zu, an den Sessel seines Ministers gelehnt. Nach den Vorstellungen von »L'Etourdi« (Der Leichtsinnige) und »Die lächerlichen Preziösen« wurde Molière zu Seiner Majestät und Seiner Eminenz befohlen, die ihm eine Belohnung von dreitausend Livres gaben: Ein Komödiant, und war er auch Theaterdirektor, blieb noch ein Mann, der ein Trinkgeld erhielt, wenn er gefallen hatte.

Am nächsten Tag meinte der König zu Mazarin: »Dieser Molière gefällt mir, er ist unterhaltsam und durchschaut die Dinge.«

Einen neuen Dichter, der die althergebrachten Vorstellungen auf den Kopf stellte, sofort richtig einzuschätzen, war durchaus eine Leistung für einen jungen Mann, dem man so wenig Ahnung von Literatur vermittelt hatte. Der Kardinal wiederum erklärte Colbert: »Man muß Molière künftig Anerkennung zuteilwerden lassen. Er zeigt ein Genie für das Komische, das dem Staat vielleicht in kommenden Situationen sehr nützlich werden kann.«

Mazarin blickte weit voraus, doch die Krankheit beschleunigte ihr Werk. Nach einem Aufenthalt im Schloß Vincennes kam er im Januar 1661 in den Louvre zurück. Glänzender war der Pariser Auftritt von Prinzessin Henriette aus London, der das englische Parlament eine Mitgift bewilligt hatte. In den wenigen Monaten hatte sich Monsieurs Braut verwandelt, aus dem Aschenputtel war ein junges Mädchen geworden, das zwar nicht gerade schön, aber einnehmend, ja sogar bezaubernd war. Niemand widerstand ihrem Charme, nicht einmal Monsieur, bis zu dem Augenblick, wo er die teuflische Koketterie der Frau erkannte, die Karl II. »Minette« nannte.

Während sich die Jugend am Hofe fröhlich austobte, erkannten die zur Konsultation versammelten Ärzte, daß sie ihren erlauchten Patienten nicht retten konnten. Der Erste unter ihnen, Quénaud, ging, es dem Kardinal zu sagen.

»Wie lange habe ich noch zu leben?« fragte der Kranke.

»Mindestens zwei Monate.«

»Das genügt.«

Vor dem Unabwendbaren zeigte Mazarin die Größe, die er bis dahin so oft vermissen ließ.

»Also muß man das alles verlassen!« seufzte er beim Anblick seiner Kunstsammlung.

Am 6. Februar brach im Louvre, nicht weit von den Gemächern des Kardinals, ein heftiges Feuer aus. Er mußte mitten in der Nacht fliehen und war tief erschüttert. Man brachte ihn wieder nach Vincennes, während sich der König in Saint-Germain einrichtete. Und hier erschien am 11. Februar der Herzog von Navailles, um Seine Majestät zum Ersten Minister zu rufen. Ludwig brach in Schluchzen aus und machte sich in Begleitung seiner Mutter sofort auf den Weg nach Vincennes, wohin ihm der Hof folgte.

In den folgenden Tagen hatten Meister und Schüler viele Unterredungen; Ludwig nahm begierig die letzten Anweisungen auf. Er hat später ein (nie vollendetes) Memorandum diktiert, in dem er in zehn Punkten das politische Testament Mazarins festhielt. Der Kardinal empfahl dem König, »die Kirche wie einen älteren Bruder zu behandeln«, aber das Verhalten ihrer Träger zu beobachten, den Adel mit mehr Vertrauen und Güte zu behandeln, die Stadtverwaltungen »in den Grenzen ihrer Pflichten zu halten«, die Steuern zu senken; jedermann davon zu überzeugen, daß nur der Monarch der Herr ist, der Gnaden austeilt; deshalb sollte auch der Posten des Ersten Ministers abgeschafft werden; Streitigkeiten zwischen den Angehörigen des Conseil zuvorzukommen; jeden Menschen zu bestrafen, der ohne Auftrag irgendeine politische Initiative ergriff, am Hof weder Skandale noch Mangel an Frömmigkeit zu dulden.

Ludwig XIV. befolgte nicht alle Ratschläge, denn er erwies dem Adel nicht mehr Vertrauen als vorher, und die Steuersenkung war nur eine flüchtige Anwandlung. Doch die anderen Punkte wurden für ihn zu Glaubensartikeln, und zwar so sehr, daß 1686 der venezianische Gesandte Venier schrieb: »Man sollte meinen, Mazarin lebte immer noch, denn er regiert aus der Tiefe seines Grabes wie einst aus seinem Arbeitszimmer.«

»Niemals gab es an irgendeinem Hof mehr Intrigen und Hoffnungen als während des Todeskampfes von Kardinal Mazarin. Die Frauen, die sich selbst Schönheit zuschrieben, schmeichelten sich, einen zweiundzwanzigjährigen Fürsten regieren zu können, der ja schon einmal von der Leidenschaft so weit hingerissen worden war, daß er seiner Geliebten die Krone angeboten hatte; die jungen Höflinge sahen die Zeit der Günstlingsherrschaft wiederkommen; jeder Minister hoffte auf den ersten Platz; niemand unter ihnen dachte auch nur daran, daß ein König, der fern von den Geschäften erzogen worden war, es wagen würde, die Last der Regierung auf sich zu nehmen«, urteilt Voltaire.

Fouquet, den die Königinmutter sichtlich begünstigte, glaubte, die Nachfolge des Kardinals antreten zu können, machte aber die Rechnung ohne Colbert, der fest entschlossen war, ihm den Weg zu verlegen und selbst sein Glück zu versuchen.

Scheinbar taub gegen das ganze Getuschel, bereitete sich Ludwig schweigend vor. Schon viele Male, heißt es in seinen Memoiren, war er versucht gewesen, die Regierung selbst zu übernehmen, und hatte sich *zugleich gedrängt und zurückgehalten gefühlt von dem Wunsch nach Ruhm.* Nun erzwang das Ereignis, das man so bald nicht erwartet hatte, seine Entscheidung.

Mit Erstaunen hörte der König Mazarins Worte, er werde ihn als Universalerben all seines Besitzes einsetzen, das heißt des größten Vermögens, von dem man wußte. Einem jungen Mann, der nur das Nötigste zum Leben hatte und außerdem zum Verschwenden neigte, hätte es bei dem Gedanken schwindeln können. Ludwig empfand nichts dabei. Er reagierte als König, er lehnte ab. Der Monarch hatte keine Güter von einem seiner Diener anzunehmen, schon gar nicht, wenn er beide Augen zugedrückt und dem Diener gestattet hatte, den Besitz auf welche Art auch immer zusammenzuraffen.

Mazarin, bis zu Tränen gerührt, obwohl er mit seiner Familie nicht zum besten stand, dankte Gott, dem König und vor allem Colbert. Denn der Intendant hatte die Reaktion Seiner Majestät vorausgesehen und diesen Weg empfohlen, um die irdischen Interessen und das Seelenheil seines Gönners zu vereinen. Ein Beichtvater der Theatiner, Joly, hatte nämlich dem Kardinal vorgeschrieben, »das, was er sich selbst zugeschanzt hatte, zurückzugeben«. Es ist nicht unmöglich, daß Colbert auch den Theatiner dazu angeregt hat – jedenfalls erhielt er seine Belohnung: In einer letzten Unterredung empfahl Mazarin ihn warm dem König und ließ Fouquet fallen.

»Sire, ich glaube meiner Pflichten ledig zu sein, wenn ich Ihnen Colbert hinterlasse.«

Ob der Satz echt ist? Man kann es bezweifeln, aber er trifft den Kern. Allerdings sollte man nicht vergessen, daß Colbert dem König ja nicht unbekannt war, sondern sogar eine Rolle in seiner Liebesgeschichte gespielt hatte. Er hatte Maries Briefe aus ihrer Verbannung in Fontainebleau erhalten und *eigenhändig* überbracht. So bestand zwischen den beiden Männern schon eine gewisse Komplizenschaft, die es nahelegte, daß der strenge Finanzmann sich der Geliebten und der Bastarde des Königs annahm.

Da der Kardinal nun frei über seine Reichtümer verfügen konnte, überließ er sie seinem Neffen und seinen Nichten, wobei Hortense den Löwenanteil erhielt. Viele Juwelen gingen allerdings auch an die Mitglieder der königlichen Familie. Condé und Turenne erhielten jeder einen Diamanten!

Am 28. Februar heiratete Hortense den Herzog de La Meilleraie. Mazarin hatte auch bereits den Ehevertrag zwischen Marie und dem Konnetabel Colonna aufgesetzt und hätte die Ehe gern vollzogen gesehen, aber leider verspäteten sich die Unterschriften aus Italien!

Der König, der sich in Vincennes langweilte, wenn er nicht beim Kardinal war, gab der Versuchung nach, sich eines Abends im Palais Mazarin einzufinden, wo die Mancinis lebten. Hier endlich kamen Marie und er zu der Unterredung, der er sich seit der Begegnung in Fontainebleau so geflissentlich entzogen hatte. Es scheint, daß man sich endlich aussprach, ja, daß die Flamme der Leidenschaft wieder aufzulodern begann. »Es war sehr schwierig zu erkennen, welche Gefühle das

Fräulein von Mancini dem König und welche er ihr entgegenbrachte«, schreibt Madame de La Fayette. Das ist verständlich. Ludwig bot Marie an, einen französischen Adligen und nicht den Konnetabel zu heiraten. Das junge Mädchen lehnte ab: Königin durfte sie nicht, Favoritin wollte sie nicht werden. Der König scheint nicht allzu sehr gedrängt zu haben. Vielleicht fürchtete er auch, den Glanz seiner Regierungsübernahme auf diese Weise zu trüben.

Am 3. März ging es dem Kardinal so schlecht, daß Anna von Österreich in ihrem Zimmer ihn schreien hörte. Sie zeigte nicht den Schmerz, den man nach ihrem entflammten Brief vom 30. Juni des vergangenen Jahres hätte erwarten dürfen (»Bis zum letzten Atemzug ist Anna die Ihre«). Sie zeigte überhaupt keinen Schmerz. Doch der ihres Sohnes war heftig.

Mazarin verstand es bis zum letzten Atemzug, seine Umgebung in Erstaunen zu versetzen. Man hatte immer über seine Feigheit gespöttelt, doch nun mußte Madame de Motteville, die ihn verabscheute, zugeben: »Er sah dem Tod mit solcher Gefaßtheit entgegen, daß er Monsieur Joly erklärte, er zweifle daran, daß er ihn genügend fürchte.« Am 7. März nahm er auf noble Art Abschied vom König und der Königinmutter. Ludwig ging weinend hinaus. Am Abend rief er zum erstenmal den Conseil zusammen, sprach aber kaum. Man bewunderte seine majestätische Haltung, ahnte aber nicht, was in ihm vorging. Jeder Minister wartete auf ein Zeichen, das seine Hoffnung beleben sollte. Nichts geschah.

Nach dem Rat begab sich der verwunderte Le Tellier zur Königinmutter. Er erinnerte sie an einen Satz, der vor einigen Wochen den königlichen Lippen entschlüpft war: »Ich will regieren, am Conseil teilnehmen und keine Kabinettsitzung versäumen.« Mußte man das etwa ernst nehmen? Anna von Österreich brach in Gelächter aus.

Die Nacht zum 8. März wurde zur Nachtwache. Wir wissen aus den Memoiren[1], welche Gedanken den jungen Herrscher bewegten, der sich plötzlich am Rubikon stehen sah. Er hatte sich viele Male gefragt, ob er imstande sein werde, ihn zu überqueren, falls er plötzlich am Ufer stände: *»Ich wurde nicht müde, mich mit mir selbst und ohne einen Vertrauten zu beraten, ich überdachte in mir alle Ereignisse, wie sie sich darstellten, und war voller Hoffnung und Freude, als ich mehrmals merkte, daß meine ersten Vorstellungen sich mit denen deckten, zu denen tüchtige und erfahrene Männer gekommen waren. Und ich war im Grunde davon überzeugt, daß ich nicht auf den Thron gekommen und ihn nicht behalten hätte, wenn ich nicht auch über die Mittel ver-*

[1] Die kursiv gesetzten Abschnitte sind den *Memoires* entnommen. Über die Art, wie sie redigiert wurden, geben Einführung und Anmerkungen von Jean Longnon in der Ausgabe bei Bossard von 1923 Auskunft.

fügt hätte, einer so großen Leidenschaft für das Richtige zu entsprechen.«

Die Historiker Ludwigs XIV. haben im allgemeinen verkannt, daß sein Entschluß, selbst die Zügel zu packen, fast so schwer wog wie der zu einem Staatsstreich. Seit einem halben Jahrhundert hatte kein Monarch regiert. Selbst wenn man weiter zurückgeht, bleibt Heinrich IV. eine Ausnahme. Die letzten Valois fügten sich der Herrschaft ihrer Mutter Katharina von Medici. Heinrich II. war weiches Wachs. Mit zwanzig Jahren träumte Franz I. nur von Schlachten und überließ seiner Mutter, Luise von Savoyen, einen Blankoscheck. Man muß schon zwei Jahrhunderte zurückgehen, um auf Ludwig XI. zu stoßen, der gleich bei seiner Thronübernahme die Macht in eigene Hände nahm. Aber er war ein reifer Mann und mit den Schlichen der Politik vertraut.

Und im Ausland? Weder im Römischen Reich nach Karl V., weder in Spanien nach Philipp II. oder in England nach Elisabeth hatte es einen Herrscher gegeben, der imstande gewesen wäre, sich allein dank seinem Ansehen und seiner Autorität durchzusetzen und seine Person mit dem Glanz der Monarchie zu identifizieren[1].

Madame de Motteville meint, das Beispiel Karls II., der die Geschäfte selbst in die Hand genommen hatte, habe Ludwig ermutigt, aber das wäre eine sehr mittelmäßige Empfehlung gewesen; der König hätte allen Grund zum Zögern gehabt ohne seine Liebe zum Ruhm, der er sich überließ wie eine Figur von Corneille – Corneille, dessen Verse ihm Marie so oft vorgetragen hatte. »*Im tiefsten Herzen hätte ich immer ein hohes Ansehen jedem anderen Gut und sogar dem Leben selbst vorgezogen ... eine so beherrschende und alles überstrahlende Leidenschaft wie die* [der Könige] *für Größe und Ruhm löscht alle anderen in ihnen aus. Die Liebe zum Ruhm kennt dieselben Wonnen und, ich wage es zu sagen, dieselben Ängste wie die zärtlichste Leidenschaft.*«

Ludwig war fest entschlossen, Mazarins Rat entsprechend keinen Ersten Minister zu berufen, »*da nichts unwürdiger ist, als auf der einen Seite alle Tätigkeit und auf der anderen den bloßen Titel König zu sehen*«. Er wog das Gewicht seiner Verantwortung ab: »*In dem hohen Rang, in dem wir stehen, haben die kleinsten Fehler die ärgerlichsten Folgen.*« Aber er verlor sich nicht in Träumereien: »*Die Könige müssen vor allem den gesunden Menschenverstand walten lassen.*« Die Überzeugung, daß seine Autorität das Gewicht eines Dogmas hatte, gab ihm unerschütterliche Sicherheit: »*Der den Menschen die Könige gab, will,*

[1] Ludwig XIII. hätte es verdient gehabt, so gewürdigt zu werden, doch er war »so unzugänglich für Lob, daß er es versiegen ließ«, und schien immer nur hinter Richelieu zurückzutreten.

daß sie als seine Stellvertreter geehrt werden, und er selbst hat sich vorbehalten, über ihr Tun und Lassen zu richten ... Das Christentum hat keinen Grundsatz fester eingemauert als diese demütige Unterwerfung der Untertanen unter jene, die über sie gesetzt sind.«

Zu gewohnter Zeit legte sich der König neben der Königin ins Bett und schlief ohne jedes Zeichen von Unruhe ein. *»Da wir hier unten eine ganz und gar göttliche Aufgabe zu erfüllen haben, müssen wir scheinbar zu keinen Gemütsbewegungen fähig sein, die sie herabwürdigen könnten.«* Pierrette Dufour, einst seine Amme, jetzt Kammerfrau der Königin, hatte seine Anweisungen erhalten. Wie es die Etikette verlangte, schlief sie im selben Raum.

Als sie gegen Morgen hörte, daß sich der König bewegte, trat sie ans Bett und gab ihm stillschweigend das verabredete Zeichen: Zwischen zwei und drei Uhr morgens war Mazarin gestorben.

Ludwig erhob sich, wobei er vermied, die Königin zu wecken, kleidete sich an und ging in die Wohnung des Kardinals, wo er Marschall Gramont traf. Er umarmte ihn weinend: »Wir haben einen guten Freund verloren«, sagte er.

Auch der Gouverneur der Bastille, Besmaus, war anwesend und ebenso betrübt. »Tröste dich«, sagte Ludwig. »du hast einen guten Herrn in mir gefunden.«

Aber er selbst schien tief bewegt zu sein. Er ordnete Hoftrauer in Schwarz an, eine Ehre, die sonst nur den Mitgliedern der königlichen Familie zukam. Man hat darin einen Beweis für die angebliche Ehe zwischen Anna von Österreich und Mazarin sehen wollen, aber mir scheint, daß es gerade das Gegenteil beweist: Hätte diese Ehe bestanden, dann hätte sich der König gescheut, sie auf solche Weise zu bestätigen. Gleich nach dem Essen kehrte er nach Paris zurück. Die Minister hatten den Befehl erhalten, sich am nächsten Morgen um sieben Uhr im Louvre einzufinden. Er fuhr in der Karosse seiner Mutter, während die schwangere Maria-Theresia in der Sänfte reiste.

Ludwig gab sich seinem Kummer so ausgiebig hin, daß es der Königinmutter zuviel wurde. Anna von Österreich sagte, wie uns die Motteville berichtet, »als erste zu denen, die immer wieder die Rede auf den Tod des Kardinals brachten, *daß man nun nicht mehr davon zu sprechen brauche*«.

Das war ihre Rache für die Bedeutungslosigkeit, zu der ihr eigenes Geschöpf sie schließlich gezwungen hatte. Mazarin hatte nur durch die Königin existiert, der Königin kam es zu, seine Rückkehr ins Nichts zu verkünden.

ZWEITER TEIL

Sonnenaufgang

(1661-1680)

Am 10. März 1661 um sieben Uhr morgens versammelten sich der Kanzler Séguier, die Minister und Staatssekretäre um den Sessel Seiner Majestät, der stehenblieb. Die acht Männer forschten mit Gefühlen, die von der Neugier bis zur Angst reichten, in dem ernsten und unbewegten Gesicht, dessen Schönheit von jedermann gepriesen wurde. Doch nach dem jansenistischen Pinsel des Philippe de Champaigne zu urteilen (»Ludwig XIV. nimmt Monsieur in den Orden vom Heiligen Geist auf«), war er keineswegs ein Adonis. Die große, hängende Nase, der vorgestülpte Mund, dessen zusammengepreßte Lippen offenbar nicht lächeln konnten, unterstreichen die Kälte, die Rätselhaftigkeit und den Eigensinn, durch die sich das Innere dieser Persönlichkeit im Äußeren verriet.

Wie den Erinnerungen von Brienne zu entnehmen ist, wandte sich der König an den Kanzler in dem Ton, den er bis zu seinem letzten Lebenstag beibehielt, dem Ton eines Mannes, »der Herr seiner selbst und des Universums« ist. »Monsieur, ich habe Sie mit meinem Ministern und meinen Staatssekretären hergerufen, um Ihnen zu sagen, daß ich sehr gern meine Angelegenheiten durch den verstorbenen Herrn Kardinal regieren ließ. Jetzt ist die Zeit gekommen, daß ich selbst regiere. Sie werden mir mit Ihrem Rat helfen, *falls ich darum ersuche.* Abgesehen von den üblichen Aufgaben des Siegelamtes, an denen ich nichts zu ändern beabsichtige, bitte ich Sie und befehle es Ihnen, Herr Kanzler, nichts in irgendeinem Auftrage und ohne mit mir darüber gesprochen zu haben zu besiegeln, sondern nur auf meinen Befehl oder wenn es ein Staatssekretär in meinem Auftrag anordnet ... Und Sie, Herr Oberintendant ... arbeiten bitte mit Colbert zusammen, den mir der verstorbene Herr Kardinal empfohlen hat. Was Lionne angeht, kann er meiner Zuneigung sicher sein, ich bin mit seinen Diensten zufrieden.«

Seine Sätze stießen auf ungläubige Bestürzung, aber niemand ahnte, daß sie eine neue Phase in der Geschichte Frankreichs und der Welt eröffneten – eine revolutionäre Phase.

Bis in das erste Drittel des zwanzigsten Jahrhunderts hinein hat man Revolution immer als eine Bewegung von unten her verstanden, die – mindestens der Theorie nach – dem Volk helfen oder es befreien sollte. Der Charakter der gründlichen Wandlung von 1661 wurde durch diese Vorstellung verfälscht. In den Augen eines Historikers, der in unserer Zeit autoritäre, oft von oben her ausgelöste Revolutionen miterlebt hat, enthüllt sich der Sinn von 1661 klarer. Man kann es gar nicht deutlich genug betonen: Als sich Ludwig XIV. entschloß, selbst zu regieren, benahm er sich nicht als ein Souverän, der von seinen Vorfahren her in sein Amt hineingewachsen ist. Er handelte ganz von sich aus, wie es ein Cäsar nach einer Volksabstimmung oder erst recht nach einem Staatsstreich hätte tun können. Obwohl aus Mazarins Gedankenwelt geboren, war sein Konzept völlig sein eigenes. Es setzte die Errichtung einer Diktatur voraus, wie Frankreich sie kaum erlebt hatte, die man aber nicht mit modernen Diktaturen verwechseln darf.

Der Diktator von heute, meistens vom Schwung der Massen hochgehoben, muß den Volkstribun spielen, muß ständig um seine Volkstümlichkeit ringen und sie durch spektakuläre Unternehmen steigern. Auf dem Gipfel der Macht fordert das Geschick seinen Tribut. Der Diktator des göttlichen Rechts braucht sich nicht um sich selbst zu sorgen, nicht um Rückschläge und um Launen der öffentlichen Meinung. Das gestattet ihm die erhabene Heiterkeit, die Geduld derjenigen, die an ewigen Dingen teilhaben.

In der Bitterkeit des österreichischen Exils sagte der Graf von Chambord[1], Ludwig XIV. sei der erste Bonaparte gewesen. Daran ist etwas Wahres. Wie Napoleon wollte auch Ludwig nicht nur die Regierung im Griff haben, sondern die vielfältigen Aspekte des nationalen Lebens, ja seiner ganzen Epoche. Er wollte alles regeln, vom Vorsitz im Kabinett bis zu den Truppenbewegungen und den theologischen Streitigkeiten. Weder eine Heirat von irgendwelcher Bedeutung noch die Trasse einer Straße konnten beschlossen werden, ehe er zugestimmt hatte. Ein Mann hatte von einem Land so Besitz ergriffen, daß beides zu einem verschmolz und man der doch unvermeidlichen Trennung mit Sorge, ja mit Ängsten entgegensehen mußte.

Aber hier ist der Vergleich auch schon am Ende. Napoleon selbst hat den wesentlichen Unterschied in Worte gefaßt, als er sagte, daß die Könige, seine Feinde, nach einer verlorenen Schlacht ohne Angst in ihr Land zurückkehren könnten – ein Risiko, das er sich nicht erlauben dürfe. Kein Mensch der Welt aber hätte sich vorstellen können, den Despoten des göttlichen Rechts zu verdrängen. Seine mächtige Hand hatte bereits die Cliquen zerdrückt, die Parteien vernichtet, die ideologischen Meinungsverschiedenheiten, die doch den Franzosen so viel bedeuten, ausgelöscht – und das alles nicht mit Gewalt, sondern dank einer allgemein gebilligten Disziplin.

Natürlich hatte der König einen wirksamen Nachrichtendienst und mußte sogar das moderne Polizeiwesen einführen, aber niemals brauchte er Rückhalt durch ein System des Polizeiterrors wie die totalitären Regierungen des zwanzigsten Jahrhunderts. In unserem Jahrhundert

[1] Chambord (1820–1883) nannte sich als Thronprätendent der bourbonischen Legitimisten im Jahre 1843 Heinrich V., verhinderte aber 1873 die Wiedereinführung der Monarchie, als er die Trikolore ablehnte (Anmerkung d. Übers.).

haben wir auch erlebt, wie sich Diktatoren der Wut, den Ausbrüchen, ja fast der Hysterie überließen. In einem Leben, das sich so offen vor den Augen der Öffentlichkeit vollzog, hat Ludwig XIV. nur fünfmal in vierundfünfzig Jahren die Ruhe verloren.

Vom ersten Tag seiner Regierung an demonstrierte Ludwig dem skeptischen Hof den Arbeitseifer, der nie nachgelassen hat. Er schuf sich eine strenge Zeiteinteilung, die nach und nach die Majestät und Unwandelbarkeit eines kreisenden Gestirns annahm. Jeden Tag arbeitete er sechs bis acht Stunden, war *»über alles unterrichtet, hörte meine geringsten Untertanen an, war in jeder Stunde im Bilde über Zahl und Leistungsfähigkeit meiner Truppen, den Zustand meiner Festungen; ich gab unaufhörlich meine Befehle in allen Angelegenheiten, verhandelte sofort mit fremden Gesandten, erhielt und las Depeschen, beantwortete vieles selber, regelte Einkünfte und Ausgaben des Staates und hielt meine Dinge so geheim, wie es kein anderer vor mir getan hat«.*

Ludwig empfing tiefe Befriedigung aus dem Regieren: *»Ich weiß nicht, welche anderen Freuden wir für diese aufgeben würden ... Ich empfand eine Wonne, die sich schwer in Worte fassen läßt.«* Es war ihm gelungen, seine Minister im ersten Anlauf an die Kandare zu nehmen. Seine angeborene Majestät, seine unnachahmliche Höflichkeit, sein Gleichmut, die Art, ernsthaft zuzuhören und dann mit einem Wort die Entscheidung zu fällen, setzten sich mühelos durch. Manchmal griff er unversehens eine winzige Kleinigkeit einer Affäre auf, *»wenn er* [der Minister] *es am wenigsten erwartete, damit er begriff, daß ich genauso und zu jeder Zeit auch andere Themen aufgreifen konnte«.*

Pierre Gaxotte hat einmal bemerkt, seine Herrschaft sei die Diktatur der Arbeit gewesen – sie war auch die der Geheimhaltung. Der König, der einen undurchdringlichen Schleier über seine Gefühle und Absichten legte, wollte die Staatsgeschäfte auf die gleiche Weise schützen. Er ließ merken, daß Indiskretion in seinen Augen ein unverzeihliches Verbrechen sei, und bald erlebte man Minister und Beamte von gleicher Verschlossenheit. Es gibt kaum einen stärkeren Gegensatz als den zwischen den Regierungen, die Tag für Tag der Öffentlichkeit wahre oder falsche Erklärungen abgeben müssen, und der Geheimnistuerei Ludwigs XIV. Übrigens entging ihm nicht der Nachteil solcher Geheimhaltung: *»Ich habe darüber nachgedacht, wie streng und hart in dieser Hinsicht die Lage der Könige ist, weil sie sozusagen eine öffentliche Rechtfertigung all ihrer Taten dem ganzen Universum und allen Jahrhunderten schulden und sie dennoch nicht irgendeinem Zeitgenossen darlegen können, ohne dadurch ihre wichtigsten Interessen zu verfehlen und das Geheimnis ihres Handelns aufzudecken.«* Das war auch einer der Gründe, unter seiner Leitung »Memoiren für die Belehrung des Thronfolgers« vorbereiten zu lassen: *»Ich wäre nicht traurig, wenn Sie hier etwas fänden, um die Geschichte wieder zurechtzurücken, wenn sie im Begriff ist, sich zu vergessen oder zu irren.«*

Gründlich irrte sich ausgerechnet der talentierteste, intelligenteste Minister, Nicolas Fouquet. Anna von Österreich hob nur die Schultern: »Ludwig will zeigen, daß er sehr tüchtig ist.« Der Oberintendant war überzeugt, daß der Arbeitseifer rasch verschwinden werde vor den Verlockungen des Vergnügens, die ihm Fouquet verschaffen wollte; er war entschlossen, es an nichts fehlen zu lassen, damit sich Seine Majestät im Vergnügen verliere. Den Verderber prellte aber sein eigenes System, als er glaubte, den König verderben zu können. Der Junge hatte ja doch eine ziemlich trübe Jugend unter der Fuchtel eines geizigen Magisters verbracht, nun aber wollte ihn Fouquet »verziehen« im eigentlichen Sinne des Wortes, und dann würde er natürlich die Arbeit beiseitelegen.

Nicht einmal Colberts Ernennung zum Intendanten der Finanzen öffnete ihm die Augen. Sagten ihm denn seine Spione nicht, daß der König allabendlich mit Mazarins Vertrautem zusammenarbeitete? Wahrscheinlich taten sie es, doch seine zynische Menschenverachtung machte Fouquet blind. Colbert hatte dagegen sofort den festen Willen des Königs erkannt, und damit machte er sein Glück. Die Art von Komplizenschaft, die während der Affäre Mancini zwischen ihnen entstanden war, nahm eine andere Form an, als der Sohn des Tuchhändlers insgeheim dem König die Rechnungsführung Fouquets auseinanderlegte und Licht in die Mißwirtschaft brachte.

Hat Ludwig XIV. Colbert – oder hat Colbert Ludwig XIV. geschaffen? Diese alte Streitfrage ist seit langem überflüssig. Wie es dem Schicksal zuweilen in den Sinn kommt, vereinte es zwei einander völlig unähnliche Wesen, deren Verbindung zur Vollendung eines großen Werks notwendig war. Es kam nur darauf an, daß jeder den Wert des anderen erkannte. Ludwig wußte, daß dieser Gehilfe aus niedriger Herkunft, dieser düstere, grämliche, unliebenswürdige, immer trübselige Mann das ideale Werkzeug seiner Macht sein werde. Colbert, geschmeidig trotz dem Krebspanzer, mit dem er sich umgab, paßte sich sofort dem neuen Herrn an. Der Diener des Kardinals hatte sich (nicht ohne eigenen Vorteil) zu der anrüchigen Geschäftemacherei Mazarins hergegeben, der Diener Ludwigs XIV. bezog seine Gunst aus seiner Untadeligkeit, seiner Unbestechlichkeit, der Liebe zur nationalen Sache und vor allem aus der Weigerung, irgendeinen Vorteil anzunehmen, der nicht aus der Hand des Königs kam.

Ludwig nahm sich zwei Monate Zeit für die Entscheidung. Anfang Mai hatte er Fouquets Abberufung beschlossen, wollte aber warten, bis sein Sturz der Steuereinziehung nicht hinderlich werden konnte.

Marie Mancini heiratete im Louvre den Konnetabel Colonna und reiste dann nach Italien. Zum letztenmal sah sie den König, als er sich zum Abschied in ihre Sänfte beugte. Und sie machte Henriette Stuart Platz, deren Hochzeit mit Monsieur fast zur selben Zeit gefeiert wurde.

Henriette von England hatte seit ihrer Verlobung alle Herzen verwüstet und alle Schöngeister bezaubert. Am Hof, der damals nur hundert bis zweihundert Personen zählte, verschwanden allmählich die älteren Leute, die Herrschaft der hochmütigsten, ausgelassensten, ausschweifendsten und grausamsten Jugend brach an – einer Jugend, wie Rabelais sie hätte schildern können. Maria Theresia fand in diesem Reich der Jugend nicht den Platz, der ihr gebührte. Madame wurde die eigentliche Königin. Ende April, als sie und ihr Mann – Herzogin und Herzog von Orléans – nach Fontainebleau kamen, war der König geradezu verblüfft: Die häßliche und armselige Kusine, die er einst so verspottete, war in der Tat die einzige seiner würdige Gefährtin. Und schon malte Mignard kühn die Apotheose von »Minette«, die er als mythologische Schäferin an der Seite von Apoll-Ludwig ruhen ließ, unter dem Schutz von Liebesgöttern.

Die Liebesgeschichte des Königs mit Marie Mancini hatte zwei Jahre hindurch in ungetrübter Keuschheit verharrt, wie man es heute kaum für möglich halten sollte. Die Modelle von Mignard scheinen aber weniger unschuldig gewesen zu sein. Jedenfalls wurde Monsieur eifersüchtig, und die drei Königinnen – Maria Theresia, Anna von Österreich und Henriettes Mutter, Henriette von Frankreich – empörten sich. Man suchte sich die unscheinbarste Ehrenjungfrau von Madame aus, eine kleine, hinkende Siebzehnjährige von mäßiger Schönheit, Louise de La Vallière; sie sollte das allgemeine Mißtrauen entkräften. Nun, sie liebte den König, und ihn verwirrte die Reinheit einer selbstlosen Hingabe. In wenigen Tagen hatte die »kleine Bürgerliche aus Tours« die stolze Stuart verdrängt. Die ihrerseits rächte sich, indem sie den Favoriten ihres Mannes, den Comte de Guiche, zum Geliebten nahm. Also entstanden gleichzeitig die Leidenschaften von Louis und Louise und der Krieg zwischen Philippe und Henriette.

Der Himmel selbst schien mit dem König zu sein, denn das alles wirkte sich nur günstig für ihn aus. Die Feindseligkeit zwischen seinem Bruder und seiner Schwägerin, absichtlich verschlimmert und genährt durch ihrer beider Torheiten, machte Ludwig zum Zünglein an der Waage und zur ordnenden Kraft in einer Ehe, die ihm viele Sorgen bereitet hätte, wäre sie glücklich gewesen[1].

Daß Louise, ein aufrichtiges, reines, völlig von Ehrgeiz freies, entzücktes kleines Mädchen, von einem König zur Mätresse erhoben

[1] Dargestellt in: Ph. Erlanger: *Monsieur, frère de Louis XIV.*

wurde, war gewiß eine Art Wunder. Ludwig war nicht weniger entzückt als sie selbst, weil er hier nicht als der Herrscher, sondern als der Liebhaber angebetet wurde. Diese hier lag ihm zu Füßen. Sie schmeichelte seinem Stolz, ohne daß seine Freiheit auch nur im geringsten beeinträchtigt wurde.

Sobald Fouquet von der Affäre hörte, schickte er eine gefällige Freundin, die Madame du Plessis-Bellièvre, zur Mademoiselle de La Vallière, um ihr zwanzigtausend Pistolen anzubieten und ihr zu versichern, daß es ihr niemals an irgend etwas fehlen werde. Das sanfte Kind lehnte sich auf: »Sie sollten wissen, daß zweihunderttausend Livres mich nicht zu einem falschen Schritt veranlassen könnten.«

Der König erfuhr davon und war gekränkt. Es schien ihm unerträglich, daß sich ein Untertan mächtig genug fühlte, seiner Mätresse Protektion anzubieten. Der Oberintendant arbeitete geradezu besessen an seinem eigenen Untergang. Er verkaufte sein Amt als Generalprokurator des Parlaments, das ihn fast unantastbar gemacht hatte, und beschloß, Seiner Majestät in Schloß Vaux ein prächtiges Fest zu geben. Der eingeschüchterte junge Mann würde dabei die Macht, den Prunk und den Ruhm seines Ministers erkennen.

Ludwig XIV. erkannte alles, sobald er die Einfriedung von Schloß Vaux passiert hatte, aber wenn die Wirkung auch nachhaltig war, entsprach sie doch nicht in den Erwartungen des Gastgebers. Die berückenden Gärten, Wasserspiele, die festliche Beleuchtung, die Balletts, Festessen zeigten nur, daß sich hier ein neuer Staat im Staate gebildet hatte. Und das auf Kosten eines beschämten Fürsten, der seine veralteten, schlecht gehaltenen Schlösser mit dieser Residenz eines Satrapen verglich.

»Madame«, sagte er zu seiner Mutter, »sollen wir diese Leute nicht dazu bringen, das alles wieder herauszurücken?«

Hätte ihn Anna von Österreich nicht beschwichtigt, hätte er sofort das Fest verlassen und den Hausherrn verhaften lassen.

Doch das war nicht einmal die bedeutendste Wirkung des Festes von Vaux. Bei aller Entrüstung nahm Ludwig doch einen bleibenden Eindruck mit von den Illuminationen, den Feuerwerken, aufschießenden Fontänen, von dieser ganzen Mythologie im Dienste der Kunst, der Poesie, von diesen Gärten und der wohldurchdachten Folge von Entzückungen. Er schwor sich, sie in den eines Königs von Frankreich würdigen Formen nachzuahmen, er schwor sich, daß die Genies seiner Zeit von Molière bis Le Nôtre künftig ihm zu Diensten stehen sollten, nicht einem verdächtigen Finanzmann. Die Revolution, die Europa ergriff und die den Lebensstil so köstlich machte, wurde an diesem Abend des 17. August 1661 geboren.

Von diesem Tag haßte der König seinen Oberintendanten genauso, wie es Colbert seit langem tat. Es kam zum ersten Beispiel für die unerbittliche Entschlossenheit, mit der Ludwig XIV. einen in Ungnade Gefallenen zu verfolgen wußte, ohne daß die Zeit, die Umstände, ja, ohne daß die Bestrafung seinen Groll gemildert hätten.

Fouquet hatte sich für sehr gerissen gehalten, als er sich einen sicheren Schlupfwinkel schaffen wollte und Belle-Isle und die bretonische Küste befestigen ließ. Nun beschloß der König, ihn in seiner eigenen Provinz zu stürzen. Er fuhr zur großen Verwunderung des Hofes überstürzt nach Nantes, wo er am späten Vormittag des 5. September 1661 den Rat leitete. Von seinem Oberintendanten trennte er sich mit einem Lächeln, das alle aufkeimenden Besorgnisse beschwichtigte. Einen Augenblick später wurde Nicolas Fouquet von Monsieur d'Artagnan, dem Kommandeur einer Musketierbrigade, verhaftet.

»Monsieur«, sagte der Gefangene, während man ihn in einer »mit Eisenstäben gesicherten« Karosse davonführte, »wenn das nur nicht einen Skandal gibt!«

Er wurde nicht klug aus diesem König, der gerade den Skandal beabsichtigte und aller Welt erklärte: »Es wird Zeit, daß ich meine Geschäfte selbst in die Hand nehme!«

Der Augenblick zur Reform der Regierung war gekommen. Villeroy erhielt den Vorsitz im umgewandelten Finanzrat, in dem Colbert nur einfacher Intendant war; das Amt des Generalkontrolleurs, das den abgeschafften Posten des Oberintendanten oder Hauptverwalters ablöste, wurde erst 1665 für Colbert geschaffen.

Der Oberste Rat, in dem die großen Angelegenheiten behandelt wurden, setzte sich aus Personen zusammen, die Seine Majestät als beratende Kräfte berief, denen er aber keine formelle Bestallung gab; nur die Zugehörigkeit zum Conseil d'En Haut, zum Obersten Rat, machte die Erwählten zu Ministern. Eine wichtige Neuerung: Von 24 Ministern blieben nur noch drei, Le Tellier, Lionne und Colbert. Der Kanzler nahm am Rat teil, ebenfalls die Staatssekretäre, die aber nur die Fragen vorzulegen und die getroffenen Entscheidungen einzutragen hatten. Unter den Staatssekretären befand sich der junge Louvois, Sohn von Le Tellier, als Anwärter auf das Amt des Sekretärs im Kriegsministerium.

Es gab keine ministeriellen Ressorts. Immerhin trug der Kanzler die Verantwortung für die Justiz; für außenpolitische Fragen war Lionne zuständig, für Kriegsangelegenheiten Le Tellier. Colbert mit seinem Heißhunger nach Arbeit riß fast alles Übrige an sich, von den Finanzen bis zur Polizei, vom Handel bis zu den öffentlichen Arbeiten, von der Marine bis zu den schönen Künsten, vom Arbeitsministerium bis zu den Kolonien – nicht zu vergessen den königlichen Haushalt.

Nüchtern und systematisch wie sein Herr, bemühte sich Colbert zunächst um die Reform der Verwaltung, aus der er eine monarchische, vereinheitlichte, zentralisierte Bürokratie machte, wie sie in keinem anderen Land zu finden war. Er ließ in den Provinzen die Autorität des Königs prunkvoll von den aristokratischen Gouverneuren demonstrieren, gab aber die eigentliche Macht an bürgerliche Intendanten. Ludwig XIV. befand, daß allein die Tatsache, als Werkzeug dieser Verwaltung zu dienen, einen Mann aus seiner Gesellschaftsschicht heraushob: Zum unaussprechlichen Entsetzen des Adels adelte er fast alle bedeutenden Gehilfen. Die Minister, Treuhänder eines Teils der königlichen Autorität, mußten mit »Monseigneur« angeredet werden und genossen fürstlichen Rang. Der Dienst für den König stand auf gleicher Stufe mit dem Geburtsadel. Noch fast ein Jahrhundert danach widerhallte aus Saint-Simons Erinnerungen die Entrüstung seiner Adelsgenossen.

Ludwig berief kein Familienmitglied, keinen Herzog, keinen Großen in seinen Rat. Die gekränkte Anna von Österreich verkündete, sie werde sich ins Kloster Val-de-Grâce zurückziehen, und wurde, wie erwartet, von ihrem Sohn zurückgehalten; doch in die Politik oder in seine Liebeshändel ließ er sie nicht hineinreden. Übrigens hatte sich Maria Theresia, die immer noch der Meinung war, nur eine Prinzessin könne das Herz eines Königs gewinnen, Madames wegen beruhigt – eine La Vallière beachtete sie ohnehin nicht. Am 1. November 1661 brachte sie den Grand Dauphin zur Welt. Der König hatte ihr während der »Arbeit« liebevoll zur Seite gestanden. Als er nun den Sohn erblickte, vergaß er Seine Majestät, lief zum Fenster, riß es auf und rief der wartenden Menge zu: »Die Königin hat einen Knaben geboren!«

Dieser Neugeborene, Unterpfand der Zukunft, ersparte seinem Vater die Unsicherheit, die so lange Richelieus Regierung geschwächt hatte, er krönte ein scheinbar unerschütterliches Gebäude.

Dann allerdings schien das Geschick einen so glücklichen König auf die Probe zu stellen oder ihm Gelegenheit geben zu wollen, sich vollständig zu entfalten. Während eine Mißernte die wirtschaftlichen Verhältnisse fast bis zum Ruin des Landes verschlechterte, ereignete sich in London ein ernster Zwischenfall.

Seit langem stritten der Allerchristlichste König und die Katholische Majestät um den Vorrang. In London kam es nun zu einem plötzlichen Ausbruch des alten Streits zwischen den Gesandten der beiden Länder. Die Spanier des Barons de Vatteville töteten, angefeuert von der gaffenden Menge, die Karossenpferde des Grafen d'Estrade. Dessen Leute wurden verwundet oder weggejagt.

Als der König die Nachricht erhielt, zog er niemanden zu Rate. Obwohl es Lionne bänglich zumute war, schickte der König den spanischen Gesandten heim, rief seine beiden aus Madrid und London zurück und verlangte von Karl II. die Bestrafung der Schuldigen, von Philipp IV. dagegen eine Wiedergutmachung, die Frankreichs Vorrang deutlich machen sollte. *»Es war nicht schwierig, aller Welt durch diese Demonstrationen zu zeigen, was ich im tiefsten Innern dachte. Denn es stimmt, ich hätte einen so berechtigten Groll bis in die äußersten Folgen getrieben, und ich hätte in diesem unglückseligen Zwischenfall etwas Gutes gesehen, weil es mir einen Grund zum Kriege geboten hätte, der mir Ruhm einbringen konnte.«*

Erstaunt entdeckte Europa ein völlig neues diplomatisches System. Auf Mazarins gleitende Schmiegsamkeit folgte der unerbittliche Hoheitsanspruch Ludwigs XIV., eine berechnete Brutalität, die ihm ermöglichte, mit einer seines Meisters würdigen Schlauheit zu verhandeln. Ohne daß ein Schuß fiel, mußte sich der König von Spanien demütigen und die Hegemonie der Bourbonen öffentlich anerkennen. Ein außerordentlicher Gesandter erschien im Louvre. Vor allen Fürstlichkeiten und dem gesamten diplomatischen Corps überbrachte er Philipps IV. Entschuldigungen und versprach, »daß sich die spanischen Gesandten und Minister künftig nicht mehr um den Vorrang vor den französischen bemühen würden«.

Dieser aufsehenerregende Erfolg Ludwigs XIV. bezeichnet den Beginn einer Prestigepolitik, deren aggressiver, imperialistischer Zug sicherlich bestürzen mochte, die aber – und das darf nicht übersehen werden – den Vorstellungen der Nation entsprach.

Nach einigen Monaten ereignete sich in Rom ein ähnlicher Vorfall. Der König drohte, eine Armee nach Italien zu schicken, das Parlament tadelte den Papst (den Beschützer von de Retz), das Comtat-Venaissin (heute ein Teil des Departements Vaucluse) wurde besetzt. Alexander VIII. wagte nicht einmal – was seine Vorgänger sofort getan hätten – von Exkommunikation zu sprechen. Er unterschrieb alles. Der König heimste außerdem die Dankbarkeit der Herzöge von Parma und Modena ein, denen er einige Territorien zurückgeben ließ.

Wenn er weder den Souverän Pontifex noch seinen eigenen Schwiegervater schonte, hatte er auch keinen Grund, weniger streng mit seinem armen Vetter Karl II. von England zu verfahren. Auf seinen Befehl hin weigerte sich die französische Flotte, die britische Flagge zu grüßen, eine Ehre, die England dank seiner Überlegenheit zur See beanspruchte. Europa wußte jetzt, wer »der größte König der Welt« war. Frankreich war entzückt.

Doch nun wurde das Land von einer Hungersnot heimgesucht, die ganze Kettenreaktionen auszulösen drohte: *»Als wenn Gott, der dafür sorgt, Gutes und Schlechtes abzuwägen, die Hoffnungen auf eine glückliche, große Zukunft durch eine unglückliche Gegenwart ausglei-*

chen wollte.« Ludwig folgte Colberts Rat und handelte wieder als Revolutionär, ja, wenn man will, als Sozialist: *»Ich zwang die reichsten Provinzen, die ärmeren zu unterstützen* [eine unerhörte Neuerung], *die Privatleute, ihre Lager zu öffnen und die Lebensmittel zu gerechten Preisen anzubieten. Ich ließ Getreide aus aller Welt, zum Beispiel aus Danzig, einführen und bezahlte es aus meiner Schatulle; ich verteilte es unentgeltlich an die allermeisten kleinen Leute in den Städten ... Ich ließ den Rest von denen kaufen, die es bezahlen konnten, nahm aber einen sehr mäßigen Preis und verwandte den Gewinn, falls es einen gab, zur Unterstützung der Armen, die auf diese Weise von den Reichsten eine freiwillige, natürliche und vernünftige Hilfe erhielten.«*

Noch »sozialistischer« verfuhr er mit den Bürgern, die sich die Schwierigkeiten zunutze gemacht, zu einem Spottpreis Rentenbriefe gekauft hatten und nun mit einem geradezu unglaublichen Zinsgewinn rechnen konnten. Die Renten wurden zurückgekauft, *»und der echte Preis zurückgezahlt, zu dem er* [der Inhaber] *den Anspruch erworben hatte; nach diesem Grundpreis wurde das berechnet, was inzwischen an Rückständen der legitimen Zinsen gezahlt worden war«.*

Damit waren Staat und Städte von einer schweren Belastung befreit. Der König ließ dann nach Mazarins letzter Anweisung die »Taille« senken, die direkte Steuer, unter der die Landbewohner so sehr litten. Damit sanken die 53 Millionen des Steueraufkommens auf 39, aber gleichzeitig verminderte man den Anteil der Steuereintreiber; eine eigene Justizkammer verfolgte unerbittlich die unehrlichen Steuerpächter. »Die Geschäftsleute wurden gründlich überprüft, und zwar ging die Nachforschung von den Eltern auf die Kinder über, von den Kindern auf die Eltern, falls sie geerbt hatten, dann auf die Schwiegersöhne; sogar die Immobilien, die als Mitgift für Töchter übereignet worden waren, wurden nun erfaßt.«

Zum erstenmal seit Sully brachte man Ordnung in die Finanzen, doch im Gegensatz zu Heinrich IV. überließ es Ludwig XIV. nicht allein seinem Minister, für sein Wohl zu sorgen. *»Ich machte es mir schon zur Pflicht, selbst alle Anweisungen auch für die kleinsten Staatsausgaben zu unterschreiben. Ich fand, daß damit noch nicht genug getan war, und wollte mir gern die Mühe machen, eigenhändig in ein kleines Buch, das ich jederzeit einsehen konnte, auf der einen Seite die Gelder einzutragen, die ich jeden Monat erhalten mußte, auf der anderen die Summen, die durch meine Anweisungen in dem betreffenden Monat gezahlt worden waren ... Die größten Angelegenheiten sind fast immer nur über die kleinsten zu erreichen, und was niedrige Gesinnung bei einem Fürsten wäre, falls es sich nur um Liebe zum Geld handelte, wird Würde und Größe, wenn der eigentliche Zweck das*

Wohl der Untertanen ist, wenn es um die Ausführung unendlich vieler großer Pläne geht, um die eigene Größe und die eigene Herrlichkeit.«

Das also waren die ersten persönlichen Regierungshandlungen im ersten Jahr von Ludwigs Herrschaft. 1662 bei dem berühmten »Carroussel«-Fest übernahm er dann endgültig das Symbol, das für alle Zeiten mit seinem Namen verbunden blieb: *»Man wählte als Mittelpunkt die Sonne, die mit der einzigartigen Strahlung, die sie umgibt, mit dem Licht, das sie den anderen, sie wie einen Hofstaat umgebenden Sternen mitteilt, mit der gleichen und gerechten Zuteilung dieses Lichts an alle verschiedenen Zonen der Erde, mit dem Guten, das sie allerorts bewirkt, indem sie überall und unaufhörlich Leben, Freude und Tätigkeit hervorruft, mit ihrer unermüdlichen Bewegung, die trotzdem immer ruhig erscheint, mit ihrem gleichmäßigen, unwandelbaren Lauf, den sie nie unterbricht und von dem sie nie abweicht, ganz gewiß das lebendigste und schönste Bild eines großen Monarchen ist. Die Leute, die mich mit solcher Tüchtigkeit und ohne Schwierigkeiten für all das wirken sahen, was ein Königreich braucht, überredeten mich, einen Erdball hinzuzufügen und als Motto Nec Pluribus Impar: Damit wollten sie, was dem Ehrgeiz eines jungen Königs schmeicheln mußte, zu verstehen geben, daß ich, wenn ich allein so vielen Dingen gerecht werden, zweifellos auch noch andere Reiche regieren konnte.«*

Der Halbgott der Franzosen

Ludwig XIV. wäre an seinem Unternehmen gescheitert, hätte es nicht dem einmütigen Wunsch von Elite wie Masse entsprochen. Die Franzosen verlangten eine sichere und harmonische Herrschaft. Doch Ludwig kam noch Besseres zur Hilfe: Er selbst verkörperte die kraftvolle, frische, junge Nation, die wie er selbst nach Größe und Ruhm lechzte.

Ludwig XIII., der mürrische Stoiker des Königtums, war aus der Ferne verehrt worden; Richelieu hatte man gehaßt, Mazarin verachtet. Welches Glück, welche Erleichterung, plötzlich die höchste Autorität in diesem hübschen, stolzen Burschen verkörpert zu sehen, dem nichts Niedriges anhaftete! Frankreich verliebte sich in seinen König.

Die Adligen, frischgebackene Rebellen, und das Volk, zu dem die Vorläufer von Gavroche[1] und den Strickerinnen gehörten, wurden nun nicht etwa auf einen Schlag servil: Sie gaben sich nur der Begeisterung des Augenblicks, der Schwärmerei hin. Ihr Gehorsam war nicht erzwungen, sondern stammte aus einer geistigen Strömung, einer Mode.

[1] »Gavroche«, ein kecker, braver Pariser Junge aus Victor Hugos Roman *Les Miserables*, ist in die französische Sprache als Begriff für das Kind aus dem Volke eingegangen (Anm. d. Übers.).

Man darf ruhig die Volkstümlichkeit des Königs mit der Schwärmerei vergleichen, die heute aus einem Sportler oder einem Schauspieler einen Halbgott macht.

Ludwig hatte zu schlimme Erlebnisse hinter sich, um sich über die Dauer des Wunders zu täuschen. Um so besser wußte er es zu nutzen. Die Unruhe, der Ehrgeiz, der Verrat der Großen blieb aber eine ständige Sorge.

Diese Wilden zu zähmen, sie in den vergoldeten Käfig des Hofs zu sperren, sie zu zwingen, ihre Sippe zu verlassen und in dem Bienenkorb zu summen, in dem alles um den König kreiste, ihre kleinen Kriege zu albernen Rivalitäten zu verkleinern, sie durch das Spiel zu verderben, durch das Vergnügen zu verweichlichen, ihr Vermögen und den Aufstieg ihrer Familien nicht mehr von der Furcht abhängig zu machen, die sie wecken konnten, sondern von ihrer Fähigkeit zu gefallen, sie aus den öffentlichen Angelegenheiten herauszuhalten und sie ausschließlich in der Armee und im Hofstaat des Königs einzusetzen – das alles bildete den kühnen Plan, den Ludwig niemals hätte vollenden können, wenn nicht sein Nimbus eine hochmütige, von Haus aus abtrünnige Aristokratie buchstäblich geblendet hätte.

Und das alles vollzog sich erstaunlich rasch.

Schon 1661 spielte sich eine Szene in Fontainebleau ab, von der Madame de Motteville berichtet: »Der König und die Königinnen fuhren in einem vergoldeten, einer Galeere nachgebauten Boot auf dem Kanal, genossen die Kühle und nahmen eine Erfrischung zu sich, wobei Monsieur le Prince [Condé] sie so ehrerbietig und unbefangen bediente, daß man bei solchem Betragen und in Erinnerung an die Vergangenheit nur Gott loben konnte ... Wir sahen, wie der Herzog von Beaufort, einst der König der Hallen, sich bemühte, dem König überallhin zu folgen und ihm gefällig zu sein.«

Wie er gaben sich alle große Mühe. Denn ein Blick, ein Lächeln, ein wechselnder Ausdruck auf dem königlichen Gesicht sagte schon genug, rief Ruhe oder Sturm hervor. Das kleinste Wort genügte, ein Herz zu entflammen oder erstarren zu lassen. Leute, denen man keineswegs Gefühlsseligkeit vorwerfen konnte, wurden krank, weil sie *mißfallen* hatten. Der König forderte die ständige Anwesenheit der Edelleute, zwang sie, ihren Besitz und ihre Schlösser zu verlassen und in den unbequemen Unterkünften seiner Paläste zu wohnen. Und er machte es so, daß die Entfernung vom Hofe als das größere Übel erschien – die Großen zitterten vor der Verbannung (auf ihre Güter!), während ihre Väter nicht einmal vor Richelieus Schafott gezittert hatten.

Die Etikette wurde zu einem wichtigen Rad der ganzen Maschinerie. Es gab sie in Frankreich lange vor Ludwig XIV., denn schon Heinrich III. hatte 1585 den ersten Code dafür aufgestellt. Doch jetzt wurde sie zu einem Mechanismus, dessen bis ins kleinste geregeltes Ineinandergreifen man sich heute kaum vorstellen kann. Übrigens stammt die Etikette nicht aus Spanien, wie oft behauptet wird, sondern geht auf die Herzöge von Burgund zurück, Vorfahren der Habsburger und damit schließlich auch Ludwigs XIV. Philipp der Gute von Burgund (Vater Karls des Kühnen) wollte den Fürsten mit einem Zeremoniell, einem Ritus umgeben, der ihn über die einfachen Sterblichen hinausheben sollte. Philipp II. von Spanien hatte dann diese Methode so weit getrieben, daß der Monarch eine Art orientalischer Halbgott wurde.

Auf keinen Fall wollte Ludwig XIV. unzugänglich oder gar unsichtbar sein: Bittsteller konnten leichter mit ihm als mit den Ministern reden, Bittschriften nahm er persönlich entgegen. Keine Schranke hinderte den geringsten Untertan, ihn zu betrachten, wenn er sich in seinen Gärten erging. Doch der König wollte auf einer solchen Höhe stehen, daß der geringste Dienst für seine Person eine Art geheiligter Handlung war. Nur Prinzen hatten die Ehre, ihm das Hemd oder das Mundtuch zu reichen. Das Amt des »Handtuchträgers« verlieh den Adel!

»Die kleine Abendaudienz«, so schrieb Primi Visconti, »ist der Augenblick, wo der König, nachdem er sich ausgezogen und dem Hofstaat gute Nacht gewünscht hat, seinen Schlafrock anzieht und sich auf den Nachtstuhl setzt. Anwesend sein dürfen nur die Kammerherren oder Leute, die sich die Erlaubnis dazu erkauft haben, manchmal mit 60 000, ja sogar mit 100 000 Talern. Sie sehen also, welchen Wert für diese Nation alles hat, was vom König kommt, und seien es die widerlichsten Dinge. Doch man muß zugeben, daß der König durchaus anständig ist und sich in dieser Stellung wegen der Zeremonie, nicht aus Notwendigkeit zeigt.«

Extravaganz? Größenwahnsinn? Keineswegs. Abgesehen davon, daß der Verkauf solcher Genehmigungen dem Hof ermöglichte, die Eitelkeit kräftig zur Ader zu lassen, fühlte sich der König wesentlich sicherer, wenn sich seine Herren stritten, wer den Leuchter halten durfte, als wenn sie Komplotte schmiedeten. Denn es war eine gierige und wilde Gesellschaft, die ihn umgab. Sie quirlte von tausend Intrigen, die sofort zu politischen geworden wären, hätte nur ein Zeichen von Schwäche dazu ermutigt.

Diese schillernde, nichtsnutzige, um Vorrang streitende Welt, von dem höchst wachsamen Hausherrn mit vielen Dienstleistungen beschäftigt, wurde sehr genau überwacht. Der König hatte ein ganzes Spionagenetz in seinem Hof aufgezogen. Kein Brief konnte sein Geheimnis bewahren. Jeden Morgen wurde Ludwig nicht nur über Tun und Lassen, sondern auch über die Gedanken seiner Familie, seiner Mätressen, seiner Höflinge unterrichtet.

Er wußte sich zu hüten, er war ständig auf der Hut vor den Plänen der anderen und vor seinen eigenen Gefühlen: »*Man muß sich vor sich selbst in acht nehmen, muß sich vor seinen Neigungen hüten, immer gegen das eigene Naturell wachsam bleiben ... Man greift das Herz eines Fürsten wie eine Festung an ... Wenn wir unser Herz im Stich lassen, bleiben wir Herr unseres Geistes, und wir trennen die Zärtlichkeit des Liebenden von den Entschlüssen des Herrschers; wir müssen darauf achten, daß die Schönheit, die uns beglückt, sich niemals die Freiheit nimmt, mit uns über unsere Angelegenheiten oder über Leute, die uns dienen, zu reden.*«

Auf solche Weise liebte er Louise de La Vallière, für die aber »die Leidenschaft alles andere verdrängte«, wie Abbé de Choisy versichert. Gefährliche und gefährdete Liebschaft! Der Hof war noch nicht so unterwürfig wie später, und bald bildete sich eine wahre Partei gegen diese untragbare Hinkende. Dazu gehörten vor allem Anna von Österreich, ihre Schwiegertochter Henriette, die Comtesse von Soissons, der Graf Guiche, der Graf Vardes, der eine sonderbare Mischung aus Don Juan und Scapin (die Figur des gerissenen Dieners in der Komödie) darstellte, ein durchtriebener Schuft, dem jedermann vertraute und der sich bemühte, jedermann zu verraten.

Der erste Streit zwischen den Liebenden brach aus, weil Louise Ludwig die Liebelei zwischen Henriette und dem Grafen Guiche verhehlt hatte. Da sich der König nicht bis zum Abend wieder »ausgesöhnt« hatte – was immer zu tun er geschworen hatte –, floh die arme Liebende in das Kloster von Chaillot. Der erschrockene Ludwig setzte ihr nach, fand sie halbtot vor und brachte sie zurück. Seine Schwägerin Henriette weigerte sich aber, den Gegenstand eines solchen Skandals weiter in ihrem Dienst zu behalten. Der König mußte bitten, mußte drohen. »Na schön«, antwortete Henriette, »ich werde sie als Mädchen für Sie behandeln.« Eine Beleidigung, die niemals verziehen wurde.

Olympia, Vardes und Guiche heckten nun einen Plan aus: Sie verfaßten in spanischer Sprache und mit der Unterschrift »Philipp IV.« einen Brief, in dem die Königin über ihr Unglück aufgeklärt wurde. Die arme Maria Theresia erfuhr auf diese Weise, daß nicht nur Prinzessinnen das Herz von Königen gewinnen. Großer Jammer.

»Weshalb beklagen Sie sich, Madame«, meinte der König, ungerührt von den Klagen seiner Frau, »weil ich nicht alle Nächte bei Ihnen schlafe?«

Ihm fehlte es noch an Erfahrung, denn er verlangte von Vardes sogar den Namen der Schuldigen: Der Blitz fuhr nieder auf die völlig unschuldige Herzogin von Navailles, eine Hofdame der Königin.

Vardes, berauscht von seinem Erfolg, ging zu weit. Er setzte so viele Intrigen in die Welt, daß Madame eines Tages, um Guiche zu retten, dessen sehr kompromittierende Briefe Vardes dem König zugespielt hatte, ihrem Schwager das Geheimnis des spanischen Briefes enthüllte. Ludwig entdeckte, daß er nicht mehr Herr im eigenen Haus gewesen war, und schlug hart zu: Vardes wurde verhaftet und später nach Aigues-Mortes gebracht; Olympia und Guiche wurden verbannt. Wenn auch die Hofintrigen bald wieder einsetzten, kam es nicht wieder zu solchen Ränken: Es kostete zuviel, dem Vergnügen des Herrn entgegenzuwirken.

In diesem Jahr 1662 machten die äußeren Angelegenheiten dem König viel weniger zu schaffen als die »inneren«. Colbert hatte mit Erfolg an der Erholung der Wirtschaft gearbeitet, die Staatskasse begann sich zu füllen. Das hätte für einen jungen Monarchen eine starke Verlokkung bedeuten können, doch Ludwig stand noch unter Mazarins Einfluß. Er suchte und fand seine Vorteile durch List, Vorsicht und Mäßigung. Die Rückgabe Dünkirchens an die Engländer war ihm immer noch unerträglich: »*Vielleicht hatte ich mit Dünkirchen für den Pyrenäenfrieden nicht zu viel bezahlt ... Aber nun ist es klar, daß ich nicht zuviel zahlen konnte, um Dünkirchen zurückzukaufen.*«

Karl II., so verschwenderisch wie arm, schluckte sofort den Köder, der ihm mundgerecht hingehalten wurde: Er selbst bot an, den Hafen für fünf Millionen Livres zurückzugeben. Der König bekam ihn für vier Millionen und konnte noch im letzten Augenblick mit einer List, die Molières »Geizigen« würdig gewesen wäre, fünfhunderttausend Livres herunterhandeln. Der entrüstete Aufschrei der Engländer änderte nichts an der Sache.

Ebenso günstig wurde Lothringen erworben. Sein Herzog Karl IV. trat es gegen eine Zahlung von 700 000 Livres und eine Rente von 100 000 Talern ab. Frankreichs Gold sicherte auch die Ostgrenze, denn der König verteilte großzügige Subsidien an die deutschen Fürsten, vor allem die des Rheinbundes. Ein auf 25 Jahre geschlossenes Bündnis mit Holland sicherte die Küste, wo sich ohnehin kaum Gefahren abzeichneten, weil sich die englische und die niederländische Flotte bekämpften.

Ludwig XIV. hat sich später entschuldigt, daß er gekauft statt erobert und damit eine »bürgerliche« Politik geführt habe. Wäre er nur dabei geblieben! Er hätte Europa viele Leiden erspart. Die Franzosen hätten ihn allerdings verachtet, wie sie Louis-Philippe verachtet haben.

Das Jahr endete mit dem größten Theatererfolg seit »Le Cid«, nämlich mit Molières »Schule der Frauen«, einem ziemlich herausfordernden Stück: Es war klar, daß Frankreich eine Herrschaft der Größe bevorstand.

Und dann plötzlich ein Keuchhusten, der alles in Frage stellte. Er befiel erst Maria Theresia, dann Ludwig, den die Ärzte an den Rand des Grabes brachten. Im selben Augenblick nahmen die Frommen von der Compagnie du Saint-Sacrement die Gunst der Stunde wahr: Sie erreichten die Vollstreckung des Urteils gegen den Schwärmer Morin, der auf dem Scheiterhaufen endete; sie griffen Molière heftig an. Ludwig XIV. änderte radikal seinen bisherigen Kurs: Er bestimmte, daß im Fall seines Todes weder die Königinmutter noch sein Bruder die Regentschaft übernehmen sollte, sondern das Haupt der frommen Brüderschaft, der Prinz de Conti, dessen streitbare »Heiligkeit« genauso erstaunlich war wie früher seine Laster und sein ständiger Treubruch.

Was wäre wohl aus Frankreich in den Händen dieses kaum Zurechnungsfähigen geworden!

Zum Glück verschwand der Keuchhusten, und eines Morgens fand sich der König so munter, daß er Louise La Vallière ein Kind zeugte.

Geistlichkeit und Hof hatten sich während seiner Krankheit sehr selbstherrlich aufgeführt und mußten es bitter bereuen. Der Herr verbot die Entführung protestantischer Kinder und gestattete Molière, sich über seine Verleumder lächerlich zu machen.

Schon Richelieu hatte sich der Männer der Feder bedient, um politische Absichten durchzusetzen, und Fouquet hatte es ihm nachgetan. Colbert war darin so eifrig, daß man ihn als den ersten Propagandaminister bezeichnen könnte. Der König kannte die Bedeutung von Stimmungsmachern. Er war einverstanden mit einer Liste von Pensionen, die der bedeutendste Dichter seiner Zeit, Chapelain, auf Anordnung von Colbert zusammengestellt hatte und die von de Mézeray, dem Geschichtsschreiber Seiner Majestät (3 000 Livres), bis zu einem jungen Anfänger namens Racine (600 Livres) reichte. Diese Pensionen, in seidenen Börsen überreicht, waren gut angewandt, denn die Empfänger verpflichteten sich stillschweigend, zu »Trompeten für den Ruhm des Königs« zu werden. Der Grammatiker Ménage war fast der einzige, der diesen Handel ablehnte. Seine Kollegen überschlugen sich an Übertreibungen, und da die meisten Talent, wenn nicht gar Genie besaßen, verschafften sie dem Sonnenkönig den Strahlenkranz, den sein Beiname verlangte.

Soll man nun daraus schließen, daß Ludwig XIV. die Künste nur seines eigenen Ruhms wegen gefördert habe? Er hatte nichts von einem Intellektuellen und empfand nicht die echte Zuneigung zu Schriftstellern und Künstlern, die Franz I. beseelt hatte; eine Ausnahme machte vielleicht Lulli, denn Ludwig war besessen von Musik. Doch er besaß einen fast unfehlbaren Instinkt für den Wert eines Menschen. Er hatte seine eigene Ästhetik. Er wußte genau, warum er seine Gunst und Unterstützung denen gewährte, die das Große Jahrhundert schufen.

Weder er noch sie wären auf den Gedanken gekommen, daß sich zwischen den Schöpfungen des Geistes und den Plänen des Königs ein Gegensatz auftun könnte, und der Gedanke, zwischen offizieller Kunst und einer modernen, verkannten Kunst zu unterscheiden, wäre Torheit gewesen. Mit Ausnahme von La Fontaine, der mit Fouquet zu sehr befreundet war, und einem bei den Condés verschollenen La Bruyère kreisten alle großen Schriftsteller um den Thron. Ein Schicksal wie das Diderots, der seine Bibliothek an eine fremde Herrscherin (Christine von Schweden) verkaufen mußte, war jetzt undenkbar, und erst recht die im 19. Jahrhundert so häufigen Beispiele verkannter, der Gesellschaft verdächtiger, ausgestoßener Genies.

Die Akademie, unter königlicher Gönnerschaft und im Louvre untergebracht, nahm damals die Bedeutung an, die sie heute hat. Wenn Ludwig XV. die Schriftsteller seiner Zeit so gefördert hätte wie sein Vorgänger, hätte die Nachwelt ein anderes Bild von ihm erhalten.

Der König erlaubte den Künstlern nicht, sich in die Politik zu mischen, mischte sie indessen selbst gern ins Spiel, manchmal ohne ihr Wissen. Molière, den er zu seinem Kammerdiener machte und dessen Kinder er selbst über das Taufbecken hielt, um die schändliche Verleumdung zu ersticken, der Dichter habe in Armande Bèjart seine eigene Tochter geheiratet – Molière also diente ihm als Werkzeug gegen die allzu kecke Jugend, in der noch ein Rest der Fronde pulsierte, und ebenso gegen die widerliche Heuchelei der Compagnie du Saint-Sacrement. »Die Kritik der Schule der Frauen« (Einakter von 1663) schleuderte einen wahren Hagel scharfer Pfeile gegen diese Jugend, und gegen die Frömmler schrieb Molière mit Einverständnis oder auf Wunsch des Königs seinen »Tartuffe«.

Nichts größer, freier, kühner als Ludwig XIV. in diesem Augenblick! Und doch wagte er nicht, die öffentliche Meinung durch die Nachricht herauszufordern, daß ein Bastard »von Geblüt« – eine seit Heinrich IV. aus der Mode geratene Bezeichnung – geboren worden sei. Die arme La Vallière gebar insgeheim in dem Pavillon des Palais-Royal, der zum Tempel ihrer Liebe geworden war, unter der aufmerksamen Fürsorge Colberts. Er persönlich sorgte für Hilfe und Pflege, er entführte ihr den kaum geborenen Charles, bereitete seine Taufe vor und übergab ihn den Ammen. Daraus läßt sich übrigens auch ablesen, wie lächerlich die Auffassung ist, Molière habe sich mit der Annahme des Titels »Kammerdiener« erniedrigt.

Louise de La Vallière hatte kein Recht, den ersten Kirchgang der Wöchnerin hinauszuschieben. Selbst wenn es das Leben gekostet hätte: sie erschien fünf Tage später zur Weihnachtsmesse, ertrug heroisch die wütenden oder spöttischen Blicke, beherrschte ihren Körper und verbarg ihre Tränen. Auch sie war Sklavin der Staatsräson.

Die Leute, die sich weigern, die Vaterschaft Ludwigs XIII. anzuerkennen, und in seinem Nachfolger nur einen habsburgischen Prinzen ohne jede Verbindung zum Haus Frankreich sehen, seien unter anderem auch an Ludwigs Leidenschaft für das Bauen erinnert. Es war nicht die spanische Leidenschaft für Kirchen, Klöster und edle Bauwerke, die vom Gedanken an den Tod geprägt sind. Der Sonnenkönig ging natürlich auf den Spuren von Franz I. (dem Bruder seiner Ururgroßmutter Margarete von Valois, die 1527 den König von Navarra heiratete) und seines Großvaters Heinrich IV., die ihrem Land ein neues, strahlendes und fröhliches Gesicht gegeben hatten.

Seine Großmutter Maria von Medici war die tollste Verschwenderin, die je auf einem Thron gesessen hatte; vielleicht erbte Ludwig von ihr seine maßlose Vorliebe für den Prunk, seine Sammlerleidenschaft, die ihn hinderte, seine Wünsche zu zügeln. Wie es auch gewesen sein mag: Er wollte Frankreich nicht nur seinen persönlichen Stempel aufdrücken, sondern ihm auch die Rolle von Spanien und Italien zuteilen, die seit der Renaissance Vorbild für die westlichen Kulturen gewesen waren. Sein Glück wollte, daß ihn ein ganzer Sternhimmel von unvergleichlichen Künstlern umgab, die seine Untertanen waren und auf der Höhe ihres Genies standen. Ebenso richtig ist es aber, daß sich der König nicht etwa von ihnen bestimmen ließ, sondern im Gegenteil ihnen seine eigene Vision von Natur und Schönheit einflößte.

Man hat die giftige Bemerkung von Saint-Simon oft kommentiert, der bei aller Kritik am König ihm doch noch eine Art Huldigung brachte: »*Geboren mit einem unterdurchschnittlichen Geist, der sich aber bilden, verfeinern, glätten und ohne Nachahmung und ohne sich zu genieren bei anderen Anleihen machen konnte ...*« Ein Geist, der unter dem Durchschnitt lag, hätte wohl schwerlich bei jemandem Anleihen machen können, ohne sich zu genieren – und er wäre auf keinen Fall fähig gewesen, ohne Nachahmung dahin zu gelangen.

Ludwig XIV. hatte zwar keinerlei ästhetische Unterweisung gehabt, sich aber einen ungewöhnlich klaren und, wenn man so will, entschlossenen Geschmack entwickelt. Man kann ihn kritisieren, seinen Mangel an Phantasie betonen, ihn als unecht und prahlerisch empfinden oder, wie es die Spanier tun, als den Geschmack eines Großsprechers, eines Emporkömmlings. Gewiß, bei seinem Bruder Philippe von Orléans war mehr Feinheit, mehr Raffinesse zu finden. Man mag auch beklagen, daß die Schule der Brüder Le Nain und Georges de La Tours, Maler der Wirklichkeit, wie man heute sagen würde, völlig überschattet wurde durch die Übertreibungen und das hochtrabende Pathos, das Lebrun forderte. Eines aber kann man nicht leugnen: Ludwig XIV. hat einen

Stil geschaffen, und dieser Stil, von allen Höfen übernommen, wurde zum Sinnbild für Frankreichs Größe.

Sein Ehrgeiz übertraf bei weitem den seiner Vorgänger. Er beschränkte sich nicht darauf, die Pracht der Valois' wieder herzustellen und Städte und Schlösser nur zu ändern. Der Sonnenkönig wollte eine Blütezeit heraufführen, wollte eine radikale Umwandlung aller Ausschmückung des Lebens, eine Wandlung in der Lebensweise seiner Untertanen.

Er hatte Erfolg, blieb aber nicht ungerügt. In schwierigen Stunden und lange nach seinem Tod trug ihm das apollinische Werk wütende Kritik ein. Traditionalisten aus der Schule von Fénelon und Saint-Simon warfen ihm sein Werk nicht weniger bitter vor als die Philosophen des 18. Jahrhunderts und ihre Schüler. Und doch ...

Die großen Städte traten nun endgültig aus dem Mittelalter heraus, das so viele Male allen Angriffen der Renaissance getrotzt hatte. Monumentale Komplexe machten die alten Festungen zu bloßen Kuriositäten. Die Landschaft, das Klima änderten sich. Viele Sümpfe, die das Land verpesteten, verschwanden. Bäume, Wasser, Ebenen, Hügel und die noch wilden Wälder dienten jetzt als großartige Kulissen.

Auch die Wohnungen änderten sich: Fénelon hat sich eines Tages beschwert, daß nun kleine Leute ein Bett pro Person hatten, während doch früher ein einziges für die ganze Familie genügte.

Seit einem halben Jahrhundert mühte sich das Licht, das die Häuser einhüllende Dunkel zu vertreiben. Nun brach es unaufhaltsam in sie ein, tagsüber durch große Fenster, nachts dank der vielen Handlaternen. Selbst die Straßen von Paris erhielten Beleuchtung. Immer neue Spiegel steigerten die Helligkeit. Blumen dienten zu tausend vergänglichen und immer neu erstehenden Meisterwerken. Das kleinste Objekt, wie banal auch immer, bot den Künstlern neue Themen. Wasser und Feuer waren gezähmt und wirkten zusammen bei berückenden Festspielen.

Nur die Hygiene vergaß man. Schmutz und Gestank, wie sie sich seit Heinrich IV. Frankreichs bemächtigt hatten, blieben auch unter der Herrschaft seines Enkels unangetastet. In Paris überschritten sie jedes Maß und riefen ständig neue Epidemien hervor – ein Grund mehr für den König, der als echter Bourbon viel frische Luft brauchte, andererseits die düsteren Erlebnisse seiner Kindheit nicht vergaß, der Hauptstadt fernzubleiben.

Colbert mußte bitten und argumentieren, um die Wohltaten der Erneuerung auf die Hauptstadt auszudehnen, die sich bemühte, von sich aus zu gesunden. Doch nicht Colbert allein darf man, wie es oft geschieht, das Verdienst an dem ungeheuren Werk zurechnen, das während seines Ministeriums geleistet wurde. Voltaire und viele andere haben Ludwig XIV. voller Bitterkeit vorgeworfen, daß er Paris seinen

Schlössern geopfert habe. Und doch hat die Stadt niemals in so wenigen Jahren so viele neue Straßen, Plätze, Prachtstraßen, Kais, Paläste, Gärten und Triumphbögen erhalten wie damals[1]. Der König persönlich wählte den Plan für die Kolonnade des Louvre aus, aber freilich sind viele Arbeiten sogar am Louvre nicht vollendet worden. Das Werk der Städtebauer hat Ludwig niemals mit schöpferischer Freude erfüllt: Da er Paris nicht liebte, vermochte es ihn nicht anzuregen.

Seit dem Fest von Vaux verlangte er eine seiner würdige Residenz. Schon 1661 beauftragte er den Architekten Le Vau, dem kleinen »Kartenhaus«, das Ludwig XIII. in Versailles errichtet hatte, ein »luxuriöses Ansehen« zu geben. Man hat sich oft gefragt, woher die seltsame Pietät stammte, die ihn hinderte, das väterliche Werk anzutasten. Die Antwort liegt in seiner gewohnten Verstellung. Der junge Herrscher wollte die vielleicht nicht zu verwirklichende Maßlosigkeit seines Plans nicht preisgeben. Er hatte recht damit, denn schon 1663 beklagte sich Colbert, daß Versailles zu große Summen verschlinge. Sein wirtschaftliches Denken lehnte sich auf, und er notierte: »Seine Majestät geht davon aus, daß alle Personen, die [in Versailles] Wohnungen erhalten, sie möbliert vorfinden. Seine Majestät will alle Welt beköstigen und läßt in den Zimmern alles, bis zu Feuerholz und Wachskerze, bereithalten, *was in königlichen Häusern noch niemals üblich war.*«

Früher hatten die Edelleute, die an den Hof kamen, dort auf eigene Kosten leben müssen und waren auch kaum länger als drei Monate geblieben. Ludwig hatte vor, sie zurückzuhalten und sie ihre Abhängigkeit spüren zu lassen, wofür sie allerdings mit Festen, Schauspielen, Jagden und tausend anderen Vergnügen unterhalten werden sollten.

»Der König wird alle Frauen nach Versailles bringen«, bemerkte Primi Visconti. Als Colbert die Gefahr erfaßt hatte, versuchte er, ihr zuvorzukommen: »Ach wie traurig, daß der größte König ... mit der Elle Versailles gemessen werden wird!« Dieser bekannte Ausspruch beweist, daß Ludwig XIV. keineswegs ein Werkzeug in den Händen Colberts war und von der Zukunft eine schönere Vorstellung als sein Minister hatte.

Im Augenblick allerdings hatte Colbert fast alle Zeitgenossen auf seiner Seite. Es ist schwierig, aus dem Strom von Lobpreisungen, der täglich zu Füßen des Sonnenkönigs niederging, eine Anerkennung für

[1] Die Kolonade des Louvre, die Tuileriengärten, die Apollo-Galerie, den Komplex um das Invalidenhospital, den Siegesplatz, den Platz Ludwigs des Großen (Place Vendôme), die Tore Saint-Denis und Saint-Martin, die Salpêtrie (ein Hospital für hilflose Frauen), das Kolleg der Vier Nationen, der Pont-Royal, das Observatorium, die königliche Gobelin-Manufaktur, die Kirche von Val-de-Grâce, die Champs-Elysées, die Boulevards und so fort.

den Bau von Versailles zu fischen. Zum Glück kümmerte es Ludwig nicht. Er fühlte, er wußte, daß sein Werk ihn den großen Baumeistern der Antike an die Seite stellen werde.

Es ist wohl überflüssig, noch einmal die Frage nach seinem persönlichen Anteil an dieser Schöpfung zu stellen. Man weiß, daß kein Beet, keine Anlage entstand, ohne daß er die Entwürfe geprüft und oft noch geändert hätte. Man kennt seine Zusammenarbeit mit Le Nôtre, der eines Tages im Überschwang der Begeisterung dem König um den Hals fiel und ihn küßte – vor den Augen der erstarrten Höflinge. Das Genie berühmter Gartenkünstler oder Mansart, Coysevox und Lebrun schmälert Ludwigs Anteil nicht. Versailles wurde gebaut, um ein bestimmtes Bild des Königtums zu verkörpern, und es entsprach den Maßen seines Meisters. Ludwig XV. gelang es niemals, es den seinen anzupassen.

Lange, bevor es vollendet war, wurde das Werk heftig angegriffen. Man gefiel sich in dem Getuschel, daß es niemals vollendet werden könne, man übertrieb je nach Laune die Kosten. Prediger tadelten den Wahnsinn der Prachtliebe: Der König verschwende Millionen an eine Wüste, Versailles vernichte das Land, lasse die Nation ausbluten. In dem folgenden Jahrhundert hat das Thema die Gegner der Monarchie auf die Beine gebracht und zu immer neuen Variationen angeregt. Man stellte dem Luxus bei Hofe das Elend auf dem Lande gegenüber, man beweinte die Arbeiter und Soldaten, die durch Unfälle ums Leben kamen oder durch eine Krankheit, die sie sich im Dienst des neuen Pharaos zugezogen hatten.

Die Frau, die den König angriff und verfluchte, weil ihr Sohn von einem Gerüst gestürzt und gestorben war, hat im Laufe der Geschichte die rächenden Züge einer Nemesis angenommen. Heute finden solche Schmähungen kaum noch ein Echo. Wir wissen, daß in einem liberalen Jahrhundert die Anforderungen der Industrie die Lebensbedingungen des Proletariats auf eine genauso klägliche Stufe brachten, wie sie der Arbeiter unter Ludwig XIV. kannte. Wir wissen, daß Versailles *ungefähr so viel kostete wie ein moderner Flugzeugträger*[1].

Wir wissen auch, daß die Bewunderung für dieses Werk heute alljährlich beträchtliche Summen einbringt, und wir wissen, daß es als Vorbild für europäische Schlösser seiner Zeit Frankreichs Ansehen außerordentlich gesteigert hat.

Wir mögen die 227 Opfer beklagen, die in zwei Jahrzehnten den

[1] Ungefähr 65 Millionen Livres, wobei natürlich die Kaufkraft des Landes zur damaligen Zeit berücksichtigt werden muß. Niemals aber hat die Last von Ludwigs XIV. großen Werken das Gewicht erreicht, das uns die Fortschritte der Wissenschaft auf militärischem Gebiet auferlegen. Seine »Bauwerke« haben insgesamt knapp 95 Millionen gekostet – aber die Staatsschuld, die er bei seinem Tode nach so vielen kostspieligen Kriegen hinterließ, betrug 3 Milliarden.

Tod beim Bau von Versailles fanden. Aber wir sind leider an ganz andere Zahlen von Opfern gewöhnt – denken wir nur an die Menschen, die heutzutage ihr Leben bei Unglücksfällen in Bergwerken verlieren!

Unsere Epoche, die unberechenbare Summen für nach fünf Jahren veraltete Waffen ausgibt, hat kein Recht, eine Verschwendungssucht zu beklagen, aus der das Jahrhundertwerk einer Epoche hervorging.

Von der Affäre »Tartuffe« zur Affäre Fouquet

Die venezianischen Gesandten Grimani und Sagredo haben uns überliefert, wie der König in den Jahren 1664–65 wirkte: »Er ist kräftig, sieht majestätisch aus; sein Gesicht wirkt offen und zugleich imponierend, sein Benehmen ist höflich und ernst ... Er bevorzugt niemanden, und niemand könnte damit rechnen; er gestattet nicht, daß man mit ihm scherzt, und scherzt selbst auch mit niemandem ... Da er sich mit ungewöhnlichem Eifer der Arbeit hingibt, überanstrengt er seinen Geist häufig und leidet manchmal unter heftigen Kopfschmerzen. Zu seinen Kümmernissen gehört auch ein etwas empfindlicher Magen, und zuweilen überfallen ihn Schwindel oder Wallungen, und zwar so sehr ... daß er häufig purgieren oder zur Ader gelassen werden muß ... Was die Gaben der Seele angeht, so besitzt Seine Majestät natürliche Klugheit und ungewöhnlich klare Einsicht. Er empfängt jedermann mit großem Wohlwollen, und bei allem, was er tut, fügt er Artigkeit und Ernst zu der Anmut, der alle Herzen zufliegen! ... *Doch es gibt eine Seite seines Wesens, mit der viele Franzosen unzufrieden sind ... sein Bestreben, Geld zusammenzuraffen, und die sonst auf allen Gebieten eingeführte Sparsamkeit. Es wird übrigens allgemein zugegeben, daß der König geizig ist ...*«

Weiter heißt es: »Ständig bewegen zwei Sorgen das königliche Herz und erfüllen es ganz: Die eine ist Eifersucht auf die eigene Größe, die auch keinen Favoriten zuläßt ... Die andere ist der Wunsch, an Pracht auch die schönsten Beispiele zu übertreffen, die sich ihm zur Nachahmung anbieten ... Doch in seiner Seele lebt Menschlichkeit. Der König lehnt alle strengen und *a fortiori* grausamen Handlungen ab ... In allen Angelegenheiten des Königreichs handelt der König mit größter Vorsicht. Man bemerkt, daß er es versteht, strengstes Stillschweigen zu bewahren und sich niemals ein unbedachtes Wort entschlüpfen zu lassen.«

Und so hatte Ludwig die stolze Freude – ein unerhörter Vorgang! –, den Kardinalneffen (Chigi) zu empfangen, der ihm die Entschuldigung des Papstes in der Affäre der korsischen Garde überbrachte und versprach, man werde in Rom eine Pyramide errichten, die an das Ereignis erinnern solle. Molière soll bei dieser Gelegenheit dem Legaten seinen »Tartuffe« vorgelegt haben. Da der König keinen Wert mehr darauf legte, seine Liebeshändel geheimzuhalten, bot er der vor Verwirrung errötenden Louise de La Vallière im geliebten Versailles die märchenhaften Spiele *Plaisirs de l'île enchantée.*

In Molières *La Princesse d'Elide* gibt Euryalus-Ludwig dem Dichter zu verstehen:

Du darfst erzählen, daß mich unterjocht
die Liebe und auf ihr Gesetz nun pocht.

Die Märchenwelt dauerte vom 5. bis zum 14. Mai 1664, vielleicht auch nur bis zum 12., denn an diesem Tag war keine Rede von Allegorien auf die Liebe: Man spielte einen Tartuffe in drei Akten, von dem das uns überkommene Stück offenbar nur ein schwacher Abglanz ist. In seiner Bittschrift von 1667 mußte Molière tatsächlich dem König schreiben: »Meine Komödie, Sire, hat bisher nicht das Wohlwollen Eurer Majestät erringen können. Vergeblich habe ich es unter dem Titel *L'Imposteur* [Der Betrüger] aufgeführt und die Figur als Weltmann ausgestattet; ich mochte tun, was mir nur einfiel, ihm einen kleinen Hut, große Perücke, einen großen Kragen, Degen und Spitzen geben ... und sorgfältig alles fortlassen, von dem ich annahm, daß es auch nur einen Schatten von Vorwand für die berühmten Originale des Porträts geben könnte, das ich ursprünglich entwerfen wollte – das alles hat nichts geholfen.« Also ist der Tartuffe von 1664 – ohne die Aufmachung des Weltmannes mit Perücke und großem Kragen – wahrscheinlich in geistlichem Gewand aufgetreten und wird außerdem eine sprechende Ähnlichkeit mit »berühmten Originalen« gehabt haben.

Wie auch immer: Nach der ersten Vorstellung »verbot der König das Stück für die Öffentlichkeit, bis es fertiggestellt sei.« Gab er damit den Vorstellungen seiner Mutter nach, die seit einem Jahr sehr krank war? Oder der Wut der frommen Partei? Es scheint, daß diese plötzliche Sinnesänderung wohlüberlegt war, daß er der Kongregation zwar eine Warnung erteilen, aber nicht zu weit gehen wollte. Der arme Molière begriff gar nichts.

Ludwig XIV. schuf ganz gern Verwirrung. Wie stand er denn eigentlich zur »Katholizität« und zur Kirche? Er fügte dem Papst unerträgliche Kränkungen zu, trieb Molière an, seinen Brandpfeil zu schleudern, und nahm zu gleicher Zeit die Jansenisten aufs Korn, als er die Nonnen vom Port-Royal vertrieb; dann ging er gegen die Protestanten vor, die künftig verpflichtet waren, ihren Kindern, falls sie konvertierten, eine Pension zu zahlen.

Ebenso voller Gegensätze war seine Außenpolitik. Französische Truppen unter dem Befehl Graf Colignys verstärkten die kaiserlichen gegen die Türken und nahmen ruhmvoll Anteil an der Schlacht bei St. Gotthart an der Raab, die den osmanischen Vormarsch aufhielt.

Wollte der König etwa den Weg seiner Vorgänger verlassen und den von Mazarin kurz vor seinem Tode vorgezeichneten einschlagen? Wollte er sich mit Habsburg zusammentun, um eine einige Christenheit zu schaffen? Nein, er wollte nur Frankreich überall vertreten wissen und griff ein, weil sich andere »Freiwillige« in portugiesischen Diensten bemühten, Spanien zu bekämpfen. Ludwig ging mit einer Unbefangenheit vor, die dem zynischen Pragmatismus Heinrichs IV. schon recht nahekam.

Der am 14. November 1664 eröffnete Prozeß gegen Fouquet enthüllt eine düstere Seite seines Charakters. Daß der Beschuldigte schon drei Jahre in Haft saß, verwandelte die zunächst feindselige Haltung der Öffentlichkeit zu seinen Gunsten. Das lag einmal an der aufrechten und stolzen Haltung des ehemaligen Oberintendanten, dann an den Bemühungen seiner Freunde Madame de Sévigné und La Fontaine, die ihren Kummer kaum verwinden konnten, schließlich am Nachhall des Frondeurgeistes bei den Parlamentsräten. Vor allem aber lag es an Colberts wildem Haß, der den Kopf Fouquets verlangte.

Der König, sonst nicht blutdürstig, verlangte ihn ebenfalls, um die schlechten Diener der Krone nachdrücklich zu warnen. Er hatte aber andererseits verboten, Mazarins Bild auch nur im geringsten zu trüben, was bei der engen Zusammenarbeit der beiden Männer recht schwierig wurde! Diese doppelte Absicht brachte ihn dazu, Colberts empörende Vergewaltigung der Gerechtigkeit zu dulden.

Es fehlte gar nichts: Willkür, Verschwinden von Unterlagen, von denen mehr als tausend beiseite geschafft wurden, Ausradieren, gerichtliche Beweisaufnahmen, die zu Polizeiaktionen gediehen, zwei Jahre hindurch die Weigerung, dem Beschuldigten Rechtsbeistand zu gewähren, schließlich brutaler Druck auf die Richter: So wurde denn aus einem größenwahnsinnigen Betrüger ein Märtyrer.

Die Sache war einer sorgfältig zusammengesetzten Kammer anvertraut worden, in der aber Präsident Lamoignon und Staatsanwalt Talon ausgewechselt werden mußten, weil sie dem König allzu umsichtig vorgingen. Den Untersuchungsrichter Lefèvre d'Ormesson versuchte Colbert zunächst durch Gunstbeweise zu bestechen, und als das nicht wirkte, griff er mit harter Hand zu. Er entzog ihm die Verwaltung von Soissons und versuchte schließlich, Ormessons Vater, einen alten Staatsrat, einzuschüchtern. Die Antwort des ehrwürdigen »Cato« ist berühmt geworden:

»Ein Untersuchungsrichter ist verpflichtet, alle Argumente abzuwägen. Man hat meinem Sohn die Verwaltung von Soissons entzogen. Er wird sich nicht beklagen. Er wird deshalb auch nicht weniger gutes

Recht sprechen. Wir haben wenig Besitz, aber was wir besitzen, haben wir von unseren Vorfahren« (Anspielung auf Colberts jüngst erworbenes Vermögen).

Ludwig XIV. hat Ormesson nie verziehen; die Laufbahn des Richters war zu Ende. Doch viel später sagte der König zum Sohn des ehemaligen Untersuchungsrichters: »Versuchen Sie so ehrenhaft zu werden, wie es Ihr Vater war.« Die Bemerkung wirft ein Licht auf die Vorstellung, die sich der »königliche Feind des Betrugs« von seiner Aufgabe machte. Der König konnte im tiefsten Innern die Unbestechlichkeit eines Richters bewundern, sie aber nicht dulden, wenn sie sich der Staatsräson widersetzte.

Bei der Eröffnung des Prozesses standen sich die Kammermitglieder in zwei Gruppen gegenüber, und um die Köpfe der »Fouquetisten« legte sich der Heiligenschein der Fronde von 1648.

Fouquet belebte die Opposition. Er verteidigte sich so glänzend, daß Colbert die Verhandlung abbrechen ließ. Man hörte: »Dieser Mann ist unvergleichlich!«

Gleichwohl befand ihn Ormesson »für ordnungsgemäß überführt und schuldig des Mißbrauchs und der Untreue«. Er verlangte Verbannung und Einziehung des Vermögens, nicht aber das Todesurteil. Dreizehn Richter schlossen sich ihm an, neun forderten den Tod. Ein harter Schlag für König und Minister! Man hat es Ludwig XIV. oft vorgeworfen, daß er den Spruch nicht gelten ließ, muß aber wohl zugeben, daß es außerordentlich unvorsichtig gewesen wäre, einen Mann ins Ausland zu schicken, der durch seine Kenntnis so vieler Geheimnisse außerordentlich gefährlich war.

Fouquet verschwand tief in der Festung Pignerol, die er nicht mehr verlassen hat. Eines Tages wollte man ihn in dem »Mann mit der eisernen Maske« erkannt haben, aber die Vermutung hielt sich nicht.

Der Prozeß Fouquet bot einen Vorgeschmack auf so viele Prozesse des zwanzigsten Jahrhunderts, in denen die Leidenschaft der Rechtsprechenden und ihre Verachtung für die legalen Formen sozusagen als mildernde Umstände für die Schuldigen wirkten.

Eine kartesianische Autarkie

Da der Prozeß Fouquet Colbert verhaßt gemacht hatte, wurde auch das gigantische Werk, das er jetzt in Angriff nahm, unpopulär. Der Minister hatte von Fachleuten, die auf seine Anordnung hin seit 1663 damit beschäftigt waren, eine Bilanz über Frankreichs Geldquellen erhalten und ging nun mit brutaler Kraft daran, den kartesianischen Merkantilismus durchzusetzen.

Ludwig XIV. hatte zwar niemals Wirtschaftspolitik studiert und wußte sicherlich nicht, daß der Merkantilismus ein System der Vereinheitlichung, des monetären Protektionismus und außerdem eine Gesellschaft bedeutete, in der die Allmacht des Staates als Wert an sich vorausgesetzt wurde. Doch sein Rationalismus erwärmte sich für die Wirtschaftsplanung, seinem Stolz schmeichelte der Gedanke an ein autarkes Frankreich, seinem Ehrgeiz die Aussicht auf ein ergebenes, einverstandenes Volk, das sich ohne Unterlaß mühte, die Macht des Herrschers zu steigern. Und er wußte schon, daß die erste Voraussetzung dieser Macht Reichtum war, die zweite eine vollständige Unabhängigkeit von Bankiers- und Handelsnationen, vor allem von den Niederlanden.

Colbert hatte also freie Hand. Die Strafen, die von der unerbittlichen Chambre de Justice den Steuereinnehmern auferlegt wurden, und die beträchtliche Ertragssteigerung der gesamten Finanzpacht hatten die öffentlichen Kassen wieder gefüllt. 1664 vervierfachte der König die »aides«, die indirekten Steuern, womit er jedermann traf. Wenn man andererseits die ungeheuren Summen bedenkt, die der Klerus während Ludwigs Herrschaft beigesteuert hat, und den Erlös aus dem Verkauf der Ämter, dann merkt man, daß nicht nur das einfache Volk die Ausgaben Ludwigs XIV. zu tragen hatte.

Über diese Ausgaben waren sich König und Minister keineswegs immer einig. »Man soll fünf Sous sparen bei *nicht notwendigen* Dingen und Millionen ausgeben, wenn es sich um Ihren Ruhm handelt.« Dieser Satz von Colbert bliebe unverständlich ohne den zitierten Brief von Alvise Sagredo, der zur gleichen Zeit geschrieben wurde und von dem fast sprichwörtlichen Geiz des Königs berichtet.

Ludwig XIV. war von Haus aus kein Verschwender – es ging immer nur um den Begriff des *Notwendigen*, wenn große Summen erforderlich wurden. Er hatte eine unfehlbare Witterung für Popularität, und die Bauten, Feste, aller Glanz sollte nicht nur seinem Vergnügen dienen, sondern auch die Phantasie seiner Untertanen beschäftigen. Ludwig war ständig darum bemüht, die Ergebnisse mit möglichst geringen Kosten zu erreichen – daher auch das minderwertige Baumaterial von Versailles und die vielen ungerechten Vorwürfe für Colbert. Tatsächlich war sein Kostenaufwand gefährlich hoch, doch er erreichte sein Ziel: Jetzt wurde Frankreich zum Modell für die westliche Welt und blieb es auch dann, als es von der Welt verflucht wurde[1].

Seit Franz I. war der König von Frankreich »Imperator in seinen eigenen Landen«. Colbert entschloß sich, die Formel auf die Wirtschaft

[1] Und zwar so sehr, daß der Gesandte Saint-Aulaire schrieb, in Wahrheit trage Ludwig XIV. die Verantwortung für das Übergreifen der Revolution auf Europa.

auszudehnen, und das bedeutete, möglichst viel zu produzieren und auszuführen und möglichst wenig einzuführen, in Frankreich also Industrien aufzubauen oder zu entwickeln, die bisher den Stolz anderer Nationen gebildet hatten. Ohne Rücksicht auf die Kosten holte man sich Fachleute aus Deutschland, Holland, Flandern, Venedig, unterdrückte den Zwischenhandel, schuf Manufakturen und gab ihren Erzeugnissen Gütesiegel – den Tapisserien der Gobelin-Manufaktur, der Stahlfabrikation in Saint-Etienne, dem Glas aus Saint-Gobain. Schon 1668 seufzte der venezianische Gesandte in seinem Bericht über die französischen Erfolge: »Was es in aller Welt in bester Qualität gibt, wird jetzt in Frankreich hergestellt.«

Doch mit welchen Zwangsmaßnahmen! Die Standardisierung stammt aus dem 17. Jahrhundert und wurde durch mehr als 150 Edikte vorgeschrieben, so zum Beispiel Maße und Qualität von Tuchen; allein 377 Artikel befaßten sich mit dem Färben. Die Innungen halfen einer Armee von Beamten, dem Gesetz Gültigkeit zu verschaffen, und ein Handwerker, der keiner Innung angehörte, hatte nicht das Recht zu arbeiten.

Während so die Mode den Warenstrom ins Ausland spülte, schloß man den Fremden die Tür vor der Nase zu durch Zölle, die 1664 noch vernünftig waren, 1667 aber geradezu prohibitiv wirkten. Die Nation wurde auf die Beine gebracht, Arbeit zur Pflicht gemacht. Man regte offiziell den Kindersegen an und bedachte kinderreiche Familien mit allerhand Vorteilen. Man sammelte die unzähligen Müßiggänger auf, vor allem die Bettler; die einen sperrte man in das 1657 erbaute Hôpital Général, die anderen wurden zur Arbeit gezwungen. Man begeisterte sich für den Mechanismus und unterwarf ihm den Menschen: eine für den Zeitgenossen genauso befremdliche Revolution wie die Kolchosen für den Bürger des zwanzigsten Jahrhunderts. Tatsächlich bietet das stalinistische Rußland das beste Anschauungsmaterial für diese gewaltige Anstrengung. Der Arbeiter mußte leiden unter unerbittlichem Stundenablauf, den höchstens die Messe unterbrach, und unter der Drohung mit schlimmsten Strafen, doch er selbst trug das Ideal des »Ruhms« im Herzen, das alle Franzosen beseelte.

Warum aber produzieren, wenn die Erzeugnisse nicht in Umlauf kommen?

Man legte Straßen an, baute den Kanal der Zwei Meere und Häfen wie Sète, man ermutigte die Reeder. Das genügte nicht; was man brauchte, waren Schiffe, die es mit der Flotte der Seemächte aufnehmen konnten. An diesem Punkt aber setzte Ludwigs Verständnis aus. Ruhm war verbunden mit der Erde, mit Eroberungen, Siegen zu Lande; das Meer, den Kaufleuten zugeteilt, konnte keinen Ruhm bringen. Hier fehlte es dem König an Vorstellungskraft, er zuckte die Schultern bei den Seefahrtsträumen seines Ministers. Sein fast untrüglicher Instinkt mag ihn auch vor dem maßlosen Ehrgeiz gewarnt haben, zugleich Europa und den Ozean beherrschen zu wollen.

Colbert wußte, daß er nichts erreichte, wenn er dem König nichts zu *sehen* gab: Während man noch am Großen Kanal von Versailles arbeitete, ließ er in Rouen neun Fahrzeuge bauen und auf einer Werft in Versailles selbst eine Galiote auf Kiel legen. Sie lief mit Erfolg vom Stapel und wurde mit 32 Kanonen bestückt. Bald steigerte eine kleine Flotte von reichlich mit Gold verzierten, mit schönen Stoffen ausgeschlagenen und mit halbdamastenen Segeln ausgerüsteten Schiffen, von denen die Flagge Seiner Majestät wehte, die Anziehungskraft des entstehenden Schlosses. Die Republik Venedig stiftete zwei goldverzierte Gondeln. Und endlich tauchte 1673 ein sonderbares Fahrzeug auf, ohne Mast und Segel, bewegt »durch eine Art Göpelwerk, das die seitlich angebrachten Räder in Gang setzte«.

Verlockt, aber nicht überzeugt (er besichtigte nie seine Arsenale), widersetzte sich der König nun nicht mehr Colberts »fixer Idee« (1665). Vier Jahre später ernannte er ihn zum Staatssekretär der Marine. Frankreich verfügte nun über rund zwanzig Kriegsschiffe. Als der Minister starb, waren es 276. Aus den sechs vornehmlich für das Mittelmeer bestimmten Galeeren waren dreißig geworden.

Eine solche Flotte brauchte eine vielköpfige Bemannung. Colbert erfand die maritime Dienstpflicht, um den hochbordigen Schiffen die notwendige Mannschaft zu besorgen. Die Gerichte erhielten die Aufgabe, Galeerenbesatzungen zu liefern. Man kennt das schreckliche Schicksal dieser Unglücklichen, die an ihre Ruderbank gefesselt rudern mußten, bis der Tod sie erlöste, zum Knall einer Peitsche, deren Rhythmus das Tempo des Schiffes bestimmte. Da man solche Mannschaften oft erneuern mußte, übten die Verwalter der Provinzen Druck auf die Richter aus und entschuldigten sich, wenn sie trotzdem nicht genügend Opfer liefern konnten. Neben wirkliche Verbrecher kettete man Steuersünder und Protestanten, die es versäumt hatten, eine Prozession zu grüßen. Die Galeeren waren die Konzentrationslager des Großen Jahrhunderts; sie waren die Vorläufer der sowjetischen Arbeitslager.

Colbert machte es nichts aus, daß sein bürokratischer Despotismus der Verstaatlichung aus Frankreich ein übermäßig zentralisiertes Land machte, in dem es keinen Individualismus gab, das von »Produktivität« besessen war und wo alles, bis hin zum philosophischen Denken und zur künstlerischen Schöpfung, dem Willen des Staates unterworfen wurde. Doch wieder einmal spürte Ludwigs Instinkt die Gefahr auf: Colbert durfte nicht so weit gehen wie die totalitären Regimes unserer Zeit.

Er räumte immerhin mit den Resten der feudalen Tyrannei auf. Die Fronde hatte in den rauhen Landschaften Auvergne, Forez, Velay das Mittelalter wieder auferstehen lassen, ein wunderliches, phantastisches Mittelalter von höhnischer Wildheit. Da hielt so ein hochgeborener, für seine Verbrechen bekannter Junker einen Mann in seinem Schrank, wo er weder sitzen noch stehen konnte. Ein anderer gab seinem zehnjährigen Sohn den Befehl, seine Feinde mit kleinen Schlägen umzubringen. Vergewaltigungen, Erpressungen nahmen kein Ende. Ein Edelmann aus dem Forez, der sich für den souveränen Herrn seiner Güter hielt, ermordete kurzerhand drei Gerichtsboten, die ihm eine Vorladung brachten.

Colbert hätte es am liebsten gesehen, wenn der König persönlich das Schwert der Gerechtigkeit ergriffen und wie seine Vorfahren zu einem großen Rachezug gegen seine kleinen Fürsten gezogen wäre. Dann versuchte er, die notwendigen »Säuberungen« nicht den lokalen Parlamenten, sondern dem königlichen Rat selbst anzuvertrauen. Damit setzte er sich nicht durch. Es waren parlamentarische Kommissionen, die »Große Gerichtstage« abhielten.

Das Volk erwartete eine Art Jüngstes Gericht, wurde aber enttäuscht, denn wenn der König auch die Krallen schärfte, so vergaß er doch nicht, daß er den Adel in Kriegszeiten nicht entbehren konnte. Trotzdem gab es ein paar aufsehenerregende Urteile, und niemand wagte sich noch der königlichen Autorität zu entziehen; jedermann beugte sich seiner Stellvertretung, den Intendanten, diktatorischen Beamten, deren Handlungsweise zuweilen schon die der Konventsabgesandten vorausnahm.

Colbert hatte Schwierigkeiten mit seinen Handelsgesellschaften, die er ins Leben rief, um das niederländische Monopol im Außenhandel zu brechen. Gewiß, der König und die Fürsten zeichneten Aktien der Westindischen, der Ostindischen, der Senegal- und der Levante-Compagnie. Doch man mochte immer wieder darauf hinweisen, daß Handel nicht schon Selbsterniedrigung bedeute – die Inhaber der großen Vermögen blieben lahm, das Volk schmollte.

Ebensowenig Glück hatte Colbert mit seinem Plan, den ihm schädlich scheinenden Weinanbau zu opfern, weil er ihm volkswirtschaftlich zu wenig einzubringen schien, oder den freien Vertrieb von Weizen durchzusetzen – innerhalb des Königreichs, versteht sich, denn die Ausfuhr von Getreide hatte er verboten.

Erfolgreicher war eine andere Erfindung, die sich bis in unsere Tage erhalten hat: die moderne Polizei. Einer der obersten Beamten des Regimes, der erste Leutnant der Polizei Nicolas de La Reynie, erhielt 1667 den Auftrag, sie zu organisieren. Er war dreißig Jahre alt und führte ein gewaltiges Werk durch, sorgte für die Sicherheit der Hauptstadt, für Straßenbeleuchtung, öffentliche Hygiene, für den Kampf gegen die Epidemien, für die geregelte Lebensmittelversorgung der Einwohner. Er schuf den ersten »allgemeinen Auskunftsdienst«, die Wirtschafts-, Sitten-, Theater- und Verkehrs-Polizei und gab der Kriminalpolizei eine bis dahin unbekannte Durchschlagskraft. Außerdem führte er die Zensur für Bücher und Druckwerke im allgemeinen ein, für öffentliche und nichtöffentliche Journale. Und er ließ die öffentliche Meinung sondieren. Ludwig, der ihn sehr schätzte, hat ihm immer seine Gunst bewahrt.

Colbert dagegen wurde nicht mit so gleichmäßiger Gunst bedacht. Noch bevor der große Krieg zwischen ihm und seinen Anhängern auf der einen, Le Tellier und dessen Sohn Louvois auf der anderen Seite begann, hielt man ihn mehr als einmal für in Ungnade gefallen. Die Beziehungen waren nicht ganz einfach zwischen dem strahlenden jungen Gott und dem düsteren, kalten, mürrischen, reizbaren Vierzigjährigen, der von gefälligen Manieren wenig hielt.

Colbert scheute sich nicht, dem König Vorhaltungen zu machen und sich zu Ausbrüchen hinreißen zu lassen, die der König duldete, ohne jedoch nachzugeben. Ludwig hatte zu der Taktik gefunden, mit der sein Vater Richelieu in Schach gehalten hatte: Er wies seinem gebieterischen Minister seine Grenzen, indem er ihn gelegentlich ängstigte und dann bei passender Gelegenheit wieder beruhigte. Der Gesandte von Venedig bemerkte: »Einige Worte gegen Colbert, die dem König gelegentlich entschlüpften, halten in seinen Feinden die Hoffnung wach, sein Sturz sei nahe; doch es ist eine ausgemachte Tatsache, daß Seine Majestät, der die Verdienste dieses Ministers kennt, ihm echte Zuneigung entgegenbringt. Als Colbert im vergangenen Monat erkrankt war, machte ihm der König einen Besuch, saß zwischen Bett und Wand und unterhielt ihn mit allerlei Geschichten. Als er dann das Zimmer verlassen wollte, drehte er sich noch einmal mit den Worten um: ›Colbert, trübe Stimmung verschlimmert die Krankheit. Seien Sie fröhlich, und werden Sie gesund.‹ Es scheint, daß der König in dem Gefühl, Colbert sei durch einen Zweifel an seiner Gunst beunruhigt, ihn beschwichtigen wollte.«

Ludwig XIV. war das Gegenteil der Herren, die ihre aufblitzenden Einfälle den Untergebenen hinwerfen und es ihnen überlassen, sie zu verwirklichen. Wenn ihm Angelegenheiten vorgelegt wurden, waren sie »verarbeitet ... zunächst vorbereitet durch den daran Interessierten, dann durch die Beamten und schließlich durch die Minister, die darüber Bericht erstatten«, schrieb Primi Visconti. Der König entschied niemals, ohne alle Gegebenheiten zu kennen und dazu die möglichen Lösungen des betreffenden Problems: Der Minister konnte offensichtlich frei nach eigenem Gutdünken vortragen. Handelte es sich um eine technische Sache, die der König nicht beurteilen konnte, schrieb er wohl an Colbert: »Ich verlasse mich ganz auf Sie und befehle

Ihnen, das zu tun, was Sie für das Vorteilhafteste halten.« Doch wenn in wichtigen Fragen der Minister versuchte, seine Ansicht gegen die seines Herrn durchzusetzen, brachte ihn eine zerschmetternde Antwort auf den Boden der Wirklichkeit zurück: »Ich habe es befohlen, und Sie werden es tun.«

Für die Unterweisung des Thronfolgers diktierte der König: »Wenn sie [die Minister] uns alle Seiten und alle widersprechenden Argumente vorgestellt haben, dazu alles, was man früher in ähnlichen Fällen getan hat und was man anderswo unternimmt, ferner alles, was man heute tun könnte, *dann liegt es an uns, mein Sohn, das zu wählen, was jetzt wirklich getan werden soll. Und ich wage zu behaupten, daß niemand, wenn es uns nicht an Vernunft und Mut fehlt, die Entscheidung besser fällen kann als wir.*«

Die Kunst der Tränen

»Sie sehen, wie er mich behandelt!« rief Anna von Österreich und weinte an Monsieurs Schulter.

Es ging darum, daß Ludwig nicht mehr mit seiner Mutter sprach, weil sie wachsende Feindseligkeit gegen Louise de La Vallière an den Tag legte. Es war der erste ernsthafte Streit zwischen Mutter und Sohn. Man schmollte weiter, Anna sprach wieder davon, sich ins Kloster Val-de-Grâce zurückzuziehen, und um einen Skandal zu verhindern, machte Ludwig ihr einen Besuch. Die Szene war typisch für die Art, wie sich Ludwig in allen heiklen Fällen seiner Familie gegenüber verhielt: Er vergoß überreichlich Tränen, was ihm nie Mühe machte, und verströmte sich in zärtlichen und ehrerbietigen Redewendungen. Anna warf ihm vor, »von seiner eigenen Größe berauscht zu sein und seinen Wünschen und seinem Rachebedürfnis keine Zügel anzulegen«. Der König verdoppelte den Tränenstrom, und als er seine Mutter endlich gerührt hatte, sagte er:

»Ich kenne meinen Fehler und fühle deshalb manchmal Schmerz und Scham, ich habe getan, was ich konnte, um mich davon abzuhalten, Gott zu beleidigen und mich meinen Leidenschaften zu überlassen, aber ich muß ihnen gestehen, daß sie stärker sind als meine Vernunft. Ich kann ihrer Gewalt nicht widerstehen und *habe nicht einmal den Wunsch, es zu tun.*«

Darauf gab es keine Antwort, Anna, die ihren Sohn so unglücklich und von dem Wunsch beseelt sah, sich mit ihr zu versöhnen, erklärte sich bereit, seine Favoritin zu empfangen. Darüber erlitt die Königin Maria Theresia eine Fehlgeburt, an der sie beinahe gestorben wäre. Louise triumphierte keinesfalls und wäre dem ganzen Aufruhr gern aus dem Weg gegangen, doch dem König lag gar nicht allein daran, ihr Genugtuung zu verschaffen, sondern der Familie seinen Willen aufzuzwingen, denn nun hatte er es nicht mehr nötig, sie mit Zärtlichkeiten und Heucheleien zu verwöhnen.

Bald darauf war die La Vallière von neuem schwanger. Madame (Henriette, die Frau Philippes von Orléans) nahm die Gelegenheit wahr, dem König »eine bewährte Herzensfreundin« in die Arme zu führen, Cathérine de Gramont, Prinzessin von Monaco. Einige Monate lang unterwarf sich Ludwig dem Charme dieser Schönen, deren Affären schon nicht mehr zu zählen waren; den Schaden hatte ihr bisheriger Liebhaber, der junge Antoine Puyguilhem (der spätere Herzog von Lauzun). Der junge Mann hatte versucht, die königliche Zuneigung zu gewinnen, indem er zwischen die obligatorischen Schmeicheleien immer etwas »Pfeffer« streute, worin der doch noch naive König Beweise für echte Anhänglichkeit sah. Puyguilhem, der glaubte, ihm sei alles gestattet, erlaubte sich Gewalttätigkeit gegen Madame de Monaco – jedenfalls berichten das der Abbé de Choisy und Saint-Simon – und brachte immer neue Frechheiten vor. Der König blieb lange geduldig, aber eines Tages lief der Becher über, und Puyguilhem fand sich in der Bastille, »weil er den Damen gefallen hatte«.

Doch er behielt das letzte Wort: »Was ihn hätte verderben können, rettete ihn ... Er ließ in der Gefangenschaft seinen Bart wachsen, und da er ein hervorragender Komödiant war, gelang es ihm, unerkannt den König von seiner Reue und Liebe zu ihm zu überzeugen«, berichtet La Fare in seinen Erinnerungen.

Erschütternd war der Gegensatz zwischen den jugendlichen Torheiten an einem brodelnden Hof und der langen Leidenszeit der Königinmutter, die seit 1663 an Krebs litt. Auf der einen Seite Feste, Liebschaften, Intrigen, auf der anderen bei jeder Krise, die man für tödlich hielt, der ganze düstere religiöse Aufwand, der dazugehörte. Am Ende eines Lebens, das so von Unglück und Freude, Demütigungen und Triumphen erfüllt gewesen war, bewies Anna Größe, Mut und Frömmigkeit, mit einem Wort: den Entschluß, so nobel zu sterben, wie es die Großen des 17. Jahrhunderts in ihrer letzten Lebensspanne für ihre Pflicht hielten.

Und wie benahm sich Ludwig XIV. in diesen dreizehn Monaten, in denen seine Mutter ein wahres Martyrium erlitt? Er legte heftigen Kummer an den Tag und verlangte dann die großen Perlen, die sie der Tochter von Monsieur zugedacht hatte. Er verließ Saint-Germain, um sich in Versailles mit Louise de La Vallière zu amüsieren, die wieder einen Sohn geboren hatte (er starb mit elf Monaten fast zur gleichen Zeit wie der ältere Sohn). Louise hatte über Madame von Monaco gesiegt. Anna von Österreich sagte ihm eines Tages, wenn man erfahre, daß er sich während ihres Todeskampfes mit Vergnügungen zerstreut habe, »könnten die Leute gegen ihn murren«.

Philipp IV. von Spanien starb am 17. September 1665 noch vor seiner Schwester, zum großen Schmerz von Maria Theresia. Ludwig mischte seine Tränen in die seiner Frau und überlegte, welchen Vorteil er aus dem Ereignis ziehen könne. Er trug violette Trauerkleidung, besuchte aber einen Ball, und Perlen und Diamanten glitzerten herrlich auf dem violetten Tuch.

Anfang Februar 1666 wurden mehrere große Feste veranstaltet. Am 18. erhielt die Königin die Sterbesakramente. Sie sprach viel mit dem König und der Königin und Monsieur, dessen Schmerz erschreckend war, doch nicht mit seiner Frau. Beide Söhne und Maria Theresia wachten bei ihr, an den silbernen Tisch neben der Brüstung ihres Bettes gelehnt. Am Abend des 19. erwachte die Kranke aus einem Halbschlaf und nahm »ihre gewohnte Haltung wieder ein ... Auf diese Weise ließ sie merken ... daß sie nun, nachdem sie die Pflichten einer Christin erfüllt hatte ... mit der Majestät einer Königin sterben wolle«, berichtet Madame de Motteville.

Ludwig hielt es nicht mehr aus und sank um. »Man zwang ihn, sich zurückzuziehen. Er ging in den Baderaum, wo man ihm Wasser ins Gesicht spritzen mußte. Und das war das letzte Mal, daß er diese bewundernswerte Mutter sah, die er so sehr geliebt hatte«, erzählt wieder Madame de Motteville.

Anna von Österreich starb am 20. Januar 1666 morgens zwischen vier und fünf Uhr. Ludwig weinte die ganze Nacht. Am anderen Morgen sagte er zur Herzogin von Montausier, »er habe doch den Trost, seiner Mutter in wichtigen Dingen niemals ungehorsam gewesen zu sein ... und er fügte hinzu, daß die Königin, seine Mutter, nicht nur eine große Königin gewesen sei, sondern in die Reihe der größten Könige gehöre«. Solche Worte aus seinem Mund waren so bedeutungsvoll wie ein Nachruf von Bossuet.

Monsieur, außer sich vor Schmerz, brauchte einige Tage, um Saint-Cloud, wohin er sich zurückgezogen hatte, verlassen zu können. Als sich die Brüder wiedersahen, schluchzten sie zusammen, und in einer Aufwallung von Zärtlichkeit versprach der König Philippe, daß er seinen kleinen Sohn, den Herzog von Valois (der 1664 auf die Welt kam und zweijährig starb), mit dem Dauphin zusammen erziehen lassen wolle. Später hat er für seinen Nachfolger einen zynischen Kommentar über diese Begegnung verfaßt: »Gewiß lassen der Zeitpunkt und die Verfassung, in der ich mich befand, keinen Zweifel daran, daß ich diese Worte aus reiner Freundschaft gesprochen habe. Aber auch wenn ich bei voller geistiger Freiheit darüber nachgedacht hätte, wäre mir nichts Geschickteres eingefallen, um einerseits meinem Bruder eine Ehre zu erweisen, für die er mir verpflichtet war, und mir andererseits eine Sicherheit für sein Verhalten zu verschaffen, die er mir mit diesem kostbarsten Pfand gegeben hätte.«

Das war Ludwig: ein heller Kopf und Herr seiner selbst auch in der stärksten Gemütsbewegung, stolz darauf, selbst aus dem eigenen Schmerz und dem seiner nächsten Verwandten noch einen politischen Vorteil zu ziehen.

Annas Tod führte zu großen Veränderungen. Der König sah sich von den letzten Fesseln befreit. Als seine Mutter gestorben war, konnte er, der allein über alle anderen Menschen herrschte, das Leben eines olympischen Gottes führen. Er bewies es alsbald, als er seine Geliebte zur »erklärten Mätresse« machte, die von der unglücklichen Königin mit den Damen ihrer Umgebung zusammen empfangen werden mußte.

Als Louise de La Vallière wieder schwanger wurde, machte ihr Maria Theresia Vorwürfe, weil sie sich ihr in diesem Zustand zeigte. Wütend verlangte Ludwig als Buße, daß Louise den wichtigsten Damen bei Hofe ein Souper gebe. Henriette allerdings weigerte sich hartnäckig, daran teilzunehmen, und aus Rache stiftete der König neue Zwietracht zwischen Madame und Monsieur. Die königliche Familie war weit von der majestätischen Harmonie entfernt, die Ludwig so schätzte.

Mars und Venus

Heraklit nannte den Krieg »den Vater aller Dinge, er macht die Götter, die Herren und die Sklaven«. Wenn die europäischen Edelleute des 17. Jahrhunderts den griechischen Philosophen vermutlich auch nicht kannten, dachten sie doch wie er, und es wäre völlig abwegig, bei Ludwig XIV. eine moderne Auffassung des Krieges zu suchen.

Seit frühester Kindheit wußte der Enkel Heinrichs IV., daß seine Herrschaft und sein persönlicher Wert nach seiner Kriegführung beurteilt werden würden, und seit der Unterzeichnung des Pyrenäenfriedens von 1659 war ihm klar, daß der Tod seines Schwiegervaters zum Signal würde. Doch nun beeilte er sich keineswegs. Wenn man seine Vorbereitungen beobachtet, fragt man sich, ob man mehr die Sicherheit seines Machiavellismus bewundern oder sich über die Leichtigkeit wundern soll, mit der er sich über die Moral einfacher Sterblichkeit hinwegsetzte.

Ohne Englands wohlwollende Neutralität war nichts zu machen. Doch England schlug sich mit Frankreichs Verbündetem Holland, und um den Vertrag von 1662 zu erfüllen, hätte Ludwig XIV. eigentlich Karl II. den Krieg erklären müssen. Er versprach denn auch den Vereinigten Provinzen, nichts ohne sie in den spanischen Niederlanden zu unternehmen und ihnen zu helfen, sich die Einfahrt in die Themse zu erzwingen – ein Unternehmen, an dem er seine lächerlich kleine Flotte natürlich nicht beteiligen konnte, das aber de Ruyter sieghaft fortsetzte, bis er London erreicht hatte. Statt dessen schickte Ludwig 6 000 Mann an den Rhein, um den kriegerischen Bischof von Münster, der England unterstützte, gefangenzunehmen. Auf diese Weise erhielt er sich mit denkbar geringem Einsatz die holländische Freundschaft, während sich England mit Niederlage, Pest und einer fast völlig in Asche gelegten Hauptstadt abfinden mußte. Und mit der Schwierigkeit, daß Bedürftigkeit und Verschwendungssucht Englands König an Ludwig XIV. banden!

Die geheimen Beziehungen der beiden Vettern waren nie abgerissen. Madame bildete seit 1661 dafür Zeuge und gemeinsames Unterpfand. Als der Wirrwarr um die La Vallière sie 1666 hinderte, ihre Rolle weiterzuspielen, bat ihre Mutter, die englische Königin, sie flehentlich darum: Man schloß einen neuen Pakt, und Frankreich hatte von englischer Seite keine Überraschungen zu befürchten.

Während dieser Zeit vollzog sich eine höchst seltsame Verhandlung zwischen Ludwig XIV. und Kaiser Leopold. In ihren kühnsten Berechnungen hatten die Kanzleien niemals die Möglichkeit in Betracht gezogen, daß Philipp IV., dem so viele Söhne gestorben waren, einen Nachfolger hinterlassen könne. Die Geburt des Infanten Don Carlos im Jahre 1661 änderte nichts an den Berechnungen, denn der rachitische Frühgeborene würde sich sicherlich bald zu seinen Brüdern versammeln. Doch nun war der Krüppel zu König Karl II. geworden – ob sich das Wunder seines Überlebens fortsetzen würde?

Vom Gegenteil überzeugt, schlossen Ludwig XIV. und sein Schwager Leopold (der Kaiser hatte Philipps IV. zweite Tochter geheiratet) einen Teilungsvertrag: Frankreich sollte die spanischen Niederlande und die Freigrafschaft erhalten, der Kaiser die übrigen spanischen Besitzungen. »Leopold hatte den Vertrag kaum unterschrieben, als er es auch schon bereute. Er verlangte mindestens, daß kein anderer Hof davon erfahre, daß man nicht wie üblich eine Kopie anfertige und daß das einzige Dokument, das erhalten bleiben solle, in eine Kassette aus Metall eingeschlossen werde. Nur der Kaiser und der König sollten einen Schlüssel besitzen, und die Kassette sollte der Großherzog von Florenz zur Aufbewahrung erhalten. Der Kaiser überreichte sie zu diesem Zweck dem französischen Gesandten in Wien, und der König von Frankreich schickte sechzehn Gardereiter an die Tore von Wien, die den Kurier begleiten – und dafür sorgen sollten, daß der Kaiser nicht etwa die Kassette noch entführte.« So berichtet Voltaire. Doch die kostbare Kassette kam niemals in Florenz an, sondern in Paris. Einige

Subsidien beschwichtigten Leopold, andere Summen sorgten dafür, daß sich die deutschen Fürsten nicht rührten.

Ludwig XIV. war nun zum natürlichen Beschützer seines kleinen Schwagers in Madrid geworden. Er bot der spanischen Regentin Maria Anna von Österreich einen französisch-spanischen Vertrag an. Aber er bereitete seine Armee zum Losschlagen vor. Der junge Louvois erhielt eine erste Gelegenheit, sein Organisationstalent zu beweisen, während Turenne den Feldzugsplan gegen Flandern entwarf. Als alles bereit war, grub Ludwig aus den Archiven ein »Devolutionsrecht« aus; danach konnte er im Namen seiner Frau, deren Mitgift nie gezahlt worden war, Flandern, die Freigrafschaft, Brabant und Luxemburg beanspruchen.

Zunächst bekämpften sich Frankreich und Spanien »mit den Rechnungen von Bankiers und den Argumenten von Advokaten«, wie Voltaire es nannte, um buchstäblich Zeit zu gewinnen – nämlich das Frühjahr, in dem man Feldzüge zu unternehmen pflegte. Es war ganz und gar die Geschichte vom Wolf und vom Lamm, aber wo lag denn Ludwigs XIV. wichtigste Pflicht? Sollte er als Chef der Familie über das Erbe eines Waisen wachen – oder eine einzigartige Gelegenheit wahrnehmen, das Einfallstor der fremden Heere im Norden und Osten zu schließen?

Frankreichs Adel, dem sieben Friedensjahre ohnehin unerträglich lang erschienen, stellte sich die Frage nicht. Man hatte sich mit großen Unkosten wieder kampfbereit gemacht und eilte jetzt zum König, der seine Truppen vor den Damen exerzieren ließ.

Die Schwangerschaften seiner Frau und seiner Mätresse schienen die einzigen Sorgen Seiner Majestät zu sein. Maria Theresia hatte eine sehr schwere Entbindung, Louise de La Vallière dagegen eine völlig überstürzte – sie begann und endete während der königlichen Messe! Zwei Töchter kamen zur Welt. Die kleine Prinzessin wurde nur fünf Jahre alt. Der König wollte sich nicht den feindlichen Kugeln aussetzen, bevor er die Zukunft seines natürlichen Kindes und dessen Mutter gesichert hatte: Nach der Tradition Heinrichs IV. wurde die kleine Anne Marie von Bourbon feierlich vom Parlament anerkannt, ihre Mutter wurde Herzogin. Man fragte sich allgemein, ob diese übertriebene Ehrung nicht einen Bruch vorausahnen lasse.

Am 31. März 1667 unterzeichnete Ludwig einen Vertrag mit Portugal, der erste Schachzug in dem jetzt beginnenden Spiel. Am 1. Mai beruhigte er die nervösen Spanier, am 8. begann er den Feldzug. Ein Krieg? Der wurde nicht erklärt. Es handelte sich um eine einfache Familienangelegenheit: der König wollte nur die seiner Frau zustehenden Besitztümer besetzen.

Die Expedition war ein militärischer Spaziergang mit der Unterbrechung durch einige Belagerungen. Nur in Lille leisteten die Spanier ernsthaften Widerstand. Der König, mit einem großen weißen Federbusch gekrönt, mischte sich unter die Soldaten in den Gräben, womit er Mut, wenn auch nicht gerade militärische Begabung bewies. Monsieur dagegen begeisterte seine Soldaten mit seiner Kühnheit, sehr zum Ärger seines Bruders.

Ludwig ließ Turenne den Feldzug weiterführen und verordnete sich selbst eine zweiwöchige Ruhezeit, die er beim Hof in Compiègne zubrachte. Und hier, im Vorzimmer der Madame de Montausier, wurde er zum Liebhaber der Marquise de Montespan.

Der Sieg der üppigen Blonden ähnelte der Eroberung Flanderns, denn er war genauso sorgfältig geplant worden. Unzufrieden mit dem mäßigen Vermögen des Marquis von Montespan, träumte Françoise Athénaïs de Rochechouart-Mortemart seit langem von einem Los, wie es Diane de Poitiers und Gabrielle d'Estrées beschieden gewesen war. Die fromme Dame hatte ihr Gewissen damit beschwichtigt, daß sie ihren Gatten bat, sie doch weit fort von den Verlockungen des Hofes zu bringen. Montespan hatte nur mit den Achseln gezuckt, wie sie es vielleicht auch erwartet hatte.

Schritt für Schritt war die Marquise dann die Freundin von Monsieur, danach die der Königin geworden, und Maria Theresia bewunderte ihre Frömmigkeit und tugendhaften Reden. Schließlich wurde sie die Busenfreundin der La Vallière, die ihr gestattete, mit Geist und Schönheit, für die sie gleicherweise berühmt war, vor dem König zu glänzen. Da ihr diese irdischen Schliche noch nicht auszureichen schienen, hatte sich die Schöne außerdem Satans Beistand gesichert, den ihr Magier und Wahrsagerinnen, vor allem Lesage, die Filastre und die Voisin, mit Hilfe von Schwarzen Messen, Zauberkünsten und unfehlbaren Pulvern zu verschaffen versprachen.

Ludwig zeigte nach seinem Erfolg eine »bewundernswerte Fröhlichkeit«. Er beschloß, der Königin die für sie eroberten Städte zu zeigen, und der ganze Hof machte sich auf den Weg zu den Schlachtfeldern, mit der einzigen Ausnahme der wiederum schwangeren La Vallière. Das fürchterliche Durcheinander und zahlreiche Unfälle auf dieser Reise konnten seine prächtige Laune nicht beeinträchtigen: Mars und Venus hatten sich zu Ludwigs Glück zusammengetan. Dagegen bekämpften sie sich in der Seele von Monsieur, der eine Weile seinen kriegerischen Schwung vergaß, als er den allzu schönen Chevalier de Lorraine wiedertraf; er machte ihn zum Favoriten, einem »erklärten«, also offiziellen Favoriten.

Als die Königin und die Damen von Compiègne aus La Fère erreicht hatten, tauchte plötzlich bleich und abgemagert die von Eifersucht verzehrte Louise de La Vallière auf. Sie hatte die Affäre Montespan erraten und erschien, um ihr Eigentum zu verteidigen. Maria Theresia wurde krank vor Zorn und verbot, ihrer Rivalin das Diner zu servieren. Am nächsten Tag machte sich Athénaïs in der Karosse der Königin das Vergnügen, die Unverfrorenheit der Favoritin zu tadeln.

»Gott bewahre mich«, sagte sie, »Mätresse des Königs zu sein!«

Sie hatte die beste Rolle in dieser Komödie, die wie von Racines *Les Plaideurs* inspiriert schien, und machte sich lustig über ihre beiden Opfer.

Am anderen Morgen, »als Madame de La Vallière von einer Anhöhe aus die Armee sah, ließ sie ihre Karosse in voller Fahrt über das Feld rasen. Die Königin sah es und war höchst empört ... Als dann der König die Karosse der Königin erreichte, drängte sie ihn heftig, einzusteigen, was er mit der Bemerkung ablehnte, er sei zu sehr mit Schmutz bespritzt. Sobald man ausgestiegen war, blieb der König einen Augenblick bei der Königin und begab sich dann sofort zu Madame de La Vallière, die sich an diesem Abend nicht mehr blicken ließ«, berichtet uns Ludwigs Base, die Grande Mademoiselle.

Lille kapitulierte am 27. August nach Ath, Tournai, Oudenarde, Furnes, Armentières, Courtrai, Douai. Am 31. zerschlug Marschall de Créqui die Reste der spanischen Armee, und der Schrecken pflanzte sich bis Antwerpen fort: Man glaubte, daß nun ganz Flandern in die Hände der Franzosen fallen werde. Doch der König beendete den Feldzug. Nachdem er Vauban beauftragt hatte, in Lille eine Zitadelle nach geradezu revolutionären Prinzipien zu errichten, begab er sich wieder nach Saint-Germain.

Im Herbst verließ der Hof den Louvre und zog in die Tuilerien, wo man sich ins Vergnügen stürzte. Die Vallière gebar einen Sohn, den Grafen von Vermandois, während Ludwig sich bis vier Uhr morgens bei Madame de Montespan verspätete. Nur die Königin wußte immer noch nichts von seiner neuen Liebesgeschichte.

Der Krieg war schon fast vergessen, doch Louvois, der sich nicht dem Kommando von Turenne fügen mochte, tat sich mit dem ebenfalls an seiner Untätigkeit leidenden Condé zusammen und unterbreitete dem König einen Plan, in dem Condé versprach, mitten im Winter, wenn niemand damit rechnen konnte, die Freigrafschaft Burgund zu erobern. Der König ließ sich verlocken, heimlich stellte man in Burgund ein Heer auf, in der Freigrafschaft wurde französisches Gold verteilt ... Und am 2. Februar 1668, bei schrecklicher Kälte, verließ Seine Majestät »die Damen, die Vergnügungen und den Karneval um des Ruhmes willen«. Die Provinz verteidigte sich kaum, Condé besetzte sie in drei Wochen.

Das allerdings weckte Europa auf. Da Ludwigs Feinde ihn nicht aufhalten konnten, wollten seine Freunde es versuchen. Innerhalb von fünf Tagen schloß der Ratspensionär – Erster Minister – von Holland, Jan de Witt, ein Bündnis mit England und Schweden, um »den französischen Ehrgeiz einzudämmen«. Wütend hörte sich der Sonnenkönig die inständigen und respektvollen Bitten des niederländischen Gesandten van Beuning an, die aber eher wie eine Mahnung klangen.

Louvois riet, nicht nachzugeben, Lionne und Colbert wiesen auf die Gefahr einer feindlichen Koalition hin, und Ludwig bewies Verschlagenheit und Vorsicht zugleich, als er nun von sich aus Spanien einen Frieden vorschlug. Die Bevollmächtigten trafen sich in Aachen, aber ausgehandelt wurde alles von van Beuning in Saint-Germain. Dieser Bürger »gefiel sich darin, bei jeder Gelegenheit den gebieterischen Hochmut des Königs herauszufordern, und stellte ihm republikanische Unbeugsamkeit entgegen«.

Ludwig erbot sich, Spanien die Hälfte seiner Eroberungen zurückzugeben, und setzte sich schließlich auch gegen die Holländer durch, denn wenn er zwar die Freigrafschaft herausgab, behielt er doch die flandrischen Festungen, die ihm ermöglichten, sich im geeigneten Augenblick an den Vereinigten Provinzen zu rächen (Vertrag von Aachen).

Seine Untertanen hatten für so viel Mäßigung nichts übrig. In sieben Jahren hatte sich die Einigkeit verflüchtigt, und schon blies wieder der Wind der Fronde. Während die Holländer, denen ihr Erfolg zu Kopf gestiegen war, eine Medaille prägten, auf der sie behaupteten, »die Sonne in ihrem Lauf aufgehalten« zu haben, schrieb der Gesandte des Herzogs von Savoyen, Marquis de Saint-Maurice: »Gegen den König haben sich einige Gruppen gebildet, die zu behaupten wagen, er habe nichts Bedeutendes geleistet und die großartigen Eroberungen, die möglich gewesen wären, versäumt ... *Es stimmt, daß die Franzosen über alles murren, und wenn sie nicht mit Kriegführen beschäftigt sind, wissen sie sich nicht zu mäßigen.*«

Der Palast der Sonne

Wenn die Jahre von 1668 bis 1672 wohl auch nicht den Gipfel von Ludwigs Herrschaft darstellen, so doch ihre schönste Zeit. Ludwig XIV., so meint Voltaire, zeigt jetzt, »daß ein absoluter König, der das Gute will, es mühelos erreicht«. Die vernachlässigten Häfen erstehen neu, die Zahl der Schiffe vervielfacht sich, die französische Flagge weht an den Küsten Afrikas und Amerikas, die Armee ist wohlgeordnet wie ein Garten von Le Nôtre, die Verwaltung arbeitet mit bisher unbekannter Leistungsfähigkeit, Paris wandelt sich, Denkmäler tauchen in allen großen Städten auf, Frieden herrscht auf dem Lande, Molières

Genie entfaltet sich, La Fontaine veröffentlicht seine *Fabeln*, Racines *Andromache* triumphiert, sein *Britannicus* »stürzt«, Bossuet hält seine ersten großen Trauerreden, jeder Kurier bringt einen meisterlich geschriebenen Brief von Madame de Sévigné. Natürlich hat Ludwig XIV. diese Staatsmänner, Generäle, Ingenieure, Künstler, Schriftsteller, Prediger und Philosophen, die alle Welt bewundert, nicht aus dem Boden gestampft, doch als großartiger Orchesterleiter hat er sie zur Harmonie vereinigt; und wenn sie sich nicht einstellt, zwingt er ihnen seinen Rhythmus auf.

In zehn Jahren hat der junge Autokrat keine Rückschläge erlitten, keine ernstlichen Fehler begangen. In gewisser Hinsicht entspricht er jetzt schon dem Porträt, das später Saint-Simon von ihm entworfen hat und aus dem die mit Bitterkeit gemischte Bewunderung wie eine Art Haßliebe zu lesen ist: »Niemand hat jemals mehr Gnädigkeit erwiesen und damit den Wert seiner Wohltaten erhöht. Niemand hat jemals seine Worte besser verkauft, ja sein Lächeln, seine Blicke. Er machte alles kostbar durch Erlesenheit und Majestät, zu der die Seltenheit und die Kürze seiner Äußerungen viel beitrug ... Niemals gab es einen so von Natur aus höflichen Mann, von einer gemessenen, abgestuften Höflichkeit, niemanden, der Alter, Verdienst und Rang besser zu würdigen wußte, sei es durch die hingeworfene Antwort *›Ich werde sehen‹*, wie durch das ganze Verhalten ... Doch vor allem hat es für die Frauen niemanden wie ihn gegeben. Nie ging er an einer Haube vorbei, und sei es eine Kammerfrau, ohne den Hut zu lüften ... Niemand kam ihm gleich bei Revuen und Festen, vor allem, wenn die Anwesenheit von Damen einen Hauch von Galanterie hineinbrachte. Er hatte sie am Hof seiner Mutter, der Königin, und bei der Gräfin de Soissons kennengelernt ... Noch in seiner kleinsten Geste, seinem Gang, seiner Körperhaltung, seinem ganzen Auftreten war alles gemessen, schicklich, edel, groß, majestätisch und trotzdem vollkommen natürlich, woran die Gewohnheit und der unvergleichliche, einzigartige Vorteil seiner Figur ihren Anteil hatten.«

Diese »Figur«, nämlich die Harmonie des Körperlichen, läßt Ludwig bis 1670 gern im Tanz bewundern – bis er die Verse aus *Britannicus* hört, in denen es von Nero heißt, er habe »sich den Römern selbst zum Schauspiel dargeboten«.

Baptiste – jetzt Lulli – hat darunter nicht zu leiden. Er ist der fast ausschließliche Komponist des königlichen Balletts. Eine recht gefürchtete Persönlichkeit, so begabt wie intrigant, in seiner Lebensführung so wenig zurückhaltend wie Monsieur, und er nimmt fast den Rang eines Favoriten ein. Als Direktor der Oper, für die er in fünfundzwanzig Jahren zwanzig Werke schafft, läßt er keinen anderen Komponisten aufführen.

Ludwig ist anfällig für die Musik, er braucht eine »Geräuschkulisse« in jedem Augenblick seines Lebens, das so sehr einem Ballett ähnelt. Deshalb folgte ihm auch seine »Streichergruppe« überallhin.

Der Sonnenkönig wünscht, daß unter seinen Strahlen auch die geringste Einzelheit bedeutungsvoll wird. »Um die vornehmsten Hofleute auszuzeichnen, entwarf er ihnen einen blauen, mit Gold und Silber bestickten ›Casaque‹. Die Erlaubnis, ihn zu tragen, war eine große Gunst und Grund zum Stolz: Man strebte danach wie nach einer Ordenskette«, berichtet wiederum Voltaire. Die Mode dieses »Casaques«, des nun mit Bändern besetzten »Pourpoints« (eines Wamses), die Mode der breiten Schärpen und großen Spitzenkragen setzt sich für fast zwanzig Jahre in ganz Europa durch mit Ausnahme von Spanien und Polen. Fast überall tut man sich etwas darauf zugute, wenn man den Hof Ludwigs XIV. nachahmt, und man beginnt auch, die große löwenhafte Perücke zu tragen. Bis 1670 hat der König mit Stolz seine eigenen Haare zeigen können.

Der Glanz einer Gesellschaft, von der die Welt geblendet wird, und eines »Zeitalters«, das jetzt schon mit dem Augusteischen verglichen wird, hat auch seine Schatten. In ihm gedeiht eine Industrie des Verbrechens. Der allgemeine Aberglaube steigert sie, Zauberer verdienen Vermögen. Eine ungezählte Kundenschar, begierig, den Geheimnissen der Zukunft zuvorzukommen, verlangt von ihnen eine günstige Wendung des Kommenden. Will man ein Herz gewinnen, einen Nebenbuhler erledigen, eine Schwangerschaft verbergen, ein Erbe früher antreten: diese Leute zwingen das Schicksal. Sie halten Liebestränke und Gifte bereit, und Adel und Bürger, Prinzessinnen und Kurtisanen belagern die Giftküchen. Der Tod schlägt mit bemerkenswerter Gefälligkeit zu. Es ist die Zeit, wo auf dem entschleierten Leib der Madame de Montespan die Schwarze Messe zelebriert wird und wo Madame de Brinvilliers ihre Angehörigen mit Gift umbringt.

Ludwig XIV. ahnt nichts von diesen Greueln. Zu dieser Zeit erkennt man ihm gern eine »von den Schulen des Himmels geformte Seele zu«, wie sich der venezianische Gesandte Giustiniani ausdrückt, eine Seele, »aus der das Gefühl für Menschlichkeit strahlt«. Man bewundert es, daß er zwar den jungen Leuten viel Gunst beweist – dem Grafen de Lauzun (Antoine Puyguilhem, der den Titel seines Vaters geerbt hat), dem Prinzen von Marcillac, dem Grafen d'Armagnac, dem Herzog Duras, daß aber, wie er selbst sagt, seine besten Freunde Turenne und Colbert sind, die Marschälle Gramont, Créqui, Bellefonds. Kurzum: Er ist das Gegenteil eines Tyrannen, und doch führt sich dieser so »sanfte« Fürst (wiederum ein Ausdruck von Giustiniani) in seinem Privatleben abscheulich auf. Nach so vielen Jahren verheimlichter Leidenschaft zwingt er die La Vallière, die skandalöse Rolle der offiziellen

Mätresse zu spielen, und zwar in dem Augenblick, wo er sich von ihr abwendet! Mit Ehren überhäuft und gleichzeitig betrogen, muß Louise sieben Jahre lang die schlimmsten Seelenqualen erdulden, muß an der Seite der triumphierenden Nebenbuhlerin leben, um den Anschein ein wenig zu retten, denn es handelt sich diesmal ja um doppelten Ehebruch; täglich wird sie Zeuge einer Verbindung, die sie martert. Die beiden Feindinnen bewohnen dieselbe Wohnung, zu der es nur ein Schloß gibt. Sie teilen auf Reisen die Karosse von Maria Theresia, die ebenfalls schrecklich leidet, und die Schwätzer fragen einander, ob man schon die drei Königinnen gesehen habe! Wenn Ludwig von der Jagd heimkehrt, kleidet er sich bei Louise um, begrüßt sie flüchtig und begibt sich zur Montespan.

Der Sonnenkönig glaubt, endlich die wahre Gefährtin gefunden zu haben. Man hat Françoise Athénaïs aber auch alles nachgesagt, dieser Göttin, die nicht weniger nobel als ihr Liebhaber ist, die blendet, sprüht, hochmütig, scharf, ausschweifend ist, berauscht von Stolz, Sinnlichkeit, Grausamkeit, eine Furie in ihrer Wut, in ihrer Eifersucht, im Haß, eine Zauberin, eine Gotteslästerin. Sie fordert den König ständig heraus, bei Tisch und im Alkoven.

Der Herr von Montespan möchte ihnen den Spaß gern verderben: Er trägt tiefe Trauer, verprügelt seine Frau, beleidigt Frau von Montausier, bereitet zum Wohle des Königs eine Rede voll biblischer Zitate vor. Seine Majestät, »unzufrieden mit diesem Benehmen«, läßt ihn verhaften und in die Guyenne abschieben. Louise de La Vallière möchte nur zu gern auch verschwinden. Eines Tages entflieht sie und bittet um Asyl bei den Damen vom Kloster zur Heimsuchung. Sie weist Lauzun zurück, dann Bellefonds, die sie holen sollen. Aber ach! Nun taucht Colbert selbst auf und führt sie zurück zum König, der sie – natürlich – mit vielen Tränen begrüßt. Der ganze Hof tut es ihm nach, Athénaïs schluchzt. »Der König«, schreibt Madame de Sévigné, »hat sich mit ihr und Madame de Montespan sehr liebevoll unterhalten.« Bussy-Rabutin läßt sich keineswegs beeindrucken: »Nur im eigenen Interesse und aus purer Taktik hat der König Madame de La Vallière zurückkommen lassen.«

Soviel Tränen, soviel Großzügigkeit! Und trotzdem kennt Ludwig kein Mitleid, verhöhnt er die Scham, die Schicklichkeit, die Gesetze der Kirche. Nach der Vorstellung seiner Zeit hat er persönlich mit der Religion gebrochen, und wenn man Lavisse glauben will, ist Anna von Österreichs Sohn nahe daran, ein Freigeist zu werden. Doch er beruhigt die frommen Seelen durch neue Maßnahmen gegen den Protestantismus, der auch durch Turennes Übertritt zum Katholizismus einen schweren Schlag erhält.

Am 18. Juli 1668 beweist ein prunkvolles Fest in Versailles, daß man mitten in der antiken Mythologie lebt. Niemals hat der Hof eine solche Pracht gesehen. Molière spielt *Georges Dandin*, und das erlauchte Publikum lacht aus vollem Halse über den armen Gehörnten, unter dessen Maske sich unschwer der Herr von Montespan erkennen läßt. Feuerwerk spiegelt sich in den Fensteröffnungen, in deren Nischen Statuen in verschiedenen Farben stehen, und verwandelt das Schloß in den Palast der Sonne. Einige Monate später wird dem erlauchten Liebespaar der erste Sohn geboren. Man vertraut ihn der Witwe des Dichters Scarron an, einer geborenen Françoise d'Aubigné, die aus guter Familie, aber so arm ist, daß sie einst die Truthühner ihrer Tante, der Madame de Neuillan, gehütet hat. Ihr Gewissensberater, Abbé Gobelin, hat ihr versichert, daß man gar nicht sündigen kann, wenn man dem König gehorcht. Ludwig, der ihr zum erstenmal begegnet, findet sie unsympathisch, »bizarr«, denn sie ist ein ziemlich prüder Schöngeist.

1670 wagt es Colbert, sich gegen die neue Favoritin zu stellen, als der König ihr die Rechte an den Metzgereien von Paris zuspricht. 150 000 Taler! »Man wartet, wer siegen wird, der Minister oder die Mätresse«, meint der Marquis von Saint-Maurice. Früher hätte sich die Staatsräson mühelos durchgesetzt, doch der König hat eine Kehrtwendung gemacht, Colbert erkennt es, gibt nach und wird auf gewisse Weise der Intendant für die Launen der Marquise, was ihm ein Lob des Königs einträgt: »Madame de Montespan berichtet mir ... daß Sie immer fragen, ob sie etwas wünsche. Fahren Sie in dieser Weise fort.« Dagegen hat Louvois, dessen Stern nur noch immer höher steigt, das Verdienst, den wenig gefälligen Ehemann ausgeschaltet zu haben.

Dieser Augenblick entfesselt den Krieg zwischen den beiden bedeutendsten Staatsdienern. (Lionne ist gerade gestorben.) »Man muß schon im Tierreich suchen, um bei dem mörderischen Verhalten von Fischen und Vögeln etwas zu finden, was die Beziehungen veranschaulicht, die sich zwischen Ludwigs XIV. großen Ministern entwickeln«, heißt es bei Jacques Roujon.

Erbittert über die ständig wachsenden Ausgaben der Hofhaltung, eifersüchtig auf das Ansehen seines Rivalen, der sich den Posten eines Ordenskanzlers des Königs zuschanzen konnte, beherrscht sich Colbert nicht, sondern macht dem König vor versammeltem Staatsrat eine Szene. Der Brief, den ihm Ludwig anschließend schickt, wird mit Recht berühmt. »Ich war gestern abend genügend Herr meiner selbst, um den Schmerz zu verbergen, mit dem ich einem Mann zuhören mußte, der so zu mir sprach, wie Sie es taten, einem Mann, dem ich so viele Gunstbeweise gegeben habe. Ich habe Ihnen große Freundschaft entgegengebracht, wie Sie aus allem ersehen, was ich getan habe, und ich empfinde sie jetzt noch und glaube, Ihnen ein deutliches Zeichen dafür zu geben, indem ich Ihnen erkläre, daß ich mir einen einzigen Augenblick lang Zwang antun mußte, um Ihnen nicht das zu sagen, was ich Ihnen jetzt schreibe und womit ich Sie gestern veranlaßt hätte, mir noch mehr zu mißfallen ... Wagen Sie nicht, mich wieder zu erzürnen, *denn nachdem ich Ihre und Ihrer Kollegen Gründe angehört habe, werde ich über alle Ihre Argumente entscheiden und will dann nie wieder etwas davon hören.*« Der Brief wird in Chantilly am 24. April 1671 geschrieben.

Colbert erbittet sich eilig Verzeihung, erhält sie und dazu eine zweite Weisung, die ihn trösten und ihm seinen eigentlichen Platz zeigen soll: »Glauben Sie nicht, daß meine Freundschaft geringer wird, *wenn Sie mir weiter dienen;* das wird nicht geschehen, *aber man soll mir so dienen, wie ich es wünsche, und glauben, daß ich es am besten mache.* Der Vorzug, den ich nach Ihrer Meinung anderen zuteil werden lasse, braucht Ihnen keinen Kummer zu machen. Ich will nur nicht ungerecht handeln, sondern zum Besten meiner Dinge wirken. Das tue ich, wenn Sie alle um mich sind.«

Von der Höhe des Olymps herab hält der Meister die Minister, die Mätressen, die Prinzen von Geblüt an seinen Fäden, und wenn er ihnen zuweilen etwas Bewegungsfreiheit einräumt, erlaubt er doch nicht, daß sie den von ihm vorgezeichneten Weg verlassen. Niemals wird er ihnen Gelegenheit geben, seinen Willen zu zwingen, ihn zu »regieren«, was sie vielleicht könnten, wären sie sich einig. Deshalb schürt er die Uneinigkeit unter den Günstlingen, unter den Mitgliedern des Rats und vor allem in der sonderbaren Ehe von Monsieur, seinem Bruder.

Die Höllenmaschine

Eine Made kann sich in einer Frucht entwickeln, die noch nicht reif ist, ein Bazillus einen kräftigen Körper befallen, der sich erst nach einer Weile zur Wehr setzt. Ludwig verfolgte seinen atemberaubenden Aufstieg und bereitete doch schon seinen Abstieg vor. Man glaubte ihn vollauf beschäftigt mit seinen Mätressen, Bauten und Festen, aber er war leider nicht so leichtsinnig. Zwischen zwei Prunkveranstaltungen brütete er über seinem großen Plan, der Vernichtung der holländischen Macht.

Der Historiker vermerkt bestürzt diesen Bruch mit der französischen Tradition, diese plötzliche Kehrtwendung, die den ganzen Kurs der Regierung änderte. Nichts konnte unvernünftiger sein. Und doch war auch nichts naheliegender. Es war ein Rachekrieg, ein Klassenkampf, ein Religions- und Wirtschaftskrieg. Der Groll des Sonnenkönigs, dessen Marsch die bürgerliche Plutokratie aufgehalten hatte, klammerte sich an moderne Ideen und an uralte Vorurteile. Wenn es der Erbe Ludwigs des Heiligen für unerträglich hielt, sich von einer Republik kalvinistischer Kaufleute beeinflussen zu lassen, war der Tuchhändlersohn aus Reims nicht weniger empört über die »Anmaßung« seiner Konkurrenten. Colbert schrieb: »Wie wir Spanien auf dem Festland vernichtet haben, müssen wir Holland auf dem Meer vernichten!« Der Große Condé sah hier eine zwingende strategische Notwendigkeit, und so war niemand da, dem König die Gefährlichkeit seines Unternehmens klarzumachen.

Die diplomatische Vorbereitung begann schon 1668. Wieder hing alles zunächst von England ab, dem der König einen neuen Gesandten schickte, Colbert de Croissy. Geheime Verhandlungen entspannen sich. Als Madame es begriffen hatte, glaubte sie den ehelichen Krieg gewinnen zu können, der allmählich in eine Tragödie auszuarten schien. Täglich mußte sie die Wutanfälle, die Schikanen von Monsieur hinnehmen, den sein böser Geist, der Chevalier des Lorraine, dazu aufreizte. Lorraine war der eigentliche Herr im Palais-Royal, das Ludwig XIV. seinem Bruder überlassen hatte, und in Saint-Cloud. Der König hatte schon versucht, den bösen Engel auszuhorchen, um seine Hintergedanken und die seines Bruders zu ergründen.

»Sire«, hatte Philippe de Lorraine geantwortet, »Monsieur liebt Eure Majestät und würde ganz gewiß nie etwas tun, was Ihnen mißfallen könnte. Halten Sie sich an mich, falls er irgend etwas unternimmt.«

»Sie stehen für ihn ein?«

»Ja, Sire.«

Seit diesem Gespräch hielt sich der Chevalier für unangreifbar und nahm keinerlei Rücksichten mehr.

Um ihres Mannes Liebling zu stürzen, verlangte Henriette von ihrem Bruder, dem König von England, er solle vermitteln. Karl II. erklärte Colbert de Croissy, »es sei ihm sehr lieb, wenn er jedermann zu verstehen geben könne, was die Bitten von Madame bei ihm vermöchten«.

Die Diplomatie wandte sich jetzt der Religion zu, denn Ludwig meinte, wenn er England in die römische Kirche zurückführen könne, habe er die beste Gewähr für ein Bündnis. Karl II. sah darin zwar ein Mittel, seine Macht zu festigen, wagte aber doch eine solche Revolution nicht zu unternehmen ohne Frankreichs Gelder und vielleicht auch Waffen. Am 18. Dezember 1669 übergab er dem Gesandten einen Vertragsentwurf mit übermäßig hohen finanziellen Forderungen. Ein scharfer Handel entwickelte sich, in dem die Herzogin von Orléans – Madame – vermittelte.

Der Chevalier de Lorraine beging den Fehler, hinter die Geheimnisse zu kommen, und teilte Monsieur mit, eine Bedingung von Karl II. sei »Minettes« Reise nach England. Der Prinz, wütend, daß man ihn aus dem Spiel gelassen hatte, beschwerte sich bei seinem Bruder, woraufhin der König in dem Favoriten nur noch einen indiskreten Menschen sehen konnte – einen der Leute, die er so haßte wie fürchtete. Er ließ ihn unter dem erstbesten Vorwand verhaften – in der Wohnung von Monsieur selbst.

Philippe fiel in Ohnmacht und zog sich dann nach Villers-Cotterêts zurück, wohin ihm seine Frau folgen mußte. Der Skandal setzte alles aufs Spiel, und bei den albernen Verhandlungen, die sich jetzt entspannen, mußte Colbert vermittelnd eingreifen. Schließlich wurde der Chevalier freigelassen, fuhr nach Italien und wurde der Geliebte von Marie Mancini. Monsieur erschien wieder am Hof, erfüllt von Haß gegen seine Frau, der er die Schuld an dem Mißgeschick seines Lieblings gab. Bei all dem Wirbel gingen die diplomatischen Verhandlungen weiter. Am 28. April 1670 begab sich der Hof nach Flandern unter dem Vorwand, die neu eroberten Städte zu besichtigen. Eine Armee von 30 000 Mann begleitete ihn, befehligt von Lauzun, für den die Grande Mademoiselle seit kurzem eine unerwartete Leidenschaft entwickelte. »Alles, was Sie von der Pracht Salomos gehört haben, ist nichts gegen den Pomp, der den König umgibt«, schrieb ein Offizier an Bussy-Rabutin.

Madame verabschiedete sich in Lille und ging in Dünkirchen mit großem Gefolge an Bord. Unter ihren Ehrenjungfrauen befand sich ein reizendes Püppchen, Louise de Kéroualle, die bestimmt war, das Bündnis mit Frankreich bei Karl II. zu vertreten.

Da Monsieur seiner Frau offiziell verboten hatte, nach London zu fahren, wurde Dover zur Bühne der entscheidenden Begegnung von Bruder und Schwester. Henriette kam triumphierend zurück und brachte ein Geheimdokument mit – eine Höllenmaschine, die ein halbes Jahrhundert der Kriege ausgelöst, die Stuarts die Krone und die Bourbonen die Vorherrschaft gekostet hat.

Der Vertrag von Dover brachte Karl II. sofort beträchtliche Summen und die Aussicht auf weitere Subsidien ein, so daß er seine Mätressen verwöhnen und seine Flotte verstärken konnte. Die beiden Herrscher kamen überein, »die Macht einer Nation zu brechen, die sich erkühnt hat, als souveräner Schiedsrichter aufzutreten«; sie wollten das holländische Territorium aufteilen, wobei England die ihm gegenüberliegenden Inseln erhalten sollte. Immerhin wollte man dem jungen Wilhelm von Oranien, dem Neffen Karls II., ein paar Provinzen lassen; er sollte auch den Titel »Statthalter« wieder tragen, den seine Vorfahren schon innegehabt hatten, bis ihn die »nüchternen Vorkämpfer der

Freiheit«, nämlich die holländische Hochfinanz, abgeschafft hatten. Karl verschob seinen Übertritt zur katholischen Kirche auf einen günstigeren Zeitpunkt, doch die englischen Katholiken genossen nun etwas mehr Toleranz.

Das also war der Vertrag, den Großbritannien so hartnäckig verwünscht hat, obwohl er ihm die Herrschaft über die Meere verschaffte. Tatsächlich konnte sich damals niemand vorstellen, daß sich Frankreich und Holland zum Vorteil Großbritanniens aufreiben würden; der Stuart schien seinen Glauben und sein Land zu verraten.

Madame landete am 12. Juni unter Salutschüssen, Trompetengeschmetter, Beifallsgeschrei und tausend Freundlichkeiten ihres Schwagers. Doch sie wurde sofort wieder von ihrem Ehemann gequält, der die Rückkehr des Chevaliers erreichen wollte.

Der Hof hatte gerade endgültig Paris verlassen. Am 26. Juni verbrachten Herzog und Herzogin von Orléans einen Tag in Versailles, und Henriette erstattete dem König unter vier Augen Bericht über ihre diplomatische Mission. Monsieur kam hinzu. Das plötzliche Stillschweigen bei seinem Eintreten wurde Anlaß einer neuen, besonders heftigen Szene. Madame verließ weinend Versailles – »wie eine angekleidete Tote« nach den Worten der Grande Mademoiselle.

Am 29. Juni hörte der überraschte König, daß sie im Sterben lag, nachdem sie ein Glas Bitterwasser getrunken hatte. Der Hof eilte nach Saint-Cloud. Als Ludwig die unglückliche junge Frau sah, die schrecklich litt, zweifelte er nicht an dem tödlichen Ausgang, sondern ließ ihr die Sterbesakramente reichen. Er blieb eine Weile bei ihr, dann verabschiedeten sie sich mit bewundernswerten Worten voneinander.

Madame verschied in der Nacht »wie das Gras auf dem Feld«; so heißt es in Bossuets berühmter Leichenrede.

Der König wurde morgens um sechs Uhr benachrichtigt und weinte heftig, verlor aber nicht den klaren Kopf, denn nach dem Essen fragte er Mademoiselle: »Liebe Kusine, da ist ein Platz freigeworden. Wollen Sie ihn nicht einnehmen?«

In Frankreich und England war jedermann davon überzeugt, die Prinzessin sei vergiftet worden, wenn nicht von Monsieur selbst, so von einem seiner Günstlinge. Die Geschichte ist niemals aufgeklärt worden, doch heute kann man kaum noch an der Beschuldigung festhalten. Ludwig hütete sich, seine Ansicht zu äußern.

Er behandelte seinen Bruder wie vorher. 1672 wurde der Chevalier von Lorraine in Gnaden wieder aufgenommen und blieb dreißig Jahre in Frankreich, bis er starb. Der Marquis d'Effiat, dem man nachsagte, er habe eigenhändig das Gift verabreicht, genoß die gleiche Gunst, brachte es bis zu einem hohen Orden und gehörte schließlich dem Regentschaftsrat für Ludwig XV. an. Es ist kaum anzunehmen, daß der König – fromm geworden und in diesem Fall nicht zur Rücksicht auf die Staatsräson verpflichtet – Personen ausgezeichnet hätte, wenn er sie für schuldig am Tod seiner Schwägerin halten mußte[1].

Nach einigem Zögern lehnte Mademoiselle den »freigewordenen Platz« ab. Mit ihren dreiundvierzig Jahren hatte sie sich sterblich in Lauzun verliebt und erbat die Genehmigung, ihn zu heiraten. Ludwig war einverstanden. Erlag er dem Charme des kleinen Gascogners? Oder wollte er sich an der Heldin vom Faubourg Saint-Antoine rächen, indem er ihren Abstieg zuließ? Doch er beging einen Fehler: Ein Mann vom Schlage Lauzuns, unersättlich, unruhig und gewissenlos, wäre im Besitz der großen Reichtümer und Güter von Mademoiselle vielleicht höchst gefährlich geworden. Ludwig merkte es bald und war nur zu froh, daß er seine Zusage zurücknehmen und sich dabei auf den heftigen Einspruch von Monsieur und Monsieur le Prince berufen konnte; von Condé war es besonders undankbar, denn schließlich hatte sie ihm während der Frondekämpfe das Leben gerettet. Er weinte denn auch reichlich, als er seiner Kusine den Faustschlag versetzte.

Im Jahre 1671 kam es trotzdem zu Hochzeitsfeierlichkeiten. Ein prächtiges Fest vereinte Philippe von Orléans mit einer unschönen, armen, ketzerischen und nicht einmal ebenbürtigen Prinzessin, Elisabeth Charlotte von der Pfalz. Die Verbindung hatte von vornherein einen besonderen Reiz: Falls der Geiz den Kurfürsten – wie einst Philipp IV. – hinderte, die im Ehevertrag ausgemachte Mitgift zu zahlen, gewannen die Bourbonen ein weiteres Erbrecht . . .

Der Pomp der neuen Familie machte Liselotte keinen Eindruck, dagegen wunderte sich der Hof über die Maßen über die Hoheit »mit dem Gesicht und dem bäurischen Wesen eines Türstehers«, wie sich Saint-Simon ausdrückt, mit der Derbheit und Grobheit deutscher Landsknechte. Doch das Derbe schloß Anständigkeit, Aufrichtigkeit, Sinn für Ehre und Tugend ein – die Grobheit schloß Verschmitztheit und Geist nicht aus. Ludwig war belustigt und hingerissen und freute sich einer Gesprächspartnerin, bei der er die selbstauferlegte Zurückhaltung ablegen konnte, die ihm sonst das erstrebte »Raffinement« sichern mußte. Er wunderte sich, »daß man geradeheraus sagte, was man dachte«. Liselotte wurde seine Freundin, und nach und nach, ohne es selbst klar

[1] Die Berichte der Pfälzerin und Saint-Simons sind kaum glaubwürdig, am interessantesten unter den zeitgenössischen die der Madame de La Fayette, des Kanonikers Feuillet und die der Grande Mademoiselle. Von späteren Studien seien unter vielen anderen nur die Arbeiten genannt von Littré, Lair, Brouardel, de Baillon, Loiseleur, Walckenaer, Paul Lacroix, Michelet Sainte-Beuve, Anatole France, Legendre, Fabre, Pierre Clément, Funck-Brentano, Claude Darblay. Siehe auch Erlanger: *Monsieur, frère de Louis XIV*.

zu erkennen, erwärmte sie sich für ihren imponierenden Schwager wie eine romantische Pensionatsschülerin.

Das alles hinderte Ludwig nicht, ihr Unglück vorzubereiten, indem er den Chevalier de Lorraine zurückkommen ließ. Monsieur fest am Bändel zu halten, war für den kommenden Krieg nicht unwichtig. Als der Herzog von Orléans von dieser Geste erfuhr, fiel er überwältigt seinem Bruder zu Füßen, der ihm mit entsprechend grausamer Ironie antwortete: »Ich will, daß Sie das ganze Leben lang mir deshalb verpflichtet bleiben und daß Sie ihn [den Chevalier] aus Liebe zu mir lieben.«

Der Begeisterung von Monsieur entsprachen die Seufzer von Mademoiselle. Lauzun hatte Madame de Montespan schwer gekränkt, sein Ehrgeiz war zu groß, er nahm sich zuviel heraus. Zu seiner großen Verwunderung verhaftet, mußte er sich zu Fouquet nach Pignerol gesellen. Das waren die unberechenbaren Verfügungen des Sonnenkönigs über die Herzen; Freundschaft spielte so wenig eine Rolle wie Familiengefühl.

In dieser Zeit floß Colberts Gold zum Kaiser, zum König von Schweden, zu den deutschen Fürsten – nur der Kurfürst von Brandenburg ließ sich nicht kaufen. »Alles, was man mit Aufbietung von Ehrgeiz und menschenmöglicher Vorsicht für die Vernichtung einer Nation tun konnte, hatte Ludwig XIV. nun getan. Es gibt unter den Menschen kein anderes Beispiel für ein kleines Unternehmen, auf das mit so gewaltigen Vorbereitungen hingearbeitet worden ist«, sagte Voltaire.

Im Februar 1672 führte Louvois dem König das mächtigste und von den größten Feldherrn befehligte Heer vor, das die westliche Welt seit den Römern gesehen hatte: 120 000 Mann in bewundernswerter Disziplin, mit einer neuen Waffe, dem Bajonett, ausgerüstet, unter dem Befehl von Condé, Turenne, Luxembourg und Vauban. Die königlichen Haustruppen, in der die jungen Adligen von nun an einen unbezahlten (große Neuerung!) Militärdienst leisteten, standen wie ein Wald aus gold- und silberbestickten Uniformen. Da nichts dem Zufall überlassen worden war, sollten diese Truppen »zu gleicher Zeit Schrekken und Bewunderung verbreiten bei Leuten, denen jede Form von Prachtentfaltung unbekannt war«. Hundert englische und dreißig französische Schiffe hielten sich bereit, die »Meerengen« zu sperren.

Die erschrockenen Generalstaaten der Vereinigten Provinzen fragten ihren Verbündeten, den König von Frankreich, ob etwa diese Vorbereitungen ihnen gälten und womit sie ihn gekränkt hätten. Ludwig antwortete, »er werde mit seinen Truppen das unternehmen, was seine Würde fordere, und sei niemandem Rechenschaft darüber schuldig«. Mit Recht verzweifelt, ließ der Großpensionär die Matrize der unglückseligen Medaille vernichten, auf der Holland die Sonne anhielt.

Dieser Krieg kommt uns aus dem zeitlichen Abstand wie eine Tollheit vor, seine Führung, die manchmal an die Fronde erinnerte, wie eine zweite. Erste Ironie: Jan de Witt, der dem kleinen Volk Ruhe zu verschaffen und Ludwig XIV. zu gefallen hoffte, ernannte im Januar 1672 zum Generalkapitän Wilhelm von Oranien, der ausersehen war, ausgerechnet de Witts Regierung zu stürzen und Frankreichs erbitterster Feind zu werden.

Am 23. März widerstand Karl II. nicht länger der Versuchung: Er warf seine Geschwader gegen eine holländische Flotte, die draußen vor der Insel Wight ankerte. Vergeblicher Verrat: Nach zweitägiger Schlacht entkamen fast die ganze Flotte und der sie schützende Konvoi.

Am 6. April trat der König in den Krieg ein. Er würdigte seine Feinde keiner Erklärung, erwähnt aber in einem für die Nachwelt verfaßten Memorandum die »Undankbarkeit und den unerträglichen Hochmut der Holländer«[1]. Immer im Gedanken an die Nachwelt, ernannte er zu seinem Historiographen Pellisson, der »besser schreiben als schmeicheln kann«. Für unser Empfinden brach in diesem Augenblick Ludwigs XIV. Kriegsbegierde aus – und dennoch war sein Wesen ganz anders, als wir damit unterstellen. Nichts hat er gemein mit der manchmal blinden Aggressivität und der entsetzlichen Freude an der Gefahr, die sich in den Eroberern der Antike, in einem Napoleon, in Hitler vor allem verbanden. Wie Jacques Madaule sehr gut herausgearbeitet hat, »wäre es ein Irrtum anzunehmen, daß Ludwig XIV. von vornherein dazu neigte, seine Armee zu mißbrauchen. Man läßt sich täuschen durch das berühmte Wort, das er auf dem Sterbebett sprach: ›Ich habe den Krieg zu sehr geliebt.‹ Er liebte Paraden viel mehr als den Krieg, er liebte die wie Balletts gelenkten Belagerungen, zu denen die Damen eingeladen wurden, damit sie die Kapitulation miterlebten. Von Natur aus sehr vorsichtig, hätte der König, wäre es ihm möglich gewesen, sich nur auf ganz sichere und möglichst auf ganz ungefährliche Unternehmungen eingelassen.«[2]

Er glaubte tatsächlich, keinen Gefahren zu begegnen, nachdem er sich vier Jahre lang vorbereitet hatte. Leider läßt sich das Schicksal ungern zwingen – es warf ihm Knüppel vor die Füße. Man war übereingekommen, daß unterhalb der höchsten Autorität die großen Heerführer Turenne gehorchen sollten, Turenne wiederum Condé und – der Form halber – Condé dem Herzog von Orléans. Mit Unterstützung des alten Gramont weigerten sich aber Créqui, Bellefonds und Humié-

[1] Nationalarchiv: Papiere von M. de Chamlay.
[2] Jacques Madaule, *Les Guerres de Louis XIV.*

res, die Befehle des »Siegers von den Dünen« entgegenzunehmen, wie Madame de Sévigné schrieb. Auf dem Gipfel herrschte keineswegs vollkommene Disziplin.

Condé empfahl, wie es seinem Temperament entsprach, die Kavallerie gegen Amsterdam stürmen zu lassen, die Schleusen zu besetzen und die Generalstaaten gefangenzunehmen. Er hatte recht, aber Ludwig war nur entsetzt über so viel Kühnheit. Und außerdem wäre das auch viel zu wenig feierlich vor sich gegangen!

Seine Majestät verließ Saint-Germain am 29. April, nahm in Charleroi die Truppenrevue ab und bewegte sich geruhsam an der Maas entlang. Louvois begleitete ihn. Der Übergang über den Rhein, den Boileau besungen, den van Meulen gemalt hat, fand am 12. Juni statt. Diese aufsehenerregende Operation wurde höchst leichtsinnig unternommen. Die jungen Prinzen und viele Edelleute stürmten blindlings drauflos und mußten Verluste hinnehmen. Als Condé sah, daß sein Neffe Longueville stürzte, vergaß er seine Pflicht als oberster Heerführer, lief ihm zu Hilfe und wurde mitten unter der Avantgarde verwundet, als ob er selbst erst zwanzig Jahre zählte! Es war die erste Verwundung seiner ganzen Laufbahn. Nach einem Augenblick der Verwirrung mußte Turenne kommen, um ihn zu vertreten. Wie Boileau berichtet, beklagte sich Ludwig während des Kampfes, »daß ihn seine Größe an das Ufer band«. Man hat ihm später Feigheit vorgeworfen, aber das ist unsinnig: Der König von Frankreich hatte sich weder ins Wasser zu stürzen, noch sich dem Musketenfeuer der elenden holländischen Armee auszusetzen.

Als die Ordnung wiederhergestellt war, fielen Orte und Festungen wie die Kegel unter dem unwiderstehlichen Stoß des Eindringlings. Winston Churchill hat geschrieben, »das holländische Volk, das der Vernichtung entgegensah, setzte seine verzweifelte Hoffnung auf Wilhelm von Oranien. Der Urenkel des Schweigers ließ es auch nicht im Stich, sondern weckte und belebte die Hoffnung.«[1] Tatsächlich aber zog sich der junge Prinz ins Landesinnere zurück und ließ Amsterdam, Den Hag und vor allem Muiden ungeschützt, damit aber auch die wichtigen Schleusen, die das Wasser der Zuidersee regelten.

Condé hatte sechstausend Reiter zum Angriff auf diesen alles entscheidenden Ort ansetzen wollen, doch Turenne schickte nur viertausend und ließ sie auf Wunsch von Louvois von dem Marquis de Rochefort befehligen – die Marquise war sozusagen die Montespan von Louvois. Rochefort begriff gar nicht die Bedeutung seines Auftrags und ging ohne rechten Eifer daran. Als einige seiner Dragoner, die in Muiden eingedrungen waren, sich wieder hinausdrängen ließen, gab er

[1] Winston Churchill in seiner Biographie Marlboroughs.

sich damit zufrieden. Es war das erste Mal, daß Ludwig XIV. vom Glück im Stich gelassen wurde – an diesem 20. Juni 1672. Übrigens hatten er und Karl II. bereits die Herrschaft über die Meere verloren, nachdem Ruyter am 7. Juni in der Straße von Solent die französisch-englische Flotte vernichtet hatte.

Der König hatte die Bedeutung der Ereignisse noch nicht erfaßt, als am 22. Juni die Abgesandten der Generalstaaten – die Jan de Witt gegen den Wunsch des Prinzen von Oranien schickte – anlangten, um Frieden anzubieten. Louvois empfing sie hart und grob, ganz entgegen den diplomatischen Gepflogenheiten; auf die zweite Audienz ließ er sie eine volle Woche warten. Doch in diesen sieben Tagen geschah so manches, das nicht wiedergutzumachen war. Der König, der die Holländer wie aufrührerische Untertanen behandelte, drohte jeder Stadt Plünderung an, die sich nicht gleich ergab. In den bereits eroberten führte er feierlich den Vorrang der katholischen Religion ein. So erhielt der mit wirtschaftspolitischen Absichten begonnene Krieg allmählich den Charakter eines Kreuzzugs.

Die zur Verzweiflung getriebenen Holländer warteten die Verhandlungen nicht ab, sondern öffneten die Schleusen. Sie überließen sich dem Meer, und sie machten damit dem Vormarsch der Franzosen ein Ende. Die Liebesgeschichte von Louvois begann kostspielig zu werden. Wütend, grausam und von fressendem Ehrgeiz besessen spielte der Kriegsminister eine noch trübere Rolle, als endlich am 29. Juni die Konferenzen auf dem Feld von Amerongen begannen. Den Platz des ein Jahr zuvor verstorbenen Lionne hatte Pomponne inne, aber der Jansenist besaß nicht die Kraft, seine Mäßigung gegen die Unerbittlichkeit seines Kollegen durchzusetzen, der darauf brannte, den Krieg zu verlängern.

Der König stellte unerhörte Forderungen, die darauf hinausliefen, daß sich Holland ganz auf seine Marschen beschränkte und den Gürtel der Provinzen und befestigten Orte den Franzosen überließ. War das alles erst einmal französisch, dann befand sich Holland in ständigem Belagerungszustand. Es sollte sich ferner den vernichtenden Zollbedingungen von 1667 fügen, eine Kriegsentschädigung von 25 Millionen zahlen, den Katholizismus wieder einführen; schließlich mußte »die Republik jedes Jahre eine außerordentliche Gesandtschaft schicken mit einer Goldmedaille (daher der ›Medaillenkrieg‹), auf der graviert stehen sollte, daß es seine Freiheit dem Allerchristlichsten König verdanke«.

Nach manchen Autoren gab diese letzte Klausel, demütigend und kindisch zugleich, den Generalstaaten den letzten Anstoß zu dem Entschluß, bis zum Ende weiterzukämpfen. Ob es stimmt oder nicht: die Abgesandten gingen und kamen nicht wieder. Die Überschwemmung griff um sich, Leyden, Delft standen unter Wasser, die reichen Ländereien, die Landhäuser und Paläste, die Gebäude, die zu so vielen Meisterwerken angeregt hatten, die Treibhäuser und exotischen Gärten, alle diese Schätze, die schon damals aus dem Land eine Art universales Museum gemacht hatten. »Es war groß«, urteilt Michelet. Ruyters unbesiegbare Flotte legte sich um das zur Insel gewordene Amsterdam – Holland, das nicht einmal mehr ein Staat war, fuhr fort, die Meere zu beherrschen, und niemals verschwand seine Flagge aus Ostindien.

Nun mochte Ludwig seinen prächtigen Einzug in Utrecht halten und die Hauptkirche dem Erzbischof zurückgeben: Sieht man einmal von den Größenordnungen ab, befand er sich – und mit weniger Vorteilen – in der Lage Napoleons vom Jahre 1805: Austerlitz gewonnen, Trafalgar verloren. Ludwig hatte ein paar Schlachten gegen die Holländer gewonnen und den Krieg gegen Holland verloren.

Klaren, kartesianischen Geistes setzte der König seine Gewissenserforschung fort, huldigte seinem Gegner und sah seine Fehler ein, wenn er auch tat, als nähme er es auf die leichte Schulter: *»Ich könnte mich nicht enthalten, den Mut und die Festigkeit der Männer zu preisen, die unsere Verhandlungen abbrachen, obwohl ihr Rat heilsam für ihr Vaterland und für meines so nachteilig war. Die Nachwelt ... wird nach ihrer Vorstellung die Weigerung* [zu verhandeln] *auf meinen Ehrgeiz und meinen Wunsch zurückführen, mich für die Kränkungen zu rächen, die ich durch die Holländer erfahren habe. Ich werde mich nicht rechtfertigen. Ehrgeiz und Ruhm sind immer verzeihlich bei einem jungen, vom Glück begünstigten Fürsten.«*

Wäre er nur in seinen Überlegungen fortgefahren, oder hätte er in die Zukunft blicken können, dann hätte er vielleicht begriffen, was nun zwei Jahrhunderte europäischer Tragödien heraufbeschwor: Frankreich konnte nicht zugleich über die Erde und über das Wasser gebieten. Als es dieses Gesetz vergaß, setzte es sich Ereignissen wie Roßbach und Waterloo aus.

Jetzt war die Stunde Wilhelms von Oranien gekommen. Am 27. Juni, als er alles für verloren hielt, verlangte der junge Prinz von den Generalstaaten, selbst mit dem Feind verhandeln zu dürfen, um seine Territorien zu retten. Am 3. Juli wurde er zum Statthalter ernannt, schien aber in diesem Augenblick noch durchaus der Günstling Frankreichs zu sein. Erst ein paar Tage später, als er merkte, daß man sich in Deutschland rührte, nahm er die Rolle des Nationalhelden an. Damit begann die erstaunliche Laufbahn, die diesen »Themistokles, Bastard des europäischen Widerstandes« (Michelet), zum siegreichen Rivalen des Sonnenkönigs machte.

Als Kind mochte Wilhelm weder lachen noch spielen, noch lernen.

Nur lange theologische Unterredungen und Sprachstudien schienen seinen Geist in Bewegung zu setzen, in dem Saint-Evremond trotz allem außerordentliche Fähigkeiten zu erkennen glaubte. Mit zwanzig Jahren war er schon, wie er zeitlebens blieb: schweigsam, hinterhältig, ganz und gar egoistisch, Feind des Prunks, gleichgültig gegen Frauen, entschlossen, ausdauernd, nicht zu entmutigen, nur von zwei Leidenschaften bewegt: für die Macht und für den Kampf.

Ludwig XIV. beging die Torheit, mit den Verhandlungen bis zum 22. Juli zu warten. Doch da hatte sich der Wind schon gedreht. Der Kaiser und der Kurfürst von Brandenburg unterzeichneten einen gegen Frankreich gerichteten Vertrag und schickten den Vereinigten Provinzen Hilfstruppen. Ohne in Madrid nachzufragen, kam der spanische Gouverneur von Flandern dem Prinzen mit 6 000 Mann zu Hilfe. Oranien konnte also herablassende Angebote herablassend ausschlagen.

Ende Juli war aus dem militärischen Spaziergang endgültig ein Stellungskrieg geworden, der die Musen von Pellisson und Boileau nicht mehr begeisterte. Der König begab sich wieder nach Saint-Germain, »zufrieden, in zwei Monaten so viele Städte erobert zu haben«. Trotz den Übertreibungen wird es mit der Zufriedenheit nicht weit her gewesen sein.

Wilhelm wiederum, im Augenblick von der französischen Gefahr befreit, nutzte die Zeit, seine Autorität zu festigen und sich seine politischen Gegner vom Halse zu schaffen. Der Großpensionär Jan de Witt und sein Bruder Cornelius wurden nach einem ungerechten Prozeß in Den Hag vom Pöbel erschlagen. Der berühmte Ruyter entging diesem Schicksal mit knapper Not – er war mit beiden befreundet gewesen.

Der Prinz gab zu, das abscheuliche Verbrechen – das er hätte verhindern können, wäre er nicht der Anstifter gewesen – habe ihn doch recht »erleichtert«: Das genügt, ihm trotz aller Lobhudelei jede moralische Überlegenheit über Ludwig XIV. abzusprechen.

In die Begeisterung, mit der die Rückkehr Seiner Majestät gefeiert wurde, mischten sich auch Mißklänge. Guiche wagte es, sie unüberhörbar zu äußern: »Der angebliche Kriegsheld bringt uns täglich dazu, Arme und Beine zu brechen, und hat selbst noch kein Pulver gerochen!«

Ludwig erregte sich nicht. Er war glücklich, wieder bei seiner Liebsten und vor allem in Versailles zu sein. Hier waren 22 000 Mann und 600 Pferde bei den Bauarbeiten beschäftigt, die der König ständig überwachte und über deren langsamen Fortgang er sich beklagte. Le Vau, der die neuen Bauten begonnen hatte, war 1670 gestorben,

Dorbay sein Nachfolger geworden. Bildhauer und Stukkateure waren an der Arbeit, die Fassaden zu schmücken, Le Nôtre vollendete die weiten Räume des Parks. Der Favoritin zum Vergnügen errichtete man ein einstöckiges Lusthaus, das Trianon aus Porzellan, nämlich mit Delfter Kacheln in Blau und Weiß.

Im September richtete sich der Hof in dem Baugerümpel ein. Zwar mußte man dem König ja gefallen und deshalb unbegrenzte Bewunderung an den Tag legen, doch hinter seinem Rücken wurde gemurrt: »Alle Welt ist melancholisch in Versailles, sogar die Damen«, bemerkte Saint-Maurice.

Da der König nicht in Paris residieren wollte, mußte man sich vorübergehend in Saint-Germain aufhalten, das sich ebenfalls verwandelte. Leider ist wenig übriggeblieben von den Herrlichkeiten, die damals alle fremden Besucher entzückten. Verschwunden sind die Balkons an den Fassaden, verschwunden ist der Muschelsaal, verschwunden »das große Silbergefäß, aus dem nach Belieben hundert Fontänen schießen konnten«. Von den »hängenden Gärten« ist nur noch die Terrasse vorhanden. Sie zeigt, wie sehr der König es liebte, weite Räume zu beherrschen und Perspektiven ohne Ende zu betrachten, von einer vielleicht allzusehr gestalteten Natur den Blick zur unverfälschten Natur schweifen zu lassen.

Ludwig war entschlossen, keinerlei Sparmaßnahmen bei seinen Bauten hinzunehmen. Er ließ es Colbert wissen. Doch gerade jetzt mußte die Armee vergrößert, mußte neuer Mammon nach England, Deutschland und Ungarn geschafft werden, ohne daß es gelang, das Bündnis der Feinde zu verhindern. Man ging einem langen Konflikt entgegen, der dem König vielleicht einen Ausgleich für den Fehlschlag in Holland bringen konnte. Doch Colberts Pläne scheiterten unwiederbringlich daran. Weit davon entfernt, die wirtschaftliche Vormachtstellung zu erobern, war Frankreich in das finanzielle Durcheinander zurückgefallen, aus dem es bis zu Napoleon nicht mehr herauskam.

Kreuzzüge in neuer Richtung

Das Jahr 1673 wurde zum unfreundlichsten seit der Fronde. Molière starb am 17. Februar, sehr zum Vorteil für den Nachruhm des Königs, dessen Gunst der Dichter allmählich zu verlieren begann. Bis 1672 konnte Jean-Baptiste trotz dem Aufführungsverbot für *Tartuffe* seinen Herrn nur loben. Er hatte sogar eine beträchtliche Entschädigung erhalten, als es 1665 den Frömmlern im Lande gelungen war, die Aufführung von *Don Juan* – für zwei Jahrhunderte! – zu verbieten. *Tartuffe,* in seiner neuen Fassung endlich genehmigt, heimste seit 1669

Erfolge ein; *Der Bürger als Edelmann*, der unter anderem die Anmaßungen des türkischen Gesandten bestrafen sollte, wurde in Chambord mit dem gleichen gewaltigen Beifall aufgeführt wie *Die gelehrten Frauen* in Saint-Cloud. Doch 1672 hatte sich Molière mit Lulli überworfen, und der Italiener hatte ein unerhörtes Vorrecht erhalten: Kein Theater außer dem seinen durfte Ballettmusik spielen! Ein heftiger Kampf entspann sich. Ludwigs Leidenschaft für die Musik und Lullis Intrigen entfremdeten ihn seinem bevorzugten Dichter; Molière traf es hart, daß die Premiere vom *Eingebildeten Kranken* ohne den König stattfand. Lulli, der sich mit Molières Gegnern zusammentat, hatte mit Erfolg in Ludwig Zweifel am Genie des Dichters geweckt.

»Wer war der größte Dichter während meiner Herrschaft?« fragte der große König eines Tages Boileau.

»Sire, Molière.«

»Ich hab es nicht geglaubt«, antwortete Ludwig nachdenklich, »aber Sie kennen sich besser aus als ich.«

Henriette Stuart war tot, Molière war tot, die La Vallière verdrängt, der Kriegsminister Louvois verfügte über nicht weniger Macht als Colbert, Paris war für immer vom Hof verlassen: das Regime änderte sein Gesicht.

Vor allem änderte es sich in den Augen des Auslands, jetzt, wo Frankreich schon fast in die Defensive gedrängt worden war. Marschall Luxembourg versuchte, Amsterdam zu erobern, als die Zuidersee zugefroren war, doch plötzliches Tauwetter vereitelte den Plan und hätte fast sein ganzes Heer ertränkt. François Henri de Luxembourg, der allzu vertraut mit den Methoden der Fronde war, rächte sich als Frondeur: Er verwüstete das Land auf schreckliche Weise. Besonderen »Spaß« machte es ihm, das Haus des Prinzen von Oranien und das seines Favoriten brennen zu sehen.

Seit dem Dreißigjährigen Krieg waren Verwüstung und Brandschatzung eroberter Gebiete selbstverständlich geworden. Louvois brachte aber Methode in die Erpressungen, und zum erstenmal entsprangen die Schrecken der Besatzung einem System und nicht der Phantasie der Soldaten. Zwar litten die Holländer furchtbar, aber für Frankreich wurden die administrative Härte von Louvois und die muntere Zügellosigkeit des Herzogs von Luxembourg noch viel kostspieliger: Frankreich war als der natürlich Verbündete, als der Beschützer der kleinen Nationen, der Unterdrückten, angesehen worden. Zur Zeit Heinrichs IV. wandten sich die kleinen Völker an Frankreich. Jetzt aber verdrängten Haß und tiefes Rachebedürfnis die einstige Bewunderung.

Dieses böse Spiel wurde ohne Ludwigs Wissen durchgeführt. Er erfuhr sehr spät davon. Eines Tages erhielt der verdutzte Luxembourg einen Brief, in dem Louvois ihm erheitert mitteilte, der König sei sehr verwundert »zu erfahren, daß das Land noch geplündert und allen Gewalttaten der Soldaten ausgeliefert ist. Sie wissen ja so gut wie jedermann, daß es das richtige Mittel ist, um die Truppen und das Land [!] zu vernichten ... Seine Majestät hat mir befohlen, Ihnen mitzuteilen, daß Seine Majestät wünscht, Sie sollten Abhilfe schaffen, und zwar so, daß die Bauern auf dem Lande völlig in Ruhe gelassen werden und nur die Steuern zahlen, die sie zur Zeit der Holländer gezahlt haben.«

Doch das Unheil war schon geschehen. Die bewundernswerte Maschine, die Ludwigs XIV. Herrschaft bis jetzt dargestellt hatte, begann zu knarren und ihren Rhythmus zu verlieren. Es gab keinen Plan für eine Änderung der Situation, und die moralischen Werte arbeiteten gegen Frankreich. Zur Entrüstung in Deutschland über Luxembourgs Plünderungen kam die religiöse Empörung der Engländer, als die Geheimklauseln des Vertrags von Dover bekannt wurden.

Seinem Wort getreu hatte Karl II. tatsächlich eine »Toleranzerklärung« zugunsten von Puritanern und Katholiken erlassen. Das Parlament, das einberufen werden mußte, um die leeren Kassen aufzufüllen, hielt so viel Duldsamkeit für unerträglich und lehnte auch den kleinsten Kredit ab, wenn die Erklärung nicht widerrufen würde. Es nahm die »Testakte« an, die Katholiken von allen Staatsämtern ausschloß. Nach wenigen Tagen herrschte Bürgerkriegsstimmung.

Ludwig XIV. wurde ängstlich. Falls Karl II. gezwungen würde, »seine Reisen [ins Ausland] wieder aufzunehmen«, womit die Opposition unmißverständlich gedroht hatte, war das englische Bündnis verloren und der Krieg dazu. Der König verzichtete auf seinen Kreuzzug und drängte den Vetter, dem Unterhaus nachzugeben. Schließlich gab Karl den Tränen seiner französischen Mätresse nach, dem letzten Geschenk der armen »Minette«; es war das Fräulein Louise de Kéroualle, seit kurzem zur Herzogin von Portsmouth erhoben. Der Herzog von York, Bruder des Königs und Thronanwärter, legte sofort seine Ämter nieder und bekannte sich damit zum Katholizismus.

London veranstaltete ein Freudenfeuer, das Parlament gestand Karl II. 1 200 000 Pfund zu, und Ludwig XIV. mußte mit einiger Bitterkeit die Dienste des Fräulein von Kéroualle belohnen: Sie erhielt das Recht auf ein Taburett, um in Gegenwart des Königs sitzen zu können – doch nicht auf einem richtigen Stuhl! –, und dazu das französische Herzogtum Aubigny. Saint-Simon, der damals noch nicht geboren war, geriet darüber später in düstere Wut.

Nach diesen Erfahrungen schien es Ludwig ratsam, nicht nur den König von England finanziell zu unterstützen, sondern auch die Deputierten der Opposition – Colbert brauchte ja nur neue Millionen aufzutreiben. Ein strenger Protestant, Marquis de Ruvigny, wurde beauftragt, diese Mission im Unterhaus anzubringen. Er übernahm diesen Posten von Colbert de Croissy. Karl wiederum übergab seine Regierungsgeschäfte dem Grafen Danby, der allgemein als Feind des Katholizismus und Frankreichs bekannt war. »Er schaukelte beständig und sanft mit der Flut wie ein Boot vor Anker«, meint Winston Churchill.

Das Frühjahr kam, Zeit für »den größten König der Welt«, seine Macht neu zu beweisen und die Trompeten des Ruhms schallen zu lassen: Ludwig entschloß sich, höchstpersönlich einen militärischen Sieg zu erringen. Während Condé die Truppen Wilhelms von Oranien und Turenne die Kaiserlichen band, brach Ludwig aus Saint-Germain auf, nahm die Königin, die La Vallière und die schwangere Montespan mit sich, und von neuem durfte sein Volk die prunkvolle Hofkarawane bestaunen. Als Athénaïs in Tournai eine Tochter zur Welt gebracht hatte, verabschiedete sich Ludwig von den Damen, kam in Begleitung eines kleineren Gefolges, in dem aber Historiker und Dichter nicht fehlten, nach Courtrai und setzte sich an die Spitze seiner Truppen.

Am 12. Juni schloß er Maastricht ein, die Schlüsselfestung, die man besser schon 1672 erobert hätte. Er schrieb etwas naiv: »Vauban hat mir die Maßnahmen vorgeschlagen, die ich für die besten hielt.« Sie bestanden in der Anlage paralleler Laufgräben, eine Methode, mit der italienische Ingenieure den Türken die Eroberung Kretas ermöglicht hatten. Der König wollte seinen Ruf nicht aufs Spiel setzen und empfahl deshalb größte Vorsicht, zeigte sich aber rühriger und fleißiger als je zuvor: »Er gewöhnte durch sein Beispiel seine Nation an geduldige Arbeit, nachdem man ihr immer vorgeworfen hatte, ihr wilder Mut werde allzu schnell durch Müdigkeit erschöpft«, heißt es bei Voltaire.

Aber eine andere Stimme: »Seine Vorsicht machte keinen guten Eindruck auf eine Nation, die – meinetwegen tollköpfig – ihren Ruhm darin sieht, daß sie die Gefahr nicht nur herausfordert, sondern sie geradezu sucht. Ich weiß, daß es nicht zum Wesen eines Herrschers gehört, sich Gelegenheit zum Kampf zu verschaffen. Doch wenn er die anderen zum Kämpfen bringen will, darf er nicht jeder Gelegenheit sichtlich ausweichen, vor allem dann nicht, wenn er sich den Ruf eines Kriegers und Helden zuschreiben möchte«, schrieb La Fare in seinen Erinnerungen. Ludwig XIV., ein großer moderner Herrscher, war schlecht beraten, als er den anachronistischen Helmbusch eines Ritter-Königs beanspruchte.

Maastricht ergab sich nach acht Tagen. Fast zur gleichen Zeit fanden drei heftige Seeschlachten statt zwischen den Holländern unter Ruyter, den Engländern unter Prinz Rupert und den Franzosen, die von Vizeadmiral d'Estrées kommandiert wurden. Der Ausgang war zweifelhaft.

Ludwig und Colbert machte man den Vorwurf, daß sie d'Estrées angewiesen hätten, die Engländer den Hauptstoß auffangen zu lassen.

Inzwischen erklärten der Kaiser und der König von Spanien, die sich mit den Vereinigten Provinzen verbündet hatten, Frankreich den Krieg. Der mystisch veranlagte Leopold I. glaubte, der Himmel selbst biete dem Haus Habsburg Gelegenheit zur Rache. Er machte eine Pilgerfahrt nach Mariazell und bat Gott, für die Gerechtigkeit seiner Sache zu zeugen, dann, mit dem Kruzifix in der Faust, predigte er seinem Heer den heiligen Krieg. Seltsame Wendung: Ludwig XIV., jetzt zur Verkörperung des Bösen geworden, erlebte, daß sich der Kreuzzug gegen ihn selbst wandte und die Habsburger mit ihren erbittertsten Feinden von einst, den ketzerischen Niederlanden, verband!

Turenne konnte die Vereinigung der Kaiserlichen mit den Truppen des Prinzen von Oranien nicht verhindern; Wilhelm nahm den Franzosen den Ort Naerden wieder ab – ein winziges Geschehnis, das aber wie Donnerschlag widerhallte: Es war die erste Niederlage des Sonnenkönigs. Der wütende Ludwig bestrafte grausam den Offizier La Pas, der kapituliert hatte. Bald mußte er selbst zurückweichen, die besetzten Gebiete Hollands räumen und voller Widerwillen erleben, daß Wilhelm, sein kleiner Schützling von vorgestern, geheime Friedensangebote ohne Diskussion zurückwies. Der Haß auf Frankreich brachte einen ganz neuen Gefühlsfaktor in die europäische Politik. Ein zweiter Schlag war der Einzug der Kaiserlichen in Bonn. Er hätte Louvois fast sein Amt gekostet.

Der König glaubte sich Garantien zu verschaffen, als er dem Herzog von York eine katholische Gemahlin verschaffte, Marie von Modena, eine Großnichte Mazarins. Neuer Irrtum: Das erboste Parlament zwang den König von England, die spanische Vermittlung anzunehmen und den Frieden zu unterzeichnen. Das kleine Holland war offensichtlich nur zu froh, »in aller Bescheidenheit Englands Herrschaft zur See anzuerkennen«. Das war wieder ein unvorhersehbarer Erfolg Karls II., eine Illustration seiner Devise: »Wer zuletzt lacht, lacht am besten.«

Dieser Fürst, der Ludwig in so vielen Dingen unterlegen war, hatte von ihrem gemeinsamen Großvater Heinrich IV. die erstaunliche Schlauheit geerbt. Da er sich mit seinem Minister ausgezeichnet verstand, obwohl er ganz andere Grundsätze vertrat, konnte er eine Art Zweiparteienherrschaft fortführen, die es ihm ermöglichte, den Ausgleich zwischen Krone und Parlament zu finden.

Trotz dem Abfall Englands fuhr Ludwig XIV. fort, an den Fäden der englischen Regierung zu zupfen, denn er subventionierte gleichzeitig beide Seiten. Er glaubte es wenigstens. Tatsächlich aber ermöglichte er Karl eine doppelte Erpressung: Er verlangte Geld von Frankreich, um unabhängig von seinem Parlament zu sein, er verlangte Geld vom

Parlament, um den Krieg gegen Frankreich vorzubereiten. Danby erklärte: »Lassen wir die Franzosen zur Ader, bis sie Nasenbluten bekommen – sie werden nichts dafür erhalten.« Immerhin erhielten sie sich die englische Neutralität, und die sonderbaren Geschäfte setzten sich fort.

Es gab englische Regimenter im Sold der Franzosen. Eines davon unterstellte Karl II. seinem Schwager und riet, das Kommando dem Hauptmann John Churchill anzuvertrauen, dem es an Empfehlungen für den Posten nicht fehlte. Er war ein kühner Soldat, er war ein sehr hübscher Bursche, er war der Bruder von der ersten englischen Mätresse des Königs, der Herzogin von Cleveland. Ludwig XIV. war mit dem vierundzwanzigjährigen Adonis einverstanden und empfing ihn huldvoll in Versailles, als er vorgestellt wurde. Der spätere Marlborough machte also ein Lehrlingsjahr in der Armee durch, der er später ihre Allmacht entriß.

Anfang 1764 sah die Lage ziemlich düster aus. Von England verlassen, selbst von seinen deutschen Verbündeten – Münster, Köln –, mußte sich Frankreich einer Koalition stellen, was es seit Ludwig XII. nicht mehr getan hatte. Auch im Innern des Landes gärte es. »Beim kleinsten Rückschlag, der eintreten könnte«, schrieb der Rat Courtin an Louvois, »muß man da nicht fürchten, daß die Provinzen, arm, wie sie sind, sich erheben? ... Und wenn der König so stark von außen angegriffen wird, könnte er seine Autorität im Innern nur schwach geltend machen.« Es kam zu Aufständen gegen den Fiskus. Welche Wandlung in noch nicht zwei Jahren!

Ludwig, im tiefsten Innern immer auf das Schlimmste gefaßt, ließ sich natürlich seine Sorgen nicht anmerken. Nun gerade wollte er das Schicksal herausfordern! In diesem Jahr 1674 wurde das erste Geld mit *Ludovicus Magnus* geprägt. Allem zum trotz war der König von Frankreich der Große König, und er bewies es durch seinen großartigen Lebensstil.

Als Primi Visconti an den Hof kam, den er mit scharfem Blick beobachtete, war er von dem Anblick des Königs fasziniert, der bei seinen Spaziergängern umgeben war »von der Leibgarde, von Karossen, Pferden, Hofleuten, Dienern und einer Menge Leute in vollem Durcheinander, die sich lärmend um ihn drängten«. Er fügt hinzu: »Mir fiel dabei die Bienenkönigin ein.«

Wäre Primi Visconti der Seher gewesen, der zu sein er sich schmeichelte, würde er den König gepriesen haben, weil er seinen Hochmut nicht ablegte, denn gerade seine persönlichen Fehler brachten ihn auf den richtigen Weg zurück. Frankreich verlor sich auf den Meeren, es verlor sich in einem Kreuzzug. Solange noch so viele Lücken in seinen Grenzen offen blieben, mußte es auf dem festen Boden und mußte es gegen katholische Mächte kämpfen. Die Niederlage in Holland zwang dazu, Richelieus Politik wiederaufzunehmen. Vauban beglückwünschte sich dazu und schrieb an Louvois: »Predigen Sie nur immer die Quadratur nicht des Kreises, aber die des Turnierplatzes.«

Lebensgier

Mit fünfunddreißig Jahren glich Ludwig XIV. nicht mehr dem Idealbild des Monarchen, das die Gesandten in Verzückung versetzte. Man sprach zwar noch von seiner »Schönheit«, doch sie begann »ein wenig vom Fleisch überwallt« zu werden. Sein Bildnis von van der Meulen unterstreicht die bourbonischen Züge und macht den kleinen Schnurrbart, der in solchem Gegensatz zu der gigantischen Perücke steht, fast lächerlich.

Das dickliche Gesicht mit den Pockennarben war das eines Landmannes, gerötet und gebräunt von der frischen Luft. Vor und nach seinen acht Arbeitsstunden gab sich Ludwig ungehemmt körperlicher Betätigung hin. Er marschierte unermüdlich durch die noch unfertigen Gärten, machte lange Ausritte, jagte, spielte »paume« (eine Art Schlagball), zeigte sein Geschick als Schütze. Glücklicher Ausgleich für die Maßlosigkeit im Essen und gegen die Mittel der »Faculté« – der Schulmediziner!

Der König zeigte jetzt Begierden, die er mit fünfundzwanzig Jahren noch nicht gehabt hatte, er war gierig nach Ruhm, Eroberungen, Vergnügungen, Sport, Essen, Frauen. »Er war galant«, schrieb Liselotte von der Pfalz, »doch oft streifte seine Galanterie schon an die Ausschweifung. Alle waren ihm recht, es mußten nur Frauen sein – Bäuerinnen, Gärtnerstöchter, Kammerfrauen, Damen von Rang. *Sie mußten nur so tun, als seien sie in ihn verliebt.*« Sein Stolz verlangte überall sein Recht.

Immer schon war der König davon durchdrungen gewesen, daß er ständig vor der ganzen Welt und vor seinem Hof im besonderen zu repräsentieren habe. Jetzt war er zum vollendeten Schauspieler geworden: Nie ein falscher Auftritt, keine falsche Bewegung, kein falscher Tonfall. Man kam von weither, um ihn zu bewundern. Hätte es damals Fernsehen gegeben, hätte er die Welt begeistert, hätte die Bescheidenen und die Hochmütigen betört. Damals aber konnte er sich wenigstens schmeicheln, daß bei seinem wie ein Uhrwerk geregeltem Tageslauf zu jeder Stunde ein Schwede oder ein Berber genau wissen konnte, womit er sich beschäftigte.

Seine Charakterzüge traten jetzt so deutlich wie seine Gesichtszüge hervor. Niemals war Ludwig beherrschter, mehr von seiner Größe durchdrungen, eifersüchtiger auf seine Autorität bedacht, verschlossener und mißtrauischer. »Alles will er wissen«, notierte Primi Visconti, »im Laufe des Tages geschieht kaum etwas, über das er nicht informiert wäre, und es gibt wenige Leute, von denen er nicht den Namen und die Gewohnheiten kennt. Wenn er jemals einen Menschen gesehen oder etwas über ihn gehört hat, erinnert er sich immer daran.« Wehe aber dem Unglücklichen, der ausnahmsweise keine Spur in diesem erhabenen Gedächtnis hinterlassen hatte! Der König, enttäuscht, vielleicht auch argwöhnend, daß er einmal irgend etwas gegen diese Person einzuwenden gehabt habe, entzog ihm seine Gnade.

Ein Damoklesschwert hing, ohne daß sie es wußten, über den Köpfen der Leute, die flüssig schrieben – und damals schrieb alle Welt unablässig. Undurchsichtige und gefürchtete Leute hatten die Aufgabe, die Korrespondenzen zu prüfen. »Man kann nicht schildern, wie rasch und fingerfertig sie dabei vorgingen. Der König erhielt Auszüge aus allen Schreiben, wenn zuerst die Postmeister, dann der Minister, dem sie unterstellt waren, in den Briefen etwas zu finden glaubten, was bis zu ihm gelangen müsse ... Ein verächtliches Wort über den König oder die Regierung, ein Scherz, kurzum, ein aus dem Zusammenhang gerissener und nur dadurch vielleicht mehrdeutiger Absatz konnte einen Mann rettungslos vernichten ... Doch das Geheimnis war undurchdringlich, und nichts machte dem König weniger Schwierigkeiten, als zu schweigen und sich zu verstellen. Diese Fähigkeit trieb er zuweilen bis zur Falschheit, doch immer ohne zu lügen, und er tat sich etwas darauf zugute, sein Wort zu halten. Allerdings gab er es auch fast niemals«, berichtet wieder Saint-Simon.

1673 war das Jahr, in dem er seine drei Kinder von Madame de Montespan anerkannte; damit bekannte er sich zu dem doppelten Ehebruch, der ihm keine Bedenken mehr schuf. Es war außerdem das Jahr, in dem sich sein Widerwille gegen die Gouvernante der neuen Prinzen zur Achtung und von der Achtung zur Freundschaft wandelte.

Die Witwe Scarron war achtunddreißig Jahre alt und entfaltete großzügig ihre Reize. Ludwig, damals von ungezügelter Begierde beherrscht, stellte sich nicht einmal vor, daß ihm jemand widerstehen könne. Es ist kaum anzunehmen, daß er während der häufigen Unterhaltungen unter vier Augen immer die Tugend seiner späteren Gefährtin geachtet haben sollte. Und man kann wiederum kaum annehmen, daß er eine Abfuhr ertragen und weiterhin diese »deklassierte« Frau aufgesucht, daß er ihre Predigten hingenommen und sich entschlossen hätte, aus ihr die Marquise de Maintenon zu machen. Moral und Religion gehörten sicherlich zu den Themen ihrer Unterhaltung, aber darin liegt noch keine Gewähr für ihre Unschuld. Sehr schnell erkannte denn auch die Montespan in ihrem Schützling eine Feindin, wenn nicht schon eine Rivalin. Bereits 1674 griff die tugendhafte Gouvernante zu einer teuflischen List, um den König seiner Mätresse, die Kinder ihrer Mutter zu entfremden.

Ihr Vorhaben wäre übrigens jedem, der es erraten hätte, völlig unsinnig erschienen. Die Montespan, von der Maria Theresia sagte: »An dieser Person werde ich noch sterben«, hatte sich frech den ersten Platz erobert und hielt ihn auf großartige Manier fest. Diese vollblütige Göttin mit dem Gold- und Diamantenschmuck, unersättlich im Bett, bei Tisch, im Spiel, war mit ihrer Anmut und ihrem Jähzorn, ihrem Hochmut und ihrem Gelächter, ihren geschliffenen Manieren und ihrer Rohheit genau die Gefährtin, die der König brauchte – ein König, der sich der Lebensgier ausgeliefert hatte.

Eine Lebensgier, die in Szenen und Gewalttätigkeit ausartete. Athénaïs hatte ihren Liebhaber geschickt abgeschirmt. Hofdamen ersetzten die Ehrenjungfrauen der Königin, weil Ludwig mit einigen der Fräulein »gescherzt« hatte. Doch welche menschlichen Listen hätten die Glut eines Sonnenkönigs dämpfen können! Dazu brauchte es übernatürlicher Kräfte. Und La Voisin verschaffte der Favoritin »Pulver«, die ein Offizier, der bei Tisch aufzuwarten hatte, in die Getränke des Königs mischte. Es ist nicht verwunderlich, daß Ludwig am 1. Januar 1674 »von starkem Schwindel befallen« wurde!

Louise de La Vallière indessen, zermürbt vom Kummer, folgte dem Rat ihres Gewissensberaters Bossuet und erbat die Erlaubnis, sich ins Karmelkloster zurückzuziehen. Das lief allerdings den Wünschen der Montespan völlig zuwider, die ihrer einstigen Rivalin ausgerechnet die fromme Madame Scarron schickte, damit sie ihr einen so ungewöhnlichen Schritt ausredete. Athénaïs vertraute noch der Gouvernante ihrer Kinder. Weder Shakespeare noch Racine ist jemals eine so sonderbare Konstellation eingefallen.

Françoise d'Aubigné konnte oder wollte die traurige Liebende (sie war es noch immer) nicht überzeugen. Was aber würde der Herr und Meister sagen? Die aufgescheuchten Damen waren bereit, Wetten einzugehen. Am 12. Januar wurde die kleine Mademoiselle de Blois, die Tochter von Louise de La Vallière, bei Hof eingeführt; sie bezauberte jedermann. Die zornige Montespan verlangte als Genugtuung für ihren Sohn, den Herzog von Maine, das Amt des Generalobersten der Schweizer. Louise blieb beharrlich bei ihrem Entschluß, und endlich mußte der König widerwillig nachgeben.

Am 19. April fand dann ein Auftritt statt, wie er dieser Bühne würdig war, und Louise war seine rührendste Figur. Die Herzogin de La Vallière nahm Abschied vom König und warf sich der Königin zu Füßen, um Verzeihung bittend. Ludwig hielt die Tränen zurück, Maria Theresia ließ sie reichlich fließen, desgleichen natürlich Madame de Montespan. Zwei Tage später legte Louise in Gegenwart des Hofes das Ordenskleid an. Der Prediger zielte auf die Hofgesellschaft, als er auf das trennende Gitter wies: »Welche Befriedigung Sie auch immer aus Ihrem Leben ziehen mögen, Sie sind doch die Armseligen, und was immer Sie in ihrer [der Nonnen] Berufung an Leiden bemerken, so sind sie doch die Glücklicheren.«

Von neuem setzte das allgemeine Schluchzen ein, mehrere Damen »stießen spitze Schreie aus«, und die »Pfälzerin« Liselotte glaubte ohnmächtig zu werden.

Bussy-Rabutin, keineswegs erbaut, schrieb: »Gott kennt viele Weisen, um die Menschen an sich zu ziehen. Er hätte Mühe gehabt, wenn man das sagen darf, diese Büßerin den Händen ihres Liebhabers zu entreißen, doch Eifersucht hat das Wunder vollbracht. Denkt man an all den Jammer, den sie wegen ihrer Vergangenheit angestimmt hat, scheint mir, daß ihre große Demut eine Art Rache war und vor allem die Rivalin beleidigen sollte.«

Ludwig hatte sich endgültig von seiner Jugend getrennt. Später erwähnte er, obwohl er Louises Tochter, die Mademoiselle de Blois, sehr liebte, kaum noch den Namen ihrer Mutter. Als er nach sechsundzwanzig Jahren von ihrem Tod erfuhr, sagte er kühl, sie sei »seit dem Tag, an dem sie ihn verließ, für ihn tot gewesen«. Vielleicht trug er ihr nach, daß sie ihm den äußersten Beweis ihrer Leidenschaft vorenthalten und ihr Martyrium nicht bis in den Tod ertragen hatte.

Feste, Massaker und Verschwörungen

Das Tor von Saint-Martin sollte als Triumphbogen die Eroberung Hollands feiern. Zu Ludwigs XIV. Enttäuschung wurde es fertig, als seine Truppen gerade die Vereinigten Provinzen räumten. Um Rache zu nehmen und seine Stärke zu beweisen, ging er zum Angriff auf seinen schwächsten Gegner, Spanien, über. Nachdem er die Schweizer gekauft hatte, einer kaiserlichen Hilfsarmee den Durchzug zu verweigern, griff er die Freigrafschaft Burgund an und eroberte sie ein zweites Mal.

Es wurde wieder ein hübscher militärischer Spaziergang, wie er sie so liebte. Der Hof begleitete das Heer, man soupierte im Zelt bei Musikbegleitung, es wurde leidenschaftlich gespielt, Madame de Montespan entfaltete allen Glanz. Nichts unterschied sich vom Zeremoniell, das in Saint-Germain galt, und die von Vauban geleiteten Belagerungen verliefen so exakt wie die Geigenkonzerte, die Lulli gab. Nach sechs Wochen war die Franche Comté erobert, die Damen besichtigten das von Rauch und Blut erfüllte Dole, und dann reiste Seine Majestät, mit sich selbst zufrieden, wieder in seine Schlösser zurück.

Versailles war in seiner ersten Form vollendet, das heißt noch ohne die große Galerie und die beiden Flügel. Während des Sommers reihte sich ein berauschendes Fest an das andere. Man bewunderte die Baumgruppe des »Marais d'Eau«, die nach Plänen der Montespan angelegt worden war, man hörte Konzerte in den Lauben von Trianon, tafelte rund um den Springbrunnen des Marmorhofes, bereitete Racines *Iphigenie* einen Triumph. Athénaïs strahlte als »zürnende und triumphierende Juno«.

Triumphierend natürlich – aber sie zürnte, weil die Königin zu prächtige Gemächer erhalten hatte. Um sie zu beruhigen, beauftragte der König den jungen Architekten Jules-Harouin Mansart, ihr das Schloß Clagny zu bauen, für das natürlich Le Nôtre die Gärten entwarf. Zwölfhundert Arbeiter machten sich ans Werk, und Colbert hatte wieder einmal Pferde aufzutreiben – und das in einem Augenblick, als sich der Krieg erschreckend ausweitete und einige Edelleute gemeinsam mit Holländern und Spaniern eine republikanische Verschwörung aufzogen.

Die Affäre wurde im Juli entdeckt. Ein Flame, van den Enden, der in Paris Latein unterrichtete, hatte einen seiner Schüler bei sich wohnen, den übrigens schon vierunddreißigjähren Cauzé de Nazelles. Cauzé wunderte sich über die Besuche, die sein Lehrer von einem Offizier recht zweifelhaften Rufs, La Tréaumont, erhielt, ferner von einem großen Herrn, dem Chevalier de Rohan, einem natürlichen Sohn des Grafen von Soissons (der 1641 bei Marfée in einer Schlacht gegen seinen König gefallen war) und der Prinzessin von Guéménée. Es ging zu wie in einem Abenteuerroman: Van den Endens Tochter ermöglichte Cauzé, eine Unterredung des seltsamen Trios mitanzuhören. Der Schüler begriff, daß von einer Entführung des Königs und des Dauphins die Rede war, von der Entfesselung eines Aufstandes und einer holländischen Landung in der Normandie – und daß man schließlich die Republik ausrufen wolle! Entsetzt prüfte Cauzé sein Gewissen: Er zögerte, van den Enden preiszugeben, »einen seltenen, besonderen, von allen Gelehrten geschätzten Mann«, und erst recht, den Chevalier de Rohan auszuliefern.

Dieser Rohan »mit der besten Figur und dem vornehmsten Gesicht seiner Zeit«, ein Kindheitsfreund des Königs, war ein abenteuerlicher Mann, ein hochverschuldeter Spieler, aber angebetet von den Frauen. Henriette von England, Madame de Lionne, Hortense Mancini und Madame de Thianges – eine Schwester der Montespan – sollen seinem Charme erlegen sein, bevor er Racine die Schauspielerin Du Parc ausspannte. Dem König hätte fast dasselbe geblüht, denn einen Augenblick lang liebte der Tollkopf die schöne Athénaïs selbst. Ludwig XIV., ärgerlich über die aufsehenerregenden Erfolge, hatte den Chevalier gezwungen, sein Amt als Hofjägermeister zu verkaufen, und ihn sogar für einen Monat in die Bastille gesperrt. Nach dem Krieg gegen Holland, den de Rohan als Freiwilliger mitmachte, verweigerte ihm Louvois brüsk jede Entschädigung, obwohl er verwundet worden war. Doch ein Rohan in Ungnade und ohne Mittel sah keine Zukunft vor sich, und er schlug den Weg ein, den sein Vater Soissons, dieser große Verschwörer, schon gegangen war.

Republikanischer Geist lebte auch in einem anderen seiner Vorfahren, dem Herzog von Rohan, der zur Zeit Ludwigs XIII. die Protestanten geführt hatte. Während der Chevalier den Sturz des Königs vorbereitete, entwarf er bereits die Verfassung für »einen unbesiegbaren Volksstaat, der immer blühen, der durch die Einigkeit und Anstrengung aller zum Wohlstand und zur Freiheit aller führen wird«. Die Macht sollte von einem zivilen und einem militärischen Rat ausgeübt, beide Führungsgremien sollten gewählt werden. Das Manifest, das diese Ideen darlegte, befindet sich bei den Prozeßakten.

Schließlich siegte in Cauzé die Treue zum König. Er unterrichtete Louvois. Ludwig XIV. wollte nichts ohne stichhaltige Beweise unternehmen, eine Vorsicht, zu der vermutlich Colbert riet, denn seine Tochter hatte einen Vetter des Chevaliers, den Herzog von Chevreuse, geheiratet. Dann lieferte unerwartet die Schlacht bei Seneffe vom 11. August die Beweise.

Diese Schlacht zwischen dem Großen Condé und Wilhelm von Oranien geriet zu einem entsetzlichen Gemetzel, wie man es seit langer Zeit nicht mehr erlebt hatte. Eigentlich waren es drei Schlachten, und die beiden Generäle zeichneten sich durch »eine Mischung aus groben Fehlern und großen Taten aus«, wie Voltaire meint. An der Erbitterung, mit der die Verbündeten kämpften, ließ sich der Haß gegen Frankreich ablesen; übrigens kämpften auch Franzosen auf der Gegenseite, ein Monsieur de Souches kommandierte die Österreicher.

Auf jeder Seite fielen achttausend Mann. Drei Pferde wurden Condé unter dem Leib weggeschossen, und schließlich konnte er sich höchstens als Herrn des Schlachtfeldes betrachten. »Man beging in Frankreich wie bei den Verbündeten die eitle Zeremonie, Gott für einen Sieg zu danken, den man nicht errungen hatte. Doch der Brauch sollte ja das Volk ermutigen, das es stets zu täuschen galt«, urteilt wiederum Voltaire. Monsieur le Prince – Condé – schickte dem König seine Ernte an erbeuteten Standarten und die Kassette eines Spaniers, des Marquis d'Affentar; in der Kassette fand sich eine Aufstellung der Summen, die Rohan und La Tréaumont erhalten hatten[1]. Jetzt gab es kein Zögern mehr.

Der Chevalier wurde am 11. September in Versailles beim Verlassen

[1] Sandras de Courtilz: Le Prince infortuné.

des Meßopfers verhaftet, das gleiche Los traf etwa sechzig andere Personen, die zum Teil unschuldig waren. Rohan, van den Enden und zwei Mitverschwörer endeten am 27. November auf dem Schafott. Die Öffentlichkeit entrüstete sich über die Lauheit der Prinzen und der großen Herren, von denen niemand zugunsten eines Mannes einzugreifen wagte, der mit fast allen von ihnen verwandt war. Man verübelte es vor allem Madame de Montespan: »Wenn sie auch seine Leidenschaft nicht erwidert hatte, war sie doch sehr betroffen durch seinen Tod, hatte aber nicht den Mut, Gnade für ihn zu erbitten ... Es ist nicht die einzige Gelegenheit, bei der sie ein hartes, dem Mitleid unzugängliches Gemüt zeigte«, berichtet La Fare.

Sicherlich hätte Ludwig XIV. den alten Spielgefährten geschont, wenn ihm nicht Le Tellier und Louvois vorgehalten hätten, »daß ein Exempel statuiert werden müsse und daß man es gar nicht besser treffen könne«. Der Monarch darf nicht einer Herzensregung folgen: *»Wenn man sich geirrt hat, muß man den Fehler so rasch wie möglich berichtigen, und keine Rücksicht darf daran hindern, auch nicht die Güte.«*

Dreißig Jahre, nachdem sie ihre ersten Siege errungen hatten, waren Monsieur le Prince und Turenne noch die gleichen gegensätzlichen Naturen. Condé hatte um den Preis eines furchtbaren Gemetzels nichts gewonnen. Turenne warf in mehreren kleinen Kämpfen zwei Generäle des Kaisers über den Rhein zurück, dazu auch diesen Herzog Karl von Lothringen, »der sein ganzes Leben damit zubrachte, sein Land zu verlieren und Truppen auszuheben«. Die Jahreszeit war angebrochen, in denen die Armeen Atem schöpften, doch der teutonische Zorn nahm keine Rücksicht darauf: siebzigtausend Deutsche besetzten das Elsaß, blockierten Breisach und Philippsburg und wollten sich hier in Winterquartieren einrichten.

Turenne verfügte über knapp zwanzigtausend Mann. Der König wollte kein Risiko eingehen, und Louvois gab Turenne mehrmals entsprechende Anweisungen. Der Winter wurde hart. Der Marschall setzte sich über alles hinweg, überschritt das verschneite Gebirge, überfiel den überraschten Feind, zerstreute ihn und warf ihn über den Rhein zurück. Das waren, in Kürze, die berühmten Rheinschlachten, die Turenne auf den Gipfel des Ruhms führten. Leider aber machten sie die Franzosen den anderen Völkern endgültig verhaßt.

Turenne fiel in die Pfalz ein, obwohl es der mit dem Kurfürsten verschwägerte König verboten hatte. Die Ermordung einiger Soldaten, die man an Bäumen aufgehängt vorfand, lieferte den Vorwand, »das Land völlig aufzuzehren«. Siebenundzwanzig Flecken und Dörfer wurden völlig zerstört, ganz Europa war entsetzt: Im siebzehnten Jahrhundert waren die Kriege nicht ideologisch aufgeladen – im zwanzigsten hätte man das Vorgehen fast noch für milde gehalten.

Turenne war der Vater seiner Soldaten, und deshalb zögerte er nicht, ihnen eine befreundete oder feindliche Bevölkerung zu opfern. Er zögerte auch nicht angesichts strategischer Notwendigkeiten. Das brachte ihn dazu, zum Henker Lothringens und mancher elsässischer Landstriche zu werden. Die Nachwelt trägt es ihm nicht nach, sondern wirft lieber Ludwig XIV. die Barbarei vor. Doch der König tat, was kein moderner Staatsmann wagen würde: Als ihm der große italienische Chemiker Poli vorschlug, vergiftete Geschosse zu verwenden, setzte ihm Ludwig unter der Bedingung eine Pension aus, daß er sein Geheimnis niemals preisgeben werde. Etwa zur gleichen Zeit schaffte er im Roussillon die schlimmste Erbschaft der spanischen Herrschaft ab, die Inquisition.

Bestrafung der Sünde

In diesem Winter kränkelte der König. Zu Katarrh und »Lungenentzündung« kamen Unpäßlichkeit, Schwindel, Frösteln, wahrscheinlich die Wirkung der berühmten Pulver, die Madame de Montespan sich weiterhin bei der La Voisin besorgte und die ab und zu auch Exkremente oder Krötenschleim enthielten.

Die Mixturen hinderten Ludwig nicht, immer mehr Gefallen an der Gesellschaft von Françoise d'Aubigné zu finden. »Das Geheimnis, das sich seit mehr als sechs Monaten unterirdisch verbreitete«, wie Madame de Sévigné am 7. August 1675 schrieb, war keines mehr, als die arme Witwe zur Marquise de Maintenon erhoben wurde. Im selben Augenblick brach die Feindschaft zwischen ihr und der Favoritin offen aus. »Es ist echter Widerwille«, erzählt die Autorin der berühmten Briefe, »es ist Abscheu, es ist Feindschaft, es ist Weiß, es ist Schwarz.«

Ludwig überraschte die beiden Frauen eines Tages »während der denkbar heftigsten Krise« und wollte wissen, was vor sich ging. Im Gegensatz zur Montespan behielt die Maintenon kühlen Kopf und erklärte mit bezeichnender Sicherheit (schließlich stand sie noch in Diensten der Marquise):

»Wenn Ihre Majestät geruhen, sich ins andere Zimmer zu begeben, werde ich die Ehre haben, es Ihnen zu erklären.«

Der König tat es, und Françoise schilderte nun alle »Ungerechtigkeiten und Härten der Madame de Montespan und ließ erkennen, wie oft sie diese Eigenschaften zu spüren bekomme«. Ludwig verteidigte Athénaïs, wie er natürlich auch die Gouvernante gegen ihre Wohltäterin in Schutz genommen hätte.

Schäbiger Weiberstreit? Keineswegs. Was vordergründig fast wie ein Zank unter Dienstmädchen wirkte, verbarg nur den großen Plan der Kirche, die durchaus den Ungehörigkeiten am Hof ein Ende machen wollte. Und die Enkelin des verbissenen Protestanten Agrippa d'Aubigné wurde so das unerwartete Werkzeug wenn schon nicht der Vorsehung, so doch der Geistlichkeit.

Zu Ostern glaubte man das Werk so weit gediehen, daß man zum großen Schlag ausholen konnte. Trotz doppeltem Ehebruch und trotz Zauberei war Madame de Montespan sehr fromm. Sehr »gläubig« wohl eher. Sie fand zufrieden heraus, daß ein Priester in Versailles, ein Abbé Lécuyer, es den Sünderinnen recht »leicht« machte, und suchte ihn am Gründonnerstag auf. Welches Entsetzen, welcher Zorn, als man sie nicht zur Beichte zuließ!

»Geht es«, fragte der Priester, »um jene Madame de Montespan, über die sich ganz Frankreich empört? Gehen Sie, Madame, widersagen Sie Ihrem skandalösen Lebenswandel, und dann kommen Sie noch einmal, um sich Jesus Christus als Dienerin zu Füßen zu werfen!«

Außer sich eilte Athénaïs, um Gerechtigkeit beim König zu fordern. Sie behauptete, ein Priester dürfe die Absolution nicht verweigern, Ludwig, seiner Sache nicht recht sicher, bat den Bischof von Condom um Rat. Der Bischof von Condom war der Erzieher des Thronfolgers, er war der Mann, der das göttliche Recht der Könige verkündete, es war Bossuet selbst.

Bossuet hoffte glühend auf eine »Bekehrung« des Herrschers, auf ein Ende des Skandals, der so sehr der großartigen Ordnung seiner Lehre schadete. »Er sprach ohne Zögern: ein Beichtvater könne nicht nur die Absolution verweigern, sondern müsse es in bestimmten Fällen sogar, und er hielt nicht mit der Bemerkung zurück, daß der Fall dieser Dame genau der sei, in dem ein Beichtvater die Absolution nicht erteilen könne«, heißt es in den Erinnerungen von Languet de Gergy, der später Almosenier der Herzogin von Burgund wurde.

Diese Worte, mitten in der Karwoche gesprochen, ergriffen die beiden Liebenden und weckten in ihnen die unbeschreibliche Höllenangst, von der sich der Mensch des zwanzigsten Jahrhunderts kaum noch einen Begriff machen kann. Zum zweiten Mal im Leben fand sich der König in einem echten *Bérenice*-Konflikt[1], aber während ihn nur die Pflicht von Marie Mancini ferngehalten hatte, waren es diesmal eine andere Frau und ein Bischof, die ihn an seine Pflicht mahnten.

Madame de Montespan verließ den Hof und zog nach Vaugirard in das Haus, in dem Frau von Maintenon ihre Kinder hütete. Das war

[1] Die Geschichte der jüdischen Fürstin Berenike, die ihrem Volk zuliebe auf ihren römischen Geliebten, den Kaiser Titus, verzichtete, war unter anderem als Trauerspiel von Racine damals sehr bekannt. (Anm. d. Übers.)

wohl die schlimmste Strafe, denn die gute Seele bemühte sich nicht, ihre Schadenfreude zu verbergen.

Athénaïs besuchte Kirchen, betete, weinte, fastete und trug ihre Reue zur Schau. Der König wiederum zeigte äußersten Eifer. Täglich begab sich Bossuet nach Vaugirard, »mit einem grauen Mantel bis zur Nase«, und überzeugte sich schließlich von der Aufrichtigkeit der Büßerin. Die Zeit verging. Der Höllenspieß des Teufels war abgewendet.

»Warum kommt Madame de Montespan nicht an den Hof zurück?« fragten ihre Freunde. Nach Geburtsrang und Amt mußte sie am Hof leben; sie konnte hier außerdem doch genauso christlich leben wie anderswo! Bossuet wurde zu Rate gezogen und war einverstanden – zum großen Ärgernis der Frömmler, an deren Spitze sich die Herzogin von Richelieu, Anne Poussard, gestellt hatte. Diese gestrenge Person wurde von ihrem Hausverwalter Desmarets geleitet, von dem es hieß, er sei das Urbild des *Tartuffe*. Die frommen Damen, die sich noch ihrer Jugendzeit erinnerten, kannten sich in den Leidenschaften besser aus als der Bischof von Condom. Und sie riefen entsetzt: »Madame de Montespan soll unvorbereitet dem König gegenübertreten? Es ist unbedingt notwendig, daß sie sich zuerst in der Öffentlichkeit wiedersehen, damit die Überraschung sie nicht zu Unschicklichkeiten hinreißt!«

Man hörte auf sie. Es wurde beschlossen, daß Seine Majestät bei der Marquise erscheinen solle, doch damit den Böswilligen der Wind aus den Segeln genommen werde, solle eine Anzahl »achtbarer und gesetzter« Damen bei der Begegnung anwesend sein.

Der König kam. Der Anblick des blendenden Geschöpfes drehte ihm das Herz um und erregte noch mehr seine Sinne. Nach einigen müßigen Worten zog er sie in eine Fensternische, wo sie leise und unter vielen Tränen miteinander redeten. Die Matronen sahen es mit Besorgnis. Plötzlich erstarrten sie: Die beiden Liebenden machten ihnen eine kurze Verbeugung und verschwanden im angrenzenden Zimmer. Dieser Sieg des Dämons führte nach neun Monaten zur Geburt eines Mädchens, das sein späterer Gatte, der Regent Philippe von Orléans – der Sohn Liselottes von der Pfalz –, »Madame Luzifer« nannte, wie in den Erinnerungen der Madame de Caylus zu lesen ist.

Im Juli war Madame de Montespan wieder im siebten Himmel. Sie schritt vor den Herzoginnen, die Königin und die königliche Familie machten ihr Besuche in Clagny, das nach dem Urteil von Madame de Sévigné »dem Palast Apolls und den Gärten Armidens« glich.

Während diese Komödie abrollte, ging der Krieg weiter und brachte das Land in ernste Gefahr. Der Kaiser hatte einen berühmten General eingesetzt, Montecucolli, den Sieger über die Türken, der jetzt das

Elsaß bedrohte. Die Dinge waren so weit gediehen, daß wieder einmal Turenne Frankreichs Schicksal verkörperte. Sein militärisches Genie war offenbar Frankreichs einziger Schutz und Schild.

Von diesem Genie legte der alte Krieger nie glänzendere Proben ab als in seinem Duell mit Montecucolli. Beide Strategen brachten hier ihre Kunst zur Vollendung. »Der eine wie der andere erriet, was der Gegner beabsichtigte, aus dem, was er selbst in dessen Lage tun würde, und sie irrten sich nie«, schreibt Voltaire.

Der König, wie verängstigt, ließ sich nicht bei der Armee blicken. Als er sich zum erstenmal nach Clagny begab, um dort mit Frau von Montespan allein zu speisen, war ihm bekannt, daß Turenne eine Schlacht schlagen wollte. Die Zweisamkeit von König und Favoritin wurde gestört, als ein Edelmann die Nachricht brachte, der Marschall sei bei Sasbach in Baden durch eine Kanonenkugel getötet worden. »*Die Frommen verknüpften die böse Nachricht sofort mit dem Rückfall in die Sünde.* Abends, als sich die Hofleute in großer Zahl um den Tisch versammelt hatten, an dem der König zu speisen pflegte, sagte er beim Eintreten mit großem Ernst: ›Wir haben den Vater des Vaterlandes verloren.‹ Alle Anwesenden erblaßten, niemand sprach ein Wort«, berichtete Primi Visconti.

Eine recht seltsame Lage für ein despotisches Regime! Mit Ausnahme von Louvois und seinem Anhang beweinte jedermann, vom Adligen bis zum Tagelöhner, den berühmten Soldaten, »weil seine Tugenden und Fähigkeiten, über die er allein verfügte, alle Schwächen und Fehler vergessen ließen, die er mit vielen anderen Menschen teilte«, lautet Voltaires Urteil.

Ein Blitz war niedergefahren und hatte die Gebrechlichkeit der französischen Monarchie erhellt, die scheinbar wie ein römisches Denkmal festgegründet ragte. Panik lag in der Luft. Man vergaß plötzlich den Glauben an das Genie, an das Glück des Fürsten. Angst ließ das Gebäude erzittern. Ein Pächter in der Champagne wünschte die Pacht rückgängig zu machen »wegen höherer Gewalt«: »Da Monsieur de Turenne tot ist, wird der Feind in Frankreich einfallen!« War es eigentlich das Zepter des Herrschers, oder war es Turennes Schwert, das die Einheit des Landes verteidigte?

Ludwig XIV. war sich auch in seinen glücklichsten Stunden immer der Gefährdung seiner Größe bewußt. Er verbarg seine Sorgen und beglückwünschte Liselotte galant, als ihre Verwandten in der Schlacht von Konz bei Trier über Créqui gesiegt hatten; übrigens brachte danach eine Meuterei der Soldaten die Stadt Trier in die Hände der Kaiserlichen.

Nach Turennes Tod hatte Montecucolli den Rhein überschritten und das Elsaß besetzt. Condé, unter der ständigen Qual der Gicht frühzeitig gealtert, stand entmutigt in Flandern. Der König erließ jetzt ein Massenaufgebot des Adels nach einem alten, seit einem halben Jahrhundert vergessenen feudalen Brauch. Tatsächlich waren die Lehnsinhaber verpflichtet, ihrem Lehnsherrn auf eigene Kosten Kriegsdienste zu leisten, wenn diese Dienste auch jährlich von begrenzter Dauer blieben.

Das Ergebnis war niederschmetternd. Die kriegerischen Edelleute standen längst bei der Armee, die anderen taugten nichts. »Sie verursachten nur Verwirrung, und man fühlte sich für alle Zeiten von ihnen abgestoßen.« Es war der letzte Rückgriff auf das ritterliche System, das von Crécy bis Saint-Quentin Frankreich so viel Unheil gebracht hatte.

Nach Turennes Tod nahm der mehr und mehr von Louvois und seinen Beamten geleitete Krieg einen geradezu administrativen Charakter an, und unter den acht neuen Marschällen, die man »Louvois' Kleingeld« nannte, brachte nur noch Luxembourg einen Hauch von Genie in die Kriegsführung.

Ein unbedeutender Zwischenfall dieser Tage ließ nicht ahnen, welche Folgen er später hatte: John Churchill entschloß sich, den französischen Dienst zu verlassen, weil er sich in eine blonde Vierzehnjährige verliebt hatte, Sarah Jennings, die bereits unglaubliche Willenskraft bewies. Dem süßen Kind war es gelungen, seine eigene Mutter vom Hof des Herzogs von York zu vertreiben, wo es sich nun an der Seite seiner Schwester, einer Ehrendame der Herzogin, aufhielt. Als es darum ging, John Churchill den Befehl über das Regiment »Royal Anglais« zu geben, wandte Louvois ein, der junge Mann »wird damit einer reichen Mätresse von zweifelhaftem Ruf (nämlich Churchills Schwester, der Herzogin von Cleveland und Mätresse Karls II.) mehr gefallen als einem Herrscher, der in seiner Armee keine wenig achtbaren und ehrlosen Salonhelden zu halten wünscht«. Trotzdem kann man es nicht Louvois allein ankreiden, daß Frankreichs Feinde auf diese Weise ihren größten Feldherrn erhielten: Der künftige Marlborough selbst schrieb in einem Brief, er »ziehe es vor, sich im Schatten mit Amaryllis zu vergnügen, als sich als französischer Papagei anstellen zu lassen«. Von nun an überbrachte er nur von Zeit zu Zeit Karls II. Geldforderungen.

Inzwischen sah alles danach aus, daß man mit den Schrecken einer Invasion rechnen mußte. Man wandte sich beschwörend an den Sieger von Rocroi, Monsieur le Prince. Und Condé verbiß seine Schmerzen, übergab Luxembourg die flandrische Armee und begab sich selbst ins Elsaß, wo er mit der Umsicht und Vorsicht seines einstigen Rivalen Turenne vorging. Die Wut, die Waghalsigkeiten von einst waren längst dahin. Sie hätten allerdings auch wenig zu diesem so höflich von wahren Künstlern geführten Krieg gepaßt, zu Heerführern, die das Blut der

Soldaten schonten, wenn schon nicht das der Bevölkerung. Montecucolli mußte über den Rhein zurück und gab sein Kommando ab.

Nach diesem letzten Sieg tat Condé es ihm nach. Er wünschte, sein Sohn möge ihm folgen, und bot sich als dessen Berater an. Doch Ludwig XIV. und Louvois mochten keine jungen Leute an der Spitze des Heeres, schon gar keine Prinzen; nur der Ruhm des Großen Condé hatte diesen Grundsatz durchbrochen. Von nun an verließ »Monsieur le Héros« kaum noch Chantilly, das er wundervoll umgebaut hatte und in dem er die Elite der Schöngeister versammelte. Der grausame Schlachtengott beendete seine Tage in der Heiterkeit des Weisen. Doch bis zum Ende verfolgte er seine Frau, Richelieus halb wahnsinnige Nichte, der er immerhin sein erstes Kommando verdankte und die in der Guyenne für ihn gekämpft hatte. Die Unglückliche, die er niemals aufsuchte, hatte ihn eines Tages betrogen und lebte seitdem in Gefangenschaft. Noch auf dem Sterbebett forderte er vom König, sie nicht freizulassen.

Ihrer beider Sohn hatte das Ungestüm des Vaters und den verworrenen Geist der Mutter geerbt. Auch er wurde zum Henker seiner Frau, einer bayerischen Prinzessin. In manchen Augenblicken hielt er sich für einen Hund.

1675 ging ohne die Katastrophen vorbei, die Frankreich schon gestreift hatten. Doch in der Brétagne war es zu Aufständen gekommen, und immer schwieriger wurde es, Rekruten auszuheben. Vauban schrieb: »Von Tag zu Tag wird alles schlechter, es läßt mich erzittern.«

Am Hof erlebte Madame von Maintenon den ersten Rausch der bevorzugten Stellung als Mätresse. »Alles ist ihrer Herrschaft unterworfen«, erzählte Madame de Sévigné, »alle Kammerfrauen ihrer Nachbarin [der Montespan] stehen ihr zu Diensten. Die eine hält ihr knieend den Schminktopf hin, die andere bringt die Handschuhe, eine nächste sorgt für ihren Schlaf. Sie grüßt niemanden, und ich glaube, daß sie innerlich über so viel Dienstbarkeit lacht.«

In diesem Winter wurde wie besessen gespielt; der Hof wirkte manchmal wie eine Spielhölle. Das Hasardspiel »Hoca«, anderswo bei Todesstrafe verboten, brachte hier dem Gewinner das Achtundzwanzigfache seines Einsatzes. Liselotte von der Pfalz schrieb: »Das spielen ist hier greulich hoch und die leute werden wie tolle menschen, wenn sie spielen. Eines heult, das andere schlägt mit der faust auf die tafel, daß die ganze kammer drüber zittert; der dritte lästert Gott, daß einem die haar drüber zu berg stehen, summa alle sein wie verzweifelte menschen, welche einem bang machen, sie nur anzusehen.« (Zitiert nach: »Die Briefe der Liselotte, Elisabeth Charlotte von der Pfalz, Duchesse d'Orléans, Madame«, Langewiesche Brandt, 1911.)

Doch der Marquis von Dangeau lebte vom Spiel, ebenso wie die Prinzessin d'Elbœuf, die beim L'Hombre meistens Partnerin der Königin war. Maria Theresia machte es Spaß, gegen sie zu spielen, obwohl sie niemals gewann. Anders die Montespan, die eines Abends 150 000 Pistolen[1] beim »lansquenet«[2] gewann; freilich hatte sie zu Weihnachten 700 000 Taler verloren.

Das Gespräch drehte sich oft um die Marquise de Brinvilliers, die angeklagt war, ihren Vater und ihre beiden Brüder vergiftet zu haben, um sie zu beerben. Zwar war die Dame nach Lüttich geflüchtet, doch der berühmteste Kriminalist seiner Zeit, der Polizeibeamte Desgrez, hatte sie dort überlistet, als sie ihm ein Schäferstündchen gewährte. Wenn von der Geschichte geredet wurde, lief ein Schauder über edle Schultern, und auf mancher Stirn stand der Angstschweiß.

Der Erste Präsident ließ den Jesuiten Pater Pirot, der den Auftrag hatte, der Vatermörderin beizustehen, wissen, welches Interesse er daran habe, »diese Verbrechen mit ihr sterben zu sehen«, und hielt ihm »das öffentliche Interesse« vor Augen.

Die Brinvilliers wurde enthauptet; sie hielt sich außerordentlich tapfer. Madame de Sévigné beobachtete die Hinrichtung vom Pont-Neuf aus. »Niemals«, so schrieb sie, »hat man so viele Menschen in Paris so bewegt und so aufmerksam gesehen.«

Messina erhob sich gegen die Spanier und rief die Franzosen zu Hilfe. Der Herzog von Vivonne, ein Bruder der Montespan, lief mit sieben Kriegsschiffen den Hafen an. Also mußten sich die Spanier an ihren Erbfeind, die Holländer, um Hilfe wenden. Die französische Flotte, die von Abraham Duquesne befehligt wurde – »einem Mann, der sich bisher mehr als Schiffseigner als in der Kunst der Kriegführung ausgezeichnet hatte« –, mußte sich Ruyter stellen, der die spanische und die niederländische Flotte kommandierte. Duquesne wurde Sieger in zwei Begegnungen, deren zweite seinen berühmten Gegner das Leben kostete.

Als Ludwig XIV. die Nachricht von Ruyters Tod erhielt, zeigte er sich erschüttert. Man hielt ihm vor, daß er immerhin von einem gefährlichen Feind befreit worden sei, doch er meinte:

»Man kann nicht anders, als den Tod eines großen Mannes zu bedauern.«

Duquesne, zum französischen Ruyter geworden, gewann auch eine dritte Schlacht, wagte aber zuviel, als er gleichzeitig die Herrschaft zu Wasser und zu Lande anstrebte: Frankreich konnte Sizilien nicht behaupten. Statt dessen erschreckte diese Demonstration seiner Macht zur

[1] Etwa acht Millionen Francs.
[2] »Landsknecht«, ein aus Deutschland eingeführtes Kartenspiel. (Anm. d. Übers.)

See die Engländer und machte ihre unumgänglich notwendige Neutralität noch unsicherer.

In Flandern war nun die Jahreszeit der Kriege wiedergekommen, und es schien notwendig, daß sich der König und Monsieur bei den Soldaten blicken ließen. Unter der Leitung von Vauban empfahl man den von Ludwig XIV. so geschätzten Belagerungskrieg. Doch plötzlich wandelte sich die Lage, denn Wilhelm von Oranien traf mit 50 000 Mann zum Entsatz von Bouchain ein. Von einer Anhöhe aus – dem sogenannten Meierhof von Urtebise – sah der König, wie sich die neuen Truppen aus dem Gewühl heraus zum Kampf aufstellten. Er hielt zu Pferde Kriegsrat mit Louvois, fünf Marschällen von Frankreich und einigen anderen. Der Marschall de Lorges empfahl, eine Schlacht anzunehmen, die alles entscheiden mußte. »Er machte auf den leicht zu erringenden Sieg und seine großen Folgen aufmerksam.« Louvois war anderer Meinung und setzte sich durch. Der König »fügte sich der Stimmenmehrheit«. Er hatte recht. Die Kriegslage und der Zustand des Landes hätten eine Niederlage zur Katastrophe werden lassen. Ein Jean Le Bon (1350 bis 1364 König von Frankreich) oder ein Franz I. (1515–1547 König von Frankreich) hätten sicherlich alles aufs Spiel gesetzt, doch Ludwig überließ den Wagemut seinen Höflingen. Niemals hat ein Fürst weniger aufs Spiel gesetzt. Die öffentliche Meinung trug es ihm nach, der Adel war empört. Saint-Simon, Schwiegersohn des Marschalls de Lorges, rief die Jahrhunderte auf zu Zeugen solcher Feigheit.

Einen Monat später kam es nach dem Fall von Philippsburg, das Luxembourg nicht hatte retten können, zu einer neuen Welle des Mißvergnügens. »Aber schließlich«, sagte Ludwig erschöpft, »bin ich deshalb nicht weniger der König von Frankreich.«

»Es ist aber so, Sire«, antwortete ihm kühn der Herzog von Montausier, Erzieher des Thronfolgers, der Molière zu seinem *Menschenfeind* inspiriert haben soll, »daß Sie sehr wohl dann König von Frankreich wären, wenn man Ihnen Metz, Toul, Verdun, die Freigrafschaft und mehrere andere Provinzen wieder verschaffte, die Ihren Vorfahren verlorengegangen sind.«

Solche Reaktionen sind natürlich aufschlußreich, weil sie beweisen, daß die Freude am Krieg und der Imperialismus, die man so oft Ludwig XIV. vorwirft, keineswegs nur aus seinem Wesen stammten, sondern im Nationalgefühl verankert waren.

Der Verlust von Philippsburg führte zu einem heftigen Streit zwischen Luxembourg und Louvois, der dem unglücklichen General heftige Vorwürfe machte und sogar mit der Bastille drohte.

Gegen Ende des Feldzugs stand der Feind am Fuß der Vogesen. Trotz den wohlgeordneten Belagerungen nahm der Krieg eine unheilvolle Wendung, so daß der Ausgang unsicher schien, um so mehr, als in

England Sturm drohte. »Der Haß der Leute hier steigert sich zur Wut«, schrieb der Gesandte Courtin. Zwar hatte sich Karl II. 1676 das Parlament vom Halse schaffen können, war aber schon im Jahr darauf gezwungen, es wieder einzuberufen. Es ließ sich leicht voraussagen, daß es den Bruch mit Frankreich verlangen werde. Karl machte Winkelzüge, alle seine Vertrauten verlangten unverschämt Schmiergelder von Courtin, und die einzige, die kühn Frankreichs Sache verteidigte, war die schöne Herzogin von Portsmouth – das einstige Fräulein von Kéroualle, das Karls Schwester Henriette nach England gebracht hatte.

In Saint-Germain, in Fontainebleau, in Versailles drehte sich ungestört der Reigen der Feste und Vergnügungen, und die Bautätigkeit lief unverändert weiter. Keine Sorge, kein Wirbelsturm durfte etwas an der ständigen Repräsentation ändern, die der Monarch seinen Untertanen bot. *»Die Leute lieben das Schauspiel. Damit binden wir sie mit Geist und Seele an uns, manchmal vielleicht mehr als durch Belohnungen und Wohltaten.«*

Das Schauspiel der königlichen Liebschaften war allerdings etwas anderes. Anne de Rohan-Chabot, Prinzessin von Soubise, war hübsch gewachsen, hatte rotes Haar und sehr weiße Haut. Sie hatte außerdem einen recht betriebsamen Gatten, der ihr fast jedes Jahr ein Kind zeugte. Die immer wachsame Madame de Montespan stellte eines Tages fest, daß die Prinzessin regelmäßig smaragdene Ohrgehänge trug, wenn sich der Herr von Soubise nach Paris begab. Sie ließ den König beobachten und kam hinter die Liebschaft. Die Ohrgehänge waren ein Signal! Ludwig schätzte Madame de Soubise sehr, obwohl ihre Beziehungen unterbrochen wurden: Nach einigen Wochen der Schwangerschaft wurde die neue Mätresse unansehnlich; sie bekam insgesamt elf Kinder, von denen mindestens einem königliches Blut nachgesagt wurde.

Athénaïs schäumte vor Wut, und Ludwig heuchelte Reue. »Alles ist wieder eingerenkt«, schrieb Madame de Sévigné. »Quanto legte neulich beim Spiel ihren Kopf vertraulich auf die Schulter ihres Freundes. Man nimmt an, daß diese Zärtlichkeit besagen soll: Mir geht es besser als je zuvor.«

In Wirklichkeit hatte aber Ludwig keineswegs mit der ehrgeizigen Prinzessin gebrochen, die nach Saint-Simons Worten »so viel Nutzen aus ihrem Handel zu ziehen wußte«. Es gelang dem klugen Köpfchen nicht nur, diesen Handel sehr lange fortzusetzen, sondern die Liebe in Freundschaft zu wandeln, als der König fromm wurde. »Sie verstand sogar diese Frömmigkeit zu ihrem Vorteil auszunutzen, unter dem Vorwand, sie wolle ihrem Gemahl nicht die Augen öffnen – die er so gern geschlossen hielt – weil er ja sonst den Unterschied spüren müsse«, meint wieder Saint-Simon.

Madame de Soubise brachte die Favoritin nicht in Gefahr, weil sie einen Skandal scheute. Anders war es bei Madame de Ludre, einem Ehrenfräulein von Madame und Stiftsdame in Lothringen (daher der Titel Madame). »Der König kümmerte sich nicht um sie, solange sie bei der Königin war«, schrieb Liselotte, »er interessierte sich erst für sie, als sie bei mir war.« Liselotte, die sich unbewußt in ihren Schwager verliebt hatte, verschaffte seiner großen Freundin Montespan gern Nebenbuhlerinnen.

Bei dieser Gelegenheit wird die wachsende Erbärmlichkeit des Adels ersichtlich: »Auf die bloße Annahme hin, sie [die Ludre] sei die Freundin des Königs, erheben sich bei ihrem Eintritt alle Prinzessinnen und Herzoginnen, selbst in Gegenwart der Königin, und setzen sich erst, wenn Madame de Ludre ihnen das Zeichen dazu gibt, genau, wie es bei der Madame de Montespan war«, berichtete Primi Visconti. Wahrhaftig, Ludwig hatte die Bestien gezähmt, vor denen noch Richelieu so oft gezittert hatte!

An den der Madame de Ludre erwiesenen Huldigungen erkannte auch die Königin die erneute Untreue, litt aber, da sie endlich resigniert hatte, viel weniger darunter als die Montespan. Athénaïs regte sich schrecklich auf und erzählte, ihre Rivalin habe eine abscheuliche Hautkrankheit. Seltsamerweise schadete sie ihr damit nicht, und den Bruch führte eine Kleinigkeit herbei.

Um einer Freundin gefällig zu sein, vertraute die schlimme Stiftsdame derem Mann die Vermittlung zwischen sich und ihrem erlauchten Liebhaber an. Ludwig, in dessen Augen Indiskretion immer noch das größte Verbrechen blieb, fürchtete entsetzt, daß sein – so offenes – Geheimnis »einem üblen Nichtstuer ohne Bedeutung« ausgeliefert sei. Sofort brach er mit der Dame und schickte sie ins Kloster, nicht ohne ihr zweihunderttausend Livres anzubieten, die sie zurückwies.

Bussy-Rabutin meint: »Wenn die Ablehnung . . . ihr den Liebhaber zurückgebracht hätte, müßte ich sie als sehr geschickt bezeichnen. Wenn nicht, würde ich mit dem alten Senneterre sagen, daß die Leute von Ehre keine Hosen haben.« Die Sévigné sang dagegen das Lob ihrer Base Montespan: »Ach, meine Tochter, welcher Triumph in Versailles! Welcher vervielfachte Stolz! Welch feste Verbindung! Welche Herzogin des Valentinois [Diane de Poitiers]! Welche Anziehungskraft selbst bei Ablenkungen und Abwesenheit! Welche erneute Besitzergreifung!«

Im Jahr darauf wurde ein Sohn geboren. Die Kirche und Madame de Maintenon hatten die Partie noch lange nicht gewonnen.

Kaum war das Unterhaus zusammengetreten, als es auch schon eine Adresse an Karl II. richtete und ihm vorstellte, daß »sein Volk außerordentlich erbittert und besorgt sei über die dem Königreich offensichtlich von der Macht und Machtsteigerung des Königs von Frankreich drohende Gefahr«. Die Abgeordneten waren bereit, Seiner Majestät für einen Krieg gegen Frankreich 20 Millionen Pfund zu geben. Karl erinnerte daran, daß allein er über Krieg und Frieden zu entscheiden habe. Zu Courtin sagte er:

»Ich überwerfe mich mit all meinen Untertanen, Ihrem Herrn, dem König zuliebe. Ich bin entschlossen, mein Wort zu halten, beschwöre ihn aber, mich zu beruhigen und vor dem Winter Frieden zu schließen.«

Diesmal half sich Ludwig mit einer außerordentlichen Zuwendung von zwei Millionen Livres (wenig im Vergleich zu dem, was er den Unterhausabgeordneten zukommen ließ) und einer Abtei, die Louise de Kéroualles Tante erhielt. Der Aufschub mußte ihm die Möglichkeit verschaffen, eine militärische Entscheidung herbeizuführen, falls der Krieg nicht mit einem Fiasko enden sollte. Man war weit von den Träumen von 1672 entfernt.

Aber das Glück, das seit damals so mit seiner Gunst gegeizt hatte, wandte sich plötzlich wieder den Franzosen zu. Racine und Boileau wurden gerade im richtigen Augenblick zu Historiographen des Königs ernannt, übrigens zum Ärger der Madame de Sévigné. (»Racine ist ein Pedant«, schrieb sie, trug es aber den beiden Dichtern vor allem nach, daß sie nicht von Adel waren.)

Während Ludwig dank Vauban persönlich Valenciennes und Cambrai einnahm, bewies sein Bruder die echte Begabung zum großen Heerführer durch den glorreichen Sieg von Cassel bei Dünkirchen über Wilhelm von Oranien.

Die Nation war hingerissen. »Wenn ich ihn persönlich gewonnen hätte, wäre ich nicht mehr beglückt gewesen«, schrieb der König an Condé. Eine Lüge. Den höchsten Ruhm eines Siegers in offener Feldschlacht hatte Ludwig selbst zurückgewiesen auf jenem Meierhof von Urtebise. Er hat ihn nie errungen. Und er empfand tiefe Bitterkeit, als er diesen verweichlichten Bruder, den er liebevoll und verächtlich zugleich zu behandeln pflegte, so vom Sieg gekrönt erlebte. Niemals wieder erhielt Monsieur ein Kommando, und die französische Armee mußte zu einer Zeit auf einen großen General verzichten, als sie nur wenige von Format besaß. Weder der Charakter Philippes von Orléans noch die innere Lage des Landes rechtfertigten 1677 die Sorge, daß ein Sohn von Ludwig XIII. sein Ansehen benutzen könne, um den Thron

1 Ludwig XIV. im zwanzigsten Jahr seiner Thronbesteigung, 1663

2 Maria Theresia, Königin von Frankreich, um 1660

3 Ludwig XIV. mit dem Grand-Dauphin, den Herzögen von Burgund und Anjou und Madame de Maintenon, um 1710

4 Der Grand-Dauphin mit seiner Familie, 1686

5 Françoise Louise de la Baume Le Blanc, Herzogin de La Vallière

6 Françoise-Athénais de Rochechouart Marquise de Montespan

7 Françoise d'Aubigné, Marquise de Maintenon

8 Marie-Angélique Scoraille de Roussille, Herzogin de Fontanges

9 Molière

10 Elisabeth-Charlotte, Herzogin von Orleans (Liselotte von der Pfalz)

11 François VI., Prince de Marsillac, Herzog von La Rochefoucauld

12 Marie-Adelaide, von Savoyen, Herzogin von Burgund

17 François de Salignac de la Motte, Fénélon

18 Jacques-Benigne Bossuet

19 Sébastien Le Prêtre de Vauban

13 Jean-Baptiste Colbert

14 François-Michel Le Tellier, Marquis de Louvois

15 Jean-Baptiste Racine

16 Philippe, Herzog von Burgund

20 Versailles, Parkseite

21 Die „Bäder des Apoll“ im Park von Versailles

ins Wanken zu bringen. Der Sonnenkönig gab einfach einem unedlen Neid nach und hatte später den Preis dafür zu zahlen.

Wilhelm von Oranien litt ebenfalls darunter, kein großer Heerführer zu sein. Doch ihm hielt das Geschick auf einem anderen Gebiet Erfolge bereit. Ludwig XIV., dem es nicht mehr um Holland ging, hätte es gern aus der Koalition herausgelöst und streckte insgeheim Friedensfühler aus. In seinem Hochmut beging er dabei den unglaublichen Fehler, dem Statthalter die Hand seiner gesetzlich anerkannten Tochter von Louise de La Vallière anzubieten. Einen Bastard für einen Prinzen, der durch seine Mutter von den Stuarts abstammte, der außerdem ein Großenkel Heinrichs IV. war! (Nämlich durch die Ehe Karls I. von England mit Henriette von Frankreich, der Schwester Ludwigs XIII.) Niemals vergaß Oranien diese Beleidigung; sein Haß wuchs.

Jetzt aber keimte ein Gedanke im Geist des englischen Ministers Danby, der ein doppeltes Spiel unterhielt, einerseits die finanziellen Schachzüge seines Herrn unterstützte und andererseits den Franzosenhaß im Parlament schürte. Karl II., Vater unzähliger Bastarde, hatte keine legitimen Kinder. Erbe der Krone war also sein Bruder, der Herzog von York, und nach ihm dessen beide Töchter aus erster Ehe, Maria und Anna. Zwar war York katholisch, doch die Töchter hielten der protestantischen Konfession die Treue. Danby plante eine Ehe der älteren mit dem Prinzen von Oranien.

Die Sache wurde in aller Heimlichkeit abgesprochen. Eines Tages landete Wilhelm von Oranien auf englischem Boden, wo man ihn nicht erwartet hatte, und gab bekannt, daß er sich um die Hand seiner Kusine bewerbe. Das gefiel weder Karl II. noch dem Herzog von York, am wenigsten aber Ludwig XIV. Man versuchte Gegenzüge. Zu spät. England begeisterte sich für den Wortführer des Protestantismus, den Feind Frankreichs, und es begrüßte diese Verlobung. Am 4. November 1677 fand fast ohne jede Zeremonie die Hochzeit statt, die so viele entscheidende Ereignisse der Weltgeschichte im Kielwasser gehabt hat.

Ludwig XIV. begriff, welcher Schlag ihm versetzt worden war. Seine Generäle siegten überall, Créqui in Freiburg, Luxembourg bei Charleroi, Vauban bei Saint-Ghislain. Der König selbst nahm Gent und Ypern im März 1678 ein – aber jede Eroberung brachte England näher an den Rand des Krieges.

John Churchill wurde beauftragt, ein Bündnis auszuhandeln, das ein gemeinsames militärisches Vorgehen mit Holländern und Spaniern vorsah. Und so erwähnt sein berühmter Nachfahre Sir Winston Churchill denn auch schamhaft, Wilhelm von Oranien sei nicht unfreundlich zu jungen Männern gewesen. Glanzvoll empfing er den schönen Colonel, der wie er selbst achtundzwanzig Jahre alt war, und die beiden fingen an, auf der Landkarte Frankreichs Untergang zu planen.

Sie machten die Rechnung ohne Karl II. Tatsächlich verstand es dieser große Politiker, den Frieden gegen die Kriegslust seiner Untertanen wie gegen den Ehrgeiz des Königs von Frankreich durchzusetzen. Im Augenblick aber zeigte Ludwig XIV. nicht weniger Geschick. Er mußte sich den Tatsachen fügen. Wenn sich England seinen Feinden zugesellte, dann geriet er ernstlich in Gefahr. Mindestens würde ihn England zwingen – wie 1668 Holland –, sich seinem Schiedsspruch zu unterwerfen. Das aber wollte der König auf jeden Fall verhindern.

So groß sein Zorn auch war, er entschloß sich auf der Stelle zu einem Schachzug, der die Welt und die Nachwelt in Staunen versetzte. Mitten aus einer Siegesserie heraus, fünfzehn Tage nach seinem Einzug in Ypern, richtete er ein Friedensangebot an seine Gegner, und zwar als Ultimatum, das binnen Monatsfrist angenommen oder abgelehnt werden mußte (9. April 1678).

Unter englischer Vermittlung begannen die Unterhandlungen von Nimwegen. Der König fegte seinen großen Plan vom Tisch, der den Krieg überhaupt erst entfesselt hatte, er opferte Colberts Politik, als er auf die Zölle von 1667 verzichtete, Maastricht an Holland und verschiedene Orte an Spanien zurückgab, die als schützende »Schranke« gegen eine neue Invasion der Vereinigten Provinzen ausgegeben wurden. Diese unerwarteten Bedingungen waren so günstig, daß die Generalstaaten sie annahmen, gegen den wütenden Statthalter, der gar zu gern weitergekämpft hätte. So zog Holland schließlich Vorteile aus einem Unternehmen, das zu seinem Untergang begonnen worden war, doch seine Macht zur See war geschwächt.

In Spanien hatte die französische Partei unter Don Juan d'Austria die Günstlingsherrschaft der Königinmutter ersetzt. Das holländische Beispiel gab Anlaß, die übrigens recht drakonischen Bedingungen Ludwigs XIV. anzunehmen. Das kraftlose Reich des schwachsinnigen Karls II. von Spanien zahlte die Kosten des Abenteuers: Frankreich behielt Flandern und die Franche-Comté.

Als letzter fügte sich der Kaiser, verzichtete auf Freiburg und Alt-Breisach und bestätigte aufs neue den Westfälischen Frieden. Da sich der neue Herzog von Lothringen, Karl V., weigerte, eine französische Garnison in Nancy zu dulden, hielt Ludwig weiterhin sein Land besetzt.

Der untröstliche Wilhelm rächte sich blutig. Da Holland am 10. August 1678 den Frieden unterzeichnet hatte, saß der Marschall de Luxembourg, der vor Mons lagerte, friedlich beim Essen im Dorf Saint-Denis, als sich am 14. August die gesamte Streitmacht Oraniens auf ihn stürzte. Viertausend Mann starben völlig sinnlos, denn Wilhelm gelang es nicht einmal, diese schändliche Schlacht zu gewinnen.

Anfang des Jahres 1679 herrschte endlich Frieden in Europa, für das Ludwig XIV. zum Schreckgespenst geworden war. Symbol des Friedens wurde die Hochzeit des Königs von Spanien mit Marie-Louise von Orléans, der ältesten Tochter von Monsieur und Henriette Stuart. Mit erdrückendem Pomp wurde hier ein Opfer gebracht, das an die Opferung Iphigenies erinnerte, doch nur die arme Prinzessin, die den Dauphin liebte und beim Anblick des Porträts von ihrem Bräutigam fast in Ohnmacht gefallen war, vergoß Tränen. »Sie wissen sehr gut«, hatte ihr Onkel gesagt, »daß Persönlichkeiten wie wir für den Staat da sind.«

Der Sonnenkönig stand im Zenit. Er hatte fast allein eine höchst gefährliche Koalition in Schach gehalten, hatte zu Lande und zu Wasser triumphiert, zwei Provinzen annektiert, einen ganzen Staat (Lothringen) beschlagnahmt, seinen Feinden sein Gesetz diktiert. Die Welt war hingerissen, wenn es auch immer noch Leute gab, die ihm die Räumung Hollands und Siziliens vorwarfen.

Wenn Ludwig XIV. nun auch wie seine Statuen als triumphierender Imperator auftrat, war er insgeheim doch voller Groll, denn bei allen Schmeicheleien wußte er nur zu gut, daß sein 1670 mit so viel Umsicht und exakter Vorbereitung begonnenes Unternehmen gescheitert war. Er wußte, daß ihn Englands Druck zum Verhandeln und zur Begrenzung seiner Eroberungen gezwungen hatte. Er wußte, welche Gefahr die Heirat des Prinzen von Oranien darstellte. Und der Mann, der sie zuwege gebracht hatte, sollte es büßen.

Der englische Gesandte in Paris, Montague, war so unvorsichtig gewesen, der Liebhaber der Herzogin von Cleveland und danach ihrer Tochter zu werden, und die flatterhafte Mätresse Karls II. hatte es dem König zu verstehen gegeben. Montague fiel in Ungnade und bot seine Dienste dem König von Frankreich an. Gegen 100 000 Kronen lieferte er dem englischen Unterhaus die Beweise, daß Danby, der Protestant und Feind Frankreichs, eigenhändig Quittungen für von Frankreich erhaltene Gelder unterzeichnet hatte.

Nun hatte sich aber England, enttäuscht vom Ergebnis seines Kreuzzugs, einer Hysterie überlassen, wie sie die Vereinigten Staaten zur Zeit von MacCarthy erlebt haben. Als Vorläufer des amerikanischen Senators, als unermüdlicher, besessener Spürhund, der das katholische Komplott ans Licht zerren wollte, trat der einstige Jesuit Titus Oates auf. Fünf Jahre lang brachte er es fertig, daß Mißtrauen, Haß und Terror in England herrschten. Antipapismus verwirrte auch die vernünftigsten Köpfe. Fünf Lords wurden in den Tower geworfen, unbarmherzig richtete man Leute hin, die sich kaum verdächtig gemacht hatten. Sogar die Königin entging mit knapper Not einer Anklage.

In diese Atmosphäre des Irrsinns fielen Montagues Enthüllungen. Das Unterhaus schickte Danby sofort ins Gefängnis, und Karl II. stand um so einsamer da, als ihm Ludwig XIV. wegen der Heirat seiner Nichte die Bezüge gekürzt hatte.

Überall hatten die Kronen an Glanz verloren, wenn sie nicht gar schwankten. Durch England strich wieder ein Hauch von Revolution. Gegen alle Erwartungen war der König von Spanien zwar siebzehn Jahre alt geworden und hatte geheiratet, doch man hatte sich so sehr um seine Gesundheit gesorgt, daß er nichts gelernt hatte – nicht einmal Lesen und Schreiben! So herrschte er über Länder, deren Lage er nicht anzugeben wußte.

Der Kaiser hatte einen Aufstand ungarischer Magnaten niederzuschlagen und mußte einen türkischen Angriff befürchten. Schweden verfiel. Die Fürsten in Deutschland und Italien zählten nicht. Die holländische Regierung leckte ihre Wunden und baute ihre Finanzmacht wieder auf. Es gab wirklich keinen anderen König in Europa, bei dem das Symbol der Sonne nicht allzu übertrieben schien. In Versailles feierten Deckengemälde, Skulpturen und Dekorationsmotive die Erfolge des Halbgottes und verhöhnten seine Gegner. Am Eingang zum Hof befanden sich zu beiden Seiten des Gitters Gruppen allegorischer Figuren, auf der einen ein zerschmetterter Adler (das Reich,) auf der anderen ein gefangener Riese und ein liegender Löwe (die spanische Monarchie).

Die Schöffen von Paris verliehen Ludwig feierlich den Beinamen »der Große«, der schon längst auf den Münzen zu lesen war und jetzt auf dem Sockel öffentlicher Denkmäler glänzte. Und doch ist nicht Ludwig der Große, sondern Ludwig der Vierzehnte der Nachwelt im Gedächtnis geblieben! Das unterstreicht seinen Ruhm, denn: »Die Titel besagen der Nachwelt nichts. Der bloße Name eines Mannes, der große Taten vollbracht hat, bedeutet mehr Ansehen als alle schmückenden Beiwörter«, meint Voltaire.

Mit vierzig Jahren

An der Schwelle der Vierziger konnte Ludwig XIV. mit Recht davon ausgehen, daß er die Menschen der westlichen Welt von sehr großer Höhe aus beherrschte. Ein solches Übergewicht hatte es seit den Tagen der römischen Cäsaren nicht gegeben. Und schließlich hatte nun auch ein solcher Cäsar, Gegenstand heidnischer Verehrung, den Thron Ludwigs des Heiligen eingenommen. Der Kapetingerfürst, wahres Haupt der Familie, der ständig am Leben der Franzosen teilhatte, war verschwunden. Ludwig XIV. berief sich zwar gern auf seine Pflichten als Vater der Nation, hätte es aber niemals wie Ludwig XIII. über sich gebracht, »Es lebe mein Volk!« zu rufen. Ihm war die Unterwerfung seiner Untertanen wichtiger als ihre Liebe.

Merkwürdig ist es, daß es diesen von seiner Größe und seinem fast göttlichem Wesen überzeugten Herrscher unersättlich nach Schmeicheleien verlangte, daß er ständig bemüht war, zu glänzen und zu blenden. »Der König wird der Lobreden niemals überdrüssig, und sein Ehrgeiz ist maßlos«, schrieb der venezianische Gesandte Foscarini. »Er ist liberal aus Eigennutz, großartig in seinem Prunk, geizig von Natur aus, neugierig aus Mißtrauen und mißtrauisch aus Neugier.«

Ezechiel Spanheim, der Gesandte des Kurfürsten von Brandenburg, schildert ihn unnachsichtig: »Man könnte noch Eifersucht hinzufügen, oder eine echte, wiewohl verborgene Abneigung gegen alles, was mit seiner Größe, Macht und Verdienst in Wettbewerb tritt oder auf andere Weise öffentliches Ansehen und Verehrung hervorruft.« Umgeben von den Speichelleckern war Ludwig XIV. an den Punkt gelangt, wo berühmte Männer und Frauen nicht mehr mit ihren Erfolgen zufrieden sind, sondern verlangen, daß sie allein Erfolg haben.

Der gesunde Verstand, über den er sicherlich verfügte, dieser gesunde Verstand, den er selbst für die Grundlage einer weisen Regierung hielt, hatte Ludwig dennoch nicht die Denkmäler, Ansprachen, Schriften erspart, die ihn »weit über die Grenzen der Sterblichen« erhoben. Der Große König schrieb sich selbst sozusagen guten Glaubens alle glücklichen Ereignisse seiner Herrschaftszeit zu. »Er zog daraus eine Gewißheit, die zu einer anderen Beurteilung (einer falschen) seiner Unternehmungen und seiner Kräfte führte und schließlich zur Mißachtung seiner Feinde. Das Selbstvertrauen ging so weit, daß er alles als Kränkung auffaßte, was seine Pläne oder seine Autorität in Europa zu verkleinern schien. Man könnte fast sagen, daß hier seine große Schwäche liegt, die für die Ruhe Europas bedrohlich wird«, schrieb wieder Spanheim.

Um diese Autorität, die nur wenige Menschen so vollständig besessen haben, fürchtete der König ständig, ein Nachhall nie überwundener Kindheitserlebnisse. Wer diesen Hebel richtig anzusetzen verstand, konnte mit Leichtigkeit seinen Willen lenken.

Der Sonnenkönig war der vollkommene Gegensatz zu Heinrich IV., der seine Ungezwungenheit, seine Bosheit und sogar seine sinnlichen Begierden als Mittel der Regierung einzusetzen verstand – er war aber ebenso das Gegenteil Ludwigs XIII., des Märtyrers seines Amtes. Ein hintergründig wirkender Ödipuskomplex hinderte Ludwig, sich als Glied einer langen Kette zu erkennen, und so hörte er gern von den mythologischen Helden der Antike erzählen, nicht aber von seinen eigenen Vorfahren. Bald nach seinem Tod, als Voltaire die *Henriade* schrieb, erinnern sich viele Leute nicht, wer dieser Heinrich IV. gewesen war. Eine Dame von Rang hielt ihn für den Sohn Heinrichs III.!

Wie unangenehm, daß man den Nachfolger nicht ebenso übergehen konnte wie die Vorfahren! Ludwig XIV. war insgeheim von der gleichen düsteren Eifersucht gegen den Thronfolger gequält wie einst sein Vater gegen ihn selbst, und dennoch verdiente nie ein Prinz weniger eine solche Haltung. *Monseigneur*, wie ihn König und Land nach einem beißenden Witz zu nennen pflegten, hatte von seiner Mutter die Sanftmut, die Unterwürfigkeit, die mäßige Intelligenz geerbt. Sein Leben lang blieb er wie erstarrt vor Anbetung dieses gewaltigen Vaters, der ihm einen heiligen Schrecken einflößte und dessen Beweise von Zuneigung ihn nicht zu täuschen vermochten. Einen Höfling der königlichen Gunst zu empfehlen, war für Monseigneur das sicherste Mittel, ihn zu verderben. Der Prinz wußte es und verbarg es nicht den seltenen Bittstellern, die sich an ihn wandten.

Eltern, die ihre Kinder aufrichtig lieben, geben ihnen gerne die gleiche gute Erziehung, die sie selbst genossen haben. Ludwig XIV. ließ seinen Sohn aber genau im entgegengesetzten Sinne erziehen. Statt einer leidenschaftlichen Mutter und einem liebevollen und verführerischen Erzieher erhielt der Dauphin den unangenehmen Herzog von Montausier, Molières Menschenfeind *Alceste* in Person. Dieser Herr aus einer vergangenen Epoche wandte seinem Schüler gegenüber die gleichen unbarmherzigen Methoden an, die Ludwig XIII. so viele bleibende Komplexe eingetragen hatten; sie zerstörten nun seinen Enkel.

Auf diesem Gebiet lassen sich kaum größere Gegensätze denken als Habsburg und Bourbon, denn während Karl II. von Spanien nur mühsam buchstabierte, erhielt sein Neffe von Frankreich Bossuet als Lehrer. Bossuet, Bischof von Condom, war der große Theoretiker des göttlichen Rechts. Er hatte Turennes Bekehrung bewirkt. Das löschte die Erinnerung an seine kühnen Predigten gegen die königlichen Ehebrüche aus. »O Könige, Ihr seid Götter!« rief er gern mit dem Psalmendichter aus. Er behandelte den künftigen Gott nicht wie ein zurückgebliebenes Kind, sondern überhäufte ihn mit so großartigem Unterrichtsstoff, daß dem Dauphin für alle Zeiten ein Abscheu vor Büchern, Gelehrsamkeit und Historie nachblieb. Mit achtzehn Jahren hatte Monseigneur so gut wie nichts von all den vergeblich angehäuften Kenntnissen behalten, und die Dumpfheit seiner Sinne stand der seines Geistes nicht nach.

Also hatte der vierzigjährige König den Vergleich mit seinem Erben nicht zu fürchten. Von seiner »Schönheit« war allerdings nicht mehr die Rede. Runzeln durchzogen das nun bartlose Gesicht und gaben ihm einen fast bitteren Ausdruck. Dennoch glich er in nichts dem Griesgram, als den Molière die Männer seines Alters schilderte. Er war noch jung, noch den Launen einer überschäumenden Sinnlichkeit unterworfen, noch von ungebrochener Kraft. Er hatte, wenn das überhaupt möglich war, alles noch vollkommener entwickelt, seinen Ernst, seine großen Gesten, sein aufwendiges »Handwerk«. Der König erschreckte oder »berauschte« nach Gutdünken. Er war ein bemerkenswerter Redner, ein bezaubernder Erzähler, ein Stilkünstler ohnegleichen; Gabriel Boissy hat ihn zum ersten Schriftsteller seiner Zeit erklärt. »Seine Majestät«, sagte Benserade, »konnte ebensowenig ein falsch angebrachtes Wort wie einen Soldaten außer Reih und Glied ertragen.« Man bewunderte seine unvergleichliche Ausdrucksweise. Primi Visconti notierte: »Was immer er sagt, und wenn es die frivolsten Dinge sind – es spricht ein Orakel.« Ein Orakel, das aber mit Äußerungen geizte: *»Ein König muß mehr zuhören als sprechen, weil es schwierig ist, viel zu reden, ohne zuviel zu sagen.«* Da der König alles wissen wollte, hörte er gründlich zu. »Weil er so viele Predigten, Gedichte und Reden anhört und ihm gewidmete Bücher liest, ermüdet es ihn«, überliefert uns wieder Primi Visconti und zerstört damit die von Saint-Simon so gepflegte Fabel vom ungebildeten König.

Der Hof erinnerte kaum noch an die Hunderte kühner, ausschweifender, leichtsinniger, ironischer junger Leute, die den König in den Jahren um 1660 umgaben. Jetzt handelte es sich um ein geordnetes Gemeinwesen von mehreren tausend Menschen, die einer fast militärischen Disziplin unterworfen waren. Niemand dachte daran, dem Luftzug auszuweichen, weil Seine Majestät ihn liebte, jeder stopfte sich mit Essen voll, wenn Majestät Hunger hatte. Selbst schwangere Frauen mußten die fürchterlichen Reisen in der Karosse mitmachen. Ein kleiner fürstlicher Hof, wie ihn Henriette Stuart – Philippes von Orléans erste Frau – unterhalten hatte, war nirgends mehr zu bemerken. Ludwig XIV. wollte, daß seine Aristokratie unter seinen Augen lebte (unglückselig, wen er »nie sah«!), und verhielt sich dabei wie ein – königliches – Uhrwerk.

Ob nun aus Neigung oder aus Pflichtgefühl: Er erlaubte sich auch keine Improvisationen mehr in seiner ständigen Rolle als Schauspieler auf der Bühne: Jede Bewegung, jede Geste, jedes Wort waren wohlbedacht, gewollt. Und da die kleinste Schattierung ihre Bedeutung hatte, waren die Gesandten und Hofleute unablässig beschäftigt, sie möglichst ohne Irrtum zu deuten.

Der Sonnenkönig wurde um halb acht Uhr geweckt und erhob sich eine Stunde später. Dann vollzog er wie ein Hohepriester das komplizierte Ritual des kleinen und des großen »Levers«. Um zehn Uhr morgens übernahm er den Vorsitz im Staatsrat (dieser Stundenplan wurde in seiner letzten Regierungszeit geändert). Dann begab er sich in die Messe, vorbei an Bittstellern, die ihm oft eine Bittschrift überreichten. Er nahm sie alle mit seinem unentwegten »Ich werde sehen« entgegen, wobei er den Tonfall allerdings beziehungsvoll abzustufen pflegte.

In der Kapelle bildeten die Anwesenden zu Füßen des Altars einen

Kreis, wobei sie dem die Messe lesenden Priester den Rücken wandten, stehenblieben und ihre Blicke ergriffen auf die Tribüne des Königs wandten, wenn er kniete. Das gab La Bruyère die Bemerkung ein: »Man verzichtete nicht darauf, in diesem Brauch eine Rangordnung sichtbar zu machen, denn diese Leute schienen den Fürsten, der Fürst Gott anzubeten.«

Nach der Messe fühlte sich der König zum Sündigen berechtigt und ging – um ein Uhr mittags – zu einer seiner Mätressen. Um zwei Uhr dinierte er öffentlich bei der Königin. Man pflegt heute seinen Appetit herunterzuspielen, aber wir wissen von Liselotte von der Pfalz, was er so bei einer Mahlzeit zu sich nahm: vier Teller verschiedener Suppen, einen ganzen Fasan, ein Rebhuhn, einen großen Teller Salat, zwei große Scheiben Schinken, Hammel mit Brühe und Knoblauch, einen ganzen Teller Süßigkeiten, schließlich Obst und harte Eier.

Ludwig XIV. rügte genau wie sein Großvater Heinrich den Gebrauch der Gabel. Zum Mittagessen wurde übrigens höchstens sein Bruder geladen, sonst niemand, auch Molière nicht.

Nach dem Diner ging der König auf die Jagd oder machte einen Spaziergang; er arbeitete dann bis acht oder neun Uhr abends. Er entspannte sich bei Musik oder einer Partie Billard und ging um zehn Uhr abends zum Souper mit einigen Familienangehörigen. Um elf schlug wieder die Stunde für eine der Favoritinnen, bis die Zeit zum großen und kleinen »Coucher« gekommen war; die Nacht verbrachte er stets bei der Königin. An Festabenden war das Publikum eingeladen, die märchenhaften Veranstaltungen in den Gärten zu bewundern, und überhaupt konnte jeder Franzose, war er nur »anständig« gekleidet, seinen Herrscher täglich ausgiebig betrachten.

Die Mode paßte sich den Jahren des Königs an. Vorbei Bändergeriesel und Spitzengekräusel! Jetzt reichte das majestätische Justeaucorps, umgürtet mit einer Schärpe, bis zu den Knien, und die Perücke verstärkte das Löwenhafte. Edelsteine blitzten an Hut, Strumpfbändern und Schuhen. Vardes, nach zehnjähriger Verbannung zurückberufen, wurde belächelt, weil er noch die Kleidung von 1665 trug.

»Sire«, meinte der Fuchs, »wer das Unglück hat, fern von Ihnen zu leben, ist nicht nur elend, sondern auch lächerlich.«

Die Etikette verhärtete sich. So besuchte die Herzogin Sophie von Braunschweig-Lüneburg, Liselottes Tante und Mutter des späteren Königs Georg I. von England, inkognito den Hof: Man hatte sich nicht auf die Art von Sitz einigen können, auf die sie Anspruch gehabt hätte, wäre sie offiziell erschienen!

Der zweite Wendepunkt des Jahrhunderts war erreicht, mit ihm der Höhepunkt der klassischen Zeit, deren Niedergang jetzt einsetzte. Eine Generation verschwand oder verwandelte sich. Madame de Longueville und La Rochefoucauld starben. Condé hatte sich zurückgezogen. Die Grande Mademoiselle war nur noch eine bemitleidenswerte und lächerliche Verliebte. Corneille schrieb seit langem nichts mehr, Racine verzichtete auf das Theater und widmete sich seinem offiziellen Amt. Er war mit Lulli und Boileau einer der am meisten verwöhnten Künstler. Einmal schenkte ihm der König viertausend Louisdors (sie entsprächen heute rund 500 000 Francs).

Nun erwies sich, wie geschickt der König seine Aristokratie behandelt hatte. Die Notwendigkeit, auf großem Fuß zu leben und hoch zu spielen, richtete den Ehrgeiz, der früher der Macht gegolten hatte, jetzt auf das Geld. Die ersten Mesalliancen fanden statt: Große Herren machten sich die Töchter von Bankiers streitig, und Ritter vom Heiligen Geist scheuten sich nicht, mit millionenschweren Schlachtern zu spielen.

Üblere Sitten hatte es nie gegeben. In seinem *La France galante* schrieb Bussy-Rabutin: »Die Leichtfertigkeit der Damen hatte ihre Reize der Jugend so verächtlich gemacht, daß man bei Hofe kaum noch auf sie achtete. Die Ausschweifung herrschte hier mehr als an jedem anderen Ort der Welt, und obwohl der König mehrmals seinen Abscheu gegen solche Vergnügungen bezeigt hatte, konnte er sich gerade hier keinen Gehorsam verschaffen ... Die meisten Leute von Rang waren von dieser Art, aber auch einige Prinzen, was den König außerordentlich erzürnte.«

Die »Leute von dieser Art« gingen so weit, eine Art Bruderschaft zu gründen, zu der nur zugelassen wurde, wer schwor, ausschließlich aus praktischen Interessen zu heiraten. Der Graf von Marsan, ein Bruder des Chevaliers de Lorraine – Monsieurs Favoriten –, trug sogar einmal den Thronfolger in die Liste ein, wenn wir den Erinnerungen des Marquis de Sourches glauben können.

Diese reizende Jugend trank unmäßig, streifte nachts durch Paris, zerschlug die Laternen, riß Kruzifixe herab, versetzte einem Oblatenverkäufer, der sich nicht Gewalt antun lassen wollte, Schwerthiebe und überließ sich mit den Dirnen »tollwütigen Dingen«.

Wenn La Reynie dem König dergleichen berichtete, runzelte Seine Majestät zwar die Stirn, schritt aber nicht streng ein. Insgeheim kam es ihm vermutlich gelegen, den Niedergang der Familien zu beobachten, die seinen Vorgängern das Leben schwergemacht hatten. Das Ergebnis war übrigens, daß nun nicht mehr die Damen regierten wie zu Zeiten von Franz I. und der Fronde – und in England noch immer –, obwohl sich der König noch eine Zeitlang ihren Reizen beugte.

Die der Montespan welkten. Als Mutter von acht Kindern, unter denen ein Sohn von ihrem Ehemann stammte, mit einem Appetit gesegnet, der dem des Königs nicht nachstand, wurde Athénaïs höchst umfangreich; auch die Zauberpulver konnten es ihrem Liebhaber nicht verbergen. Und in diesem Augenblick trat eine Schönheit auf den Plan, wie man sie bei Hofe seit langem nicht gesehen hatte. Angélique de Fontanges, Tochter des Grafen Roussille, kam aus der Auvergne, um Madames – also Liselottes – Ehrenfräulein und möglichst auch, wie es ihre Eltern wünschten, Mätresse des Königs zu werden. Sie war dumm und hatte einen Anstrich von Provinz, doch ihre Jugend und Frische, »dazu ein Wuchs, eine Haltung und ein Benehmen, die täuschen und bezaubern konnten ... riefen vollauf die Wirkung hervor, die sie sich davon versprochen hatte«, heißt es in Spanheims *Relation de la Cour de France.*

Der Prinz von Marsillac, kurz darauf Herzog von La Rochefoucauld, übernahm die Rolle, die einst Madame de Montausier gespielt hatte, als Athénaïs den König zu interessieren begann. Eines Nachts führte er den nur von wenigen Leibgardisten begleiteten König auf heimlichen Wegen zum Palais-Royal, das von Monsieur und Madame bewohnt wurde. Eine Gefährtin der Mademoiselle de Fontanges öffnete den Zugang zur Wohnung der Ehrenfräulein, und Ludwig der Große machte eine neue Eroberung.

Madame de Montespan kam ihm bald auf die Schliche und erging sich in gehässigen Redensarten, die ihre Sache nicht verbesserten. Es war Anfang März. Am 12. März verhaftete man die Giftmischerin Voisin und ihre beiden Helfershelferinnen Vigoureux und Marie Bosse. Nun bedrohte das Schicksal auch die Favoritin, und scharfe Augen stellten bei ihr »düsteren Kummer« und »Nachlässigkeit« fest. Der endgültige Bruch der fast schon legendären Verbindung fand im Monat darauf statt. Die La Vallière hatte als Abschiedsgeschenk einen Herzoginnentitel erhalten, die Montespan sollte das wichtigste Hofamt für Frauen einnehmen und Oberintendantin für den Haushalt der Königin werden.

Nun hatte freilich Olympia de Soissons, Mazarins Nichte, das Amt inne. Colbert erklärte ihr, wie sehr ihr der König verbunden sein werde, wenn sie gegen 200 000 Taler auf das Amt verzichtete. Olympia sträubte sich um so weniger, als die Verhaftung der Voisin auch ihr Sorgen bereitete. Madame de Montespan sprach zwar davon, sich in die Abtei Fontrevault zurückzuziehen, wurde aber daran gehindert. Ludwig lag nichts an einer Wiederholung der Szenen, wie sie sich beim Abschied Louises de La Vallière abgespielt hatten.

Das Fräulein von Fontanges triumphierte. Es erhielt eine an die des Königs grenzende Wohnung und ein kleines Gemach, das über eine Geheimtreppe vom Zimmer des Königs aus zu erreichen war. Vor dem Hof tat der König zunächst, als kenne er sie nicht, gab den lästigen Zwang aber bald auf. So sah man denn bei der königlichen Messe die neue Favoritin auf der Tribüne zur Rechten, die alte auf der zur Linken. Und Madame de Maintenon schrieb an ihren Beichtiger: »Beten Sie für den König und lassen Sie für ihn beten, denn er steht am Rand eines tiefen Abgrunds.«

Doch auch am Rande des Abgrunds verlor der König nicht den kühlen Kopf. Seine Liebschaften ließen ihn seine Pflichten als Familienvater nicht vergessen, und während er die liebe Fontanges streichelte, überdachte er die Heiraten seines Sohnes und seiner ältesten natürlichen Tochter. Das reizende Fräulein de Blois hatte sich mit dreizehneinhalb Jahren leidenschaftlich in den jungen Prinzen Conti verliebt, der ihre Liebe erwiderte. Ludwig XIV. war entzückt, aus der legitimisierten eine echte Prinzessin zu machen, und stattete sie aus, als ob sie einen König heiratete. Es war eine Liebesheirat, wie man sie unter den Großen der Zeit kaum erlebte. Falls die Toten noch etwas fühlen könnten, hätte Mazarin jetzt einen letzten Triumph empfunden: Er wurde Großonkel einer Tochter Ludwigs XIV., denn der Bräutigam war der Sohn des Fronde-Prinzen Conti und einer der Nichten Martinozzi des Kardinals.

Zum großen Ärger der Montespan begab sich der Hof in das Karmeliterinnenkloster, um die Mutter der Braut zu beglückwünschen. Die einstige Herzogin de La Vallière blieb gelassen. »Diese fromme Schwester und Mutter hat ihr Betragen ganz ihrem schwarzen Schleier angepaßt«, schrieb Madame de Sévigné, »und sie würzt vollendet ihre mütterliche Liebe mit der einer Braut Jesu Christi.«

Monseigneur, der Thronfolger, war weniger glücklich als Conti. Man hatte ihm Christine von Bayern zugedacht, die »nicht nur häßlich, sondern erschreckend war«, wie Madame de Caylus schrieb, die »von recht mittelmäßigem Aussehen ist«, wie die Sévigné urteilte, die aber hinzufügte: »Man lobt ihren Geist, ihre Zähne und ihren Wuchs.«

In den letzten Wochen des Jahres 1679 herrschte allerhand Aufregung am Hof, denn während man die Hochzeit der Contis feierte, brachte Angélique de Fontanges ein totes Kind zur Welt, und die bevorstehende Heirat des Dauphins rief geradezu Ratlosigkeit hervor, weil der Prinz Frauen gegenüber völlig gleichgültig war. Man konnte ihm die Sache so ausführlich und grob wie nur möglich darstellen – er tat immer, als verstände er nichts. Im letzten Augenblick opferte sich Louvois' Geliebte, Madame de Rochefort, und »erteilte zwischen Tür und Angel eine Lektion, die vollständig gelang«. So machte sie der Dynastie gegenüber den Fehler ihres Ehemannes wieder gut, der das Land die Eroberung Hollands gekostet hatte.

Vieles geschah, und jede plötzliche Wendung verblüffte: Frau von Maintenon wurde zur zweiten »Dame d'atours« bei der künftigen Thronfolgerin ernannt, was ihre große Bedeutung unterstrich. Und der

Außenminister Pomponne, der in der Heiratsangelegenheit irgend etwas versehen hatte, stürzte unter dem vereinten Angriff von Colbert und Louvois.

Diese beiden großen Staatsdiener änderten sich ebenfalls. Hätte ihr Herr sie nicht mit kräftiger Hand gezügelt, wäre hier leicht eine neue Art von Feudalsystem entstanden. Ausgestattet mit Grafschaften und Markgrafschaften und hohen Orden, unendlich reich, Schwiegerväter von Herzögen, brachten beide ihre Söhne und Verwandten an den Hebeln der Macht unter, steigerten den Prunk ihrer großartigen Schlösser und führten sich auf wie die Chefs zweier rivalisierender Dynastien, zweier Parteien, zwischen denen der König wachsam für das Gleichgewicht sorgte. Alle beide wollten die Außenpolitik leiten. Sie vereinigten sich zwar gegen Pomponne, der nicht viel Kraft einzusetzen hatte, aber Colbert übertölpelte dabei Louvois und verschaffte seinem Bruder, Colbert de Croissy, das Außenministerium.

Er selbst meldete es dem Opfer, das nichts ahnte und nicht einmal fragen durfte, welchen Fehler man ihm zur Last legte. Pomponne behielt aber sein Gehalt und empfing von Colbert 700 000 Livres (fast 4 Millionen Francs von heute), eine Summe, die nach dem Urteil des Königs sein Amt wert war. Man mag sich fragen, ob Minister von heute um diesen Preis ihr Amt verkaufen würden.

Pomponne, Fouquet und später Chamillart waren die einzigen Minister, die Ludwig XIV. in vierundfünfzig Regierungsjahren entlassen hat. Er entschloß sich nicht ohne Gewissensbisse dazu und hielt die Sache für so wichtig, daß er seinen – aus Zeitmangel nie vollendeten – Erinnerungen ein Blatt beifügte, um sich vor seinem Nachfolger zu rechtfertigen. Da heißt es denn nach Aufzählung aller Gründe: »*Alles, was durch ihn* [Pomponne] *veranlaßt wurde, ließ die Kraft und Größe vermissen, die der haben muß, der die Befehle eines nicht unglücklichen regierenden Königs von Frankreich ausführen soll.*«

Hochmut und Mißtrauen

Nach Friedensschluß traf der König zwei wichtige Entscheidungen, deren eine seinen Hochmut, die andere sein Mißtrauen widerspiegelt. Nun enthüllte er endlich den Plan, den er siebzehn Jahre lang insgeheim genährt hatte: Er befahl, dem Versailler Schloß zwei Flügel anzubauen, die den gesamten Hofstaat mitsamt dem ungeheuren Personal aufnehmen konnten. Die Gärten, die Stadt selbst mußten entsprechend erweitert oder verschönert werden, denn das alles sollte der Welt Eindruck machen, sollte ihr die französische Macht vor Augen führen. Im zwanzigsten Jahrhundert haben sich die Staaten einem ähnlichen Bedürfnis hingegeben, wenn sie viel teurere Apparate in den Weltraum schickten, die zudem vergänglicher waren als ein Juwel der Baukunst.

Die zweite Entscheidung machte weniger Aufsehen. Hier ging es um die Verteidigung. Die Grenzen, nach de Gaulles Worten von »furchtbarer Schwäche«, waren so gefährdet, daß eine einzige schwere Niederlage Paris und ganz Frankreich der Gnade eines Eindringlings ausliefern konnte. Er beauftragte Vauban, sie mit einem Gürtel aus befestigten Orten zu schützen. »Alles wurde vorausberechnet, studiert, kombiniert, und das mit vollendeter Kunst und genauester Wahl der Plätze, in dem hellsichtigsten und praktischsten Nationalgefühl. Alles vollzog sich ohne Lärm, ohne Glanz, als eine gewöhnliche, nicht recht durchsichtige Arbeit ... Die Details sind den Zeitgenossen kaum bekanntgeworden, es handelte sich ja nur um eine ›Regelung der Grenzorte‹. Doch das Werk existiert, seine Größe enthüllt sich, es hat ein Jahrhundert lang Frankreichs Heil bewahrt, und es bildet den Ruhm von drei Persönlichkeiten: Ludwig XIV., Vauban und Louvois«, heißt es in Théophile Lavallées Studie über die Grenzen Frankreichs. Das seit dem Hundertjährigen Krieg immer wieder überfallene und ausgeraubte Frankreich hat – mit einer kurzen Unterbrechung – vor der Revolution keinen Feind mehr auf seinem Boden gesehen.

Was Vauban für die Landesverteidigung leistete, tat Mansart, der schon sein Probestück mit Schloß Clagny abgelegt hatte, für die Großartigkeit und den Prunk. Nachdem der König das Memorandum von Jules Hardouin-Mansart studiert hatte, der eine seitliche Verlängerung von Le Vaus Schloßbau und die Umwandlung der Terrasse in eine gewölbte Galerie vorgeschlagen hatte, schrieb der König stolz darunter: *»Es soll unserer Größe entsprechend ausgeführt werden.«*

Und aus Versailles wurde ein Bauplatz, wie man ihn seit der Antike nicht mehr erlebt hatte. In den nächsten zehn Jahren arbeiteten hier bis zu 36 000 Mann. Mansart beschränkte seine Tätigkeit nicht auf das Schloß, sondern baute die Orangerie um, hob das Becken für den Brunnen der Schweizer aus, bevölkerte die Gärten mit Statuen, schuf den Neptun-Brunnen, die Place d'Armes, die beiden Stallungen, das große Wirtschaftsgebäude. Doch er griff nichts an, bevor es nicht dem König unterbreitet worden war, der oft noch die Entwürfe änderte.

In dieser Zeit leistete Le Brun, der erste Maler seiner Zeit, ein Werk, das mehrere Menschenleben hätte ausfüllen können. Er entwarf und schuf alles, was Versailles schmücken sollte, die Malereien und Wandbehänge, die Möbel und Täfelungen, die Vasen und Türschlösser. Dabei war auch er der genauen Kontrolle des Herrn unterworfen, dessen Einfälle er wie Mansart und Le Nôtre auszuführen hatte.

Einfälle, die allgemein Tadel und Bestürzung hervorriefen. Monsieur, der zu Recht auf sein Schloß Saint-Cloud stolz war, scheute sich nicht, das tolle Unternehmen seines Bruders zu kritisieren: »Man hat hier hundert Millionen [das stimmte nicht] vertan«, sagte er, »und noch ist nicht ein Zehntel des Werks vollendet.« Primi Visconti entrüstete sich: *»Da man von Baukunst nichts versteht,* wird nur immer errichtet und eingerissen, so daß es ständig zu großen Erdbewegungen kommt, und die Luft ist übel. Außerdem sind die Gewässer verschmutzt und verseuchen die Luft so sehr, daß im August alle Welt krank war ... bis auf den König und mich selbst, glaube ich. Indessen besteht der König hartnäckig darauf, hierzubleiben ... Im übrigen ist die Landschaft reizlos und bietet nichts als Sand und ungesunden Sumpf. *Wenn man Versailles nur zwei Jahre lang verlassen würde, bliebe keine Spur davon übrig.«* Von Liselotte von der Pfalz bis zur Madame de Sévigné und noch bis zu Saint-Simon rieb sich jedermann an diesem Thema. Ludwig kümmerte es nicht.

Inzwischen empfand er den Wunsch, ab und zu dem ganzen apollinischen Wohnsitz zu entfliehen. Er suchte nach einem Ort, an dem eine Art Einsiedelei ihre Reize haben könnte. »Er fand ihn«, berichtet uns Saint-Simon, »zielbewußt wie immer hinter Louvecienne in einem kleinen, engen, tiefen Tal mit steil abfallenden Felswänden, unzugänglich dank seinen Sümpfen, eng benachbart dem schäbigen Dorf Marly, das auf dem Abhang dieser Hügel liegt. Diese Klause ohne Ausblick und ohne Möglichkeit, einen zu schaffen, war sein eigenes Verdienst.«

Leider können wir heute dieses »Verdienst« eines unendlichen Salons unter freiem Himmel nicht mehr würdigen. Er war Neptun geweiht. Zwischen »Mauern und Pfeilern aus Laub« regierte der Herr der Gewässer mit Brunnen und Springbrunnen, Wasserfällen, allegorischen Bildern, Wasserspielen, Gebüsch aus Wasser; Wasser sprang triumphierend über die große Kaskade des »Grünen Teppichs«, es erhob sich als »Obelisk aus Kristall krönend über dem Walddurchblick«. An den Abenden mit Illumination konnte sich kein Feenpalast, kein Zauberwerk hiermit messen. Von den Gebäuden wissen wir, daß es sich um ein großes einzelnes Lusthaus handelte, an dem links und rechts je sechs kleinere lagen. Der Hauptpavillon war mit Fresken geschmückt, die korinthische Säulen, Trophäen, Sinnsprüche wiedergaben. Das war die Residenz, die sich Ludwig XIV. »für seine Freunde« schuf und wo er schon bald jede Woche ein paar Tage zubrachte, mit einigen Bevorzugten und bei weitgehend gelockertem Zeremoniell. Eine Einladung nach Marly war ein Gunstbeweis, um den jeder beneidet wurde.

Der König war gewiß nicht gleichgültig gegen die Kosten solcher Bauten, blieb aber fest entschlossen, sie vor dem Ausland, vor der Geschichte als Beweis seiner Größe durchzuführen. Er wälzte die Kosten auf Colbert ab und auferlegte ihm die sonderbare Lage eines Finanzministers, der für die Einnahmen zu sorgen hatte, aber über Ausgaben praktisch nicht mitreden durfte. Der »Arbeitsochse«, der unter seinem Joch pflügte, konnte eines Tages ein Aufbrüllen nicht zurückhalten: »Die Kosten gehen mich zwar nichts an, aber ich flehe Eure Majestät um die Erlaubnis an, Ihnen zu sagen, daß Eure Majestät weder in Krieg noch Frieden jemals Ihre Finanzen zu Rate gezogen haben, um danach Ausgaben festzulegen, was so ungewöhnlich ist, daß sich dafür sicher kein Beispiel findet.«

Doch der Herr verstand seinen unbequemen Diener zu zügeln und seinen Eifer anzufachen: »Die Ausgaben machen mir Sorgen, doch ich hoffe, mit Ihrer Arbeit und Ihrem Können werden Sie alles auftreiben, was nötig wird. Ich habe großes Zutrauen zu Ihrem Können und zu der Leistung, die Sie für meinen Dienst und für mich aufbringen.«

Das Jahr 1679 brachte dem Generalkontrolleur einige Erfolge, denn er bekam eine Gratifikation von 400 000 Livres, und sein Bruder wurde Außenminister. Doch ein dritter Erfolg erwies sich als Fehlschlag. Sein Sohn Colbert d'Ormoy wurde beauftragt, unter väterlicher Aufsicht die königlichen Bauten fortzuführen, hatte aber leider nichts von dem Genie, das der Despot von den Leuten erwartete, die seine Absichten ausführen sollten.

Anfang 1680 wurde Colbert wiederum von Angst gepackt. Er übergab Seiner Majestät ein alarmierendes Memorandum: Das Defizit des abgelaufenen Jahres belief sich auf 55 Millionen. Man müsse einen Vorgriff auf das nächste machen, dessen Einnahmen nur auf insgesamt 70 Millionen geschätzt wurden. Umsonst versuchte man, die Zinsen für die Staatsanleihe (5 v. H., 10 v. H., bald vielleicht 15 v. H.) zu erhöhen – es wollten sich keine Interessenten finden. Wenn der Sonnenkönig seinen Lebensstil nicht senke, liefe er Gefahr, zahlungsunfähig zu werden. »Ich weiß, Sire, daß die Person, als die ich jetzt vor Ihnen stehe, Ihnen nicht genehm ist.«

Damit traf er allerdings in Schwarze. Ludwig XIV. war sich bewußt, ein verkanntes Werk weiterzuführen, er kannte nicht oder mißachtete die wirtschaftlichen Zusammenhänge, er ertrug es nicht, daß seine »Freude« beeinträchtigt wurde; diese Gefühle wurden von Louvois noch bestärkt, so daß der König schließlich eines Ministers überdrüssig wurde, der ihn nicht ohne Sträuben zufriedenstellte.

Colbert merkte, wie die königliche Freundschaft welkte, und sah den Haß des Volkes steigen, das er nach eigenem Geständnis nicht geschont hatte. Schuld daran waren die ländlichen Notabeln, die für die Einziehung der direkten Steuern verantwortlich waren und, wenn sie den – wahren oder vorgeblichen – Armen nichts zu entreißen vermochten, dafür sorgten, daß sie Hab und Gut verloren und ins Gefängnis gesteckt wurden. Und die Generalpächter, Steuereintreiber, die geldgierigen Finanzpächter, deren Mißbräuche 1661 so grausam bestraft worden waren, blühten längst wieder auf, reicher als zu Zeiten von Fouquet. Man gestand ihnen haarsträubende Vergütungen zu, weil der Staatsschatz schließlich von ihnen abhing: So kommt es dazu, daß in totalitären Staaten der Zweck alle Mittel heiligt!

Die hochfahrende Verschwendung des Königs hat ihm Generationen hindurch die meisten Vorwürfe eingebracht. Heute allerdings wendet mancher nicht ohne Recht ein, daß er das Geld der Franzosen eben langfristig angelegt habe. Gewiß waren es nicht die Anlagen eines Familienvaters – aber welchen Vorteil hat denn bourgeoise Umsicht den Zeichnern der russischen Staatsanleihe gebracht?

Die Hochzeit des Thronfolgers fand im März 1680 in Châlons statt. Der König hatte zur Königin über die neue Schwiegertochter gemeint: »Auf den ersten Blick ist sie nicht gerade hübsch!« Doch er bezeugte ihr große Zärtlichkeit und schenkte ihr so viele Juwelen, daß Maria Theresia eifersüchtig wurde. Zu Anfang des folgenden Monats schmückten dann neue Edelsteine Angélique de Fontanges, die zur Herzogin mit einer Pension von 20 000 Talern erhoben worden war.

Seine Majestät suchte sie auf, um sie zu beglückwünschen, und ihm folgte ein ganzer Hofstaat, der »fast gezwungen war, sich niederzuwerfen«. »Madame de Montespan zersprang fast vor Ärger und drohte, eine neue Medea, sie werde ihre Kinder vor den Augen des Königs zerreißen. Während der Zornausbrüche seiner einstigen Geliebten fand er nur Trost bei Madame Scarron, die täglich höher in Achtung und Gunst stieg. In dem Maß, wie sich Madame de Montespan durch ihre Unbeherrschtheit seinem Herzen entfremdete, näherte sich ihm die andere durch ihr Entgegenkommen«, berichtet La Fare in den *Mémoires*.

Empört durch die Affäre Fontanges setzte die Kirche ihre letzte Hoffnung auf Françoise d'Aubigné – Madame Scarron – und hinderte sie, auch nur den kleinsten Fehler zu begehen. Der Himmel, vielleicht auch die Hölle in Gestalt einiger Hexen, sorgte bald für willkommene Hilfestellung: Angélique hatte eine Fehlgeburt und litt danach unter »einer sehr hartnäckigen und unangenehmen Blutung«, die Madame de Sévigné zu der wenig freundlichen Bemerkung veranlaßte, sie sei »im Dienst verwundet« worden.

Als man sah, daß die Unglückliche fieberte und so verschwollen wirkte, daß sie fast häßlich wurde, sprach man von Gift. Was auch daran wahr gewesen sein mag: die Leidenschaft des Königs erlosch. Madame de Montespan versuchte nun auf alle Weise, ihm ihre reizende Nichte Madame de Nevers in die Arme zu legen, aber vergebens, denn die Zeiten hatten sich geändert. Unter der Wirkung einer wahren moralischen Revolution betrat der lebendige Gott den Weg nach Damaskus, den man ihm schon so lange vorgezeichnet hatte.

DRITTER TEIL

Der Himmel und das Meer

(1680-1689)

Die Könige von Spanien, die Häuser Habsburg und Bourbon

Philipp III.

Anna Maria, älteste Tochter
∞ 1615 Ludwig XIII.

Ludwig XIV.
∞ 1660 Maria Theresia,
älteste Tochter Philipps IV.

Ludwig, Dauphin
(Monseigneur)
∞ Maria Anna Christine
von Bayern

Ludwig, Herzog
von Burgund
Philippe, Herzog
von Anjou
Karl, Herzog
von Berry

Philipp IV.

Karl II.
∞ Marie Louise von Orléans
∞ Maria Anna von Pfalz-Neuburg

Maria Anna, jüngere Tochter
∞ Kaiser Ferdinand III. 1637–165

Leopold I. 1658–1705
∞ 1666 Margarete-Theresia
jüngere Tochter Philipps IV.
∞ Eleonore von Pfalz-Neuburg

Joseph
(Kaiser Joseph I.)

Karl
(Kaiser Karl VI.

Maria Antonie
∞ Kurfürst Maximilian Emanuel
von Bayern

Joseph Ferdinand Leopold von Bayer
(vierjährig zum Erben der
spanischen Monarchie bestimmt)

In einem knappen Jahrzehnt, nämlich zwischen 1680 und 1689, vollzogen sich die meisten Ereignisse, von denen die Richtung der Regierung, das Geschick Frankreichs und, ein Jahrhundert später, das Gesicht der Welt verändert wurden.

Der Prolog ging geräuschlos über die Bühne. Am 21. September 1677 fand man in einem Beichtstuhl der Kirche in der Rue Saint-Antoine einen anonymen Zettel, auf dem von einer Verschwörung gegen das Leben des Königs die Rede war. Nachforschungen veranlaßten manche Priester zu Enthüllungen: Im Vertrauen auf das Beichtgeheimnis hatten sich viele Gläubige als Giftmischer bezeichnet. Ein Jahr darauf zog der Polizeileutnant La Reynie die Schlußfolgerung: »Das Leben des Menschen ist zur Handelsware geworden. Es ist fast das einzige Mittel, einen Familienzwist beizulegen. Gottlosigkeit, Gotteslästerung und Greuel aller Art sind in Paris, auf dem Lande und in den Provinzen üblich.«

Nun begann die Verhaftung der Hexer. Alles blieb aber so ziemlich Routinesache, bis zu dem Augenblick, in dem Louvois glaubte, sich für die jüngsten Erfolge Colberts rächen zu können. Er ließ sich Dossiers aushändigen und richtete fast täglich einen Bericht an den König. Entsetzt sah Ludwig XIV., wieviel Anarchie und Verbrechen ein Land verbarg, das er der Ordnung, der Größe und Schönheit gewidmet hatte. Ihm hätte es nahegelegen, alles zu vertuschen, doch Louvois, vor allem an seiner persönlichen Rache interessiert, überzeugte ihn, daß er genau entgegengesetzt handeln müsse; tatsächlich nahm der Skandal Ausmaße an, die wohl kaum unterdrückt werden konnten.

Also verkündete der König, wie es jede Regierung in solchem Fall getan hätte, ein gerechtes, aber unbarmherziges Vorgehen. Da sich das Parlament bei den ersten Prozessen reichlich weichherzig zeigte, berief er – immer von Louvois angestachelt – ein Sondertribunal, die sogenannte Königliche Arsenalkammer, die auch und vor allem als *Chambre Ardente* – Glühendes Gericht – bezeichnet wurde[1].

Außer Giftmischerei hatte das Gericht »die Gottlosigkeit und alle Laster« zu bestrafen. Es machte sich fleißig ans Werk und kam undenkbaren Verbrechen auf die Spur. Ganz Frankreich erzitterte. Weder Geburt noch Rang oder Verstand boten Schutz. Nach den Verbrechen auf den unteren Ebenen erreichten die Beschuldigungen die hohe Beamtenschaft, den Hochadel, einen Marschall von Frankreich und Prinzessinnen, Mazarins Nichten Olympia de Soissons und Marie Anne de Bouillon.

[1] Die Bezeichnung stammt daher, daß die Räume auch bei Tage schwarz verhängt und mit Fackeln erleuchtet wurden. (Anm. d. Übers.)

Drei Fälle vor allem regten den König auf: der Prozeß gegen Madame La Comtesse (diesen Titel trugen die Gräfinnen von Soissons), der Fall Luxembourg und der Fall Racine. Ludwig glaubte offenbar an Olympias Schuld, die ihren Mann vergiftet haben sollte. Wie gut kannte er sie doch! Aber sie war seine Mätresse, seine Freundin gewesen, und sie blieb die Nichte seines Lehrers.

Madame La Comtesse empfing einen Abgesandten Seiner Majestät, der ihr die Wahl ließ, »entweder morgen in der Bastille die Strenge des Gefängnisses kennenzulernen oder Frankreich sofort zu verlassen«. Immer ihre Unschuld beteuernd, lehnte sie die Schande ab, »mit Bettlern und Schurken gleichgestellt zu werden«, und entfloh in die Spanischen Niederlande. »Es ist etwas sehr Verständliches und Edles an diesem Verhalten. Ich billige es«, schrieb Madame de Sévigné. Aber sie irrte sich: Ludwig beging einen Fehler, als er seinen eigenen Grundsatz vergaß, daß Güte bei Königen Schwäche sei. Hätte er Olympia und ihren Sohn Prinz Eugen – damals Abbé von Savoyen genannt – in Frankreich festgehalten, hätte er sich viel Ungemach ersparen können.

Doch in ihm lebten noch die alten Eindrücke. Was sich auf Luxembourg bezog, erinnerte an die Fronde, und so mußte denn auch der Marschall, dem Louvois den Untergang geschworen hatte, den Weg in die Bastille antreten. Vom Gericht freigesprochen, wurde er trotzdem verbannt. Ein Jahr später durchschaute der König die Machenschaften seines Ministers. Die Harmonie der Dinge verlangte, daß das Opfer Wiedergutmachung erfuhr, ohne daß der unentbehrliche Diener der Krone darunter litt. Luxembourg also, nun wieder in Gnaden und wiederum Capitaine der Garde, wurde diskret in ein kleines Kabinett zu Versailles gebeten:

»Monsieur«, sagte der König mit der Erhabenheit, gegen die keine Antwort aufkaum, »reden wir nicht von dem Vergangenen. Ein Zeichen dafür, daß ich von Ihrer Zuverlässigkeit überzeugt bin, ist, daß ich meine Person Ihren Händen anvertraue.«

Und der Marschall, der seinen Dienst unter den gierigen Blicken des Hofstaats wieder aufnahm, grüßte galant Louvois, gegen den er zwanzig Jahre früher bis zum Tode gekämpft hätte.

Racine, der angeklagt war, aus Eifersucht das Mädchen Du Parc vergiftet zu haben, hätte Louvois auch gern einsperren lassen, aber das Gericht griff den Fall nicht auf. Eine Ausnahme. Ohne von den kleineren Herren zu reden, erschienen vor der Chambre Ardente die Herzogin Marie Anne de Bouillon, die Prinzessin de Tingry, die Marschallin de La Ferté, der Marquis de Feuquières, die Herzogin de Foix, die Polignacs. Die Giftaffäre besudelte gründlich diese Gesellschaft, zu der die Welt geblendet aufgesehen hatte.

Die Voisin, in Weiß gekleidet, brannte am 22. Februar, nachdem sie tüchtig Wein getrunken, zwanzig Trinklieder gesungen und die Folter überstanden hatte. Doch noch waren ihre eigene Tochter, Marguerite Monvoisin, Romani, Le Sage, die Filastre, die Vigoureux und der Schlimmste von allen, der entsetzliche Abbé Guibourg, übrig. Sie alle zusammen beschuldigten systematisch Anfang Juli Madame de Montespan der Magie, der Gotteslästerung und eines zweifachen Giftmordversuchs, begangen an der Mademoiselle de Fontanges und am König selbst.

Wie reagierte Ludwig auf diesen Schock? Wir haben nur einen Brief vom 2. August, in dem La Reynie angewiesen wird, seine ganze Sorgfalt an die Aufklärung der Tatsachen zu wenden. Indessen eilte Louvois seiner ständigen Verbündeten zu Hilfe und erreichte, daß der König in dem Augenblick, wo er sich ein Urteil bilden mußte, ihr eine private Unterredung gewährte.

Die Szene, einer Tragödie von Racine würdig, fand am 19. August statt. Athénaïs, von der es hieß, sie sei »in Tränen sehr liebenswert«, vergoß sie reichlich und spielte die Demütige, bis sie unter den hochfahrenden Vorwürfen ihres Liebhabers ihre Heftigkeit nicht mehr zügeln konnte. Sie warf Ludwig alles an den Kopf, seine »Barbarei«, seine Untreue, seinen ungeheuerlichen Egoismus. Weil er selbst sie zur Verzweiflung getrieben habe, sei er für alle ihre Verirrungen auch verantwortlich. Er und seine undankbare Dienerin, die Scarron ... Wieder erhob sie die Stimme und behielt das letzte Wort, als sie dem König ins Gesicht schleuderte, daß sie vielleicht Fehler begangen habe, aber sich keineswegs als »schlechter beurteile als ihn selbst«!

Die Filastre, eine der Frauen, die sie am heftigsten beschuldigten, verstarb am 30. September, ohne daß der Takt der Richter ihr Gelegenheit gegeben hätte, von der Favoritin zu sprechen. Der König wollte nicht noch einmal ein solches Wagnis eingehen und hob noch am selben Tag die Sitzungen der Chambre Ardente auf.

Doch die Affäre zog sich bis Ende 1682 hin. Guibourg, Le Sage und acht andere entgingen dem Scheiterhaufen und wurden in die Festung Besançon eingesperrt; ihre Bewacher mußten darauf achten, daß ihnen ja keine »Dummheit« im Zusammenhang mit der Madame de Montespan entschlüpfte.

Inzwischen war die arme Angélique de Fontanges gestorben. Anders, als man allgemein vermutet hatte, zeigte sich Ludwig sehr traurig. Er schrieb dem Herzog von Noailles: »Obwohl ich seit langem die Nachricht erwartete, die man mir jetzt überbracht hat, kommt sie mir doch überraschend und schmerzt mich sehr.« Alle Welt glaubte an Gift. Bussy-Rabutin erzählt in seiner *Histoire amoureuse des Gaules:* »Der Schmerz des Königs war so groß, daß er ihn nicht verbergen konnte, und sicherlich hätte er sich in aufsehenerregender Weise an Madame de Montespan gerächt, wenn er nicht schwerwiegende Gründe gehabt hätte, seinen Groll zu verbergen.«

Die Verbrechen, die der Favoritin vorgeworfen und zunächst vorbehaltlos geglaubt wurden, haben später doch zu Diskussionen geführt. Es scheint heute gesichert, daß die Behauptung über ihre Attentate und die Teilnahme an Menschenopfern von den Unglücklichen aufgebracht wurden, die mit einem langwierigen Skandal ihr eigenes Leben zu verlängern hofften. Doch die stolze Marquise ging nicht strahlend rein aus der Sache hervor, denn seit ungefähr 1666 hatte sie tatsächlich eifrig die Voisin und derengleichen aufgesucht. So abergläubisch wie fromm praktizierte sie magische und gotteslästerliche Riten, um das Herz des Königs zunächst zu gewinnen, dann festzuhalten. Und falls sie sicher auch niemals die unsinnige Versuchung gespürt haben sollte, ihren Liebhaber umzubringen, so schadete sie sicherlich seiner Gesundheit mit all den widerlichen Mixturen, die eine welkende Liebe neu beleben sollten.

Das waren offenbar auch die Überlegungen Ludwigs XIV. Nichts konnte ihn tiefer treffen als eine Schandtat, von der die königliche Majestät befleckt wurde und die den ausländischen Verfassern von Schmähschriften erlaubte, seinen Ruhm zu besudeln. Vor ihm öffnete sich der Abgrund, in dem sein Alter trübe versinken konnte. Eine solche Gefahr gab sofort den Mahnungen der Prediger, den Moralpredigten der Madame de Maintenon neues Gewicht. Dieser Zweiundvierzigjährige mit seiner ungewöhnlichen Vitalität faßte einen heldenhaften Entschluß: Er verzichtete auf das Vergnügen, vielmehr auf die Vielfalt von Vergnügungen, und nahm sich vor, seinen Lebenswandel nach den Vorschriften der Kirche zu richten. Mindestens nach außen hin: denn die fromme Egeria, die vermutlich das Wunder zustandegebracht hatte, fügte sich insgeheim, um es überhaupt möglich zu machen, und »brachte sich der Wollust zum Opfer«.

Hier vollzog sich also zur Erbauung der Welt und für das Wohl des Staates eine Tartufferie, wie sie Molière nicht auszusinnen gewagt hätte. Der König erwies der Königin »die Ehre seiner Gunst« und benahm sich als vorbildlicher Ehemann. Maria Theresia genoß ein spätes Glück. »Sie wußte gut, wem sie dafür Dank schuldete. Sie war bis zu Tränen gerührt durch die Beweise der Freundschaft, die ihr der König erwies, und sagte in einer Art Verzückung: ›Gott hat Madame de Maintenon erweckt, um mir das Herz des Königs zurückzugeben.‹« So steht es in Languet de Gergys Werk *Memoires sur Madame de Maintenon.*

Sie schenkte Françoise ihr mit Diamanten verziertes Bild. Ja, aber, sagt die Madame de Sévigné, »diese Dame de Maintenon oder Maintenant[1] verbringt alle Abende von acht bis zehn Uhr mit Seiner Majestät.

[1] Boshaftes Wortspiel: »Madame de Maintenant« wäre eine »Madame des Augenblicks«. (Anm. d. Übers.)

Monsieur de Chamarande geleitet sie hin und zurück angesichts des Universums.« Nun, das Universum stellte sich allerdings nicht vor, daß eine »Alte« von fünfundvierzig Jahren noch körperliche Anziehungskraft auf den Eroberer von so viel Frauenblüte ausüben könne. Wir aber haben Beweise dafür, daß sie auch nach weiteren fündundzwanzig Jahren nicht erloschen war; wir wissen es aus dem Briefwechsel der Marquise mit dem Bischof von Chartres.

Wenn sich Frauen gern einer solchen Macht rühmen, so war doch Françoise d'Aubigné eher darauf bedacht, sie zu verbergen. »Es ist sicher«, schrieb Primi Visconti, »daß man an der Kleidung, dem Putz, dem Auftreten nicht erkennen konnte, mit wem man es zu tun hatte.« Und Madame de Sévigné ließ sich verlauten: »Der König hat ein neues Land entdeckt: grenzenlose Freundschaft ohne Bosheiten. Er scheint davon entzückt zu sein.«

Niemals rief Madame des Maintenon so häufig wie jetzt den Himmel an, niemals zeigte sie solchen religiösen Eifer. Man ist verblüfft, wie weit sich die Heuchelei treiben läßt, und sei es in guter Absicht. »Mein sehr liebes Kind«, schreibt des Königs Freundin an ihre Schwägerin, »ich bitte Gott alle Tage, daß er Sie auf seinen heiligen Wegen führen möge. Solche Wünsche tut man nicht in der Welt. *Ich spreche sie mitten im Treiben des Hofes aus, wo man nur zu weilen braucht, um die Welt und ihre Vergnügungen zu hassen.* Ich empfinde sehr wohl, daß nur Gott die Leere des Menschenherzen auszufüllen vermag. Glauben Sie mir, mein Kind, daß alle Dinge, die Sie sich als köstlich vorstellen und um die Sie mich vielleicht beneiden, nichts als Eitelkeit und Trübsal des Herzens sind.«

Doch ihrem Beichtvater, dem Abbé Gobelin, gestand sie: »Es geht mir gut, ich bin zufrieden – sogar zu sehr für mein Seelenheil, denn ich sehe nicht, wo mein Kreuz ist.« In einem anderen Brief an diesen Seelsorger, der sie mit fester Hand führte, schrieb sie: »Es sind fast niemals Taten, die ich mir vorwerfen muß[1], aber sehr menschliche Regungen: *starke Eitelkeit,* eine große Freiheit im Denken und Urteilen und eine Zurückhaltung in meinen Worten, die nur auf menschlicher Vorsicht beruht.«

Diese fromme Frau! Sie gründete in Versailles einen »Verein mildtätiger Damen«, sie bekehrte Eltern, die noch protestantisch geblieben waren: »Man sieht nur mich einen Hugenotten in die Kirche führen.«

Madame de Montespan heuchelte Heiterkeit. »Hier ist alles sehr friedlich«, schrieb sie. »Der König kommt nur nach der Messe und nach dem Souper in mein Zimmer. Es ist viel besser, sich selten und mit Freuden zu begegnen als oft und im Streit.« Denn Seine Majestät fuhr

[1] Abbé Gobelin hatte ja erklärt, es sei keine Sünde, dem König zu gehorchen.

fort, pünktlich der ehemaligen Kundin der La Voisin seine Aufwartung zu machen – niemals durfte etwas von dem schrecklichen Geheimnis an die Öffentlichkeit dringen!

Madame de Maintenon hatte »freie und freundschaftliche Gespräche mit ihrer Feindin«. Welche Ruhe nach dem Sturm! Doch Françoise baute für die Zukunft vor. Der Herzog von Maine, der älteste Sohn der Montespan aus dem doppelten Ehebruch, sah die Maintenon als seine wahre Mutter an, und die Zärtlichkeit, mit der sie den Hinkenden, der ihr sein Leben verdankte, umgab, war nicht frei von Hintergedanken. Seine »Etablierung« machte ihr nicht weniger Kopfzerbrechen als der Montespan selbst: Wie konnte man ihm ein Vermögen schaffen, wie es sich für einen »Legitimierten Frankreichs« gehörte? Man weiß nicht, ob die Frömmlerin oder die Gotteslästerin auf den Gedanken kam, die Grande Mademoiselle anzuzapfen, doch die Maintenon hat jedenfalls die Zustimmung des Königs erreicht, die andere den schmählichen Handel zu Ende geführt.

Es war eine empörende Affäre, zynisch von Leuten geführt, von deren Lippen ständig das Wort Gott träufelte. Am 2. Februar 1681 verzichtete Ludwigs XIV. Kusine, die Grande Mademoiselle (die Tochter von Gaston von Orléans, dem Bruder Ludwigs XIII.), in aller Form auf die Grafschaft Eu und das Fürstentum Dombes zugunsten des Herzogs von Maine; die Abtretung fand bei Madame de Montespan und in Gegenwart Colberts statt. Mademoiselle erwartete dafür, daß Lauzun freigelassen werde und sie ihn heiraten dürfe. Sie mußte lange warten. »Ich habe Ihnen niemals etwas versprochen«, erklärte ihr Athénaïs unverschämt und deutete an, daß Lauzun nicht so rasch an den Hof zurückkehren werde und daß der König gegen die Verbindung sei. Erst im März 1682 konnte sich der Gefangene von Pignerol wieder beim König melden. Aber es war keine Rede von der großen Hochzeit, von der die fünfundfünfzigjährige Jungfrau träumte. Erst viel später erhielt sie, zu ihrem Unglück, die Erlaubnis, Lauzun in aller Stille zu heiraten.

Allmählich änderte sich die Atmosphäre um den Herrscher. Seine Majestät »sprach sich deutlich gegen die schlimmen Laster aus, in denen sich die vornehmste Jugend am Hof, ja sogar sein eigen Fleisch und Blut erging«. Weh dem, der während der Messe sprach! Frömmigkeit war die oberste Pflicht. Was nicht hinderte, daß viele Höflinge, sobald sie Paris erreichten, wieder zu Atheisten wurden.

Der Prunk verschwand nicht, im Gegenteil. Ein Fest folgte dem anderen, die Spielwut ließ nicht nach, doch Puritanismus ließ den Umgangston erstarren, hemmte die Gespräche, vereiste Fröhlichkeit und Geist. Der Hof »schwitzte Heuchelei aus«, Langeweile macht sich breit, nicht etwa Tugend. Von »Leuten ohne Freundschaft und Güte bevölkert, die immer voller Mißtrauen, immer auf der Hut sind«, wurde der

Hof, wie der Jesuit Bourdaloue schalt, »zum Mittelpunkt für alle Laster der Welt«.

1682 brach ein neuer Skandal aus, ein furchtbarer Sturm, der einzige, den Ludwig XIV. je gegen die »italienischen Sitten« (die Homosexualität oder Bisexualität) entfacht hat. Bis dahin hatte er sich begnügt, den Betroffenen Verachtung zu bezeugen, gelegentlich auch launischen Zorn, was ihn aber nicht hinderte, diese Verfehlungen zum Nutzen seiner Politik einzusetzen. Dann fand er wieder zu olympischer Nachsicht zurück, vor allem, wenn es sich um einen Vendôme oder einen Huxelles handelte. 1682 schien aber das, was er bisher scheinbar nicht gewußt hatte, plötzlich ein Verbrechen zu sein. Und das Sühneopfer wurde nicht etwa einer dieser üblen Burschen, die Vorteil aus ihren Vergnügungen zogen, sondern ein Kind von fünfzehn Jahren, das dem Chevalier de Lorraine und Marsan in die Schlinge gelaufen war: Es war der eigene Sohn des Königs und der Louise de La Vallière, der Herzog von Vermandois.

Vermandois hatte sich von jungen Leuten verführen lassen, die »ihre Ausschweifungen zu entsetzlichen Exzessen steigern«. Ludwig XIV. befragte den Jungen »mit der ganzen Autorität des Vaters und Königs« und erfuhr sehr viel mehr, als er geahnt hatte. Nicht nur eine ganze Reihe von Aristokraten war beteiligt, sondern der Thronfolger selbst. »Der König sagte zu Monsieur le Grand (dem Grafen d'Armagnac), daß er Monsieur de Marsan bisher geschätzt und geachtet habe, ihn jetzt aber nur mit Abscheu als ein Ungeheuer betrachten könnte«, berichtet der Marquis de Sourches in seinen Erinnerungen. Marsan kam indessen mit heiler Haut davon, wie ebenfalls sein Neffe, der Graf de Brionne. Dagegen schickte der König den Prinzen von Turenne fort, den Marquis de Créqui, Saint-Maure, Mailly, La Caillemotte, Mimeure, Roucy, den Vizedominus de Laon, einen Sohn des Grafen de Roye aus dem Haus de La Rochefaucauld. »Man beschuldigte noch viele Leute.«

Vermandois, der wie ein Aussätziger behandelt wurde, fand Schutz und Unterstützung nur bei Madame, bei Liselotte von der Pfalz. Bald darauf wollte er, obwohl er krank war, sich wieder zu Ehren bringen und zog in den Krieg, in dem er starb – sechzehn Jahre alt.

Der Skandal erreichte auch ein anderes Mitglied der königlichen Familie, den Prinzen von La Roche-sur-Yon, einen Bruder des Prinzen Conti. Mit Schönheit, Geist und Persönlichkeit bezauberte er den Hof. Hier aber setzte die unversöhnliche Abneigung ein, die Ludwig XIV. lebenslang diesem Neffen des Großen Condé entgegenbrachte, obwohl der junge Mann fähig gewesen wäre, in die Fußstapfen seines Onkels zu treten.

Vielleicht entsprang die Entrüstung des Königs viel weniger der

Moral als der Staatsräson: Eine Schar Edelmänner, die sich um zwei Prinzen zu einer Art Sekte zusammenfanden – das war »üble Gesinnung«. Und »üble Gesinnung« war auch damals so gefährlich und so untragbar wie in einer Diktatur unserer Tage.

Das Recht des Stärksten

Weder der Stolz noch das Mißtrauen des Königs waren durch den Vertrag von Nimwegen beschwichtigt worden. Sein Ansehen verlangte größere Eroberungen und natürlich auch mehr Sicherheit für das Land. Trotz Vaubans Festungen klafften noch zu viele Lücken. Das berechtigte Verlangen, diese Gefahr auszuschalten, verband sich mit »dem Ehrgeiz, den einen oder anderen Staat einzunehmen«, wie es Primi Visconti formulierte, und mit dem unstillbaren Hunger nach Ruhm, den sogar die Prediger nährten. Bossuet selbst hatte ja zu Ludwig XIV. gesagt: »Der Ruhm des Fürsten ist die Stütze und der Schmuck für jeden Staat ... Wenn er seinen Ruhm mehrt, stärkt er gleichzeitig das allgemeine Wohl.«

Der Sonnenkönig zog diese Lehre der des Paters Mascaron vor. In einer weithin tönenden Predigt hatte Mascaron zu sagen gewagt, »daß ein Held ein Dieb ist, der an der Spitze einer Armee das tut, was die Spitzbuben allein unternehmen«.

Das war auch die Ansicht Europas, als in Metz, Besançon und Breisach die »Reunionskammern« eingerichtet wurden. Es ging darum, aus alten feudalen Besitzverhältnissen Ansprüche auf Territorien herzuleiten, die irgendwann zu den von Frankreich seit dem Westfälischen Frieden annektierten Gebieten gehört hatten. Wenn Colbert de Croissy in dieser Politik des »Annagens und Eindringens« auch gern maßgehalten hätte, so trieb doch Louvois seinen Herrn bis zum Äußersten. Tatsächlich leitete der König in dieser Zeit selbst seine Außenpolitik, und zwar nach seiner Art: Während er Schläge austeilte, mit denen er die Welt »in Erstaunen« versetzen wollte, sicherte er gleichzeitig umsichtig seine Rückendeckung, vermied es, Holland herauszufordern, und unterzeichnete Verträge mit Brandenburg und Bayern (daher die Heirat des Dauphins mit der bayrischen Prinzessin). Ludwigs XIV. *ultima ratio* lag darin, daß seine Armee ständig in kriegsbereitem Zustand blieb, während die anderen Mächte die ihren entließen. Das Recht des Stärksten ... Doch man legte Wert darauf, dieses Recht mit einem Wust juristischer Feinarbeit zu verbrämen und grub sich bis zu Karl dem Großen durch, um Territorien zu französischem Besitz zu erklären, die bis dahin einer ganzen Reihe von Fürsten gehört hatten, darunter dem König von Spanien, dem Kaiser, dem König von Schweden, dem Prinzen von Oranien. Eroberungen dieser Art hatte Europa noch nicht erlebt.

Kein Schriftstück gab allerdings ein Recht darauf, die Stadt Straßburg, die dreimal Frankreichs Feinden den Übergang über den Rhein gestattet hatte, zu entmachten. Man ging darüber hinweg. Der Versand von ein paar Säcken mit Gold höhlte den Widerstand von innen her aus. Und plötzlich sah die Stadt Louvois vor ihren Toren – mit 30 000 Mann und 24 Kanonen. Was blieb übrig, als zu kapitulieren!

Am selben Tag, dem 30. September 1681, besetzte eine andere französische Armee unter dem Befehl von Catinat die Schlüsselstellung Casale, die man dem Herzog von Mantua abgekauft hatte. Der Vermittler dieser Vereinbarung, Mattioli, entpuppte sich allerdings als Falschspieler, denn er hatte die Spanier zuvor gewarnt; doch Spanien war völlig machtlos. Mattioli aber wurde entführt und nahm in der Festung Pignerol Lauzuns Gefängnis ein. Man hat ihn später für den Mann mit der Eisernen Maske gehalten – aber dieses Rätsel ist ja niemals gelöst worden.

An einem einzigen Tag hatte sich Ludwig XIV. die Kontrolle über den Rhein und über den Po verschafft. Am 23. Oktober zog er feierlich, unter dem Donner einer dreifachen Artilleriesalve, mit Königin und Hofstaat in Straßburg ein, wo Vauban und Louvois ihm schon den Platz zeigen konnten, an dem sie die Festung bauen wollten. Mehrere deutsche Fürsten kamen, ihn wie ihren Lehnsherrn zu begrüßen. Auf dem Rückweg führte man ihm bei Metz Bomben von bisher unbekannter Durchschlagskraft vor. Als er nach sechswöchiger Reise wieder in Saint-Germain anlangte, sorgte er für die legitime Anerkennung von Madame des Montespans jüngsten Kindern. Der Tochter gab er den Titel Mademoiselle de Blois, dem Sohn Graf von Toulouse.

Im selben Augenblick, in dem er seine Macht in Deutschland und Italien verstärkte, demonstrierte er sie überwältigend auf dem Mittelmeer. Dank den Methoden bisher unerhörter Gewalttätigkeit hatte Colbert die Flotte »über die Hoffnung der Franzosen und die Befürchtungen Europas hinaus« erweitert. Es gab jetzt mehr französische als englische Seeleute. Man hatte die Häfen Brest und Toulon angelegt, Le Havre und Dünkirchen verstärkt, bei Rochefort »der Natur nachgeholfen«. Jetzt gaben die Überfälle der Korsaren von Algier Gelegenheit, die neue Macht bis Afrika hin spürbar zu machen.

Bernard Reynaud, »der kleine Reynaud«, eine Entdeckung Colberts, schlug vor, ein Geschwader zur Bombardierung von Algier auszusenden. »Man hielt es nicht für möglich, daß die Mörser anders als auf festem Boden postiert werden könnten. Der Vorschlag erregte Aufsehen. Reynaud begegnete dem Widerstand und dem Spott, den alle Erfinder zu erwarten haben, doch seine Festigkeit und die Beredsamkeit, die von ihren Erfindungen überzeugte Menschen meistens aufbringen, bestimmten den König, den Versuch mit der Neuerung zu wagen«, heißt es bei Voltaire. Fünf Tage nach dem Einzug Ludwigs XIV. in Straßburg zermalmten und versengten seine Bomben das halbe Algier. Frankreich fiel leider der Ruhm zu, diesen Schritt voran in der Vernichtung von Menschen und Städten getan zu haben.

Europa wurde von Panik und Schrecken vor der Hydra gepackt, die ihre Köpfe nach allen Seiten gleichzeitig schnellte. Der Kaiser, Spanien, Holland und sogar Schweden, das wegen des Herzogtums Zweibrücken enttäuscht war[1], unterzeichneten einen Bündnisvertrag gegen Frankreich. Wilhelm von Oranien versuchte, den Krieg wieder anzufachen, doch Ludwig XIV. hatte vorgesorgt: Er nährte den Aufruhr der Tschechen und Ungarn und stachelte insgeheim den Sultan zum Angriff auf Leopold I. auf.

Seit Jahren zögerten die Türken. Hätten sie ihren Vorteil wahrgenommen, ehe der Vertrag von Nimwegen zustande gekommen war und das Reich noch Frankreich standhalten mußte, hätten sie vielleicht das Schicksal des Kontinents ändern können. Sie entschlossen sich jetzt endlich zum Angriff auf den Appell des türkischen Rebellenführers Tököly hin. Der Gesandte Frankreichs ließ sie wissen, daß es ihnen der Große König nicht verübeln werde, wenn sie Österreich erobern sollten. Der König rechnete so fest mit der Ohnmacht Habsburgs, daß er sofort von den Spaniern den im letzten Vertrag »vergessenen« Amtsbezirk Aalst forderte und, als man darauf nicht einging, Luxemburg belagerte.

Zweihunderttausend Türken strömten über ihre Grenzen zum Angriff auf die österreichischen Länder. Der Kaiser zog sich überstürzt nach Linz, dann nach Passau zurück. Nichts schien den Orkan aufhalten zu können, und die entsetzte Christenheit wandte ihre Blicke Ludwig XIV. zu, der großmütig die Belagerung Luxemburgs aufhob, aber den in Regensburg versammelten Reichstag drängte, seine Annektionen zu sanktionieren.

Während sich die Türken über die Länder ergossen, fühlte sich der König fast am Gipfel seiner Wünsche. Seine am Ufer des Rheins versammelte Armee war die einzige, die Deutschland verteidigen konnte, wenn Österreich am Boden lag. Als Lohn wünschte er, daß sein Sohn zum Römischen Kaiser ausgerufen werden sollte, das heißt, daß die kaiserliche Macht endlich an die Bourbonen überginge. Die Habsburger hätten dann im Osten alles verloren, die spanische Monarchie hinge von Frankreichs Gnaden ab, und der Erbe Franz' I. hätte endgültig über die Nachkommen Karls V. gesiegt.

1 Der Linie Pfalz-Zweibrücken entstammte der 1654 zum schwedischen König berufene Karl Gustav. (Anm. d. Übers.)

Der frisch »bekehrte« König begnügte sich nicht damit, die ungarischen Protestanten zu unterstützen und die Ungläubigen zu ermutigen, er widersetzte sich auch heftig dem Papst.

Die Beziehungen zwischen dem Heiligen Stuhl und dem Allerchristlichsten König waren seit Heinrich IV. gespannt gewesen, der seinen Übertritt nicht mit dem Papst, sondern mit dem französischen Klerus ausgehandelt hatte. Aus dieser Verbindung hatte sich der Gallikanismus als reizbare nationale Religion entwickelt. Der König war nicht nur Gottes Stellvertreter auf Erden, sondern konnte dank einem neuen Dogma auch den Zugang zu Gott versagen; er bekämpfte jetzt an Stelle der Inquisition die Ketzer und die Verstöße gegen den Glauben, er urteilte über theologische Doktrinen, er nahm päpstliche Bullen an oder lehnte sie ab. Gelegenheiten zu Zusammenstößen ergaben sich also häufig. Die Thronbesteigung von Papst Innozenz XI. (Odescalchi) im Jahre 1676 hatte die Dinge verschlimmert. Dieser Sohn einer mailändischen Handelsfamilie besaß die Tugend und die Charakterfestigkeit eines Gregors VII., nicht aber dessen Macht gegenüber einem Mann, der nun die Tradition der mittelalterlichen Kaiser vertrat.

Ludwig XIV. wollte das »weltliche Hoheitsrecht« – die Regalien[1] – auf sein ganzes Reich ausdehnen, das heißt auch auf die seit dem Konkordat von 1516 annektierten Gebiete, für die es nicht galt. Er wollte ebenfalls die Äbtissinnen der Frauenkongregationen einsetzen, eine völlige Neuerung. Innozenz bestritt ihm beide Rechte, der König ging darüber hinweg, es kam so weit, daß ihm die Exkommunizierung drohte.

Das rührte Ludwig nicht. Mit Ausnahme von zwei Jansenisten unterstützten ihn die Bischöfe; sie erinnerten ihn sogar an das Beispiel Ludwigs des Heiligen, der dem Papst widerstanden hatte und doch heiliggesprochen worden war. Und der bischöfliche Gallikanismus war noch viel zurückhaltender als der des Parlaments, denn den Rechtsgelehrten hätte ein echtes Schisma keine Angst gemacht. Auf Vorschlag des Erzbischofs von Paris, Harlay de Champvallon, berief der König nach Paris eine Versammlung sorgfältig ausgewählter Prälaten. Auch Bossuet, mittlerweile Bischof von Meaux, war gegen seinen Wunsch berufen worden. Schließlich hatte er ja den berühmten Ausruf getan: »Erscheine denn, gallikanische Kirche, mit deinem Allerchristlichsten König!«

Doch jetzt suchte er zu mäßigen, unterlief die Intrigen von Harlay und das Doppelspiel der Jesuiten, die in Paris Gallikaner und in Rom Ultramontane waren. Damit aber mißfiel Bossuet dem König, ohne doch dem Papst zu gefallen. Seine Gegner wiederum zeigten sich so

[1] Es handelte sich um die Einkünfte einer Diözese in der Zeit, die zwischen dem Tod eines Bischofs und der Nominierung seines Nachfolgers verstrich.

eifrig, daß der König sie zügeln mußte. »Hätte ich ihnen geglaubt«, sagte er, »hätte ich mir den Turban aufgesetzt.«

Schließlich erreichte Harlay die Annahme der berühmten Vier Artikel. Sie begrenzten die Macht des Heiligen Stuhls gänzlich auf das geistliche Gebiet und unterwarfen sie auch hier den »in der gallikanischen Kirche gebräulichen Gesetzen«, sie stellten die Konzile über die Päpste, sie erklärten, daß »die Dekrete des Papstes in Glaubensfragen nicht unwiderruflich gelten, ehe sie nicht durch die Zustimmung der Kirche bestätigt worden sind«. Innozenz XI. mochte das alles »mißbilligen, zerreißen, zermalmen« – Ludwig XIV. fühlte sich auf geistigem Gebiet ebenso mächtig wie der Beherrscher aller Gläubigen oder der orthodoxe Zar.

Die anderen Völker entrüsteten sich über die Tyrannei, der sich die universale Kirche nicht anders als die nordafrikanischen Raubstaaten beugen mußte, eine Tyrannei, die alle Länder bedrückte, wenn sie ihr nicht widerstehen konnten. Indessen hat die spätere Zeit in gewisser Weise einiges von den Exzessen des Sonnenkönigs ausgetilgt. Seit dem 17. Jahrhundert hat sich die Welt anderen Autokraten unterworfen, anderen triumphierenden Aggressoren. Sie hat schlimmere Greuel erlebt. Trotz der Brutalität, manchmal auch Grausamkeit von Louvois erlebte man unter der Herrschaft seines Herrn keine versklavten Länder, keine Massendeportationen, keinen Völkermord, keine wissenschaftlich durchgeführten Massaker. Mit modernen Tyrannen verglichen, hat Ludwig XIV., wenn der Ausdruck gestattet ist, seine Macht gemäßigt mißbraucht.

Der Triumph der Vieldeutigen

Am 6. Mai 1682 erfüllte sich der Traum, den Ludwig XIV. so zäh verfolgt hatte: Er machte Versailles zum Sitz der Monarchie und der Regierung.

Wir können uns heute kaum vorstellen, wie die neue Hauptstadt an diesem allgemein unwillkommenen Tag aussah: Es war der größte Bauplatz seit römischen Zeiten, voller Lärm, voller Staub, voller Schutt und »Pestilenz«. Aber dort stand auch der Tempel der Sonne mit einem Überschwang an Gold, vergoldeten Bronzen, Gold der Wandbespannung, Gold der Vorhänge, Gold an tausend Gebrauchsgegenständen, Gold der Orangenbaumkübel, Gold an den Dächern, den Waschschüsseln, den Statuen, den Brunnen, den Karossen, goldene Stickereien auf leuchtend farbigen Kleidern.

Überall Gegensätze. Marmor, Wandbehänge, Lüster aus Kristall und Edelsteinen, herrliche Teppiche, Gemälde, die den Grundstock für die

Sammlungen des Louvre bildeten, Spiegel, Schränke von Boulle, versilberte Möbel, Konsolen von unerhörter Kostbarkeit – das alles schmückte eisige und übelriechende Räume.

Die Hofleute gewöhnten sich einigermaßen rasch an den Staub, aber nicht an die »mörderischen Luftströmungen«. Die Kamine zogen so schlecht, daß sie mehr Rauch als Wärme verbreiteten. Vom Herbst an beherrschte ein solch dichter Nebel die Landschaft, »daß man beim Umhergehen nur noch undeutliche Schatten unterschied«. An manchen Winterabenden gefroren Wasser und Wein auf der königlichen Tafel – kein kleiner Bürger hätte seine Zweizimmerwohnung mit der Behausung eines Prinzen in Versailles tauschen mögen.

Madame de Maintenon erhielt sogleich ein Appartement, dessen Tür ganz oben an der Treppe der Königin lag und das sich bequem im Stockwerk des Königs befand. Sie war ja eine tugendhafte Freundin, deren Gespräche sich nur um Gott drehten. Trotz den allegorischen Figuren und der vergoldeten Täfelung fühlte sich Françoise hier niemals behaglich. Sie konnte nicht einmal Fensterläden erhalten, weil sie die Harmonie der Fassade gestört hätten. »Man muß also in Symmetrie sterben«, seufzte sie. Wenigstens gab man ihr einen Ohrensessel, der sie vor der Zugluft schützte.

Ludwig XIV. machte sich keine Gedanken über solche Kümmernisse. Er hatte ein üppiges Museum französischer Großartigkeit geschaffen und lud alle Welt zur Bewunderung ein. Und man kam. Von Frankreich und aus dem Ausland strömten Besucher herbei, zweimal täglich brachte ein Kutschendienst die Leute aus Paris nach Versailles. Jeder anständig gekleidete Besucher durfte durch die Gärten und Galerien streifen und zusehen, wie die Majestäten tafelten oder am Spieltisch saßen. Bis zu sechstausend Neugierige kamen an einem Tag – es war ein Markt, ein Gedränge, in dem auch Bettler und Diebe nicht fehlten. Der König mußte der Menge wegen manchmal auf seinen Spaziergang verzichten. In welcher Demokratie, in welcher Volksdemokratie würde sich ein Staatsoberhaupt zu solcher Lebensweise bereitfinden?

Das alles beeinträchtigte nicht den feierlichen Pomp. Die Treppe der Gesandten sollte die Heraufsteigenden nicht nur blenden, sondern sie auch außer Atem bringen. Die Herren konnten kaum noch schnaufen, wenn sie die Stufen erklommen und die lange Wanderung von Salon zu Salon hinter sich gebracht hatten, von immer bedeutenderen und immer prächtiger gewandeten Personen geleitet.

Sie waren also außer Atem und hundemüde, wenn sie im Apollo-Saal vor dem Thron standen, einem silbernen Sessel von 2,60 Meter Höhe. Er war auf einer Estrade und auf einem Perserteppich mit Goldgrund aufgestellt. Prinzen von Geblüt umstanden Ludwig XIV., der einen schwarzen, ganz und gar mit Diamanten besetzten Samtanzug trug. Die Steine funkelten und glitzerten im Licht von unzähligen Leuchtern. »Ich komme aus Versailles«, schrieb Madame de Sévigné, »ich bin entzückt. Alles ist groß, alles ist herrlich, Musik und Tanz sind vollendet.« Eine seltene Stimme unter den Zeitgenossen, selten, weil sie sich für ein Meisterwerk aussprach, das ein ganz bestimmtes Bild der Monarchie wiedergeben sollte.

In einem wahrhaft revolutionären Akt wurde hier das zusammengefaßt, was wir die *Macht* nennen. Trotz seinen Zeitgenossen hatte Ludwig XIV. nicht unrecht, als er ein unbequemes, ungesundes, unruhiges Paris verließ, in dem das Königtum von der Gnade der Volksgunst abhing, wie es die Fronde zum Überfluß bewiesen hatte. Sobald sich die Vereinigten Staaten ihre Unabhängigkeit erkämpft hatten, waren sie umsichtig genug, ihre Regierungsarbeit aus den großen Städten herauszuhalten, und sie befanden sich bis heute, wo sich daran nichts geändert hat, gut dabei. Der Fehler des Großen Königs lag anderswo: Er brach mit der nomadischen Tradition seiner Vorgänger.

Sieben Jahrhunderte lang zogen die Kapetinger durchs Land. Wie es gerade kam, brachten sie das Königtum in die Stadt, in den Marktflecken, in die Festung, ins Lager, wo sie entschieden, ob gekämpft oder Frieden geschlossen werden sollte, wo sie Recht sprachen und vor allem dem Volk das Bild vor Augen stellten, das die Nation versinnbildlichte. Von 1619 bis 1622 hat Ludwig XIII. nicht weniger als achtzehn Monate auf Reisen zugebracht – aber Ludwig XVI. hat die Île-de-France nur zur Salbung, zu einer Reise nach Cherbourg und auf der Flucht nach Varennes verlassen!

Ludwig XIV. machte jener menschlichen Zeit ein Ende, in der die Monarchie den Franzosen ständig naheblieb. Der sonnenhafte König, kreisend zwischen Himmel und Erde, wurde fast zur Fabelgestalt. Er hörte aber nach und nach auf, seine Untertanen zu kennen, und wurde ihnen selbst eines Tages völlig unbekannt.

Am 6. August 1682 hätte man sich allerdings eine solche Zukunft nicht vorstellen können. Madame la Dauphine erwartete ihre Entbindung. Um sechs Uhr abends brachte sie einen schönen Prinzen zur Welt, Ludwig, Herzog von Burgund. »Man war fast närrisch vor Freude«, schrieb Abbé Choisy. »Jeder nahm sich die Freiheit, den König zu küssen. Die Menge trug ihn ... bis in sein Gemach. Er ließ sich von jedem küssen, der es wollte.« Unter Illuminationen, Freudenfeuern, Glockengeläute und Salutgedonner jubelte Frankreich im Rausch. Die Geburt des Herzogs von Burgund war die Apotheose einer Dynastie, die sich seit sieben Jahrhunderten mit Frankreich identifizierte.

Im Frühjahr 1683 entschloß sich Ludwig XIV., der den türkischen Vormarsch sehr genau verfolgte, durch die Freigrafschaft und das Elsaß zu reisen. Der ganze Hof begleitete ihn. Um seinen Feinden Eindruck zu machen, hielt er mehrmals großartige Truppenrevuen ab, im übrigen besichtigte er Vaubans neue Befestigungen. Louvois führte sie ihm vor und unterstrich, mit welchen bescheidenen Mitteln sie im Gegensatz zu dem sündhaft teuren Versailles gebaut worden seien. Der König kehrte am 30. Juni höchst zufrieden zurück, während die Königin kränklich wirkte. Da ihr unermüdlicher Ehemann offiziell keine andere Gefährtin hatte, nahm er sie überall mit sich und zwang ihr einen Rhythmus auf, der ihr nicht bekam.

Auch Colbert fühlte sich nicht wohl. Die Gicht, der Harngries, die Magenschmerzen, die vielleicht von einem Vergiftungsversuch stammten, vor allem aber die übertriebene und doch so enttäuschende Arbeit hatten den Vierundsechzigjährigen zu einem verbrauchten alten Mann gemacht. Sein Wesen wurde immer säuerlicher, bis es dem König zuviel wurde. Auf der Rückreise sagte er mit Schärfe:

»Ich habe die schönsten und am besten instandgehaltenen Befestigungen der Welt gesehen. Doch was mich mehr verwundert hat, sind die geringen Kosten, die sie verursacht haben. Woher kommt es, daß wir in Versailles so ungeheure Ausgaben machen und doch noch fast nichts fertiggestellt ist? Da gibt es doch irgend etwas, das ich nicht verstehe.«

Tief verwundet erklärte Colbert, daß Facharbeiter, Künstler und Gärtner eben mehr kosteten als Soldaten, die Festungen bauten. Er versuchte, auf billigere Arbeitskräfte auszuweichen, was aber zu Fehlkonstruktionen führte, die den König überaus reizten. Colberts Sohn Ormy hatte den Zorn auszubaden.

»Das ist doch seltsam«, sagte der König, »daß man bei so viel Großzügigkeit schlechter bedient wird als jeder andere!«

Inzwischen erfuhr er den Preis des Schloßgitters. Neuer Ausbruch, neuer Schlag für Colbert. Der venezianische Gesandte Foscarini berichtet: »Und als nach ein paar Tagen dieser Minister Schwierigkeiten bei einer außergewöhnlichen Geldforderung machte, hat Seine Majestät ihm grob erklärt, daß er Louvois nur seine Wünsche anzudeuten brauche, um sie alsbald erfüllt zu sehen, während er ihn immer drängen, um nicht zu sagen, bitten, müsse.«

Schon hoffte der Hof auf die Ungnade des Unbeliebten, als eine viel wichtigere Sache alle Aufmerksamkeit auf sich zog: Die Königin hatte einen Abszess unter dem Arm. Sie starb daran plötzlich am 30. Juli »durch ignorance der doktoren, welche sie ums leben gebracht, als wenn sie ihr einen degen durchs herz gestoßen hätten«, schrieb Liselotte von der Pfalz.

Ludwig erklärte großherzig: »Das ist der erste Schmerz, der mich trifft!«

Er war aber »eher gerührt als traurig«, meint Madame de Caylus, die noch mehr zu berichten hat: Als Frau von Maintenon der toten Herrin die Ehre erwiesen hatte, »wollte sie sich zurückziehen, doch Monsieur de La Rochefoucauld ergriff sie am Arm und schob sie zum König hin mit den Worten: ›Sie dürfen ihn jetzt nicht alleinlassen, er braucht Sie.‹«

Zusammen brachen sie nach Saint-Cloud auf, hinderten aber die Dauphine, sie zu begleiten, unter dem Vorwand, sie müsse sich wegen ihrer erneuten Schwangerschaft schonen. Die Ärzte ließen die junge Frau zur Ader und steckten sie ins Bett. Indessen raunte der ganze Hof, Madame de Montespan allen voran: »Man muß ihn wieder verheiraten.« Die Toten verschwanden schnell in Versailles. Zwei Tage später neckte der König die Maintenon mit ihrer betrübten Miene, und der Dauphin, der sich in den weiten Trauermantel hüllte, »wäre vor Lachen fast erstickt«.

Niemand ahnte, daß der Tod einer im Leben so unscheinbaren und im Tod so wenig vermißten Fürstin zu Erschütterungen führen würde. Ein Witwer von fünfundvierzig Jahren, schon Großvater: Mußte Ludwig die zweite Frau wählen, wie seine Umgebung ihm zu verstehen gab? Immerhin konnte er Kinder in die Welt setzen, die dem Dauphin die Thronfolge neiden und deshalb den Staat beunruhigen konnten. Würden die alten Unruhen wieder beginnen?

Tatsächlich war Madame de Maintenon der einzige Ausweg, und die völlig unglaubliche, völlig irrsinnige Idee fügte sich plötzlich in die Ordnung der Dinge. Eine Biographin[1] der Marquise hat geschrieben, falls es je eine Vernunftheirat gegeben habe, sei es wahrhaftig diese gewesen. Gewiß, aber im Gegensatz zu der Meinung, zu der man sich zweieinhalb Jahrhunderte lang bequemt hat, fehlte es der Ehe nicht an Leidenschaft. Man muß sich endgültig von dem Bild trennen, das die beiden den Zeitgenossen vorstellten und der Nachwelt einprägten. Wie der Briefwechsel zwischen Ludwig und Marie Mancini ist auch der zwischen Ludwig und Françoise d'Aubigné von den daran Interessierten völlig vernichtet worden; die Neugier blieb unbefriedigt. Doch ein solches Geheimnis mußte sich irgendwann verraten. Mehrmals ließ es der König selbst durchblicken, so vor allem 1698 auf dem Feld von Compiègne. Wir haben aber auch aufschlußreiche Briefe der Marquise an ihren Seelsorger, wir kennen das Bekenntnis, das aus dem Munde einer Fünfzigjährigen ihrer Epoche sehr erstaunlich klingt: *»Es ist schwer vorherzusagen, wie weit Ehemänner die Gewalt treiben können. Man muß sich mit ihnen zu fast unmöglichen Dingen verstehen.«*

[1] Madame de Saint-René Taillandier: *Mme de Maintenon.*

Ludwig liebte Françoise, er liebte sie mit Geist und Sinnen und länger, als es eine reife Frau von einem gebändigten Geliebten überhaupt erhoffen kann. Doch sein Herz – das ist eine andere Sache. Nach dem Abschied von Marie scheinen ihn nicht einmal die zärtliche La Vallière, die stürmische Athénaïs wirklich gewonnen zu haben.

Die Eile, mit der Ludwig seine Entscheidung traf und sie der Freundin mitteilte, ist besonders auffallend. Zwei bezeichnende Briefe schrieb Madame de Maintenon am 7. August, also eine Woche nach dem Tod der Königin. Ihren Bruder ließ sie wissen: »Der Grund, der Sie hindert mich zu sehen, ist so erfreulich und so ruhmvoll, daß Sie darüber nur Freude empfinden dürften.« Und an ihre Freundin de Brinon ist ein etwas erschreckender Satz gerichtet, der endgültig Klarheit schafft: »Ich hoffe, daß ich doch eine Frucht aus meinem Schmerz ziehen werde.«

Seltsames Geschöpf!

Im Gefängnis geboren, wo ihr Vater in Schuldhaft saß; als eine Art Dienerin bei Verwandten erzogen, die sie zum Katholizismus bekehrten; hin- und hergeworfen zwischen Frankreich und den fernen westindischen Inseln; mit sechzehn Jahren gezwungen, einen Paralytiker zu heiraten, den Dichter Scarron; bezaubernde Gastgeberin der geistreichen und liederlichen Gesellschaft, von der ihr Haushalt existierte; sehr intime Freundin der großen Kurtisane Ninon de Lenclos, die Françoise als »zur Liebe ungeschickt« befand; gewürdigt, die königlichen Bastarde zu erziehen; schließlich Abgesandte der Kirche beim Sonnenkönig: Françoise d'Aubigné hatte, was jeder wußte, ein sehr wechselvolles Leben hinter sich. Und doch gab es ein unbekanntes Geheimnis, das ihr Leben, ihre Frömmigkeit, ihr Lieben, ihr Wesen, die Triebfeder ihres Handelns verhüllte. Es ist bis heute nicht entschleiert, trotz so vielen Anklagen, so vielen Verteidigungsreden, trotz Studien und Kommentaren. Mignard hat die Dame in der Stunde ihres Triumphes gemalt: »Geschickt verhüllt, nicht mehr darbietend, als sie will. Sie ist wunderbar hergerichtet mit prüder Koketterie, in sattem schwarzen, spitzenüberschwemmtem Gewand (Trauerkleidung für die Königin?). Alles bleibt in der Schwebe. Sie blickt, sie blickt nicht. Sie hält eine Rose, nicht sehr rosa, ein wenig abgeblättert und in halbvioletten Tönen, die sehr schön zum Schwarz stehen. Sie thront und waltet (als Königin? als Gouvernante?) ... Sie hat einen recht kleinen, aber runden und festumrissenen Kopf. Nichts Klassisches. Als sie jung war, nannte man sie die *Belle Indienne,* aber sie ist wohl eher hübsch gewesen, kleine Kreolin mit kleinen Zügen ... Dies Gesicht sagt nicht alles. Es enthüllt nichts von der Güte, der sanften Vertraulichkeit, der gleichmäßigen Laune. Aber es zeigt einen unruhigen, beweglichen Geist, der ja und nein sagen wird. Im Blick liegt Glut, doch er ist hart, eine trockene Flamme, die man selten bei Frauen findet. Alles in allem ist doppeldeutig. Es ist das Bild der Vieldeutigen.«[1]

Louvois, dem der König seinen Plan offenbarte, warf sich ihm weinend zu Füßen und flehte ihn an zu bedenken, wie sehr Ludwig der Große seinem Ruhm schadete, wenn er die Witwe Scarron heiratete. Doch er erreichte nur, daß die Marquise ihn haßte.

Dachte der König einen Augenblick lang an eine offizielle, »deklarierte« Ehe? Das bleibt so zweifelhaft wie das Datum dieser Gewissensheirat. War es 1683, 1684, 1686 oder erst 1689, daß Harlay de Champvallon in einem kleinen Kabinett zu Versailles den Enkel Heinrichs IV. mit der Enkelin von Heinrichs altem Waffengefährten zusammengab? Anwesend waren Louvois, Pater La Chaise, der Beichtvater Seiner Majestät, der Kammerdiener Bontemps und der Marquis de Montchevreuil.

Alles spricht für den Oktober 1683. Denn nur damit lassen sich die Tränen der Marquise erklären, ihre Aufwallungen, ihre Anfälle von Angst und von Stolz, ihre schlecht unterdrückte Aufregung. Viele andere Autoren haben diese Erregung darauf zurückgeführt, daß die fromme Kirchendame plötzlich vor der Pflicht stand, die Sinne Ludwigs zu befriedigen und doch auf ihr Heil bedacht zu sein. Aber das war ja nichts Neues! Schon das demütige Geschöpf, betraut mit der Fürsorge für die Bastarde, hatte sich offenbar 1673 der Glut der Sonne ergeben müssen.

Man merkte, daß eine Revolution stattgefunden hatte, als Madame de Maintenon in ihrem Sessel vor den Prinzessinnen sitzenblieb und in der Kapelle ihren Platz auf der Empore der Königin einnahm. Zehn Jahre später fing das Rätselraten von neuem an: War der König »ebenso Liebhaber wie Ehemann«? Europa stellte sich die Frage, während die Fromme gerade von ihrem Seelsorger zur Ordnung gerufen worden war: »*Welche Gnade, als pure Tugend das zu tun, was so viele andere Frauen ohne Verdienst und nur aus Leidenschaft machen!*«

Zuerst vorsichtig und ängstlich, gewann Françoise allmählich an Boden. Wie eine böse Fee zog sie ihre Netze. Sie veruneinigte den König mit Louvois, sie säte Zwist zwischen ihm und Liselotte von der Pfalz, die, närrisch vor Eifersucht, sie in ihren Briefen mit Beleidigungen überschüttete und sie »die alte Zott des großen Mannes« nannte, eine Brandstifterin, eine Giftmischerin. Sehr bösartig war es, wie die ehemalige Erzieherin es fertigbrachte, den Sohn gegen die Mutter aufzuhetzen und sich des Herzogs von Maine zu bedienen, um die

[1] Michelet. Wenn der Historiker in seiner *Geschichte Frankreichs* auf diese Epoche kommt, nimmt ihm die Leidenschaft etwas von seiner Zuverlässigkeit, doch bleibt er ein unvergleichlicher Schilderer, ein Magier des Wortes. Das Gemälde hängt im Museum von Versailles.

Montespan aus ihren letzten Stellungen zu vertreiben. Madame de Maintenon erreichte, was keiner Frau vor ihr gelungen war: Sie verschaffte sich unmerklich politischen Einfluß, ohne deshalb in ihrem Alkoven einen weniger aufmerksamen Gatten zu empfangen. Das alles übrigens mit gesenktem Blick, der Demut einer Nonne und der Autorität eines Professors für Moraltheologie.

Der König arbeitete in ihrer Gegenwart mit seinen Ministern – und nebenbei hat sie sich noch siebzigjährig bei ihrem Beichtvater über die Forderungen ihres alten Liebsten beklagt. Die gute Dame wußte solche Beständigkeit kaum zu schätzen. Sie hielt auch nichts mehr von den Feenschlössern, den Kriegen, Jagden, der Prunkentfaltung, der Zugluft – was alles untrennbar von Ludwig XIV. war. Vielleicht hätte sie sich eines Tages ihrer Aufgabe entzogen, wenn ihre Gewissensberater es ihr nur erlaubt hätten. Doch die Geistlichkeit, endlich Herr über die königliche Seele, erinnerte sie ständig an ihre Pflicht: *»Ihr Gemach«*, schrieb der Bischof von Chartres, *»ist die häusliche Kirche, in die Gott ihn* [den König] *zurückholt, um ihn zu stärken und zu heiligen, ohne daß er es merkt* ... Gott legt in Ihre Hände die Interessen der Kirche und des Staates und das Seelenheil eines großen Königs.«

Madame de Maintenon hat nie Forderungen an den Staatsschatz gestellt und nichts mit sich genommen, als sie sich nach dem Tode Ludwigs XIV. zurückzog, um ihr Leben als Äbtissin zu beenden. Sie wurde dennoch – und blieb es – genauso unbeliebt wie die verschwenderischen und verrufenen Favoritinnen. Sie hat zwar bis zum Schluß die Würde des Halbgotts gehütet, doch die Atmosphäre von Intoleranz, Heuchelei und Frömmelei, die sie um sich verbreitete, hat Ludwig XIV. denselben Streich gespielt wie der Hirschpark und Madame Dubarry Ludwig XV. Ihre Herrschaft als heimliche Gemahlin blieb übrigens nicht von Kummer und Irrtümern verschont. Lange Zeit ließ der König sie Tantalusqualen leiden, wenn er in ihrer Gegenwart regierte, ihren Rat in allen Angelegenheiten forderte und mit einer gewissen Koketterie auch wieder ihre kleinsten Wünsche abwies. Die enttäuschte Ehrgeizige zog die Vorhänge zu, um sich auszuweinen. Dann aber entdeckte sie, auf welchen Umwegen sie doch noch zum Ziel kommen könne. Erst mit fünfundsiebzig Jahren ließ sie, wie aus Versehen, die Worte fallen: »An mich muß man sich wenden, durch meine Hände geht alles ...«

Ludwig XIV. war so weit gekommen, sich dem Willen einer Anstandsdame zu beugen, deren Geschmack er in keinem Punkt teilte. Dennoch war er es, der in seinen Erinnerungen schrieb: *»Wenn Sie einer Frau die Freiheit einräumen, über wichtige Dinge mit Ihnen zu sprechen, ist es nicht zu vermeiden, daß Sie daran scheitern.«*

September, der Monat, in dem er geboren worden war, galt als sein Glücksmonat. Der des Jahres 1683 brachte allerdings Ereignisse mit sich, deren unglückselige Folgen den Charakter seiner Regierung geändert haben.

Der kranke Colbert war seit Ende August bettlägerig. Ludwig wollte die Wolken zerstreuen, die sich zwischen ihnen beiden gebildet hatten. Er schrieb seinem Minister, »um ihm zu empfehlen, sich zu schonen und zu pflegen. Er [Colbert] sagte kein Wort, als man ihm den Brief vorgelesen hatte. Madame Colbert fragte ihn: ›Wollen Sie dem König nicht antworten? Er sagte: Dazu ist noch Zeit. Jetzt ist es der König der Könige, dem ich Rede und Antwort stehen muß.‹« So berichtet Racine in seinen *Fragments historiques.*

Trotzdem ließ sich Ludwig mehrmals erkundigen. Am 2. September teilte ihm Colberts Sohn Seignelay mit, sein Vater liege im Sterben. Ludwigs Antwort zerstreute sofort alle Gerüchte von Ungnade: »Der Zustand Ihres Vaters bewegt mich tief ... Ich hoffe immer, daß ihn Gott nicht von dieser Welt nehmen wird, wo er für das Wohl des Staates so notwendig ist. Ich wünsche es aus ganzem Herzen und mit der besonderen Freundschaft, die ich für ihn empfinde und die ich auch Ihnen und seiner ganzen Familie entgegenbringe.« Colbert verstarb am 6. September.

Große Männer an der Spitze des Staates haben in Frankreich Popularität erringen können – große Minister niemals. Das gilt für Sully wie für Talleyrand, für Richelieu wie für Poincaré. Nach seinem Gönner Mazarin war es sicherlich Colbert, der sich den wildesten Volkszorn zuzog. Man mußte »aus Sorge vor einem Überfall des Pöbels« den Leichenzug schützen. Die Leute sangen:

> Hier ruht der Schöpfer aller Steuern,
> von denen Frankreich überquillt.
> Für seine Ruh' sollt ihr nicht beten,
> denn er hat allen sie geraubt.

Die Nachwelt hat in ihm einen Baumeister der französischen Größe anerkannt, wenn ihn auch ein wesentlicher Teil seines Werkes nicht überlebt hat. Städte, Kanäle, Industrien und Denkmäler verteidigen sein Andenken. Die von ihm geschaffene Autorität der Verwaltung ist ein Gerüst der Nation geblieben. Seine Verordnungen über die Polizei, die Sanierung der Städte, den Handel, die Marine und vieles andere blieben bis zum Ende des Ancien Regime in Geltung. Doch seine protektionistische Revolution scheiterte, die Finanzen fielen lange vor seinem Tod in die alte Anarchie zurück, seine Flotte schmolz so rasch dahin, wie sie entstanden war, seine Handelsgesellschaften brachen zusammen, Frankreich konnte die erträumte Vorherrschaft zur See und im Handel nicht erringen. Aber was will das schon heißen! »Die großen Nationen, die mit der Zeit wie Gott selbst urteilen und gerecht sind wie er, würdigen weniger das Ergebnis als das Bestreben, die Größe und den Willen«, sagt Michelet.

Die meisten Ämter des Vaters, vor allem die Marine, gingen auf Seignelay über – einen Beamtentyp ohne eigene Ideen. Le Pelletier übernahm die Finanzen. Louvois, der eigentliche Nutznießer dieses Todes, griff mit Gewalt nach der Oberaufsicht über das Bauwesen und konnte unbehindert der gesamten Regierungsmaschine seine Kraft und seine Brutalität aufzwingen.

Während für Colbert und für den wirtschaftlichen Aufschwung Frankreichs die Stunde schlug, entschied sich das Schicksal des Abendlandes vor dem von den Armeen des Sultans belagerten Wien. Ein türkischer Sieg schien unausweichlich zu sein, und Ludwig XIV. zweifelte so wenig daran, daß er in den Niederlanden den Kampf gegen Spanien wieder aufnahm. Doch der allzu siegessichere Großwesir Karamustafa versäumte die Zeit. König Jan Sobieski von Polen konnte rechtzeitig heranrücken. Er schlug die Türken, die osmanischen Massen zerstreuten sich, triumphierend und gedemütigt zugleich kehrte Kaiser Leopold in seine Hauptstadt zurück, und für Jan Sobieski wurde das Tedeum angestimmt.

Die Niederlage der Türken war vollständig und entscheidend. Sie kündigte nicht nur den Abstieg ihres Reiches an, sondern verschob das europäische Gleichgewicht gründlich. Seit Franz I. von Frankreich, Gefangener Karls V. in Madrid, Sultan Suleiman dem Prächtigen seinen Ring geschickt hatte, war es Frankreich gelungen, der Umklammerung durch Habsburg zu entgehen, weil der Kaiser ständig unter dem Druck aus dem Osten stand. Zum erstenmal war er jetzt frei, seine Macht nach Westen zu wenden. Der Rückzug des Halbmondes machte teilweise auch die Auswirkungen des Pyrenäenfriedens zunichte, störte den Kräfteausgleich unter den christlichen Fürsten und gab dem Jahrhundert seinen großen diplomatischen und militärischen Wendepunkt.

Ob es Ludwig XIV. bewußt wurde? Er erhielt gerade in diesem Augenblick einen unerwarteten Ausgleich in England. Hier standen sich zwei Richtungen gegenüber, die zu den beiden Parteien der Tories und der Whigs geführt hatten. Die Tories, Herren aus den ländlichen Gebieten, verteidigten die Traditionen. Sie waren Loyalisten. Die Whigs, den Puritanern näherstehend, kamen aus industriellen und kaufmännischen Kreisen, standen den Stuarts, den Katholiken und Frankreich feindselig gegenüber und hatten fünf Jahre lang die Greuel des Papismus angeprangert, hatten die Krone zur Ohnmacht verdammt und ein Terrorregime aufgezogen. Sie bereiteten die Ermordung des Herrschers vor, den sie sich anders nicht vom Halse schaffen konnten. Doch die Verschwörung wurde entdeckt, und sofort sprang die öffentliche Meinung um. Karl II. saß sicherer als zuvor auf seinem Thron, die Tories nahmen nun ihre Rache.

Ein scheinbar bedeutungsloses Ereignis fiel in eben diese Zeit. Prinzessin Anna, die zweite Tochter des Herzogs von York, protestantisch wie ihre ältere Schwester, heiratete mit Zustimmung Ludwigs XIV. den Prinzen Georg von Dänemark. Das gab ihr die Möglichkeit, ihre geradezu vergötterte Jugendfreundin Sarah Jennings fester an sich zu binden, die John Churchills Ehefrau geworden war. Ludwig XIV. konnte unmöglich ahnen, wieviel Unheil ihm aus der Ernennung dieser »Kammerfrau« erwachsen würde! Er wußte, daß er mindestens für eine Zeitlang Europa beherrschte, und beeilte sich, seinen Vorteil auszubauen. Seine Armeen besetzten Luxemburg, nachdem sie es bombardiert hatten, und Courtrai, Dixmuiden in Flandern und Trier in Deutschland. Das alles sollte dem Geist, wenn schon nicht dem Buchstaben des Vertrags von Nimwegen entsprechen.

Spanien und der Kaiser, der noch die Türken in Ungarn bekämpfte, mußten es hinnehmen. Aus dem Vertrag von Nimwegen ging also der 1684 in Regensburg für zwanzig Jahre geschlossene Waffenstillstand hervor, der Frankreichs Annektionen sanktionierte.

Auf dem Mittelmeer setzte sich die Bekämpfung der Piraten der Sklavenhändler fort. Algier, wieder bombardiert, bat um Frieden, zahlte Lösegeld und ließ die gefangenen Christen frei. Ebenso erging es Tunis.

Genua hatte die Raubstaaten mit Waffen und Munition versorgt und außerdem Galeeren für Spanien gebaut. Ludwig XIV. beschloß, die Republik zu bestrafen. Seignelay, der sich an Verbissenheit, Gewalttätigkeit und Ehrgeiz mit Louvois messen konnte, begleitete selbst die von Duquesne befehligte Flotte. Vierzehntausend Bomben fielen auf das schöne Genua, viertausend Mann stiegen an Land. Die Republik sah sich in die Knie gezwungen. Unter Mißachtung der genuesischen Gesetze begab sich der Doge Lescaro selbst nach Versailles, um Entschuldigungen vorzubringen und die Milde des schrecklichen Gottes zu erflehen. »Der König hörte ihm zu, sitzend und mit bedecktem Kopf. Aber wie in allen Lebenslagen vergaß er auch hier nicht Höflichkeit und Würde. Er empfing ihn mit viel Güte und Pracht, doch seine Minister gaben sich hochmütiger, und der Doge meinte: ›Der König nimmt unseren Herzen die Freiheit durch die Art, wie er uns empfängt. Aber die Minister geben sie uns zurück.‹«

Unterdessen leitete Louvois das gesamte Bauvorhaben auf militärische Weise. Wie im Krieg schickte er dem König Berichte über alle einzelnen Phasen, über Spiegel, Vergoldungen, Kamine, die Länge der Schrauben, die frische Farbe, deren unangenehmer Geruch sich mit so vielen anderen mischte. Ludwig bedeckte die Schreiben mit ungeduldigen Anmerkungen. Soldaten verstärkten die Reihen der Arbeiter, und die Disziplin, mit der alles am Werk war, hätte ins China von heute gepaßt.

Das große Problem lag darin, genügend Wasser für die Becken, die Wasserspiele und Fontänen heranzuschaffen. Es löste sich dank der Beredsamkeit des Bürgers Arnold de Ville aus Huy und dank dem Genie eines Mannes aus Lüttich, Renkin Sualem, der ein Fachmann auf dem Gebiet der Pumpen war. Der erste von beiden hatte den Minister überredet, sich an den zweiten Mann zu wenden – und schrieb nun sich selbst alles Verdienst zu. 1 800 Mann arbeiteten an der Maschine von Marly. Man verwendete 11 000 Kubikmeter Holz, fast 900 000 Kilo Kupfer und Blei, 1 500 Tonnen Eisen, 2 500 Pfund Tauwerk und 1 200 Pfund Fett.

Am 15. November 1684 wurde die festlich erleuchtete Spiegelgalerie dem Hofstaat vorgestellt, und ein paar Monate später sprang das Seinewasser aus den Brunnen von Versailles. Marly, der »Schlupfwinkel von Schlangen und Aasfressern, Kröten und Fröschen«, wie es Saint-Simon nennt, wurde zu einem Weltwunder. Gelbe Männer erschienen vom Ende der Welt, um das alles zu bestaunen, eine Gesandtschaft des Königs von Siam. Sie sollte dem Großen König Geschenke bringen und einen Handelsvertrag schließen. Man ließ sogar durchblicken, daß der asiatische Potentat vielleicht bereit sei, sich bekehren zu lassen. Sein Erster Minister, ein Grieche, Sohn eines Schenkwirts aus Cefalonia, gedachte seine Stellung durch die Unterstützung der Franzosen zu festigen, die gerade in Fernost ihre Kontore eröffnet hatten. Die siamesische Gesandtschaft, deren Erscheinen dem Stolz des Königs natürlich sehr schmeichelte, zeigte das ganz neue Interesse des Westens an fernen Ländern, um die sich die christliche Welt bis dahin gekümmert hatte; ein Interesse übrigens, das die so harmonischen, so glatten Begriffe verwirrte, auf denen Bossuets Universum ruhte.

In diesem Augenblick stand Frankreich in historischer Sicht auf dem Gipfel seines Glanzes und seiner Macht, einem Gipfel, den es nur im Ersten Kaiserreich flüchtig noch einmal erreicht hat. Der Herzog von Feuillade ließ in Paris den Siegesplatz anlegen mit der Statue des Königs; zu Füßen des Herrschers kauerten in Ketten gelegte Nationen. Doch bevor noch das Standbild eingeweiht worden war, hatte sich das Rad weitergedreht.

Warum kümmern Sie sich um die
Interessen des Himmels?
Molière[1]

»Gegen 1683 oder 1684«, berichtet Languet de Gergy, »wurde die Wandlung, die sich nach und nach in Geist und Verhalten des Königs vollzogen hatte, deutlicher und auffallender. Er verbarg die Reform seines Lebenswandels nicht mehr, er scheute sich nicht länger, sie betont zu zeigen und offen die Religionsübungen den Galanterien vorzuziehen, die ihn bis dahin zerstreut hatten.« Molières einstiger Gönner war ein Frömmler geworden!

Das änderte nichts an der starken und sehr schlichten Gläubigkeit, die ihm seine Mutter mitgegeben und die er immer bewahrt hatte; es änderte viel an seinem Auftreten als Mensch und Herrscher. Doch die Wirkung auf seine Seele war seltsam, denn keine der christlichen Tugenden, die ihm bisher fehlten, wurden geweckt: Sein Stolz und Egoismus, seine Herrschsucht, der Wunsch, zu glänzen und gepriesen zu werden – das alles blieb unverändert. Das war nicht einmal das Schlimmste. Doch wie so viele Zeitgenossen davon überzeugt, daß ein geordneter Lebenswandel und die genaue Beachtung der religiösen Vorschriften ihm das göttliche Wohlwollen sicherten, ersparte er sich damit alle Skrupel, er könne vielleicht unmenschlich handeln. Sein Herz, hart seit den Erlebnissen der frühen Jugend, verhärtete sich noch mehr und ließ sich nur noch sehr selten rühren. Ludwig XIV. hatte sich schon immer gegen Regungen der Güte gewehrt. Seit er den Soldaten vorgeschrieben hatte, am Freitag zu fasten – selbst während der Feldzüge –, seit er die Hofleute anregte, ihre religiösen Pflichten ernst zu nehmen, und besonderen Eifer dabei belohnte, fühlte er sich gewappnet gegen »Rührung« und Mitleid.

Man hat gesagt, er sei kein *christlicher* König gewesen, weil er die Liebe nicht kannte. Die Folgen hat er schon auf der Erde tragen müssen, bevor er sich vor Gott verantworten mußte. Doch darf man nicht übersehen, daß seine Gefühllosigkeit, wenn man so will, ein gewisses Maß innehielt und daß er zuweilen die Exzesse seiner Agenten unterband. Aber die Subalternen hatten sich daran gewöhnt, die Neigungen des Herrn zu übertreiben. War der König streng, zeigten sich seine Minister grausam (das galt für Colbert und dessen Sohn Seignelay nicht weniger als für Louvois); kannte man ihn als unerbittlich, wurden sie oft zu Henkern.

Im Schatten des Thrones hätte Madame de Maintenon die schöne

[1] Die Parallele zwischen der Religionspolitik Ludwigs XIV. und diesem Vers aus *Tartuffe* stammt von Daniel-Rops.

Verkörperung von Güte und Nachsicht sein können, aber das lag nicht im Wesen der trockenen Gouvernante. Welche Veränderung seit der Zeit, als der Sonnenkönig in seiner Morgenröte die Jugend begeisterte und ihr zum Vorbild wurde! Eine ziemlich erstaunliche Geschichte zeigt, welcher innere Bruch sich zwischen dem Monarchen und den aufsteigenden Generationen schon vollzogen hatte.

Der Prinz de Conti und sein reizender jüngerer Bruder, Prinz de La Roche-sur-Yon, wollten durchaus in den Krieg ziehen. Dem König zum Trotz trugen sie dem Kaiser ihre Dienste an und kämpften in seiner Armee gegen die Türken. Sie nahmen den Prinzen Eugen von Savoyen mit sich, den Sohn von Olympia Mancini und dem Grafen Soissons.

Während der Feldzüge unterhielten sie einen lebhaften Briefwechsel mit der Prinzessin Conti, dem Marquis d'Alincourt, dem Herzog de La Roche-Guyon und dem Marquis de Liancourt. Die beiden letzteren waren Söhne von Ludwigs bestem Freund, dem Herzog de La Rochefoucauld. Natürlich lasen jene gefürchteten Leute, deren Aufgabe es war, Briefe zu öffnen, auch diese Schreiben und teilten den Inhalt Louvois mit. Auf diese Weise erfuhr Seine Majestät davon. Fast vierhundert Briefe! Man las darin, der König sei »ein Landedelmann, verweichlicht an der Seite einer alten Mätresse«. Der Prinz de La Roche-sur-Yon hatte eine andere Definition: »Ein Theaterkönig, der den Schachkönig spielt, damit gekämpft werden kann.«

Die Prinzessin Conti – Tochter von Louise de La Vallière – wurde von ihrem Vater und der Madame de Maintenon gründlich ausgescholten, die drei Edelmänner wurden verbannt. Der Große Condé, ihr Onkel, befahl ihnen, zurückzukehren und sich Seiner Majestät zu Füßen zu werfen. Sie taten es und erhielten eine erzwungene Verzeihung. Conti starb bald darauf an den Pocken. Sein Bruder, der nun seinen Titel erbte, blieb das Ziel königlicher Rachegelüste. Ludwig war zu tief verwundet worden, und die Frömmigkeit milderte nicht sein Rachebedürfnis. Sie hatte aber eine andere Wirkung: Er nahm jetzt die Aufgabe des gallikanischen Herrschers höchst wichtig, der bei seiner Weihe geschworen hatte, das Ketzertum auszurotten, und dem Bossuet oft wiederholte: »Der König muß seine Autorität einsetzen, um in seinem Staat die falschen Religionen zu vernichten.«

Fest entschlossen, in seinem Land kein Eingreifen des Papstes zu dulden, hielt sich Ludwig erst recht für den weltlichen Arm der Kirche, den »Sergeanten Gottes«, wie sich Ludwig der Heilige genannt hatte. Weder seine Bildung noch sein Temperament machten ihn der Einsicht zugänglich, daß Politik nicht imstande ist, metaphysische Probleme zu lösen.

Die diktatorischen Eingriffe auf geistlichem Gebiet offenbaren in unseren Augen einen widerlichen, wenn nicht lächerlichen Despotismus, doch die Franzosen des 17. Jahrhunderts sahen die Dinge anders. Tatsächlich blieb der Heilige Stuhl fast die einzige Instanz, die sich über die Beeinträchtigung ihrer Autorität beschwerte. Man muß außerdem bedenken, daß die politische Einheit eines Landes an die religiöse gebunden war, was ja gerade die Protestanten betonten, sobald sie in der Lage waren, diese Doktrin durchzusetzen. Die englischen Katholiken besaßen nicht dieselben Rechte wie ihre Landsleute, und sie hatten während der Whig-Regierung harte Verfolgungen zu überstehen gehabt.

Aber der Wind hatte sich gedreht. Im Januar 1685 verstarb Karl II. plötzlich, und der Herzog von York folgte ihm ohne alle Schwierigkeiten als Jakob II. auf den Thron; er hielt seine Zugehörigkeit zur römischen Kirche aufrecht. Der entzückte Ludwig XIV. schickte ihm sofort ein nicht erbetenes Geschenk von 500 000 Pfund. Doch John Churchill, der den Dank seines Herrn zu überbringen hatte, bemerkte offen in Versailles, »wenn der König sich jemals beeinflussen ließe, die Religion zu ändern, wolle er, Churchill, ihm nicht mehr dienen«.

Diese Ankündigung wurde überhört. Ludwig vertraute auf seine Macht, sah Europa befriedet und England unter einem Katholiken. Er glaubte, die Stunde sei gekommen, den »großen Plan« zu verwirklichen, von dem er träumte, seit er das Ruder des Staates in der Hand hielt.

Der Marquis de Ruvigny war von den protestantischen Konsistorien zu ihrem Wortführer am Hof gewählt worden. Als er eines Tages Beschwerden beim König vorbrachte, erklärte ihm Ludwig in der kurzen, bündigen Art, die ein Geheimnis seiner Wirkung war:

»Mein Großvater, der König, hat Sie geliebt, mein Vater, der König, hat Sie gefürchtet. Ich fürchte Sie nicht, ich liebe Sie nicht.«

Unfähig, religiöse Zweifel nachzuempfinden, ohne Phantasie, beurteilte er die Reformation immer noch so, wie man es ihn gelehrt hatte. In seinen Augen war diese Revolution aus gewissen längst beseitigten Mißbräuchen der Kirche entstanden. Die Hartnäckigkeit der Ketzer, die sich durch ihre Verirrung unendliche Schuld aufluden, war nicht mehr zu erklären. Man mußte die Verirrten also zurückführen – falls sie wirklich Verirrte waren – oder sie bestrafen, wenn ihre Gewissenssache nur als Vorwand für üble, von republikanischem Geist erfüllte Absichten diente.

Schon 1661 befahl der König, das »Edikt von Nantes[1] auf sehr enge

[1] Mit dem Edikt von Nantes hatte Heinrich IV. 1598 den Protestanten Gewissensfreiheit und freie Kultausübung zugestanden. Die meisten politischen Klauseln waren schon 1629 von Richelieu abgebaut worden.

Grenzen von Recht und Billigkeit zu beschränken«. Damit löste er die »versteckte Verfolgung« aus. Der Abbé Choisy hat sie geschildert: »Die Kammern des Edikts von Nantes waren aufgehoben worden; man hatte mehr als 400 Gotteshäuser zerstört; Hugenotten wurden nicht mehr in der Polizei- oder Finanzverwaltung zugelassen; man hatte die Ärzte und Hebammen aus ihrer Gemeinschaft entfernt.« Dann zwang man die Protestanten, ihren Kindern, falls sie konvertierten, eine Pension zu zahlen; am Sterbebett mußten sie einen Priester empfangen, der ihnen ins Gewissen redete. Man richtete eine Konversionskasse zur materiellen Hilfe für alle zum Katholizismus übergetretenen Protestanten ein. Rückfällige setzten sich der Landesverweisung und der Beschlagnahme ihres Besitzes aus. Den Katholiken wurde verboten, Protestanten zu heiraten. »Diese Mittel«, fährt Abbé Choisy fort, »waren milde und von tiefer Weisheit geprägt, doch sie schienen dem Eifer eines mächtigen Königs nicht wirksam genug, der sich vorstellte, daß hier Gottes Ruhm auf dem Spiele stand ... Er wurde von Louvois aufgestachelt, einem Hitzkopf, der seit langem daran gewöhnt war, Hindernisse mit Gewalt zu beseitigen.«

Louvois traf sicherlich viel Verantwortung für den Übergang von der versteckten zur gewalttätigen Verfolgung, die 1681 einsetzte. Madame de Maintenon riet aber auch nicht zur Milde, und ebensowenig Harlay de Champvallon oder Pater de La Chaise. Man muß zugeben, daß auch die allgemeine Meinung nicht wenig dazu beitrug. Die Generalversammlung des Klerus machte sich zu ihrem Sprachrohr, als sie den König beschwor, »als ein neuer Konstantin« zu handeln.

War Ludwig auch entschlossen, die Protestanten in den Schoß der Kirche zurückzuholen, wollte er doch kein Schreckensregiment einführen. Leider aber bemühten sich seine allzu eifrigen Beamten, seine Wünsche zu erfüllen, wobei sie nach Kräften verbargen, mit welchen Mitteln sie arbeiteten.

Was ist der Ursprung der berüchtigten »Dragonaden«[1]? Alle Franzosen waren im Notfall verpflichtet, Soldaten bei sich unterzubringen. Man überredete den König zu einer Verfügung, nach der alle Neubekehrten für zwei Jahre von dieser Pflicht ausgenommen wurden (11. Juli 1681). Eine segensreiche Regelung. Der Gedanke scheint von dem Intendanten Foucault, einer Kreatur Colberts, zu stammen. Ohne Wissen des Königs belegten nun aber Louvois und seine Intendanten die Häuser der Protestanten mit immer mehr Militär, das außerdem zu Exzessen aller Art ermuntert wurde. Marillac, der Intendant von Poitiers, konnte sich mit dreißigtausend Konversionen in einem Jahr

[1] Nach dem französischen *dragon*, »Dragoner« – die wüste, gewalttätige Reitertruppe, deren Zwangseinquartierung den protestantischen Bürgern äußerst lästig war und es sein sollte.

brüsten – die er mit dieser Methode erreicht hatte. Doch das Lob blieb aus, denn inzwischen hatte Ludwig erfahren, was vor sich ging.

Louvois zog sich wieder kühl aus der Schlinge, wie im holländischen Krieg Luxembourg gegenüber. Er schrieb Marillac: »Seine Majestät hat mir befohlen, Sie wissen zu lassen, daß Seine Majestät von Ihnen verlangt, sofort allen Ausschreitungen der Reiter ein Ende zu machen und den ersten, der bei einer Gewalttat erwischt wird, hängen zu lassen, obwohl ihre Ausschreitungen ja Bekehrungen veranlaßt haben.«

Anschließend griff man zu anderen Mitteln. Man wollte den König überzeugen, daß eine spontane Bewegung die Reformierten in Massen in die Kirche strömen ließ. Wahre Platzregen von Berichten und Statistiken gingen auf Versailles nieder. Der Kanzler Le Tellier, der seinen schrecklichen Sohn Louvois abgelöst hatte, wandte mildere Mittel an: Jetzt waren es Prozesse, Schikanen, Drohungen mit dem Ruin, mit denen man den Hugenotten die Frohbotschaft schmackhaft machte. Denn das ging nur die Parlamente an – solche Kleinigkeiten brauchte der König nicht zur Kenntnis zu nehmen. Ein großer Teil der Katholiken machten sich zu Mitschuldigen. Als ein menschlicher Intendant in Uzès und in Nîmes die Öffnung der Kirchen wieder gestattete, erhoben sich die Katholiken, während es in der Dauphiné, dem Languedoc, dem Vivarais verzweifelte Protestanten waren, die auf die Dragoner schossen.

Louvois befahl dem Herzog von Noailles, der für den Herzog von Maine (einem Kind, legitimiertem Sohn der Montespan) das Languedoc verwaltete, das Land zu »verwüsten«. Noailles, ein gewandter Höfling, übertrieb noch die Grausamkeit des Befehls. Es kam zu Massakern im Languedoc, in den Cevennen, zu Hinrichtungen in Grenoble. Nîmes wurde den Dragonern ausgeliefert und in drei Tagen zum Katholizismus bekehrt, Montauban an einem einzigen Tag. Dann schrieb Noailles dem König, alles habe sich »in großer Milde und Disziplin« vollzogen, und bald werde es in seiner Provinz keinen Hugenotten mehr geben.

Nach einer königlichen Verfügung vom 17. Juni 1681 erhielten protestantische Kinder im Alter von sieben Jahren das Recht zu konvertieren. Das klang harmlos genug. Ludwig war davon überzeugt, eine Pflicht zu erfüllen, wenn er seinen jungen Untertanen die Möglichkeit gab, ihre Seele zu retten, sobald sie vernünftig genug geworden waren. Man konnte ihm allerdings nicht ganz die Greuelszenen verbergen, die der Eifer der Bekehrer verursachte, wenn Kinder ihren Eltern entrissen oder zwischen ihnen – buchstäblich! – zerrissen wurden. Er reagierte verärgert und befahl, solche Scheußlichkeiten zu vemeiden. Doch da ihm das Wunder lieb und teuer war, das man ihm vorgaukelte, vermied er es, den Tatsachen ins Auge zu sehen.

Ab 1684 verschärften finanzielle Maßnahmen die Verfolgung. Der König brauchte Geld und war durchaus gewillt, den Besitz der protestantischen Kirchen, Pflegehäuser und Krankenhäuser einzuziehen. Nach diesem Allgemeinbesitz der Protestanten weckte ihr Privateigentum den Appetit. »Jeder war scharf auf Beute aus. Es war wie ein offener Schlund, und in wildem Durcheinander schien sich jeder in den Strom zu werfen, um möglichst viel Beute herauszuholen.« Die vorbildliche Madame de Maintenon schrieb ihrem Bruder: »Der Augenblick ist günstig für den Erwerb protestantischen Grundbestizes. Er kostet fast nichts.« Das hinderte sie übrigens nicht, an der Aufrichtigkeit solcher Konversionen zu zweifeln, zu denen man sich offenbar entschloß, »ohne zu wissen, warum«.

Im Laufe des Jahres 1685 vervielfachten sich die Urteile gegen Protestanten, und ebenso die Gewalttaten. Die Stimmung der Religionskriege war wieder da. Einige Bischöfe lehnten sich auf und schützten die Opfer. Bei der Generalversammlung des Klerus ließ der Erzbischof von Paris die Anwendung von Gewalt verdammen, doch ihm lag dabei nur daran, Louvois einen Stich zu versetzen. Zwischen dem Prälaten und dem Minister herrschte ein unangenehmer Wettbewerb: Jeder strebte nach der »Ehre«, das Ketzertum vernichtet zu haben, um sich die königliche Dankbarkeit zu erwerben. Harlay de Champvallon glaubte außerdem, damit seine feindselige Haltung gegen den Heiligen Stuhl und seine »skandalösen Affären« mit verschiedenen Frauen wieder wettzumachen, unter denen, wie Ezechiel Spanheim berichtete, die Äbtissinnen von Pontoise und Andely genannt wurden.

So »verdoppelte er seine inständigen Bitten«, das Edikt von Nantes aufzuheben, das ja inzwischen gegenstandslos geworden sei. Nach ziemlich langem Zögern legte der König die Frage dem Conseil vor. Abbé de Choisy berichtet: »Die Meinungen waren geteilt. Einige wollten, daß man bei dem alten Grundsatz bleibe: Gewissen, sagten sie, lassen sich nicht mit erhobenem Stock regieren. Die anderen, von einem vielleicht übereilten Eifer hingerissen, riefen, man brauche doch eine Handvoll Leute nicht zu fürchten, die schnell den Mut verlieren würden, wenn sie sich verachtet und ohne Führung sähen ... der König brauche doch nur im Ernst und ohne Umschweife mit ihnen zu reden, so würden sie ihm wie eine Herde Schafe folgen.«

Am 18. Oktober unterzeichnete der König das Edikt von Fontainebleau, das die Edikte von Nantes und Nîmes (das sogenannte »Gnadenedikt« von 1629) aufhob. Nach seiner Auffassung vollzog er damit einen konsequenten Schritt und glich das seiner Obhut anvertraute religiöse Dogma dem politischen, das er verkörperte, an.

Ludwig stellte sich sicherlich die Übertritte zahlreicher und vor allem aufrichtiger vor, als sie es in der Tat waren. Man kann aber nicht behaupten, er habe sich so weit täuschen lassen, daß er das »bösartige Schwelen« der Reformation für erloschen gehalten habe. Wenn er wirklich der Meinung gewesen wäre, hätte er wohl nicht die widerlichen, aus Priestern und Dragonern zusammengesetzten Missionen durch die Provinzen geschickt.

Frankreich wurde nun die Bühne einer Verfolgung, wie man sie seit dem Mittelalter nicht mehr erlebt hatte, denn unter den letzten Valois' handelte es sich um einen Religions*krieg*, der auf beiden Seiten Opfer forderte. Nach der Aufhebung des Edikts kam es zu einer doppelten Überraschung: Trotz allem hatten die Protestanten nicht mit einer solchen Behandlung gerechnet, die Katholiken wiederum nicht mit so viel Widerstand und »Hartnäckigkeit« der Gewissen. Die neuen Dragonaden waren schlimmer als die des Jahres 1681. Mehrmals empfahl Louvois, doch möglichst viele Leute »ins Gras beißen« zu lassen. Die Soldateska durfte nach Lust und Laune foltern. Die Galeerenbänke wurden mit Protestanten besetzt, die trotz ihrer Konversion insgeheim ihrem früheren Kult nachgegangen waren oder zu fliehen versucht hatten. Und trotz allem gelang es dreihunderttausend Menschen, die französischen Grenzen zu überschreiten!

Seit langem hatte der Kurfürst von Brandenburg den Gedanken gehegt, in sein »unterentwickeltes« Land Menschen aller Art zu holen, die von ihren Fürsten verfolgt wurden. Seit dem 29. Oktober bereitete er alles vor, um die Protestanten aufzunehmen; auch Holland, die Schweiz und England boten ihnen Asyl. Zu spät entdeckten Ludwigs XIV. Minister, welch kostbare Substanz ihrem Land verlorengegangen war.

Die Wirren erloschen nicht bis zum Ende von Ludwigs Regierungszeit. Statt die Einheit des Landes zu besiegeln, hatte die Aufhebung Unordnung, Unruhe, einen verhüllten Bürgerkrieg zurückgebracht. Statt das Denkmal der klassischen und französischen Kultur zu vollenden, hatte sie ihm einen tiefen Riß versetzt. Der Geist der Reformation dagegen erlosch keinesfalls, sondern wurde von einem Ende des Kontinents zum andern belebt und angeregt, bis hinüber nach Amerika.

Es gibt kaum ein anderes Ereignis, das sich so unterschiedlich beurteilen läßt – je nachdem, ob man es mit den Augen der Zeitgenossen oder aus dem Abstand der Jahrhunderte betrachtet. Sieht man von der moralischen Beurteilung ab, handelt es sich für uns heute um einen furchtbaren, unglaublichen Irrtum, eine der großen Katastrophen in Frankreichs Geschichte. 1689 zog Vauban die erste Bilanz: Verbannung so vieler tüchtiger Menschen, Abwanderung großer Finanzmittel, ein Teil des Handels vernichtet, ganze Industrien stillgelegt. »Die feindlichen Flotten um acht- bis neuntausend Matrosen angestiegen; ihre

Armeen um fünf- bis sechshundert Offiziere und um zehn- bis zwölftausend Soldaten, die viel kriegserfahrener sind als ihre eigenen.« Und auch das alles will noch wenig besagen, wenn man an die Impulse denkt, die Preußen dadurch erhielt, an den wilden Fanatismus, an das Wiederaufleben der Religionskriege, an den Triumph Wilhelms von Oranien, der zum Haupt des internationalen Protestantismus wurde und unverhofftes Ansehen errang, und wenn man an den Haß denkt, den die eine Hälfte Europas Frankreich entgegenbrachte. Ein Strom von Schmähschriften ergoß sich aus Holland:

Denk dran, Ludwig, aller Verräter Verräter,
denk dran, grausamer Folterknecht,
daß dein Name der Nachwelt abscheulich,
endlos verflucht, endlos verhaßt sein wird.

Und trotzdem ist es der populärste Regierungsakt Ludwigs XIV. gewesen – während der unpopulärste die Schöpfung Versailles blieb. Achtzehn von neunzehn Millionen Franzosen überschlugen sich vor Freude und umgaben den Thron mit einer Begeisterung, wie man sie seit zwanzig Jahren nicht mehr erlebt hatte.

Um Colbert vergoß man keine Träne, man applaudierte der Aufhebung des Edikts. Vauban, einer der wenigen Männer, die das Unglück ermessen konnten, schrieb: »Niemals hätte eine Sache dem Königreich besser angestanden als diese so herbeigesehnte Übereinstimmung der Gefühle, wenn es nur Gott gefallen hätte, ihren Gegenstand zu segnen.« Der Abbé Rancé sprach von einem Wunder. Von Racine bis Fontenelle, von dem mitfühlenden La Bruyère bis zum guten La Fontaine klang das Konzert der Lobeshymnen. Madame de Sévigné, entzückt vom Werk der Dragoner, floß von Bewunderung über: »Noch nie hat ein König etwas so Denkwürdiges vollbracht oder wird es in Zukunft tun.«

Bossuet verwarf die Gewalt und versuchte, sie in seiner Diözese zu unterbinden. Trotzdem sagte er in seiner Leichenrede für Le Tellier, der kurz vor seinem Tode die Aufhebung mit unterzeichnet hatte: »Von so vielen Wundern bewegt, sollen unsere Herzen überströmen über Ludwigs Frömmigkeit . . . und laßt uns diesem neuen Theodosius, diesem neuen Karl dem Großen sagen: Es ist das würdige Werk Ihrer Herrschaft, es trägt ganz Ihren Stempel.«

Als einziger unter den großen Schriftstellern der Zeit prangerte Saint-Simon mit starken Worten »diese scheußliche Verschwörung an, die ein Viertel des Landes entvölkert und es in allen Teilen geschwächt hat, die es so lange der öffentlichen und unverhohlenen Plünderung durch die Dragoner überantwortete, die so viele Todesurteile vollstrecken ließ, so daß Tausende unschuldiger Männer und Frauen getötet wurden, die eine so volkreiche Nation entvölkerte, die eine Welt von Familien auseinanderriß, die Verwandte gegen Verwandte bewaffnete ... die unsere Manufakturen ins Ausland wandern ließ ... die aller Welt zeigt, wie ein wohlhabendes Volk nun nackt, verbannt, flüchtend, unstet, ohne es verschuldet zu haben, fern von der Heimat Zuflucht sucht.« Doch später, als der Regent daran dachte, das Edikt von Nantes wieder in Kraft zu setzen und die Protestanten zurückzurufen, war es derselbe Saint-Simon, der sich leidenschaftlich dagegen wandte.

Wäre damals die ganze Frage als Referendum oder bei der Gelegenheit freier Wahlen dem Volk vorgelegt worden, hätte sich eine vernichtende Mehrheit für die Aufhebung ausgesprochen. Das mag einen Demokraten bekümmern, aber es kann einen König nicht entschuldigen. Die einzige Rechtfertigung der absoluten Macht liegt darin, daß ihr Inhaber die Mittel hat, den Verirrungen der Massen nicht nachzugeben.

Der Stoizismus und die Gewalt

Daß der körperliche und geistige Zustand eines Autokraten zuweilen entscheidend den »Sinn der Geschichte« bestimmt, ist eine Wahrheit, die manchen Theoretikern nicht gefällt, für die es aber in jeder Epoche eine Fülle von Beispielen gibt.

Ludwig XIV. hatte eine robuste Konstitution, war aber nicht gesund. Wie oft war er ernstlich krank seit den Pocken in seinem zehnten Lebensjahr! Liselotte von der Pfalz – Madame – wies den Ärzten die Tür und befand sich dabei wohl. Der König wäre ihrem Beispiel gefolgt, hätte er nicht auf diesem Gebiet ebenso konventionelle und gefährliche Vorstellungen wie auf religiösem gehabt. Ein Monarch, der Millionen Menschen für sein Leben verantwortlich ist, hatte nach seiner Meinung nicht das Recht, sich der »Faculté« zu entziehen. Und heldenhaft ertrug er eine geradezu erstaunliche Reihe von Torturen. Auf die schrecklichen Aderlässe mußte man schließlich verzichten, weil sie ihn halb ohnmächtig und völlig erschöpft zurückließen. Dafür wandten die »Diafoirus«[1] des Hofes voller Stolz reichlich ein selbstgebrautes Abführmittel an, das den Patienten an einem einzigen Tag bis zu achtzehnmal auf den Leibstuhl zwang und zu »roten Stühlen« führte.

1685 wurde ein sehr übles Jahr. Der Große König ließ sich wie ein römischer Cäsar vergöttern und errichtete Bauwerke wie ein Pharao, aber die Natur legte ihm nicht nur Höllenqualen, sondern geradezu

[1] Vater und Sohn Diafoirus sind die sarkastisch geschilderten Ärzte, die sich um Molières »Eingebildeten Kranken« bemühen. (Anm. d. Übers.)

schmachvolle Leiden auf. Es begann damit, daß ihm ein Zahn gezogen wurde, und zwar so, daß sich ein Abszeß, eine Knochen- und eine Stirnhöhlenentzündung bildeten. Darauf ordnete Monsieur d'Aquin flink an, alle Zähne aus dem Oberkiefer zu entfernen. Man tat es gewalttätig wie bei einer Dragonade: Ein Stück Gaumen wurde ausgebrochen, »der Kiefer zersplitterte«. Die Wunde sollte durch das Auflegen eines »feurigen Knopfes« geheilt werden. Siebzehnmal ertrug der König diese Qual, die zu den Martern für verstockte Ketzer paßte. »Monsieur Dubois, der die Kur durchführte, schien dabei erschöpfter zu sein als der König, der sie erdulden mußte, so unerschütterlich waren seine Kraft und Ausdauer in notwendigen Prozeduren, wenn er sich dafür entschieden hatte.« Die Sache heilte aber niemals aus, und Seine Majestät hatte sich mit einer höchst ärgerlichen Folge abzufinden: Wenn Majestät beim Trinken nicht vorsichtig war, lief die Flüssigkeit zur Nase wieder hinaus.

In den Augen des verweichlichten zwanzigsten Jahrhunderts bewies der König ergreifenden Stoizismus. »Die Leiden beeinträchtigen in keiner Weise seinen ausgeglichenen, majestätischen Charakter.« Immerhin hatte die Selbstbeherrschung aber ihre Grenzen. Neue Falten gruben sich in das erhabene Antlitz, der Mund fiel ein, die Nase schien sich zu entwickeln, der Ausdruck wurde bitter, fast boshaft. Seine Seele konnte sich nicht ständig über die unausgesetzten Schmerzen erheben. Welcher Mensch wäre in solchem Zustand nicht düster, reizbar, hart? Man kann feststellen, daß die Zeit, in der Ludwig XIV. körperlich sehr litt, auch die Epoche ist, in der seine Hand am härtesten zugriff, seine Außenpolitik am brutalsten war[1].

Im Dezember 1685 versetzte man den Protestanten einen neuen Schlag: »Binnen acht Tagen soll jedes Kind zwischen fünf und sechzehn Jahren abgeholt werden ...« Anlaß zu Schreckensszenen! Louvois ließ seinen neronischen Gelüsten die Zügel schießen, Seignelay, Herr der Flotte, tat es ihm gleich: Die Galeeren wurden zum untersten Kreis der Hölle.

Der König hatte indessen Leiden auszuhalten, die denen seiner Opfer kaum nachstanden. Er bekam eine Geschwulst am Knie. Während das Publikum die Deckengemälde der Spiegelgalerie bewunderte, diesen Widerschein des Ruhms, während sich sein Standbild auf der Place des Victoires erhob, »sagte ihm die Natur frech: Du bist ein Mensch. Sie erlaubte sich, ihn an einer Stelle zu packen, wo wir alle beschämt werden«, meint Michelet: Ludwig bekam eine Fistel am Darmausgang. Dagegen gab es nur chirurgische Hilfe, die aber so ge-

[1] Wenn man auch nicht so weit wie Michelet zu gehen braucht, für den die Krankheit in gewisser Weise die entscheidende Zäsur in seiner Herrschaftszeit darstellt.

fährlich war, daß sie die Lage in Frankreich und in Europa ändern konnte. Deshalb versuchte der König die Operation zu vermeiden. Außer den Ärzten und den ersten Kammerdienern wurden nur Madame de Maintenon und Louvois ins Vertrauen gezogen. Unnötige Vorsicht: Man beobachtete den Herrn und Meister viel zu genau. Seit Ende Februar 1686 verbreitete sich das Gerücht von seinem Tod im Ausland, und um den Dauphin zogen sich die Intrigen zusammen.

Zum körperlichen Leiden des Königs kam die politische Sorge, das Bestreben, die Öffentlichkeit irrezuführen. Niemals gab es so viele Feste bei Hofe. Ludwig führte sie an, unbewegt, nachdem er Inzisionen und Verätzungen hinter sich hatte. Sein Standbild auf dem Siegesplatz konnte er allerdings nicht selbst einweihen, sondern mußte sich vom Thronfolger bei der Zeremonie vom 24. März vertreten lassen, die dadurch einen Hauch makabrer Ironie erhielt. Dieses Versagen vergab der König niemals dem unglücklichen La Feuillade, der die besten Absichten gehabt und Millionen daran verwendet hatte.

Louvois, der sich immer wie in erobertem Land benahm, hatte einen Einfall. Er ließ alle mit Fisteln behafteten Leute aus Paris und der Umgebung in der Bauverwaltung zusammenholen, und die Mediziner bemühten sich, an diesen menschlichen Meerschweinchen alle nur erdenklichen Heilmethoden zu erproben. Aber leider ohne jeden Erfolg.

Und noch einmal verdrängte der Kriegsminister die Herren vom Äskulapstab. Er empfahl eine Kur in Barèges, dessen Wasser ihm geholfen hatten. Der König, erschöpft von so vielen Leiden und so völlig an körperlicher Betätigung gehindert, ließ sich überzeugen. Am 21. Mai gab er es dem Hof bekannt.

Die Wirkung war eine Art Erdbeben. Eine solche Reise und die Unterbringung der erlauchten Gesellschaft am Fuß der Pyrenäen machten mehr Schwierigkeiten als heute eine Reise ins Amazonasgebiet. Für die Regierung war die Unbequemlichkeit nicht geringer. Ludwig XIV. mußte einsehen, daß ein mit dem Staat und mit der Nation identifizierter Mensch sich solchen Urlaub nicht gönnen konnte. Er verzichtete. Seine Schmerzen wurden immer schlimmer, seine Sorgen um die Zukunft quälender. Ganz Europa kommentierte seinen Zustand. Um den schwachen Thronfolger scharten sich sehr wenig fromme junge Leute, die Prinzessin Conti und ihr Schwager[1], der Herzog und der Großprior Vendôme – Urenkel Heinrichs IV. und Großneffen von Mazarin.

Madame de Maintenon schrieb tränenbefleckte Briefe an ihre Ver-

[1] Die Tochter des Königs und der La Vallière war die inzwischen verwitwete Prinzessin Conti, ihr Schwager, jetzt Prinz Conti, der einstige Prinz de La Roche-sur-Yon.

trauten. Falls das Unglück einträte – was würde aus ihr werden, vereinsamt in dem Dschungel eines neuen Hofes? Wo fände sie eine passende Zuflucht? Eine ihrer Schützlinge, eine sehr liebe Freundin, die Madame de Brinon, die sie in Montmorency, dann in Rueil, schließlich in Noisy-le-Sec untergebracht hatte, überwachte die Erziehung einiger adliger und armer Waisen, in der Mehrzahl Offizierstöchter. Das Werk war durchaus lobenswert. Es ging darum, die Kinder zu bilden und vor den Gefahren zu behüten, in die sie durch ihre Mittellosigkeit geraten könnten. Madame de Maintenon erbat sich vom König ein Haus, in dem sie das Werk der kleinen Gemeinschaft erweitern könne, und der König »war keineswegs dagegen, sondern nahm sich der Sache mit einem Eifer an, der seiner großen Seele entspricht«, berichtet Madame de Caylus. Mansart erhielt den Auftrag, ein neues Gebäude in Saint-Cyr zu errichten. »Dieses bewundernswerte Bauwerk wurde in weniger als einem Jahr fertig und konnte dann zweihundertfünfzig junge Fräulein und sechsunddreißig Damen zu ihrer Erziehung aufnehmen.«

Da der König krank war, beschleunigte die Marquise die Dinge. Im Juni 1686 unterschrieb der König die Gründungsurkunde für die Gemeinschaft vom Heiligen Ludwig. Die Zöglinge erhielten eine Medaille, die auf der einen Seite den kanonisierten König, auf der anderen das Portrait ihrer Gönnerin trug. Ludwig machte es Spaß, selbst die Tracht für die jungen Mädchen – nach Klassen unterschiedlich – zu entwerfen.

Françoise d'Aubigné atmete auf. Jetzt verfügte sie über einen Zufluchtsort, an den sie sich zurückziehen, wo sie ihr Ansehen und ihre Würde wahren konnte, falls sie zum zweitenmal Witwe werden sollte. Inzwischen arbeitete sie die Statuten des Instituts aus und legte sie dem König vor. Es war beileibe kein Kloster! Ein Kloster hätte der Papst wieder aufgehoben. Madame de Maintenon, die ihren Gemahl kannte, hatte die Pläne so ausgearbeitet, daß er als einziger Schutzpatron von Saint-Cyr auftrat. Und so sagte Ludwig denn auch wohlgefällig zu Racine: »Vergessen Sie in den Annalen der Regierung nicht die Gründung von Saint-Cyr!«

Alles nahm in diesem Augenblick einen unangenehm militärischen Charakter an – selbst wenn es um junge Mädchen ging. Sie waren der Erziehung durch die Marquise widerstandslos ausgeliefert, und wenn sie auch zweifellos echte erzieherische Begabung besaß, so setzte sie außerdem noch die Autorität ein, die sie als Gemahlin des Königs hatte. Sie regierte Saint-Cyr wie er sein Volk. Bot sich für eine ihrer lieben Zöglinge eine Partie, dann erschienen vier junge Mädchen wie auf einem Sklavenmarkt vor dem Interessenten. Hatte der Edelmann seine Wahl getroffen, fragte man die Erwählte, ob sie einverstanden sei. War sie es nicht, konnte sie ebensogut gleich ins Kloster gehen.

Es befriedigte den König, sich um Waisen zu kümmern, denen er ein Vater sein konnte. Es ärgerte den König, daß sich die Aufhebung des Edikts von Nantes zunehmend als schwierig erwies. Viele der »Bekehrten« trieben ihre Ruchlosigkeit so weit, sich das Leben zu nehmen. Empört befahl Ludwig, die alte Strafe für Selbstmörder, die »Schleife«, anzuwenden, das heißt, den Selbstmörder auf einer Art Leiter zu schleifen. Man grub sogar bereits Bestattete aus, um sie dieser Strafe zu unterwerfen. In Cany in der Landschaft Caux befahl ein eifriger Beamter, eine Frau Diel zu exhumieren: Gegen Eintrittsgeld konnte man »die Leiche einer Verdammten« betrachten.

Es gab noch Schlimmeres. In Savoyen, in einem entlegenen Alpenwinkel, lebte die kleine reformierte Gemeinschaft der Waldenser, deren Vorfahren unter Franz I. grausam verfolgt worden waren[1]. Man überzeugte den König, die protestantischen Flüchtlinge könnten Zuflucht in ihren Bergen finden – und schon war auch ihr Untergang beschlossen. Der junge Herzog von Savoyen fügte sich. Französische Truppen unter dem Befehl von Catinat schritten fröhlich zu einem Massaker, das einem Kannibalenstamm wohl angestanden hätte. Man kegelte mit Kinderköpfen. Ein alter Mann wurde lebendigen Leibes zerrissen, ein Mädchen mit dem Schwert auf die Erde genagelt, ehe man es vergewaltigte.

Solche Szenen spielten sich fünfzig Jahre nach dem Erscheinen von Descartes' *Abhandlung über die Methode* ab. Und keiner der großen Cartesianer, die Maß und Vernunft priesen, war entsetzt.

Der Vorkämpfer des Katholizismus, der so um sein Seelenheil besorgt war, dieser Kranke, dessen letzte Gründung nun offenbar ein Heim für junge Mädchen wurde, war in den Augen der Welt ein alles verschlingendes Ungeheuer, ein wahrer Oger. Man verdächtigte ihn, von der Weltmonarchie zu träumen, man zweifelte nicht daran, daß er sich sämtliche christliche Fürsten unterwerfen und ihre Untertanen versklaven wolle. Aber was auch immer Ludwigs geheimste Wünsche gewesen sein mögen – noch seine unverschämtesten Eroberungen ließen sich durch die Sorge um den Schutz des Landes rechtfertigen. Darüber hinaus waren sie *natürlich* in dem Sinne, daß sie Frankreich trotz Revolutionen und äußeren Niederlagen heute noch zugehören[2]. Mit Napo-

[1] Die im 12. Jahrhundert durch den Lyoner Laien Waldes gegründete christliche Sekte der Waldenser war fast ausgerottet. Im Piemont gingen ihre Reste im Calvinismus auf. Nach der Aufhebung des Edikts von Nantes sind sie 1699 in größerer Zahl in Deutschland eingewandert. (Anm. d. Übers.)

[2] Mit Ausnahme einiger Städte, die, wie Casale und Luxemburg, immer strategische Bedeutung hatten. Selbst die von Ludwig zurückgegebenen Provinzen – Lothringen, Nizza, Savoyen – kamen wieder an Frankreich zurück.

leon, Hitler und Stalin verglichen, bietet Ludwig XIV. fast das beruhigende Bild eines Grundeigentümers, der seinen Besitz – freilich ohne Skrupel – abzurunden und einzufrieden sucht.

Seine Zeitgenossen kannten nicht seine tiefwurzelnde Vorsicht, sie nahmen seinen Sinn für Gleichgewicht nicht wahr, den er sich, abgesehen von den Exzessen, bewahrte. Sie sahen nur die Brutalität seiner Methoden, seine Unverfrorenheit, seine unerträgliche Manier, den Sieger herauszukehren und den unglücklichen Gegner zu demütigen. In Wahrheit waren die Pläne des Sonnenkönigs weit weniger verdammenswert als sein Auftreten. Die ehrgeizigste Persönlichkeit dieser Zeit war nicht er, sondern der Statthalter von Holland.

Wilhelm von Oranien schwor sich insgeheim, die französische Vorherrschaft zu zerschlagen, Englands Krone zu ergattern und seinerseits der Schiedsrichter der Völker zu werden. Am 9. Juli ließ er in Augsburg »ohne viel Aufhebens« ein Verteidigungsbündnis unterzeichnen, eine Liga zwischen den Vereinigten Provinzen, dem Kaiser, dem Kurfürsten von Brandenburg, einer ganzen Reihe deutscher Fürsten und dem Herzog von Lothringen. Der König von Spanien und der Herzog von Savoyen schlossen sich bald an. Der Papst lobte die Liga, Venedig ermunterte sie. Auch Schweden ließ Frankreich im Stich, dessen einzige Freunde der König (nicht das Volk) von England und das unnütze Dänemark blieben. In Versailles tat man, als fände man das Ganze nur possierlich. Diese Koalition von Augsburg – das war doch wohl La Fontaines Drache, das schreckliche, aber gelähmte Ungeheuer? Als im August der Herzog von Berry geboren wurde, Monseigneurs dritter Sohn – nachdem er 1683 seinen Herzog von Anjou bekommen hatte –, schien der Himmel selbst zu antworten und der Dynastie Unsterblichkeit zu verheißen.

In der Tat war der König aber nicht gelassen. Er wollte den Status quo bewahrt sehen und wünschte keineswegs einen neuen Krieg. Obwohl er seine Bauwerke bei weitem nicht abgeschlossen hatte, ließ er jetzt das Trianon aus Marmor an die Stelle des Trianons von Porzellan setzen. Jedes Jahr kaufte er Mengen von Diamanten. Dieser Drang zum Geldausgeben, der vielleicht mit seiner gestörten Gesundheit zusammenhing, war schlecht mit den Lasten zu vereinbaren, die eine internationale Krise seinen hochverschuldeten Staatsfinanzen auferlegen würde. Und die Krise drohte immer mehr, denn der Kaiser errang glänzende Siege über die Türken, wobei sich der junge Prinz von Savoyen auszeichnete. Der Prinz haßte den König, der ihm nach der Giftgeschichte, nach den Anklagen gegen seine Mutter – Olympia Mancini – nun noch den Rang eines Generalobersten der Schweizer[1] versagte, obwohl seine Familie darauf Anspruch hatte.

[1] Das dem Heer eingegliederte Korps der Schweizergarde (einer Art Fremden-

Ludwig XIV. boten sich zwei politische Richtungen. Colbert de Croissy beschwor ihn, den weichen Kurs zu steuern und durch Zugeständnisse die Feinde zu trennen. Louvois aber behauptete, man müsse sie durch Abschreckung in Schach halten. Wollte man dem Getuschel am Hof glauben, trieb er zum Krieg, um unentbehrlich zu sein: Er fürchtete Ungnade seit einem absurden Streit mit dem Herrn über ein Fenster in Versailles.

Die Entscheidung fiel bei einer der Ratssitzungen, der Ludwig vorstand, Schweiß auf der Stirn – so viel Mühe machte es ihm, seine Schmerzen zu bezwingen. Die Partei der Gewalt siegte, doch in der Vorstellung Ludwigs sollte es nicht darum gehen, einen neuen Krieg zu entfesseln, sondern ihn zu verhindern. Das war nach seiner Weigerung, rechtzeitig mit den Holländern zu verhandeln, und nach der Aufhebung des Edikts von Nantes sein dritter folgenschwerer Irrtum. Was aber würde geschehen, wenn die Krone unter solchen Umständen auf den armen Prinzen überginge, den man am Hof nur mit Spottnamen bedachte? Als der König die Politik des Wagnisses beschloß, verpflichtete er sich im selben Augenblick, sein Leben aufs Spiel zu setzen: Die Operation wurde insgeheim beschlossen. Mehrere Wochen lang übte sich der Chirurg Félix an Louvois' Fistelkranken. Am 17. November machte der König einen Spaziergang in seinen Gärten und wurde von solchen Schmerzen überfallen, daß er unvermittelt die Operation auf den nächsten Morgen ansetzte.

Man weckte ihn am 18. morgens um acht Uhr. Er sprach seine Gebete und schloß: »Mein Gott, in Deine Hände befehle ich meinen Geist.« Félix erhielt den Befehl, ihn wie jeden gewöhnlichen Kranken zu behandeln. Ludwig legte sich wieder hin, Louvois und Madame de Maintenon blieben bei ihm. Ludwig seufzte nur und stieß nicht einen einzigen Schrei aus, als erst zweimal das Messer, dann achtmal die Schere des Chirurgen ihre Schnitte machten. Als es vorbei war, »befahl der König, gut zu prüfen, ob kein weiterer Schnitt nötig sei; dann verband man Seine Majestät. Er befahl, den Ersten Kammerherrn eintreten zu lassen, erklärte ihm, was geschehen sei und daß er die ersten Leute eintreten lassen könne. Um elf Uhr ließ man ihn vorsichtshalber zur Ader, mittags hörte er die Messe, um zwei Uhr brachte man ihm eine Suppe, die er vor rund dreißig Zuschauern verspeiste ... Um fünf Uhr rief man den Conseil zusammen, der bis sieben Uhr tagte«, heißt es in dem von Louvois verfaßten offiziellen Bericht.

Einen Monat lang litt Ludwig noch entsetzliche Schmerzen, »wie aufs Rad geflochten«, schrieb die Marquise. Doch nicht einen Tag lang

legion) verschwand erst 1830 aus der französischen Armeeaufstellung. (Anm. d. Übers.)

änderte sich der Rhythmus des königlichen Uhrwerks. Die Höflinge dagegen schienen geistig verwirrt zu sein: Etwa dreißig von ihnen rannten zu ihrem Arzt »und forderten mit Nachdruck, operiert zu werden. Ihre Narrheit war so groß, daß sie wütend wurden, wenn man ihnen erklärte, eine Operation sei nicht notwendig.«

In Chantilly legte sich Monsieur le Prince, der Große Condé, zum Sterben. Er hatte sich endgültig ausgesöhnt, als er seinen Enkel, den Herzog von Enghien, mit der Demoiselle de Nantes, einer Tochter des Königs und der Montespan, verheiratete. Ludwig brachte es nicht übers Herz, seine Bitten für seinen Neffen Conti (den früheren Roche-sur-Yon) abzuschlagen, und der stürmische junge Mann erschien wieder bei Hofe. Doch allzuviel durfte man davon nicht erwarten. Als Conti seinen Antrittsbesuch machte, erklärte ihm der König streng:

»Man hält meine Krankheit für sehr schlimm, wenn man fern von hier ist, doch wenn man mich sieht, wird man leicht einsehen, daß ich kaum leide.«

Endlich, am 27. Dezember, vier Tage nach den Beisetzungsfeierlichkeiten für Condé, schloß sich die vernarbte Wunde endgültig, und Louvois konnte eine »vollständige und absolute Heilung« bekanntgeben. Ein Freudenschauer ging durch Frankreich. Es war der letzte Ausbruch von Liebe, den Ludwig XIV. hervorrief.

D'Aquin erhielt ein Gut, eine hohe Belohnung (nach heutigem Geld etwa eine Million Francs) und bald darauf den Abschied. Madame de Maintenon wünschte einen ihr ergebenen Mann am Bett ihres Gemahls. Monsieur Fagon, der nun der erste Mediziner wurde, verbot sofort den Champagner und empfahl statt dessen Burgunder, um die Gicht zu bekämpfen. Sie wurde nur doppelt so schlimm, sie fesselte den Sonnenkönig an einen kleinen Wagen.

Ludwigs Gesundheit blieb noch mehrere Jahre sehr gefährdet, und »die Säure seiner Laune« stachelte ihn weiterhin zu aggressiven Unternehmungen an. Während er die Protestanten verfolgte (man hörte allerdings mit dem Schleifen der Leichen auf), schleuderte er nun seine Blitze gegen den Papst. Das Asylrecht für Verbrecher, das die Botschafter beim Heiligen Stuhl besaßen, hatte sich nach und nach auf die ganzen Viertel ausgedehnt, in denen sie wohnten, so daß die römische Polizei machtlos gegen die Unterwelt war. Innozenz XI. verlangte von den einzelnen Herrschern, auf diese »Freiheiten« zu verzichten. Alle waren einverstanden, bis auf den Allerchristlichsten König, der sich aufgebracht gab.

Sein neuer Botschafter, der Marquis de Lavardin, rückte an der Spitze von vierhundert Soldaten in Rom ein und verwandelte die französische Residenz in eine Festung. Der Papst exkommunizierte ihn offiziell, erreichte aber nur, daß jedermann erkannte, wie stumpf die einst so gefürchtete Waffe geworden war. Der Botschafter stattete weiterhin dem Souverän Pontifex seine Besuche ab und ging zur Kommunion in Saint-Louis-des-Français. Er war der Sache los und ledig, weil man ihm eine – vorläufige – Absolution erteilt hatte.

Der unerbittliche Verteidiger der Kirche zog die Sakramente ins Lächerliche! Innozenz XI. war aber ebenso hartnäckig, und der Konflikt spitzte sich so zu, daß der König wie schon 1662 das Comtat-Venaissin besetzen ließ.

Am Rhein wirkten seine Vorbereitungen immer herausfordernder, immer kriegerischer. Die Franzosen besetzten Hüningen und setzten ein Fort mitten in den Fluß, das ihnen den Übergang sichern sollte, falls sie die Lust dazu ankäme ...

Der Kurfürst und Erzbischof von Köln war gestorben, der König versuchte, einer seiner Kreaturen, dem Kardinal Fürstenberg, die Nachfolge zu verschaffen – der Papst wollte nicht. Dann forderte er im Namen der Herzogin von Orléans – Liselotte von der Pfalz – einen Teil vom Erbe ihres 1685 verstorbenen Bruders. Man hatte ja nicht ohne Absicht eine unschöne und unbemittelte Prinzessin im Schoß der Bourbonen aufgenommen! Und als alles seinen Zweck nicht erreichte, als die Augsburger Liga nicht eingeschüchtert oder entmutigt wurde, folgte Ludwig XIV. nur noch williger Louvois' düsteren Impulsen und verlor sich immer mehr in seinem Irrtum. Überzeugt, im Himmel eine Krone erworben zu haben, setzte er seine irdische Macht in einem Augenblick aufs Spiel, als sich der Sturm vom Meer her erhob.

Der Sinn der Geschichte

In England waren die religiösen Leidenschaften ebenso aufgewühlt wie in Frankreich, aber hier hatte es der katholische Stuart außerdem mit zwei verschiedenen wirtschaftlichen Grundsätzen zu tun, und er geriet unfehlbar in Gegensatz zur Mehrheit seiner protestantischen Untertanen. In dem Maß, wie sich ein Handels-Kapitalismus entwickelte, befestigte sich bei den Protestanten ein utilitaristischer Individualismus, der unvereinbar war mit einer Kontrolle über das Eigentum, während gerade diese Kontrolle in den Staaten mit absoluter Monarchie als eine öffentliche Aufgabe verwaltet wurde.

Seit der Restauration waren mehrere Bücher erschienen, die sich zu beweisen bemühten, daß der Christ durch seinen Glauben gerettet wird, daß der wahre Glaube aber der ist, der zu Werken anspornt. Und nach den Werken wird der Mensch beurteilt werden. Genau wie der Pastor ist auch der Kaufmann verpflichtet, zum Vorteil der Gemeinde zu wirken. Sein Erfolg wird dann beweisen, daß er dem Herrn wohlgefällig ist; und was auch das Evangelium sagen mag: Er wird zwei Herren zufriedengestellt haben, Gott und das Geld. Die protestantischen Whigs, die von dieser These so begeistert waren, wollten für England die wirtschaftliche Vormacht und für die Engländer mehr Unabhängigkeit von der Regierung. Sie verabscheuten Jakob II., diesen Rivalen Ludwigs XIV., diesen kriegerischen Katholiken, der den Jesuiten eng verbunden und nicht imstande war, die Entwicklung in seinem Lande zu begreifen.

Der König dachte tatsächlich nur daran, die alten Rechte der römischen Kirche neu zu begründen, womit er – eine sonderbare Situation! – gegen die Wünsche des Papstes arbeitete. Innozenz XI. haßte nämlich Ludwig XIV. so sehr, daß er das Ketzertum der Engländer ihrem Bündnis mit Frankreich vorzog. Voltaire hat die verworrene Haltung Jakobs II. überzeugend charakterisiert: »Manchmal ist es ziemlich einfach, eine Religion zur vorherrschenden in einem Lande zu machen ... doch für solche Änderungen ist zweierlei unabdingbar: eine konsequente Politik und glückliche Umstände; Jakob aber fehlte beides.

Verärgert erkannte er, wie viele Fürsten in Europa despotisch regierten, sah, daß auch Schweden und Dänemark jetzt diesen Weg gingen; nur Polen und England waren noch Länder, in denen die Freiheit des Volkes neben dem Königtum bestand. Ludwig XIV. ermutigte ihn, selbst absolut zu regieren, und die Jesuiten drängten ihn, ihrer Religion und ihrem Einfluß wieder zum alten Recht zu verhelfen. Jakob verhielt sich so ungeschickt, daß er alle gegen sich aufbrachte. Zunächst handelte er, als habe er bereits erreicht, was er doch erst anstrebte, als er nämlich an seinem Hof offiziell einen Nuntius des Papstes, Jesuiten und Kapuziner walten ließ; er nahm der Stadt London ihre Vorrechte, statt ihr lieber neue zu geben; er schaffte lauthals Gesetze ab, die er in aller Stille hätte aushöhlen sollen; schließlich benahm er sich mit so wenig Mäßigung, daß die Kardinäle in Rom schon scherzten, man müsse ihn exkommunizieren, weil er das bißchen in England noch vorhandenen Katholizismus auch noch verspielen werde.«

So standen die Dinge, als dann noch die von der Aufhebung des Edikts betroffenen französischen Flüchtlinge eintrafen und den Zorn der Engländer auf ihren Verfolger zur Wut steigerten. Man sammelte für sie in den Kirchengemeinden, man trug Klagelieder über ihre Leiden vor und versprach, sie zu rächen. Die Atmosphäre der Religionskriege war auch hier wiedergekehrt. »Man hatte das Gefühl, gemeinsam für eine Sache einzutreten, und zwar über die Schranken der Klassen, Rassen und Eigeninteressen von Millionen Menschen hinweg«, heißt es bei Winston Churchill.

Jakob begann, kräftig gegen den Strom zu schwimmen. Doch das

Ansehen der Dynastie verfiel zusehends, so daß die Whigs ihr Übel mit Geduld trugen – es genügte ihnen abzuwarten, denn nach ihrem Gegner mußte die Krone an seine protestantische Tochter Maria, die Gattin Wilhelms von Oranien, fallen. Dann hieß es aber plötzlich, daß die zweite Gemahlin des Königs, Marie d'Este, Prinzessin von Modena, nach vierzehn kinderlos gebliebenen Jahren schwanger sei; bald darauf wurde sie von einem Sohn entbunden. Dieser papistische Prince of Wales entfesselte den Sturm. Die Töchter des Königs und die ganze protestantische Partei redeten von Kindesunterschiebung, und man wußte sogar genau, der Prinz sei in einer Bettwärmpfanne in den Palast getragen worden. Sieben Lords schrieben heimlich an Wilhelm von Oranien und forderten ihn auf, seinen Schwiegervater zu stürzen. (30. Juni 1688)

Wilhelm wartete zwar nur darauf, aber die Sache war gefährlich, und er konnte sie nicht ohne Billigung des Augsburger Bündnisses unternehmen, denn Ludwig hatte an den Nordgrenzen gewaltige Truppen zusammengezogen.

Die protestantischen Fürsten Deutschlands gaben ihre Zustimmung, der Kurfürst von Brandenburg schickte sogar Truppen unter dem Kommando eines »Refugiés«, des Marschalls Schomberg. Der Kaiser und der König von Spanien empfanden zwar Gewissensbisse, einen Ketzer gegen einen katholischen Herrscher zu unterstützen: Doch der Papst beschwichtigte sie. Es blieb noch, die Zustimmung der Generalstände von Holland einzuholen, die es ablehnten, ihre Truppen nach England zu schicken, solange die Franzosen vor ihren Toren standen.

Ludwig XIV. hatte die Gefahr erkannt. Im Juli und im August bot er Jakob Subsidien, seine Flotte und dreißigtausend Mann an. Der Stuart lehnte ab. Er glaubte nicht an eine Verschwörung und hatte nicht vor, sich von einem anderen Monarchen abhängig zu machen. Außerdem hätte eine französische Intervention die Aussichten gestört, sein Land wieder katholisch zu machen.

Ludwig beschloß, ihn auch gegen seinen Willen zu retten. Am 2. September verkündete er den Holländern brutal, daß ein Angriff auf England als Angriff auf Frankreich betrachtet werden würde.

An diesem Punkt ist man einmal geneigt, an das Schicksal, an einen Sinn der Geschichte zu glauben. Wenn die Holländer zornig waren, zeigte sich Jakob noch wütender: Hochmütig wies er das französische Angebot zurück. Ludwig konnte an so viel Dummheit nicht glauben. Er dachte an ein geheimes Einverständnis, irgendeine Machenschaft von Jakob und seinem Schwiegersohn. Auf jeden Fall schien es unnütz, einen so ungeeigneten Herrscher zu unterstützen. Für den Fall, daß der Prinz von Oranien wirklich versuchen sollte, ihn zu entthronen, würde ihm ohnehin eine mächtige Armee den Weg verlegen, denn Jakob verfügte über 40 000 Mann, mehr, als Cromwell je gehabt hatte. Ein England im Bürgerkrieg wäre aus dem europäischen Kräftespiel ausgeschaltet. Die eigentliche Drohung für Frankreich kam jetzt von Osten, denn ein letzter Sieg von Prinz Eugen hatte die Türken endgültig kampfunfähig und die kaiserlichen Truppen frei gemacht.

Das etwa waren die Überlegungen von Louvois, denen sich Ludwig anschloß. Der Kriegsminister wünschte nämlich keine Wendung der Dinge, die der Flotte und damit Seignelay eine entscheidende Rolle zuwies; diese unselige Eifersucht hinderte die französische Flotte, Wilhelms Schiffe abzufangen, so daß er freie Fahrt hatte.

Ludwig XIV. ließ also Holland in Ruhe und wandte sich gegen Deutschland. Am selben Tag, als die Österreicher in Belgrad einrückten – dem 24. September 1688 –, forderte er das Reich auf, den Waffenstillstand von Regensburg in einen Vertrag umzuwandeln, seinen Schützling, den Kardinal Fürstenberg, als Kurfürsten von Köln anzuerkennen und dem Herzog von Orléans – als dem Ehemann Liselottes von der Pfalz – einen Teil des pfälzischen Erbes zukommen zu lassen. Das Ultimatum war auf drei Monate befristet, doch schon am 25. September marschierten die Franzosen auf die Rheinlande zu.

Erstaunliche Neuerung: Der Thronfolger erhielt das Kommando. Der König fühlte sich noch sehr krank und wollte das Ansehen der Dynastie dadurch festigen, daß er seinen Nachfolger in helles Licht rückte. Es geschah zum erstenmal, daß er die Blicke der Welt auf einen anderen lenkte und den Apparat der offiziellen Propaganda für ihn einsetzte.

Einer seiner besten Freunde, der Marschall Duras, leitete, unterstützt von Vauban, den Feldzug. Ein sonderbarer Feldzug, mit äußerster Grausamkeit geführt, obwohl der Krieg nicht erklärt worden war! Kriegserklärungen waren nämlich damals noch üblich. Mitten in einem ununterbrochenen Strom der Lobgesänge für Monseigneur und den jungen Herzog von Maine – Sohn der Montespan, der seine Lehrzeit absolvierte – besetzten die Franzosen das linke Rheinufer und belagerten Philippsburg, das sie am 22. Oktober einnahmen. Der König erhielt die Nachricht, während er in Fontainebleau die Messe hörte. Hingerissen unterbrach er die Predigt, um den Sieg laut zu verkünden. Tränen rannen ihm über das Gesicht, und natürlich brach alles ringsum in Schluchzen aus.

Der Dauphin kam als Triumphator zurück. Wie hätten sich die Herren am Hofe gewundert, wenn man ihnen jetzt erklärt hätte, daß ihr König durchaus nicht Herr der Welt, sondern gerade in diesem Augenblick vor der größten Gefahr seiner ganzen Regierungszeit stand!

Denn Wilhelm von Oranien war übers Meer gefahren und Anfang November in England gelandet. Er brachte nicht nur 15 000 Soldaten mit, die aus einem halben Dutzend Nationen stammten und ein Mikro-Europa verkörperten, sondern auch den großen Gegner der Theorie vom göttlichen Recht, John Locke. »Nur dort«, hatte der Philosoph der neuen Zeit geschrieben, »nur dort gibt es eine politische Gesellschaft, wo jedes ihrer Mitglieder auf seine natürlichen Rechte verzichtet und sie in die Hände der Gesellschaft legt, die es ihrerseits nicht verhindert, daß man sich ständig auf die von ihr selbst aufgestellten Rechte berufen kann.« Nach Locke war die absolute Gewalt völlig unvereinbar mit der bürgerlichen Gesellschaft, und was das göttliche Recht anging, »so hat man nie etwas davon gehört, ehe dieses große Mysterium von der Theologie des letzten Jahrhunderts enthüllt worden ist«. »Das Naturrecht inspiriert das politische Recht, das verhindert, daß die natürlichen Fähigkeiten durch die Praxis des Lebens bedroht werden.« Dieses kühne, wenn auch noch gemäßigte Konzept des Naturrechts stellte sich jetzt Jakob Stuart und dem göttlichen Recht entgegen, dessen Wortführer sein Vorgänger Jakob I. und der Philosoph Hobbes in England gewesen waren.

Zunächst schien es wenig Aussicht auf Erfolg zu haben. Wilhelm wartete in seinem Lager bei Exeter. Zehn Tage der Unsicherheit gingen ins Land. Dann aber schmolz der Loyalismus auf allen Seiten wie das Eis im Frühling. Alles fehlte dem unglücklichen Jakob nun, und er selbst versagte. Die härtesten Schläge versetzte ihm die Familie Churchill; Churchill selbst, seine eigene Kreatur, Bruder seiner ehemaligen Geliebten, und dessen gefährliche Frau Sarah; Churchill, der seinen Herrn im Stich ließ und damit den Abfall der Armee bewirkte. Sarah tat mehr: Sie reizte die Tochter gegen den Vater auf und führte Prinzessin Anna ins Lager von Wilhelm. »Und nun, als er sich angegriffen und verfolgt von einem seiner Schwiegersöhne, verlassen von dem anderen [Annas Ehemann] sah, als er seine beiden Töchter gegen sich hatte, seine eigenen Freunde, als ihn auch die Untertanen haßten, die zu seiner Partei gehörten, verzweifelte der König an seinem Geschick«, sagt Voltaire. Er dachte nur daran, Frau und Sohn in Sicherheit zu bringen, und ein Franzose – Lauzun selbst – und der Italiener Riva brachten sie nach Frankreich.

Vergebens versuchte Jakob, ihnen zu folgen. »Nachdem er auf der Flucht vom Pöbel aufgehalten, mißhandelt und nach London zurückgebracht worden war; nachdem er in seinem eigenen Schloß friedlich die Befehle des Prinzen von Oranien entgegengenommen hatte; nachdem er erlebte, wie seine Garde, die nicht einen Schuß abgegeben hatte, von der des Prinzen davongeführt wurde; nachdem er aus seiner Residenz verjagt und in Rochester gefangengesetzt wurde« – so Voltaire –, packte ihn tatsächlich die Angst, die ihm Wilhelm einzuflößen versuchte, und er entwich aus einer absichtlich offengelassenen Tür. Diesmal erreichte er die sichere Zuflucht auf der anderen Seite des

Kanals. Da er die Vorliebe seiner Untertanen für Form und Geste kannte, schleuderte er das große Staatssiegel auf den Grund der Themse.

Wilhelm hatte also das unerwartete Glück, England zu erobern, ohne auch nur einen Tropfen Blut zu vergießen. Es ist ganz belustigend, daß so viele Historiker den kleinen dunklen Mann als Vorkämpfer der Freiheit feiern, während er selbst nur von der absoluten Gewalt träumte. Er weigerte sich sogar, mit Maria gemeinsam zu regieren, da er, wie er sagte, nicht der Türsteher seiner Frau sein wolle. Doch am Ende mußte er sich dem Willen der Whigs fügen. Das Parlament, das mit der *declaration of rights* ein »Gesetz der Rechte« erließ – die Charta der verfassungsmäßigen Freiheiten in England –, krönte Wilhelm III. und Maria. Immerhin war tatsächlich das Gleichgewicht zwischen dem Fürsten und der Stadt, zwischen der Macht und dem Geld gefunden, denn zum Glück hatte John Locke rechtzeitig das *Naturrecht* definiert. Sonst allerdings hätte sich die Legitimität des neuen Herrscherpaares auf »Antipapismus und eine Bettwärmpfanne« stützen müssen, wie es Winston Churchill formuliert hat.

Wilhelm war voller Bitterkeit und interessierte sich überhaupt nicht für Englands innere Verwaltung, die, wie in Venedig, von einer aristokratischen und merkantilen Oligarchie geleitet wurde. Er residierte kaum jemals in London, verbrachte eine Hälfte des Jahres auf dem Kontinent und widmete sich völlig dem Kampf gegen Frankreich. »Ich werde zugrunde gehen oder Versailles in Brand stecken!« sagte er.

Ludwig XIV. hatte eine schwere Niederlage erlitten. Von Feinden rings umgeben, hatte er allein einer ungeheuren Bedrohung standzuhalten, ohne irgendeine Unterstützung von außen. Doch etwas viel Schlimmeres bahnte sich an, ohne daß er es erkannte: Der kleine schwarze Mann verkörperte die Zukunft. Er zog alle an, die des Absolutismus müde geworden waren, alle, die auf einen Wandel hofften, das heißt einen großen Teil der Jugend. Dieser noch blasse Stern verkündete die Abenddämmerung für den Sonnenkönig. In Amsterdam erschien *Die Seufzer des versklavten Frankreichs:* »Frankreich muß erwachen und das Gewicht der schrecklichen Tyrannei fühlen, unter dem es seufzt, wenn es die glückliche Freiheit sieht, die alle benachbarten Staaten unter ihren legitimen Fürsten und im Besitz ihrer alten Rechte genießen.« Noch waren keine dreißig Jahre vergangen, seit Ludwig XIV. seine eigene Revolution vollzogen hatte – und schon verkörperte er ein vergangenes Regime, eine versteinerte Ordnung.

Doch im Rückblick wird auch der Irrtum sichbar. In Frankreich ersehnten sich alle Gegner des Despotismus, alle, die schon bald darauf eine geschlossene Opposition bildeten, keineswegs eine neue Ordnung. Sie wollten nur die Rückkehr zu einer abgelaufenen Vergangenheit, die Beibehaltung von Traditionen, die aus der Feudalzeit stammten. Die Konzentration der Macht, die allein imstande war, Frankreichs Unabhängigkeit zu sichern, war ihnen verhaßt. Ludwig XIV. blieb der revolutionäre »Tyrann«, der ihnen wachsende Gleichheit vor der unpersönlichen Autorität des Gesetzes auferlegte, und zwar eines Gesetzes, das er ohne Rücksicht auf Sonderinteressen und lokale Verhältnisse erlassen hatte.

Der König begab sich selbst nach Chatou, um die Königin von England zu empfangen. Er war von dem Unglück der entthronten Fürstin tief bewegt, doch bei ihrem Anblick ergriff ihn ein ganz anderes Gefühl: Sie war die Tochter einer Martinozzi, sie hatte von ihr den berühmten Charme der »Mazarinetten« geerbt. So weckte sie in Ludwig lebhafte Erinnerungen an seine Jugend, und Madame de Maintenon wurde »von fürchterlicher Unruhe« befallen.

Marie erhielt dieselben Ehren, die gleichen Dienste, als wäre sie die Königin von Frankreich. Eine Börse von zehn Millionen Louisdor ersparte ihr materielle Sorgen. Ihr Retter, Lauzun, wurde mit einem Herzogtitel geehrt, obwohl Mademoiselle darüber weinte und tobte.

Einige Tage darauf kam auch Jakob. Ludwig nahm ihn großzügig im Schloß Saint-Germain auf. Auch die Anführer der ungarischen Aufständischen, der Kardinal Fürstenberg, dem Köln endgültig verlorengegangen war, und andere Flüchtlinge strömten Ludwig XIV. zu, während sich die Protestanten um die Fahnen Wilhelms III. scharten – ein ideologischer Kampf bereitete sich vor. Mit großen Kosten unterhielt der König die jakobitische Monarchie und die Anhänger der übrigen Verbannten, ähnlich wie England 1940 die hitlerfeindlichen Regierungen aufnahm.

Völlig ohne Ahnung einer Gefahr, wie in einem Zauberkreis isoliert, begeisterte sich der Hof für eine ganz andere Geschichte. Racine hatte nach Überwindung einiger Gewissensbisse wieder zur Feder gegriffen und ein frommes Drama zur Verherrlichung der Madame de Maintenon geschrieben. Die Fräulein von Saint-Cyr sollten *Esther* aufführen. Schauspielerinnen und Chorsprecherinnen wurden unter Mädchen ausgewählt, die noch nicht fünfzehn Jahre alt waren, ihnen allein wagte die Marquise zu erlauben, biblische und persische Gewänder zu tragen, diamantenbesetzte Stirnbänder, offen fließendes Haar. Eine melancholische kleine Stiftsdame, Madame de La Maisonfort, Liebling der Marquise, wurde die »liebe Elise«, Mademoiselle de Lastic lieh ihre Schönheit dem Ahasver.

Der König sah die Vorstellung am 26. Januar 1689 und war entzückt. Er sah sie noch einmal mit den Bischöfen und Jesuiten, dann mit den entthronten Herrschern von England. Die schönen Verse, die edlen Gedanken, ausgesprochen von Geschöpfen, die noch zu rein waren, um sie vollständig zu verstehen, waren von unendlichem Reiz, und im Munde der Unschuld nahmen die Anspielungen auf die Gegenwart einen einzigartigen Zauber an. Denn es fehlten nicht die Verherrlichung der Françoise-Esther noch der Pfeil gegen die Montespan-Vasthi, weder die Drohungen gegen Louvois-Aman noch das Racheversprechen für die Verbannten:

> Ich werde spüren der teuren Heimat Luft,
> ich werde weinen an der Väter Gruft.

Tränen flossen, man wurde nach Herzenslust ohnmächtig. Der König machte sich selbst zum Organisator der Schauspiele, stand mit waagerecht ausgestrecktem Stock an der Saaltür und kontrollierte selbst, ob die Eintretenden auf seiner Liste der Eingeladenen standen, verschenkte hier ein Lächeln, dort ein berauschendes Wort – niemals hatte man ihn so väterlich, so weich erlebt.

Unterdessen rächte sich Louvois und machte sich zu dem für alle Zeiten verabscheuten Henker der Pfalz. Es handelte sich wieder um eine Verteidigungsmaßnahme, denn der »grausame Aman« wollte die Rheinlande zur »verbrannten Erde« machen, damit sie den kaiserlichen Truppen nicht als Basis für einen Angriff auf Frankreich dienen könnten. Wie einst Turenne mokierte sich auch Louvois nur über die ungeschriebenen Gesetze der Kriegsführung. Man kann nicht daran zweifeln, daß er die Ludwig XIV. abgerungenen Befehle überschritt, und manche seiner Untergebenen, vor allem Mélac, gingen noch über seine Absichten hinaus. Andere, auch das soll erwähnt werden, verbargen nicht ihre Abscheu über diese bösartige Strategie, etwa Tessé, Duras, Monclar. Auf jeden Fall aber trifft den König ein großer Teil der Verantwortung, und auf die Passivseite seiner Bilanz muß ein sehr häßlicher Zug eingetragen werden: der Groll, mit dem er Liselotte verfolgte, weil sie über die in ihrem Namen begangenen Untaten verzweifelt war.

Ludwig XIV. gestattete nicht, daß irgend etwas wichtiger genommen wurde als die Staatsräson, und wenn es sich auch um eine Herzenssache handelte. Ludwigs XIII. Einstellung war ähnlich gewesen, aber er hatte in erster Linie sich selbst persönliche Opfer abverlangt. Mannheim und Heidelberg verschwanden vom Erdboden, die ländliche Umgebung wurde verheert, die Bewohner irrten umher auf der Suche nach einer Zuflucht. Offenbar genügte es Louvois noch nicht. Im Frühling ergoß sich eine neue zerstörende Welle über das unglückliche Land. Der Minister wollte so fortfahren, gegen den Willen des Königs, der zögernd den Umfang der Verheerungen durch die Dragonaden erkannte.

Als Ludwig merkte, daß Louvois von sich aus die Zerstörungen Triers befohlen hatte, überließ er sich einem der so seltenen Zornausbrüche seiner Regierungszeit. »Sofort ... packt er die Feuerzangen vom Kamin und stürzt sich auf den Minister, der sich duckt. Im selben Augenblick wirft sich Madame de Maintenon zwischen die beiden und versucht, dem König die Feuerzangen fortzunehmen. Er beschimpft wütend Louvois und schließt mit dem Rat, sofort einen Eilboten mit einem Gegenbefehl loszuschicken; und er fügt hinzu, er solle nur darauf achten, einen guten Kurier zu finden, denn wenn er nicht rechtzeitig ankomme, werde er, Louvois, mit seinem Kopf dafür büßen.« Das berichtet Saint-Simon. Daß Trier gerettet wurde, machte Europas Zorn nicht geringer. Was aber waren jene Greuel gegen die Kriege des zwanzigsten Jahrhunderts?

Der Haß auf Frankreich ist in Generationen in Deutschland nicht erloschen. So ziehen Fehler das Unglück nach sich, und das Unglück führt zu Fehlern.

Aber das alles lag noch in der Zukunft verborgen. Mit fünfzig Jahren strahlte der Große König immer noch in Glanz und Gloria, wie man sie vor ihm nicht gekannt hatte; er war der Zauberer der verzauberten Schlösser, das Symbol eines klassischen Ideals, der Herr einer Nation, die allein so mächtig wie alle anderen zusammen war. Er faszinierte immer noch. Der venezianische Gesandte schrieb: »Er ist für alle Welt Gegenstand der Furcht und der Achtung.«

VIERTER TEIL

Wachsende Schatten

(1689-1698)

Nachkommen Ludwigs XIV.

Legitimierte Kinder der Marquise de Montespan

- Louis-Auguste (1670–1736) Herzog von Maine ∞ Anne-Louise-Bénédicte de Condé
  - zwei Söhne
- Louise-Françoise (1673–1743) Mlle de Nantes ∞ Louis III. de Condé † 1710 (Monsieur le Duc)
  - neun Kinder darunter:
    - Louis-Henri (seit 1710 Monsieur le Duc)
    - Comte de Charolais
    - Mlle de Charolais
    - Mlle de Clermont
    - Mlle de Vermandois
    - Louise-Elisabeth ∞ Louis-Armand de Conti
- Françoise-Marie Mlle de Blois ∞ Philippe II. von Orléans (Regent)
  - sieben Kinder
- Louis-Alexandre (1678–1737) Graf von Toulou

Die Geschichtsbücher sprechen viel von den glorreichen Kriegen, doch der Ausdruck läßt sich eigentlich nur auf die Invasion in Holland und auf die Operationen der Jahre 1681–84 anwenden. Auf jeden Fall trug der Krieg gegen die Augsburger Liga, der »orleanische Krieg« (weil es um die Ansprüche des Herzogs von Orléans, Liselottes Gatten, ging) – die Engländer sprechen vom neunjährigen Krieg (die Deutschen von den pfälzischen Raubkriegen) –, schon die Kennzeichen der modernen Auseinandersetzungen: Eine von einem einzigen Willen befehligte Macht steht allein einer Koalition voller Unvereinbarkeiten und Widersprüche entgegen; es ist ein ideologischer, gnadenloser Krieg, ein Krieg der Verbissenheit, die weder die Ritterlichkeit noch die Mäßigung früherer Zeiten gelten läßt, ein Krieg, in dem wirtschaftliche Faktoren eine entscheidende Rolle spielen.

»Sire«, erklärte Louvois seinem Herrn, »wenn es eine Redensart gibt, die auf Sie anzuwenden ist, dann die für Eure Majestät geprägte: Allein gegen alle.«

Was heute wie ein Tadel klingt, war damals eine Schmeichelei. Frankreich zitterte nicht, als es sich vereinsamt sah, sondern war von heftigem Stolz darüber erfüllt, denn das war der wahre, der echte Glanz! Welche Feinde hätten einer Armee von 300 000 Mann widerstehen können? Niemals hatte ein christlicher Fürst solche Truppenstärken zusammengebracht. »Man muß schon bis zu den Persern zurückgehen«, schrieb Madame de Sévigné, »alles ist neu, alles ist ein Wunder!«

Doch der Begeisterung der Marquise antworteten im selben Augenblick die Klagen des Schriftstellers La Bruyère über die Lage der ländlichen Bevölkerung. »Man sieht da so manche wilden Tiere, männliche und weibliche, schwärzlich, bleich, völlig verbrannt von der Sonne, an die Erde geklammert, die sie um und um wühlen und mit unbezwinglicher Hartnäckigkeit umgraben ... Nachts verziehen sie sich in ihre Höhlen, wo sie von schwarzem Brot, von Wasser und Wurzeln leben [nämlich von Gemüsen oder, schlimmer, von Steckrüben und Kohlrabi, vielleicht auch von Kartoffeln, die offenbar in manchen Gegenden schon bekannt gewesen sind].«

Dieses berühmte Stück Prosa hat ebenso viele Irrtümer hervorgebracht wie so manche andere, die man in Anthologien findet. Die traurige Lage der Bauern war nicht von der Politik oder der Baubesessenheit Ludwigs XIV. verursacht. Seit dem Tod von Heinrich IV. hat man sie oft genug so düster geschildert. Aber die anderen Völker Europas boten eher noch betrüblichere Bilder. In Deutschland war ein Teil der Landbevölkerung in die Lebensbedingungen von Sklaven zurückgefallen, in

Italien füllten Bettler, die aus der Umgebung hereinströmten, die Städte. In Spanien überwucherte die Wüste das bebaute Land.

Wenn Ludwig XIV., der überhaupt nicht viel Mitgefühl besaß, es den Enterbten gegenüber völlig fehlen ließ, so hat ihm andererseits kein zeitgenössischer Herrscher ein besseres Vorbild geboten. Sicherlich, er zog Frankreichs Größe dem Glück der Franzosen vor, doch die Franzosen selbst wären als erste entsetzt gewesen, wenn er sein Ansehen ihrem Wohlergehen geopfert hätte. Wir urteilen anders, weil unsere Seelen wie unsere Körper empfindlicher geworden sind. Die Menschen des 17. Jahrhunderts ertrugen ihr Elend so, wie Ludwig XIV. den »Feuerknopf« ertrug.

Das Elend hatte drei allgemeine Ursachen: »Die wachsende Verminderung des Handels mit dem spanischen Amerika, der versiegende Zustrom an Edelmetallen, der um 1650 auf ein Nichts zusammenschrumpfte; als Folge davon Verfall der in diesem Jahrhundert bis 1630 anhaltend hohen Preise; Stagnation des gesamten Preisgefüges von 1630–1640; dann Verfall bis an die unterste Grenze zwischen 1675 bis 1685. Die Schwierigkeiten für den Produzenten, den Bauern, den Handwerker, die alle mit immer weniger kostendeckenden Preisen arbeiteten ... Doch auch große Naturkatastrophen und ihre Folgen, schlechte Ernten, Teuerungen, Mangelsituationen, ›Sterblichkeiten‹, wie man damals sagte, und der Verfall der gesamten Wirtschaft ... Die kombinierte Wirkung von Hungersnöten und Epidemien ist eine beständige Verarmung. Nach zwei oder drei Mißernten ist die Hälfte der ländlichen Bewohner verelendet ... Ganze entwurzelte Dörfer strömen aus den ärmsten in die weniger betroffenen Gebiete. Die Stadtbehörden verbieten Fremden den Zuzug, heben die Märkte auf, lehnen Waren von draußen ab. Das ist Wirtschaftskrise.«[1]

Man sollte nicht übersehen, daß schon unter Colberts Ministerium ähnliche Krisen eintraten, bereits 1662, also lange vor Beginn der Kriege. Fündundzwanzig Jahre später hatten sich die Verhältnisse kaum geändert. Das neue Unheil war ein seit 1672 nie überwundenes Staatsdefizit, das alljährlich nur noch die Macht und die Übergriffe der Generalsteuerpächter und Steuereintreiber steigerte. Das hinderte die Nation aber nicht, ihre bewundernswerte Vitalität zu bewahren und ein Jahrhundertdrittel hindurch ganz Europa die Stirn zu bieten.

Von denen, die Ludwigs Imperialismus verdammt haben, wird zu wenig beachtet, daß die Schmähschriften und Satiren, die seit damals gekritzelt wurden, seine Angriffslust nie anprangerten. Im Gegenteil, man warf dem Großen König vor, ein »Prahlhans«, ein »Hasenfuß« zu sein, »Krieg zu führen, ohne zu kämpfen«, ein »Sohn Mazarins« zu

[1] Roland Mousnier: *L'Assassinat de Henri IV.*

sein. Das heißt aber doch, daß eine Politik der Befriedigung die Anhänglichkeit seiner Untertanen nicht gesteigert hätte. Während die Franzosen nach uralter Tradition ihr Oberhaupt angriffen, wollten sie es doch mit Ruhm bedeckt sehen, wollten es für unbesiegbar halten, und sie hätten es nicht verziehen, wenn der König eingelenkt hätte. Seltsamerweise entstand eine völlig entgegengesetzte Doktrin ausgerechnet in der engsten Umgebung des Königs, im Verborgenen der Gemächer von Versailles.

Madame de Maintenon, die Louvois haßte, seit er ihre Heirat zu verhindern versucht hatte, besuchte oft die Sippe Colbert. Sie speiste regelmäßig bei seinen beiden Töchtern, den Herzoginnen von Beauvillier und Chevreuse, und mit deren Ehemännern, die am Hof einen besonderen Platz einnahmen. Der eine wie der andere führte seinen Lebenswandel in echter Frömmigkeit. Ludwig XIV. meinte: »Monsieur de Beauvillier ist einer der klügsten Männer meines Königreichs.«

Im Gegensatz zu seinen Grundsätzen und Vorurteilen hatte der König diesen großen Herrn in den obersten Rat berufen und ihm den Vorsitz über den Finanzrat anvertraut. Außerdem machte er ihn zum Erzieher seines Enkels, des Herzogs von Burgund. Er war die einzige Persönlichkeit, die ihr Ansehen ausschließlich ihrer Anständigkeit verdankte. Der Herzog von Chevreuse, von seinem Schwager untrennbar, hatte teil an der Gunst. Ihre ausgesprochen häßlichen Frauen unterstützten ihre Männer durch Geist, Anmut und Bescheidenheit. Diese Familie, eine der wenigen, denen Saint-Simon Hochachtung ohne jede Einschränkung entgegenbringt, begnügte sich nicht mit der offiziellen, trockenen, formellen und beschränkten Frömmigkeit. Sie hatte sich als Seelsorger eine Art Verzauberer gewählt, den ihr die Herren von Saint-Sulpice empfahlen, den Abbé de Salignac de La Mothe-Fénelon. Fénelon vereinte mit seiner sanften Beredsamkeit eine vorromantische Begeisterungsfähigkeit, dazu eine Eigenständigkeit des Denkens, die kühn genug war, um zu verwirren, aber verhalten genug, um keinen Skandal heraufzubeschwören. Madame de Maintenon erlag seinem Charme.

Die geheime Gemahlin bezahlte bereits für ihr Glück. Sie hatte es vermieden, die offizielle Mätresse zu spielen, war dafür aber zur Sklavin geworden. Dem unerbittlichen Tagesrhythmus eines Mannes unterworfen, dem Phantasie zuwider war und der sich Widerspruch oder Widerstand nicht einmal mehr vorstellen konnte, erstickte sie fast in ihrem unsichtbaren Gefängnis. Viele sensible Seelen seufzten ebenfalls. Daß die jungen Mädchen von Saint-Cyr etwas zuviel Überzeugungskraft in ihr Spiel bei der Aufführung von *Esther* gelegt hatten, erzürnte die Kirche und führte zu einer strengen Reform des Hauses.

Fénelon erleichterte die bedrückende Atmosphäre. Er selbst hatte 1688 einen »Blitzschlag des Geistes« erlebt, als er einer seltsamen Frau begegnete, die ein wenig mystisch, ein wenig närrisch, sicherlich aber hysterisch war, denn sie glaubte sich schwanger mit dem Jesuskind. Madame Guyon kam aus dem Gefängnis. Sie hatte sich zu sehr dem Einfluß von Pater Lacombe hingegeben, der seinerseits ein Schüler des 1685 in Rom verhafteten spanischen Sektierers Molinos war. »Die molinosistische Doktrin war die eines entschiedenen Quietismus. Ihr geistiger Gehalt bezog sich auf zwei große Themen: absolute Passivität, Kontemplation in der vollkommenen Ruhe des Geistes. Die Seele muß nach dem mystischen Tod trachten, sich in Gott aufheben.« (Daniel-Rops)

Madame Guyon wagte sich noch weiter mit ihrer Behauptung, »die Sünde zu begehen, vor der es einem am meisten graut, heißt Gott das größte Opfer zu bringen«. So viel Kühnheit hatte die Verhaftung zur Folge. Aber auch Pater Lacombe wurde verhaftet und fast dreißig Jahre lang von einem Gefängnis ins nächste gebracht, bis er im Wahnsinn starb.

Madame Guyon hatte mehr Glück, wurde freigelassen und schrieb kleine Traktate, die man ihr aus der Hand riß. »Das Schmachten in Gott«, die »Reine Liebe«, die »Unbegreifliche, gegen Handlungen unempfindliche Unschuld« hatten großen Erfolg bei den Seelen, die nach geistiger Vertiefung – wir würden vielleicht sagen: nach Sich-Entziehen – suchten. Über die erstaunliche »Liaison« zwischen Fénelon und der Prophetin des Quietismus meint Saint-Simon: »Die Seelen beider fanden Gefallen aneinander, sie verschmolzen in Vergeistigung.« Der Abbé führte die Schwärmerin bei den Beauvilliers und den Chevreuses ein und übergab ihre Schriften auch Madame de Maintenon, die entzückt war. Der Quietismus fächelte wie eine wohltuende Brise durch die »kleine Gemeinde« unter dem Hirtenstab des Zauberers Fénelon. Er eroberte Saint-Cyr, besonders Madame de Maisonfort. Die Marquise schrieb: »Nichts ist geeigneter, junge Mädchen zu gewinnen, als ihnen eine Frömmigkeit vorzustellen, die ihre Eigenliebe stärkt, weil sie ihnen glaubhaft macht, daß sie bevorzugte Seelen besitzen.«

Fénelon errang auf diese Weise großen Einfluß auf die Frau des Königs und auf die Sippe Colbert. Aber dieser so sanfte Seelenhirte wurde von Ehrgeiz verzehrt. Er träumte von Richelieu und Mazarin, doch nur, um die Spuren ihres Wirkens auszulöschen. Fénelon haßte die Politik des Prestiges, der Eroberungen, des Despotismus. In einer Epoche, die für uns den Scheitelpunkt der französischen Monarchie zu bezeichnen scheint, schrieb er: »Wir leben in einer Regierung, die von aller Welt verachtet wird.« Der königlichen Zentralisierung zog er eine Art theokratischer und feudalistischer Republik vor, in der die Macht, bis ins

Unendliche aufgeteilt, den großen Herren wieder zugefallen wäre; seit dem 15. Jahrhundert hatten sie ja vergeblich versucht, sie durch Verschwörungen, Bürgerkriege und Bündnisse mit dem Ausland wiederzuerlangen.

Wenn Madame de Maintenon noch keine politische Rolle spielte, hatte sie doch schon großen Einfluß, wo es sich um die Berufung von Persönlichkeiten handelte. Der König vertraute völlig auf Beauvillier. Auf die Empfehlung des guten Herrn hin ernannte er Fénelon zum Lehrer des Herzogs von Burgund (1689). An einen so wichtigen Platz kam also ein Mann, dessen Gedankenwelt die Monarchie zerstört hat.

Trotz der Perfektion seines Nachrichtendienstes ahnte Ludwig lange Zeit nicht, daß er in dem Augenblick, wo er sich mit ganz Europa herumschlagen wollte, seinen Enkel einem Mann anvertraut hatte, der ihm selbst, seinem System und seinem Werk feindlich gegenüberstand, einem der versponnensten und rückschrittlichsten Pazifisten.

Die nutzlosen Siege

Im Frühjahr brach der Krieg überall wieder aus und brachte in ungewohnter Weise den Franzosen zuerst mehr Vorteile zu Wasser als auf dem Lande. Die Brandenburger und Holländer überrumpelten Sourdis bei Neuß, ein Teil des Rheinlandes erhob sich gegen die Besatzungsmacht. Unterdessen segelte die Flotte, der Seignelays Ruhmbegier wilden Schwung verlieh, von Brest ab, um Jakob II. nach Irland zu bringen. Beim Abschied in Saint-Germain umarmte Ludwig XIV. den Stuart mit den Worten:

»Ich könnte Ihnen nichts Besseres wünschen, als daß ich Sie nie wiedersehe.«

Auf der Rückreise brachte das Geschwader sieben holländische Handelsschiffe auf.

Die Iren kümmerten sich kaum um den dynastischen Konflikt in England, und schon gar nicht um internationale Fragen, sie waren nur leidenschaftlich bemüht, Londons Joch abzuschütteln. Jakob konnte sich bei ihnen einnisten und eine katholische Regierung mit dem Jesuiten Innès als Staatssekretär bilden. Wilhelm III. hatte den Fehler begangen, seine Truppen zu entlassen. Seine besten Soldaten standen unter dem Kommando Churchills – jetzt Graf Marlborough – in den Niederlanden, um die bunt zusammengewürfelte Armee des Prinzen von Waldeck zu verstärken.

Der Sommer kam, und Frankreich stellte erstaunt fest, daß es nicht gut um seine Sache stand. Waldeck schlug den Marschall d'Humières bei Valcourt, Marschall Duras räumte Mainz. Wer hätte das gedacht!

Es fehlte so sehr an Soldaten, daß Louvois an Markttagen die jungen Bauern packen und unter die Soldaten stecken ließ.

Der König zeigte sich übrigens verärgert, als er von diesen neuen Übergriffen seines Ministers hörte: der Tyrann kam nicht auf den Gedanken an eine allgemeine Wehrpflicht. Gedemütigt in seinem Glauben an seine militärische Überlegenheit, wurde er nun auch noch in seiner Sammlerleidenschaft getroffen. Er ließ Du Metz, den Verwalter des königlichen Mobiliars, kommen und erklärte ihm: »Ich werde Ihnen etwas sagen, worüber Sie sich sehr wundern werden. Ich will mein Silberzeug in die Münze schicken und einschmelzen lassen.«

Damit war nicht nur das silberne Tafelgeschirr gemeint, sondern auch all die herrlichen Goldschmiedearbeiten, die Versailles schmückten; heute erinnern uns nur noch die Wandbespannungen an die alte Pracht. Du Metz war erschüttert:

»Ach, wo ist Monsieur Colbert! Wenn er noch am Leben wäre, hätte er niemals zugelassen, daß Eure Majestät diese schönen Werke einschmelzen läßt!«

»Und was hätte er tun können?«

»Er hätte tausend Wege gefunden, um Eure Majestät diesen Kummer zu ersparen.«

»Vielleicht, aber jetzt findet sich durchaus kein Ausweg.«

Der Generalkontrolleur der Finanzen, Le Pelletier, wurde durch Pontchartrin ersetzt, der immer neue käufliche Posten schuf. Bis zum Amt des Perückenkontrolleurs!

»Jedes Mal, wenn Eure Majestät ein Amt geschaffen hat, findet sich ein Dummkopf, der es kauft«, sagte der neue Minister zum König.

Doch so dumm war der Bürger gar nicht, wenn er auf diese Weise sein Geld anlegte: er konnte nun stetig aufsteigen. Seine Eltern hatten gespart, er selbst hatte gespart – ein großer Vorteil in einer Zeit, in der Bargeld knapp war. *Parvenu* – Emporkömmling – dank seinem Amt, und wenn es auch ein lächerliches war, konnte er nun den großen Herrn spielen, mit Stadthaus, Schloß, Kunstwerken, Livreen, prächtiger Kleidung. Und die Mitgift für seine Tochter verschaffte ihm adlige Nachkommenschaft!

Gegen solch eine Klassenvermischung, die ihm sicherlich nicht genehm war, konnte der König nichts unternehmen. Er wurde aber zu einem viel peinlicheren Schritt gezwungen: sein Freund Duras und d'Humières, Ehemann von einer Mätresse Louvois', hatten sich als unfähig erwiesen. Es blieb nichts übrig, als den genialen Buckligen zurückzuholen, den alten Frondeur, den Verheerer Hollands, den man einst so eilfertig in die Bastille geworfen hatte: Luxembourg. Man mußte ihm auch das Recht einräumen, Louvois zu übergehen und sich unmittelbar an den König zu wenden.

»Monsieur«, sagte der König, als er ihn zum Befehlshaber der Armee in den Niederlanden ernannte, »ich vertraue mich Ihnen an, weil Sie glücklich sind.«

»Wer wäre es nicht im Dienst Eurer Majestät!«

Der aufsehenerregende Sieg von Fleuris über Waldeck (1. Juli 1690) rechtfertigte solche Redensarten, und neun Tage danach verschafften Frankreichs Flottenführer Tourville, Châteaurenaud und d'Estrées »Frankreich eine Ehre, an die es nicht gewöhnt war«. An der Spitze von 72 Schiffen zerschlugen die ruhmreichen Kapitäne die englisch-holländische Flotte bei Beachyhead vor der Südküste Englands. »Was sich Ludwig seit zwanzig Jahren wünschte und was so aussichtslos schien, trat ein: Er errang die Herrschaft zur See«, und das im selben Augenblick, wo er seine Überlegenheit zu Lande zurückgewann. Es hätte das Ende der feindlichen Koalition sein können, doch das ungewöhnliche Glück dauerte nur vierundzwanzig Stunden. Denn am Tage nach Beachyhead traf die Armee Wilhelms III. auf die seines Schwiegervaters am Boyne in Irland (am 11. Juli).

Jakob und seine Iren befanden sich in ausgezeichneter Stellung, Wilhelm war bei aller Kühnheit nur ein mittelmäßiger Stratege, doch alles überrannte der *furor* der französischen Protestanten. Sie setzten an drei Stellen über den Boyne, der kaum eine Furt bot, und warfen die Katholiken über den Haufen. Ihr Anführer Schomberg und sein Sohn fielen, Wilhelm selbst wurde leicht an der Schulter verletzt. Jakob, der sich längst als guter Heerführer erwiesen hatte, hätte die Lage retten können, wäre er nicht von der stumpfen Resignation befallen worden, die für unglückliche Fürsten kennzeichnend ist. Er wich als erster zurück, seine Soldaten ihm nach. Es war die einzige Schlacht, die Wilhelm je gewann, und gleichzeitig seine wichtigste. Er verdankte den Sieg den französischen Flüchtlingen. Michelet hat das Heldentum dieser Hugenotten besungen, die an allen Fronten in vorderster Reihe kämpften. Wie berechtigt ihr Haß auf Ludwig XIV. auch immer war – ihr Eifer schafft uns Unbehagen. Man hat Emigranten beschimpft, weil sie dafür kämpften, dem König, dem sie ihren Eid geschworen hatten, auf den Thron zurückzuführen. Die Protestanten konnten sich niemals einbilden, Ludwig vom Thron zu stoßen oder auch nur ein neues Edikt von Nantes zu erkämpfen. Sie folgten einer uralten Tradition, als sie religiöse Beweggründe über patriotische Rücksichten setzten, und doch möchte man wünschten, diese Opfer wären völlig unschuldig geblieben und hätten den Feinden ihres Landes nicht so wirksam geholfen[1].

Am Tag nach der Schlacht am Boyne verbreitete sich die falsche Kunde, Wilhelm III. sei gefallen, und sofort veranstaltete Paris Freuden-

[1] Nach Schombergs Tod kümmerte sich Wilhelm nicht mehr viel um ihr Schicksal. Er hat nie zu ihren Gunsten Verhandlungen geführt.

feuer, ließ die Glocken läuten, warf Puppen ins Feuer, die den verhaßten Feind darstellten, den gotteslästerlichen Thronräuber. Dann allerdings mußte man die Wahrheit zur Kenntnis nehmen. Immerhin blieben die Franzosen die Herren zur See. Seignelay wollte, daß Tourville die englische Flotte bis in die Themse verfolgte, und wollte Galeeren aus Marseille einsetzen, wie sie die Felsen von Dover noch nie gesehen hatten. Im Juli und August waren die Engländer auf die Invasion gefaßt, wie sie ja auch 1940 darauf warteten.

Wäre die Schlacht am Boyne anders verlaufen, hätte sie nur eine oder zwei Wochen nach Beachyhead stattgefunden, dann hätte sich das Schicksal der Insel gewandelt. Aber so, wie die Dinge lagen, kam die Flucht Jakobs, der beschämt nach Frankreich zurückkehrte, Louvois gerade recht: Eine Invasion, deren Verdienst der Flotte zugefallen wäre, lag wahrhaftig nicht in seinem Interesse. Tourville wiederum zögerte trotz dem Zorn von Seignelay, der ihm schrieb: »Ich weiß, von Herzen sind Sie tapfer, aber geistig sind Sie ein Hasenfuß.«

Schließlich verbrannte der Admiral dreißig Handelsschiffe bei Tingmouth, zerstörte die kleine Stadt und kehrte in seinen Ausgangshafen zurück. Seignelay tobte. Doch der König war der Ausbrüche des Ehrgeizigen überdrüssig. Er glaubte im Grunde nicht daran, daß er die Meere bezwingen könne. Noch einmal folgte er den Ratschlägen des Mannes, der die Pfalz verwüsten ließ, und befahl die Stillegung der Flotte bis zum Frühjahr. England und Wilhelm waren gerettet. Seignelay starb aus Kummer darüber am 3. November. »Uns kommt es so vor«, schrieb Madame de Sévigné, »als sei aller Glanz gestorben.«

In Italien hatte Catinat den Herzog von Savoyen bei Staffarde geschlagen und die Grafschaft Nizza besetzt. Weder Ludwig noch seine Vorgänger hatten je in einem Jahr so viele Siege errungen. Doch ein böser Geist schien sich zu bemühen, sie alle nutzlos zu machen.

Eine sonderbare Familie

Die Dauphine hatte die Zuneigung ihres Schwiegervaters verloren, weil sie sich eines Tages über Staatsangelegenheiten informiert hatte. »Die Dauphine ist unglücklich«, schrieb Liselotte, »und ob sie schon ihr bestes tut, dem König zu gefallen, wird sie doch auf anstiftung des weibes täglich sehr übel traktiert und muß ihr leben mit langerweil und schwangersein zubringen. Ihr Herr, monsieur le Dauphin, frägt nach nichts in der welt, sucht sein divertissement und plaisir wo er kann und wird erschrecklich debauchiert.«

Maria Anna Christine rief einen kleinen Skandal hervor, weil sie Trost bei einer ihrer Kammerfrauen suchte, der Bessola. »Sie verbrachte ihr Leben in einem kleinen Raum ohne Aussicht und frische Luft hinter ihrem Appartement.« Außerdem litt sie an »Wallungen« und seit der Geburt des Herzogs von Berry an ständigen Blutungen. Sie starb am 20. April 1690. Der König weinte tüchtig, begab sich dann nach Marly und vergaß die Tote. Ihr Ehemann weinte ebenfalls und »stieß sogar Schreie aus«. Das allerdings wohl, weil er sich plötzlich in einer Zwangslage sah, einer ähnlichen wie sein Vater nach dem Tod der Königin. Er hatte sich seit langem von seiner trübseligen und sonderbaren Frau getrennt und lebte praktisch bei seiner Halbschwester, der von Geist sprühenden Witwe Conti (der Tochter von Louise de La Vallière), die damals vierundzwanzig Jehre alt war.

Die Gräfin Bury, eine Ehrendame der Prinzessin, hatte eine Nichte, eine Mademoiselle Choin, der man irgendeinen Posten im Haus verschafft hatte. Will man Saint-Simon glauben, handelte es sich um »ein dickes, dunkles, häßliches, stupsnäsiges Mädchen mit Geist, und zwar einem intriganten und schlauen Geist.« Auch hier scheint der unfreundliche Schriftsteller ein reichlich düsteres Porträt entworfen zu haben. Immerhin dürften die umfangreichen Köder der Mademoiselle nicht ohne Einfluß gewesen sein, »ihre großen Kesselpauken entzückten Monseigneur«, schrieb Liselotte.

Der arme Dauphin, Witwer von achtundzwanzig Jahren, Vater von drei Prinzen und schon in Gewohnheiten verfangen, in denen seine weichliche, scheue Natur ihren Trost fand! Man sprach natürlich von neuer Heirat, ehe noch Maria Anna Christine in Saint-Denis beigesetzt worden war. Jetzt ging es wieder um die Lebensfrage der Dynastie, die der König, als er Witwer wurde, so geschickt gelöst hatte. Und es rief vor allem das Bild einer wahrscheinlich häßlichen Fremden herauf, die eine so schwierig im Gleichgewicht zu haltende Existenz erschüttern würde. Mit der tollen Verwegenheit, zu der die Verzagten nur fähig sind, wenn man sie in die Enge treibt, beschloß Monseigneur, unverzüglich einen Schutzwall für sein elendes Glück zu errichten: Er heiratete die Choin so heimlich, daß niemand am Hof auch nur das geringste ahnte.

Und dann wandte sich der Thronerbe zitternd an seine »Stiefmutter«. »Ich weiß«, schrieb er an Madame de Maintenon, »daß ich Gefahr laufe, nicht besonnen zu bleiben. Ich sehe keine Prinzessin, die mir zusagt. Ich weiß, daß der König nichts auf der Welt mehr fürchtet, als daß ich ins Laster verfalle. Sagen Sie mir, wann ich Sie aufsuchen kann, damit wir uns aussprechen können. Noch einmal: ganz im geheimen, mit möglichst wenig Anwesenden, wenn Sie es einrichten können.«

Die Marquise, die von der Aussicht auf eine neue Kronprinzessin nicht entzückt sein konnte, war natürlich mit der Mißheirat des Prinzen sehr zufrieden. Sie wartete vier Jahre, bis sie Ludwig XIV. davon informierte – und die Art und Weise, wie sie es tat, zeigt, zu welcher Gerissenheit und Verschlagenheit sie fähig war. Der König fand eines Tages in seiner Kurierpost zwei Briefe, die offenbar versehentlich hineingeraten waren, zwei Briefe der Madame de Maintenon an Monseigneur, in denen sie von *seiner Frau* sprach. Der niedergeschlagene Tölpel schrieb der guten Dame: »Der König hat zwei Ihrer Briefe in sein Paket[1] gelegt. *Ich war sehr verwundert, daß Sie mir von meiner Frau sprechen, ich bin sehr in Verlegenheit geraten.*«[2]

Wir wissen nicht, wie der Gott reagierte, doch da von seinem Zorn nichts bekannt ist, darf man annehmen, daß er kaum erzürnt war. Zweifellos wurde absolutes Geheimnis zur Bedingung gemacht, das von allen daran Interessierten auch erstaunlich gut gewahrt worden ist. Damals war nach außen hin keine Änderung wahrzunehmen. Mademoiselle Choin blieb Edelfräulein der Prinzessin Conti, bei der Monseigneur weiterhin den größten Teil seiner Zeit verbrachte, wenn er nicht im Kriege oder auf der Wolfsjagd war. Madame de Lislebonne und ihre Töchter, Prinzessinnen aus dem Hause Lothringen – geistvoll, ehrgeizig, mittellos –, vervollständigten die Clique, und Männer, die an die Zukunft dachten, wie Conti und Luxembourg, gehörten ihr ebenfalls an. Sie merkten nur, was uns auch der sonst besser informierte Saint-Simon berichtet, daß »sich die Choin vollständiges Vertrauen erworben habe«. Man glaubte, sie sei auf der Suche nach einem Ehemann!

So wurde der von seiner Gottähnlichkeit durchdrungende König, der so heftig alles Spiel der Phantasie ablehnte, zum Oberhaupt der wunderlichsten Familie in seinem Reich. Man sah ihn bei seinen Sparziergängen in Marly zu Fuß die Sänfte mit der ehemaligen Gouvernante seiner Bastarde begleiten, »in größter Ehrerbietung«, mit einer Aufmerksamkeit, die er der Königin nie erwiesen hatte. Er redete Françoise nur mit entblößtem Kopf an, und er sprach dauernd mit ihr, »ein Anblick, an den man sich nicht gewöhnen konnte«, notiert wütend Saint-Simon, der dann noch seufzend hinzufügt: »Wenn sie irgendwo ist, kann er es nicht lassen, ihr alle Viertelstunde ins Ohr zu flüstern.«

Diese Liebe machte den Egoisten aber keineswegs liebevoller. Der König hatte eben eine Dienerin geheiratet. Er öffnete die Fenster, wenn sie im Fieber lag, er schleppte sie mit sich, gleich, wie es ihr ging. »Er tat, was er wollte, ohne sie jemals zu fragen, ob es ihr überhaupt zuträglich sei.«

Um sechs Uhr morgens entschlüpfte Françoise nach Saint-Cyr, wo

[1] Es handelte sich um Kurierpost des Königs an den Dauphin, der an der Spitze der Armee in Deutschland stand.

[2] Lavalée: *Correspondance générale,* Band 3. Der Brief ist am 19. 7. 1694 geschrieben worden.

sie die einzigen Augenblicke einer Art Freiheit genoß, denn wenn sie um acht Uhr zurückgekehrt war, fand sie bis Mitternacht keinen Augenblick Ruhe. »Die Großen«, sagte sie, »tun sich keinen Zwang an, ihnen kommt nicht einmal der Gedanke, daß die anderen sich ihretwegen Zwang antun, und sie wissen ihnen keinen Dank dafür.« Indessen kam es doch vor, daß der König sie »heilige Françoise« nannte – dann aber wieder »die Verschnupfte«; er brachte sie gern zum Weinen und amüsierte sich, wenn sie »wie auf Kohlen saß«.

Die Rache der »heiligen Françoise« lag darin, dem Großen König nach und nach die Gewohnheiten des kleinen Bürgers aufzudrängen. Sie pflegten am Feuer zu sitzen. Sie stickte in ihrer roten Damastnische, die sie vor Zugluft schützte, er saß im Sessel und arbeitete mit einem Minister. War der Minister gegangen, schlief das Gespräch bald ein. »Glauben Sie nicht«, schrieb die Fromme, »daß ich vor Öde sterbe mitten in einem Glück, wie man es sich kaum vorstellen kann?« Übertrieben, gewiß, aber doch fast aufrichtig. Unteressen versuchte der Sohn des Sonnenkönigs seine verpfuschte Jugend in den Liebkosungen einer Gattin zu vergessen, zu der er sich nicht bekennen durfte und die schon fast lächerlich war.

Der älteste Enkel, Herzog von Burgund, war ein wenig verwachsen und bei der Geburt »schrecklich« gewesen. Er legte ungezügelte Wildheit und einen frühen unsinnigen Stolz an den Tag, wie man ihn seinem entfernten Vorfahr, Karl dem Kühnen von Burgund, nachgesagt hatte. Fénelon überredete ihn, besänftigte ihn, zerbrach ihn, machte aus einem stürmischen, leidenschaftlichen, einen schüchternen Jungen. Jedenfalls nach außen hin.

Seit der Erzieher seinen Zögling für sich gewonnen – und für immer gewonnen – hatte, stellte er ihm Modelle des idealen Fürsten, der glücklichen Stadt vor Augen. In welcher Anmut taucht dieses Salente auf! Einem von Natur aus tugendhaften Volk gab er ein gutmütiges Oberhaupt, das Frieden liebte und Prachtentfaltung verabscheute; er führte es zurück in ein schlichtes Hirtenleben. Spiel eines poetisch veranlagten Pädagogen? Keineswegs. Es ging darum, den Enkel darauf vorzubereiten, daß er sich eines Tages gegen den Großvater wandte.

Sein jüngerer Bruder, Herzog Philippe von Anjou, war 1690 sieben Jahre alt und wurde nun männlichen Händen übergeben, hatte aber nicht das Recht auf Erziehung durch einen Fénelon: Seine Lehrer hatten darauf zu achten, daß er möglichst unwissend und willensschwach blieb, wie Monsieur, damit er nicht eines Tages den Älteren in Schatten stellen könne. Der kleine Herzog von Berry, der noch keine Rolle spielte, war zur selben intellektuellen Verkümmerung bestimmt.

Ludwig hatte keinen Grund, auf seine Enkel besonders stolz zu sein, und war nur mäßig freundlich gegen sie. Dagegen war er nicht unempfindlich für den Charme seiner natürlichen Töchter. Die »große« Prinzessin Conti – was dem König zusagte, mußte einen Zug ins Große haben –, Tochter von Louise de La Vallière, nahm einen bevorzugten Platz ein, obwohl sie voller Auflehnung war. Madame la Duchesse, die Frau des Enkels vom Großen Condé, war mit achtzehn Jahren ein Teufelchen von der Schönheit, dem Geist und der Verderbtheit ihrer Mutter Montespan. Die beiden jungen Frauen wetteiferten an Ungezogenheit und amüsierten sich insgeheim über die Frommen. Zuweilen ärgerte sich der König über ihre abgefangenen Briefe. Dann ließ Madame de Maintenon die Schuldige zu sich kommen und kanzelte sie ab, was mit Tränen und Schwüren beantwortet wurde. »Doch verzeihen heißt nicht vergessen.«

Françoise hatte sich Madame la Duchesse, die sie immerhin selbst erzogen hatte, entfremdet. Ihre mütterlichen Gefühle galten ausschließlich dem kleinen hinkenden Herzog von Maine, ihrem »lieben Schätzchen«. Das »Schätzchen« wußte Kapital daraus zu schlagen. Seit langem hatte er die Partei der Gouvernante gegen die eigene Mutter bezogen. Seine Briefe an seinen Schutzengel offenbaren seine Verschlagenheit, seine Unruhe und seine Träumereien. »Wirken Sie für Ihr liebes Kind, wenn Sie es für würdig halten, sich zu ihm zu bekennen ... Ich möchte lieber dienen, als vor Leuten zu humpeln, denen es nur unangenehm ist ... Sagen Sie, Madame, dem König, wie sehr ich alles empfinde, was mir von ihm kommt. Schildern Sie, wie mich seine Güte ganz erfüllt. Suchen Sie die stärksten Ausdrücke und fürchten Sie nur, daß Sie mit all Ihrem Geist immer noch nicht genug sagen ... Ich kann es nicht verfehlen, wenn Sie mich leiten ... Ob ich Ehrgeiz besitze? Ich zerspringe daran, Madame, und an der Unterwerfung unter die Befehle des Königs.«

Nur der Herzog von Maine mit seiner Gewandheit, die bei einem so jungen Menschen geradezu erschreckt, entsprach dem Bild des idealen Fürsten, wie es sich die Frömmlerin vorstellte. Der König hatte ihm zuerst dieselbe Härte gezeigt wie dem Sohn der La Vallière, dem armen, mit sechzehn Jahren verstorbenen Herzog von Vermandois. »Männer dieser Art heiraten nicht«, sagte er.

Madame de Maintenon bemühte sich, ihm die Dinge in anderem Licht zu zeigen, und der harte Scharfblick milderte sich. Dank der alten Zauberin, wie Saint-Simon sie später nannte, entdeckte der König väterliche Gefühle für den Krüppel. Monsieur du Maine wurde moralisch sein Sohn, geboren von der »heiligen Françoise«.

Blieben noch die beiden jüngsten der Legitimierten: Mademoiselle de Blois, die ihren gefährlichen, von den Mortemarts überkommenen Charakter unter einem hübschen Gesicht mit ängstlicher Miene verbarg, und der Graf von Toulouse, ein mustergültiges Kind. Sie waren noch jung genug, um bei der Mutter zu bleiben, die das seltsame Familiengemälde vollendete, indem sie weiterhin in ihrer schönen Wohnung lebte und an allen Zeremonien teilhatte.

Athénaïs »konnte sich nicht fügen, konnte ihr Spiel nicht aufgeben. Von Zeit zu Zeit warf sie dem König ein paar gewagte Worte hin. Eines Tages erklärte sie ihm, sie habe eine Bitte vorzutragen, und zwar möchte sie die Leute der zweiten Karosse erhalten und das Vorzimmer unterhalten«. Mit solchen Ausfällen half sie ihrer Sache natürlich nicht. Man nahm ihr die Kinder. Der Graf von Toulouse, dreizehn Jahre alt, wurde unter die Soldaten gesteckt, und Mademoiselle de Blois der Maquise de Montchevreuil überantwortet, einer der Maintenon völlig ergebenen Frau.

Ähnliche wunderliche Verhältnisse herrschten im Hause Orléans. Monsieur, »der kleine dickbäuchige, auf Stelzen gehende Mann«, wie ihn Saint-Simon kannte, führte das leichtsinnige und skandalöse Leben, zu dem man ihn gezwungen hatte. Der Chevalier de Lorraine hatte gegen neue Favoriten nichts einzuwenden, denn er war der eigentliche Herr im Palais-Royal wie in Saint-Cloud. Madame – Liselotte von der Pfalz – hatte sich mit ihrem Mann völlig überworfen und sich damit abgefunden, aber auch mit dem König, was ihr viel Kummer machte. Mitten im Hofleben völlig zurückgezogen, teilte sie ihre Zeit zwischen Jagden mit dem Dauphin und der Einsamkeit ihrer Gemächer. Wenige Vertraute und viele Haustiere vertrieben ihr die kurze Zeit, in der sie nicht mit ihrer ausgedehnten Korrespondenz beschäftigt war. Aber unruhig und ohne Wohlwollen beobachteten der König und die Marquise ihren Sohn Philipp, Herzog von Chartres, der zu tapfer, zu begabt, zu lasterhaft, zu wenig fromm war. Madame de Maintenon hatte heuchlerisch ihre Hand zu einem üblen Plan geboten, um ihn zu verderben: Monsieur, sein Vater, wollte seinen Freund d'Effiat zum Erzieher Philipps ernennen. Effiat, ein bekannter Wüstling, sollte Monsieurs erste Frau, Henriette von England, vergiftet haben. Erst im letzten Augenblick empfand der König Gewissensbisse und gab den lauten Klagen von Madame nach. Der Herzog von Chartres, ausgezeichnet erzogen und gebildet, zeigte sich allen Vettern der älteren Linie überlegen, was ihn nun wirklich verdächtig machte.

Das war die ungewöhnliche Familie, die Ludwig XIV. in Atem hielt, ohne sie doch jederzeit gefügig zu finden. Zu erwähnen ist noch die wunderliche alte Kusine, Mademoiselle, die von ihrem »unmöglichen« Ehemann getrennt lebte und von ihm verhöhnt wurde, der man schon einen Teil ihres Besitzes abgeschwatzt hatte und gern den Rest noch rauben wollte.

Anfang 1691 kam es zu einigen Änderungen. Der König entschied, daß der Herzog von Chartres und der Herzog von Maine gemeinsam zur Armee nach Flandern abgehen sollten. Er überlegte tatsächlich, ob er nicht seinen Sohn und seine Tochter mit Tochter und Sohn seines Bruders verheiraten sollte: Damit hätte er dann das Werk gekrönt, das er begann, als er zwei seiner natürlichen Töchter in das Haus Condé einheiraten ließ. Ihm war der Skandal gleichgültig, den er heraufbeschwören mußte, als er ein in den Augen der Mitwelt fast geheiligtes Gesetz brach und die Früchte des doppelten Ehebruchs zu echten Prinzen machten wollte. Sie mußten dazu vollständig in die königliche Familie einbezogen werden, die schuldige Mutter mußte verschwinden.

Wie aber sollte man es der »hochmütigen Vasthi« begreiflich machen? »Es war der Herzog von Maine, ihr eigener Sohn, der die Härte aufbrachte, ihr zu erklären, daß sie den Hof verlassen müsse und daß der König ihre Wohnung brauche, in die dann am Tag darauf dieser Sohn einzog ... Sie [Madame de Montespan] verlangte, ein letztes Mal mit dem König zu sprechen, und als sie erkannte, daß nichts mehr zu retten war, ließ sie sich hinreißen und warf ihm alles vor, was sie für ihn getan habe und wie undankbar er sei. Der König duldete den Ausbruch, weil er wußte, daß es der letzte sei, den er über sich ergehen lassen mußte.«[1]

Athénaïs zog sich in das Kloster Saint-Joseph zurück, das sie selbst einst im Faubourg Saint-Germain gegründet hatte. Ihre ehemalige Dienerin hatte achtzehn Jahre gebraucht, um sie dorthin zu befördern.

Ein »glückliches« Jahr

Kaum hatte Wilhelm mit Jakob II. abgerechnet, als er auch schon wieder über das Meer zurückreiste. »Dieses an Auswegen so fruchtbare Genie zog mehr Vorteile aus einer Niederlage als die Franzosen oft aus ihren Siegen«, wie Voltaire meint. Er stellte in den Niederlanden eine Armee auf, die ebenso stark wie Luxembourgs Heer war.

Das ermöglichte ihm, in Den Haag Vertreter sämtlicher Staaten des Augsburger Bündnisses zu versammeln. Kein Land entzog sich. Wilhelm hatte die Ehre, einer Konferenz vorzustehen, wie es sie noch nie gegeben hatte. Er sah sich als Haupt und als Schöpfer eines gewaltigen Zusammenschlusses von Staaten, die miteinander rivalisierten und unterschiedlichen Religionen angehörten – was sie einte, war nur der Haß auf den König von Frankreich. Diese riesige Allianz, dieser Völkerbund schien unbesiegbar zu sein. Doch während man noch in Den Haag palaverte, hatte sich die französische Armee, einen Monat früher als üblich, in Marsch gesetzt. Ludwig XIV. selbst, begleitet von

[1] Madame Dunoyer: *Lettres historiques et galantes.*

fast allen Prinzen, begann am 21. März mit der Belagerung von Bergen.

Er hatte es auf Louvois' Versicherung hin gewagt, daß die Verbündeten nicht versuchen würden, den Ort zu befreien, denn er war immer noch fest entschlossen, sein Ansehen nicht in offener Feldschlacht aufs Spiel zu setzen. Bergen ergab sich am 8. April – gerade noch rechtzeitig: Am selben Tag wurde gemeldet, daß »der Prinz von Oranien« an der Spitze von 50 000 Mann heranrückte. Zum erstenmal seit anderthalb Jahrhunderten kommandierte ein englischer König nicht auf seiner Insel.

Wenn es auch nicht zur Schlacht kam, weil Wilhelm durch die geschickten Manöver Luxembourgs in Verwirrung geriet, vergab es der König seinem Minister nicht, daß er ihn in diese Gefahr gebracht hatte. Je mehr sein Einfluß sank, um so unangenehmer wurde Louvois. Seine Anmaßung und seine Brutalität, die schon in den Zeiten leichter Siege kaum zu ertragen waren, wurden vollends unerträglich, als sie den Gegner nicht mehr in Schach hielten. Der König, »dessen Geduld bei mehreren Gelegenheiten bis an den Rand getrieben worden war« – so der Abbé de Choisy –, empfing seinen Minister »nur noch mit gerunzelter Stirn«.

»Ich weiß nicht«, sagte Louvois zu seinem Freund Beringhen, »ob sich der König damit begnügen wird, mir meine Ämter zu nehmen, oder ob er mich ins Gefängnis wirft. Mir ist alles gleich, wenn ich nichts mehr zu entscheiden habe.«

In einem letzten Versuch bereitete er heimlich die Ermordung Wilhelms III. vor. Ein gewisser Hauptmann Grandval sollte sie ausführen, scheiterte aber. Der König war höchst unzufrieden, daß er die Affäre zur Kenntnis nehmen mußte. Racine, der *Athalie* schrieb, hatte vielleicht die Absicht, ihn zu trösten: Man hatte sich eben zu sehr auf die Menschen verlassen, doch man hatte das Recht, dem Himmel zu vertrauen. Gott konnte den ketzerischen Thronräuber so vernichten, wie er die Thronräuberin und Götzendienerin Athalie vernichtet hatte.

Das Stück, das in geschlossener Gesellschaft und ohne Kostüme von den jungen Mädchen aus Saint-Cyr vor dem König und Jakob II. aufgeführt wurde, hatte nicht den erhofften Erfolg. Man fand es langweilig.

Am 16. Juli 1691 wurde Louvois, der bei Madame de Maintenon einen Brief las, von einem Unwohlsein befallen und mußte sich verabschieden. Eine halbe Stunde später war er tot. Seine Familie und viele andere Leute waren überzeugt, er sei vergiftet worden, und Liselotte schrieb sofort, »die alte Zott des großen Mannes« sei schuld. Der Mediziner Séran sollte den Mord ausgeführt haben, was übrigens auch Saint-Simon annimmt. Aber seinem Bericht ist nicht ganz zu trauen, denn er behauptet, an diesem 16. Juli in Versailles gewesen zu sein, während er an anderer Stelle angibt, daß er erst am 28. Oktober bei Hofe »vorgestellt« wurde.

Jedenfalls war an Ludwigs Gleichgültigkeit nicht zu zweifeln. Als ihm ein Offizier das Beileid Jakobs II. und seiner Frau überbrachte, sprach er das vielzitierte Wort: »Sagen Sie ihnen von mir, ich habe einen guten Minister verloren, doch meine und ihre Angelegenheiten werden deshalb nicht schlechter geführt werden.«

Aber das Zitat besagt überhaupt nichts. Mitten im Krieg konnte sich der König nicht erlauben, besorgt oder auch nur bekümmert zu wirken. Viel bezeichnender und schlimmer ist ein anderer Ausspruch, den uns Abbé de Choisy überliefert hat: »Er soupierte mit den Damen in Marly. Der Graf von Marsan hielt sich hinter Madame und sprach von den großen Taten, die der König bei der Belagerung von Bergen vollbracht habe. Es ist wahr, sagte der König, dieses Jahr war glücklich für mich. Ich bin von drei Männern befreit worden, die ich nicht mehr dulden konnte: Monsieur de Louvois, Seignelay und La Feuillade.«

Übertriebener Eifer mißfiel dem ungerührten Gott. Der Schöpfer der Place des Victoires war ihm durch seine Kriecherei unerträglich geworden, die Minister durch ihre geradezu wütende Hingabe, mit der sie ihm dienten. Jeder von ihnen war über die Rolle hinausgeraten, die der erlauchte Regisseur ihnen zugeteilt hatte. Keine menschliche Regung milderte seine Unzufriedenheit, die sich der des Dirigenten mit einem ungestümen Orchestermusiker vergleichen läßt. Ob Marschall von Frankreich oder Gärtner – jeder zählte für Ludwig nur in der Ausübung der Aufgabe, die er ihm in dem majestätischen Unternehmen zu Frankreichs Ruhm und seiner eigenen Größe anvertraut hatte. Saint-Simon vereinfacht die Dinge etwas, wenn er schreibt: »Er war ungewöhnlich ichbezogen, weil er alle anderen Menschen nur im Hinblick auf sich selbst beurteilte. In dieser Beziehung zeigte er große Härte.«

Die Geschichte hat Louvois zu den großen Ministern gezählt, obwohl er zwar ein bemerkenswerter Kriegsminister, aber ein unglückseliger Staatsmann war: Wenn er in entscheidenden Augenblicken das Zünglein an der Waage bildete, ließ er immer die falsche Schale sinken. Die schlimmsten Fehler des Regimes tragen seine Handschrift. Vielleicht gibt es keinen Menschen, der Frankreichs Ansehen und Ehre so nachhaltig geschadet hat wie er. Der Hof fühlte sich befreit und besorgt zugleich, was sich auch in einem Nachruf spiegelte:

Hier unten liegt, der alles machte,
der alles wußte und alles bedachte,
Louvois, den nie ein Mensch geliebt
und dessen Tod doch alle betrübt.

Der Marquis von Barbezieux, ein Sohn des Verstorbenen, war dreiundzwanzig Jahre alt. Der König hatte nicht vor, ihm das bedeutsamste Amt seines Vaters vorzuenthalten, obwohl es sich beim Kriegsministerium um eines der wichtigsten Räderwerke des Staates handelte. Doch Ludwig XIV. achtete die Rechte der Geburt, und außerdem gefiel es ihm, daß er seinen neuen Mitarbeiter von der Wiege an kannte; vor allem aber vertraute er seinem eigenen Stern und meinte, er könne »mit der Berufung zugleich auch das Genie übertragen«.

Barbezieux, ein glänzender Kopf, war ein Wüstling und Sklave seiner Laster, dazu gewalttätig und brutal wie sein Vater. Der König ermahnte ihn häufig mit dem Ernst des Meisters für einen unerfahrenen, aber begabten Schüler. Er behielt ihn schließlich bis zum Ende. Pomponne, der Neffe Arnaulds, wurde zurückberufen. Mit Colbert de Croissy und Pontchartrain, dem außer dem Finanzministerium auch die Marine zufiel, folgte eine durchschnittliche Mannschaft auf das alte, ungewöhnlich tüchtige Ministerium.

Ludwig XIV. machte sich nichts vor. Was er jetzt hatte, waren gute Beamte, aber keine Männer mit Initiative und ausdauernder Widerstandskraft. Wer hätte es sonst aber sein sollen? Nach der ungewöhnlichen Blüte an Genies begann diese Art auszusterben, sie war kaum noch in der Armee und gar nicht mehr bei den im Staat führenden Persönlichkeiten zu finden. Niemand verfügte auf politischem Gebiet über die Erfahrungen und Fähigkeiten des Königs selbst.

Als er das in aller Nüchternheit festgestellt hatte, traf er seine Entscheidung wie nach dem Tode Mazarins, nur vielleicht mit noch mehr Mut, denkt man an die schwierige Lage und an seinen gefährdeten Gesundheitszustand. Er regierte seit 1661, aber bisher hatte er von oben her dirigiert. Mit dreiundfünfzig Jahren nahm er jetzt die ganze Last der Staatsführung, der Verwaltung, des Krieges auf sich. Sein von der Uhr bestimmtes Leben änderte sich. Außer der für seine Gesundheit unentbehrlichen Jagd und den ebenso wichtigen Zeremonien kannte Seine Majestät nur noch Arbeit, Arbeit – er arbeitete unermüdlich. Es kam vor, daß er vier Stunden lang ohne Unterbrechung mit eigener Hand schrieb.

Der Sonnenkönig erinnerte jetzt an seinen Vorfahren Philipp II. von Spanien, der zu einem despotischen Bürokraten geworden war und auch die geringsten Angelegenheiten selbst wahrgenommen hatte. Er kreiste nun nicht mehr hoch über den Sterblichen. Die täglichen Mißhelligkeiten und Ungerechtigkeiten, die peinlichen Geheimnisse, beschämenden Geschäfte, Grausamkeiten der Staatsführung – dies alles mußte er kennen und auf alles reagieren.

Ludwig trug die Bürde mit erstaunlicher Leichtigkeit und Heiterkeit. Keine Sorge, keine schlechte Nachricht beeinflußte seine Laune. Die strenge Frömmigkeit, in die er sich gehüllt hatte, erlaubte ihm keinen Zweifel an seiner Sache, am göttlichen Schutz, an der eigenen Unfehlbarkeit. Unbewegt, monolithisch, offenbar fühllos ging er seinen Weg in einem Rhythmus, der viele Leute erschreckte. Es ist bemerkenswert, daß er jetzt, wo er sich in den Aufgaben des Regierens verlor, aufhörte, das Vorbild der Franzosen zu sein, die Quelle ihrer Begeisterung, der Mittelpunkt, um den die intellektuelle Welt kreiste. Die Künstler begannen sich zu lösen, in Paris öffneten sich die Salons, Schriftsteller entzogen sich dem klassischen Maß, Philosophen stellten Dogmen in Frage, die man für unantastbar gehalten hatte.

Kapetinger, Valois' und Bourbonen hatten – bis auf Ludwig XI., der sechzig Jahre alt geworden war – die fünfziger Jahre nicht überschritten. In dem Augenblick, als Ludwig sich der gefährlichen Grenze näherte, sah er um sich herum eine feindselige Generation aufwachsen. Frankreich litt unter seinem alten finanziellen Übel, und immer neue widersprüchliche Heilslehren versammelten sich um sein Fieberlager. Rachedürstende Schriften riefen nach einer Revolution: »Wenn die Fürsten als Befreier in Frankreich eindringen, wird alle Welt zu ihren Fahnen eilen!« In einer anderen Streitschrift hieß es: »Sie haben Ihre Untertanen im gleichen Maß belastet, wie Sie sich Ruhm verschafften, indem Sie Ihren Besitz erweiterten und vergrößerten. Die Geduld Ihres Volkes könnte in Zorn umschlagen.«

Noch der Beherrscher Europas, aber schon unbeliebt und bedroht – das war Ludwig XIV., als am 28. Oktober 1691 der vierundachtzigjährige Herzog Claude von Saint-Simon, ein alter Freund Ludwigs XIII., ihm seinen sechzehnjährigen Sohn Louis vorstellte.

Der sehr kleine, kränkliche Junge hatte ein schmales Gesicht, einen kleinen Mund, trug die Nase hoch und blickte boshaft und eindringlich forschend. Der König zögerte, ihn unter seine Musketiere aufzunehmen, gab aber endlich den Bitten des Vaters nach. Er konnte nicht ahnen, daß er zum erstenmal vor einem unerbittlichen Richter stand, dessen Urteile die Nachwelt unaufhörlich im Munde geführt hat. Hätte er es geahnt, hätte er gewußt, welche spitze Feder dieser »Myrmidone« führte, dann hätte er sich wohl nicht damit begnügt, ihm in vierundzwanzig Jahren nur drei besondere Audienzen zu gewähren. Er hätte sich bemüht, ihn zu gewinnen – und Saint-Simons *Memoires* hätten uns ein anderes Bild von ihm hinterlassen.

Das erste bedeutsame Ereignis, das der kleine Saint-Simon miterlebte, war das seltene Vorspiel zur Heirat des Herzogs von Chartres (Philipps, Sohn von Monsieur und Liselotte) mit der Mademoiselle de Blois. Mit Hilfe einiger Versprechungen hinsichtlich der militärischen Zukunft des jungen Mannes und etlicher Gelder, die dem Chevalier de Lorraine zuflossen, hatte der König bei seinem gedemütigten Bruder und seiner wütenden Schwägerin Liselotte diese Ehe durchgesetzt. Saint-Simon war dabei – und in diesem Fall hat er keinen Rivalen für seine Erzählung –, als Chartres, der sich vor seiner Mutter verneigte, »eine so schallende Ohrfeige von ihr erhielt, daß man sie noch einige Schritte entfernt hörte, und die in Gegenwart des Hofes den armen Prinzen in hilflose Verwirrung und die unzähligen Zuschauer in gründliche Verwunderung stürzte«.

Trotz der Ebbe in seinen Kassen gab Ludwig seiner Tochter eine großartige Mitgift – zwei Milliarden Livres, nach heutigem Geld zwanzig bis dreißig Millionen Francs. Es war ja seine Tochter.

»Mir ist es gleich, ob er mich liebt«, hatte die Vierzehnjährige erklärt, als man ihr vom Kummer ihres Verlobten berichtete, »mir liegt nur daran, daß er mich heiratet.«

Aus dieser erzwungenen Ehe gingen Philippe Egalité, Ludwig Philipp I., das Todesurteil für Ludwig XVI. und die Juli-Monarchie hervor[1].

Illusionen auf dem Meer

Noch beherrschte Frankreich das Meer, und nicht nur dank Tourvilles majestätischen Geschwadern. Eine neue Figur war aufgetaucht, ein großer blonder Kerl mit blauen Augen, der nicht lesen konnte, aber über Herkuleskräfte, lückenlose seemännische Kenntnisse und eine unglaubliche Verwegenheit verfügte. Dieser Jean Bart aus Dünkirchen, geschult bei Ruyter und bei den Freibeutern, hatte die Galeeren gerettet, die sich aufs Mittelmeer gewagt hatten; den lieben langen Sommer des Jahres 1691 brandschatzte er die englischen Küsten und landete auch einmal in Newcastle. Jakob II., der ihn im Auge behielt und von seinen Agenten viele optimistische Berichte über die Lage in England erhielt, bat Ludwig inständig, endlich die große Landung zu versuchen. Louvois hatte niemals etwas davon hören wollen, aber er war tot, und Ludwig gab nach.

Die Geschichte hat es ihm lebhaft vorgeworfen, doch die Lage schien durchaus günstig. »Die Ereignisse der Revolution hatten in England zu Verhältnissen geführt, wie sie später niemals wieder bestanden haben. Viele Großgrundbesitzer, die Jakob entthront und verjagt und im Parlament die neuen Gesetze beschlossen hatten, verehrten ihn ins-

[1] »Philippe Egalité«, der Urenkel des derart zwangsweise verheirateten Sohnes von Liselotte, erhielt den Beinamen, weil er sich der Revolution von 1789 anschloß und sogar für den Tod seines Vetters Ludwig XVI. stimmte; trotzdem endete auch er auf dem Schafott. Sein Sohn Ludwig-Philipp wurde nach der Julirevolution von 1830 König der Franzosen bis 1848. (Anm. d. Übers.)

geheim doch als ihren legitimen Herrscher. Jeder betrachtete den hochfahrenden und unangenehmen Holländer, den man sich hatte suchen müssen, als notwendiges Übel ... Man stellte bald fest, daß England für ihn nur ein brauchbares Werkzeug für seine Pläne auf dem Kontinent war, die er vor allem in Hollands Interesse verfolgte. Besorgt erkannte man, wie seine Unbeliebtheit mit den Steuern und mit der Verelendung wuchs«, schreibt Winston Churchill. Wilhelms Favorit Bentinck, den er mit Gütern überschüttete, war verhaßt.

Viele Lords, darunter auch der Admiral Russell, der 1688 Oranien aufgesucht und ihm die Krone angeboten hatte, unterhielten ständige Verbindung mit Saint-Germain. Der schlecht behandelte Marlborough hatte sich wieder von Wilhelm gelöst und war im Januar 1692 vom Hof und vom Staatsrat ausgeschlossen worden. Man mutmaßte, das politische Chamäleon wolle Wilhelm und Maria zugunsten der Prinzessin Anna stürzen. Im Januar verlangte die Königin von ihrer Schwester, sich von Lady Marlborough, einer wahren Fackel der Zwietracht, zu trennen, doch Anna lehnte es unnachgiebig ab.

Diese sanfte und schüchterne, von Natur aus unterwürfige Frau gehorchte nicht ihrem Trunkenbold von Ehemann, sondern nur ihrer lieben Sarah. Sarah, flammende Augen und schönes Haar, setzte ihren lebhaften und scharfen Geist und eine sprühende Unterhaltungsgabe ein. Sie war eine Teufelin und zuweilen fast wahnsinnig. Zitternd verehrte Anna diese Despotin, die auf sie herabsah.

Die beiden Freundinnen lebten zusammen und führten trotzdem einen überquellenden Briefwechsel, in dem sich die Prinzessin unglaublich erniedrigte. Während sie unter dem Pseudonym »Mrs. Morley« schrieb, hatte sich Anna den Namen »Mrs Freeman« zugelegt; sie deutete schon damit auf ihre Tatkraft hin, auf die Politik der Whigs und die Rolle, die sie der schwachen Stuart gegenüber spielte. »Ich werde mich opfern, um Ihnen auch nur den geringsten Dienst zu leisten«, schrieb Anna, als die Krise ausbrach, »denn nur der Tod könnte mich von Ihnen trennen. Wenn es möglich ist, bin ich alle Tage mehr die Ihre.«

Die Königin konnte also bei ihr nichts ausrichten. Sie ließ sich zu einem Ausbruch hinreißen, und die beiden Schwestern »trennten sich im Zorn, aus dem tödliche Abneigung wuchs«. Der Abfall der Churchills war für Jakob II. entscheidend gewesen – ihre neue Kehrtwendung konnte alles ändern, wovon man in Versailles wie in Saint-Germain überzeugt war. Eine französische Armee wurde zwischen Cherbourg und La Hougue zusammengezogen und dem Marschall de Bellefonds unterstellt. Man verstärkte sie – ein großer Fehler – durch zehntausend Iren, die für England nur Gegenstand der Verachtung waren. Dreihundert Transportschiffe lagen in Brest bereit, die Truppen nach

England zu bringen, und zwar unter dem Schutz von Tourvilles vierundzwanzig Schiffen.

Hätte man das Wagnis im März unternommen, als die englische und die holländische Flotte zerstreut waren, wäre die Landung zweifellos erfolgreich gewesen. Aber leider waren kein Louvois und kein Seignelay mehr da, um die Vorbereitungen unter Druck zu beschleunigen. Tourville wartete anderthalb Monate auf die Munition und das schlechte Pulver. Als sich der Admiral beschwerte, antwortete ein Beamter, der sich offenbar für Seignelay hielt, falls er »feststellen sollte, daß das Pulver nicht weit genug reiche, brauche er sich ja nur den Feinden mehr zu nähern«. Unterdessen vollzogen Engländer und Holländer die Vereinigung ihrer Flotten.

Ganze hundert Schiffe brachte die Augsburger Liga zusammen. Sie wurde dem Befehl von Russell unterstellt, von dem Jakob fest annahm, er werde sich im gegebenen Augenblick wieder seinem legitimen Fürsten anschließen. Die englischen Jakobiten waren kampfbereit und voller Hoffnung, und es wäre falsch, ihre und die französischen Illusionen für lächerlich zu erklären: Jakob war seiner Rache niemals so nahe, und er zweifelte nicht am Erfolg, als er sich nach La Hougue begab.

Es ist verwirrend zu beobachten, wie im Laufe von Jahrhunderten gleiche Ursachen zu gleichen Wirkungen führen. Jakob erwartete so sicher, als Sieger nach England zurückzukehren, wie es die Emigranten 1792 zu Beginn der österreichisch-preußischen Invasion taten. Doch sie veranlaßten den Herzog von Braunschweig zu einem drohenden Manifest, das plötzlich die ganze Situation änderte. Und Jakob gab eine ähnliche Erklärung mit ähnlicher Wirkung heraus.

»Das Meer steigt einem zu Kopf ... Er hielt es für schön, edel, loyal, für eine wahrhaftig königliche Tat, wenn er von vornherein wissen ließ, was er vorhatte. Er stellte sich nicht hinter die flauen Amnestieversprechungen, die all die Füchse und doppelten Verräter, diese zwischen beiden Seiten wechselnden Leute, in seinem Namen verkündet hatten. Er sagte klar und deutlich, was England von ihm zu erwarten hatte. Außer einigen Schuldigen, die auf jeden Fall zum Tode verurteilt würden, wurden große Gruppen bedroht ... Seine Erklärung verdammte bereits zehntausend Köpfe zum Richtblock ... Man kann sich den Schrecken lebhaft vorstellen, den die Erklärung hervorrief«, sagt Michelet.

In Versailles wußte man nichts davon. Man war ungeduldig, weil Tourville nicht von der Stelle kam, und nahm nicht zur Kenntnis, daß er auf d'Estrées und die dreißig Schiffe des Mittelmeer-Geschwaders wartete. Der Schutzengel des Hauses Oranien wachte: Sturm kam auf, und d'Estrées verspätete sich.

Ludwig XIV. ist darüber so bitter getadelt worden, daß man dennoch versuchen sollte, seine Überlegungen zu verstehen. Seit fünfundzwanzig Jahren war er gewohnt, dem Gegner zuvorzukommen, ihn zu überrumpeln. Diese Taktik schien ihm zu Lande und zu Wasser die beste zu sein, und er hätte damit auch hier recht gehabt, wäre sein Nachrichtendienst schneller und wäre Jakob nur nicht so töricht gewesen. Leider hielt Ludwig Lord Russell für einen Jakobiten, leider kannte er nicht die Zahl der gegnerischen Schiffe, noch wußte er, daß d'Estrées durch Gegenwind aufgehalten wurde. Unter so vielen falschen Voraussetzungen schickte er Tourville den eigenhändig geschriebenen Befehl, die feindliche Flotte »aufzuspüren und mit starken oder schwachen Kräften anzugreifen, wo immer sie zu finden ist«.

Ein paar Tage danach, am 10. Mai, brach er mit Prinzen und Damen aus Versailles auf, weil er sich entschlossen hatte, selbst die flandrische Armee zu übernehmen. In Chantilly machte er halt und ließ wissen: »Es wird eine große Seeschlacht geschlagen werden.«

Am 21. Mai nahm er bei Givry eine Truppenschau von 120 000 Mann ab, am 24. gab er das Ziel seiner Unternehmung bekannt: Namur, die Festung, die für uneinnehmbar galt. Die Franzosen begannen am 25. Mai mit der Belagerung.

Inzwischen aber traf ein Kurier von Pontchartrain ein, der endlich genaue Nachrichten erhalten, aber nicht gewagt hatte, den königlichen Befehl zu widerrufen. Ludwig befahl Tourville sofort, auf d'Estrées zu warten. Sein Bote langte am 27. Mai in La Hougue an. Zu spät! Tourville erhielt den Gegenbefehl nicht mehr und eröffnete am 30. Mai die Seeschlacht.

Sie war heftig und ruhmreich. Am ersten Tag verloren die Engländer zwei Schiffe, die Franzosen keines. Am zweiten Tag mußte sich Tourville, der alle Munition verschossen hatte, zurückziehen.

Und nun trat die Katastrophe ein. Das Flaggschiff »Soleil-Royal«, Symbol der Größe, wurde derartig von Kugeln durchsiebt, daß es aufgegeben werden mußte und verbrannte. Dreizehn weitere Schiffe strandeten. Am 2. und 3. Juni griffen englische Schaluppen sogar die Küste an, wo Jakob II. und Bellefonds auf ihren Sieg warteten. Weil es aber an Pulver und vor allem an Entschlußkraft fehlte, wurden sie kaum beschossen. Die französische Armada ging unter – vor den Augen des Stuarts, den sie auf den Thron führen sollte.

In Flandern konnte Luxembourg die 24 000 Mann Wilhelms III. binden, während die Belagerung der »jungfräulichen Stadt« fortgesetzt wurde. Als sich die »Jungfrau« dann am 5. Juni ergab, blies es laut aus allen Trompeten des Triumphes; Boileau schrieb eine Ode, und der König selbst verfaßte eine Erzählung über das Ereignis.

Dann aber erschienen die Boten des Unglücks. Der König blieb unerschüttert. Er kümmerte sich vor allem um Tourville, denn »für die

Schiffe läßt sich Ersatz finden, doch einen Offizier wie ihn findet man nicht so leicht«. Der Große König ließ nicht andere für seine eigenen Irrtümer zahlen. Im Jahr darauf wurde Tourville Marschall von Frankreich.

Die Hofleute stellten lässig fest: »Wir haben fünfzehn Schiffe verloren« (so stand es in Dangeaus *Journal*), und redeten nur von der Einnahme Namurs, dessen letztes Fort am 30. Juni fiel. Der König gesellte sich in Dinant zu den Damen, die so untergebracht worden waren, wie es heute kaum ein Landarbeiter hinnehmen würde. Wieder einmal zog er als Imperator in Versailles ein. Erschöpft legte sich Madame de Maintenon ins Bett.

Man hat oft La Hougue als »Trafalgar des 17. Jahrhunderts« bezeichnet, doch zu Unrecht. Die Seemacht Frankreich war nicht gebrochen. Schon 1693 hatte Tourville wieder so viele Schiffe wie im Jahr zuvor und gewann eine Schlacht draußen vor Portugal bei Kap São Vicente. Besser noch: Der König griff den Plan von Jean Bart und dem Chevalier de Forbin auf, der gekommen war, um dem Hof einen neuen Schiffstyp vorzuführen. Man organisierte eine Kreuzfahrt leichter Fregatten, um den englischen Handel durch die Unterbindung der Seefahrtswege zu stören. Die Ergebnisse waren ausgezeichnet, ganz London hallte vom Gejammer verzweifelter Kaufleute, die am Rand des Konkurses standen.

Jean Bart und de Forbin liefen aus Dünkirchen aus und kamen zurück, wie sie es für richtig hielten. »Niemals haben Menschen so schrecklich das Entern genossen, Feste gefeiert, in dreifacher Todesgefahr, ohne Möglichkeit zum Rückzug, zwischen Meer und Feuer ... Ein junger Mann, Duguay-Trouin, verrückt nach Frauen und Spiel, fand beim Entern noch so manches andere Vergnügen«, sagt Michelet dem berühmten Seehelden nach. Es gab mehr bekannte Freibeuter, darunter vor allem Cassart aus Nantes, doch niemand hatte so viele Erfolge wie Jean Bart, der siebenhundert holländische und noch mehr englische Schiffe aufbrachte oder in Brand setzte.

Im Grunde wäre die Seeschlacht von La Hougue nur eine simple Angelegenheit gewesen, jedenfalls für Frankreich. Doch sie wurde zur einzigen wirklich entscheidenden Auseinandersetzung des ganzen Krieges, weil England, das seit anderthalb Jahrhunderten innerlich völlig zerrissen gewesen war, auf einen Schlag seine Einheit wiederfand und nun die Wogen zu beherrschen glaubte – *Rule, Britannia, rule the waves!* Es war die Hochzeit der Insel mit dem Weltmeer. Großbritannien hatte erkannt, was sein ihm gemäßes Element war, während Frankreich noch lange davon träumte, seine Macht zu Land auch auf die See auszudehnen.

Wilhelm III., der ja kein Engländer war, suchte unterdessen weiterhin den Sieg auf dem Festland, doch er entschlüpfte ihm immer wieder. Dank einem französischen Spion, der in seinem Lager gefaßt wurde, konnte er Luxembourg in eine Falle locken; er überfiel ihn am 3. August 1692 bei Steenkerke. Es kam zu einer großen Schlacht, bei der die Kavallerie teilweise zu Fuß kämpfte. Chartres, Conti, Vendôme zeichneten sich ruhmreich aus, nicht so der Herzog von Maine. 15 000 Mann blieben auf dem Schlachtfeld, fast gleich viele auf beiden Seiten. Luxembourg siegte zu Recht.

Niemals seit Beginn von Ludwigs Herrschaft hatte ein Sieg solche Begeisterung entfesselt. Als die jungen Prinzen heimkehrten, zogen sie durch ein Spalier jubelnder Menschenmengen. »Man liebte sie um so mehr, als ihr Ruhm ihnen bei Hofe nicht die entsprechende Gunst eintrug.« Die Jugend trug Krawatten à la Steenkerke, nämlich lässig geknotet, wie sie Conti getragen hatte, als er sich halb angekleidet in den Kampf stürzte.

Das strategische Ergebnis: unbedeutend. Man mußte im folgenden Jahr wieder von vorn beginnen. Im Frühjahr nahm der König, lahm vom Rheumatismus und von Halsschmerzen geplagt, die gewohnte Reise mit gewohnter Begleitung wieder auf. Madame de Maintenon war sehr bekümmert, denn sie haßte es, an diesen Feldzügen teilnehmen zu müssen. Man warf ihr vor, sie wolle den König in Versailles festhalten – aber damit hatte sie recht: Der Platz des Mannes, von dem das Schicksal eines Volkes abhing, war nicht ein Zelt in den Niederlanden, wie es sich bei La Hougue deutlich gezeigt hatte! Doch die Franzosen mochten auf die Vorstellung vom Ritter-König nicht verzichten.

Anfang Juni 1693 glaubte man sich bei Gembloux an der Schwelle eines Sieges, der Alexanders und Cäsars würdig gewesen wäre. Ludwig XIV. hatte zwei große Armeen gegen die weit unterlegenen Streitkräfte Wilhelms ins Feld geführt; das Heer des Oraniers befand sich bei Louvain überdies in ungünstiger Stellung. »Nur ein Wunder kann mich retten«, sagte der König von England zum Prinzen von Vaudemont.

Und dies Wunder ereignete sich. Trotz flehentlicher Bitten aller Offiziere – Luxembourg warf sich sogar auf die Knie – verkündete Ludwig, der Dauphin werde sich an der Spitze einer Armee zum Marschall de Lorges nach Deutschland begeben, er selbst nach Versailles zurückkehren.

Jacques Roujon fällt das Verdienst zu, diese sonderbare Entscheidung geklärt zu haben: Er veröffentlichte einen bis dahin kaum bekannten Brief des Königs an seinen Bruder. Neueste Nachrichten aus Deutschland hatten Ludwig davon überzeugt, daß man mit etwas Anstrengung den Kaiser zum Verhandeln zwingen könne. Und was man auch immer von ihm gesagt hat: Er suchte den Frieden, Frieden war ihm wichtiger als das unberechenbare Glück der Feldschlachten. »Ich habe mich«, schrieb er dem Bruder, »den heftigen Vorwürfen gebeugt, die man mir gemacht hat, aber auch meiner eigenen Vernunft, und gern opfere ich dem Wohl des Staates meine Freude und besondere Befriedigung und das, was mir mehr schmeicheln würde.«

Hätte er ebenso gehandelt, wenn er die Folgen vorausgesehen hätte? »Die Wirkung dieses Rückzugs war schierer Unglaube bei den Offizieren und im Volk ... Alles, was der Feind äußerte, war kaum schmählicher als das, was in der Armee, in den Städten, selbst am Hof von den Hofleuten gesagt wurde, die sich doch selbst nur zu gern nach Versailles zurückzogen, es aber jetzt für ehrenhaft hielten, sich zu schämen.« (Saint-Simon.)

Luxembourg, in dem der alte Frondeur wieder erwachte, Conti, in dem er nie ganz erloschen war, entfalteten eine Kampagne gegen den König, die ein moderner Staatschef nicht geduldet hätte (man sieht wieder den Unterschied zwischen der absoluten Monarchie und den zeitgenössischen Diktaturen, in denen man nicht einmal den Mund aufmachen darf). Ein Oberbefehlshaber, der die Gefahr flieht und den Sieg zurückweist, um seine alte Mätresse bei sich zu haben (von der Ehe war noch nicht die Rede); die Falschgoldausgabe eines lächerlichen Liebhabers – das war das Porträt des Großen Königs im Jahre 1693.

Ludwig ließ sich auch nicht die kleinste Reaktion auf diese Schlammflut anmerken, doch man kann sich leicht vorstellen, wie er leiden mußte, wenn er auf diese Weise an einem sehr empfindlichen Punkt getroffen wurde. Sein Opfer war übrigens vergebens, denn trotz neuer Plünderungen mußte die Armee des Dauphins, die bei weitem nicht den erhofften Erfolg erringen konnte, sich schließlich ganz auf Verteidigung beschränken.

Hat sich das Glück erst einmal abgewandt, ist es schwer wieder zurückzuholen. Die übertriebene Vorsicht brachte dem König nicht mehr ein als die übertriebene Kühnheit des Jahres 1692. »Meine Herren«, ermahnte Luxembourg die königliche Sippe, »erinnern Sie sich an Frankreichs Ehre.«

Doch die ungeduldige Jugend erhielt schon bald ihr Massaker, auf das sie so brannte. Als am 29. Juli der Tag bei Neerwinden heraufdämmerte, begann die blutigste Schlacht des Jahrhunderts. Mit solcher Erbitterung war noch nie gekämpft worden. Der bucklige Marschall und der schwachbrüstige König Wilhelm schlugen sich wie die einfachen Soldaten. »Ach! Unverschämte Nation!« schrie Wilhelm, als die in den Hecken bei Rumdorp einsatzbereit aufgestellte Kavallerie unerschüttert einen Feuerhagel über sich ergehen ließ.

Es gab so viele Tote, daß die Seuchengefahr die Sieger vertrieb.

Im Jahr darauf bedeckte eine ungewöhnlich reiche Mohnblüte das Schlachtfeld mit einem flammend roten Leichentuch.

Luxembourg machte dem König eine kurze Meldung, die sich den besten Texten des Jahrhunderts an die Seite stellen läßt: »Ihre Feinde haben Wunder vollbracht, Ihre Truppen noch mehr. Die Prinzen aus Ihrem Blut haben sich selbst übertroffen. Was mich betrifft, Sire, habe ich nur das Verdienst, Ihre Befehle ausgeführt zu haben. Sie haben mir befohlen, eine Stadt anzugreifen und eine Schlacht zu schlagen. Ich habe die Stadt genommen und die Schlacht gewonnen.«

Das Volk sang:

Auf Luxembourgs Buckel
ruht ganz Frankreich.

Am 4. August, als der König sich in Marly zur Messe begab, brachte man ihm fünfundfünfzig Standarten und fünfundzwanzig Fahnen, die dem Feind abgenommen worden waren. Sie wurden in einem Salon im Blickfeld der ausländischen Gesandten aufgehängt, ehe man sie nach Notre-Dame brachte. Am 18. August errang Catinat bei dem piemontesischen Dorf La Marsaille einen ebenfalls glänzenden Sieg. Doch die Franzosen, »Sieger in allen Himmelsrichtungen, aber geschwächt durch so viele Erfolge, bekämpften in den Verbündeten eine immer nachwachsende Hydra. Die strenge Jahreszeit vernichtete die Ernte und brachte Hungersnot; man verkümmerte im Elend zu den Klängen des Lobgesangs *Te Deum*«, heißt es bei Voltaire.

Ludwig XIV. litt an Fieber- und Gicht-Anfällen und hatte »Wallungen«. Er war seelisch und körperlich mitgenommen und machte sich Sorgen, weil sich der Geist der Fronde wieder regte, hervorgerufen durch die Beliebtheit Contis und des »Dekorateurs von Notre-Dame«.[1]

Als Prinz Conti und der Marschall im August den König in Marly begrüßen wollten, wurden sie so frostig empfangen, »als ob sie während des ganzen Feldzugs nie von sich reden gemacht hätten«. Die Historiker, die sich darüber entrüstet haben, vergaßen, wie sehr die beiden Helden darauf gebrannt hatten, ihren König zu entehren.

Ludwig aber vergaß nie etwas, höchstens ein Versprechen – eine traurige Erfahrung, die der junge Herzog von Chartres, sein Neffe, machen mußte. Bei aller Tüchtigkeit erhielt gerade er kein Kommando, während der Herzog von Maine Großmeister der Artillerie, der Graf von Toulouse Admiral und der Herzog von Vendôme General der Galeeren wurden: Der König spielte die Bastarde und die Nachkommen der Bastarde gegen die Prinzen von Geblüt aus, die er jetzt wieder für gefährlich hielt.

[1] So nannte man im Volk Luxembourg, seit die von ihm erbeuteten Feldzeichen die Wände der Kathedrale schmückten. (Anm. d. Übers.)

Und es gab tatsächlich eine Verschwörung. Luxembourg träumte davon, Konnetabel und Erster Minister zu werden. Wie seine jungen Krieger und Freunde führte er ein ausschweifendes und gottloses Leben, das den frommen Hof kränken mußte. Die kleine Gruppe verbarg außerdem kaum, daß sie bereits über den Tod des Königs hinaus plante. Der Marschall hatte seinen jungen Verwandten, den Fähnrich Clermont-Chatte, bei der Prinzessin Conti eingeführt, »einen großen, wohlgebauten Mann«, der den Liebhaber spielte. »Die Prinzessin hatte er rasch gewonnen, und mit ihrer Unterstützung wurde er ein Favorit des Thronfolgers. Bereits eingeführt durch den Herrn von Luxembourg, erfuhr er jetzt sämtliche Absichten, die sich Prinz Conti und Luxembourg vorgenommen hatten: Sie wollten die Person von Monseigneur [des Dauphins also] beherrschen, um den Staat zu regieren, sobald er der Herr wäre. In dieser Absicht rieten sie Clermont, sich der Choin zu nähern, ihr Liebhaber zu werden und zu tun, als ob er sie heiraten (!) wolle. Sie stellten ihm vor, daß er auf diese Weise sein Glück machen werde. Clermont, der nichts besaß, glaubte ihnen ohne weiteres. Er gab sich Mühe und fand die Choin auch keineswegs abweisend. Die Liebe, die er heuchelte, die er aber auch geweckt hatte, brachte ihm ihr Vertrauen«, erzählt Saint-Simon. Doch das Vertrauen hatte Grenzen, denn die junge Frau erzählte auch ihm nicht, was niemand wußte – daß sie verheiratet war. Um über ihre Rivalin, die Prinzessin Conti, zu triumphieren, heuchelte sie sogar mütterliche Gefühle für Clermont und veranlaßte ihn, ihr seinen Briefwechsel mit der Prinzessin auszuhändigen.

Als der Feldzug 1694 begann, schrieben sich die Liebenden ausführlich, ohne – und das scheint geradezu unglaubhaft – dem »Postgeheimnis« zu mißtrauen. Der König erhielt natürlich ihre Briefe und auch die seiner Tochter, die Clermont an die Choin weiterleitete. Er merkte, was man vorhatte: Den Thronfolger zu beherrschen, den sie *unseren dicken Freund* »zur Zeit und nachher« nannte. Madame de Maintenon wurde natürlich von Ludwig auf dem Laufenden gehalten.

Der Dauphin war in Deutschland. Die gute Dame hielt es für notwendig, daß der König nun die wahre Stellung der Choin kennenlernte, ehe er den Sturm entfesselte, und unterrichtete ihn auf die bereits geschilderte Weise. Der Dauphin wiederum ahnte von allem nicht das geringste, als er am 19. Juli 1694 der Marquise schrieb: »Ich war sehr verwundert, daß Sie mir von meiner Frau schreiben, ich bin sehr in Verlegenheit geraten.«[1]

[1] Über diesen Brief schreibt Boislile in einer Anmerkung zu Saint-Simon: »Spricht er von der vier Jahre zuvor verstorbenen jungen Dauphine oder von der Mademoiselle Choin? Nur die erste Vermutung läßt sich halten, wenn man bedenkt, daß die Mademoiselle Choin einen Monat später nach

An einem Regenabend, an dem er nicht ausging, ließ der König die Prinzessin Conti kommen und beschämte sie grausam, indem er sie zwang, laut all die Gemeinheiten vorzulesen, die Clermont und die Choin über sie geschrieben hatten. »Sie schien sterben zu wollen. Sie warf sich dem König zu Füßen, tränenüberströmt ... Nur Schluchzen, Bitten um Verzeihung, Verzweiflung, Wut und Flehen um Gerechtigkeit und Rache«, erzählt Saint-Simon.

Mademoiselle Choin wurde vom Hof gewiesen. Clermont verlor seinen Posten und wurde in die Dauphiné geschickt. Schließlich informierte Ludwig selbst seinen Sohn, der nun in die peinliche Lage kam, eingreifen zu müssen. Man konnte schließlich die heimliche Schwiegertochter des Königs nicht wie irgendeine Person fortschicken. Die Prinzessin »ließ Mademoiselle de Choin in einer ihrer Karossen in die Abtei von Port-Royal bringen, *setzte ihr eine Pension aus*[1] und ließ ihre Möbel mit ihren Wagen hinschaffen«. Von dieser ungewöhnlichen Gunstbezeugung scheint Saint-Simon kaum überrascht worden zu sein, obwohl es sich für ihn um eine gewöhnliche Person gehandelt haben muß, die in eine an Majestätsbeleidigung grenzende Intrige verwickelt gewesen war.

Die Episode beweist nach meiner Meinung überzeugend, daß die zweite Heirat von Monseigneur 1690 stattfand und nicht zu dem viel späteren Zeitpunkt, auf den sie meistens verlegt wird. Der Dauphin hätte nach dem Skandal von 1694 das Mädchen mit den »großen Kesselpauken« nicht heiraten können, und die Choin wäre ganz anders behandelt worden, wäre sie nicht mehr oder weniger unantastbar gewesen.

Die Satirenschreiber setzten die Geschichte in Verse. Was hätten sie erst daraus gemacht, wenn sie die Wahrheit gekannt hätten!

Seit Anfang 1694 zeigte der Krieg ein ähnliches Gesicht wie später von 1914 bis 1918 zwischen den beiden Marneschlachten. Die Gegner erschöpften sich, um eine Entscheidung um jeden Preis zu erzwingen, aber

Paris geschickt wurde, weil sie mit Clermont-Chatte konspiriert hatte, der ihr Heiratsabsichten vorgespielt hatte.« Doch Boislile irrt sich. Warum sollte denn der Dauphin *sehr in Verlegenheit geraten sein*, wenn man von seiner ersten Frau sprach? Alles aber läßt sich leicht erklären, wenn Madame de Maintenon den König von der geheimen Ehe unterrichtete, sobald sie merkte, daß er kompromittierende Briefe hatte, und wenn sie die von Saint-Simon genannten Absichten kannte; allerdings hat der König noch einige Zeit gewartet, bis er die Prinzessin Conti zu sich kommen ließ. Das Heiratsprojekt Clermont-Choin aber beweist nur, daß Clermont genau so wenig eingeweiht war wie Saint-Simon und daß die Choin, die ihren Liebhaber der Prinzessin abspenstig machen und die berühmten Briefe haben wollte, sich nicht scheute, ihn in die Irre zu führen.

[1] Die der Dauphin erhöhte, was er sicherlich nicht gewagt hätte, wenn er nur der Liebhaber der Schuldigen gewesen wäre.

es gelang ihnen nicht. Sie vervielfachten nur die Zahl der Toten und Verwüstungen und brachten Europa an den Rand des Ruins.

Der Krieg hatte jetzt nichts mehr gemein mit den munteren Kavalkaden, den wie Balletts so schön geführten Belagerungen, nichts mehr mit dem Krieg, den Ludwig zu sehr geliebt hatte, wie er sich am Ende vorwarf. Mit Billigung von Madame de Maintenon entschloß er sich, nicht mehr selbst daran teilzunehmen. Er war übrigens immer noch krank und durch die Gicht an seinen kleinen Wagen gefesselt. Er veränderte sich sehr. Liselotte von der Pfalz, die ihm trotz allem noch ihre Zuneigung bewahrt hatte, schrieb, er lasse sich gehen, erschlaffe, wirke dick und alt; Seine Majestät scheine kleiner geworden zu sein; sein Gesicht habe sich verändert und sei kaum wiederzuerkennen; täglich werde er faltiger.

Das Elend, das auf die Hungersnot folgte, verhinderte jede größere Unternehmung in den Niederlanden und in Italien. Noailles gewann eine Schlacht in Spanien, konnte sie aber nicht ausnutzen, weil ihm der Nachschub fehlte. So wurde das Meer zur eigentlichen Bühne der Auseinandersetzungen. Dieppe, Le Havre, Saint-Malo, Dünkirchen, Calais wurden bombardiert wie früher Genua und Algier. Die Engländer versuchten eine Landung bei Brest, wurden aber erwartet und mußten sich überstürzt zurückziehen; die Bucht von Camaret war mit Leichen gesäumt.

Der Konflikt griff auf die entferntesten Gegenden über, man kämpfte auf San-Domingo (Haiti), auf Neufundland und Jamaika. Voltaire schrieb später: »Die Industrie und die Wut der Menschen bewirken, daß sich die Verwüstungen unserer Kriege nicht auf Europa beschränken. Wir verbrauchen Menschen und Geld, um uns an den äußeren Grenzen Afrikas und Amerikas zu bekämpfen. Die Inder, die wir gezwungen haben, unsere Niederlassungen zu dulden, und die Amerikaner, deren Kontinent wir mit Blut besudelt und ihnen geraubt haben, sehen in uns Feinde der menschlichen Natur, die vom Ende der Welt heranströmen, um sie zu erwürgen und sich danach selbst zu vernichten.«

Fénelons erster Sturz

In derselben Woche hatten Ludwig XIV. und Wilhelm III. einen schweren Verlust hinzunehmen: Königin Maria starb am 28. Dezember 1694, der Marschall Luxembourg am 4. Januar 1695. Wilhelm erholte sich rasch von dem Schlag, denn es glückte ihm, Alleinherrscher von England zu bleiben, wenn er auch bessere Beziehungen zu Prinzessin Anna, der Thronerbin, unterhalten mußte.

Ludwig dagegen konnte die Lücke niemals ausfüllen, die der Tod des genialen und gefährlichen kleinen Buckligen hinterließ. Jetzt hatte die alberne Geschichte Clermont–Choin ernste Folgen. Man mußte einen Nachfolger für einen der besten Strategen des Jahrhunderts finden, doch unter dem Eindruck der hinterlistigen Intrige, die in der Umgebung des alten Frondeurs ausgekocht worden war, wollte der König vor allem einen General von unzweifelhafter Treue.

Im gereiften Alter werden die Erinnerungen an die Kindheit immer leuchtender. Der Marschall de Villeroy, Sohn des Erziehers von Ludwig, hatte seit einem halben Jahrhundert bei seinem Herrn gelebt. Anständig, treu, umgänglich, »war er wie geschaffen, einen Ball zu leiten, Schiedsrichter bei einem Ringelstechen zu sein und, falls er die Stimme dazu gehabt hätte, in der Oper die Könige und Helden zu singen; er war überaus geeignet, den richtigen Ton anzugeben, und zu nichts weiterem«. Diesmal scheint Saint-Simon ein echtes, unverzerrtes Porträt entworfen zu haben.

Diesem Vertrauten, dem erprobten Freund, übergab der König das Kommando über Luxembourgs Armee. Die Freundschaft kostete ihn im nächsten Feldzug Namur und die Niederlande. Die Bombardierung von Brüssel, gedacht als Vergeltung für die Bombardierung von Küstendörfern, brachte ihm nur neue Verwünschungen ein. Besonders schwere Schuld traf den Herzog von Maine, der in dem Augenblick, wo der Sieg zum Greifen nahe war, gezögert, gestammelt und nach seinem Beichtvater verlangt hatte.

Europa höhnte. Der König, dem niemand den Vorfall zu berichten wagte, erriet sie aus den groben Witzen der holländischen Zeitungen. Seinem Kammerdiener La Vienne entriß er schließlich die Wahrheit.

Welche Enttäuschung! Zu allen Zeiten hatten die Könige die großen Herren dadurch in Schach gehalten, daß sie vor ihnen eine andere, weniger gefährliche Macht aufbauten. Ludwig XIV., ständig beunruhigt über den Ehrgeiz in seiner Familie, glaubte den Thron zu festigen, als er den Adoptivsohn der Madame de Maintenon so hoch wie möglich stellte. Statt mit der Tochter seines Bruders hatte er ihn mit einer Bourbon-Condé verheiratet; er wollte ihm den Oberbefehl geben können, ohne die öffentliche Meinung allzusehr vor den Kopf zu stoßen – schließlich herrschte noch allgemeine Begeisterung über die Erfolge von Chartres und Conti. Und nun war dieser junge Mann, ausersehen zum Paladin der Krone, ein Feigling, über den die Soldaten lachten und die Schmähschriften höhnten! »Dieser Prinz, so gleichmäßig nach außen hin, in den heikelsten Angelegenheiten Herr seiner geringsten Regungen, versagte bei dieser einzigartigen Angelegenheit«, meint Saint-Simon. Immerhin hatte der Herzog, als er sah, wie ein einfacher Diener beim Abräumen einen Kuchen entwendete, auf dessen Rücken seinen Stock zerschlagen.

Madame de Maintenon war natürlich untröstlich und weinte wieder viel hinter ihren Vorhängen. Dieses echte Unglück traf sie um so tiefer, als der Sturm die geistige Oase bedrohte, in die sie sich gern aus dem Dschungel flüchtete.

Trotz Bossuet weiß man, daß die Beziehungen zwischen Fénelon und Madame Guyon völlig platonisch blieben, um so mehr wundert man sich über die »Kosenamen«, die sie sich in ihren Briefen gaben: »Bibi« hieß der Lehrer der Enkelkinder Frankreichs, »Maman Téton«[1] die Prophetin des Quietismus.

Das sonderbare Paar hatte sich in fünf Jahren bemerkenswert durchgesetzt. Dank Madame de La Maisonfort beherrschte Madame Guyon mit ihrer Lehre Saint-Cyr, während Fénelon, der Herr über den Geist des künftigen Königs, seine »kleine Herde« regierte und dabei die Politik mit einfließen ließ. Der Apostel der Herzoginnen (aus dem Hause Colbert) schob sich behutsam zwischen den König und seine Gefährtin, die er reichlich mit Ratschlägen versorgte: »Handeln Sie ihm gegenüber in Schlichtheit, Freiheit, Freude, Gefälligkeit, ohne Vorsicht und ohne langes Überlegen, wie ein kleines Kind. Auf die Dauer kann er es nicht vermeiden, diese Freiheit der Kinder Gottes zu lieben und zu schätzen, die ihn jetzt entrüstet.« Als diese Methoden allerdings nicht den erhofften Erfolg hatten und den König nicht dazu brachten, sich dem Einfluß des sanften Predigers zu unterwerfen, war er es, der sich entrüstete. Er schrieb dem König einen Brief – eher eine unerbittliche, flammende Schelte –, den er Madame de Maintenon übergab. Die heftigen Republikaner der kommenden Jahrhunderte hätten es nicht besser machen können. Man hat lange geglaubt, das wütende Schreiben stamme aus dem Jahre 1692, doch alles spricht für 1694.

»Man hat Sie in alle Himmel gehoben ... weil Sie ganz Frankreich arm gemacht haben und am Hof einen ungeheuerlichen, nicht wieder gutzumachenden Luxus eingeführt haben ... Sie [die Minister] haben Sie daran gewöhnt, unaufhörlich übertriebene Lobreden anzuhören, die schon eher Götzendienst sind und die Sie um Ihrer Ehre willen hätten zurückweisen müssen. Man hat Ihren Namen verhaßt und die ganze französische Nation für ihre Nachbarn unerträglich gemacht ... Indessen stirbt Ihr Volk an Hunger ... Ganz Frankreich ist nichts als ein großes trostloses Hospital ohne Versorgung ... Das Volk selbst, das Sie so geliebt hat, beginnt die Freundschaft, das Vertrauen und sogar die Achtung für Sie zu verlieren. Aufruhr breitet sich nach und nach an

[1] »Téton«: Ausdruck für die weibliche Brust. (Anm. d. Übers.)

allen Ecken aus. Sie lieben Gott nicht, Ihre Religion besteht nur in Aberglauben und überflüssigem Kult ... Sie beziehen alles auf sich, als wären Sie der Gott der Erde.«

Fénelons Gönner selbst, Madame de Maintenon und der Herzog von Beauvillier, kamen nicht ungeschoren davon: »Ihr oberster Rat ist ohne Saft und Kraft. Wenigstens Madame d. M. und Monsieur le d. de B. müßten das Vertrauen, das Sie in sie setzen, ausnutzen, um Ihnen die Augen zu öffnen, doch ihre Schwäche und Ängstlichkeit sind schändlich und empören alle Welt. Frankreich steht am Abgrund: Worauf warten sie noch, um offen mit Ihnen zu sprechen? Bis alles verloren ist?«

Madame de Maintenon las es und scheint es dem waghalsigen Verfasser nicht nachgetragen zu haben. Man weiß, daß sie mit ihrem Freund Noailles, dem Bischof von Châlons, darüber sprach – aber mit dem König?

Was man darüber auch immer geredet hat: Es ist nicht glaubhaft, daß diese vorsichtige, heuchlerische, geschickte Frau das ungeheure Wagnis auf sich genommen haben sollte, Ludwig XIV. ein solches Dokument vorzulegen – noch, daß ihre Seelsorger es ihr erlaubt hätten. (Ein Brief, in dem sie erwähnt, man dürfe den König nicht »entmutigen«, bezieht sich mit Sicherheit nicht auf Fénelons Schreiben.) Der Brief kam aus dem kleinen Kreis der frommen Herzoginnen nicht heraus, wo man ihn wohl als eine Art Stilübung angesehen haben wird. Die legitimierten Prinzessinnen machten sich auch manchmal das Vergnügen, über ihren Vater herzuziehen, aber frivol, wie sie waren, taten sie es in Epigrammen und Chansons.

Kannte der Bischof von Chartres, Godet des Marais, einer der wichtigsten geistigen Führer von Françoise, die Philippika des Abbés, dessen Einfluß er fürchtete und den er um ihn beneidete? Es ist nicht unmöglich, daß die »Reinigung« von Saint-Cyr dadurch beschleunigt worden wäre.

Ein geheimer, stiller, nie eingestandener, aber gnadenloser Kampf spielte sich seit Jahren zwischen Fénelon und dem Mann ab, den er für einen Trottel hielt. »Er urteilte nach der langen, ungepflegten, abgezehrten, ganz und gar durchgeistigten Gestalt, dem einfachen Wesen, dem einfältigen Benehmen ... Mit einem Wort: Fénelon hielt ihn für einen Mann ohne Weltläufigkeit, ohne Begabung, von wenig Geist und Wissen«, berichtet Saint-Simon.

Und das eben war ein großer Irrtum. Godet des Marais, der nicht in die Öffentlichkeit drängte, hat in der Geschichte keine so aufblitzenden Spuren wie Bossuet oder Fénelon hinterlassen, aber sein Einfluß auf das Geschehen seiner Zeit war mindestens ebenso stark. Zunächst heimlich, dann offen beobachtete der Bischof von Chartres die Ausbreitung der reinen Liebe und ihre Verheerungen in Saint-Cyr. Eines Tages erklärte er der verdutzten Madame de Maintenon rundheraus, daß ihre Schülerinnen am Abgrund des Ketzertums entlangwandelten. Er donnerte von der Kanzel herab. Die Traktate der Madame Guyon wurden dem König vorgelegt, der sie mit gerunzelten Brauen ob so vieler mystischer Wahngebilde las. Seine Majestät fürchtete Chimären und verstand nichts von Mystik.

Bossuet, dem man später noch zwei Prälaten beigab, ließ Madame Guyon vorladen und untersuchte ihre Lehre bis ins einzelne. Das nahm acht Monate in Anspruch. Fénelon wurde nicht einbezogen, obwohl er sich nicht scheute, seine Freundin mit theologischer Munition zu versorgen. Bossuet, der damals heftig gegen die Ausschweifungen kämpfte, entdeckte nun eine noch schlimmere Gefahr. Madame Guyon mit ihrer engelhaften Unschuld war dabei, das Christentum aufzulösen. Unschuldig, »in einem Kindertraum, ließ sie die Seelen in vollständige Ohnmacht versinken und in den endgültigen Tod«.

Der Quietismus wurde verdammt. Madame Guyon zeigte vollkommene Sanftmut und Unterwerfung, nahm das Urteil an und zog sich in einen Konvent von Meaux zu Bossuet zurück. Madame de La Maisonfort gab sich nicht so leicht geschlagen, sondern entfachte mit Bossuet, dem »Adler«, eine Kontroverse in Briefen. Fénelon wiederum, falls er sich auch innerlich nicht von seiner Freundin getrennt haben mag, unterzeichnete die Verdammung und kam offensichtlich unbehelligt aus dem Abenteuer heraus.

Inzwischen starben der Erzbischof von Cambrai und der Erzbischof von Paris. Harlay de Champvallon hatte seine letzten Lebensjahre mehr oder weniger in Ungnade verbracht, und das trotz seiner Willfährigkeit. Man tuschelte, daß sein Widerstand gegen die »Deklaration« der heimlichen Ehe der Grund sei, denn bei Hofe meinte man, das einstige Gänseliesel brenne darauf, in aller Öffentlichkeit den Hermelinmantel zu tragen, in dem Mignard mit Erlaubnis des Königs die »heilige Françoise« gemalt hatte. Das hieß aber, diese Frau völlig zu verkennen, die sich für Halbschatten und Undeutbarkeit entschieden hatte.

Die »heilige Françoise« hatte nach und nach Harlay seine Macht entwunden, weil sie es wie er verstand, die Rolle eines Ministers für kirchliche Angelegenheiten auszufüllen; in der Tat arbeitete sie hier mit dem Pater de La Chaise zusammen, der über die Verteilung der Pfründen verfügte. Diesmal wollte sie unter dem Einfluß von Godet de Marais gleichzeitig den Zugriff der Jesuiten verhindern und sich von dem allzu gerissenen Fénelon befreien. Die kleine Herde erwartete, ihren Hirten als Erzbischof von Paris wiederzusehen. Welche Verzweiflung, welcher Kummer, als er zum Erzbischof von Cambrai ernannt wurde! Cambrai war nicht nur eine große Diözese, sondern mit einem

Herzogtum und der gewaltigen Pfründe von 200 000 Livres verbunden, und jetzt doch nur ein prunkvolles Exil, ein Sturz in die Pracht. Der Sitz in Paris wurde gegen dessen Willen dem nüchternen Bischof von Châlons, Noailles, zuerkannt, einem entschiedenen Gegner der Jesuiten.

Der neue Erzbischof von Cambrai erhielt die Weihe von der Hand Bossuets. Man kam überein, daß er neun Monate des Jahres in seiner Diözese, drei am Hofe verbringen solle. Der König fragte seinen Enkel, den Herzog von Burgund, ob er glücklich über den Aufstieg seines Lehrers oder traurig über dessen Entfernung sei. »Beides«, antwortete der kleine Prinz.

Fénelon hatte seinem Schüler sicherlich eine beständige Zuneigung und Bewunderung eingeflößt. Doch hat er ihn verändert? Fragen wir den überschwenglichen Lobredner des Herzogs von Burgund, Saint-Simon selbst: »Voller Leidenschaft für alle Lüste und für die Frauen und dabei, was selten ist, auch für eine andere Art der Liebe, liebte er nicht weniger den Wein und eine gute Küche, wilde Jagden, Musik in einer Art Verzückung, aber auch das Spielen, wobei er es nicht ertragen konnte, besiegt zu werden, so daß man dabei in große Gefahr geriet. Kurz und gut, er war sämtlichen Leidenschaften und Ausbrüchen ausgeliefert.«

Und nun soll man annehmen, daß diese Leidenschaften und Ausbrüche sich erst in aller Heftigkeit zeigten und sich dann besänftigen ließen – bevor der Prinz dreizehn Jahre alt war! Denn so alt war er, als sein Mentor nach Cambrai berufen wurde, und fünfzehn Jahre alt, als er ihn zum letzten Mal sah. Nichts wirkt so rührend wie das Bild des Herzogs von Burgund mit seinem Lehrer gegenüber dem etwas erschreckenden Bild des Sonnenkönigs auf seinem Abstieg. Da stehen Tugend, Nächstenliebe, Freundlichkeit, Schwung des Herzens gegen die Grausamkeit der Staatsräson. Doch das ist pure Fassade, die allerdings lange Zeit hindurch die Nachwelt getäuscht hat. Als sich das Kind und der Prälat trennten, behielt der Knabe seine neronischen Instinkte, und den anderen hielt die Enttäuschung nicht davon ab, seinen grenzenlosen Ehrgeiz zu nähren und dazu ein Rachebedürfnis, das vielleicht noch gefährlicher als das Wilhelms III. war.

Abschied vom Ruhm

Im folgenden Winter unternahm man einen letzten Versuch, den Krieg noch durch einen Sieg zu beenden. Ludwig XIV. bereitete wieder eine Landung in England vor, verlangte aber von Jakob II., daß vorher eine Volkserhebung zu seinen Gunsten stattfinden müsse. Die Jakobiten planten die Ermordung Wilhelms und hätten fast Erfolg gehabt; in

Dover wollte man Feuer entzünden, sobald der Thronräuber tot sei. Doch er blieb am Leben, weil zwei Verschwörer im letzten Augenblick alles enthüllten. Die Franzosen blieben im Hafen. Ludwig XIV. hatte von nun an nur noch ein Ziel, den Frieden zu erreichen.

Es war ein dramatischer Augenblick in der Geschichte seiner Seele, als er die Interessen seiner persönlichen Größe vergaß und an die seines Königreichs dachte. Vier Dinge riefen diese geheime Revolution hervor: Zunächst die zerrütteten Finanzen; dann die spanische Erbfolgefrage, schon halb vergessen, als dann Karl II. offensichtlich imstande war, zu leben und zu zeugen. Der König wollte nicht einer Koalition gegenüberstehen, wenn diese Frage einmal akut wurde und das europäische Gleichgewicht bedrohte.

Drittens aber konnte er, selbst wenn er Fénelons Anklage nicht gelesen hatte, auch nicht einfach die Ansichten übergehen, die von den geheimen Denkschriften des vielgeliebten Meisters in Versailles verbreitet wurden. Es hätte sich nur um eine Kabale unter vielen handeln können, doch ähnliche Ideen, wie sie der »Schwan von Cambrai« vertrat, entstanden jetzt als Echo auf die englische Revolution in ganz unterschiedlichen Gesellschaftsschichten.

Und schließlich war der König den Sechzig nahe, was im 17. Jahrhundert ein fortgeschrittenes Alter bedeutete. Ein Furunkel machte eine Operation nötig, die fast so schmerzhaft war wie die Entfernung der Fistel, und die »Behandlung« mit Burgunder bewirkte, daß er fast ständig unter Gicht litt.

Diese Gründe bewogen den Großen König, die Rangordnung der Ziele, nach der er seit fünfunddreißig Jahren gehandelt hatte, zu ändern. Doch das mächtigste Motiv war sicher auch das verborgenste, nämlich die Sehnsucht, sich wie einst in voller Harmonie mit seinem Volk zu wissen. Also bemühte sich Ludwig, einen seiner Feinde nach dem anderen zu entwaffnen. Schon war »seine Standhaftigkeit erschöpft«, wie Voltaire meint, wo es um den Heiligen Stuhl ging. Jedenfalls kam es 1693 zu einer Verständigung. Der König räumte das Comtat Venaissin und befahl, daß die Vier Artikel von 1682 – die ohnehin von mehreren Parlamenten nicht anerkannt worden waren – nicht zum Staatsgesetz erhoben wurden. Dafür erhielten die seit 1682 ernannten Bischöfe endlich die kanonische Weihe; das Regalienrecht wiederum wurde nun auf das ganze Königreich ausgedehnt. Es war die Art von Friedensvertrag, aus dem sich so leicht ein neuer Krieg entwickelt, denn er schuf schließlich ein Bündnis zwischen Gallikanismus und Jansenismus; doch im Augenblick ahnte niemand etwas davon. Das Gewissen des Königs war erleichtert, seine Stellung verbessert, als der Papst aufhörte, seine Gegner zu ermuntern.

Ludwig wandte sich dann an den Herzog von Savoyen. »Er war unter allen Fürsten am ehesten bereit, die Partei zu wechseln, wenn seine eigenen Interessen auf dem Spiel standen ... Man gab ihm sein Land zurück, man gab ihm Geld; man schlug ihm die Ehe seiner Tochter Marie Adelaide mit dem Herzog von Burgund vor. Man einigte sich schnell«, heißt es bei Voltaire.

Viktor Amadeus von Savoyen war Generalissimus der kaiserlichen Armeen; als ihm der Kaiser die Neutralität Italiens abschlug, wechselten die savoyardischen Truppen ins andere Lager über, und der Herzog wurde Generalissimus der französischen Armeen! Jahrhundert auf Jahrhundert zeigten sich die Italiener als Meister dieser Art von Quadrille.

Die Entlastung der Armee, die im Süden gekämpft hatte und nun nach Norden verlegt wurde, gab Frankreich freie Hand zum Verhandeln. Die Koalition war erschöpft, demoralisiert, zerstritten: Ludwig konnte jetzt mit dem gestrandeten Spanien oder mit dem bestürzten Kaiser zu verhandeln beginnen. Doch er wollte einen echten Frieden und keinen Waffenstillstand, und echter Friede hing von dem einzigen Kriegführenden ab, der sich als Sieger fühlen konnte, weil er nicht schwer gelitten hatte, dem König von England.

Der Sonnenkönig als Bittsteller beim Oberhaupt der Ketzer, dem Symbol der Usurpation, bei dem kleinen Fürsten, dem er einst verächtlich eine seiner unehelichen Töchter angeboten hatte? Wenn er diesen Schritt unternahm – war er dann noch der Sonnenkönig? Nichts zwang ihn zu solcher Demütigung; an den unverletzten Grenzen hielten vier starke Armeen Wache, die Flotte war machtvoll geblieben, sein Volk völlig unterworfen. Ludwig XIV. verdient Bewunderung, weil er nichts von dem inneren Kampf ahnen ließ, den er seinem Stolz liefern mußte, und Bewunderung auch, daß sich dieser gewaltige Stolz der Statsräson beugte.

Ende 1696 schickte der König Geheimagenten nach Holland, die Wilhelms Absichten erkunden sollten. Er selbst war bereit, alle seit Nimwegen eroberten Gebiete bis auf Straßburg wieder herauszugeben. Früher einmal hatte er geschrieben: »Der Ruf eines Eroberers wird als der edelste und vornehmste Titel angesehen.« Er stammte eben aus einer Zeit, die ganz von Corneille durchdrungen war und im Ruhm ein höchstes Gut sah. Jetzt gab er den Forderungen einer neuen Zeit nach und verleugnete in gewisser Weise das Idol seiner Jugend. Der Himmel schien es ihm gutzuschreiben. »Hoch die Friedensprinzessin!« rief das Volk, wo immer die kleine Marie Adelaide von Savoyen vorbeifuhr, die elf Jahre alt war und den Herzog von Burgund heiraten sollte.

So brachte der Frieden dem gealterten König das entzückendste und völlig unerwartete Geschenk in diesem kleinen Mädchen, das schon die Anmut ihrer Großmutter Henriette Stuart besaß (ihre Mutter Anne

Marie von Orléans war eine Tochter aus der ersten Ehe von Monsieur). Marie Adelaide, Ludwigs XIV. Großnichte, sollte nun auch seine Enkelin werden. Als er sie in Montargis in Empfang nahm, war er entzückt. Er schrieb an Madame de Maintenon: »Sie hat die reizendste Anmut und die entzückendste Figur, die ich jemals gesehen habe; zum Malen hübsch frisiert und gekleidet; lebhafte, sehr schöne Augen; die Lider dunkel und schön; die denkbar schönsten schwarzen Haare in reicher Fülle. Sie ist mager, wie es zu ihrem Alter gehört; der Mund groß mit vollen Lippen, die Zähne weiß, lang und sehr unregelmäßig ... In ihrem Gesicht ist etwas von einer Italienerin, doch daß sie gefällt, lese ich in allen Augen ... Ich finde sie nach Wunsch geraten und wäre ärgerlich, wenn sie schöner wäre ... Wir hatten ein öffentliches Gespräch, bei dem sie nichts sagte, und das sagt alles ... Ich bin ganz und gar zufrieden ... Sie hat nichts falsch gemacht, und *sie hat sich betragen, wie Sie es getan haben könnten.*«

Allerhöchstes Kompliment! Der König pflegte nicht so begeistert zu sein, und es hätte Madame de Maintenon verdrießen können, wenn die gut abgerichtete Kleine sie nicht selbst mit ihrem ersten Satz eroberte: »Maman hat mir aufgetragen, Ihnen tausend Grüße von ihr auszurichten und Sie um Ihre Freundschaft für mich zu bitten. Lehren Sie mich bitte alles, was man tun muß, um dem König zu gefallen.«

Sie redete die Marquise mit »ma tante« an, womit sie im Grunde ja auch recht hatte. Der verwunderte Hof war aber sprachlos, als die Prinzessin vom König als »mon papa« sprach und ihren künftigen Schwiegervater, den Dauphin, duzte. Marie Adelaide spielte eben das muntere Kind, und alle Welt war entzückt – bis auf Liselotte. Die scharfsichtige Pfälzerin schrieb: »Das kind jammert mich ... Man läßt ihr alles zu; in voller tafel fängt sie an zu singen, tanzt auf ihrem stuhl, tut als wenn sie grüßt, macht abscheuliche grimassen, zerreißt in den schüsseln die hühner und feldhühner mit der faust, steckt die finger in die saucen, summa, ungezogener kann man nicht sein.«

Der König, der niemanden sonst solche Einfälle gestattet hätte, sagte nur lächelnd: »Wie anmutig sie doch ist! und wie hübsch!« Die fromme Pädagogin lächelte auch. Die beiden hatten die Zärtlichkeit entdeckt.

Das Ideal anderer

Ermüdet von Bossuets Moralpredigten, verließ Madame Guyon heimlich Meaux und versteckte sich in Paris. Zornig ließ Ludwig nach ihr suchen. Man sperrte sie zunächst in Vincennes, dann in der Bastille ein. Darüber bereits außer sich, fuhr Fénelon auf, als er ein Manuskript von Bossuet erhielt, zu dem er sich bekennen sollte, eine *Pastoralanwei-*

sung über die Art des Gebets. Keineswegs gewillt, den Text anzuerkennen, der Angriffe auf den Quietismus enthielt, antwortete Fénelon mit einem Traktat *Erklärung der Maximen der Heiligen über das innere Leben* und machte es so geschickt, daß sein Buch mit Unterstützung durch den Herzog von Chevreuse noch vor dem Bossuets erscheinen konnte. Der »Adler von Meaux« rächte sich, indem er den König um Verzeihung bat: Er habe ihm ein schreckliches Geheimnis verhehlt, »das Ketzertum des Monsieur de Cambrai«.

Das bedeutete Krieg. »Ein Generationenstreit ... vom Temperament her die Auseinandersetzung zwischen dem hochmütigen, mißtrauischen, aber auch einfachen und lebhaften Südfranzosen[1] und dem Sohn eines bürgerlichen Burgunders[2], dessen Blick auf die Wirklichkeit gerichtet war, der nicht viel von Träumereien hielt und vielleicht auch eher gründlich als geschickt war ... Im Grunde ging es um Lehrmeinungen, die diese beiden außergewöhnlichen Männer zu Gegner machten, denn der eine wie der andere glaubte das Recht Gottes und des Geistes zu verteidigen«, schreibt Daniel-Rops. Doch auch politische Fragen kamen ins Spiel, denn der eine war immer noch Wortführer des Absolutismus, den der andere haßte. »In der Arena der Ideen entwikkelte sich über zwei Jahre hinweg ein großartiges Turnier ... Doch auf dem Feld der Tatsachen ging es ziemlich schmutzig zu. Intrigen im Palast, Intrigen bei der Polizei, Entwendung von Briefen, öffentliche Beleidungen und Verleumdungen, geheime Anschuldigungen – nichts fehlte«, fährt Daniel-Rops fort.

Ludwig waren die theologischen Streitigkeiten, die er nicht durchschaute und für unschicklich hielt, zuwider. Als ihn dann noch Fénelon herausforderte, indem er den Fall Rom unterbreitete, war das Maß voll. Er wollte mit dem Papst auf gutem Fuß stehen, aber nicht zulassen, daß er sich in französische Angelegenheiten einmischte, schon gar nicht, daß er als Schiedsrichter zwischen dem Erzieher seines Sohnes und dem Erzieher seines Enkels auftrat.

Madame de La Maisonfort war das erste Opfer des königlichen Zorns. Sie verschwand eines Morgens aus Saint-Cyr und wurde in einem Konvent begraben. Zwei Monate später erhielt Fénelon den Befehl, sich in seine Diözese zu begeben, »und zwar für immer«. Der König hatte in diesem »verstiegenen Geist« seinen Feind erkannt. Madame de Maintenon bekam es zu spüren: »Das also, Madame, sind die Bischöfe Ihrer Wahl? Ein Mann, der imstande ist, am Hofe eine große Partei zu bilden!«

Ohnehin schon geängstigt, war Françoise bis ins Herz getroffen.

[1] Der adelige Fénelon stammte aus dem Périgord.
[2] Bossuet kam aus Dijon. (Anm. d. Übers.)

Sie schluchzte ganze Nächte hindurch und bekam Fieber, ohne daß Ludwig geruhte, sich deswegen Gedanken zu machen. »Niemals«, so hat sie später zugegeben, »war ich der Ungnade so nahe.«[1]

Inzwischen wurde es Godet des Marais, dem Bischof von Chartres, angst vor dem eigenen Erfolg. Was würde denn geschehen, wenn der König sich von seiner frommen Egeria trennte und sich wieder den Versuchungen aussetzte? Godet des Marais wagte es, dem König mahnend zu schreiben: »Setzen Sie Ihr Vertrauen in diese wunderbare Gefährtin, die erfüllt ist vom Geist Gottes, von Zuneigung und Treue zu Ihrer Person. Ich kenne das Innerste ihres Herzens und bürge Ihnen dafür, daß man Sie nicht zärtlicher und achtungsvoller lieben kann, als sie es tut. Sie wird Sie niemals täuschen, *falls sie nicht selbst getäuscht worden ist.*« Die letzte Bemerkung war auf Fénelon gemünzt.

Ludwig ließ sich rühren. Eines Tages sagte er lächelnd zu der abgemagerten und niedergeschlagenen Françoise: »Aber Madame, sollten wir Sie denn an dieser Affäre sterben sehen?« Jedes Wort dieses Gottes hatte magische Kraft, Madame de Maintenon gesundete, und das alte Paar war endgültig versöhnt.

Die »Affäre« war keineswegs beendet, nur spielte sie sich jetzt in Rom ab, wo Fénelon nicht selbst seine Verteidigung vorbringen konnte. Allerdings waren ihm die pontifikalen Autoritäten nicht minder gewogen als die Jesuiten. Der Pater de La Chaise, Ludwigs Beichtiger, scheute sich nicht, nach Rom zu schreiben, der König wünsche ein Ende des Streits, und der Papst ernannte daraufhin eine Kommission, die diese »unglückselige und beklagenswerte Streitsache« begraben sollte.

Doch das war nicht in Ludwigs Sinn. Er wusch seinem Beichtvater den Kopf und benachrichtigte Rom, daß er die Verurteilung des Erzbischofs wünsche. Für ihn mußte die Lösung eines religiösen Problems eine politische Lösung sein.

Erst am 31. Mai 1699 wurde er zufriedengestellt. »Die Lehre von Monsieur de Cambrai ist verdammt worden«, verkündete der König seinem Enkel.

»Das, was er mich gelehrt hat, wird es niemals werden«, antwortete stürmisch der Herzog von Burgund.

[1] Mit diesem Ausspruch möchte Louis Hastier seine These untermauern, wonach die heimliche Eheschließung 1697 stattgefunden habe. Er siedelte sie aber Ende April/Anfang Mai an, also ausgerechnet in den Tagen, als die Krise ihren Höhepunkt erreichte: Der Appell an Rom fand Ende April statt, die Entfernung der Frau von Maisonfort am 10. Mai. Hätte der König bis dahin noch mit der Heirat gezögert, dann hätte er sich nicht gerade zu diesem Zeitpunkt dafür entschieden, mag auch, wie es das Gerücht will, eine provenzalische Seherin beauftragt gewesen sein, ihn zu ermahnen.

Seit vierzig Jahren hatte kein Prinz so kühn gesprochen.

Fénelon trug seine Unterwerfung, seine Demütigung großartig zur Schau und zahlte sie dem Autokraten mit seinem *Telemach* heim, einem Traktat über die Moral des Handelns, von der sich später Ludwig XVI. leider sehr beeinflussen ließ. Es war der Brandpfeil, der die ersten Flammen des großen, das Ancien régime verschlingenden Brandes entzündete.

Colbert de Croissy starb 1696, und Ludwig bestimmte seine Nachfolge auf eine Art, die kaum verständlich wäre, wenn man nicht die Erblichkeit der Ämter und die Bedeutung der Sippe in Betracht zieht. »Der König, der sich an Monsieur de Pomponne gewöhnt hatte ... plante eine Eheschließung zwischen dessen Tochter und Torcy (dem Sohn von Colbert de Croissy), um die beiden Familien zusammenzuführen und um dem jungen Anwärter auf das Außenministerium einen guten Lehrmeister zu geben ... Er teilte Pomponne und Torcy seine Wünsche so nachdrücklich mit, daß damit bereits alle Einwände aus dem Weg geräumt waren, und sorgte dafür, daß die Hochzeit ohne Aufschub gefeiert wurde; daß Torcy ferner das Amt seines Vaters erhielt; daß er aber nicht gleich Minister wurde, sondern unter der Aufsicht und Anleitung Pomponnes alle Depeschen zu bearbeiten hatte ... Die Hochzeit fand schon am 13. August (Croissy war am 28. Juli gestorben) im Hause Pomponne statt, und alle lebten miteinander in großer, ehrbarer Einigkeit«, erzählt Saint-Simon.

Vor Napoleon hat niemand als Ludwig seine Untertanen so autoritär und so unbefangen verheiratet.

So kam die französische Diplomatie zu einer doppelt besetzten Führung, während sich die Unterhändler im holländischen Schloß Rijswyk mühsam den Weg zum Frieden bahnten, der durch unglaubliche Verfahrens- und schwierige Protokollfragen erschwert wurde. Indessen eroberten die Franzosen Barcelona und ließen Cartagena, Spaniens wichtigsten Stapelplatz, in Flammen aufgehen. Das englische Parlament wollte sich unbedingt diesen kostspieligen Krieg vom Halse schaffen, und endlich entschloß sich auch Wilhelm dazu. Er beauftragte seinen Günstling Bentinck, Grafen von Portland, den Marschall de Boufflers davon zu informieren, weil er wußte, daß er auf diesem Wege Ludwig am sichersten erreichte.

Der König beeilte sich ungewöhnlich mit der Antwort. Er schrieb an Boufflers: »Der Prinz von Oranien darf überzeugt sein, daß ich ihn an der Spitze einer so mächtigen Liga, wie er sie gegen mich zustande gebracht hat, nicht stehen sehe, ohne für ihn die Achtung zu empfinden, die naheliegt, wenn man sieht, welche Ehrerbietung Europas wichtigste Mächte seiner Meinung zollen, und daß seine Ausdauer in den meinen Interessen zuwiderlaufenden Bündnissen mir Grund zu der Überzeugung gibt, daß jene Bündnisse, denen beizutreten Europas Wohl mich nötigt, ebenso dauerhaft sein werden.«[1]

Dauerhaft: Während England den Olivenzweig schwenkte, vollzog sich etwas Seltsames in Versailles. Der besiegte und verbannte Fénelon schien die Politik zu beeinflussen. Kann man sich vorstellen, daß Ludwig, wenn er den berühmten *Brief*[2] kannte, sich nach ihm richtete, den Verfasser dieser sprachlichen Ausschweifung jedoch bestrafte? Das ist sicherlich eine unbeweisbare Annahme. Doch alles vollzog sich jetzt so, als ob der Mann, der auf dem Denkmal der Place des Victoires die Nationen zertrat, plötzlich die Lehre aus *Telemach* gezogen habe.

Frankreich gab dem Herzog von Lothringen sein Land zurück, und er heiratete die jüngere Tochter von Monsieur und Liselotte; es gab Spanien das jenseits der Pyrenäen besetzte Gebiet – Barcelona – wieder und die seit dem Frieden von Nimwegen eroberten Städte in den Niederlanden; der Kaiser erhielt wieder Freiburg, Breisach, Kehl und Philippsburg, Wilhelm sein Fürstentum Orange; die am Rhein errichteten Festungen wurden geschleift.

»Den Besitz eines anderen«, hatte Fénelon geschrieben, *»brauchen wir niemals.«*

Diese gewaltigen Zugeständnisse blieben jedoch unwirksam, solange nicht die Thronfolge in England geklärt war. Ludwig entschloß sich zum schwersten Opfer: *»An Ihnen liegt es, Ihre Sicherheit durch gute Bündnisse, durch Mäßigung zu erreichen«* – auch das hatte der Schwan von Cambrai geschrieben.

Der Stellvertreter Gottes war also einverstanden, daß einer seinesgleichen den Thron verlor und ein anderer ihn einnahm, den das Volk gewählt hatte. Das göttliche Recht wich dem Recht des Volkes.

Nun war es nicht so, daß er Jakob II. einfach fallenließ, doch er verpflichtete sich, »Englands Feinden, ohne Ausnahme« keine Hilfe zu gewähren, und sei es der kleine Prinz von Wales. Gern hätte er die Rückkehr der jakobitischen Emigranten nach England gesehen, aber so weit wollte Wilhelm die Befriedung nicht treiben. Dafür war er damit einverstanden, die Entfernung seines Schwiegervaters aus Saint-Germain nicht mehr zu verlangen, und er gestand Maria von Modena, Jakobs zweiter Frau, sogar eine Pension von 50 000 Pfund Sterling zu. Die französischen Protestanten hatten ihm umsonst gedient und ihn gerettet: Kein Wort fiel zu ihren Gunsten. »So erwiesen alle Angehörigen der höchsten Gesellschaft Europas einander Reverenz und grüßten sich freundschaftlich, während die geplagten Völker endlich Ruhe fanden«, meint Winston Churchill.

[1] P. Grimblot: *Lettres de Guillaume III et de Louis XIV.*
[2] Lettre à l'Académie, 1716 posthum veröffentlicht.

Die Geschichtsschreibung, die ja gern schematisiert, billigt der allgemeinen Übereinkunft von Rijswyk oft nur den Rang eines Waffenstillstandes zu. Doch das heißt aus falscher Sicht zu urteilen: In diesem Oktober 1697 glaubte Europa an den Frieden, den es sich sehnsüchtig wünschte, und Europas Herrscher hatten den festen Willen, die untergründig vorhandenen Gegensätze durch neue Verhandlungen auszumerzen. Sein ungewöhnlicher Sieg über sich selbst hatte den Großen König bewogen, sich über seinen Stolz, seinen Ehrgeiz und seine Grundsätze hinwegzusetzen, um sich dem Ideal anderer anzugleichen. Er durfte mit Recht auf Zustimmung und Dankbarkeit von allen warten, zum Beispiel von Madame de Maintenon, die den Krieg so verwünscht hatte, oder von Vauban, den das Elend des Volkes so rührte, von der »Partei der Heiligen« (wie Fénelons Schüler jetzt genannt wurden), von der jungen Generation, die vom Absolutismus der Eroberungen gründlich genug hatte.

Doch mit der Widersprüchlichkeit, die in ihrem Wesen liegt, waren die Franzosen entrüstet, daß man sie beim Wort genommen hatte, und es zeigte sich, daß sie sich empört an einen Ruhm klammerten, dessen Preis sie nur seufzend bezahlten. Die Unterzeichner des Vertrages wagten sich weder bei Hof noch in der Stadt blicken zu lassen, man überhäufte sie mit Vorwürfen und Hohn. »Endlich, Madame, haben wir Frieden«, schrieb eine gut unterrichtete Person an Madame Dunoyer. »Da man aber behauptet, er sei für Frankreich nicht günstig, hat man ihn nicht mit Freuden begrüßt. Er ist Gegenstand vieler Satiren gegen die Allesvermögenden und sogar gegen den Hof. *Das macht dem König Kummer, der auf Freudenausbrüche gehofft hatte.*«
Paris sang:

Drei tüchtige Minister – denkt! –
haben an einem Tag
zweiunddreißig Städte verschenkt,
dazu auch Luxemburg.
Kaum retteten sie noch Paris.
Charivari!

Seltsame Liebschaften

Am 7. Dezember 1697 und während der darauffolgenden Wochen gab die Hochzeit des Herzogs von Burgund Anlaß zu großen Freudenfesten. Der König hatte verfügt, die Feierlichkeiten sollten auf zwei Bälle, eine Opernaufführung und ein Feuerwerk »beschränkt« werden, »gab aber zu erkennen, daß es ihm angenehm wäre, wenn viele aufgeputzte Herren und Damen teilnehmen würden«. Das genügte, um einen tollen Wettstreit zu entfesseln. Einige Familien setzten ihr ganzes Vermögen aufs Spiel, andere stürzten sich in Schulden, um in möglichst prächtigen Kostümen auftreten zu können. Saint-Simon und seine junge Frau gaben nicht weniger als zwanzigtausend Livres aus (ungefähr dreihunderttausend heutige Francs).

Nach der Trauung wurde die Herzogin von Burgund – sie war zwölf Jahre alt – feierlich ins Bett gebracht, und ihr Gemahl – er war fünfzehn Jahre alt – legte sich in Gegenwart der königlichen Familie und der Hofdamen zu ihr. »Der König ließ den Gesandten von Savoyen eintreten und sagte zu ihm, er könne vermelden, daß er die Jungvermählten zusammen im Bett habe liegen sehen. Darauf verließen der König und die britischen Majestäten das Schlafgemach, doch Monseigneur blieb zurück. Unmittelbar danach erhob sich der Herzog von Burgund, ging ins Ankleidezimmer, zog sich dort wieder an und begab sich in sein Schlafgemach.« Während des Tages hatte sich ein Zwischenfall ereignet: Der Dauphin hatte seinem Sohn erlaubt, Marie Adlaide zu küssen, aber der König hatte es unpassend gefunden.

Am nächsten Tag versammelte sich der Hof um die junge Prinzessin. »Der König hatte erlebt, mit welcher Ehrerbietung der Hof seiner Mutter, der Königin, begegnet war, aber auch, was man über das Ende der Dauphine Maria Anna Christine getuschelt hatte. Er wollte wieder Ordnung schaffen und tat es auf großartige Weise« (Saint-Simon). Es fand ein Essen und ein Konzert statt. Der buntfarbene Samt, die mit Gold und Silber durchwirkten Stoffe, die Gewänder der Kardinäle, die blauen Ordensbänder, das Geriesel der Spitzen, der Glanz kostbarer Steine, die an Männern und Frauen funkelten, die zahllosen Kerzen, deren Schein in den Spiegelwänden und in den goldenen Verzierungen den Holztäfelungen tanzten, schufen ein Bild, wie es sich unsere nüchterne Zeit nicht vorzustellen vermag.

Der erste Ball wurde durch die vielen Menschen zu einem großen Durcheinander, der zweite jedoch »war wundervoll und ganz und gar in Kostümen, wie sie noch nie jemand gesehen hatte«. Madame de Maintenon erschien nur für eine kurze halbe Stunde.

Der junge Ehemann ertrug jedoch die Enthaltsamkeit nur schwer. Mit Hilfe einer Kammerfrau »konnte er sich heimlich im Zimmer seiner Frau verbergen und sich in ihr Bett legen, als er meinte, Madame Delude [eine Hofdame] sei eingeschlafen, aber diese Dame, die im selben Zimmer schlief, war sehr ungehalten, als sie aufwachte; sie nötigte den Prinzen, sich in sein Zimmer zurückzuziehen. Früh am nächsten Morgen beklagte sie sich darüber beim König, und dieser sagte sehr streng zum Herzog von Burgund: ›Ich habe gehört, Monsieur, daß sich Dinge ereignet haben, die Ihrer Gesundheit schaden könnten, und ich wäre dankbar, wenn das nicht wieder vorkäme.‹

Eiligst antwortete der Prinz: ›Majestät, ich fühle mich ganz gesund.‹ Es wurde nicht mehr darüber gesprochen.«

Eine weitere Heirat versetzte den Hof in Aufregung; es handelte sich um Mademoiselle d'Aubigné, die Nichte von Madame de Maintenon. Zwar war ihr ehelicher Streit aus theologischen Auseinandersetzungen entstanden, doch jetzt, wo der Sturm vorüber war, schien der König mehr denn je in seine dreiundsechzigjährige Frau verliebt und gab sich Mühe, die schlimmen Zeiten, in denen sie gezittert hatte, aus ihrem Gedächtnis zu tilgen.

Das Appartement von Madame de Maintenon wurde vergrößert, und die Pfälzerin war wie versteinert, als sie sie eines Tages wie die Königin in einem »Armsessel« sitzen sah. »Man tat mir die gnade und brachte mir auch ein tabouret, ich versicherte aber, daß ich nicht müde war. Ich biß mich auf die zunge, hätte schier gelacht. Diese zeit ist différente von der, da der König mich bitten kam, daß madame Scarron mit mir nur einmal essen möchte, nur um monsieur du Maine, so ein kind war, sein essen zu schneiden.«

Françoise hatte sich von Fénelon losgesagt und sich aus dem Kreis der Colberts zurückgezogen. Sie versuchte sogar, den Herzog von Beauvillier zu vernichten. Sie baute auf den Erzbischof von Paris, der ihr helfen sollte, die kirchlichen Angelegenheiten zu lenken, und sie beschloß, ihre Nichte mit dem Grafen von Ayen, dem Erben des Herzogs von Noailles, zu verbinden. Zuvor wollte sie Charles d'Aubigné ausschalten, der ihr »fürchterliche Szenen« machte, weil er nicht Marschall von Frankreich wurde, gern über die früheren Abenteuer seiner Schwester sprach und Seine Majestät als seinen »Schwager« bezeichnete.

Die Frömmlerin konnte, wenn sie sich etwas vorgenommen hatte, hart sein. Das Ehepaar d'Aubigné wurde roh voneinander getrennt, der Mann gezwungen, sich in ein Altersheim »für Edelleute oder sogenannte« zurückzuziehen, die Frau wurde in eine religiöse Gemeinschaft eingewiesen.

Nachdem dies geschehen war, fanden die glanzvollen Hochzeitsfeierlichkeiten statt. Der König gewährte eine Mitgift, die der einer Prinzessin gleichkam. »Madame de Maintenon legte sich in ihr Bett ... und die Türen wurden geöffnet, damit der Hof seine Glückwünsche darbringen konnte. Die Herzogin von Burgund verbrachte den ganzen Tag bei ihr, ließ Mademoiselle d'Aubigné nicht von ihrer Seite und machte die Honneurs wie irgendeine Frau bei einer anderen ... Man eilte von Paris herbei, und auch Monsieur, der dort gewesen war, erschien.«

Man hätte meinen können, dies sei der Höhepunkt der »alten Zott« (die übliche Artigkeit von Madame) gewesen: Im Monat September kam es noch besser. Der König hatte beschlossen, große Manöver abzuhalten, mit denen er beweisen wollte, daß seine militärische Stärke intakt geblieben war. Sechzigtausend in Compiègne zusammengezogene Männer bildeten ein »Feldlager«, von dem Saint-Simon eine eindrucksvolle Beschreibung hinterlassen hat.

»Sämtliche Truppen waren so prächtig anzusehen, daß man nicht wußte, welchem Corps man den Preis zubilligen sollte; ihre Befehlshaber fügten der stattlichen und kriegerischen Schönheit von Männern, Waffen und Pferden noch höfische Pracht und Herrlichkeit hinzu, die Offiziere gaben das Letzte hin für Uniformen, die jedes Fest hätten zieren können ... Marschall de Boufflers [der die Manöver leitete] erregte Bewunderung durch die Großzügigkeit seiner Ausgaben und den erstaunlichen Überfluß wie durch die Erlesenheit seines Geschmacks, die Pracht und feine Lebensart, die ... selbst den König hätte lehren können, was es heißt, ein wahrhaft prunkvolles Fest zu veranstalten, und auch Monsieur le Prince, der an Kunst und Geschmack jedermann übertraf, konnte sehen, was Eleganz, Modernität und Kostbarkeit bedeuten.«

Die Damen kamen in Scharen herbei, doch die Gesandten, die wußten, daß man ihnen imponieren wollte, nahmen Fragen der Etikette zum Vorwand, um fortzubleiben, sehr zum Verdruß Seiner Majestät.

In provisorischen, aber mit Pomp hergerichteten Häusern, in Zelten, die aus den Märchen von Tausendundeiner Nacht hätten stammen können, vollzog sich eine großartige Schaustellung, während die Truppen die Belagerung von Compiègne vornahmen. Trotz aller Klage liebten die Franzosen Pracht und Kriegsspiele. Auch hierbei ruinierten sich viele Grandseigneurs, um Eindruck zu machen, und die Manöver wurden so eifrig und ernsthaft durchgeführt, daß es Tote und Verwundete gab.

Madame de Maintenon schlug einen jammernden und übertrieben frömmelnden Ton an, als sie an den Erzbischof von Paris schrieb: »Mir scheint, ein Wohltätigkeitsfest stünde mir besser an, als mit einer zwölfjährigen Prinzessin ins Feldlager zu ziehen, aber man will stets alles für sich, und ich sehe mit Schmerzen, daß der Sinn für das Gute sich nicht einstellt, weder für das Gute, das man tun könnte, noch für das, welches man die anderen tun lassen sollte.«

Zwar hatte Ludwig XIV. keinen Sinn für das Gute, doch hatte er noch immer Sinn für seine Gefährtin und ließ es rückhaltlos erkennen. Am 13. September, als der Angriff auf Compiègne befohlen wurde, war Saint-Simon Zeuge einer Szene, »die ich«, so sagt er, »in vierzig Jahren genauso beschreiben könnte wie heute, so stark beeindruckte sie mich«. Was den strengen Zensor aufs höchste entsetzte, erscheint drei Jahrhunderte später eher als vergnüglich und rührend und vor allem als bezeichnend:

»Madame de Maintenon konnte die Ebene und die Truppen übersehen; sie saß in ihrer Sänfte, etwas zurück stand der König ... er war fast ständig barhäuptig und beugte sich immerzu ins Fenster hinein, um mit Madame de Maintenon zu sprechen, ihr alles zu erklären, was sie wahrnahm und warum dies und jenes geschehe. Jedesmal war sie so gnädig, die Scheibe vier oder fünf Fingerbreit zu senken, nie zur Hälfte ... Der König legte öfters seinen Hut oben auf die Sänfte, um hineinsprechen zu können; dieses ständige Beugen muß ihm Rückenschmerzen verursacht haben.«

Seinerzeit, als sie noch Madame Scarron war und den jungen, seit kurzem verheirateten und noch in Marie Mancini verliebten Ludwig XIV. bewunderte, hätten sie beide wohl gelacht bei dem unvorstellbaren Gedanken, daß sie eines Tages auf der Weltbühne Philemon und Baucis darstellen würden. Übrigens war die Matrone über dieses Wunder keineswegs glücklich. Sie, die im Alter nüchtern und kühl geworden war, mußte die fleischliche Leidenschaftlichkeit ihres alternden Gefährten ertragen.

Der König erklärte zu jener Zeit, »daß er es nicht dulden würde, wenn irgend gemand bei seinen Mitmenschen Anstoß errege«. Eine Frau namens Thaumur, die »einen Schweizer über den Verlust seiner Gattin hinweggetröstet hatte«, wurde bei den Büßerinnen eingesperrt. Die Bischöfe erhielten den Auftrag, Paare ausfindig zu machen, die in Sünde lebten. Solche Leute wurden wie Ketzer verfolgt.

Der König indes unterzeichnete den Heiratsvertrag des letzten »Lieblings« seines Bruders, eines aus dem Poitou stammenden jungen Mannes namens La Carte, den er zum Marquis de La Ferté machte. Ludwigs Tochter Louise Françoise, Madame La Duchesse, verheimlichte nicht, daß sie zärtliche Gefühle Madame de Caylus gegenüber hege, der Nichte Madame de Maintenons. Das hinderte das heißblütige Frauenzimmer nicht, außerdem die Mätresse ihres Schwagers Conti zu werden, der seinerseits »italienische Neigungen« hatte. Der Herzog Louis-Joseph von Vendôme (1654–1712[1]) hingegen – seine Ausschweifungen waren beispiellos – nahm feierlich Abschied vom Hof, um seine venerischen Krankheiten auszukurieren. »Der König sagte zu ihm, er wünsche, daß er Erfolg habe, damit man ihn bei seiner Rückkehr ohne Gefahr umarmen könne.«

Ein Bischof wurde verbrannt, weil er mit einer als Mann verkleideten Frau zusammengelebt hatte. Solche Beispiele aus dem Leben der Oberschicht könnten noch in Fülle aufgeführt werden. Bei den anderen Bevölkerungsschichten galten die Strenge der Lebensführung und der

[1] Urenkel Heinrichs IV. und der Gabrielle d'Estrées aus der Ehe der Laura Mancini (1651) mit dem Herzog von Mercœur. (Anm. d. Übers.)

Anstand des Königs als Vorbild. So wenig Sympathie das seltsame Paar von Versailles genoß – es bewahrte die Sitten vor dem völligen Verfall.

Im Jahr 1698 waren Hof und Staat ungewöhnlich munter und lebendig, und das gesellschaftliche Leben ungewöhnlich glanzvoll, weil viele Ausländer zusammen mit den neuen Gesandten eingetroffen waren. Wilhelm III. hatte »seinen ihm liebsten Günstling« – wie Saint-Simon sagt – nach Paris geschickt, Bentinck-Portland, »der schön und wohlgestaltet gewesen war und noch Spuren davon zeigte«. Portlands Auftreten war brillant, er verstand es, die Franzosen zu bezaubern, hätte jedoch beinahe alles verloren; denn in seiner Abwesenheit wurde Wilhelm III. von Keppel umgarnt, dem späteren Grafen Albemarle, »jung, kühn und wohlgestaltet«. Es kam zwischen den beiden Freunden zu fürchterlichen Auseinandersetzungen, die mit einer halben Versöhnung ihr Ende fanden.

Zur gleichen Zeit kam es in der Umgebung der englischen Thronerbin zu einer Begebenheit, die dem Anschein nach unwichtig war. Sarah Marlborough hatte der Prinzessin Anna eine Kammerzofe verschafft, ihre Kusine Abigail Hill. In ihren Memoiren stellt sie es so dar, als handle es sich dieser armen Verwandten gegenüber um einen Akt der Nächstenliebe. In Wirklichkeit aber hatte es die stolze Favoritin des Spottes der Leute wegen getan, die schon immer gehöhnt hatten, sie habe ein Quasi-Dienstmädchen in ihrer Verwandtschaft.

Abigail war ein grämliches, schwermütiges, verschlossenes und wortkarges Wesen. Anna fand Trost bei ihr, wenn ihre Tyrannin sie zu grausam behandelt hatte. Damals schrieb sie täglich bis zu fünf Briefe an ihre »Mrs. Freemann«, die ihr weder ihre Ungeduld noch ihre Geringschätzung verhehlte. Ein absurder Vorfall um ein Paar Handschuhe, bei dem verletzende Worte fielen, die von der Prinzessin mitgehört wurden, warf den ersten Schatten auf ihre Verehrung für Sarah und brachte sie Abigail näher.

So begann die Glückssträhne dieser Frau, von der Churchill schrieb, sie habe Frankreich ebenso gewiß, wenn auch nicht ebenso ruhmvoll, gerettet wie die heilige Johanna.

Die Arche Versailles

Der Friede ermöglichte einen klaren Überblick über die großen Veränderungen, die sich in den letzten zwanzig Jahren vollzogen hatten. Am Hof machte sich eine doppelte Opposition bemerkbar, die der »Heiligen« unter der Leitung des Orakels von Cambrai und die der ziemlich atheistischen Freigeister, die der Große Conti anführte. Einen

Augenblick lang hoffte der König, er könne den verhaßten Vetter dadurch abschieben, daß er ihn zum König von Polen wählen ließ. Doch der Plan scheiterte, und Conti fuhr fort, für Entzücken und Skandal am Hof zu sorgen.

Der Herzog von Chartres – Liselottes Sohn – wetteiferte mit ihm an Ausschweifungen, Unglauben, an »schlechter Gesinnung«. Opfer der Lobhudeleien, die ihm sein Heldentum eingebracht hatte, sah sich der Vierundzwanzigjährige, der viel begabter als alle anderen Familienmitglieder war, schon zu derselben Untätigkeit verdammt, die man seinem Vater auferlegt hatte. Er rächte sich, indem er seine Frau möglichst auffällig betrog, über heilige Dinge spottete und England bewunderte, das sein Lehrer, der Abbé Dubois, gerade entdeckt hatte.

Zu den stillen Vorwürfen der Fénelon-Anhänger, zu den frechen Epigrammen der ungern geduldeten Prinzen kamen die Ermahnungen zugunsten der armen Schichten. Ein normannischer Richter, Pesant de Boisguillebert, verlangte, daß Colberts bedrückende Regelungen abgeschafft würden, und meinte, es seien dreihundert Leute (1936 sprach man von zweihundert Familien – die Dinge ändern sich wenig), die sich am Ruin von fünfzehn Millionen anderer bereichert hätten; er wagte zu behaupten, daß die Steuer alle Franzosen erfassen müsse.

Sollte auch Racine von dieser Welle ergriffen worden sein und Madame de Maintenon »eine so gründlich argumentierende wie gut geschriebene Denkschrift« überreicht haben? Nur sein Sohn berichtet von dieser Episode, die ziemlich unwahrscheinlich ist. Racine scheint kein Verlangen gehabt zu haben, das Mißfallen seines Herrn zu wecken, ein eisiges Mißfallen, das man nicht überlebte. Außerdem: Ludwig brauchte keinen Dichter, um den Verfall des Systems, das er selbst verkörperte, festzustellen. Die beiden Ersten Stände des Königreichs waren entartet. Der Jesuit Bourdaloue schrieb: »Wie viele selbstsüchtige Priester sehen wir, wie viele eitle und überhebliche Priester, faule und wollüstige Priester, allzu elegante Priester?«

Da kirchliche Ämter als Einnahmequellen angesehen wurden, »lebten vom Altar diejenigen, die nie am Altar Dienst getan hatten«, wie Pater La Roche sagte. Der Bischof von Troyes hieß allgemein »der Liebling der Damen«. Der von Clermont überließ sich »Erniedrigungen, die ihn verächtlich machten«; alle Bälle fanden bei ihm statt, und sein Haus, »das ein Haus des Gebets und der Buße hätte sein sollen, war ein Haus des Genusses und der Feste«, stellte Fléchier, der Bischof von Nîmes, fest. Ein Abt seiner Diözese ließ sich, »wenn er das Sakrament zu einem weiter entfernten Bauernhof bringen sollte, von einem Bedienten mit einer Flinte begleiten, und wenn er irgendein Wild entdeckte, ließ er das Sakrament im Stich«. Viele Konvente beachteten ihre Regeln nur noch unvollkommen und ließen den »Geist des Jahrhunderts« eindringen.

Gewiß, es gab auch hervorragende Prälaten, berühmte Prediger, von ihrer Pflicht durchdrungene Mönche, doch schon lange vor Voltaire – und zwar hervorgerufen durch das Verhalten und die Streitigkeiten der Geistlichen selbst – erwachte der kritische Geist, und der Glaube, der seit Jahrhunderten das Volk trug, zeigte seine ersten Risse. Der Adel hielt sein Banner nicht besser hoch. Bourdaloue erklärte ihm ohne Schonung, daß er dabei sei, »einen Hort des Zorns für den schrecklichen Tag der göttlichen Rache anzusammeln«.

Auf irgendeine Art von Armee oder Hof gebunden, spielten die Aristokraten keine Rolle mehr für das Staatswesen. Sie kannten sich im wirtschaftlichen und politischen Leben nicht mehr aus und wurden allmählich zu Parasiten. Man entrüstete sich jetzt über ihren Dünkel, ihre Unverschämtheit und Gewissenlosigkeit – was alles in früheren Zeiten geduldiger hingenommen worden war. Die Herzöge und die Pairs kämpften wie die kleinen Edelleute mit der ständigen Sorge, die Kosten für ihr standesgemäßes Auftreten aufzubringen. Allen wuchsen die Schulden, die sie möglichst nicht zurückzahlten, über den Kopf, und viele scheuten sich nicht, beim Spiel zu betrügen. »Sie stahl mit unvorstellbarer Kühnheit«, berichtet Saint-Simon von der Prinzessin d'Harcourt. Die Herzogin de La Ferté eröffnete bei sich eine Spielhölle, in der sie ihre Diener und Lieferanten schröpfte. »Ich betrüge sie, aber weil sie mich bestehlen!« erklärte sie. Der Marquis Dangeau, Herausgeber des »Journal«, hatte sich aus dem Spiel einen Beruf gemacht, dem er täglich von drei Uhr bis sechs Uhr gewissenhaft oblag.

In dem Bestreben, ihrem Herrscher zu gefallen und daraus Vorteile zu ziehen, blieben die meisten Adligen ihrem Landbesitz fern, und die wenigen, die sich dort aufhielten, genossen keinen guten Ruf – manche führten sich wie Straßenräuber auf. Die bohrende Notwendigkeit, Geld aufzutreiben, näherte den Adel einer Klasse von Leuten, denen man früher auch nicht einen Blick gegönnt hätte: Leuten niederer Herkunft, die es verstanden hatten, sich aus dem Durcheinander der Finanzen und der Notlage des Staates ein wahres Vermögen zu ergattern, »Blutsauger des Volkes«. Die Töchter dieser Leute erhielten geradezu märchenhafte Mitgiften, und die Edelleute rissen sich darum. Es war schon nicht mehr die Zeit der großen Herren, deren Vorrang und Vorrechte Saint-Simon so heftig verteidigte, es war das erste goldene Zeitalter der Bourgeoisie, der außerdem die große Zahl ihrer Intellektuellen Ansehen verschaffte. Wenn auch La Rochefoucauld, Bussy-Rabutin, Madame de La Fayette und Madame de Sévigné von vornehmster Herkunft waren (die Schriften von Retz und Saint-Simon lernte erst das 18. Jahrhundert kennen), so kamen die Genies, die »das Jahrhundert

Ludwigs XIV.« geschaffen haben, aus dem Bürgertum. Und eben diesem ehrgeizigen und hitzigen Stand entstiegen auch die Männer, die jetzt das Jahrhundert für überlebt erklärten.

Die klassische Ordnung hat in den ersten fünfundzwanzig Jahren von Ludwigs XIV. persönlicher Herrschaft ihren Höhepunkt erreicht. Der Untertan des Sonnenkönigs, nach dem sich die Elite des Westens richtet, schätzt die Disziplin und die Autorität, die er einführt, die unangreifbaren Dogmen – um nicht zu sagen, den Zwang. Nach dem Aufruhr von Renaissance und Reformation hält er die großen Probleme für gelöst, verbietet törichte und gefährliche Neugier, Abenteuer, Umherschweifen. Pascal erklärt, das Unglück des Menschen stamme daher, daß er nicht imstande sei, ruhig in einem Zimmer zu verweilen. »Der klassische Geist ... möchte gern die Stabilität selbst sein ... Man hat die Politik, die Religion, die Gesellschaft, die Kunst den endlosen Auseinandersetzungen, der unersättlichen Kritik entzogen ... Man fürchtet sich vor dem Raum, der Überraschungen bergen könnte, und möchte, wäre es nur möglich, die Zeit anhalten«, heißt es in Paul Hazards *Die Krise des europäischen Geistes.*

Seit den Jahren um 1680 enthüllt aber das scheinbar unzerstörbare Denkmal seine Gebrechlichkeit, die neuen Ideen werfen sich Welle auf Welle dagegen und reißen die ersten Breschen, und sie nehmen an Wildheit und Kraft immer noch zu. Wenn es bis dahin einen geheiligten Begriff gab, dann den der Antike; sie war groß, ihr schuldete man Respekt. Seit der König seine Statue im Gewand des römischen Imperators aufstellen ließ, bezieht sich alle Welt auf die Antike. Plötzlich aber gilt der Kult nichts mehr, eine Gruppe von Menschen nennt sich *modern*, wendet das Wort wie eine magische Formel an und verurteilt alles, was zur Vergangenheit gehört. Der Streit zwischen den »Anciens« und den »Modernen« beginnt, das Neue gewinnt an Schwung und wächst zu der Kraft heran, die eines Tages Paul Valéry definiert hat: »Das Neue, das indessen das Vergängliche an sich ist, bedeutet uns eine so wichtige Qualität, daß sein Fehlen uns alle anderen verdirbt und sein Vorhandensein alle ersetzt.«

Die Franzosen und viele andere hat Descartes das Denken gelehrt. Und nun befreit sich das Denken, dringt in bisher verschlossene Gebiete ein, zerstört die Tabus. Pierre Bayle scheut sich nicht zu schreiben: »Es ist ganz und gar eine Illusion, wenn man behauptet, daß eine Überzeugung, die von Jahrhundert zu Jahrhundert, von einer Generation zur anderen weitergegeben wird, nicht trotzdem völlig falsch sein könnte.«

Man erkennt, daß die geltenden Tatsachen aus Geschichte, Natur, Astrologie und fast allen Gebieten in Frage gestellt werden müssen.

Selbst die Heilige Schrift entgeht nicht dem kritischen Geist. Nichts ist noch einfach. Bossuet donnert seinen Zorn über die Verirrungen hinaus. »Ihre Gründe [die der Ungläubigen], von denen sie sich leiten lassen, bieten ihrem Geist nichts als Vermutungen und Verwirrung; Widersinniges, in das sie verfallen, wenn sie die Religion leugnen, wird mehr geschätzt als die Wahrheit, deren Größe sie verwundert, und um nicht an die unbegreiflichen Mysterien glauben zu müssen, folgen sie einem unbegreiflichen Irrtum nach dem anderen.«

Der berühmte Prälat hat alle Hände voll zu tun, doch ist er nicht »der friedliche Erbauer einer prachtvollen Kathedrale ... sondern eher der abgehetzte Arbeiter, der herzurennt, um die jeden Tag bedrohlicher werdenden Breschen zu schließen«, sagt wieder Paul Hazard.

Das Individuum ist dabei, sich zu verändern. Als Nachfolger des *Hofmannes* von Balthasar Gracian stellt der *rechtschaffene Mann* noch ein Ideal dar. Der rechtschaffene Mann verabscheut Übertreibungen und benimmt sich mit vollendeter Höflichkeit, er sucht die Versöhnung »zwischen der antiken Weisheit und den christlichen Tugenden, zwischen den Forderungen des Geistes und denen des Lebens, zwischen dem Alltäglichen und dem Erhabenen«. Nun wird auch er zum Opfer der allgemeinen Wandlung, und allmählich weicht er einer ganz anderen Persönlichkeit, die sich der Zukunft und nicht der Vergangenheit zuwendet, die sich mehr um das irdische Glück als um das Seelenheil kümmert, die darauf brennt, zu vergleichen, zu reisen, zu entdecken, die auch die Wissenschaft bewundert und an den Fortschritt glaubt.

Ludwig XIV. will von solchen Verstiegenheiten nichts wissen. Er ist voller Mißtrauen gegen die Jugend, ihren kritischen Geist, ihre Erfindungen. Er will sich selbst unveränderlich treu bleiben, dem halb menschlichen, halb göttlichen Typ, den er selbst geschaffen hat. Doch bei aller Frömmigkeit möchte auch er sein Glück auf der Erde, deren Schönheiten er so wunderbar kultiviert. Gerade weil er der Welt ein Bild des Übermaßes bietet, hängt er so sehr am Maß. Der Romantizismus des neunzehnten, die Angst des zwanzigsten Jahrhunderts wären ihm unverständlich gewesen.

Soll das etwa heißen, der Große König verkörpert den rechtschaffenen Menschen? Es könnte so sein, wäre er aufrichtiger und hätte er mehr Herz. Doch in dem Maß, wie er altert, scheint er härter zu werden. »Monsieur von Orléans, sein Bruder, unternahm es [noch einer!], ihm das Elend des Volkes vor Augen zu halten, und empfing eine Antwort, die eines Tigers eher würdig gewesen wäre, wenn er sprechen könnte, als eines christlichen Königs: Nun! Wenn vier- oder fünfhunderttausend dieser Kanaillen da sterben, wäre Frankreich dann weniger Frankreich? Ich bitte, sich nicht in Dinge zu mischen, die Sie nichts angehen!« (Robert Challes, *Ecrivain du Roi. Mémoires.)*

Der Satz klingt zurück aus dem Napoleons: »Und was schert mich der Tod einer Million Menschen?«

Alle großen Autokraten gleiten ab in diese Menschenverachtung. Gleichzeitig erklärt sich natürlich Ludwigs grobe Antwort durch den Wunsch, seinen Bruder zu ducken, der es wagt, sich in die Politik einzumischen. Doch seine Einstellung zum Leiden der armen Leute ähnelt der eines Joffre, der keine Schlachtfelder besuchen wollte, aus Sorge, sich beeindrucken zu lassen, oder der Haltung von Revolutionsaposteln, die bereitwillig Millionen Leben opfern. Mit dem Unterschied, daß es sich 1698 nicht um Durchsetzen, sondern um Erhalten handelt.

So gern er selbst überraschen möchte, so sehr hat Ludwig sein Leben lang gefürchtet, überrascht zu werden. Als er sechzig Jahre alt ist, streift sein Widerwille gegen das Unvorhergesehene, seine Vorliebe für das Geregelte, die Genauigkeit schon an Manie. Ständige Heiterkeit zu bewahren ist in seinen Augen eine Forderung des Regierens und der persönlichen Hygiene. Mehr oder weniger bewußt wendet er den Blick von vielen Dingen ab, um sich nicht aufzuregen. Aber dieselbe Sorge erfüllt ihn auch mit übertriebenem Vertrauen auf sein Glück, seinen Stern. Das ist gefährlich, denn – wie Jacques Roujon es formuliert – »seine Aufnahmefähigkeit ist wie erstarrt«. Und doch wagt ihm niemand die Stirn zu bieten, wagt niemand wie einst Colbert ihm unangenehme Wahrheiten ins Gesicht zu sagen. Erschreckend mißtrauisch geworden, erträgt der König auch nicht die Andeutung eines Widerspruchs, einer Kritik. Damit scheidet ein gutes Dutzend Themen aus den Gesprächen aus, und der Hof plagte sich mit einer Langeweile, die auch den Herrn nicht verschont.

Versailles, Arche der Vergangenheit, schützt vor der Flut der Forderungen und Ideen. Es ist ein Reich der Illusionen, und der Herrscher, sonst das Mißtrauen selbst, erliegt ihnen. Ohne daß er von der Außenwelt getrennt wäre, gibt er ihr unwirkliche Farben. Er hat sich in der Falle seines Tempels gefangen, in dem sein Kult gefeiert wird, in den Gärten, die ihn in einem Feenreich leben lassen.

Wie könnte man auch an Unheil denken – unter diesen prachtvollen Bäumen, die wie zur Parade aufgereiht sind[1], zwischen diesen Statuen, Beeten, Wasserbecken, Springbrunnen, den Schöpfungen aus Wasser und Pflanzen, den Nymphen und Amoretten aus Marmor, den vergoldeten Gondeln auf dem Kanal, den in unsterblicher Jugend erstarrten olympischen Göttern?

Der König selbst schreibt in seinem gebieterischen Stil einen Führer

[1] Es ist oft behauptet worden, Ludwig habe immer nur kleine, eben gepflanzte Bäume gesehen. Doch damit verkennt man ihn: Er ließ sich Bäume aus Compiègne, aus Flandern, der Normandie und der Dauphiné kommen. Allein das Artois lieferte 25 000.

für die Besucher des irdischen Paradieses. Das ist seine »Art, die Gärten von Versailles zu besuchen«. Wenn er dort promeniert unter seinen Spitzen, in dem braunen, durch Goldstickerei überhöhten Anzug, dem Hut mit dem weißen Federbusch, genießt er das kostbare, unerhörte, gefährliche Glück des Magiers, der seinem eigenen Blendwerk erlegen ist.

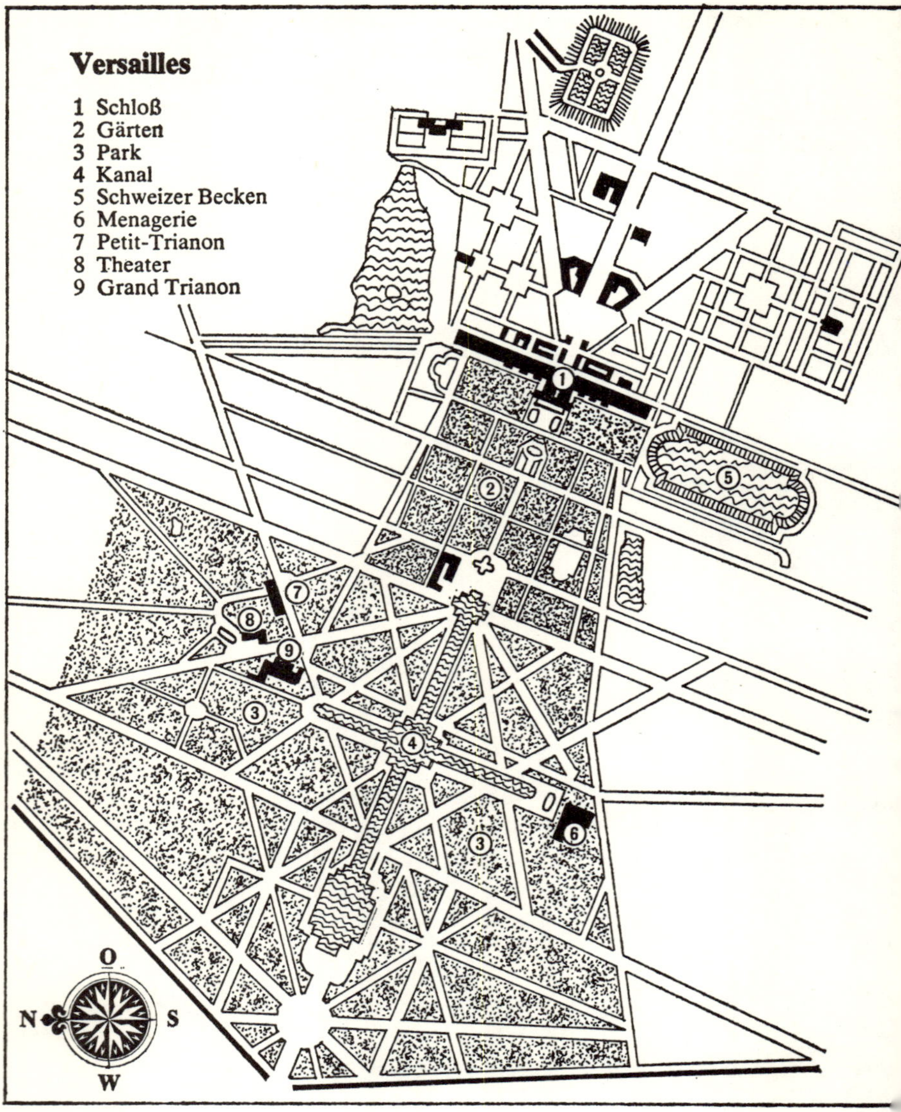
Versailles
1 Schloß
2 Gärten
3 Park
4 Kanal
5 Schweizer Becken
6 Menagerie
7 Petit-Trianon
8 Theater
9 Grand Trianon
O
N
S
W

FÜNFTER TEIL

Feuersbrunst in der Dämmerung

(1698-1715)

Als Marie Louise von Orléans, die Tochter von Ludwigs Bruder Philippe aus dessen erster Ehe, Gemahlin Karls II. von Spanien wurde, verließ sie den freudenreichen Hof des Sonnenkönigs und entdeckte den düsteren Escorial, das Grab so vieler junger Königinnen. Obwohl sie dem unglückseligen Karl II. heftige Leidenschaft einflößte, war sie doch Gefangene und Opfer der Granden, die gegen die Französin, die Verkörperung des Bösen, den widerwärtigen Mechanismus der Etikette einsetzten. Ihre französischen Diener wurden eines Tages beschuldigt, die Ermordung des Königs geplant zu haben, ihre Amme unterwarf man der Folter. Sie selbst wäre fast umgekommen, als sie vom Pferd stürzte, denn es war verboten, die Königin zu berühren. Ein beherzter Mann half ihr dennoch, rettete sich dann aber durch eiligen Galopp.

Karl warf seiner Frau vor, daß sie ihm nicht den Erben gebar, und unterwarf sich verzweifelt Teufelsaustreibungen, die weit mehr Magie als Religion enthielten. Marie Louise starb mit achtundzwanzig Jahren, zweifellos vergiftet – auf Anstiften der habsburgischen Partei.

Gräfin Soissons, die einstige Olympia Mancini, die von der Königin unvorsichtig zur Vertrauten gemacht worden war, wurde beschuldigt. Beweise gab es nicht, doch es lag nahe, ihr eine solche Rache zuzutrauen, denn sie hätte damit Ludwig XIV. einen schweren Schlag versetzt und sich die Erkenntlichkeit des Kaisers zugunsten ihres Sohnes, des Prinzen Eugen, erworben.

Anna von Bayern-Neuburg folgte der Französin auf den spanischen Thron. Ihre Gestalt ist das Vorbild für die Heldin in Victor Hugos *Ruy Blas:* Die Figur des Lakaien, der zum Minister wird, ist zweifellos durch die Dienerin-Mätresse angeregt worden, von der noch die Rede sein wird. Auch Anna, obwohl völlig im habsburgischen Fahrwasser, führte das Leben einer Gefangenen. Der französische Gesandte Villars schrieb: »Man entdeckte bei ihr wenig Frömmigkeit, Bescheidenheit und Zurückhaltung und sah sie den ganzen Tag an den Fenstern stehen, was den Königinnen Spaniens so streng verboten ist; sie sprach mit den Fingern und manchmal auch laut mit den elenden Franzosen, die ebensosehr ihre Liebhaber [zu verstehen als schmachtende Anbeter] wie die ihrer Kammerfrauen zu sein schienen.«

Schön, intrigant, aber willensschwach, überließ sie sich ganz ihrer Favoritin Gertrude Wolf von Gutenberg, Baronin Berlepsch, die man »Rebhuhn« nannte. Ein gefräßiges Rebhuhn, das »mit beiden Händen die größten Ämter verkaufte«. Will man dem französischen Geschäftsträger Louville glauben, dann eignete sie sich fast alle Kapitalien der Königreiche Neapel und Spanien an und sogar die Gelder aus der Kriegskasse!

Diese Herrschaft in Spanien hatte etwas von Spuk und etwas von Karikatur an sich und war gleichzeitig durch einen Rückfall ins schlimmste Mittelalter und durch außerordentlichen Geldmangel gekennzeichnet. In dieser Zeit Molières und Newtons lebte der König von Spanien zwischen schwärmerischen Mönchen, Teufelsaustreibern, Zwergen, Ammen, Anstandsdamen, Narren und Herren in Schwarz mit ungeheuren Brillen – alles eingehüllt in die Dünste zur Beschwörung des Übernatürlichen. Aber 1696 ließ sich die Tatsache nicht mehr leugnen, daß weder Gebete noch Magie über den Dämon Herr wurden, der so hartnäckig der Katholischen Majestät den Erben verweigerte. Da Karl II. so sehr unter seinem Vetter, Onkel und Schwager Ludwig XIV. gelitten hatte, lag es nahe, seinen spanischen Besitz dem zweiten Sohn des Kaisers, dem Erzherzog Karl, zu vermachen. Doch die Königinmutter lebte noch und haßte ihre eigene habsburgische Familie; sie veranlaßte den Kranken (er war immer krank), ein Testament zugunsten des jungen Erbprinzen von Bayern, des Urenkels Philipps IV., zu machen.

Als seine Mutter gestorben war, geriet Karl völlig unter den Einfluß seiner zweiten Frau, die zwar Bayerin war, aber das Haus Bayern genauso haßte, wie ihre habsburgische Schwiegermutter die Habsburger verabscheut hatte: Das Testament wurde zerrissen, und der Kaiser glaubte, die Partie gewonnen zu haben.

In dieser Situation wurde der Friede zu Rijswyk geschlossen. Mit Ausnahme des Kaisers erwartete wohl jeder, daß Karls II. Grab zum »Grab der Pandora« werden würde, aus dem der allgemeine Krieg hervorbrechen müsse. Zweifellos dachte Torcy als erster daran, ihn zu vermeiden, indem er die Aufteilung der dreiundzwanzig Kronen vorbereitete, die auf das Haupt des letzten spanischen Habsburgers gehörten.

Ludwig XIV., der so sehr jeder kleinsten Neuerung im Innern des Landes abgeneigt war, gab seiner Außenpolitik eine bemerkenswerte neue Richtung, und nachdem er sich schon stillschweigend mit dem Naturrecht abgefunden hatte, erkannte er jetzt auch den Grundsatz des europäischen Gleichgewichts an. Schon 1666 hatte er mit dem Kaiser einen Geheimvertrag über die Zukunft der spanischen Monarchie geschlossen. Er versuchte es jetzt noch einmal, doch die Zeiten hatten sich geändert, und Leopold, der persönlich bei Zenta über die Türken gesiegt hatte, erwiderte nur mit hochmütiger Ablehnung.

Leopold überschätzte seine Macht. Wenn seit 1666 ein neuer Stern über Europas Himmel leuchtete, so war es nicht seiner, sondern der des Königs von England. Die Staatsmänner, die ihren Kurs suchten, richteten sich nach Versailles und London. Ludwig und Wilhelm waren durch ihre Übereinkunft zu Schiedsrichtern der Welt geworden, und beide erkannten es und vergaßen den alten Streit. In größter Heimlichkeit, ohne Wissen der Hauptbeteiligten, unterzeichneten sie den Vertrag von Loo in Holland. Er sprach Spanien und seine Kolonien dem Prinzen von Bayern zu, »der den stärksten Anspruch und die geringste Macht besaß«, Neapel und Sizilien dem Dauphin, Mailand dem Erzherzog. Die Seemächte sicherten sich bedeutende Handelsvorteile.

Das Abkommen bewies große Umsicht. Frankreich verzichtete auf die Niederlande, um England nicht zu reizen, das seinerseits das Mittelmeer aufgab. Der Vertrag von Loo wurde am 24. September geschlossen – am 14. November ernannte der empörte Karl II. den Erbprinzen von Bayern zu seinem Universalerben. Doch das arme Kind starb nach noch nicht drei Monaten (am 6. Februar 1699). Niemand glaubte an ein natürliches Ende.

Gerade jetzt geriet das Gleichgewicht ins Schwanken, denn da der Kaiser mit dem Sultan den Frieden zu Karlowitz geschlossen hatte, standen ihm seine Truppen voll zur Verfügung. Doch diese Bedrohung Frankreichs wurde weitgehend dadurch aufgehoben, daß das englische Unterhaus dem König zum Trotz das Heer entlassen und sich entschlossen als »isolationistisch« erklärt hatte.

Ludwig XIV. hatte also eine günstige Basis für neue Verhandlungen, zeigte aber trotzdem lobenswerte Mäßigung. Nach den Bedingungen eines zweiten Teilungsvertrags (vom 11. Juni) sollte Erzherzog Karl Spanien, die Niederlande und die Kolonien erben; das baskische Guipuzcoa, Neapel und Sizilien sollten an den Dauphin fallen und Mailand ... an den Herzog von Lothringen, dessen Staatsgebiet wieder zu Frankreich kommen würde!

»Als man am Hof von Madrid diese neue Unverschämtheit erfuhr, wäre der König vor Kummer fast umgekommen, und die Königin, seine Frau, ließ sich vom Zorn so hinreißen, daß sie die Möbel ihrer Zimmer zertrümmerte, vor allem aber die Spiegel und den sonstigen Zierat, der aus Frankreich stammte: So sehr gleichen sich die Leidenschaften in allen Schichten«, meint Voltaire.

Wenn die spanische Nation auch Frankreich als ihren Erbfeind ansah, verwünschte sie nicht weniger die österreichische Partei, die das Heft in der Hand hielt. Es sah übel aus. Der Gesandte des Kaisers, Graf Harrach, hielt sich seine eigene Garnison in Madrid, er benahm sich wie in erobertem Land und mißachtete sogar die Königin. Deutscher Stolz entzündete kastilianischen Hochmut. Ganz anders trat Ludwigs XIV. Stellvertreter Marschall d'Harcourt auf. »Er versöhnte alle Herzen durch überschwengliche Großzügigkeit, durch seine Gewandtheit und die vollendete Kunst zu gefallen ... Er gewöhnte den spanischen Hof daran, das Haus Frankreich zu lieben; die spanischen Minister, sich wegen der Verzichtleistungen der Spanierinnen auf französischem Thron (Annas von Österreich und Maria Theresias) keine Sorgen zu machen; und er gewöhnte Karl II. daran, zwischen seinem eigenen Haus und dem der Bourbonen den Ausgleich zu suchen.«

Churchill und viele andere englische Historiker leiten daraus das Urteil ab, Ludwig XIV. habe ein doppeltes Spiel getrieben. Aber das trifft sicherlich nicht zu. Der König wollte sich gern an den Teilungsvertrag halten, der am 13. März ratifiziert wurde – trotz dem Widerstand des Kaisers –, aber er war ebenso entschlossen, dafür zu sorgen, daß Leopold sich nicht etwa ganz Spanien einverleibte und Frankreich völlig ins Hintertreffen gerate. Deshalb schickte er, sobald er hörte, daß Karl II. jetzt dem Erzherzog sein Erbe versprach, eine Armee an die Pyrenäen.

Verzweifelt stieg Karl II. in die Grüfte des Escorials, ließ die Särge seines Vaters, seiner Mutter und seiner ersten Frau öffnen, küßte die Gebeine und flehte um Erleuchtung. Dieser »Märtyrer«, wie seine Untertanen ihn nannten, dieser an Körper und Geist Kranke, war viel spanischer als seine Vorfahren. Er wußte nicht, wo in weiter Ferne seine Länder lagen, doch in seinem armen Gehirn hatte sich eine kaiserliche Idee festgesetzt und widerstrebte heftig jeder Verstümmelung des Reiches.

Kardinal Portocarrero, Erzbischof von Toledo, und fünf Granden aus dem obersten Rat beobachteten die Entwicklung und führten einen Staatsstreich durch. Die Favoritin der Königin, das gefräßige Rebhuhn, wurde vor dem Rat angeklagt, floh aber verängstigt außer Landes und nahm ihre Schätze samt und sonders mit sich. Anna von Neuburg war nun »ohne Berater, ohne Hilfe, die sie auch nicht in sich selbst fand, und die Zeit arbeitete nicht für sie, weil sie offenbar zu kurz war, als daß jemand anders ihr gezeigt hätte, wie sie für den Rest Leben, den ihr Mann noch vor sich hatte, eine Rolle spielen konnte«, berichtet Saint-Simon. Portocarrero und seine Verbündeten hatten also die Möglichkeit, das deutsche Regiment in Madrid zu beseitigen und den proösterreichischen Beichtiger des Königs durch einen ihnen ergebenen Mönch zu ersetzen. Sie ließen dem Mönch etwas Zeit, »sich zu verankern«, dann begaben sie sich in die königlichen Gemächer und sperrten der Königin den Zugang.

Als Karl II. ihnen nun gnadenlos ausgeliefert war, machten sie ihm klar, daß einzig und allein Ludwig XIV. mächtig genug sei, die Teilung der Monarchie zu verhindern; sie beschworen ihn, seine Kronen Philippe von Anjou, dem zweiten Sohn des Dauphins, zu vermachen. Karl zog die Theologen zu Rate und fand, daß sie diese Meinung teilten. Seine letzte Kraft zusammenraffend, bat er den Papst in einem Schreiben um seine Stellungnahme.

Innozenz XII., der gerade den Jahrestag des Friedens gefeiert hatte, näherte sich seinem Ende. Er haßte den Kaiser und glaubte, Italien einen letzten Dienst zu erweisen, wenn er die Habsburger von der Halbinsel fernhielt. Am 16. Juli 1700 antwortete er also der Katholischen Majestät, daß »*die Gesetze Spaniens und das Wohl der Christenheit von ihm forderten, daß er das Haus Frankreich bevorzuge*«. »Er behandelte diese Gewissensfrage eines Souveräns wie eine Staatsaffäre, während der König von Spanien aus dieser Staatsaffäre eine Gewissensfrage machte«, meint Voltaire dazu.

Karl II. zögerte noch eine Weile. Am 25. September starb der Papst. Aus Sorge vor einem Frontwechsel des Heiligen Stuhls überstürzte die französische Partei die Dinge: Ein drittes Testament wurde aufgesetzt, das den Herzog von Anjou zum einzigen Erben machte; falle er aus, sollte ihm der Erzherzog Karl folgen, dem wiederum der Herzog von Savoyen. Man ließ den König das Dokument in Abwesenheit der Königin unterzeichnen, der die Gemächer ihres Gemahls nach wie vor verschlossen blieben. Es war der 2. Oktober 1700.

Am 23. Oktober erhielt Ludwig XIV. die Nachricht, daß sich Karls Zustand schnell verschlechtere. Er befahl dem Marschall d'Harcourt, in Bayonne ein Heer aufzustellen und sich bereitzuhalten, Fuenterabbia und die anderen Grenzorte zu besetzen, die zu Guipuzcoa gehörten und nach dem Vertrag Frankreich zugesprochen worden waren. Der Kaiser mochte protestieren – seine Truppen waren fern.

Während das Schicksal von einigen Millionen Menschen auf dem Spiel stand, fand der französische Hof wieder ein wenig zur alten Fröhlichkeit zurück. Der König wollte die junge Herzogin von Burgund unterhalten, die nun auch mit ihrem Mann zusammenleben durfte. »Es gibt nichts anderes mehr als Reisen nach Marly und Meudon und Hin und Her zu Opern und Bällen und Maskeraden nach Paris und Herren, die sozusagen den Tisch decken würden, um der jungen Prinzessin zu gefallen ... Die Ausgaben vervierfachen sich«, heißt es bei Madame Dunoyer.

Der König zeigt sich großzügig gegen die Seinen, bezahlt die Schulden seiner Tochter, der Madame la Duchesse, und die Arbeiten an Schloß Meudon, wo der Dauphin residiert. Die Hofleute allerdings müssen die Verschönerungen ihrer Unterkünfte selbst bezahlen. Der Tod Pomponnes und des alten Kanzlers Boucherat führt zu neuer Zusammensetzung des Conseils. Torcy wird Minister, Pontchartrain Kanzler, und die ungeheure Last des Generalkontrolleurs der Finanzen fällt Chamillart zu.

Dieser Chamillart, vorher Parlamentsrat, ist seltsamerweise mit dem König sehr vertraut geworden – dank seiner Geschicklichkeit beim Billard. Er ist durch und durch anständig, taktvoll, tüchtig und hat damit auch Madame de Maintenon und die Partei der Heiligen für sich eingenommen. Er scheint keinen Feind zu haben. Der König gratuliert sich in aller Öffentlichkeit, daß er ihm den Platz Colberts gegeben hat. Chamillart zeigt in diesem Amt »eine bisher unbekannte Sanftmut, Geduld und Umgänglichkeit«, die ihm die Herzen gewinnt, und Ludwig XIV. hört niemals auf, ihm seine Freundschaft zu beweisen. Doch er bemerkt offenbar auch niemals, welchen Fehler er beging, als er die Wirtschaft Frankreichs einer zwar höchst verdienstvollen Persönlichkeit anvertraute, die aber nicht das Zeug zu einem Finanzmann, noch weniger zu einem Staatsmann hat.

Chamillart mildert selbst diesen schweren Fehler, als er sich zum privaten Berater den wichtigsten Bankier Europas wählt, einen Mann, dessen internationaler Kredit weit über den des französischen Königs hinausgeht, Samuel Bernard.

»Bernard«, so schreibt Präsident Hénault in seinen Memoiren, »ist es wert, daß man sich ausführlicher mit ihm befaßt. Er ist kein Parvenu, wie ihn Molière oder Lesage gezeichnet haben, er paßt überhaupt in keine Komödie, weil es in seinem Fach keine Toren gibt. Er besaß außergewöhnlichen Stolz, der ihn in gewisser Weise adelte ... Die übertriebensten Schmeicheleien verblaßten neben seinem Dünkel. Ich muß hinzufügen, daß er großzügig war, aus welchen Gründen auch immer, und daß er große Dienste geleistet hat.« Er hat sich bereits jetzt sehr nützlich gemacht, weil er nach der letzten Hungersnot für die Einfuhr von Weizen gesorgt und Geheimfonds zur Verfügung für die Agenten des Königs angelegt hat. Ihm ist es schließlich zu danken, daß trotz allem die Heimsuchungen dieser letzten Phase von Ludwigs Regierung ertragen werden.

Am 13. August wird ein neues Standbild Ludwigs des Großen auf dem Platz, der seinen Namen trägt (heute Place Vendôme), errichtet. »Der Herzog von Gesvres, Gouverneur von Paris, führte zu Pferde die städtische Garde an, machte seinen Umritt, erwies die Reverenzen und erfüllte das ganze Zeremoniell, das den Einweihungsriten für die Standbilder römischer Kaiser nachgebildet war. Es gab freilich keinen Weihrauch und keine Menschenopfer, aber man mußte ja auch Rücksicht auf den Titel des Allerchristlichsten König nehmen«, erzählt Saint-Simon.

Das erzwungene Glück

Ludwig befand sich in Fontainebleau, als er am 8. November 1700 vom Tode des Königs von Spanien und vom Inhalt seines Testaments unterrichtet wurde. »Nach zwei Jahrhunderten der Kriege und Verhandlungen um ein paar Grenzgebiete der spanischen Länder hatte Frankreich nun mit einem Federstrich die ganze Monarchie erhalten, ohne Verträge, ohne Intrigen und ohne sogar auf diese Nachfolge gehofft zu haben«, heißt es bei Voltaire.

Für einen Mann von zweiundsechzig Jahren ist es ein sonderbares Erlebnis, plötzlich, wenn er schon verzichtet hat, den Traum seiner Jugend verwirklicht, seinen höchsten Ehrgeiz erfüllt zu sehen. Ein erzwungenes Glück, ein bitteres Glück, weil es zu spät kam und unter traurigen Umständen. 1700 hatte Ludwig XIV. seinen Appetit auf Ruhm und Eroberungen verloren. Sein Alter, der Zustand des Landes verpflichteten ihn, den Frieden anzustreben, für den er so teuer bezahlt hatte. Aber leider machte das vergiftete Geschenk Karls II. ihn unmöglich.

Die teuflische Falle war schon 1659 durch den Pyrenäenvertrag aufgestellt worden. Sie hätte zum Vorteil der Bourbonen wirken müssen, wenn nicht der Krieg von 1672 und dann die englische Revolution Mazarins Absichten durchkreuzt hätten. Im Augenblick war Ludwig das Opfer einer verhängnisvollen Zwangslage.

Annehmen? Das würde das Augsburger Bündnis – mit Ausnahme Spaniens – wieder zusammenschweißen. Ablehnen? Durch das Testament mußte dann der Sohn des Kaisers König von Spanien werden, eine völlig unannehmbare Lösung, die Krieg mit dem Reich und mit Spanien zugleich gebracht hätte – und das ohne Ablenkung der gegnerischen Streitkräfte durch die Türken. Ludwigs Ankläger haben zu allen Zeiten behauptet, ein solcher Krieg hätte leicht gewonnen werden können, weil die Seemächte, die Unterzeichner des Teilungsvertrags, sich auf Frankreichs Seite gestellt hätten. Nichts ist falscher, denn es gab keinerlei Gewähr dafür. Das Unterhaus, entrüstet über den Vertrag, hatte Portland unter Anklage gestellt, und Wilhelm III. hatte schon im August erklärt: »Da ich einen Vertrag geschlossen habe, um den Krieg zu vermeiden, werde ich nicht Krieg führen, um den Vertrag innezuhalten.«

Dreimal traf sich der Conseil bei Frau von Maintenon. Torcy verlangte – wenn Saint-Simon auch etwas anderes berichtet –, man solle sich an den Teilungsvertrag halten. Beauvillier ebenfalls. Pontchartrain und Barbézieux waren anderer Meinung. Zur allgemeinen Überraschung nahm der Dauphin mit flammendem Gesicht leidenschaftlich Stellung: »Die Monarchie von Spanien sei das Erbe seiner Mutter, der Königin, gewesen, sei also auch seines und um der Ruhe Europas willen das Erbe seines zweiten Sohnes. Ihm wolle er es aus vollem Herzen abtreten, aber einem anderen auch nicht einen Fußbreit Erde.«

Neue Überraschung: Als der König seinen Sohn angehört hatte, fragte er Madame de Maintenon. Es war das erste Mal, daß die gute

Dame sich in die große Politik verwickelt sah. Sie entschuldigte sich, sie ließ sich bitten – und lobte endlich den Thronfolger und schloß sich seinen Wünschen an.

Der König entschied sich noch nicht, er durchdachte die Angelegenheit noch einmal und allein. Am 11. November hatte er sich entschlossen. Seine Verleumder behaupten, er habe die Interessen seiner Dynastie über die Frankreichs gestellt. Aber das ist ungerecht und sehr vereinfacht gesehen. Das Parlament von England und die Generalstaaten von Holland waren fest zum Frieden entschlossen, und Ludwig glaubte, sie würden trotz Wilhelm vielleicht neutral bleiben, weil die beiden Kronen ja nicht vereinigt werden sollten. Er dachte an die spanischen Kolonien und überlegte, daß die guten Handelsbeziehungen mit seinem Enkel den französischen Finanzen kräftig helfen konnten. Er sagte sich, daß alles andere besser sei als ein österreichischer König von Spanien, durch den Frankreich wieder in den Schraubstock der beiden habsburgischen Linien geriete, dem es um ein Haar entgangen war.

Da seine Vernunft einverstanden war – warum hätte da der alte Löwe nicht seiner Vorliebe für das Große und seiner innersten Überzeugung nachgeben sollen, daß er den Willen des Himmels erfülle? (Heute würde man wieder einmal sagen, daß er »dem Sinn der Geschichte folgte«.) Sohn und Gemahl einer Infantin – war er nicht vorherbestimmt, das Vaterland Annas von Österreich mit dem der Bourbonen zu versöhnen?

Eine reichlich bequeme Klassifizierung hat viele Historiker den Krieg gegen Holland nachsichtig beurteilen lassen, weil er während der Glanzzeit des Regimes geführt wurde, aber die spanische Erbfolgeentscheidung unnachsichtig, weil sie schließlich – sieht man sie aus der zeitlichen Entfernung – das Vorspiel zum tragischen Ende wurde. In Wahrheit aber trifft Ludwig XIV. die volle Schuld an der Invasion in Holland, während er sehr stichhaltige Gründe hatte, das Testament anzunehmen, das aus dem Grab der Pandora hervorkam.

Der 16. November 1700 war vielleicht der schönste Tag im Leben des Königs, dessen Ruhm im Zenit stand. Als Schiedsrichter der Nationen gab er mit eigener Hand einem unermeßlichen Reich ein neues Oberhaupt. Unvergleichlicher Regisseur, der er war, bot er Zeitgenossen und Nachwelt ein Schauspiel ohnegleichen. »An diesem Tag«, schrieb der Marquis de Sourches, »vollzog sich in Versailles das größte und ungewöhnlichste Theater, das jemals in Europa stattgefunden hat.«

»Blicken Sie her«, sagte der König zum spanischen Gesandten Castel dos Rios, »hier steht der König, den Spanien wünscht.«

Der Gesandte beugte ein Knie und küßte der neuen Katholischen Majestät die Hand.

»Sire«, sagte er ziemlich unvorsichtig, »welch ein Glück, daß wir hier nur einen sehen!«

Man öffnete die Türen des königlichen Kabinetts, und der Hof drängte herein.

»Meine Herren«, begann der König mit unvergleichlicher Anmut und Majestät, »dies ist der König von Spanien. Die Abstammung bestimmte ihn zu dieser Krone, der verstorbene König tat es durch sein Testament; die ganze Nation hat ihn ersehnt und inständig von mir erbeten. *Es ist die Ordnung, die der Himmel wünscht, und ich habe mit Freuden zugestimmt.*«

Dann wandte er sich seinem Enkel zu:

»Seien Sie ein guter Spanier, das ist jetzt Ihre erste Pflicht. Doch denken Sie daran, daß Sie als Franzose geboren wurden, um die Einigkeit der beiden Nationen zu erhalten.«

Wonach dann, wie es der Brauch war, die erlauchte Gesellschaft Tränen vergoß. Der König war nicht weniger gerührt.

»Die ganze Welt schien entzückt von dieser spanischen Affäre«, schrieb Madame de Maintenon am nächsten Tag an den Erzbischof von Paris. »Unser junger König nahm alles mit dem Ernst und der Gelassenheit eines vierundzwanzigjährigen Königs[1] auf ... Viele kluge Leute sind davon überzeugt, daß es nicht wieder einen Krieg geben wird, daß wir aber einen langen, für Frankreich verheerenden Krieg bekommen hätten, wenn man nach dem Teilungsvertrag vorgegangen wäre.« Der Marquis de Sourches notierte: »Ganz Frankreich war in Versailles außer Rand und Band, und überall dankte man dem Himmel für ein so glorreiches Ereignis.«

Mit leisem Lächeln behandelte der König den Herzog von Anjou, jetzt Philipp V. von Spanien, als seinesgleichen – er redete ihn mit »Majestät« an. Der Siebzehnjährige, hübsch, ernst, schweigsam, maßvoll, zurückhaltend, machte ihm allerdings doch Sorgen. Er war in Unwissenheit und in Angst vor Höllenstrafen erzogen worden – der Art und Weise, wie man sich jüngere Königssöhne gefügig erhielt. War es möglich, ihm jetzt in zwei Wochen alles beizubringen, was zur Erfüllung einer schier übermenschlichen Aufgabe fehlte? Wie Mazarin einst ihn selbst unterrichtet hatte, ließ der Großvater Philipp V. jetzt seine »Belehrung über das Herrschen« zuteil werden, aber die Zeit war zu kurz und der Schüler nicht begabt.

Am 4. Dezember, nach einem großartigen Fest in Sceaux beim Herzog von Maine, machte sich der König von Spanien auf den Weg in sein neues Vaterland. Man vergoß wieder viele Tränen, die allerdings die Herzen nicht weicher stimmten. Als Philipp in der Stunde des Ab-

[1] Er war siebzehn Jahre alt (Anm. d. Übers.).

schieds um einen letzten Rat bat, gab ihm der König den entlarvenden Grundsatz mit:

»Hängen Sie niemals Ihr Herz an einen Menschen!«

Dem Marschall d'Harcourt, der für seine Dienste mit dem Herzogtitel belohnt wurde, schrieb der König:

»Versailles, 15. Dezember 1700
Ich halte es für angebracht, Ihnen zu versichern, daß die Absichten des Königs von Spanien gut sind. Er liebt das Gute; er wird es tun, wenn er es erkennt, aber in vielen Dingen fehlt ihm die Einsicht. Er ist kaum gebildet, sogar weniger, als es seinem Alter entspricht. Er wird leicht zu lenken sein, wenn Sie zu Anfang sorgsam darauf achten, den Eindrücken zuvorzukommen, die man ihm vermitteln könnte. Sie können mir im Augenblick keinen größeren Dienst erweisen, als darauf zu achten. Er wird Ihnen vertrauen und Ihrem Rat folgen. Ich zweifle nicht daran, daß Sie ihm gute Ratschläge geben werden. Denken Sie daran, daß ich mich ganz auf Sie verlasse.« Gezeichnet: Ludwig. (Aus dem Archiv des Herzogs d'Harcourt.)

Als Philipp V. die Pyrenäen erreichte, war der erste Eindruck allerdings ein höchst unangenehmer, denn Harcourt riet ihm, niemals an Blumen oder Parfums zu riechen und seine Briefe nicht selbst zu öffnen – die elementaren Schutzmaßnahmen gegen Gift. Die Spanier bezauberten den jungen König durch ihre Begeisterung. »Bei seiner Ankunft in Madrid war das Gedränge so groß, daß man sechzig erstickte Menschen zählte ... Eine größere, allgemeine Freude läßt sich nicht vorstellen.« Aber ach, als die Vergnügungen abklangen, fand sich der junge Mann in den unüberwindlichen Schranken der Etikette gefangen und verfiel in gefährlichen Trübsinn, aus dem man ihn so rasch wie möglich herausreißen mußte. Deshalb ließ man ihn schon im April 1701 heiraten, und zwar Marie Louise von Savoyen, eine Schwester der Herzogin von Burgund, der Frau seines Bruders. Sie war ein leidenschaftliches Mädchen mit der Anmut der savoyardischen Prinzessinnen, dazu von einem Feuer und einer Willensstärke beseelt, die weit über ihr Alter hinausgingen. Ihr kaum entwickelter Körper weckte in Philipp V. brutal eine Leidenschaft, vor der sich der junge Fürst entsetzlich ängstigte. Sicherlich versuchte ihn der Teufel. Um sein fleischliches Begehren zu stillen, ohne dabei in die Fallstricke des Bösen zu geraten, verließ er seine Frau weder bei Tage noch bei Nacht und wurde so zu ihrem Sklaven.

Eine dreizehnjährige Herrscherin mit solcher erschreckenden Macht brauchte einen Schutzengel. Ludwig XIV. und Madame de Maintenon schickten ihr die Prinzessin Orsini, die so sehr Französin war, daß sie ihren Namen in des Ursins abgeändert hatte. Sie war eine La Trémouille – Tochter eines Frondeurs, Witwe eines verbannten Rebellen, später

Witwe eines römischen Edelmannes – und hatte in dreißig Jahren am päpstlichen Hof alles gelernt: Diplomatie, Intrige, die Kunst, zu überreden und die Großen der Welt zu lenken. Als »Camarera Mayor« der jungen Königin eroberte sie deren Herz, bevormundete den Hof, beugte die Hidalgos, schaltete die Minister aus. Dem Schein nach regierte der König, den König regierte die Königin, und die Prinzessin des Ursins beherrschte die Königin.

Die Familienaffäre, von der die Zukunft der Welt abhing, brachte Madame de Maintenon mit einer bedeutsamen Rolle ins Spiel. Ein Geheimvertrag, in der Heimlichkeit der Gemächer von Marly geschlossen, verband die Marquise mit der Camarera Mayor. Die des Ursins überging Minister und Gesandte und teilte ihrer Freundin unmittelbar alle öffentlichen oder privaten Affären mit, beschrieb strategische Pläne, Entwicklungen in den Provinzen, Streitigkeiten über den Vorrang, die Kleidung der Königin, die Nächte des jungen Herrscherpaares. Die Marquise wiederum berichtete Seiner Majestät, der seine Ratschläge und Anordnungen auf demselben Weg übermittelte.

Denn wohl oder übel sah sich Ludwig XIV. gezwungen, die Verwaltung der spanischen Monarchie selbst in die Hand zu nehmen. Seit langem schon war kein Kabinettsmitglied in Madrid imstande gewesen, den verheerenden Zustand des Landes zu bessern. Und der junge Herrscher hatte trotz dem Schnellkursus seines Großvaters weder den Charakter noch die Intelligenz eines Staatsmannes. Wenn man aber zuließ, daß Elend und Anarchie Spanien überschwemmten, öffnete man dem schlimmsten Unheil Tür und Tor.

Schon gebeugt unter seiner Arbeitslast, unternahm es der König nun, auch noch diese schon halb gelähmte Monarchie zu beleben. Er bemühte sich, die Ordnung und Einheitlichkeit einzuführen, auf die er selbst so großen Wert legte. Die Zentralisation wurde vollendet, die Provinzen verloren ihre Privilegien, die Regierung wurde neu nach dem Vorbild der französischen organisiert, die Wirtschaft belebt – und die großen Strömungen moderner Kunst und modernen Denkens konnten endlich in die ihnen so lange verschlossene Festung eindringen.

Das Unglück war, daß Europa darin eine Herausforderung sah.

Wege am Abgrund

England und Holland waren schon im Dezember bereit, Philipp V. anzuerkennen, und die anderen Mächte, mit Ausnahme des Reichs, folgten bald. Wilhelm, der fest entschlossen war, den Krieg wieder zu entfachen, seufzte über den Pazifismus des Unterhauses, einen Pazifismus, dem französisches Gold ein wenig nachgeholfen hatte. Der König von England schrieb seinem Schüler, dem Großpensionär Heinsius: »Das einzige Spiel, das ich mit diesem Volk zu spielen habe, ist, es unmerklich zum Krieg hinzuführen.«

Man pflegt in der Geschichtsschreibung Ludwig XIV. vorzuwerfen, daß seine Anhäufung von Fehlern den Umschwung der Engländer verursacht und damit die Lawine ausgelöst habe. Sicherlich war es falsch, Philipps V. Rechte durch die Krone von Frankreich wahrnehmen zu lassen, aber nicht, daß Ludwigs Truppen die berühmte Barriere der spanischen Festungen einnahmen, die bis dahin von holländischen Garnisonen besetzt wurden: Diese Vorsichtsmaßnahme sollte seine Nachbarn von Angriffen abhalten; das Vorgehen war kein Angriff, weil es im Einverständnis mit dem König von Spanien auf spanischem Boden unternommen wurde. Es entsprach durchaus dem Geist des Testaments und der Sorge Karls II. oder seiner Minister, ihrem Land den Schutz Frankreichs zu sichern. Daß Ludwig den Vormund für die Staaten seines Enkels spielte, war ein Auftrag des Schicksals, dem er sich unter diesen Verhältnissen nicht entziehen konnte.

Inzwischen wurde die Gegenpartei rührig. Wilhelm fand ein Mittel, die Lunte ans Pulverfaß zu legen in einem wenig ruhmreichen Vertrag, in dem Spanien der französischen Guinea-Kompanie das Monopol für die Einfuhr von Negersklaven auf die Antillen garantierte. Der große dynastische Konflikt zweier hochgelobter, das Banner ihrer Lehnsrechte schwingenden Fürsten wurde unausweichlich durch einen schändlichen Handel. Tatsächlich brachte der Sklavenhandel dem demokratischen Holland und dem puritanischen England große Gewinne ein, und die Kaufleute von London und Amsterdam zitterten, als sie erlebten, daß Frankreich die Hand auf den westindischen Handel legte. Wilhelm konnte das Unterhaus auflösen, in dem die Tories in der Mehrzahl waren, und die Whigs waren zufriedenstellend kriegerisch. »Flugblätter, Reden, Petitionen, Bankette, Predigten, Zeitungsartikel, Wahlkorruption, Falschmeldungen, gefälschte Dokumente, Druck auf das Parlament – nichts wurde ausgelassen«, schreibt Pierre Gaxotte *(La France de Louis XIV)*. Den Isolationisten wurde der Boden unter den Füßen weggezogen.

Schließlich kam ein verschwiegener Pakt zustande. Das Parlament ermächtigte den König, »Verbündete zu suchen«. Dafür nahm Wilhelm III. die *Act of Settlement* hin, in der die Thronfolge auf eine für ihn beschämende Weise festgelegt wurde. Fast jede einzelne Klausel war ein getarnter Vorwurf.

Der zukünftige König sollte in allem das Gegenteil des Holländers sein, Anglikaner, auf keinen Fall Protestant oder gar Katholik, er durfte die Insel nicht ohne Ermächtigung des Parlaments verlassen und sich keinen persönlichen Berater halten. Nur der private Rat, der nur der gewählten Versammlung verantwortlich war, sollte das Recht haben, dem König Ratschläge zu erteilen. Die Nachkommenschaft Jakobs II. sollte ebenso von der Thronfolge ausgeschlossen bleiben wie die Henriette Stuarts, deren Tochter, die Herzogin von Savoyen (aus der ersten Ehe von Monsieur), zahlreiche Kinder hatte. Statt dessen setzte man alles auf die Kinder der alten Kurfürstin Sophie von Hannover, einer Urenkelin Jakobs I.: Falls Anna Stuart starb, die gerade ihren einzigen lebensfähigen Sohn verloren hatte, sollte die Krone einem Hannoveraner Prinzen zufallen. Diese Bestimmungen mißfielen um so mehr Leuten, als der Tod Jakobs II. wahrscheinlich seinem Sohn ermöglicht hätte, das Thronerbe anzutreten, sogar mit Unterstützung durch Wilhelm; doch die Stuarts waren vom Unglück verfolgt, und Jakob II., der ja schon immer unklug gewesen war, lebte nun auch noch sechs Monate zu lange ...

Da sich Wilhelm fügte, hatte er die Hände frei. Er war jetzt einundfünfzig Jahre alt und schwerkrank. Deshalb näherte er sich Marlborough, machte ihn zum Befehlshaber der britischen Truppen auf dem Kontinent und ernannte ihn zu seinem Gesandten bei den Vereinigten Provinzen. Die eigentliche Aufgabe des »schönen Engländers« war es jedoch, die Koalition gegen Frankreich wieder zusammenzufügen.

Der Kaiser hatte sie nicht abgewartet. Da er von See her nichts zu befürchten hatte, schreckten ihn auch die deutschen Fürsten nicht. Der Kurfürst von Hannover stand ohnehin auf seiner Seite, ebenso der Kurfürst von Sachsen, der ihm die polnische Königskrone verdankte; schließlich war ihm der Kurfürst von Brandenburg, jetzt Friedrich I., König in Preußen, eine Gegenleistung schuldig. Schon im Frühling hatte Leopold eine Armee nach Italien zur Eroberung von Mailand geschickt. Sie stand unter dem Befehl des Türkenbezwingers Prinz Eugen von Savoyen, der Frankreichs bester Heerführer hätte sein können, wenn seine Mutter nicht mit Hexen verkehrt hätte.

In dieser Krise starb Barbézieux, und der König, den das Alter ausgesprochen nachsichtig gegen sich selbst machte, vertraute das Kriegsministerium Chamillart an. Der Unglückliche gab zu bedenken, daß er damit die Ämter von Colbert und Louvois zugleich zu verwalten habe. Umsonst. »Das Besondere«, schrieb Saint-Simon, ein großer Freund des Ministers [was hätte er sonst wohl gesagt!], »lag darin, daß die eigentliche Ursache für die freundliche Zuneigung des Königs eben seine Unfähigkeit war. Er gestand sie dem König bei jedem Schritt ein, und es gefiel dem König, ihn zu lenken und zu belehren; das ging so weit, daß er nicht nur eifersüchtig über dessen Erfolge wie über seine eigenen wachte, sondern daß er auch alles entschuldigte.«

Der Friede von Rijswyk war erst drei Jahre alt, und schon mußte man sich nach Befehlshabern umsehen. Der Herzog von Chartres – Monsieurs junger Sohn – war nicht dabei und erhielt nicht einmal die Erlaubnis, mitzukämpfen. Empört rebellierte sein Vater zum erstenmal. Er machte seinem Bruder eine Szene, nach der sich ihre Beziehungen immer mehr verschlechterten. Am 8. Juni 1701 beklagte sich Ludwig bitter über die Ausschweifungen seines Neffen. Monsieur verlor die Fassung. Der heuchlerische und gedämpfte Krieg, der sich durch das ganze Leben der beiden Männer hinzog, endete in einer Schlacht, über die sich die Hofleute in Hörweite entsetzten.

Sie standen sich wütend gegenüber, der Große König in seiner zermalmenden Majestät und sein Opfer, purpurrot vor Zorn, »aus dem Geschirr gelaufen«. Der unglückliche, im Namen der Staatsräson verfolgte, betrogene, gedemütigte Prinz schleuderte seinem Bruder all die unterdrückten Wahrheiten ins Gesicht, die Ungerechtigkeiten, die er vierzig Jahre lang ertragen hatte.

Am selben Abend erlitt er in Saint-Cloud einen Schlaganfall und starb am Tag darauf.

Wie gewohnt, weinte Ludwig ausgiebig. Sein Gewissen war vermutlich nicht ganz rein, denn der Herzog von Chartres wurde väterlich empfangen und zum Nachfolger von Monsieur in allen Dingen eingesetzt. Wenn der König auch nicht so weit ging, dem neuen Herzog von Orléans irgendein Betätigungsfeld anzuweisen, so verweigerte er ihm nichts, was den erzwungenen Müßiggang zum Paradies machen konnte.

Nach diesem Opfer für die Manen des Verstorbenen wollte Ludwig nicht mehr an den Trauerfall denken. Da die Herzogin von Burgund sehr traurig blieb über den Verlust eines Großvaters, der sie vergöttert hatte, zwang er die Kleine zum Lachen. Es kam noch besser: Sechsundzwanzig Stunden nach Philippes Tod, als sich der Abend in Marly in die Länge zog, fragte der Herzog von Burgund den Herzog von Montfort, ob sie nicht Karten spielen wollten.

»Karten spielen!« rief Montfort. »Was denken Sie denn? Monsieur ist ja noch nicht einmal erkaltet!«

»Ich denke viel daran«, antwortete der Prinz, *»doch der König will nicht, daß man sich langweilt.«*

Ludwig behandelte den toten Bruder nicht besser als den lebenden.

Da man Feindseligkeiten ohne Kriegserklärung zu eröffnen pflegte, stand die französische Armee, der Schild Spaniens, schon in Italien der des Prinzen Eugen gegenüber und erlitt unter Catinat eine schwere Niederlage. Wütend ersetzte der König den Besiegten durch den unfähigen Villeroy, mit dem der Savoyer spielend fertig wurde.

Auf diplomatischem Gebiet ging es nicht besser. Frankreich scharte zwar Bayern, Portugal und die italienischen Fürsten um sich und blies in die glimmende Asche des ungarischen Aufstands, konnte aber nicht verhindern, daß Wilhelm, Heinsius und Marlborough ihre Pläne durchsetzten. Die Große Allianz wurde am 7. September 1701 in Den Haag geschlossen.

Am 16. September starb Jakob II., und unter Mißachtung des Vertrags von Rijswyk erkannte der König Jakobs Sohn als Thronerben in England an. Wenige Handlungen Ludwigs XIV. sind so gescholten worden, und doch läßt sich kaum eine besser rechtfertigen. Die Koalition war ja seit neun Tagen besiegelt, Großbritannien endgültig in sie einbezogen. Warum also hätte der König hartnäckig das göttliche Recht leugnen, warum hätte er die Vorwürfe der Seinen auf sich nehmen sollen, indem er eine ritterliche Geste verweigerte? Die Anerkennung des Thronprätendenten änderte nichts am Haß der Whigs, belebte aber die Hoffnung der Jakobiten.

Das so glorreich begonnene Jahr endete im Wetterleuchten. Offenbar war es noch nicht genug mit Koalition und Krieg und der erneuten Aussicht auf wirtschaftlichen Zusammenbruch – Pater Quesnel, das Orakel der Jansenisten, hielt es für angebracht, ein dreißig Jahre zuvor erschienenes Werk neu herauszugeben, den *Auszug aus der Moral des Evangeliums*. Damit weckte er den schlafenden Streit aufs neue, der dann erst mit der Monarchie selbst erlosch.

Als Herr des spanischen Reiches schien Ludwig stärker als in Rijswyk zu sein, aber ein schwächlicher Anhang ist für eine große Macht immer ein Unglück. Dieses Spanien, dieser »tote Körper, der sich überhaupt nicht mehr wehrt«, wie Fénelon sich ausdrückte, wog in keiner Weise den Verlust von zwei kräftigen Gegengewichten gegen die Feinde auf: Die Türkei war gelähmt, und Schwedens König Karl II., der sich für den wiedergeborenen Alexander zu halten schien, vertat seine Zeit im Kampf gegen Polen, nachdem er die Russen besiegt hatte.

Als Wilhelm III. seine Fäden fest und haltbar gesponnen hatte, durfte er auf Sieg rechnen, doch erlebt hat er ihn nicht mehr. Bis zum letzten Atemzug war der schwarzgekleidete kleine Mann mit seinen Angelegenheiten beschäftigt, bereitete er seine Rache vor. Er hatte das niederträchtige England, *this villanous country*, nie geliebt, das er nicht nach eigenem Gutdünken regieren durfte. Schon im Todeskampf, vermachte er seine flüssigen Gelder seinem Favoriten Keppel, Graf Albemarle, der alle Papiere Wilhelms verbrennen mußte. Der König starb am 19. März 1702.

Liselotte von der Pfalz, die nach ihren eigenen Worten in dem Kapitel der besonderen Liebschaften recht bewandert war, schrieb: »Mylord Albemarle wäre fast aus Kummer seinem Herrn ins Grab gefolgt. Uns war es nicht vergönnt, solche Freundschaft beim Tode meines Gemahls zu erleben.«

Ludwig verbot zwar Festlichkeiten, untersagte aber jedem, Trauer anzulegen, obwohl viele Prinzen und große Herren mit dem Haus Oranien verwandt waren.

Werkzeuge des Schicksals

Es ist erregend, in dem Augenblick, in dem Europa wieder zur Bühne eines ungeheuerlichen Trauerspiels wird, die Frauen und Kinder zu betrachten, die eine führende Rolle spielen werden.

Nach Wilhelm, dem verbitterten Helden, sieht England eine Prinzessin den Thron besteigen, die an Körper und Seele und am Gewissen leidet. Jakob II. hat seiner zweiten Tochter sterbend seine Verzeihung übermittelt und sie beschworen, dem Prinzen von Wales, ihrem Halbbruder, die Krone zu überlassen. Anna, sanft, gut, anhänglich, von mittlerer Intelligenz und ohne Ehrgeiz, ist erschüttert. Wäre sie frei, würde sie zweifellos zugunsten des Bruders verzichten, aber sie ist es nicht. Wohl oder übel muß sie als Aushängeschild dieser Revolution dienen, deren Triumph sie sichert, als sie ihre Kindespflicht der Zuneigung für ihre Freundin opfert.

Da stehen die beiden nun auf dem Gipfel, die trübselige Stuart, Mutter einer großen, in der Wiege verstorbenen Kinderschar, geplagt von Gicht und Wassersucht, von Gewissensbissen gequält – und ihr Dämon, ihre Tyrannin, die hochfahrende Sarah Marlborough, die eigentliche Herrscherin. Sie ist übrigens in sonderbarer Weise zumindest politisch mit Annas Ehemann, dem Trunkenbold Georg von Dänemark, verbunden, und sie ist die Seele der Whig-Partei. Annas Sympathie gilt den Tories, denen die Regierung zunächst anvertraut wird. Doch die eigentliche Macht übt die Favoritin aus, dazu ihr Mann und eine ihrer Kreaturen, Godolphin, der die Finanzen verwaltet.

Sarah, offiziell Großmeisterin der Garderobe, behandelt ihre erlauchte Gefangene grob und erspart ihr keine Szenen. Sie terrorisiert den Hof, bedrängt das Parlament, während ihr Mann zugleich den Krieg und die Diplomatie leitet. Mit dem Herzogtitel belehnt, beginnt sich das Ehepaar in großem Stil zu bereichern, durch Bestechungen, durch Plünderung eroberter Länder und durch Spekulationen.

Grundlage ihres gesamten Wirkens ist Annas unbegrenzte Vorliebe für Sarah – oder besser: die der Mrs. Morley für Mrs. Freeman. Denn immer noch zeichnen die beiden ihre schier unglaubliche Korrespondenz mit diesen Pseudonymen. Der Stuarttochter scheint es Freude zu machen, wenn sie in ihren Briefen ihre verworrenen Gefühle und ihre

Demut bekennen kann. Doch der Schein trügt. Swift hat es uns bestätigt. Anna ist längst der Mißachtung durch die Grausame überdrüssig und hat sie seit ihrer Thronbesteigung aus ihrem Herzen verbannt. Statt dessen sucht sie in tiefster Heimlichkeit die Zuneigung von Sarahs Kusine, der Kammerfrau Abigail Hill. Madame de Maintenon hat zehn Jahre gebraucht, um den Platz der Madame de Montespan einzunehmen, Abigail tut es ihr nach und braucht auch ein Jahrzehnt dazu, die Herzogin von Marlborough zu verdrängen.

Von London nach Madrid. Auch dort regiert eine Königin unter der Oberaufsicht einer Favoritin. Die Königin Marie Louise von Savoyen, die aus ihrem Mann eine Art Automat gemacht hat, ist vierzehn Jahre alt. Madame des Ursins, die Favoritin, sechzig. Ihrer Autorität entzieht sich nichts. Sie reicht Ihren Majestäten den Nachttopf und spinnt die geheimen Fäden ihrer Politik. Trotz dem Gehorsam, den sie Ludwig XIV. bezeugt, zieht sie allerdings manchmal zu sehr nach eigenen Vorstellungen an diesen Fäden, und zwar so geschickt, daß der aufgebrachte französische Gesandte sie in Versailles verklagt und ihre Abberufung erreicht.

Doch die kleine Königin »mit dem feurigen Herzen« will es anders. Sie stachelt Philipp V. an, in einen regelrechten Streik zu treten. Er weigert sich, irgend etwas zu unterschreiben oder auch nur seine Minister zu empfangen, bis der große Großvater, besiegt, ihm die unentbehrliche Camarera wiedergeschickt hat.

Natürlich tarnt der König seine Niederlage. Bevor Madame des Ursins ihren Posten wieder antreten darf, wird sie, ihren Spaniel unter dem Arm, in der Intimität von Marly empfangen, wo sie ihren geheimen Pakt mit Madame de Maintenon erneuert. »Nichts ist besser geregelt, Madame, als daß ich die Ehre habe, Ihnen alle acht Tage zu schreiben«, erklärt die Marquise der Camarera Mayor. »Sie waren, die eine wie die andere, was man als Familien-Botschafter bezeichnen könnte, mit der Aufgabe, die Bande zwischen den Höfen fester zu knüpfen und die Stimme des Blutes hörbar zu machen ... Ihre diplomatische Tätigkeit ist abgestimmt auf die unendlich kleine und doch allmächtige Hebelkraft der Empfindsamkeit von Königen ... Madame de Maintenon widmet sich dieser brieflichen Mission ... Diese geheime Rolle eines Ministers des Privatlebens entspricht ihr durchaus«, schreibt Madame Saint-René Taillandier.

Die alte Frömmlerin lebt zurückgezogen in ihrem Gemach, tut, als wüßte sie nichts von den laufenden Angelegenheiten, entwickelt aber eine überquellende Geschäftigkeit. Sie seufzt: »Ich bin ein Gespenst, das man von Bett zu Bett, von Nische zu Nische schleppt.« Ein Gespenst, das die meisten Herren dieser Welt verfolgt. Man hat später viel Unsinn darüber geschrieben. Aber niemals hat die schlaue Füchsin ihrem Gemahl irgend etwas verborgen, niemals einen Kurier zurückgehalten oder verhindert, daß eine Nachricht zum König gelangte. Der König verfügt über ein hervorragendes Spionagenetz und würde schnell die Wahrheit erfahren; sein Zorn wäre entsetzlich. Françoise geht ein solches Wagnis nicht ein. Im Gegenteil, ihre persönliche Politik besteht darin, die Gefahren zu vermeiden, das heißt, den Wünschen des Herrn zuvorzukommen und seinen Plänen schon zu dienen, ehe sie ausgesprochen worden sind. Philipp V. hat einmal einen seiner Agenten gewarnt: »Von Madame de Maintenon haben Sie keine Förderung zu erwarten, weil sie sich völlig an den Willen und die Wünsche des Allerchristlichsten Königs gekettet hat.«

Sie ist eine unruhige Egeria, deren Hauptsorge darin liegt, die Ratschläge zu erahnen, die man von ihr erwarten könnte. Doch es wäre falsch, ihre Rolle zu unterschätzen, denn sie schiebt heimlich den König den Dingen zu, für die er sich interessieren könnte. Auf dieser Linie behandelt sie auch das Kind, das mehr als sie selbst zählt. Die fünfzehnjährige Herzogin von Burgund ist das höchste Entzücken des Königs, sein einziger Trost in der niederschmetternden Eintönigkeit seines von der Uhr geregelten Lebens. Selbst die jungen Favoritinnen in ihren guten Zeiten haben nicht solche Bedeutung gehabt, denn ihnen konnte der König Rivalinnen geben. Doch Marie Adelaide könnte durch niemanden in der Welt ersetzt werden.

Der Herzog von Burgund ist endlich ein Heiliger im Sinne des Evangeliums von Cambrai geworden, und die Heiligkeit macht aus diesem von wilder Sinnlichkeit besessenen Jüngling einen so braven wie lästigen Ehemann. Marie Adelaide nutzt die Situation – nutzt sie aus. Ihre »gute Tante« Maintenon fürchtet sie insgeheim, während sie ihr reichlich Moralunterricht erteilt. Ist sie ihre stillschweigende Komplizin, wacht sie darüber, daß der König nichts von den Freiheiten erfährt, die sich die Prinzessin herausnimmt, von ihren sonderbaren Spielen mit den Lakaien, dem Schäkern mit Nangis und Maulevrier? Liselotte von der Pfalz versichert, es sei unglaubhaft, denn der König habe seine Augen und Ohren überall. Und diese Augen und Ohren verschließt der Großvater offenbar gern, um sich sein Glück zu erhalten.

Er nimmt alle Einfälle Marie Adelaides hin, läßt sich sogar in ihrer Gegenwart ein Klistier geben, aber alles unter einer Bedingung: Sie darf sich seinen Launen nie entziehen. So kommt es denn, daß die geliebte Prinzessin eine Fehlgeburt hat, weil sie allen Ratschlägen zum Trotz den König nach Marly begleitet. Und Ludwig antwortet auf die stummen Vorwürfe der Hofgesellschaft mit den abscheulichen Worten:

»Gott sei Dank ist sie verletzt, sie mußte es sein, und ich werde nun bei meinen Reisen und allem, was ich sonst unternehmen möchte, nicht mehr von den Ärzten und den nörgelnden Matronen behelligt. Man soll mich in Frieden lassen.«

Saint-Simon, der nur zu gern von diesem Auftritt berichtet, befriedigt damit zugleich seine Eitelkeit und seine Bosheit. Er schließt: »Es gefällt mir, daß ich es schon seit langem erkannt habe: Der König liebte niemanden in der Welt, und niemand galt etwas in seinen Augen. Er war sich selbst sein wichtigstes Ziel.«

Vielleicht ist Ludwigs Zärtlichkeit wirklich nur Selbstsucht. Sie erlaubt aber der Prinzessin, in seine Politik einzugreifen zugunsten ihres Vaters, des gefährlichen Herzogs von Savoyen. Marie Adelaide sorgt dafür, daß Catinat und schließlich auch Vendôme in Ungnade fallen. Der Savoyer hat ihr zu danken, daß sein Doppelspiel nicht bestraft wird, sondern daß er daraus höchsten Gewinn zieht.

Das also sind die Frauen, die »Feen«, wie man damals gern sagt, die dem Schicksal als Werkzeug dienen. Und die Männer? Die Große Allianz hat drei sehr verschiedene, die der Ehrgeiz und der Haß auf den Großen König einigen.

Heinsius' unversöhnliches Rachebedürfnis ist noch ein Vermächtnis von Louvois, der 1681 dem unverschämten kleinen Bürger mit der Bastille drohte, als er kam, um die Wiederherstellung des Fürstentums Orange zu fordern. Wilhelm hat seine Seele dem Großpensionär eingehaucht: Diese Seele ist die der Allianz geworden, ist ihr treibendes Element, ihre Leidenschaft. Schwarz gekleidet wie sein Vorbild Wilhelm, verkörpert Heinsius die Rache des protestantischen Republikanismus.

Für den ultramontanen Absolutismus spielt diese Rolle Prinz Eugen, »ein gewitzter italienischer Kenner der großen Schlachtenszenen«. Er ist schwächlich wie so viele große Heerführer, und sein eiförmiges Gesicht wirkt befremdlich. Sein fanatischer Franzosenhaß ist um so stärker, weil er enttäuschter Liebe entspringt. Da er dem Halbgott, dessen Geliebte seine Mutter gewesen ist, nicht dienen kann, will er dessen Vergötterung abschaffen. Aus der französischen Armee ausgeschlossen, formt er die Macht des österreichischen Staates (die etwas ganz anderes wird, als es die Macht des habsburgischen Reiches war).

Der Herzog von Marlborough hat weder den ideologischen Schwung von Heinsius noch die fast vatermörderische Wut Eugens. Ehrgeiz und Habsucht ersetzen beides. Drei Frauen haben ihm ermöglicht, so hoch zu steigen, daß er im Grunde der Nachfolger Wilhelms III. wird: seine Schwester Arabella, Geliebte von Jakob II., als der König noch Herzog von York war; seine eigene Mätresse Herzogin Barbara von Cleveland, Karls II. Favoritin; schließlich seine Frau Sarah, die erst allzusehr geliebte, dann gefürchtete Freundin der Königin Anna. Sein militärisches Genie und sein diplomatisches Geschick sind mit anderem

Maß zu messen als sein Charakter und seine sittliche Auffassung. Zu allem anderen besitzt er die Hartnäckigkeit einer Dogge – was sich in seinem Gesicht genau wie in dem Winston Churchills ausdrückt.

Die drei apokalyptischen Reiter erinnern an Ludwigs große Heerführer in seinen guten Jahren. Doch je härter seine Feinde werden, um so mehr scheinen die Franzosen ihre sprichwörtliche *furia* eingebüßt zu haben. Statt des heftigen Colbert, des grausamen Louvois haben sie jetzt den guten Chamillart. Liebenswürdige Persönlichkeiten sind auf den Plünderer Luxembourg, auf die Verheerer der Pfalz gefolgt. Da ist noch der alte Geck Villeroy, da sind die Generäle aus dem Hofstaat, Tallard, Marsin und der jüngere La Feuillade, Schwiegersohn von Chamillart.

Im Conseil keine staatsmännische Persönlichkeit. Im Halbschatten steht dem König ein Finanzmann ohnegleichen zur Verfügung, Samuel Bernard, der geheime Bankier der ausgewanderten Protestanten – wie es später die Rothschilds für einen entmachteten deutschen Fürsten waren. Bernards Kredit ist so groß, daß er ohne Ende im Ausland Anleihen aufnehmen kann, selbst und vor allem bei seinen Kollegen in den Seemächten. Auf diese Weise geht Ludwig XIV. nicht an den ungeheuren Kriegskosten zugrunde – er schuldet sie seinen schlimmsten Feinden!

Fünf Soldaten sind imstande, die Tradition der Condés und Turennes fortzusetzen, und vier davon gehören der königlichen Familie an. Zwei von ihnen, der Herzog von Chartres und Conti, werden aber unnachsichtlich ausgeschaltet: Noch hat der Geist der Fronde nicht aufgehört, sein Gift zu verspritzen.

Als Sprößling eines Bastards von Heinrich IV., ferner Sohn einer Mancini, entgeht der Herzog von Vendôme diesem Scherbengericht. Besser noch: Sein prinzlicher »Status«, den er dem Schürzenjäger Heinrich IV. verdankt, bildet einen Präzedenzfall zugunsten des Herzogs von Maine, und schon deshalb verzeihen ihm König und Marquise im voraus, was sie sonst empören könnte. Vendôme ist ein Fremdling in seiner Zeit. Er gehört zu den großen Bestien des 16. Jahrhunderts – und auch schon zu den »Roués«, den Lebemännern des 18. Jahrhunderts. Von seinem erlauchten Vorfahren hat er die bis zum Obszönen getriebene Vorliebe für Schlüpfriges, aber auch den Geist, die Kühnheit, die Tapferkeit, die Spielleidenschaft. Er muß viel essen und viel schlafen. Seine Tüchtigkeit und Begabung sind so groß, daß sie seine Nachlässigkeit und Trägheit aufwiegen. Der Atavismus der Mancinis dient zur Erklärung seiner sexuellen Neigungen, die man damals als »italienisch« bezeichnet und die er hochmütig an den Tag legt. Doch die Soldaten lieben ihn und folgen seinem weißen Helmbusch, wie ihre Vorfahren dem des Siegers von Ivry, Heinrich IV., gefolgt sind.

Berwick, ein Sohn von Jakob II. und seiner Geliebten Arabella Churchill, ist ebenfalls ein Bastard und ebenfalls ein Nachkomme Heinrichs IV. Wie die gemeinsame Abkunft Vendôme zum Vetter von Prinz Eugen macht, so ist Berwick durch seine Mutter ein Neffe Marlboroughs. Niemals hat ein Krieg so sehr einem Familienstreit geglichen. Ein kleiner Zufall könnte die Anführer durchaus ins andere Lager führen. Berwick hat die kriegerischen Talente der Bourbonen und der Churchills geerbt, und Frankreich kann sich glücklich schätzen, daß er in seinen Diensten steht.

Villars ist, was immer man munkeln mag, von weniger erlauchter Herkunft. Er wird »der am meisten und beständigsten vom Glück begünstigte all der Millionen Menschen, die unter Ludwigs XIV. langer Herrschaftszeit geboren worden sind«, meint Saint-Simon. Hier ist »ein General, wie geschaffen für die Franzosen, denen Fröhlichkeit, gepaart mit Mut, Vertrauen einflößt«, steht in den Erinnerungen von Duclos. Schon 1673 bei der Belagerung von Maastricht hat der König über ihn gesagt: »Wo immer man hinzieht, es scheint, als ob der junge Bursche aus der Erde steigt, um sich einzufinden.«

Ein schöner Mann, ein hochmütiger Mann, ein Prahlhans, »Sturzbach von Prahlereien, Reden wie ein Scharlatan, ein allzu beredtes, etwas närrisches Gesicht« – das ist Michelets Urteil. Villars erinnert an einen Maulhelden, sein Leben an eine Gasconnade. Doch während er die Heldenfiguren spielt, besitzt er auch deren Eigenschaften. Als großer Amateur auf der Bühne macht er auch aus seiner Karriere ein faszinierendes Schaustück. Sein »unermüdliches Glück« – sagt wieder Saint-Simon –, das aber nicht unverdient ist, bildet einen der wichtigsten Trümpfe seines Landes.

Schließlich ist da Ludwig XIV. selbst, ein Ludwig von vierundsechzig Jahren, die durchaus erkennbar werden in dem pompösen Bild aus dem Atelier von Rigaud und in dem berühmten Profil des bitteren alten Löwen, des verbrauchten, doch immer noch mißtrauischen, gebieterischen, unbeugsamen Königs. Keinesfalls bereit, dem Alter, den Zweifeln, der Müdigkeit, den körperlichen Leiden nachzugeben, will der König alles selbst leiten. Aus dem Appartement der Madame de Maintenon heraus lenkt er seine Armeen und seine Geschwader, führt er die nie ganz unterbrochenen Geheimverhandlungen, bekämpft das Ketzertum, wacht über der Vollendung des Hôtel des Invalides und der Kapelle von Versailles und sucht die Kammerherrn für den König von Spanien aus.

Es ist die Zeit der höchsten Unbeliebtheit und die Zeit der vollkommenen Unterwerfung. Niemand kann sich vorstellen, einen Befehl des Herrn zu mißachten, ja, ohne einen solchen Befehl zu handeln. Die Ironie des Schicksals ist grausam: Ludwig XIV. hat als

Kind die Schrecken erfahren, die aus Frankreichs Zerrissenheit wuchsen. Nach vierzig Jahren ständiger Mühen ist es ihm gelungen, aus diesem individualistischen, revolutionären Volk das Inbild von Ordnung, Zusammengehörigkeit, Einheit zu machen. Trotz den Emigranten, trotz Fénelon, Boiguilbert, den Jansenisten und den Verfassern der Schmähschriften folgt ihm Frankreich, wie es noch nie einem Oberhaupt folgte. Aber leider nimmt ihm die unerbittliche Natur im entscheidenden Augenblick die besten Früchte des Sieges. Weil er zu jung war, mußte Frankreich seine Aufstände bitter büßen. Weil er zu alt ist, wird es den Preis für seinen Gehorsam zahlen müssen.

Von den Cevennen bis an die Donau

Unberührt von den Entscheidungen der Außenpolitik lief der Mechanismus von Versailles untadelig weiter. Die Herzogin von Burgund spielte Komödie und sogar Tragödie *(Athalie)* und trug dabei die Kronjuwelen.

Im Februar kam die Meldung, daß Prinz Eugen Cremona angegriffen hatte und daß sich Villeroy dabei von einigen Kundschaftern gefangennehmen ließ. Befreit von ihrem General, hatten die Franzosen dann den Ort zurückerobert. Der Hof tuschelte zum großen Ärger des Königs, der einen versteckten Vorwurf heraushörte. »Er erklärte, er sei sehr erstaunt, ja empört über die Leute, die den Marschall in seinem Unglück verhöhnten; er fügte hinzu, er glaube, die Freundschaft, mit der er selbst Villeroy ehrte, habe ihm teilweise den Haß zugezogen. Er gebrauchte sogar das Wort Favorit, das er bis dahin niemals auf irgendeine Person angewandt hatte«, berichtet Dangeau.

Philipp V. reiste nach Italien, um sich seinen Untertanen dort vorzustellen und die geheimen Machenschaften seines Schwiegervaters zu durchkreuzen. Vendôme trat an die Stelle von Villeroy und begann einen Krieg gegen seinen Vetter Prinz Eugen, einen Krieg beiderseits voller Listen, Überrumpelungen, Märschen, kleinen, überflüssigen, immer aber blutigen Gefechten und Schlachten, in denen sich jeder von beiden als Sieger fühlte. Paris und Wien sangen nach der Schlacht von Luzzara sozusagen im Chor das *Te Deum*. Der arme Philipp gab sich zwar lobenswerte Mühe, verzehrte sich aber nach seiner Frau, bis ihm eine englische Landung in Andalusien den Grund lieferte, in die Arme der Liebsten zurückzukehren.

Seltsame Gerüchte kamen im Herbst aus Deutschland. Landau war verloren. Catinat wagte nicht, den Markgrafen von Baden, dessen Truppen sich im Schwarzwald verborgen hielten, anzugreifen, um nicht durch einen Fehlschlag den Weg nach Frankreich freizugeben.

Doch der König erhielt eine Botschaft von Villars, »der sich entschlossen hatte, Marschall von Frankreich zu werden oder unterzugehen«, und dem er erlaubte, das Abenteuer zu wagen. Als Villars bei Friedlingen gesiegt hatte, riefen ihn seine begeisterten Soldaten auf dem Schlachtfeld zum Marschall aus. Der König ernannte ihn offiziell dazu, und der Gascogner dankte mit der Eroberung von Kehl.

In der Freude über diesen Erfolg achtete der Hof kaum auf die Nachrichten über Unruhen, die sich in den Cevennen ausbreiteten. Seit der Vertrag von Rijswyk die Protestanten so bitter enttäuscht hatte, wanderten Prediger der verfolgten Konfession durchs Gebirge; sie hielten Versammlungen ab. Basville, Intendant des Languedoc, berichtete darüber und forderte mitleidlose Unterdrückung, mit der ein Abbé du Chayla, Beauftragter für das Missionswesen in der Diözese Mende, so übereifrig begann, daß man ihn ermordete. Damit war das Zeichen zum Aufstand gegeben.

Gédéon Laporte, der erste Führer der Camisarden (sie hießen *camisards,* weil sie im bloßen Hemd, *chemise,* kämpften), starb bald darauf. Sein Nachfolger wurde sein Neffe Pierre Laporte, »Roland« genannt. Dessen rechte Hand war ein Zweiundzwanzigjähriger, wegen seiner blonden Haare und blauen Augen allgemein bewundert; er hieß Jean Cavalier und war erst Schäfer, dann Bäcker geworden. Ein Partisanenkrieg entwickelte sich, der die schlimmsten Greuel mit sich brachte.

Die Aufständischen loderten in mystischen Zorn, der nicht weniger mörderisch war als die Wut ihrer Feinde. Sechs Monate lang bemühte sich Basville um das Verdienst, den Aufstand selbst niederzuschlagen, doch Chamillart zögerte. Dadurch gewannen die Camisarden Zeit, sich zu organisieren. Anfang 1703 mußte sich der König überzeugen lassen: Dem Bürgerkrieg, Alptraum seiner Kindheit, dessen Wiederkehr er immer befürchtet hatte, mußte er am Ende eines halben Jahrhunderts wieder entgegentreten. Ein roher Mann, der Marschall von Montrevel, erhielt nun den Auftrag, ihn zu beenden.

Bald mußte Ludwig unter seinem Panzer ewiger Heiterkeit neue Schläge hinnehmen. Der Herzog von Savoyen, Schwiegervater von zweien seiner Enkel, ging ins feindliche Lager über. Der König von Portugal tat es ihm nach. Zum Glück gab es aber Vendôme, der die savoyardischen Truppen entwaffnete, zum Glück gab es auch Villars. Da Bayern bedroht war, erhielt der Marschall den Befehl, durch den Schwarzwald zu ziehen, um den Kurfürsten Max Emanuel zu unterstützen. Die Expedition, so berichtet Villars in seinen *Erinnerungen,* »war nur möglich, weil man sie für unmöglich hielt«. In Villingen vereinigten sich die französischen und die bayerischen Truppen. Die Kaiserlichen gerieten in Unruhe, der Weg nach Wien lag offen. Und in diesem Augenblick erhoben sich die Ungarn.

Nun, Villars war besser dazu geeignet, »dem Staat gut zu dienen, indem er nur seinem Genie folgte, als in Übereinstimmung mit einem Fürsten zu handeln«. Der Kurfürst wollte zum Schutz seines Landes Tirol besetzen, doch Villars führte ihn fast mit Gewalt über die Donau und entschloß sich, eine Schlacht anzunehmen, um die kaiserliche Armee unter Graf Styrum zu hindern, sich mit der des Markgrafen von Baden zu vereinen. Der Bayer war gegen die Schlacht. Villars setzte sich zum großen Zorn des Fürsten durch, der sich nun wider Willen schlagen mußte. Es kam zum Sieg von Höchstädt, der mit knapper Not gewonnen wurde: Beide Seiten gerieten im selben Augenblick in Panik, doch Villars hatte seine Leute als erster wieder gesammelt und triumphierte. Am 20. September 1703 zog der Kurfürst in Augsburg ein.

Tallard und Vauban nahmen unter dem nominellen Oberbefehl des Herzogs von Burgund Altbreisach und Landau ein und schlugen die Kaiserlichen bei Speyer. Das Bajonett entschied über den Erfolg dieses Tages, der auf gewisse Weise zum Schwanengesang der Hieb- und Stichwaffen wurde.

Ludwig XIV. glaubte, das Glück noch einmal erzwungen zu haben. Tallard hatte ihm geschrieben: »Sire, Ihre Armee hat mehr Standarten und Fahnen erbeutet, als einfache Soldaten verloren.« Der Kaiser dachte an Flucht aus Wien; der ungarische Aufstand unter der Führung von Fürst Rákóczi breitete sich aus; die habsburgische Monarchie schien dem Zerfall nahe. Und in den Niederlanden banden Zwistigkeiten zwischen Engländern und Holländern Marlborough die Hände. Die Sonne der Bourbonen stieg zum Zenit.

Indessen mischten sich Mißtöne in die Harmonie des *Te Deum*. Im Languedoc griff der Krieg weiter um sich. Marschall de Montrevel, der sein Gewissen von vornherein durch einen allgemeinen Ablaß beruhigt hatte, führte ein wahres Schreckensregiment. Einmal ließ er dreihundert Hugenotten zusammen in einer Mühle verbrennen, in die sie sich geflüchtet hatten. Die Henker hatten vollauf zu tun mit Rädern, mit Köpfen. Ein Einsiedler predigte einen neuen Kreuzzug in der Art, wie man vor Jahrhunderten die Albigenser ausgerottet hatte. Alles aber nahm den schwer zu fassenden Camisarden nicht den Mut, und sie selbst brachten ebenfalls ihre Gefangenen auf grausame Weise um. Ohne daß sie darum gebeten hatten, erhielten sie Hilfe aus Genua, Turin, Holland und schließlich England. (Aber erst, nachdem man Königin Anna, die Puritaner und Pöbel haßte, eingeredet hatte, es gebe einen »Grafen von Cevennes«.) Man setzte eine voll ausgerüstete Armee mit Artillerie gegen sie ein. Ohne Erfolg. Im September 1703 nahm der König Basvilles Vorschlag an, fünfhundert Dörfer auf den Hochebenen zu zerstören: Hunger und Kälte würden im Winter die Rebellen vernichten. Frauen, Kinder und Greise vertrieben die Soldaten mit

Stockschlägen aus ihren Unterkünften, die gesunden Männer begaben sich zu den Kämpfenden und verstärkten deren Kampfkraft. Als der Hunger sie plagte, kamen sie von den Bergen herunter, schlichen um die Städte und ließen es zu blutigen Kämpfen kommen.

Die Camisarden gehörten, wie Saint-Simon es nennt, ausnahmslos »zur Hefe des Volkes«, und der Adel ihrer Glaubensgemeinschaft sah sie keineswegs freundlich an. Einer dieser adligen Protestanten, der Baron d'Aigalliers, begab sich nach Versailles, wo er Chamillart erklärte, »daß die Verfolgung nur den Aufstand in die Länge ziehe und daß man den Neubekehrten vertrauen und ihnen Waffen geben sollte – dann würden sie die Camisarden entweder überzeugen oder bekämpfen«.

Der König überdachte noch diesen Vorschlag, als neue Nachrichten über die Streitigkeiten zwischen Villars und dem Kurfürsten von Bayern kamen. Max Emanuel ließ sich nicht von Tirol abbringen und war bereit, dafür zu kämpfen. Seine Beziehungen zum Marschall wurden so gespannt, daß er die Abberufung des unerträglichen Kriegshelden forderte. Und hier ist wieder ein Punkt, an dem die Historiker Ludwig XIV. einhellig tadeln. Mit Recht? Der Bayer war der einzige Verbündete Frankreichs, und, was noch schwerer wog, sein Kandidat für die Nachfolge Leopolds. Ihn zu verärgern und vielleicht der Allianz in die Arme zu treiben wäre purer Wahnsinn gewesen. Andererseits wurde die Lage in den Cevennen zunehmend ernst, und Villars besaß gerade die Eigenschaften, die für die soeben beschlossene Politik der Befriedung nötig waren. Der König hatte also schwerwiegende Gründe, den Marschall zurückzuberufen und ins Languedoc zu schicken.

»So viele Händel im Innern und im Ausland hinderten nicht, daß man sich in Versailles auf den Bällen vergnügte«, berichtet Saint-Simon. Villars bewies auch bei seinem neuen Auftrag seinen gewohnten Schwung, der seiner durch nichts zu verwirrenden, gründlichen Tüchtigkeit zugute kam. Er versprach Gewissensfreiheit (ohne die geringste Aussicht, sie zu erreichen), Auslieferung der Gefangenen, Ende der Hinrichtungen. Aigalliers half ihm, den jungen Cavalier, den man »David« nannte, umzustimmen.

Der Junge verdankte seine Autorität seinem Mut und seiner »Prophetin«, der »großen Marie«, die immer dann, wenn man ihm nicht gehorchte, eine Eingebung vom Himmel erhielt, die den Schuldigen zu sofortigem Tod bestimmte. Doch Cavalier erlag der Versuchung, eine Ernennung zum Oberst zu erhalten, zwölfhundert Livres Einkommen, dazu das Kommando über ein Regiment – vor allem aber ließ er sich durch die Aussicht verführen, seinen König sehen zu dürfen. So opferte der Fanatiker seinen schrecklichen Gott der Bewunderung für den lebenden Halbgott. Villars spazierte triumphierend quer durch Nîmes.

Roland versuchte standzuhalten. Es gelang ihm nicht. Der Marschall ließ die Galgen niederlegen, sprach von Toleranz, und das Land sehnte sich nach Frieden. Im Sommer darauf ließ sich Roland töten, und das Feuer des Aufstands erlosch. Doch das der Scheiterhaufen flammte auf. Während Villars ruhmbedeckt nach Versailles zurückkehrte, organisierte Basville, unterstützt durch die jetzt Berwick unterstellten Truppen, die gerichtliche Verfolgung. Es ist kaum möglich, die Zahl der Opfer zu schätzen. Man hat von zwölftausend Menschen gesprochen, und es läßt sich nicht behaupten, die Zahl sei übertrieben.

Cavalier wurde seinem Wunsch entsprechend nach Versailles gebracht. Man stellte ihn an einer Treppe auf, die der König herunterkommen mußte. Ludwig XIV. erschien, neugierig auf den heldenhaften Schäfer, der ihn zum Verhandeln gezwungen hatte. Er sah nur einen sehr kleinen Blonden und zuckte die Achseln. Das war der Epilog auf die Bruderkriege, die vor hundertvierzig Jahren in Frankreich von den Religionen entfesselt worden waren.

In seinem Stolz gekränkt, verließ Cavalier sein Land und nahm Dienste in England. Auch er begann seinen König mit der Verbissenheit des enttäuschten Liebenden zu bekämpfen. Kein Staatsoberhaupt hat solche leidenschaftlichen Gefühle geweckt wie Ludwig XIV.

So verging der Traum

Das Jahr 1704 begann unter günstigen Vorzeichen. Die Herzogin von Burgund war schwanger, und der ganze Hof, grollt Liselotte von der Pfalz, hatte nichts im Sinn, als sie durch kleine Mahlzeiten, durch Feuerwerke und andere Belustigungen zu zerstreuen. »Ein seltenes Glück machte Ludwig XIV. zum Urgroßvater in einem Alter, wo er noch über volle Kraft und Gesundheit verfügte.«

Beruhigt über die Fortdauer seiner Dynastie, durfte der König durchaus damit rechnen, daß seine Nachkommen Herren des Westens sein würden. Zum viertenmal[1] tauchte diese Vision vor ihm auf: Dreimal war sie von der feindseligen Wirklichkeit weggewischt worden: 1668, als die Seemächte »die Sonne anhielten«; 1672, als die Holländer ihr Land überfluteten; 1683, als Johann Sobieski die Türken verjagte. 1704 schienen die Verhältnisse auf andere Weise günstig. Das spanische Reich war von den Habsburgern auf die Bourbonen übergegangen. Leopolds Reich zerfiel, und ein siegreicher Feldzug mußte genügen, den getreuen Wittelsbacher auf den Platz des Habsburgers zu befördern,

[1] Wohlverstanden: Es ging um die Oberherrschaft der Autorität, nicht um eine napoleonische Diktatur oder eine Herrschaft der Unterdrückung, wie sie Hitler vorschwebte.

München statt Wien zur Hauptstadt Mitteleuropas zu machen. Ein solcher Empfang mußte wiederum das neue, so gebrechliche politische System Englands von Grund auf erschüttern; Königin Anna würde nur zu glücklich sein, ihrem Bruder den Thron zu überlassen, und ganz Europa dürfte die Strahlen des Sonnenkönigs genießen.

Ende des Winters arbeiteten Ludwig XIV., Chamillart und die Generäle ihre Pläne aus. Es wurde beschlossen, daß Villeroy, zum Befehlshaber in Flandern ernannt, in der Defensive bleiben und daß der Feind in Deutschland durch drei Armeen angegriffen werden sollte, eine bayerische und zwei französische, die Tallard und Marsin befehligen sollten. In Italien sollte Vendôme eine große Offensive gegen den Herzog von Savoyen beginnen.

Leider aber verfügte Ludwig XIV. nicht mehr über das großartige Kriegsinstrument, das er Louvois' gewalttätigem Genie verdankt hatte – und es wurde ihm nicht bewußt. »Die Würden und militärischen Belohnungen wurden unter dem Ministerium Chamillart verschwendet. Man gab zu jungen Leuten die Erlaubnis, ein Regiment zu kaufen, sobald sie kaum der Kindheit entwachsen waren, während bei den Feinden ein Regiment die Belohnung für zwanzigjährige Dienste war. Das Ritterkreuz vom heiligen Ludwig, eine 1693 vom König gestiftete Auszeichnung, nach der die Offiziere strebten, wurden seit Chamillarts Amtsantritt für fünfzig Taler im Kriegsministerium verkauft. Die militärische Disziplin verfiel auf verhängnisvolle Weise: Weder die Zahl der Soldaten in den Kompanien noch die der Offiziere in den Regimentern war jemals vollständig ... Die Magazine waren unzureichend, nicht schnell genug greifbar, die Waffen nicht mehr von tadelloser Qualität«, so analysiert Voltaire die Lage.

Der König war kein militärisches Genie. In der Zeit, als die besten Heerführer der Zeit seine Truppen führten, hatte er sich wenig um Strategie gekümmert, doch jetzt glaubte er sich an Erfahrung ihren Nachfolgern überlegen, obwohl man deren Unfähigkeit – mit Ausnahme von Villeroy – übertrieben hat. Aber diese Männer waren leider Hofleute, am Hof groß geworden, behaftet mit der Schwäche von Höflingen. Sie kannten die Wünsche des Königs zu gut, sie gingen zu sehr auf ihn ein, sie zwangen ihm sozusagen die Rolle des Generalissimus auf – und der Krieg wurde von Versailles aus geführt.

Er begann wieder im Mai und verlief zunächst günstig für die Franzosen. Die vereinigten Truppen Marsins und des Kurfürsten von Bayern bereiteten sich schon auf den Marsch nach Wien vor, rührten sich dann aber doch nicht vom Fleck: Marlborough, der sich nicht scheute draufloszustürmen, hatte plötzlich mit seiner Armee die Niederlande verlassen, und es war völlig unklar, wohin er sich wenden wollte. Man wartete also ab. Man erwartete ihn an der Mosel, man erwartete ihn im

Elsaß. Dann vernahm man plötzlich, daß er den Main überschritten hatte und schon in Schwaben stand, während Prinz Eugen aus Italien heranmarschierte, um sich mit Marlboroughs Streitmacht zu vereinen.

Der Kurfürst und Marsin riefen um Hilfe. Villeroy, der mehrere hervorragende Gelegenheiten zum Handeln nicht genutzt hatte, verständigte sich mit Marsin. Beide wandten sich an den Herrn, und statt einen Plan erhielt der König deren vier. Er schickte ein langes Schreiben zurück, in dem er seine Ansichten darlegte, gab aber keine Befehle. Villeroy, der vor allem die königliche Gunst nicht verscherzen wollte, antwortete: »Eure Majestät versteht sich besser auf den Krieg als jene, die Ihnen zu dienen die Ehre haben.«

Er schrieb es am 18. Juni. Am 22. erklärte der Generalleutnant Legalle dem König die drohende Gefahr: Bayern konnte erobert, der Kurfürst, seine und Marsins Truppen konnten vernichtet werden. Erschüttert traf Ludwig jetzt eine Entscheidung: Villeroy sollte sich in Offenburg halten, Tallard durchs Gebirge ziehen und dem Kurfürsten und Marsin vierzig Bataillone und fünfzig Schwadronen Verstärkung zuführen. Leider aber hatte Tallard nichts von Villars Ungestüm. Er war schon entmutigt, ehe er überhaupt aufbrach. »Eure Majestät«, schrieb er jammernd, »kann nicht auf einer Entscheidung bestehen, die so gewaltige Schwierigkeiten mit sich bringt ... Ich wäre ja vollständig abhängig von den Entschlüssen des Feindes.«

Und der Feind konnte sich um so bequemer vorbereiten, als er einen Spion in Chamillarts Büro untergebracht hatte und auf diese Weise den französischen Kriegsplan erhielt. Die beiden Heerführer trafen sich, der rosige, träge, »schöne Engländer« Marlborough und der kleine, temperamentgeladene Prinz Eugen mit dem olivfarbenen Teint. Am 2. Juli errangen sie bei Donauwörth einen blutigen Sieg über den kurfürstlichen General Graf Arco; dann nahmen sie Schellenberg ein. Marlborough verwüstete Bayern, winkte dem Kurfürsten indessen mit einem Friedenszweig, und Max Emanuel war trotz Marsins Drohungen schon fast bereit, ins andere Lager überzugehen, als man ihm die bevorstehende Ankunft Tallards meldete.

Inzwischen bedrohte Eugen das Elsaß, um Villeroy zu täuschen. Als die List entdeckt wurde, befahl der König dem Marschall, Tallard zu unterstützen. Doch diesmal fand er keinen Gehorsam. Villeroy, eingeschüchtert durch die eindrucksvollen befestigten Linien von Stollhofen, aus dem die Truppen übrigens fast völlig abgezogen worden waren, blieb unbeweglich – er spielte nicht mehr mit.

Am 4. August erreichte Tallard Augsburg, und als sich seine Truppen mit den kurfürstlichen und mit Marsins Armee vereinigten, waren alle drei Heerführer beruhigt und mutig. Der König erhielt einen zuversichtlichen Brief von Tallard: »Von den Höhen Biberbachs aus werden wir sehen, was der Feind unternimmt, und unsere eigenen Bewegungen danach richten in dem Augenblick, wo die dreizehn Bataillone und sechzehn Schwadronen, mit denen der Kurfürst seine Armee verstärken will, uns gestatten, den Feind noch enger einzukreisen. Wir werden ihn nicht leichten Kaufs davonkommen lassen.«

Der Marquis de Feuquières, ein strenger Militärkritiker, hat zwölf schwere Fehler festgestellt, die der Kurfürst und die beiden französischen Marschälle vor und während der Schlacht begingen, von der Europas Schicksal abhing. Die schlimmsten Fehler waren sicherlich, die beiden Heere zu trennen und die Infanterie im Dorf Blenheim (Blindheim) zur Untätigkeit zu zwingen.

Die Schlacht entfaltete sich am 13. August rund um Höchstädt, wo Villars im Jahr zuvor triumphiert hatte. Am Morgen war die militärische Überlegenheit der Franzosen so unwiderstehlich, so zermalmend wie die Spaniens am Vorabend von Rocroi. Am Abend war sie dahin. Und die große Hoffnung Ludwigs XIV. war unwiederbringlich ins Land der Träume verwiesen wie die seines Vorfahren Karl V.

Der Herzog der Bretagne, Sohn des Herzogs von Burgund, kam am 25. Juni zur Welt, und seitdem nahmen die Festlichkeiten kein Ende. Bei einem Fest hatte Mars, von Nymphen und Kriegern umgeben, dem Großen König seine Huldigung dargebracht. Man schwebte im siebten Himmel, als dann am 21. August (acht Tage nach dem Ereignis!) ein Kurier von Villeroy Briefe zahlreicher französischer Offiziere brachte, die in Gefangenschaft geraten waren und vom Sieger die Erlaubnis erhalten hatten, ihre Familien zu benachrichtigen.

Villeroy selbst begnügte sich mit der Meldung, Tallards Heer sei vernichtet. Besorgt öffnete der König die Briefe der Gefangenen, fand aber nicht, was er suchte. Sechs Tage lang »währte diese unerträgliche Lage, daß er zwar wußte, in Bayern sei alles verloren, aber nicht, wie es vor sich gegangen war; die wenigen Leute, deren Briefe anlangten, begnügten sich, ihre eigenen Erlebnisse zu erzählen ... niemand fühlte sich gedrängt, das ganze Unheil zu schildern; man fürchtete um seine Briefe und wagte nicht, sich über Tatsachen oder Personen zu äußern ... Die traurige Kapitulation der Infanterie bei Blenheim wurde als erstes erkennbar ... Der König versuchte, sich selbst ein Bild zu machen ... Man setzte Stück für Stück von dem zusammen, was jeder einzelne wußte, um daraus ein unübersichtliches Ganzes zu machen. Der König begriff so wenig wie jemand anders, warum eine ganze Armee in und um ein Dorf herum gelegt worden war und warum diese Armee mit einer förmlich unterzeichneten Kapitulation in Gefangenschaft geriet. Es verschlug einem die Sprache«, berichtet Saint-Simon.

Aber gerade das wollte Ludwig nicht, nur keine Bestürzung! Er zeigte sich nicht nur unerschütterlich und kühl, zeigte nicht nur eine ungewöhnliche Festigkeit, sondern sagte auch keines der bereits angesetzten Feste ab, die immer noch zu Ehren des Herzogs der Bretagne gefeiert wurden. Am 27. August veranstaltete man in Meudon beim Dauphin – »Monseigneur« – ein Feuerwerk, »dessen Darbietungen galant und großartig waren« und dem auch der König zusah. Am 28. ordnete Paris ein noch prächtigeres »Feuer« an. Von den Fenstern des Louvre aus sahen die Prinzen und der Hof, »üppig versorgt mit Genüssen und Erfrischungen«, am Himmel die Seine, die über die Themse und die anderen Flüsse Europas triumphierte.

Wie sich das Gegenteil zugetragen hatte, erfuhr man endlich am nächsten Tag, dem 29. August. Marlborough hatte einem seiner Gefangenen, dem Marquis de Silly, erlaubt, dem König Bericht zu erstatten. »Man war an Unglück nicht gewöhnt. Dieses kam nun wirklich unerwartet«, heißt es bei Saint-Simon. Von den 60 000 beteiligten Franzosen hatten sich kaum 20 000 retten können. 9 Generäle waren tot, Tallard gefangen, 100 Kanonen, 24 Mörser und 171 Standarten dem Feind in die Hände gefallen.

Doch es kam noch schlimmer. Villeroy, der den Besiegten helfen wollte, hätte das Unglück verhindern, hätte mindestens einen Teil Bayerns retten können. Doch es gelang ihm nicht. Die verstörten Reste von Marsins Truppen brachten in Villeroys Reihen Verwirrung und Panik. Von den Marschällen bis zum letzten Infanteristen dachte jeder nur daran, sich zu retten. Hundert Meilen Terrain gingen in drei Wochen verloren.

Und der Sieger schlief nicht, Marlborough blieb Villeroy auf den Fersen und hoffte, ihm an den befestigten Linien an der Queich und der Lauter eine neue Schlacht zu liefern. Doch Villeroy gab die Stellungen lieber auf, weil er wußte, daß seine Soldaten moralisch nicht in der Lage waren zu siegen. Landau fiel wieder in die Hände der Verbündeten. »Niemals«, so schrieb Chamillart an Marsin, »hätte ich geglaubt, daß der Tag von Höchstädt so verheerende Folgen haben könne.« Deutschland war den Franzosen verloren, Habsburg gerettet und triumphierend.

Ludwig zeigte seine wahre Größe, als er die ganze Verantwortung für die Tragödie einzig und allein auf sich nahm. Dieser so harte Mann, der so viel verlor, richtete kein Wort des Vorwurfs an seinen Verbündeten oder an seine Generäle. Er schrieb dem nach Brüssel geflohenen Kurfürsten, ihm gehe sein Unglück mehr als die französische Niederlage zu Herzen. Er beruhigte Marsin, billigte dessen Verhalten. Über den unglückseligen Tallard äußerte er nur: »Ich leide mit dem Marschall und bin tief betroffen durch seinen Schmerz über den Verlust seines Sohnes.« Schließlich schrieb er dem lieben Villeroy: »Seien Sie über das Geschwätz der Leute erhaben. Sie haben gehandelt, wie es nach Ihrem Ermessen meinen Interessen am besten entsprach. Als Sie eine unangebrachte Kühnheit zurückwiesen, zu der es keinen Anlaß gab, haben Sie sich mehr um meine Armee und meinen Staat als um Ihr persönliches Ansehen gekümmert. Nichts könnte mich besser von Ihrer Ergebenheit für mich überzeugen.«

Der Monat August 1704 gehört zu den glanzvollsten der englischen Geschichte. Neun Tage vor Höchstädt hatte Admiral Rookes Gibraltar eingenommen, das für unbezwingbar gehalten, aber nicht verteidigt wurde: Die Engländer drangen ein, als die fünfzig »Zerlumpten« der Garnison in der Messe waren. Ein französisches Geschwader unter dem Grafen von Toulouse, das Hilfe bringen wollte, wurde abgeschlagen, ein anderes vom Sturm vernichtet, dem getreuen Bundesgenossen der Briten in entscheidenden Augenblicken. »Seit diesem Tag sah man keine großen französischen Flotten mehr auf dem Ozean oder auf dem Mittelmeer. Die Marine fiel fast wieder in den Zustand zurück, aus dem Ludwig XIV. sie herausgehoben hatte, wie so viele andere bedeutende Dinge, die unter ihm ihren Anfang und ihren Untergang zugleich erlebten«, meint Voltaire.

Die politische Achse der Welt hatte sich verschoben. Man merkte es, als der junge Erzherzog Karl nach London reiste und bescheiden mit Anna, der Thronräuberin, verhandelte. Er erhielt eine Flotte, Truppen und Geld und konnte damit nach Lissabon segeln und schließlich Valencia und Murcia erobern. Ein Original, der Graf Peterborough, der auf eigene Kosten Krieg führte, gab ihm Katalonien und Barcelona. Der französische Marschall de Tessé erlitt eine schwere Niederlage, als er Barcelona zurückerobern wollte. Man mochte sich fragen, was Frankreich mehr gekostet hatte – Spanien zu erobern oder Spanien zu halten.

Der Kaiser verdankte alles England, zu dessen Klientel er jetzt gehörte. Trotzdem verweigerte Leopold der Königin Anna unbeugsam den Titel »Majestät« und dankte nur »Euer Durchlaucht«.[1]

Die olympische Maske

Viele Historiker haben die Ansichten ihrer Vorgänger übernommen, die ihrerseits wieder von Zeitgenossen abschrieben, obwohl gerade die zeitgenössischen Schriftsteller die Staatsgeheimnisse nicht kennen konnten. Man liest deshalb in einer ganzen Reihe von Büchern, der

[1] Das Oberhaupt des Heiligen Römischen Reiches Deutscher Nation nahm den Titel Majestät ausschließlich für sich in Anspruch. Mit dem Allerchristlichsten König hatte es allerdings eine Art Kompromiß gegeben.

König habe nach dem Donnerschlag von Höchstädt sofort seinen Optimismus, seine Illusionen, seine Hoffnungen zurückgewonnen. Gerade diesen Eindruck wollte er wecken, was ihm dank seiner olympischen Maske mühelos und vollständig gelang. Doch die Wirklichkeit sah anders aus.

Ludwig erfaßte sofort, welche Veränderung sich vollzogen hatte und daß er so rasch wie möglich aus diesem Krieg ausscheiden müsse. In Holland gab es eine kleine Minderheit, die mit der Bevormundung durch England unzufrieden war. An diese Leute wandte sich Ludwig mit dem Vorschlag, zu den Teilungsverträgen zurückzukehren. Mehrere Kombinationen wurden erwogen, Landstriche und Menschen wie Waren angeboten – aber es führte zu nichts. Im April setzte sich Heinsius durch, die Verhandlungen wurden abgebrochen. Aber schon keimte Zwiespalt zwischen Engländern und Holländern, vor allem bei den Generälen.

Beide Seiten machten vor dem Feldzug von 1705 gewaltige Anstrengungen. Die Verbündeten hoben 250 000 Mann aus, Frankreich und Spanien fast 200 000, eine kaum glaubliche Zahl, denkt man an den Zustand ihrer Finanzen: Zur Zeit Colberts nahm der Staat alljährlich 112 Millionen ein und gab 116 Millionen aus; die Schulden wuchsen auf 160 Millionen. Jetzt betrugen die Einnahmen 50 Millionen, die Ausgaben 220 Millionen, die Schuld anderthalb Milliarden. »Geldzettel«, die Vorläufer der Banknoten, vervielfachten sich. Samuel Bernards Tourneen als Magier bewirkten echte Wunder: Der Bankier lieferte den Armeen 1704 und 1705 36 Millionen, im Jahr 1706 42 Millionen. (J. Saint Germain, *Samuel Bernard.*) Bei soviel Geld kam der König nicht auf den Gedanken, die Prachtentfaltung einzuschränken, den Reigen der Feste zu unterbrechen, die ihm erlaubten, alle jene unter Augen zu behalten, die auf rebellische Gedanken kommen konnten. Leider aber wandte sich das System gegen seinen Erfinder: Als er den Geist des Aufruhrs brach, lähmte er auch Initiative und Talente.

Der Tod des kleinen Herzogs der Bretagne, den die Ärzte umbrachten, traf Ludwig in einem Augenblick, als Frankreichs Schicksal auf dem Spiel stand. Marlborough hatte vor, in diesem Jahr den endgültigen Sieg zu erzwingen. Ihm stand Villars, der sein altes Kommando wiedererhalten hatte, in der Nähe von Trier gegenüber, und der ungestüme Gascogner brannte geradezu auf den Kampf. Diesmal war es der Engländer, dem es an Kühnheit fehlte. Sein intimer Feind, der Markgraf von Baden, hatte ihm nicht rechtzeitig die erwartete Verstärkung zugeführt, und Marlborough wich der Schlacht aus. Seltsamerweise entschuldigte er sich mit einem Brief bei Villars: »Gewähren Sie mir die Gerechtigkeit, mir zu glauben, daß mein Rückzug der Fehler des Markgrafen von Baden ist und daß ich Sie um so mehr schätze, als ich Ihnen keineswegs grolle.«

Zwei Monate danach glaubte Marlborough in Flandern, nicht weit von Waterloo, Genugtuung zu finden, da die Heere, die er angreifen wollte, von Villeroy und Max Emanuel, dem neuen Gouverneur der spanischen Niederlande, befehligt wurden. Doch die holländischen Generäle mochten ihn ebensowenig wie die deutschen und hinderten ihn, sich vom Platz zu rühren. So fiel Villeroy das unerwartete Glück zu, Flandern zu retten.

Vendôme rettete Italien für Frankreich, als er Eugen bei Cassano schlug, und zwar so gründlich, daß der König beschloß, Turin zu belagern und – zum großen Kummer von Marie Adelaide – den Herzog von Savoyen zu vernichten. In Spanien, wo Berwick an der Spitze der französischen Truppen stand, vollzog sich eine Art Wunder. Marie Louise von Savoyens feuriges Herz glühte für ihr neues Vaterland. Sie hatte aus ihrem Ehemann einen echten spanischen Fürsten gemacht, und das Volk verehrte beide. Aus französischer Sicht schien es das einzige, aber immerhin erreichbare Ziel des Krieges zu sein, dem Erbfeind von einst die Dynastie zu gewähren, die er selbst wünschte.

Kaiser Leopold, seit langem krank, erlebte den Ausgang des Konflikts nicht mehr. Er liebte leidenschaftlich die Musik und ließ, nachdem er mehrmals die Sakramente erhalten hatte, Geigen kommen, bei deren Klang er entschlief. Saint-Simon hat uns ein eindringliches Bild seiner Persönlichkeit und seiner Regierung entworfen: »Grobe Häßlichkeit, ein gewöhnlicher Gesichtsausdruck, eine Einfachheit, die kraß vom kaiserlichen Pomp abstach, hinderten ihn nicht, die Machtvollkommenheit weiter als jeder seiner Vorfahren auszudehnen, sieht man einmal von Karl V. ab ... Er ließ den Krieg immer nur von Generälen führen, mit denen er auch ungewöhnlich viel Glück hatte. Eine ebenso glückliche Hand bewies er in der Auswahl seiner Minister, so daß sein Kabinett immer das beste in ganz Europa war ... Mit einem Wort: Er war geschickt, er war stolz, er handelte immer folgerichtig in seinen Plänen und in seinem ganzen Auftreten, er hatte Glück bei allem, auch in seiner Familie.«

Sein ältester Sohn folgte ihm als Kaiser Joseph I. Er ließ es Ludwig XIV. durch den Nuntius verkünden – denn auch im Kriege ruhte das Zeremoniell nicht –, und Ludwig ordnete Trauer in Violett an. Er selbst war nun fast siebenundsechzig Jahre alt, und der Tod seines Schwagers wird ihn in den qualvollen Nächten, in denen ihn die Gicht nicht schlafen ließ, auf vielerlei Gedanken gebracht haben. Doch seine Leiden und seine Sorgen durften nicht sichtbar werden. Das kleinste Zeichen von Schwäche, von Entmutigung konnte der schlimmsten Unordnung Tür und Tor öffnen. Der Winter brachte wieder viele Bälle in

Versailles und Marly. Während des Karnevals von 1706 nahm Seine Majestät selbst an einer Maskerade teil, wobei er »immer eine Robe aus Gaze über seinem Anzug trug«.

»Man hat kein Glück . . .«

Solange er das Glück an seiner Seite fühlte, hatte Ludwig den ganzen Aufwand an Listen und Vorsicht unter großartigem Auftreten versteckt. Er fürchtete die großen Schlachten so sehr, daß er sogar seinen Stolz dieser Vorsicht opferte, vor allem auf dem Meierhof von Urtebise und bei Gembloux. Aber dann ging es ihm wie manchen Spielern, die ihrem Glück nicht trauen – er überhastete sich, er wurde ungestüm.

Chamillarts prahlerischer Schwiegersohn La Feuillade erhielt den Befehl, Turin zu belagern, weil ihm Vauban zu zaghaft erschien. Mit Recht! Schließlich hatte Vauban selbst die Festung gebaut, als Monsieur von Savoyen noch ein getreuer Bundesgenosse zu sein schien. In den Niederlanden sollte Villeroy ausdrücklich eine Schlacht schlagen. Der König befahl es ihm so nachdrücklich, »daß Villeroys beschränktes und hochfahrendes Genie über diese wiederholten Befehle gekränkt war«. Aber mindestens einen sehr wichtigen vergaß der Marschall trotzdem: daß er Marsins Truppen abwarten und erst dann angreifen sollte. Das Ergebnis war die verheerende Niederlage von Ramillies (bei Löwen) am 23. Mai. Die Schlacht kostete zweitausend Menschenleben, der Rückzug sechstausend, dazu »den Ruhm der Nation und die Hoffnung, die Überlegenheit wiederzugewinnen«. Marlborough nahm in einem Zug Brüssel, Antwerpen, Mecheln, Löwen, Ostende und Menen. Noch nicht einen Monat danach wurde Erzherzog Karl in Madrid zum König von Spanien proklamiert.

Der König liebte und schätzte Vendôme ganz außerordentlich und hatte ihm im Winter in Versailles einen großartigen Empfang gegeben. Er glaubte an eine günstige Wendung der Dinge, wenn Vendôme Villeroys Armee übernahm – und damit vollendete er sein Unglück. Denn Vendôme war noch vom Schlag der einstigen Feudalherren. Als er bei Calcinato erneut Prinz Eugen besiegt hatte, hielt er ihn jenseits der Etsch fest und ließ Turin von La Feuillade belagern. Doch als nun Italien nicht mehr sein Einsatzgebiet sein sollte, ließ er den Feind wieder über den Fluß rücken. Die Krise in der Führungsspitze erreichte ihren Höhepunkt. Der ahnungslose Villeroy weigerte sich, den Abschied zu nehmen, wie man es von ihm erwartete, und der König mußte sich darüber hinwegsetzen.

Von so viel Unheil gebeugt, wollte Chamillart die Zukunft besser absichern und den Soldaten Mut machen, indem er einen Prinzen von

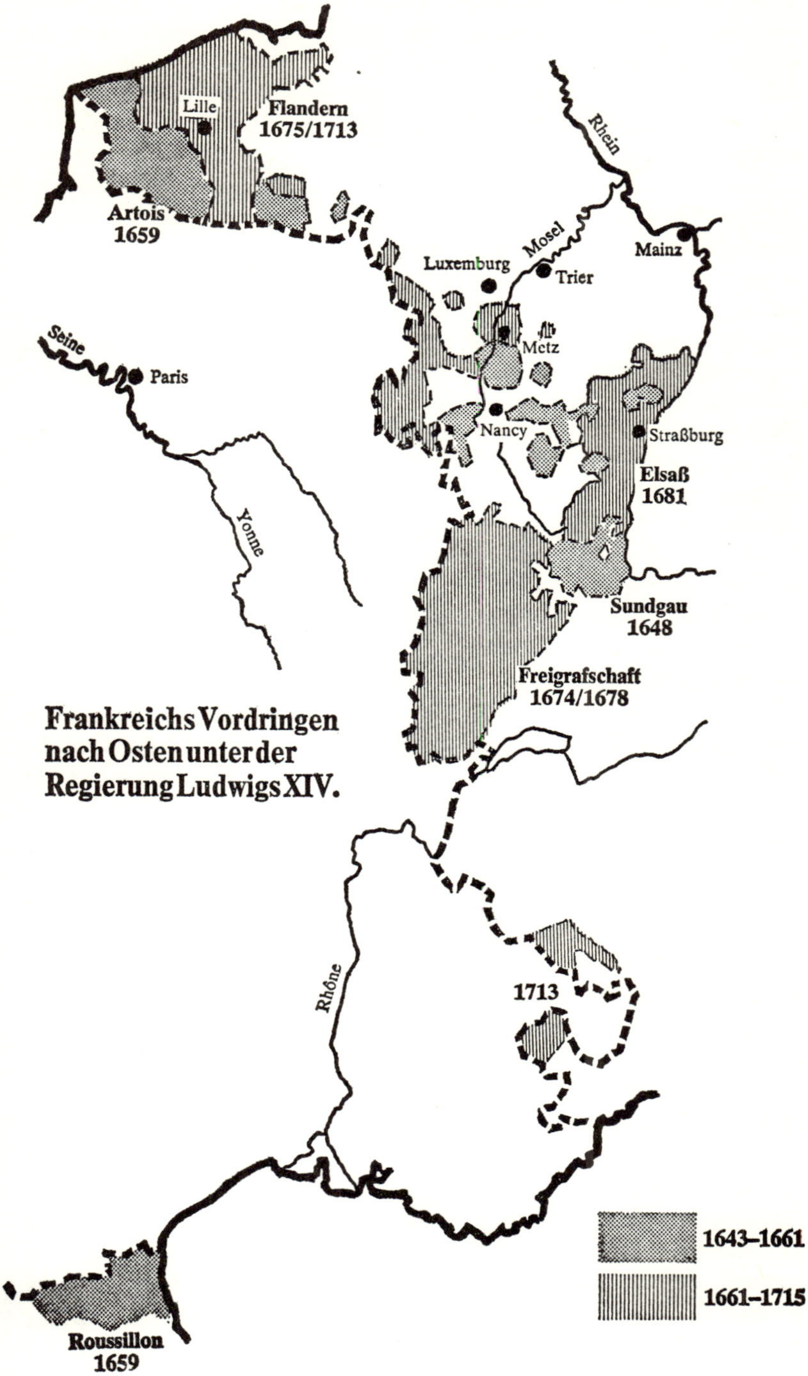

Frankreichs Vordringen nach Osten unter der Regierung Ludwigs XIV.

Geblüt an ihre Spitze stellte. Nicht ohne Mühe überredete er zunächst Madame de Maintenon, dann den König. Ludwig konnte seine Bedenken gegen den Prinzen Conti nicht überwinden, doch am 22. Juni ließ er den Herzog von Orléans rufen und übergab ihm das Kommando über die Armee in Italien. Ein Donnerschlag! Die politischen Orakel hatten alles erwogen, alles vorausgesehen, nur nicht, daß Seine Majestät nach zehnjährigem Widerstand plötzlich seinen Schwiegerseohn und Neffen auszeichnen werde. Welchen Weg muß das königliche Gewissen zurückgelegt haben, um hierhin zu gelangen!

Anfang Juli kam Philippe von Orléans vor Turin an, wo ihm La Feuillade die Ehre der Belagerung überließ, mit dem Hochmut des Favoriten, der seines Glückes sicher ist. Philippe war zwar entschlossen, den Schwiegersohn des Ministers, dem er sein Kommando verdankte, zu schonen, war aber verblüfft über die Unverschämtheit und Nichtigkeit dieser Person. Er zeigte ihm die schlimmsten Fehler seines Vorhabens, doch der dünkelhafte Herr hütete sich wohl, sich danach zu richten.

Als diese Inspektion erledigt war, kam der Prinz in das am Ufer des Mincio gelegene Hauptquartier von Vendôme. Neue Enttäuschung! Der Herzog, dem nichts daran lag, seinem Nachfolger die Wege zu ebnen, stand um vier Uhr am Nachmittag auf, fraß, bis ihm übel wurde, und verschwendete keinen Gedanken mehr an die Operationen, als stände die kaiserliche Armee des Prinzen Eugen in Österreich und nicht am Ufer des Po. Philippe hätte den Feind hindern wollen, den Fluß zu überschreiten, doch Vendôme zuckte die Achseln und sprach von einer unzulässigen Voraussetzung. Nach einigen Tagen setzte Eugen über den Fluß, doch dieser einzigartige General brach nach Flandern auf und ließ den jungen Kameraden im Stich. Inzwischen kam dann noch ein Mentor für Philippe an, den der König ihm schickte – ausgerechnet der Besiegte von Höchstädt, Marsin.

Wohlbewandert in Hofintrigen, gut vertraut mit Madame de Maintenon, hatte Marsin das Geheimnis dieser Hinterzimmer genutzt, in denen die Marquise regierte und die Herzogin von Burgund herumalbernd die Staatsdepeschen öffnete. Mit tausend Entschuldigungen, mit tausend Ehrenbezeugungen ließ er Seine Hoheit wissen, daß Seine Hoheit künftig unter seiner Vormundschaft stehe.

Seltsames Gespann aus einem reinblütigen Prinzen und einem Esel! Philippe wollte Prinz Eugen am Tanaro entgegentreten, der sich vor dem Feind wie eine Falle öffnete. Absolutes Veto von Marsin. Man mußte sich also bis Turin zurückziehen, um sich mit La Feuillades Truppen zu vereinen. Mit seiner Prahlerei und der Macht seines Schwiegervaters hinter sich, beschwatzte La Feuillade leicht den unsicheren Marschall und drehte und wendete alles nach seinen Vorstellungen. Zunächst verlangte er, daß die beiden Armeen sich über die viel zu weit auseinandergezogenen, schlecht angelegten Befestigungslinien verteilten, die er um die Stadt gezogen hatte. Der Herzog von Orléans, der nicht nur die Gefahren dieser Stellung sah, sondern auch erkannte, daß die gegnerischen Truppen erschöpft und schlecht versorgt waren, wollte aus der Stellung heraus zum Angriff übergehen. Durch eine neue Weigerung Marsins zurückgehalten, brauste er auf und verlangte einen Kriegsrat. Hier sprach er so beredt, so leidenschaftlich, so kenntnisreich, daß die Generäle ihn wider Willen bewundern mußten. Doch besorgt um die eigene Beförderung, starrten sie nur auf die beiden von Versailles Erwählten, Marsin und La Feuillade. Und mit einer einzigen Gegenstimme entschieden sie gegen Orléans.

Philippe, außer sich, »stellte allen die Mißerfolge vor, die jetzt eintreffen würden, erklärte, daß er, da er nichts zu befehlen habe, auch nicht die Ungerechtigkeit dulden werde, die Schande der Nation und seine eigene besonders zu verantworten, verlangte seinen Reisewagen und wollte die Armee verlassen«. Nun hängte man sich an ihn, man flehte ihn an zu bleiben. Schließlich war er einverstanden, erklärte aber, daß er den Befehl niederlege, und schrieb dem König eine ausführliche Darstellung, die er – sehr nobel – Marsin zur Beförderung übergab. Dann zog er sich in sein Zelt zurück.

Dem Generalstab schien man nur zwei Worte befohlen zu haben: Blindheit und gute Laune. Man belustigte sich über Prinz Eugen, der es nicht wagen werde, sich in Reichweite französischer Kanonen zu begeben.

In der Nacht zum 7. September erschien außer Atem ein Offizier beim Herzog von Orléans, um ihn mit der Nachricht zu wecken, daß sich die Kaiserlichen in Bewegung gesetzt hätten und auf das Lager zu marschierten. Der Prinz vergaß seinen Vorsatz, lief zu Marsin, rüttelte ihn wach und hielt ihm vor Augen, daß der Sieg sicher sei, wenn man nur als erster angreife. Ungerührt riet der Marschall Seiner Hoheit zur Ruhe und schlief wieder ein. Hin und her gerissen zwischen Bestürzung, Empörung und Verzweiflung schwor sich Philipp, sich nicht mehr einzumischen.

Die feindliche Vorhut erschien mit der Sonne. Und nun kam es zu der Verwirrung, der Kopflosigkeit, der Reue der Herren, die plötzlich mit den Folgen ihrer Fehler überschüttet wurden. Der Herzog von Orléans heuchelte Gleichgültigkeit und ließ sein Pferd im Schritt vor den verdrossenen Regimentern gehen.

»He, mon Prince!« rief plötzlich ein alter Soldat. »Ist es wahr, daß Sie uns Ihr Schwert verweigern?

Das Wort änderte alles.

»Wie könnte ich mich weigern, wenn man mich so herausfordert!« antwortete Philippe.

Er beschloß, Marsin und La Feuillade gegen ihren Willen doch zu retten. Vielleicht wäre es ihm gelungen, wenn nicht auf jeden Befehl von ihm sofort ein Gegenbefehl ausgegeben worden wäre. Der Verrat ging so weit, daß Philippe einem sich ständig hartnäckig widersetzenden Offizier des Regiments Anjou einen Hieb versetzte.

Inzwischen nahm Eugen seinen Vorteil wahr, er griff an. Philippe »wirkte wahre Wunder, war immer im heftigsten Feuer, mit einer Kaltblütigkeit, die alles sah, alles erkannte, die ihn überall dorthin führte, wo sein Vorbild am besten helfen konnte ... Zuerst leicht an der Hüfte, dann gefährlich und sehr schmerzhaft am Handgelenk verwundet, blieb er unerschüttert«, berichtet Saint-Simon. Wenn auch Heinrich IV. bei Ivry mehr Glück hatte, so sicherlich nicht mehr Genie und Heldengeist. Doch selbst Heinrich hätte nicht alle Fehler ausgleichen können, die man hier so reichlich gemacht hatte.

Alles wich, alles brach zusammen. Der schwerverwundete Marsin fiel dem Feind in die Hände. In der Hütte, in die man ihn brachte, bat er, man möge dem Herzog von Orléans den Brief zurückgeben, den er nicht nach Versailles geschickt hatte. Er beichtete und starb und nahm das Geheimnis seiner unseligen Untätigkeit mit sich. Sofort beschuldigte man ihn, er habe alles dem Wunsch geopfert, La Feuillade zu schmeicheln, diesem tyrannischen Schwiegersohn die Ehre eines Sieges zu verschaffen. Später allerdings fragte man sich, ob er nicht vielleicht geheimnisvollen Anweisungen der Herzogin von Burgund gehorcht habe.

Der Herzog von Orléans sah die Partie verloren, sammelte Artillerie und Munition und bereitete den Rückzug vor. Ihm standen zwei Wege offen, der eine durch Frankreich, der andere durch die Lombardei. Nahm er den ersten, dann räumte er Italien und lieferte es den Kaiserlichen aus. Philippe entschloß sich kühn für den zweiten und hoffte, dabei mit einem spanischen Korps zusammenzutreffen, das vor kurzem bei Castiglione einen Sieg errungen hatte – dann konnte er seinerseits Prinz Eugen bei Turin festhalten.

Sein Plan weckte wütenden Protest. La Feuillade und die Generäle, die das Land geplündert hatten, dachten nur daran, ihr Hab und Gut in Sicherheit zu bringen. Der verzweifelte Prinz verlangte Ruhe und gab die Marschordnung bekannt, doch der Verrat brachte ihn wieder um den Erfolg. Während die Soldaten nach Mailand marschierten, nahmen die Versorgungseinheiten den umgekehrten Weg. Man mußte sie aufhalten. Sofort aber tauchten von überall her Stafetten auf, die um die Wette von angeblichen feindlichen Hinterhalten berichteten. Was war gegen eine so allgemeine Zersetzung noch zu tun? Erschöpft, unter großen Schmerzen, warf sich der unglückliche Held in seinen Wagen und sagte, man solle nur gehen, wohin man wolle.

Der Rückzug durch die Alpen begann in einer Unordnung, die zur Katastrophe geworden wäre, hätte sich nicht der Prinz sozusagen vervielfacht; er setzte sich so ein, daß sein Leben in Gefahr geriet. Endlich passierte die Armee das Gebirge.

In Versailles wurde der Herzog von Orléans im Triumph empfangen. Der König, der seine Medizin genommen hatte, begrüßte ihn im Bett und brachte ihm soviel Liebe entgegen wie die Höflinge Begeisterung. »Die Helden in den Romanen haben nicht mehr Tapferkeit gezeigt als er«, schrieb Madame de Maintenon; auch sie war nun für ihn eingenommen.

Doch der große moralische Sieg des Prinzen Eugen – die Katastrophe von Turin – warf Frankreich um ein halbes Jahrhundert zurück. Zwar konnte Philipp V. schon im September unter dem Jubel der Bevölkerung wieder in Madrid einziehen, doch Deutschland, Belgien und Italien waren Frankreich für immer verloren[1]; der Erzherzog behielt Katalonien, Aragon und Granada.

»Der König nimmt alles als ein großer Mensch hin, aber er leidet«, schrieb Madame de Maintenon an die Prinzessin des Ursins. Selbst wenn er im Grunde seines Herzens nicht daran geglaubt hatte: Auch ein Halbgott entgeht nicht dem Schicksal des Menschen. Nach einer oft wiederholten, trotzdem nicht minder zutreffenden Redensart ist das Alter ein Schiffbruch. Ludwig XIV. hatte sich so mit Frankreich identifiziert, daß es mit ihm unterging. Er muß es selbst gefühlt haben; fast ergeben sagte er zu Villeroy: »Herr Marschall, man hat kein Glück in unserem Alter.«

Vaubans Tod und die Entstehung der Parteien

Am 1. Januar 1707 erklärte der König den ausländischen Gesandten: »Meine Herren, meine Angelegenheiten stehen gut!« Doch der »anständigste und ehrenhafteste Mann des Landes«, Vauban, war anderer Meinung.

Vauban schlug vor, Spanien seinem Schicksal zu überlassen und Philipp V. als Herrscher nach Amerika zu schicken. Man hätte vielleicht seinen Vorschlag befolgt, wenn nicht Marie Louise von Savoyen die Stimmung im Volke für ihren Mann angefeuert hätte.

Doch Vauban machte sich nicht nur über diesen unglückseligen Krieg Sorgen. Schon während des letzten hatte er über die Fehler des

[1] Die spanischen Besitzungen in Italien wurden jetzt österreichisch, weil sie der Kaiser zum Nachteil seines Bruders an sich riß.

Systems und die Mittel nachgedacht, die Wirtschaft wieder gesunden zu lassen. Seine Ergebnisse hatte er in einem Buch »Plan für einen königlichen Zehnten« niedergelegt, in dem wieder einmal dramatisch das allgemeine Elend und die bejammernswerten Verhältnisse der unteren Schichten beschworen wurden. »Das Übel ist an der äußersten Grenze angelangt, und wenn man nichts dagegen unternimmt, wird das Volk in ein Elend gestoßen, aus dem es sich nie wieder erheben kann ... Niemals nimmt man in Frankreich genügend Rücksicht auf das kleine Volk, man ruiniert es, man verachtet es, und doch sind gerade diese Leute besonders wichtig durch ihre Zahl und ihre echten Dienstleistungen.«

Dann schlug Vauban ein revolutionäres Heilmittel vor: Alle bisherigen Steuern sollten abgeschafft und dafür ein »Zehnter« eingeführt werden, berechnet nach dem Einkommen jedes einzelnen, selbst den König nicht ausgenommen: Der Marschall war seiner Zeit um zwei Jahrhunderte voraus.

Er hielt seine Bombe zurück, bis die Häufung von Unglück im Jahre 1706 ihn veranlaßte, sie zu werfen. Er ließ sein Buch insgeheim in Rouen drucken, holte es dort ab und verteilte es selbst. Man stelle sich das Geschrei der Privilegierten und der Steuerpächter vor! Die Minister erklärten dem König, seine Autorität werde angegriffen, ein Vorwurf, der immer wirkte. Ludwig war sicherlich nicht uneinsichtig, doch seine Haltung kann man nur beurteilen, wenn man von Saint-Simons böswilliger Darstellung und den modernen Ansichten über fiskalische Angelegenheiten absieht. Wie untadelig auch Vaubans Absichten waren, wie berechtigt das Konzept – sein mitten im Kriege, nach so vielen verlorenen Schlachten veröffentlichtes Buch konnte nur noch die Bestürzung im Lande vermehren. Und seine finanzielle Revolution war unmöglich mitten in der Krise durchzuführen.

Ludwig zögerte übrigens nicht, die technischen Gesichtspunkte der Frage zu prüfen. Er reagierte so, wie Clemenceau 1917 reagiert hätte, wäre ihm die »defätistische« Broschüre eines bekannten Verfassers vorgelegt worden. Des Königs echte Freundschaft für den Mann, dem er die Eroberung so vieler Städte verdankte, war keinen Pfifferling wert. Als Vauban in aller Unschuld bei ihm erschien, um ihm sein Buch zu überreichen, wurde er übel empfangen; der König wusch ihm gehörig den Kopf. Am 14. Februar 1707 wurde das »Projet pour une Dîme royale« verboten. Man redete von gerichtlicher Verfolgung, von einem geheimen Haftbefehl (einem der berüchtigten *lettres de cachet*). Vauban litt an einer Bronchitis, er starb am 30. März.

Die Ungnade hat ihn zweifellos tief erschüttert. Wurde er zum Opfer dieser schrecklichen, fast übernatürlichen Macht, die Ludwig XIV. verliehen zu sein schien, so daß seine Blitze töteten wie die

Jupiters? War der König verantwortlich für Vaubans Tod – nach dem Tod von Colbert, Louvois und Racine? Seine Feinde behaupteten es und glaubten, auch die Nachwelt davon überzeugen zu können.

Uns wiederum scheint es unglaubhaft, daß Kummer so automatisch und so rasch tötet. Außerdem ist durchaus zu verfolgen, wie sich die Legende bildete, die sich auf Saint-Simons Unwahrheiten stützte. Er behauptet: »Der König war so ungerührt von Vaubans Tod, daß er so tat, als hätte er nicht bemerkt, welch nützlichen und berühmten Diener er verloren hatte.« Tatsächlich aber schickte Ludwig dem Marschall seinen eigenen Arzt und sagte bei der Nachricht von Vaubans Tod: »Ich habe einen Mann verloren, der meiner Person und dem Staat sehr ergeben war.« Auch weiterhin sprach er, wie Dangeau überliefert, »mit viel Achtung und Freundschaft« von ihm.

Die Affäre vergrößerte die allgemeine Verwirrung. 1701 hatte die Macht des Königs die Karls des Großen überragt, jetzt, sechs Jahre danach, entführte eine Gruppe von Edelleuten seinen ersten Stallmeister Beringhen, den man fälschlich für den Dauphin gehalten hatte.

Chamillart, der sich gern von der Arbeit zurückziehen wollte, schrieb lange Klagebriefe. Der König notierte am Rand: »Wir alle sind zu beklagen und befinden uns in einer Zwangslage, doch man darf sich nicht entmutigen lassen, sondern muß sein Bestes tun.« Und als der Minister erklärte, er werde zugrunde gehen, wenn er nicht von seiner Bürde befreit werde, bekam er zur Antwort: »Schön, dann gehen wir zusammen zugrunde.«

Wie sollte unter solchen Verhältnissen die Einheit gewahrt bleiben? Am Hof rechneten zwei Parteien mit der Zukunft und versuchten, die Gegenwart zu lenken. Um den Dauphin und die Choin scharte sich die Sippe, deren Seele Madame la Duchesse (Louise Françoise de Condé, Tochter der Montespan) und deren Held Vendôme war. Aus nachträglicher Auflehnung gegen seinen Lehrer Bossuet kultivierte der Thronfolger geradezu seine Unwissenheit und rühmte sich, seit dreißig Jahren kein Buch gelesen zu haben. Da er seinen ältesten Sohn, den Herzog von Burgund, nicht verstand, galt seine ganze Liebe Philipp von Spanien. Er wünschte also Krieg bis zum endgültigen Sieg. Sein Anhang war aggressiv, hinterhältig, lasterhaft, rundum verwickelt in weibliche Eifersüchteleien und Bettgeschichten.

Die Partei des Herzogs von Burgund, die alte »Partei der Heiligen«, gab sich heimtückisch, fromm und puritanisch. Aus dem Exil heraus leitete der von Ehrgeiz und Rachsucht verzehrte Fénelon das Gewissen seines lieben Telemachs und seiner »kleinen Herde«, die auf Cambrai starrte wie auf einen neuen Sinai. Unter Berufung auf den Himmel predigten die reinen Seelen einen Pazifismus, der schon an Verrat grenzte; angeekelt verwarfen sie den ungerechten Erwerb von Lille,

Straßburg, Besançon, Arras, Valenciennes. Sie forderten, der König solle sich mit der Niederlage als mit einem Gottesurteil abfinden. Philipp V. warfen sie unchristlichen Widerstand vor, und der Herzog von Burgund riet seinem Bruder vorsichtig, um der Ruhe der Welt wegen abzudanken.

Für diese beiden Gruppen bildete der Herzog von Orléans eine Art Schachfigur. Seine losen Sitten und sein kämpferischer Geist hätten ihn nach Meudon zum Dauphin ziehen müssen, doch dort war ihm der Zugang durch Madame la Duchesse verwehrt, die ihn mit der Kraft einer unerwiderten vergangenen Liebe haßte. Andererseits zogen ihn seine Lieblingsnichte, die Herzogin von Burgund, sein Freund Saint-Simon und die eigene Bewunderung für Fénelon sonderbarerweise ins Lager der »Heiligen«. Auch eine heimliche Verurteilung Philipps V. spielte hinein, denn der Prinz vergaß nicht, daß auch er gewisse Anrechte auf den Thron von Spanien hatte. Deshalb war er begeistert, als er den Befehl über die zur Unterstützung seines Neffen[1] entsandten Truppen erhielt.

Meinungsverschiedenheiten drängten sich jetzt auch zwischen die seufzende, furchtsame, heimlich für Philipps Abdankung gestimmte Madame de Maintenon und die unbezähmbare Prinzessin des Ursins. Als Françoise ihrer Freundin empfahl, die Nonnen der Inkarnation beten zu lassen, erhielt sie eine unverschämte Antwort: »Ich halte alle Nonnen ausnahmslos für gute Mädchen: Ich könnte nicht sagen, daß sich eine durch besondere Heiligkeit auszeichnet. Statt deshalb bei ihnen Zuflucht zu suchen, finden wir sie bei tüchtigen Truppen, die niemanden das Leben schenken und Arme, Kopf und Beine denen abhauen, die sie nicht gefangennehmen können.«

Der Ton spitzte sich zu, die Höflichkeit der Prinzessin verbarg kaum noch ihre Verachtung für die ewig verzagte Fromme, von der sie abgekanzelt wurde: »Der König und die Königin von Spanien haben wahrhaftig Grund, Sie zu lieben, Madame«, schrieb die Marquise. »Die Leidenschaft, die Sie ihnen entgegenbringen, läßt Sie vergessen, daß Sie Französin sind. Man muß Ihnen verzeihen und Gott bitten, es möge ihm gefallen, Ihre Haltung zu ändern.«

Die Entgegnung ließ nicht auf sich warten: »Ich habe meinen Brief nur zu schreiben gewagt, Madame, um Sie zu überzeugen, daß ich mit meinem Eintreten für die Fortführung des Krieges vielleicht eine bessere Französin als jede andere bin.«

Die Ereignisse gaben der Camarera recht. Bevor noch der Herzog von Orléans sein Hauptquartier erreicht hatte, siegte Berwick bei Al-

[1] Die Königin von Spanien war durch ihre Mutter eine Enkelin von Monsieur, seinem Vater.

manza über die von Lord Galloway kommandierten englischen und kaiserlichen Truppen; unter dem englischen Namen verbarg sich übrigens ein französischer Protestant, der Graf de Ruvigny. In seiner Armee war ein Regiment aus Flüchtlingen, das von Cavalier (jenem »David« der Kamisarden) befehligt wurde. Die rachedürstenden Soldaten warfen sich mit dem Bajonett über ihre Landsleute. »Wut vollbrachte hier, was Tapferkeit fast niemals geleistet hat.« Wenige Mitkämpfer überlebten die brudermörderische Schlacht.

Der Herzog von Orléans wollte nicht mit Berwick zusammen nur abwarten, sondern eroberte die Provinz Valencia zurück, warf die Verbündeten aus Aragon, nahm Saragossa ein und, nach einer »schönen« Belagerung, auch Lerida, die Festung, vor der sich der Große Condé einst zurückgezogen hatte. Das machte Orléans bei den Spaniern außerordentlich beliebt. Doch als er dann, sozusagen als Anerkennung, die Camarera bat, seine Mätresse Madame d'Argenton zur Hofdame der Königin von Spanien zu ernennen, zog Madame des Ursins die Marquise zu Rate und empfing eine entrüstete Ablehnung. Dieser Vorfall, der den Prinzen mit den beiden »Feen« verfeindete, hatte unabsehbare Folgen.

Villars verführte das Glück: Am Rhein lächelte es wieder den Franzosen. Aber der Herzog von Savoyen und Prinz Eugen überschritten den Col de Tende und begannen damit die erste Invasion in Frankreich seit einem halben Jahrhundert. Sie glaubten sich schon im Besitz von Provence und Dauphiné und belagerten Toulon, doch einige von Villars' Armee abgezogene Truppen retteten die Stadt mit knapper Not. Dann kam eine Epidemie und zwang die Eindringlinge über die Alpen zurück; ihr Rückzug war durch entsetzliche Verwüstungen gekennzeichnet.

Während all dieser Ereignisse starb fast unbemerkt Madame de Montespan. Der König, sonst so verschwenderisch mit Tränen, vergoß diesmal nicht eine. Zur großen Verwunderung der Herzogin von Burgund war es Madame de Maintenon, die weinte; ihren so unerwarteten Schmerz »verbarg sie, weil sie keine andere Zuflucht wußte, indem sie sich auf den Leibstuhl zurückzog«, weiß Saint-Simon zu erzählen.

Das Unglück von Oudenarde

Europas Schiedsrichter befand sich weder in Versailles, London oder Wien. Er galoppierte durch den Norden und den Osten, fegte zwischen Dänen, Russen und Sachsen hindurch und gab Polen einen Herrscher seiner Wahl. Ein kahlköpfiger Riese, ein Mann, der seine Stiefel niemals auszog, ein Mann, der das Heldenepos von Alexander dem

Großen nachleben wollte: Schwedens König Karl XII. Ludwig XIV. schickte ihm Gesandte, aus England kam Marlborough selbst. Karl XII. konnte nach Gutdünken über den Kriegsausgang und die spanische Erbfolge entscheiden, konnte den Kontinent nach seinen Vorstellungen formen. Aber er interessierte sich nicht für die große Politik, ihn beseelten nur Freude am Kampf und der Groll auf Zar Peter. Sein Ehrgeiz und seine Leidenschaft wurden völlig von Rußland ausgefüllt, das alte Europa hatte von ihm nichts zu befürchten, nichts zu erhoffen. Dem enttäuschten Ludwig XIV. und dem erleichterten Marlborough blieb nur übrig, die nächste Kampfsaison – 1708 – vorzubereiten.

Trotz allem war der König zu einer gewaltigen Anstrengung entschlossen. Viele Schotten waren unzufrieden mit der Gründung des Vereinigten Königreiches (1707), die ihr Land an England schweißte. In Dünkirchen sammelte sich eine Flotte, die Jakobs II. Sohn in die Heimat seiner Dynastie bringen sollte, und ein starkes Heer zog sich in Flandern zusammen.

Schwierig war es aber, die nötigen Gelder zu finden, denn die Inflation galoppierte, und der Kredit des Königs war auf dem Nullpunkt angelangt. Chamillarts Gesundheit hatte den Sorgen nicht standgehalten. »Die Wallungen zwangen ihn zu einem siechen Leben, das eher einem langen Sterben glich; oft ein wenig Fieber, allgemeine Erschöpfung, fast gleichgültig gegen jede Nahrung, die Arbeit unendlich beschwerlich, Bedürfnis nach Bett und Schlaf zu den sonderbarsten Zeiten, kurzum, ein Mann am Ende, der sich nach und nach aufbrauchte«, berichtet Saint-Simon. Endlich war der König einverstanden, ihn vom Finanzministerium zu entlasten und ihm nur das Kriegsministerium zu lassen. Colberts Neffe, Desmarets, wurde aus langjähriger Verbannung zurückgerufen und zum Generalkontrolleur ernannt.

Desmarets mußte auf die Methoden unreeller Finanzleute zurückgreifen. Mit der Wut der Verzweiflung griff er zu überaus harten Maßnahmen, die keine Rücksicht auf die Zukunft nahmen. So verdoppelte er den Betrag der Binnenzölle und vernichtete damit den industriellen Aufbau, den sein Onkel in die Wege geleitet hatte. Und doch war alles umsonst, man mußte sich an den unvermeidlichen Samuel Bernard wenden. Aber der Bankier war der Sache müde geworden und wich aus.

Am 6. Mai 1708 stellte daraufhin Desmarets Bernard dem König in Marly vor, der ihn die Wunder der Gärten bestaunen ließ. Bernard war zwar beeindruckt, gab aber nur 900 000 Livres her, eine viel geringere Summe als in den Jahren zuvor. Und das also war die berühmte »Erniedrigung« des Königs vor dem Bankier – ein Leckerbissen für Saint-Simons erzählerischen Schwung und seine Phantasie! Außer ihm scheint es niemandem Eindruck gemacht zu haben. Daß die Kosten des Feldzugs noch gedeckt werden konnten, verdankte Ludwig den

Handelsherren von Saint-Malò, die 30 Millionen aus Peru heranschafften und dem Staat die Hälfte liehen.

Der Sturm, England wie immer wohlgesinnt, ließ das jakobitische Unternehmen scheitern. Würde man sich nun endlich Genugtuung in den Niederlanden verschaffen können? Die »Heiligen« begingen einen folgenschweren Fehler. Da sie durchaus den Herzog von Burgund mit einem kriegerischen Ruhmeskranz krönen wollten, hatten sie erreicht, daß er das Kommando über die Armee in Flandern erhielt, wobei sie aber nicht bedachten, daß gerade die Eigenschaften eines schweigsamen, bescheidenen, frommen, gewissenhaften und empfindsamen Prinzen ihn vor dem Feind unbrauchbar machen. Und welchen Mentor gab man dem schmächtigen Neuling mit? Ausgerechnet den Anführer der gegnerischen Clique, den gewaltigen, zynischen, ausschweifenden Vendôme. »Auch das Genie eines Molière hätte die Zusammenstellung nicht zu einer komischeren Wirkung fügen können«, urteilt Michelet.

Wenige Feldzüge sind Frankreich so verhängnisvoll geworden. Die französische Armee war mit 80 000 Mann den Engländern überlegen und nahm Gent, Brügge und Ypern. Dann aber verfiel sie in eine Art Starre durch die Uneinigkeit ihrer Chefs. Prinz Eugen konnte seine Streitkräfte unbehelligt mit denen von Marlborough vereinigen.

Fast wie von ungefähr kam es am 11. Juli bei Oudenarde zur Schlacht. Was aber war aus der Armee von Louvois geworden, was aus ihrer tadellosen Ordnung, die an Le Nôtres Gärten erinnerte! Kavallerie und Infanterie gerieten völlig durcheinander, jeder handelte auf eigene Faust. Der größe Teil der Regimenter sah dem Geschehen zu, »wie man vom dritten Balkon aus eine Oper ansieht«. Abends fand ein überaus lebhafter Kriegsrat statt. Einzig Vendôme wollte die Schlacht am nächsten Tag wieder aufnehmen.

»Also gut, meine Herren«, rief er endlich, »ich sehe wohl, was Sie alle miteinander wünschen, also werden wir uns zurückziehen! Und außerdem, Monseigneur« – er wandte sich an Burgund –, »Sie wünschen es ja schon lange!«

Der Rückzug wurde zum Zusammenbruch, bei dem die Regimenter, die keine Befehle mehr erhielten, auf gut Glück handelten. Der Feind »erntete« 4 000 Mann, die sich nicht einmal verteidigt hatten. Doch der Streit der Generäle ging verschärft weiter. Ein Edelmann aus der Umgebung des Herzogs von Burgund sagte zu Vendôme:

»Das alles kommt nur daher, daß Sie niemals zur Messe gehen! Nun sehen Sie unsere Strafe!«

»Glauben Sie denn«, gab Vendôme zurück, »daß Marlborough öfter als ich dorthin geht?«

Der dicke Herzog war so beliebt wie einst sein Onkel Beaufort, der »König der Hallen«. Zum erstenmal seit den Zeiten der Fronde führten die Streitigkeiten bei Hofe zu politischen Rückschlägen. »Allmählich und sich steigernd entfesselte die Kabale ihre Tätigkeit. Ihre Anhänger schmückten die Briefe von der Front aus – vor dem Völkchen der Anekdotenschreiber, in den Cafés, in den Spielhäusern, den öffentlichen Gebäuden, in Privathäusern. In Markthallen und Vaudeville-Theatern, in ganz Paris, im ganzen Königreich hörte man Spottverse und bösartige Chansons über den Erben der Krone, während Vendôme als Held gefeiert wurde«, berichtet Saint-Simon.

Mochte Vendôme das Volk auf seiner Seite haben – der Herzog von Burgund hatte seine Frau, die ihn zwar nicht liebte, aber »nicht wenig um sein Ansehen besorgt war, von dem so viele Jahre lang seine Bedeutung abhing«. Der reizende weibliche Eulenspiegel, nur auf Vergnügen bedacht, wandelte sich plötzlich in eine strenge und stolze Fürstin. Nachdem sie oft bei Madame de Maintenon vorstellig geworden war, beklagte sie sich beim König und begann, ihm Szenen zu machen. »Es gibt kein Mittel mehr, Ihren Launen und Ihrem Groll standzuhalten«, beschwerte sich eines Tages verzweifelt der Großvater.

Unterdessen drangen die Verbündeten in Frankreich ein und begannen kühn, Lille zu belagern – Lille, die eigene Eroberung Ludwigs, Lille, eines der strahlendsten Symbole seines Ruhms! Berwick, der mit einer Armee bei Douai stand, erhielt den Befehl, sich mit Vendômes Streitkräften zu vereinen. Da er Marschall von Frankreich und außerdem (als Sohn Jakobs II.) genau wie Vendôme ein Urenkel Heinrichs IV. war, weigerte sich Berwick, seinem Vetter zu gehorchen. Die Streitereien führten dazu, daß eine Armee von 120 000 Mann sich mit dem Zusehen begnügte, während Boufflers heldenhaft Lille gegen Prinz Eugen zu verteidigen suchte. Madame de Maintenon schrieb an Madame des Ursins: »Ich sehe nur Weinen und Seufzen, meine ganze Umgebung ist noch unruhiger als ich selbst, nur der König ist fest zum Kampf um Lille und für die Ehre der Nation entschlossen.«

Doch die Kräfte der Nation waren erschöpft, man kämpfte nicht mehr. Lille fiel am 23. Oktober, dann folgten Gent und Brügge.

Der König öffnete seinem Enkel die Arme, als er nach Versailles zurückkehrte, und sagte kein Wort des Vorwurfs. Auch Vendôme ging frei aus, aber Marie Adélaide hatte gewonnen: Der Herzog fiel in Ungnade. »Man sah diese gewaltige Säule durch den Anhauch einer klugen und mutigen Prinzessin zur Erde stürzen«, schrieb Saint-Simon, dem an Objektivität nicht viel lag.

In Spanien mußte sich der Herzog von Orléans damit begnügen, Tortosa einzunehmen, nachdem er festgestellt hatte, daß »es an allem fehlt und die Nachlässigkeit noch größer ist«. Er warf es Madame des Ursins und damit mittelbar auch Madame de Maintenon vor, und als er eines Abends, betrunken, noch grobe Bemerkungen über die beiden »Feen« machte, wandelte sich deren Abneigung zu wildem Haß.

Disharmonie machte sich auch auf der iberischen Halbinsel bemerkbar. Zwar liebte das Volk Philipp V., aber die Granden waren zum Teil unzufrieden mit dem Regiment einer Frau, zumal von Ludwig XIV. nichts mehr zu erwarten war. Dem Herzog von Orléans machte man Andeutungen: Ein Nachkomme Philipps III.[1], der kräftig zu regieren und Schlachten zu gewinnen wisse ...

Auch die Engländer kamen auf ähnliche Gedanken, denn der Erzherzog, dessen Thronansprüche sie verteidigten, war eigentlich nur ein Gegenstück zu Philipp V. Zu den unzufriedenen Engländern gehörte der Befehlshaber der englischen Armee, Stanhope, der auch einer der Führer der Whigs war. Erst vor kurzem hatte man ihn im Palais-Royal, der Residenz des Herzogs von Orléans, empfangen und gefeiert.

An einem düsteren Oktobertag des Jahres 1708 begab sich der Flottenchef, Sekretär Seiner Hoheit, in das britische Lager, um über einen Austausch von Gefangenen zu verhandeln. Stanhope empfing ihn wie einen Gesandten, entdeckte ihm seine geheimen Gedanken und übergab ihm einen Brief an die in Den Hag die Friedensbedingungen erörternden englischen und holländischen Bevollmächtigten. Zwar wies Philippe von Orléans das vergiftete Geschenk zurück, doch als ihn der Winter nach Frankreich zurückführte, ließ er einen so kühnen wie tollen Intriganten zurück, Deslandes de Regnault, der Maßnahmen traf, Parteigänger für den Herzog zu werben.

So breitete sich wie ein Geschwür die Anarchie überall aus. Das großartige Imperium des Sonnenkönigs schien eine geschleifte Festung, sein Zepter ein verfaulter Stock. »Die alte Monarchie«, schrieb Fénelon, »wird beim ersten Stoß zerbrechen.« Und dennoch hätte ein seltsamer Zwischenfall in London scharfblickenden Auguren sagen können, daß das Schicksal sein letztes Wort noch nicht gesprochen hatte.

Wieder einmal – was auch die Verächter der Anekdoten darüber denken mögen – müssen wir uns von den Schlachtfeldern fort und in die Privatgemächer begeben. Nach zehn Jahren, in denen ihr Stolz sie blind gemacht hatte, entdeckte Sarah Marlborough endlich die Beziehungen zwischen Königin Anna und Abigail Hill – entdeckte, daß Abigail in einem Winkel des Schlosses den Pagen Samuel Masham geheiratet hatte und daß die Königin Trauzeugin gewesen war.

Seitdem kühlte der Zorn der Herzogin nicht mehr ab. Sie entwendete der Königin Geld, sie schickte ihr mit Beleidigungen gespickte Briefe, sie verfolgte die arme Herrscherin mit ihren Scheltreden bis in

[1] Philippe von Orléans war als Enkel Annas von Österreich ein Urenkel Philipps III.

das Zimmer, in dem sie bei ihrem sterbenden Mann wachte, sie versuchte den Antrag durchzubringen, man möge die Königin auffordern, sich von Abigail zu trennen. Doch das hochmütige Unterhaus lehnte es ab, sich lächerlich zu machen, indem es sich mit einer Kammerfrau befaßte. Anna nahm alles hin, nicht etwa aus einem Rest von Zuneigung, sondern aus Furcht, denn die erschreckende Sarah verurteilte öffentlich ihr Verhalten und ängstigte sie mit der Drohung, ihre jämmerlichen Briefe zu veröffentlichen. Die Königin zitterte um so mehr vor einem solchen Skandal, als sie inzwischen ganz ungewöhnlich beliebt geworden war. Die Oligarchie war entzückt über ihre körperliche und sittliche Schwäche, die Anlaß bot, ein vollendetes Beispiel der konstitutionellen Monarchie zu entwickeln. Wenn sie auch keine Rechtschreibung kannte, waren doch die zu Wilhelms Zeiten scheel angesehenen Intellektuellen ihr dankbar, daß sie die großartige Erneuerung der Literatur und der Wissenschaft (sie adelte Newton) förderte. Die Mittelklasse fand sich in ihrer Sprache, ihrem Geschmack, ihren Vorurteilen wieder. Das Volk schließlich verehrte sie ihrer Mildtätigkeit wegen und vor allem, weil sie echt englisch nicht verbarg, daß ihre Großmutter (von seiten ihrer Mutter Anna Hyde) eine Wäscherin gewesen war. Falls aber die Briefe veröffentlicht wurden, mußte aus der »Guten Königin Anna« ein Gegenstand der Vorwürfe und der Lächerlichkeit werden. Doch nach und nach flößten Sarahs Übertreibungen und Abigails geschickte Machenschaften der armen Frau wieder Mut ein.

Im Februar 1708 machte die Königin einen Versuch, der Bevormundung durch die Marlboroughs etwas zu entgehen, indem sie Robert Harley, einem ehemaligen Speaker des Unterhauses und Vetter der Abigail, Godolphins Amt übergab. Es wurde eine grausame Niederlage. Im Ministerrat kam es zu einem heftigen Auftritt, bei dem der Herzog von Somerset, ein Whig, jede Achtung vor der Königin vermissen ließ. Harley wurde wieder abgesetzt, sein Sekretär verhaftet, später gehängt. Die Marlboroughs blieben allmächtig, und der Ruhm des Herzogs erreichte bei Oudenarde seinen Höhepunkt.

Am 19. August 1708 begab sich Ihre Majestät feierlich in die St. Paul's Cathedral, um dem Herrn für den Sieg zu danken. Unterwegs bemerkte die Herzogin, vor Zorn fast erstickt, daß die Königin ihren Instruktionen entgegen keinerlei Schmuck trug. Sofort schalt sie auf ihre Herrin ein, aber diesmal antwortete Anna, und zwar so beredt, daß die beiden »Freundinnen« laut streitend die Katedrale betraten. Als sie ihre Plätze eingenommen hatten, hörte man, wie Sarah der Königin Schweigen befahl.

Nachdem die Zeremonie beendet war, packte die Herzogin die Feder und schrieb der Königin einen Brief voller Beschwerden: »Ihre Majestät hat sich einen sehr schlechten Tag ausgesucht, um mich zu demütigen, weil Sie für den Sieg danken wollten, den Lord Marlborough erfochten hat.«

Zum erstenmal antwortete Anna mit Würde: »Da Sie mir befohlen haben, Ihnen nicht zu antworten, hätte ich Sie mit diesen Zeilen nicht belästigt, wenn mir nicht daran gelegen wäre, Ihnen den Brief des Herzogs von Marlborough [von dem Sarah Unterstützung verlangt hatte] zurückzugeben. Und aus demselben Grunde werde ich über den Inhalt seines Briefes und des Ihren, dem er beigegeben war, auch nichts sagen.« Der ungewohnte Ton veranlaßte die Favoritin doch zu einiger Vorsicht. Ein neuer, wesentlich sanfterer Brief schloß: »Ich werde niemals vergessen, daß ich Ihre Untertanin bin, und ich werde nie aufhören, es in Ergebenheit zu sein.«

In England änderte sich etwas, und Marlborough spürte es sofort. Fünf Tage nach dem Zwischenfall in der Kathedrale schrieb er seinem Neffen[1] Berwick: »Ich möchte Ihnen versichern, daß niemand in der Welt den Frieden aufrichtiger wünscht als ich ... In der Lage, in der ich mich befinde, neige ich zu der Ansicht, es sei das beste Mittel, rasch zu einem Friedensvertrag zu kommen, wenn die ersten Vorschläge von Holland ausgehen und mir dann übermittelt werden; *ich wäre dann in einer besseren Position, meine Mitwirkung anzubieten, die Sie dem König von Frankreich versprechen können.«* (Aus dem Archiv des Außenministeriums.)

Geheimverhandlungen zwischen Frankreich und Holland waren bereits im Gange. Da Marlborough der Boden in London unter den Füßen zu heiß wurde, wollte er die laufenden Gespräche unterbinden, um sich selbst das Verdienst der Vermittlung zuzuschanzen und natürlich auch bezahlen zu lassen. Am Tag nach dem Fall von Lille riet er – immer durch Berwicks Vermittlung –, Frankreich solle offen Waffenstillstand und Frieden verlangen: »Sie dürfen versichert sein«, schrieb er am 30. Oktober, »daß ich mit ganzem Herzen für den Frieden bin *und nicht daran zweifle, die ›Freundschaft‹ zu finden, die mir vor zwei Jahren der Marquis d'Alègre versprochen hat.«*

1706 hatte Ludwig XIV. ihm tatsächlich die ungeheure Summe von 2 Millionen Livres versprochen. (Legrelle: *La Diplomatie française et la Succession d'Espagne.*) »Wäre er aufrichtig«, schrieb Chamillart an Torcy, »dann wäre seine Freundschaft nützlich und zum Tarif des Marquis d'Alègre nicht zu teuer erkauft.« Doch der König konnte sich nicht entschließen, diesem Mann, den er für einen Abenteurer hielt und der seine Macht zerstört hatte, dienlich zu sein. Er zog es vor, mit

[1] Berwick war der Sohn von Jakob II. und seiner Geliebten, der Schwester Marlboroughs (Anm. d. Übers.).

echten Händlern zu verhandeln, mit den Holländern, seinen alten Feinden.

Der erlauchte Sieger von Höchstädt, Ramillies und Oudenarde war tief gekränkt, daß man es ablehnte, ihn zu bestechen.

Der Artikel IV

Übersteigertes Lob im eigenen Lande, übertriebene Schmähungen aus dem Ausland hatten seit langem aus Ludwig XIV. eine unmenschliche Kunstfigur gemacht, ein marmornes Götzenbild, dem vierzig glückliche Jahre als Sockel dienten und das unter den Schlägen des Unglücks rasch zerfallen mußte.

Zu allgemeiner Überraschung trat das Gegenteil ein. Der Große König war wirklich groß gewesen in den Zeiten, als er ein Frankreich verkörperte, das der Welt als Vorbild dienen durfte. Er übertraf sich, als er, sich tiefer mit der Nation identifizierend, die Bürde seiner Leiden mit unvergleichlicher Ausdauer und Erhabenheit trug. »Ich bin ebenso ein Franzose wie König. Was den Ruhm der Nation verdunkelt, berührt mich stärker als jedes andere Interesse.«

Doch das Miterleiden erlaubte ihm nicht, sich zu vergessen, denn seine Kraft lag in seiner Majestät, seine Majestät in seiner Gelassenheit. Man verglich ihn zu Recht mit einer Eiche, die im Sturm die Kraft ihrer jahrhundertealten Wurzeln spürt.

Und doch, welche entfesselten Leidenschaften tobten gegen ihn! »Was den König tiefer traf«, schreibt Saint-Simon, »war die Flut der frechsten, maßlosen Plakate gegen seine Person, sein Verhalten, seine Regierung. Man fand sie lange Zeit in Paris überall angeschlagen, an den Toren, den Kirchen, auf öffentlichen Plätzen, vor allem aber an seinen Statuen, die nachts auf allerlei Weise besudelt wurden, so daß man morgens die Spuren noch sah, und deren Inschriften entfernt worden waren. Es gab eine Fülle von Versen und Liedern, in denen nichts vergessen wurde.« Verborgen trug man ein Abzeichen mit den Worten: »Es gibt noch Ravaillacs.«[1]

Man leierte die berühmte Persiflage herunter: »Unser gottloser Vater, der du bist in Versailles ...« Die scheinbare Unerschütterlichkeit des Königs war um so großartiger, als er in seiner Umgebung keine Stütze fand. Er mußte im Gegenteil noch der frommen Verzagtheit seiner Gefährtin standhalten, und schon hier zeigt sich, wie gering der politische Einfluß von Madame de Maintenon war, die sich offen zu einem Frieden um jeden Preis bekannt hatte.

[1] Ravaillac war der Mörder König Heinrichs IV. (Anm. d. Übers.).

Die Natur kam ihr mit einem furchtbaren Argument zu Hilfe: Seit Anfang Dezember 1708 gab es jeden Tag Frost. Am 6. Januar war die Kälte in Europa so groß, daß sogar die Rhône, die Kanäle von Venedig, die Mündung des Tejo zugefroren waren. Das Getier kam um, sogar die Kaninchen in ihren Löchern. Nach einer kurzen Tauwetterzeit stieg der Frost wieder an und hielt sich vom 6. Februar bis zum 6. März. Am 4. Februar wußte man, daß die Weizensaat im Boden erfroren war – eine Katastrophe vom Ausmaß einer Sturmflut oder eines Erdbebens.

Madame des Ursins war fast der einzige Mensch, der es ablehnte, hierin eine Vergeltung des Himmels zu erkennen, und empört schrieb ihr Madame de Maintenon: »Wie können Sie nur sagen, Madame, daß Gott sich nicht gegen uns erklärt, wenn er uns einen Winter schickt, wie man ihn seit hundertfünf oder -sechs Jahren nicht gesehen hat ... einen Winter, der nicht nur die Früchte dieses Jahres nimmt, sondern auch die Bäume erfrieren läßt? Die Olivenbäume in der Provence und im Languedoc, die Kastanienbäume im Limousin, die Nußbäume ganz Frankreichs sind auf Jahre hinaus verdorben. Wir werden die Armen verhungern sehen, ohne ihnen helfen zu können, weil unsere Erde nichts mehr trägt!«

Die Marktfrauen marschierten nach Versailles, um die Hungersnot auszurufen. Banden von verzweifelten Landstreichern flohen vom Lande, der Straßenraub nahm in erschreckendem Maße zu, man griff Klöster und Schlösser an, und die Sterblichkeitsziffer verdoppelte sich. Liselotte von der Pfalz schrieb: »Ich hab in meinem Leben noch nicht solche traurige Zeit erlebt, das arme Volk stirbt wie die Fliegen.«

Als der König den Ersten Präsidenten de Harlay nach Nachrichten aus Paris fragte, erhielt er die Antwort: »Sire, die Armen sterben, aber die Reichen nehmen ihren Platz ein und werden arm.«

Man rief nur nach Brot und Frieden. Ludwig verstand. Er schickte einen Unterhändler nach Den Haag, Rouillé de Marbeuf, den Präsidenten des Pariser Parlaments. Er wurde mit dem Hochmut und der Schonungslosigkeit eines Louvois empfangen.

Ludwig verzichtete auf die spanische Krone für seinen Enkel, hoffte aber, ihm Beide Sizilien erhalten zu können. Doch die Verbündeten hatten es ganz anders vor! Tatsächlich lag Marlborough nichts mehr am Ende des Krieges. Abigail Masham hatte im Winter zähe und listige Maulwurfsarbeit geleistet, und Königin Anna entglitt immer mehr Sarahs Griff. Der Sieger von Höchstädt fürchtete jetzt, Frieden könne für ihn und seine Frau Ungnade bedeuten. Da die Holländer damit rechneten, England werde ihnen siebzehn Städte in Flandern zum Nachteil von Erzherzog Karl und Ludwig XIV. zubilligen (der sogenannte Barrierenvertrag), wurde der unglückselige Rouillé auf der Stelle zurückgewiesen.

Der König weinte, als er dem Ministerrat von diesem Fehlschlag unterrichtete. Viele Male hatte er sich seiner »Rührung« in schwierigen Augenblicken bedient, vor allem, wenn er seine Familie schlecht behandelte. Doch diesmal kamen die Tränen aus dem Herzen. Die Minister waren erschüttert.

Torcy erbot sich heroisch, selbst nach Den Haag zu fahren und die Kapitulation Frankreichs zu überbringen. Denn nun hatten Madame de Maintenon und die »Heiligen« doch gesiegt: der alte Löwe war bereit, sich den Bedingungen der Feinde zu unterwerfen.

Ehe Torcy noch diese Bedingungen genau kannte, hatte er viele Demütigungen hinzunehmen. Die Verbündeten stellten immer neue Forderungen. »Jeder souveräne Fürst«, schrieb der Minister, »würde sich für entehrt halten, wenn er nicht etwas zum Schaden der französischen Krone forderte.« Er benutzte ein Alleinsein mit Marlborough, um ihm vier Millionen anzubieten. Vergebens. Königin Anna war kein sicherer Stein mehr auf dem Brett.

Die Verbündeten wollten ihre Eroberungen behalten, Frankreich einen beachtlichen Teil des Elsaß nehmen, dazu zahlreiche Festungen wie Lille und Straßburg; Philipp V. sollte ohne Entschädigung abdanken. Torcy unterschrieb alles. Doch nun verdarben ihnen die kleine einundzwanzigjährige Königin und ihre fast siebzigjährige Dueña das Spiel: Marie Louise von Savoyen und Madame des Ursins erwiesen sich als völlig unzähmbar, so daß man an einen Thronverzicht Philipps V. zweifeln mußte. Und falls der »Herzog von Anjou« auch bereit wäre, würde ihn sein Volk nicht zurückhalten?

Über dieses Thema entspann sich eine lange Auseinandersetzung, die ungewöhnlich scharf wurde, als man vernahm, daß die Spanier, ohne französische Hilfe, die englisch-portugiesische Armee besiegt hatten. So entstand denn sofort der Artikel IV., der, um es gleich zu sagen, ziemlich vieldeutig war. Es heißt darin: »Wenn der besagte Termin [zwei Monate] vergeht, ohne daß der Herzog von Anjou bereit ist, die jetzt beschlossene Übereinkunft durchzuführen, werden der Allerchristlichste König und die vertragsschließenden Fürsten und Staaten übereinstimmend die geeigneten Maßnahmen ergreifen, um die Vereinbarung vollständig durchzusetzen.«

Die meisten Historiker haben in dieser Klausel die unglaubliche Herausforderung von Leuten gesehen, die von ihrem Rachebedürfnis berauscht waren. Doch so einfach ist die Angelegenheit nicht.

Ob vielleicht Torcy und Marlborough stillschweigend zusammenarbeiteten, um einen Mechanismus zu konstruieren, an dem der ganze Vertrag scheitern mußte? Beide wünschten ihn nicht, der eine, weil er

Frankreich zerstören, der andere, weil allein der Krieg die Macht der Marlboroughs und der Whigs retten konnte. Eine solche Deutung ist durchaus nicht abwegig.

Wie dem auch war: Torcy weigerte sich trotz Rouillé und trotz der unbeschränkten Vollmacht, mit der er ausgestattet war, die vierundvierzig Artikel zu unterschreiben, die unter der Bezeichnung *Präliminarien* zusammengefaßt und von den Verbündeten ratifiziert worden waren. Es gelang ihm, weil er eine Art von drakonischem Ultimatum einschieben konnte.

Ohne die Falle zu erkennen, räumten die Verbündeten nämlich Ludwig XIV. die verlangte Frist ein ... eine Woche, vom 28. Mai ab gerechnet. Wenn er bis zu diesem Datum unterzeichnet hatte, sollten die Feindseligkeiten für zwei Monate ausgesetzt werden, in denen Philipps Abdankung vollzogen werden mußte. Wurden sie bis zu diesem Datum nicht unterzeichnet, sollten die Feindseligkeiten sofort wieder beginnen.

»Eure Majestät«, schrieb Torcy, als er die *Präliminarien* nach Versailles schickte, »hat völlig freie Hand, diese Bedingungen insgesamt zurückzuweisen, *wenn, wie ich glaube, der Stand der Angelegenheiten es ihm erlaubt;* er kann sie auch annehmen, wenn er unglücklicherweise seine Pflicht darin sieht, den Krieg um jeden Preis zu beenden.«

Torcy kam am 1. Juni abends in Versailles an, am nächsten Morgen tagte der Ministerrat. Ängstliche und aufgeregte Leute füllten die Vorzimmer. Jeder wollte etwas erfahren, keiner wußte Genaues. Und auch wir wüßten heute kaum etwas über den Verlauf der Sitzung, hätte nicht der ungarische Fürst Rákóczi seinen Geheimagenten Vetes in Versailles gehabt und hätte sich nicht im Kriegsministerium ein Spion in englischem Sold befunden, der viel besser unterrichtet war als etwa Dangeau (der Herausgeber des *Journal*) oder als Saint-Simon.

Der am 3. Juni abgesandte Brief von Vetes ist 1855 mit seinen Erinnerungen zusammen veröffentlicht worden. Die Berichte des anonymen Agenten von Marlborough befinden sich bei den Papieren von Sunderland[1] oder zwischen den Manuskripten von Blenheim[2]. Dank ihren Angaben wissen wir, daß der Sohn Ludwigs XIV. durchaus einen Platz in der europäischen Geschichte einnimmt; an diesem Tag fand Bossuets empörter Schüler in sich die Instinkte seiner Dynastie wieder, und das gab den Ausschlag.

Als Sprecher für die Partei der Heiligen hielt der Herzog von Beaufort

[1] Sunderland, Schwiegersohn des Herzogs, war Staatssekretär. Die Papiere von Sunderland sind bei denen von Blenheim.
[2] Winston Churchill, a.a.O.

eine heftige Verteidigungsrede für die Kapitulation. Man war geneigt, ihm zu folgen. Doch als Monseigneur, der »Grand Dauphin«, begriff, daß sein Lieblingssohn abgesetzt – durch Franzosen abgesetzt! – werden sollte, verlor er die Fassung. Er redete seinen Vater in Ausdrücken an, die die Anwesenden erstarren ließen. Dann wandte er sich gegen die von Schrecken gepackten Minister, erklärte, daß er eines Tages ihr Herr sein und, falls sie jetzt dem König zum Frieden raten sollten, dafür Rechenschaft von ihnen fordern werde – erhob sich und stürzte wutentbrannt aus dem Raum.

Am selben Abend machte sich Rouillé wieder auf den Weg nach Den Haag, um den Abbruch der Verhandlungen zu verkünden. »Was!« rief Marlborough, scheinbar wütend. »Und keine Gegenvorschläge?« Nein. Es gab keine. Prinz Eugen und Heinsius beklagten bitter die verpaßte Gelegenheit, doch der Herzog teilte ihre Enttäuschung nicht. Seiner Frau hatte er geschrieben: »Wäre ich an Stelle des Königs von Frankreich, würde ich lieber den Verlust meines Landes in Kauf nehmen, als meine Truppen mit denen des Feindes zu vereinen, um meinen Enkel abzusetzen.« Er glaubte, jetzt werde ihm die Königin das Ziel seiner Wünsche, den Titel Konnetabel, nicht mehr verweigern können, doch der private Streit zwischen Sarah und Abigail tobte, und die Königin wünschte keineswegs, dem Ehemann ihrer Verfolgerin gefällig zu sein.

Marlborough war hier schon geschlagen worden und wurde es noch einmal, und zwar durch das Geschick Ludwigs XIV. Der König kannte die Macht der Propaganda: Er schwenkte den Artikel IV., dem er eine übertrieben brutale Auslegung gab, und handelte, wie es früher undenkbar gewesen wäre. In einem Brief an den Gouverneur von Paris machte er die Franzosen zu Richtern über sein Verhalten: »Obwohl meine Liebe für mein Volk nicht geringer ist als die Liebe für meine eigenen Kinder, obwohl ich alle Leiden teile, die der Krieg über die so getreuen Untertanen bringt, obwohl ich ganz Europa bewiesen habe, daß ich den Frieden für alle aufrichtig wünsche, habe ich mich davon überzeugt, daß die Franzosen selbst sich Bedingungen widersetzen, die zugleich gegen die Gerechtigkeit und gegen die Ehre des französischen Namens gerichtet sind.«

Dieser pathetische Aufruf des Selbstherrschers hatte eine ungeheure Wirkung. Plötzlich ließen sich gewaltsame, geradezu revolutionäre Maßnahmen durchführen: Man konnte einen allgemeinen Zehnten als Steuer einführen – den Vorläufer unserer Einkommenssteuer; man konnte vierzigtausend Rekruten ausheben unter Bedingungen, die schon eine Wehrdienstpflicht vorwegnahmen. Der König sandte der Münze sein goldenes Tafelgeschirr, und kaum ein Höfling wagte noch von Silber zu speisen. Ein ganzer Strom von Tellern, Suppenschüsseln und vielen Werken der Goldschmiedekunst floß in den Schmelzofen. Allerdings taten es auch viele Leute Saint-Simon nach: »Ich gestehe«, sagte dieser stolze Patriot, »daß ich mich bei der Nachhut hielt: Ich schickte [Silber] für tausend Pistolen in die Münze und schloß das übrige fort.«

Was dieser kleine Herzog, der doch so neugierig auf alles horchte, nicht gespürt hat: Ludwigs Stimme gab dem Krieg eine neue Seele. In Holland und England bedauerte man, daß der Frieden versäumt worden war. Auch dort wurden die Abgaben unerträglich, drohte der Ruin. Wozu denn noch weiter so große Anstrengungen machen, wenn das Ziel der Großen Allianz erreicht war, wenn Frankreich auf den Knien lag? Der Mann auf der Straße hatte eine Antwort: Um die Bankiers von London und die Familie Marlborough noch reicher zu machen. Die Schmähschriften gegen Ludwig XIV. wurden abgelöst durch Pamphlete gegen den Herzog, der den Fehler begangen hatte, die Literaten nicht für sich zu gewinnen.

In Frankreich war die Wirkung genau entgegengesetzt. Es handelte sich nicht mehr darum, den Bourbonen ein Imperium zu retten, über Donau, Etsch und Schelde zu gebieten, es ging darum, den Boden des Vaterlandes zu verteidigen.

Ludwig forderte seinen Enkel auf, Spanien zu verlassen. Durch den Mund seiner Frau antwortete Philipp V., er werde eher sterben als abdanken. Inzwischen verließen die französischen Truppen – mit Ausnahme der 26 Bataillone des Dauphins –, die französischen Berater und sogar der französische Gesandte die Halbinsel. Es war plötzlich ein nationaler Krieg geworden, und er packte die Massen. Seit Karl VII. hatte man einen solchen Schwung nicht mehr erlebt, und bis zur Revolution wiederholte er sich auch nicht.

Daß der Pharao von Versailles (ein Ausdruck von Jean Héritier), der von seiner eigenen Größe besessene Halbgott, zum Führer dieser Bewegung werden konnte, beweist, daß er wirklich das war, was Goethe einen »Königsmenschen« nannte. Ludwig XIV. hatte sozusagen allen Ruhm durch seine Siege und seine Meisterwerke in sich aufgesogen. Als die Stunde gekommen war, ließ er sich auch vom Unglück durchdringen und verkörperte den Willen eines Volkes, das zum Sieg entschlossen war.

Familiengeschichten

Ein nationaler Aufschwung fordert ein Sühneopfer und die weithin sichtbare Berufung populärer Figuren. Der sanfte Chamillart hatte es fertiggebracht, Meudon und die Heiligen, die Prinzen und die Marschälle, Madame de Maintenon und die Choin – kurzum alle gegen sich einzunehmen. »Mitten im Hofstaat erhob sich irgendeine verworrene Stimme ... entweder müsse der Staat oder Chamillart zugrunde gehen«, berichtet Saint-Simon.

Der König war »aus verständlichen Gründen erschüttert, blieb aber standhaft«. Seine Bindung an einen anständigen und treuen, wenn auch mittelmäßigen Mitarbeiter war ein auffallender Zug bei ihm, eine Art Riß in der marmornen Härte. Doch leider haben gute Absichten in der Politik sowenig Erfolg wie in der Literatur. Ludwig beugte sich dieser Einsicht, Chamillart stürzte. Sein Nachfolger wurde der Staatsrat Voysin, dessen Frau die Freundschaft der Madame de Maintenon errungen hatte, als sie ihr während der Belagerung von Namur mit einem Schlafrock aushalf.

Voysin »ließ sich ungern blicken und war ärgerlich, wenn er gesehen wurde, mürrisch, kurz angebunden, schnitt den Leuten das Wort im Munde ab, redete kurz und mit zwei Worten und wandte den Rücken, wenn er eine Antwort erhielt, oder entgegnete irgend etwas in trockenem, entschiedenem und gebieterischem Ton. Seine Briefe waren bar jeder Höflichkeit, enthielten nur lakonische Antworten, von oben herab, oder eine kurze Anordnung.« (Saint-Simon) Sein erster Auftritt mißglückte. Bei der ersten Ministerratssitzung, an der er teilnahm, trug der neue Minister dem König die Pläne für die militärischen Operationen vor und sagte, *»da er glaube, Seine Majestät wisse es besser,* flehe er ihn an, selbst zu entscheiden«. Ludwig XIV. richtete sich etwas auf und erklärte im Ton des Herrn, »er sähe wohl, daß er neu sei, da er annehmen könne, er habe etwas zu entscheiden. Er müsse also begreifen, es behalten und nie vergessen, daß es seine Aufgabe sei, Befehle entgegenzunehmen und auszuführen, seine, des Königs, aber, ihm alle Anordnungen zu geben und über die größten wie die kleinsten Angelegenheiten zu entscheiden.«

Auch der einundsiebzigjährige König war nicht bereit, ein Tüpfelchen seiner Autorität herzugeben.

Voysin war nicht der rechte Mann, die Franzosen zu begeistern, man mußte sich schon an Boufflers, den Helden von Lille, und vor allem an Villars halten. Der König überwand sogar endlich seine Abneigung und entschloß sich, Conti, ein anderes Idol der Massen, zurückzurufen. Doch eine pure Milchkost, zu der die Ärzte den Prinzen über lange Zeit hinweg verurteilt hatten, kostete ihn das Leben, als er fünfundvierzig Jahre alt war.

Die gute Jahreszeit heilte nicht die Schäden, die der Winter verursacht hatte, der Hunger blieb. Es kam zu Aufständen in Dijon, Rouen, sogar in Paris, wo der zufällig durch die Rue Saint-Denis kommende Boufflers die Ruhe wiederherstellte. Ein neues Drama: in Lyon machte

Bernard Bankrott. Desmarets war entsetzt, konnte den Bankrott aber auf Lyon beschränken, so daß Bernard seinen Kredit im Ausland behielt und der von der Vorsehung bestimmte Bankier des Krieges blieb.

Das Schicksal wollte offenbar die Standfestigkeit des »altgewordenen Löwen« bis an seine Grenze erproben. Im Juli brach in der königlichen Familie ein folgenschwerer Skandal aus.

Der Herzog von Orléans war nicht nach Spanien zurückgekehrt, wo ihn die Madame des Ursins[1] nicht mehr haben wollte. Mit Zustimmung des Königs schickte er seinen Sekretär Flotte unter dem Vorwand nach Spanien, er solle die Equipagen des Herzogs zurückholen. Flotte brach zur Suche nach dem Agenten Regnault auf, fand ihn nirgends, dehnte seine Reise über Gebühr in die Länge, machte zu viele Besuche und achtete zuwenig auf seine Worte. In dem Augenblick, als er sich nach Paris zurückbegeben wollte, wurde er von Dragonern des spanischen Königs gefangengenommen und in ein Gefängnis geworfen, in dem seit Wochen schon Regnault saß. Die Untersuchung seiner Papiere förderte den noch versiegelten Brief Stanhopes und ein Memorandum zutage, in dem sich die »Fürsten des Hochadels« entschlossen, für den Fall, daß sie von Frankreich im Stich gelassen werden sollten, »an ihre Spitze den Herrn Herzog von Orléans zu stellen und ihr Hab und Gut und Leben seiner Unterstützung zu opfern«. Die Verhaftung von zwei mit Orléans befreundeten spanischen Generalleutnanten folgte auf dem Fuße.

Welche Aufregung in Versailles, welche starken Worte, welcher Schwall von Empörung! Madame des Ursins, die den Skandal gegen den Willen Ludwigs XIV. entfesselt hatte, durfte sich zu ihrem Erfolg beglückwünschen. Alle Gegner, alle Neider des Herzogs von Orléans, eifersüchtige Frauen, Bastarde, Frömmler, Prinzen von Geblüt, aber minderem Rang, unfähige Generäle, alles warf sich über die Beute.

Madame la Duchesse blies das Halali. Sie kannte, o wie sie doch kannte! die Verbrechen ihres Schwagers![2] Madame de Orléans, eben von ihrer vierten Tochter entbunden, ging es sehr schlecht. Kein Zweifel! Das Ungeheuer hatte seine Frau vergiftet, um die Königin von Spanien – die Witwe Karls II. – zu heiraten und mit ihren großen Schätzen sehr schnell Philipp V. zu vertreiben. Aber kaum gekrönt, werde er der zweiten Frau das Schicksal der ersten bereiten und das Diadem seiner Mätresse d'Argenton aufsetzen.

Angestachelt von den Furien von Meudon, immer bereit, für seinen

[1] Diese Episode wie die meisten anderen, in die der Herzog von Orléans verwickelt wurde, hat der Autor in seinem Buch über die Regentschaft geschildert.

[2] Schwager: Madame la Duchesse war als Tochter der Montespan eine Schwester der Herzogin von Orléans (Anm. d. Übers.).

Lieblingssohn einzuspringen, schluckte der gutgläubige Dauphin sämtliche Lügen und verlangte schlicht den Kopf seines Vetters. Das Beispiel von oben, Madame de Maintenons Feindseligkeit, warf die ganze brodelnde Menge opportunistischer Höflinge in den Hexenkessel. Alles wäre nun möglich gewesen – wenn sich nicht zum Glück die Herzogin von Orléans wieder erholt hätte.

Philippe von Orléans versuchte sich zu verteidigen: Er hatte eine Unvorsichtigkeit begangen, gewiß; darin lag vielleicht eine Schuld. Aber niemals, nie und nimmer hatte er sich gegen seinen Neffen verschworen. Alle seine Verhandlungen waren nur für den Fall gedacht, daß die Ereignisse Philipp V. zur Abdankung zwingen könnten. Wäre es dann nicht besser, das Erbe bliebe in französischen Händen?

Die Verteidigung konnte den allzu deutlichen Fehler natürlich nicht wegwischen. Ein Mitglied der königlichen Familie, vor allem ein Armeeführer, verletzte seine Pflicht, wenn er eine Sache aufs Spiel setzte, die er verteidigen sollte. Für einen echten Verrat gab es allerdings keinen Beweis. Andererseits: Warum denn so viele Listen und Lügen, um ein nicht vorhandenes Verbrechen ans Licht zu bringen?

Ludwig hörte sich als Richter die Erklärungen seines Schwiegersohnes an, gab aber nichts von seinen Gedanken preis. Obwohl die Geschichte sein immer waches Vorurteil gegen die Jüngeren in der Familie geschärft hatte, hätte Seine Majestät eine so verworrene Geschichte lieber niedergeschlagen. Die Partei der Heiligen, dankbar für die Treue, die der Herzog Fénelon bewiesen hatte, übernahm schüchtern seine Verteidigung, und der Herzog von Burgund versuchte sogar, seinen Bruder zu beruhigen. Doch nichts ließ sich gegen die Verleumdungen ausrichten, die lauthals von Madame des Ursins und Madame la Duchesse ausgesprochen und *mezzo voce* von Madame de Maintenon wiederholt wurden. Der König von Spanien schrie nach Rache. Sein Vater, zornglühend, beklagte sich über die träge Justiz, und der Herzog von Maine, der so tat, als wolle er seinem Schwager[1] helfen, stieß ihm freundlich den Dolch in den Rücken.

In all diesem häuslichen Unwetter befragte der König seine Minister: Nicht einer wagte dem Erben der Krone, noch viel weniger dem heimlichen Urteil der Madame de Maintenon zu widersprechen, und der Kanzler erhielt den Befehl, den Enkel Ludwigs XIII. unter Anklage zu stellen. Bittere Tage für einen Mann, der sich auf dem Gipfel geglaubt hatte und sich im Abgrund sah! Ein sonderbares Schicksal schien seinen Eigenschaften alles Wertvolle zu nehmen und seine Fehler zu verzehnfachen. Daß aus Vergnügungen wüste Orgien geworden waren, hätte man dem Großen Condé oder Gaston von Orléans als entschuld-

[1] Als Sohn der Montespan war der Herzog von Maine ein Bruder der Herzogin von Orléans (Anm. d. Übers.).

bare Leichtfertigkeit abgenommen, bei ihm wurde es zu unverzeihlichem Verbrechen. Die triumphierende Kabale erörterte bereits das geeignete Zeremoniell für die feierliche Hinrichtung eines Prinzen von Geblüt.

Zum Glück faßte sich der König wieder. Zwar widerstand er im Alter weniger gern als früher den Quertreibereien der Seinen und der stummen Mahnung seiner alten Gefährtin, doch die Sorge um seine Würde und seine unerschütterliche Ausgeglichenheit führten ihn rasch wieder auf den richtigen Weg. Er öffnete die Augen und begriff die Gefahr, ganz unnötig Schmutz auf die Familie, ja auf die Krone zu werfen. Ein paar lässige Redensarten, beim Lever oder beim Essen hingeworfen, offenbarten dem Hof, daß Seine Majestät endgültig die Affäre für belanglos hielt und sich über all den Lärm wunderte. Sofort verstummte alles Gerede, der Kanzler schloß die Akten.

Aber die unglückliche Geschichte war damit noch nicht zu Ende. Das Mißtrauen des Königs und der Zorn des Dauphins blieben wie drohende Schatten über dem Herzog von Orléans, von dem sich der Hof fernhielt, als ob Ungnade ansteckend sei. Nach drei hoffnungsvollen Jahren fiel Philippe schwer in die Einsamkeit, in den Müßiggang zurück. Die Entmutigung und die Unruhe wirkten unheilvoll. Der unglückliche Held lehnte sich weniger auf, zeigte mehr Schwäche. In diesem Augenblick entstand oder steigerte sich die Scheu, die Unentschiedenheit, eine Art frivoler Sorglosigkeit, die er von seinem Vater geerbt hatte. Es war das Schicksal dieses gutartigen Mannes, der keinen Haß kannte, daß er Haß bis zur Wut weckte. Philipps V. Groll gegen seinen Onkel legte sich niemals – zum Unglück für Spanien wie für Frankreich.

Was hat sich wohl einige Jahre später Madame des Ursins – was hat sich Madame de Maintenon gedacht, als die beiden »Feen« erlebten, wie an der aus ihrem Hexenwerk geborenen Gegnerschaft die französisch-spanische Einigkeit zerbrach, eine Einigkeit, die solche Ströme von Tränen und Blut gekostet hatte?

Das Erwachen der Franzosen

Am 10. Juni schickte Marlboroughs Spion den folgenden Brief ab: »Der König hat geschrieben, daß der Friede seinem Ende zugeht. Monsieur Villars war entzückt von diesem Schreiben und las es der ganzen Armee vor und fragte die Soldaten und Offiziere, ob sie nicht die Ehre des Königs gegen die Feinde, die ihn gekränkt haben, verteidigen wollten. Im selben Augenblick erhebt sich ein großer Lärm und Beifall der Offiziere und Soldaten, die ihren Hut in die Luft werfen. Er warf seinen mit ihnen hoch. Man meint hier, daß dieser General zwar locker und eitel in seinen Reden ist, aber dem Soldaten Mut macht und ihn gut führt, so wie Franzosen geführt werden wollen, und daß er oft sehr mutig ist, und man hofft, er wird alles gut machen.«

Villars hatte die Seele eines Helden und führte die Sprache eines Prahlers. Das eine wie das andere erwies sich als wertvoll. Der Marschall hielt so viele aufschneiderische Reden, daß er seinen Truppen Vertrauen einflößte und dem Feind zur Vorsicht riet. Doch während er schon erklärte, er wolle die entscheidende Schlacht schlagen, sorgte er zunächst für die Verteidigung und errichtete ein Bollwerk aus Verschanzungen vor den 120 000 Soldaten der Verbündeten – vor diesem Babel aus allen Sprachen und Uniformen.

Die französische Armee bot ein Bild vollkommener Einheit. Viele Bauern hatte der Hunger zur Armee getrieben, wo sie übrigens auch nichts fanden, um ihren Heißhunger zu stillen. Doch sie zogen ein ruhmreiches Ende dem langsamen Verenden vor. Sie alle waren Soldaten, die sich mit der Wut der Verzweiflung schlugen und von einem unbezwinglichen Mann geführt wurden. Selbst am Hof stellte sich wieder etwas vom Geist Corneilles ein. Der dienstältere Boufflers bat, hinter Villars den zweiten Platz einnehmen zu dürfen. »Boufflers liebte wirklich den König und sein Vaterland. Er bewies bei dieser Gelegenheit, daß, entgegen der Maxime eines Mannes von viel Geist [gemeint ist wohl La Rochefoucauld], in einem monarchistischen Land und vor allem unter einem guten Herrn Tugenden gedeihen können. Es gibt sie zweifellos ebenso in den Republiken, aber vielleicht mit etwas weniger Begeisterung, dafür mit etwas mehr von dem, was man Ehre nennt«, hat Voltaire gesagt.

Die Verteidigungslinie der Franzosen konnte leicht überrannt werden, wenn der Feind Ypern auf der einen oder Tournai auf der anderen Seite eroberte; Marlborough wollte Ypern belagern, Prinz Eugen Tournai. Noch im Jahr zuvor hätte der Engländer ohne Schwierigkeit seine Strategie durchgesetzt, jetzt aber hatten die Palastintrigen seine Stellung so geschwächt, daß er sich widerspruchslos dem Rat des Prinzen anschloß.

Die Garnison von Tournai, die sich kraftvoll verteidigte, erregte tiefe Verbitterung bei den Verbündeten: Im Mai hatten sie sich um die Überreste Frankreichs gerauft, im Juli wurden sie durch einen Maulwurfshaufen aufgehalten! Als die Festung fiel und die Verbündeten Bergen einschlossen, erlaubte der König Villars, alles auf eine Karte zu setzen. Das wurde Malplaquet, die schrecklichste Schlacht, die das Abendland bis dahin gesehen hatte. Etwas Ähnliches ereignete sich erst wieder in Napoleons letzten Feldzügen. Die erstaunten Verbündeten stießen nicht mehr auf die demoralisierten Franzosen von Ramillies und Oudenarde, sondern auf die »unverschämte Nation« von Neerwinden. Lange schwankte die Waage. Die Verbündeten mußten fürchterliche Verluste hinnehmen, ehe sie mit knapper Not siegten, und zwar siegten dank Marlborough und dank der Verwundung von Villars, dem ein Bein und Knie zerschmettert wurden. Boufflers befahl den Rückzug und konnte der Unordnung, die nach Höchstädt und Oudenarde so verhängnisvoll gewesen war, zuvorkommen; er hielt die Armee kampfbereit zwischen Le Quesnoy und Valenciennes. Die Verbündeten hatten 24 000 Tote, die Franzosen 12 000. In Versailles »rechnete man es sich wie einen Sieg an, so lange standgehalten und nichts verloren zu haben als ein Schlachtfeld«.

Der Fortschritt hat uns daran gewöhnt, kühlen Herzens die Hekatomben von Leichen – Verdun, Stalingrad, ganz zu schweigen von Hiroshima – hinzunehmen, doch das weniger »entwickelte« Europa des 18. Jahrhunderts wurde von Entsetzen gepackt bei dem Gedanken, daß 36 000 Menschen ihr Leben an einem einzigen Tag verloren hatten, obwohl man schon den Frieden in greifbarer Nähe gehabt hatte. Die Verbündeten konnten nur zugeben, daß dieses Gemetzel ihnen kaum noch ermöglichte, Bergen zu erobern. Die Franzosen dagegen, an die Niederlage gewöhnt, waren begeistert, daß sie der Woge standgehalten hatten, die sie verschlingen sollte. Auf seinem Schmerzenslager wurde Villars, zum Herzog und Pair erhoben, als Nationalheld gefeiert.

Im selben Augenblick hörte Marlborough zu existieren auf. Die Whigs hatten eine Dankadresse an ihn beschlossen, doch einer seiner Stellvertreter, der Herzog von Argyll, warf ihm im Oberhaus vor, Menschenleben vergeudet zu haben. Die Königin weigerte sich, ihm den Titel Konnetabel zu verleihen[1]. Diese gute und sanfte Frau, die ein Todesurteil nicht ohne Zittern unterschreiben konnte, litt unter den Gemetzeln, von denen Abigail immer wieder behauptete, sie seien nur Brandopfer für die Größe der Marlboroughs.

Die schreckliche Herzogin verschlimmerte die Lage nach Wunsch. Hier die Darstellung ihres berühmtesten Nachfahren: »Die Eifersucht auf ihre triumphierende Rivalin ließ sie die einfachsten Regeln von Vorsicht und Würde vergessen. Sie drängte sich der Königin auf: Sie bestätigte deren politische Ansicht, forderte Gunstbeweise und schob deren Verweigerung dem Einfluß von Abigail zu. Abigail war zu einer Art Besessenheit für sie geworden, als wäre es möglich gewesen, die Königin mit Gewalt von ihr zu lösen.«

[1] Der Zufall wollte es, daß Boufflers um die gleiche Belohnung einkam. Der König war darüber verärgert, und der Marschall fiel halbwegs in Ungnade, an der er – natürlich – zwei Jahre später starb. Jedenfalls versichert es Saint-Simon.

Da es sich um seine Ahne handelt, übergeht Churchill das Wesentliche mit Schweigen: Daß die Herzogin nämlich trotz aller beschwörenden Vorstellungen ihres Mannes nicht zum kleinsten Zugeständnis bereit war, lag daran, daß sie auf die skandalöse Macht der Briefe von »Mrs. Morley« baute; sie drohte offen mit Veröffentlichung. Und damit hielt sie diese ängstliche Kranke in so ständiger Aufregung, daß endlich in Anna die Seele Maria Stuarts erwachte und ihr den Mut eingab, einen der großen Staatsstreiche der Geschichte vorzubereiten.

Jeden Abend kam Abigail auf geheimen Wegen zur Königin, jeden Abend auch der heimliche Anführer der Tories, Harley. Dieser sonderbaren Verschwörung gelang es, die Whigs zu »unterwandern«: Ein überspannter Pastor, Sacheverell, stellte sie an den Pranger in seiner Predigt »über die Gefahren falscher Brüderlichkeit in Kirche und Staat«.

Die Whigs machten den Fehler, den Pastor anzuklagen, und der Prozeß gab dem Volk Gelegenheit, seine feindselige Haltung gegen die Regierung offen zu äußern. Denn wenn auch die kleine Gruppe der Herrschenden überaus reich geworden war – die Massen litten fast wie in Frankreich. Der Brotpreis stieg unaufhörlich, die Schuldgefängnisse waren voll.

Der Pastor wurde zu einer übrigens leichten Strafe verurteilt, die Unbeliebtheit der Whigs ließ sich aber nicht mehr übersehen. Und jetzt verlangte Sarah eine Audienz, um sich von den gegen sie erhobenen Anschuldigungen zu reinigen. Man vernahm tatsächlich ständig am Hof das Echo der üblen Geschichten, die von der einstigen Favoritin über die Königin verbreitet wurden. »Was ich zu meiner Rechtfertigung zu sagen habe, verpflichtet Eure Majestät nicht zu einer Antwort«, schrieb die Herzogin in einem Brief, der nach vielem Hin und Her die Königin zum Handeln bestimmte.

Eine Stunde lang mäßigte Sarah weder ihre Klagen noch ihre Vorstellungen, Versicherungen, Tränen. Als sie sich unterbrach, sagte Anna mit gleichmütiger Stimme:

»Sie wünschen keine Antwort, Sie werden keine erhalten.«

»Ich bin überzeugt«, schrie die Herzogin endlich, »daß Eure Majestät unter diesem Beweis von Grausamkeit leiden werden.«

»Das ist meine Sache«, antwortete die Königin.

Die beiden Frauen sahen sich niemals wieder. Es war das Ende einer Herrschaft und für Europa der Anfang einer neuen Ära.

Die Welt änderte überraschend schnell ihr Gesicht. Während Frankreich der Verstümmelung entging, unterlag sein alter Bundesgenosse Schweden bei Pultawa Peter dem Großen, und Rußland machte unerwartet seinen Auftritt auf der internationalen Bühne.

Eine verhängnisvolle Entartung des religiösen Empfindens hat lange Zeit gläubige Herrscher dazu bewogen, ihre Fehler zu sühnen und sich mit dem Himmel zu versöhnen, indem sie Verfolgungen anordneten. Es ist kein Zufall, daß im Jahre 1709 Ludwigs XIV. schwierigste Lage und seine schlimmste Intoleranz zusammenfielen.

Die Leiden der Menschheit lenkten die Theologen nicht von ihren Auseinandersetzungen ab. Immer noch erregte eine Formel, mit der ein halbes Jahrhundert zuvor die Bischöfe die fünf »Propositionen« von Jansenius zurückgewiesen hatten, die Gemüter. »Kann man einem Menschen die Sakramente reichen, der die Formel unterschrieben hat und im Grunde seines Herzens glaubt, daß der Papst und sogar die Kirche sich über die Tatsachen täuschen können?« Dieses 1701 aufgetauchte Problem brachte die Gelehrten gegeneinander auf. 1703 erreichten die Jesuiten von Philipp V. die Festnahme des nach Mecheln geflüchteten Paters Quesnel. Zwei Jahre später schleuderte Papst Clemens XI. die Bulle *Vineam Domini Sabaoth* unter die Gläubigen, doch die Ordensfrauen von Port-Royal[1] weigerten sich, sie anzuerkennen. Trotz seiner Sympathie für die Jansenisten entzog ihnen Kardinal Noailles darauf die Sakramente, eine Anordnung, die dann der Erzbischof von Lyon am 8. April 1708 aufhob.

Ludwig XIV. war der Streitereien müde. Er verstand nichts davon und faßte jede nichtkonformistische Äußerung als Kränkung auf.

Seit langem wünschte schon Pater de La Chaise, sein Beichtvater, sich zurückzuziehen, doch der König, der neue Gesichter um sich herum immer mehr scheute, wollte kein Wort davon hören. »Die Krankheiten und die Altersschwäche, die Pater de La Chaise bald übermannten, verschafften ihm keine Entlastung. Seine offenen Beine, sein völlig versagendes Gedächtnis, das geschwächte Urteilsvermögen, das verworrene Bewußtsein, alles Hindernisse für einen Beichtvater, störten den König nicht. Und bis zum Ende ließ er sich diesen Leichnam bringen und erledigte mit ihm rasch die gewohnte Prozedur«, berichtet Saint-Simon.

Als der Tod dem armen Jesuiten endlich Ruhe verschaffte, empfing Ludwig vor dem Hofstaat die Mönche, die ihm die Nachricht über-

[1] Das 1204 gegründete, 1214 zur Abtei erhobene Frauenkloster Port-Royal-des-Champs bei Versailles spielte für das religiöse Leben Frankreichs eine große Rolle. Bekannt wurde es auch durch seine Schulen, in denen zum Beispiel Racine unterrichtet wurde, und durch die in seiner Nähe lebenden »Solitaires«, eine Art Eremiten. 1654 zog sich Pascal nach Port-Royal zurück. Um die Mitte des 17. Jahrhunderts wurde das Kloster zu einem Mittelpunkt des Jansenismus. Viele bedeutende Persönlichkeiten des geistigen Lebens in Frankreich waren dem Kloster verbunden (Anm. d. Übers.).

brachten. Er nahm sie als »an Verluste gewöhnter Fürst« auf, hielt die Lobrede für den Verstorbenen und fügte lächelnd hinzu: »Er war so gut, daß ich es ihm manchmal vorwarf. Und er antwortete dann: Ich bin nicht zu gut, Sie sind zu hart!«

Die Umstehenden senkten verwirrt den Blick.

Zum großen Verdruß von Madame de Maintenon beauftragte Seine Majestät die Herzöge von Beauvilliers und Chevreuse, ihm unter den Jesuiten einen neuen Beichtvater zu suchen. Wie kam es aber, daß diese beiden anständigen und freundlichen Männer einen ungezügelten Mann wählten, der dem Hof unbekannt und der für seinen Orden eine Geißel war? Offenbar nahmen sie die Verantwortung nicht auf sich, ohne ihr Orakel zu befragen. Nun war aber Fénelon von seinem Haß auf die Jansenisten wie besessen, hinzu kam sein Groll gegen Kardinal Noailles, der einer seiner Richter im Kampf gegen den Quietismus gewesen war. Als er während des Feldzugs von 1708 den Herzog von Burgund sprechen konnte, hatte er mit ihm von diesen Dingen geredet, als handle es sich um die wichtigsten Probleme im Königreich.

Um den Jansenismus zu vernichten und den Kardinal zu stürzen, brauchte er einen Mann, der beiden gleich feindlich gegenüberstand. Die Jesuiten, denen ein ungeschriebenes Gesetz das Vorrecht ließ, die Beichtväter der Könige zu stellen, hatten einen Pater, der diese doppelte Bedingung erfüllte. Gleichgültig gegen alles, was nicht der Größe seines Ordens diente, hatte Pater Tellier seinen alten Groll gegen den Autor der *Provinciales* – Pascal – und gegen die Anhänger von Pascals Ideen kräftig wachgehalten. Persönlich haßte er außerdem Noailles, weil er in Rom Verbot eines Buches von Tellier erreicht hatte.

Eine letzte Überlegung gab den Ausschlag für Fénelon und die herzöglichen Schwiegersöhne von Colbert: Die Not des Winters von 1709. Alle drei waren überzeugt, daß Gottes Zorn besänftigt und der König verpflichtet werden müsse, seine Unnachgiebigkeit bei der Verteidigung der Orthodoxie zu verdoppeln.

Saint-Simon hat von Pater Tellier das düsterste Bild seiner Schrekkensgalerie gemalt. Sein Entsetzen hat er der Welt weitergegeben, vor diesem Mann, »der so gewalttätig war, daß er den klügsten Jesuiten Angst machte ... frech, schamlos, herrisch, kannte er weder Welt noch Maß, noch Rang, noch Schonung ... Ihm waren alle Mittel recht, seine Zwecke zu erreichen, und sein Gesicht war finster, falsch, furchteinflößend ... Man hätte ihm nicht in einem entlegenen Wald begegnen mögen«.

Man könnte versucht sein, das strenge Urteil zu mildern. Im Grunde wirft der kleine Herzog Saint-Simon Pater Tellier vor, »daß er niemals etwas für sich selbst vorschlug«, »daß er aus der Hefe des Volkes[1] stammte und es nicht verbarg«; daß sein Geist »ruhelos studierte, daß er für nichts anderes Interesse hatte, ein Feind jeder Zerstreuung war, aller Geselligkeit, jeder Belustigung«. Aber man muß sich vor Augen halten, daß es Pater Tellier war, der einer alten, ein Jahrhundert lang schwelenden Geschichte die Wendung ins Tragische gab.

Er konnte den König ohne Schwierigkeiten überzeugen. Ludwig war in Ablehnung des Jansenismus aufgewachsen, dessen Doktrin der Lehre widersprach, aus der sich seine Macht herleitete. Ludwig hatte gelernt, Port-Royal zu fürchten, den Herd, der diese aufrührerische Philosophie nährte. Ermahnt, den Gott der Armeen günstig zu stimmen, indem er ihm die unbelehrbaren Nonnen opferte, entschloß er sich ziemlich mühelos dazu. Menschliche Gefühle hatten ihm niemals die Staatsräson besiegt.

Heute würde wohl kaum jemand zugeben, daß die Sicherheit des Staates die unbarmherzige Verfolgung einer Gemeinschaft alter Frauen forderte. Doch für Ludwigs Vorstellungswelt ging es um sein höchstes Interesse, das heißt, es ging darum, sich Gottes Schutz zu sichern. So wurde die Vertreibung der Nonnen und die Zerstörung von Port-Royal-des-Champs beschlossen. »Man trug das Haus ab, die Kirche, alle Gebäude, wie man es mit den Häusern von Königsmördern macht, so daß kein Stein auf dem anderen blieb«, schildert Saint-Simon die Zerstörung. Sogar die Toten riß man aus ihrer entweihten Erde und warf die Gebeine irgendwohin, »mit soviel Fühllosigkeit, wie man sich nur vorstellen kann«.

Die Jesuiten waren nur halbwegs zufrieden, denn Kardinal Noailles stand immer noch da. Pater Tellier erklärte, »es sei nötig, daß er seinen Platz verliere oder der Kardinal den seinen«.

Eine neue Art von Religionskrieg entfesselte sich. Madame de Maintenon, die mit Noailles so verbunden war, begnügte sich mit Seufzen. Sie schrieb ihm: »Es ist nicht an mir, zu urteilen und zu verurteilen, ich kann nur schweigen und für die Kirche, den König und Sie beten.«

Der Kardinal entzog den Jesuiten die Erlaubnis, zu predigen und die Beichte abzunehmen. Voltaire schreibt dazu: »Es wäre sehr nützlich für alle, die sich auf Streitfragen versteifen, einen Blick auf die allgemeine Weltgeschichte zu richten; denn wenn sie so viele Nationen, so viele Sitten, so viele verschiedene Religionen sehen, werden sie erkennen, welch kleine Rolle für die Welt ein Molinosist oder ein Jansenist spielt.«

1 Als der König ihn fragte, ob er mit dem Staatsmann Le Tellier (1603–1685) verwandt sei, hatte der Jesuit zur Empörung der Hofleute geantwortet: »Ich bin ein armer Landbewohner aus der Basse-Normandie, wo mein Vater Bauer war.«

Eine solche Sprache wäre für den Sohn Annas von Österreich undenkbar gewesen.

Die postume Wiederkehr der Madame de Montespan

In der bourbonischen Familie Condé räumte der Tod auf: Prinz Conti starb am 22. Februar 1709. Sein Schwiegervater, Monsieur le Prince – der einzige Sohn des Großen Condé –, folgte ihm am 31. März ins Grab, und dessen Sohn, Contis Schwager Ludwig III. Condé – Monsieur le Duc – starb am 3. März 1710. Dagegen konnte der König ein neues Enkelkind begrüßen. Am 15. Februar 1710 brachte die Herzogin von Burgund einen kräftigen Jungen zur Welt, der den Titel des Herzogs von Anjou erhielt und an dessen Wiege eine lange Prozession grüßend vorüberzog.

Es war der spätere König Ludwig XV.

Tod oder Freude änderten nichts an der Begierde, mit der sich der Hof in die Intrigen stürzte, die so gemein, wenn auch nicht so beschwingt waren wie in den schönen Jahren um 1660. Ein neues Persönchen bildete den Mittelpunkt, ein Kind von vierzehn Jahren, halb Sirene, halb Dämon; ihre Autopsie ergab später, daß ihr Gehirn anomal »gesprungen« war.

Es war Elisabeth von Orléans, mit dem Titel *Mademoiselle,* die Tochter des Herzogs von Orléans, Enkelin des Königs und Enkelin Liselottes von der Pfalz. Sie ähnelte auffallend ihrer Großmutter Madame de Montespan, war so schön, so geistvoll, so verführerisch wie diese, hatte aber auch ihre Neigung zu Wutausbrüchen, zur Perversion, den ungeheuren Stolz und die Vorliebe für starke Getränke und Liebesspiel geerbt. Der Mangel an Erziehung, die Nachlässigkeit einer Mutter, die zu verabscheuen man ihr beibrachte, hatten ihren unsteten Passionen freien Lauf gelassen. Man sah sie bereits in der Residenz ihres Vaters, im Palais-Royal, herrschen. Der König bezeugte diesem hinreißenden, aber etwas beunruhigenden Geschöpf echte Zärtlichkeit; sie gab ihm Athénaïs in ihrer Jugendblüte zurück, wie die Herzogin von Burgund ihm Henriette Stuart zurückgebracht hatte. Ludwig genoß ein unvergleichliches Glück: Nach einem halben Jahrhundert erweckten seine Enkelinnen ihm die Angebeteten seiner Jugend zu neuem Dasein.

Man bereitete die Heirat von Mademoiselle mit dem Herzog von Berry, dem dritten Sohn des Dauphins, vor, als die spanische Affäre die Familie Orléans in Verruf brachte. Während dieser schlimmen Zeit war das junge Mädchen der Trost ihres Vaters, seine Vertraute, seine Freundin, untrennbar von ihm. Das wiederum weckte den Argwohn einer Zeit, die ein inniges Verhältnis von Eltern und Kindern nicht kannte.

Indessen nutzte Madame la Duchesse die Verhältnisse aus, um den Herzog von Berry in ihre Netze zu ziehen und mit der ältesten ihrer sechs Töchter, Mademoiselle de Bourbon, zu verheiraten. Die Partei der Heiligen entsetzte sich bei dem Gedanken, den zweiten »Sohn Frankreichs« zum Gegner übergehen zu sehen, zur Clique von Meudon.

Der Herzog von Saint-Simon griff vermittelnd ein. Er überredete den Herzog von Orléans, sich wieder um die Gnade des Königs zu bemühen, indem er auf seine Mätresse, Madame d'Argenton, verzichtete und sich einem erbaulichen Leben zuwandte. Damit hatte er Erfolg. Nun kam es zu einem Bündnis zwischen Madame de Maintenon, der Herzogin von Burgund, der Herzogin von Orléans und den Heiligen, die alle fest entschlossen waren, eine Ehe Bourbon–Berry zu verhindern. Im selben Augenblick streute die erboste Madame la Duchesse Gerüchte über ein inzestuöses Verhältnis zwischen Mademoiselle und ihrem Vater aus; am Herzog von Orléans ist die Verleumdung sein Leben lang hängengeblieben. Der König allerdings kannte seine gefährliche Tochter und glaubte ihre Geschichte nicht. Doch der Dauphin spie Feuer und Flammen, als die Herzogin von Burgund eines Tages bewundernd über Mademoiselle äußerte: »Das wäre wirklich eine Frau für den Herrn Herzog von Berry!«

Der König war außerordentlich empört über diesen neuen Versuch seines Thronerben zu selbständigem Handeln. Er nahm die Gelegenheit wahr, ihn zum Schweigen zu bringen, und erklärte ihm »im Ton des Vaters und im Ton des Königs«, der Herzog von Berry werde Elisabeth heiraten.

Die Hochzeit wurde am 10. Juli 1710 gefeiert, in der Kapelle von Versailles, deren Vollendung die der ganzen Palastanlage bedeutete. Trotz allem hatte Ludwig das Werk nach seinen Vorstellungen vollenden können.

Schon acht Tage nach der Hochzeit zeigte die neue Herzogin von Berry ihr böses Herz und ihre Tollheit. Eifersüchtig auf die Herzogin von Burgund, die sich so für sie eingesetzt hatte, unzufrieden, daß sie ihre Standeserhöhung der Partei der Gestrengen verdankte, versuchte die Undankbare, die beiden bisher so freundschaftlich verbundenen Brüder zu trennen: sie zog ihren Mann in das Lager von Meudon. Der vierundzwanzigjährige Herzog von Berry war ein guter dicker Junge, überall rund, ganz blond, ein großer Esser, großer Jäger, großer Liebhaber von Pferden und gewaltsamen sportlichen Übungen. Er wäre ja nicht so unbedeutend, meinte Liselotte von der Pfalz, wenn man ihn nicht in solcher Unwissenheit hätte aufwachsen lassen, jetzt wisse er aber auch gar nichts! Er selbst sah sich als »Dummkopf und Strohkopf an, zu nichts zu gebrauchen«. In seine junge Frau war er so toll verliebt, daß sie ihn nach Belieben lenken konnte.

Elisabeth mißbrauchte ihre Macht so sehr, daß sich die Herzogin von Burgund beim König beklagte. Ludwig XIV. mußte seine alle Kräfte beanspruchende Arbeit unterbrechen, um Elisabeth eine Standpauke nach seiner Art zu halten. Die Prinzessin flammte auf und vergoß dann Tränen – wie die Montespan!

Wunder in London und Madrid

Obwohl die Franzosen wieder zu sich selbst zurückgefunden hatten, blieb ihre Lage fast unerträglich. Ludwig XIV., der früher einmal die öffentliche Meinung verachtet hatte, begriff, daß er nur neue Opfer verlangen konnte, wenn er selbst zu größeren bereit sei. Er begann aufs neue mit Verhandlungen und schlug den Verbündeten vor: Er wollte Philipp V. aufgeben; Straßburg und Breisach dem Reich belassen, Lille und Maubeuge den Holländern; er wollte auf die Oberherrschaft über das Elsaß verzichten und dort nur die »Präfektur« wahrnehmen; den Hafen von Dünkirchen zuschütten, alle Festungen von Basel bis Philippsburg schleifen lassen; und schließlich noch Subsidien zahlen, damit Erzherzog Karl selbst Ludwigs Enkel Philipp vom spanischen Thron verjagen könne.

Er setzte alles auf eine Karte. Kann man annehmen, daß Ludwig wirklich in einem Augenblick zu solchen Verlusten und Demütigungen bereit war, als sich in London der Wind zu drehen begann? Doch es war notwendig, daß der König die äußersten Anstrengungen unternahm, um die Ruhe seiner Untertanen zu sichern – und daß seine Feinde ihn zum Märtyrer machten. Dann war es möglich, den Kampf wieder aufzunehmen. Man kann nur bewundern, wie dieser alte Mann, ermüdet von allen inneren Schwierigkeiten und körperlichen Leiden, mit solch bewußter Kühnheit handelte, ein derartig höllisches Spiel wagte!

Die Verbündeten hätten eigentlich durch die Erfahrung des voraufgegangenen Jahres klug geworden sein müssen. Aber nein, sie liefen sofort ins Garn. Im holländischen Gertruydenberg überhäuften sie die französischen Gesandten Huxelles und Polignac mit Beleidigungen, ehe sie ihre Forderungen bekanntgaben: Der König müsse »allein und mit seinen Streitkräften seinen Enkel zur Aufgabe von Spanien und Westindien zwingen, und zwar innerhalb von zwei Monaten ... er habe nur abzulehnen oder anzunehmen«.

Ludwig XIV. brach die Verhandlungen ab und konnte nun die eine

Parole ausgeben, die sein Volk um ihn scharte: »Wenn denn Krieg geführt werden muß, will ich ihn lieber gegen meine Feinde als gegen meine Kinder führen!«

Huxelles und Polignac schrieben unterdessen an die wütenden Holländer: »Wir sind davon überzeugt, daß wir schon bald den englischen Generalissimus seines Postens enthoben und in Ungnade sehen oder doch auf eine Art behandelt, daß er nicht mehr seinen Dienst in Ehren fortsetzen kann; wir erwarten dann den Sturz des gegenwärtigen Ministeriums und die Auflösung des Parlaments.«

Fénelon rechnete nicht mit solchen Ereignissen. Mit wahrer Wut – entstand sie aus der Sorge um das allgemeine Wohl oder aus seinem Haß gegen den Herrscher? – schrieb er dem Herzog von Chevreuse einen für den König bestimmten Brief: »Sie sagen mir, daß Gott Frankreich unterstützen wird, aber ich frage Sie, wo er das versprochen hat. Verdienen Sie denn Wunder in einer Zeit, wo selbst Ihr naher und völliger Untergang Sie nicht einmal bessern kann, wo Sie immer noch hart, hochmütig, verschwenderisch, verschlossen, fühllos und immer bereit sind, sich selbst zu schmeicheln? Wird Gott versöhnt sein, wenn er sieht, daß Sie gedemütigt sind, aber ohne Demut, in Ihren eigenen Fehlern gefangen, ohne sie eingestehen zu wollen, bereit, von neuem zu beginnen, wenn Sie noch zwei Jahre atmen können?«

Was der Schwan von Cambrai unter Demut verstand, war die Bereitschaft, Frankreich verstümmeln zu lassen und Krieg gegen Spanien zu führen. Es ist wenig wahrscheinlich, daß Ludwig diesen überspannten Aufruf zur Kapitulation gekannt hat.

Hatte er aber die Dinge richtig eingeschätzt oder nur wieder »sich geschmeichelt«? Marlborough nahm Douai ein, doch seiner Königin gelang es, den Schwiegersohn des Siegers, den Staatssekretär Sunderland, abzusetzen. Die Unterredungen wurden am 20. Juli abgeschlossen.

Am 2. August schrieb der Herzog seiner Frau: »Der König von Frankreich ist völlig beruhigt wegen der letzten Ereignisse in England, und alle Briefe aus Paris zeigen, mit welchem Eifer man zur Fortsetzung des Krieges entschlossen ist.« Der kaiserliche Gesandte wiederum erklärte dem Prinzen Eugen: »Meine Besorgnisse sind viel stärker als meine Hoffnung.« Mit Recht: Am 7. August verabschiedete die Königin Marlboroughs Freund Godolphin, den Premierminister. Harley wurde Kanzler des Finanzministeriums, und bald darauf ernannte die Herrscherin den fähigsten der Tories, Henry Saint-John, zum Staatssekretär.

Sarah verfügte indessen noch über eine Geheimwaffe: den goldenen Schlüssel, der ihr Zugang zu den Privaträumen Ihrer Majestät verschaffte. Eine weniger stolze Frau hätte ihn genutzt. Hätte sie sich unerwartet in einem Augenblick, wo Abigail abwesend war, »Mrs. Morley« zu Füßen geworfen – wer weiß, welch unabsehbare Folgen dieser Schritt gehabt hätte! Sarah lehnte eine solche Demütigung ab, weigerte sich aber auch, den Schlüssel herzugeben. Ihr Ehemann, gewandter und vor allem beunruhigter, brachte sie endlich doch dazu. Die Königin erhielt ihren Schlüssel, und die Herzogin, außer sich, lief in London von Haus zu Haus, um ihre traurigen Geheimnisse unter die Leute zu bringen, zitierte die Briefe, übertrieb, verteufelte, beschmutzte.

Ende September löste die Königin das Parlament auf. Der Wahlkampf übertraf alles, was man bis dahin gekannt hatte, und die Alten sahen sich in die Zeit Cromwells zurückversetzt. Die Whigs wurden schwer geschlagen, verloren 270 Sitze und bildeten nur noch ein knappes Drittel im neuen Parlament. Sofort zeigte sich ihr Mißerfolg bei der mit ihnen verbündeten Hochfinanz: die Kurse an der Börse fielen um 30 Prozent. Für Frankreich war das Ereignis so wichtig wie der Eintritt der Vereinigten Staaten in die beiden Weltkriege des 20. Jahrhunderts.

Sobald der König wußte, daß sich seine Hoffnung bestätigt hatte, rief er den Handelsherrn Mesnager aus Rouen zu sich, der sich besonders gut für eine Vermittlung über seine englischen und holländischen Kollegen eignete. In den Niederschriften von Mesnagers Verhandlungen heißt es: »Ich kann unmöglich den Freudenausbruch des Königs schildern.« Ludwig hätte ihn am liebsten sofort nach London geschickt, mußte seine Ungeduld aber noch zügeln, denn wenn die Tory-Regierung auch entschlossen war, zu einem Frieden zu kommen, so wagte sie es doch nicht, es offen zuzugeben. Der Haß auf Frankreich war zu lebendig, der Parteienkampf wogte noch immer. Die Minister zitterten davor, als Verräter angeklagt zu werden, falls ihre Gegner wieder die Oberhand erhielten. Sie redeten also von der Fortsetzung des Kriegs, bestätigten Marlborough in seinem Kommando und warteten auf eine günstige Gelegenheit. Inzwischen galoppierten die apokalyptischen Reiter weiter über das zertrümmerte Europa.

In den Archiven des französischen Außenministeriums findet sich ein aufschlußreiches Schriftstück: die Urschrift der Depesche, mit der Ludwig XIV. seinem Geschäftsträger in Madrid den bevorstehenden Abbruch der Verhandlungen von Gertruydenberg bekanntgab. Man erkennt vier Schriftzeilen von Torcy, die mit leichten Strichen der königlichen Hand durchgestrichen worden sind. Torcy schrieb: »Es ist gleichzeitig notwendig, daß der König von Spanien diese glücklichen Umstände zu seinem Vorteil wahrnimmt, denn sonst könnten die Dinge bis zum Äußersten getrieben werden, so daß es mir nicht mehr möglich wäre, weiterhin das zu verweigern, was ich bisher abgelehnt habe [die Entthronung Philipps V.].«

Der Großvater wollte diese Sprache nicht. Er wollte Balsam auf die Wunden streichen, die er seinem Enkel schlug, als er ihn mitten im schlimmsten Unwetter in Stich ließ; Ludwig wünschte die familiäre Harmonie wieder herzustellen. Er rechnete mit Madame des Ursins, die davon gesprochen hatte, nach Frankreich zurückzukehren. »Sie werden mir einen neuen Beweis [ihrer Ergebenheit] geben«, schrieb er ihr, »und bei der Königin von Spanien bleiben, der ich sicherlich keine größere Freude machen kann, als wenn ich Sie darum bitte. Ich würde es sogar befehlen, wenn ich nicht wüßte, wie bereitwillig Sie alles tun, was ich wünschen könnte.«

Die Prinzessin fügte sich, Philipp V. ebenfalls. Er folgte den »Ratschlägen« des Großvaters, bat aber, ihm Vendôme zu schicken. Auf die inständigen Bitten des Herzogs von Burgund, der nobel zeigte, wie man Beleidigungen verzeiht, war der König einverstanden.

Der dicke Vendôme war von sprichwörtlicher Langsamkeit. Bevor er ankam, schlugen die Verbündeten Philipp V. bei Saragossa und eroberten Madrid. Und nun vollzog sich das Wunder der Treue. Von den Granden in ihren Karossen bis zu dem im Straßenstaub laufenden Bettler begleitete die ganze Bevölkerung die Königin und ihren Sohn, die vor den Eroberern flohen. Der hundertjährige Marquis Mancera selbst wollte nicht zurückbleiben. Erzherzog Karl, »Schrecken des Volkes« genannt, wagte nicht einmal, Madrid zu betreten; es trifft zu, daß ihm die Engländer nicht ganz zuverlässig erschienen.

Endlich tauchte der träge Vendôme auf. Er schickte einen Bericht nach Versailles, auf den der König antwortete: »Nach dem Stand der Dinge in Spanien, wie Sie ihn schildern, will ich mindestens sechs Monate lang meine Truppen die Katholische Majestät unterstützen lassen, damit er mit seinen Unternehmungen Erfolg hat und den Thron behauptet.«

»In sechs Monaten läßt sich viel ausrichten«, bemerkte Vendôme. Er zwang die Verbündeten, Madrid zu räumen, verfolgte sie und zerschlug ihre Reihen völlig bei Villaviciosa. Stanhope ergab sich. Theaterdonner, nachdem die Würfel gefallen waren.

Die spanischen Ereignisse gaben den Ausschlag für Harley, der durch ein vereiteltes Attentat außerordentlich populär geworden war. Harley strömte über von Einfällen. Ein Gedanke war, den Tories eine Finanzmacht zu verschaffen, wie sie die Whigs hinter sich hatten. Da die Bankwelt den Gegner unterstützte, dachte Harley an den Handel, und zwar an den einträglichsten, den Sklavenhandel. Um Philipp V. zu schaden, behinderte die englische Flotte den Transport von Schwarzen aus Afrika nach Südamerika. Wenn man diesen Handel wieder freigab und England ermöglichte, beträchtliche Vorteile daraus zu ziehen, ließ sich kaum eine bessere Grundlage für eine Übereinkunft mit Frankreich und Spanien denken. Doch wie sollte man die Gespräche anbahnen, ohne daß Volk, Parlament, ja selbst die Regierung etwas davon bemerkten? Allein der Minister Shrewsbury teilte das Geheimnis mit der Königin, Abigail und Harley.

Wie Marlborough seinen Spion in Versailles hatte, hielt sich der König Agenten in London. Einer der bescheidensten war ein Abbé Gautier, den Tallard absichtlich vergessen hatte, als er 1702 seinen Gesandtschaftsposten in London verließ. Gautier war Kaplan der kaiserlichen Gesandtschaft geworden, und zu den Messen, die er las, erschien auch eine große Dame von jakobitischer Gesinnung, Lady Jersey. Lord Jersey sprach mit Harley über Gautier. Eines Februartages im Jahre 1711 sah der verblüffte Torcy unter dem Äußeren eines ungepflegten alten Abbé seinen eigenen Agenten auftauchen, der sich zum diplomatischen Abgesandten Englands gewandelt hatte!

»Wollen Sie Frieden?« fragte Gautier ohne Umschweife. »Ich bringe Ihnen die Möglichkeit, darüber zu verhandeln, und zwar ohne die Holländer, die über den König empört sind.«

In seinen Erinnerungen vermerkt Torcy: »Es war, als wenn man einen seit langem lebensgefährlich Erkrankten fragt, ob er geheilt werden wolle.«

Ein Erdbeben richtet in einer Minute Schäden an, die erst in langer Zeit zu heilen sind. Der Friede ist nach den Schrecken eines verbissenen Kampfes nicht leichter wiederherzustellen. 1945 hat er sich als so wenig machbar erwiesen, daß man auf die Unterzeichnung eines Friedensvertrages verzichtet hat. 1711 blieb man ihm zähe auf der Spur, monatelang, mit unendlichen Vorsichtsmaßnahmen und Verzögerungen. Der Tod Kaiser Josephs I., der dreiunddreißigjährig an den Pocken starb und dem Erzherzog Karl als römisch-deutscher Kaiser folgte, erleichterte die Verhandlungen. Dafür aber bemühte sich Marie Louise von Savoyen nach Kräften, die Sache in die Länge zu ziehen: Selbst schon vom Flügel des Todes gestreift, wollte die Königin mit dem Feuerherzen nicht zulassen, daß man ihren endlich siegreichen Gatten ausplünderte.

Marlborough setzte den Feldzug fort und eroberte Bouchain, während der französische Seeheld Duguay-Trouin Rio de Janeiro einnahm und mit Reichtümern schwer beladen zurückkehrte. Indessen machte der Friede langsame Fortschritte. Auf den ärmlichen Abbé folgte der Dichter Prior, der mit Vollmacht seiner Königin nach Paris kam. Kein Minister hatte gewagt, die Vollmacht entgegenzunehmen oder zu erteilen. Die ersten Forderungen, die Prior bei Torcy vorbrachte, betrafen Englands Recht, Schwarze nach Amerika zu transportieren. Es gab natürlich noch ein ganzes Bündel weiterer Wünsche, darunter vor allem die Abtretung Gibraltars an die Engländer, die Zerstörung von Dünkirchen, die Vertreibung des englischen Kronprätendenten.

Torcy begann zu verhandeln. Mesnager fuhr über den Kanal, wohnte bei einer Hebamme, ging nur nachts aus dem Haus. Die Präliminarien für den allgemeinen Frieden wurden, zu einem französisch-englischen Vertrag zusammengefaßt, am 8. Oktober unterzeichnet.

Saint-John führte Mesnager nach Windsor. »Es war nachts, Herbst. Die Königin verwelkt wie das Laub. Sie stand tief in ihrem Herbst, war krank (Wassersucht). Die Szene war ergreifend. Sie fühlte sich glücklich, vor ihrem Tod dem Frieden den Weg zu bereiten. Sie sagte zu Mesnager voller Güte, daß sie den Krieg, das Blut hasse, daß sie ihn bitte, dem König von Frankreich ihre Freundschaft zu übermitteln.« (Michelet)

Großes Geschrei in Wien, in Holland, bei den Whigs, bei dem Kurfürsten von Hannover (dem Erben des englischen Throns), als das bekannt wurde, was man als Angebote Frankreichs ausgab. (Daß es sich um einen Vertrag handelte, blieb geheim.) Die Tories blieben die Antwort nicht schuldig. Swift veröffentlichte *The conduct of the allies* (»Das Verhalten der Verbündeten«), eine unbarmherzige Anklage der unzähligen Verstöße der Kaiserlichen und der Vereinigten Provinzen gegen ihre Verpflichtungen. Die Koalition war zerschlagen.

Auf Anstiften von Marlborough sprach sich das Oberhaus gegen die Regierung aus, doch im Unterhaus stimmte eine überwältigende Mehrheit für ihre Beschlüsse. Der Sieger von Ramillies wurde wegen Veruntreuung von Geldern vor Gericht gestellt, so daß die Königin ihn endlich aller Ämter entheben konnte. Am 29. Januar 1712 begann eine allgemeine Konferenz in Utrecht. Nur der Kaiser lehnte es ab, sich dort vertreten zu lassen.

Und Torcy schrieb in seinen Erinnerungen: »Wer hätte damals geglaubt, daß nun das Glück dieser gewaltigen Liga, mit der die Feinde Frankreich und Spanien gegenüberstanden, endlich seine Grenzen erreicht hatte ... daß das höchste Wesen, das dem Meer seine Grenzen setzt und, wenn es ihm gefällt, die Gewalt der Sturmflut besänftigt, so schnell dem Sturzbach zahlreicher Siege ein Ende bereiten werde ... daß trotz den Anstrengungen der Liga und den Vorteilen, die sie errungen hatte, der von der Vorsehung zur Herrschaft über Spanien ausersehene Nachfahre Ludwigs des Heiligen seinen Thron sicher behaupten werde, anerkannt ... von einer feindlichen Armee, die aus seinem Lande ... nur das erdrückende Gewicht der Schulden heimbrachte, die sie eingegangen war, um ihre ausgedehnten Pläne zu erfüllen?«

Doch weder für Ludwig XIV. noch für Philipp V. waren die Prüfungen vorbei.

Der Dauphin, »Monseigneur«, war an den von der Fakultät für harmlos erklärten Pocken erkrankt und tat seinen letzten Atemzug am 16. April 1711 in Meudon, wo sich der König mit den wenigen Personen aufhielt, die gegen die Krankheit immun geworden waren.

Versailles, mitten in der Nacht von der wie ein Blitz einschlagenden Nachricht geweckt, bot das Durcheinander eines aufgestörten Ameisenhaufens; Grollen, wie Lärm eines heranmarschierenden Heeres, Verwirrung der aus dem Bett gerissenen Schläfer, Heranstürzen einer kopflosen Dienerschaft, während die Sarabande der Fackeln in den Fenstern wie eine Reihe flüchtiger Brände aufschien. Niemals in den fünfzig Jahren seines nichtigen Lebens hatte der arme Dauphin so viel Erregung und Bewegung hervorgerufen.

In den Gemächern der Herzogin von Burgund versammelten sich die Damen in Nachthauben, die Herren nur halb bekleidet. Jeder versuchte, sich wie nach einem Unglück wieder zu fassen, alle warfen mißtrauische Blicke um sich, jeder versuchte, die Wirkungen der Erschütterung abzuschätzen, die der Zukunft ganz neue Farben verleihen mußte.

Welche Hoffnungen zerschlagen, wie viele Pläne, wieviel Ehrgeiz! Ein falscher Schritt, und die Ersten wurden die Letzten, die Demütigen erhoben, die Hochmütigen zerschmettert! An Stelle eines schüchternen Thronfolgers, unter dem der Zynismus der Vendômes, die Gier von Madame la Duchesse, die verrückte Phantasie der Herzogin von Berry triumphiert hätten, sah Frankreich nun Fénelons blassen Telemach auftauchen, mit seinem Gefolge aus Pairs und Beichtigern. Frieden folgte auf den Krieg, Askese dem Laster, Strenge der Bequemlichkeit.

In ihre langgesponnenen Überlegungen verloren, wagten die Höflinge gelegentlich eine vorsichtige Banalität zu äußern. Der neue Dauphin, der Herzog von Burgund, saß auf einem Sofa zwischen seiner Frau und seinem Bruder. Leise beweinte er – »aufrichtig«, wie Saint-Simon bewundernd bemerkt – den Vater, der ihn verabscheut hatte. Der Herzog von Berry stieß ein Schmerzensgeheul aus, dem die Schreie seiner Frau antworteten; ihre boshaften Berechnungen waren über den Haufen geworfen. Marie Adélaide von Savoyen, die Frau des neuen Thronfolgers, preßte sich mühsam ein paar Tränen ab und verschmierte sich das Gesicht. Madame de Orléans, eine intime Feindin des Verstorbenen und ihrer eigenen Schwester, Madame la Duchesse, mußte ihr Erscheinen etwas hinzögern, um ihren Jubel nicht merken zu lassen. Die gute dicke Liselotte von der Pfalz, die tränenüberströmt ankam, setzte alle in Verwunderung, weil niemand einen Grund zu solchem Kummer entdecken konnte.

Der König in Meudon zeigte sich heftig betroffen, aber vielleicht bekundete sich hier noch einmal die unbewußte Eifersucht auf den Erben, denn »nachdem er den allgemeinen Befehl erteilt hatte, daß alles getan werde, was getan werden müsse, verließ er sich ganz auf die mit den Zeremonien beauftragten Offiziere«. Aus Furcht vor der Ansteckung verschwanden diese Leute aber samt der ganzen Dienerschaft, sobald Seine Majestät aufgebrochen war.

Sechs Kapuziner aus einem Kloster am Ende des Parks mußten sich des Toten annehmen, und der Leichnam des Dauphins, »Sohn eines Königs, Vater eines Königs, niemals ein König«, wurde wie der eines Bettlers behandelt. Man dachte nicht einmal daran, ihn einzubalsamieren. »Der Arbeiter, der den Sarg herstellte, hatte ihn zu eng gemacht und konnte den Leichnam nur hineinzwängen, indem er sich mit den Knieen auf den Bauch des Dauphins stemmte«, steht in den Erinnerungen des Barons de Breteuil.

Das war der triste Abgesang auf das triste Leben eines Prinzen, den seine Geburt zur Herrschaft über die halbe Welt bestimmt hatte. Saint-Simon, ein fanatischer Anhänger des Herzogs von Burgund, behauptet, der Grand Dauphin wäre ein »gefährlicher« König geworden. Nichts ist unwahrscheinlicher. Monseigneur hatte sich bei den einfachen Leuten außergewöhnlich beliebt gemacht und war tatsächlich das Idol der Markthallen, deren Rolle in unruhigen Zeit ja nicht unwesentlich war. Im Augenblick, als Karl II. von Spanien starb, und vor allem in der entscheidenden Ministerratssitzung vom 2. Juni 1709 hatte er bewiesen, daß es ihm weder an Entschlußkraft noch an Autorität fehlte, wenn es ihm gelang, sich einmal dem väterlichen Druck zu entziehen. Von dem erdrückenden Komplex befreit, dem sein Vater ihn seit frühester Kindheit unterwarf, hätte seine Persönlichkeit, sowenig sie auch bis dahin entwickelt worden war, vielleicht noch große Überraschungen bereitgehalten. Schließen wir uns hier der Meinung von Jacques Roujon an, die er in seinem Buch *Le Duc de Saint-Simon* formuliert: »Der Sohn des Sonnenkönigs hätte auf dem Thron sicher weniger geblendet als sein Vater. Aber hätte er nicht die Tradition der Könige erneuert, die ihren Untertanen vertraut, der Könige, die Väter ihres Volkes waren? . . . Die Natur schien ihn geformt zu haben, damit er den Übergang bildete von einem großartigen, aber überholten System zu den tiefgreifenden Reformen, die durchführbar wurden, sobald die Zeit die Wunden des langen schrecklichen Krieges vernarbt hätte.«

Nach dieser Warnung des Himmels errang Ludwig XIV. einen großen Sieg über sich selbst. Zum erstenmal war er in seinen Augen nicht mehr selbst Inbegriff und höchster Zweck Frankreichs. Er gestand einen Teil seiner Macht dem Herzog von Burgund zu, behandelte ihn wie ein Wesen, das die Zukunft selbst verkörperte, und diente ihm als Führer in das dunkle Morgen. Als er den Ministern befahl, mit dem Prinzen zusammenzuarbeiten, glaubte der Hof, die Zeiten hätten sich gründlich geändert.

Es kam noch besser: Das unzugängliche Herz, in das sich Marie Adélaide schon eingeschlichen hatte, öffnete sich jetzt auch dem Enkel, der so ganz anders war als er selbst in diesem Alter. Sehr bewegt antwortete der Dauphin mit aller nur denkbaren »Achtung und Unterwerfung«. Er verfügte im selben Augenblick über die Gewandtheit und Autorität, die ihm gefehlt hatten, ohne deshalb das geschärfte Gewissen und die Nachdenklichkeit aufzugeben. »Es ist unglaublich«, sagt Saint-Simon, »wie überraschend schnell sich die Bewunderung für seinen Geist, die Achtung vor dem Verstand, die Liebe des Herzens und alle Hoffnungen einstellten.« Die Hoffnung war schon mehr als erfüllt, denn der Große König wandelte sich so sehr, daß er menschenfreundlich und bescheiden auftrat.

Zur Versammlung des Klerus sagte er: »Hier ist ein Prinz, der mir bald folgen wird und der dank seiner Tugend und Frömmigkeit *die Kirche noch blühender und das Königreich glücklicher machen wird.*«

Die Monarchie der Sonne war patriarchalisch geworden! Aber es stand wohl geschrieben, daß die guten Taten Ludwigs XIV. fast immer unheilvolle Folgen haben sollten. Im Schutz der ergreifenden Fassade entstand ein Mechanismus, der schließlich die Bourbonen vernichtete: Fénelon im Cambrai bebte vor Erwartung, seinen Traum bald erfüllt zu sehen. Niemand zweifelte daran, am wenigsten er selbst: Bald schon würde er Kardinal-Premierminister sein! Und da er nicht die Geduld aufbrachte, es abzuwarten, bereitete er seine künftige Herrschaft schon vor. Regelmäßig korrespondierte er mit seinem einstigen Zögling, bei dem er durch Beauvillier und Chevreuse sozusagen ständig vertreten wurde. Den ganzen Sommer über wurde getuschelt, Federn liefen übers Papier, man traf sich heimlich. Saint-Simon hat sich viel Mühe gegeben, uns die wichtige Rolle darzustellen, die er damals beim Dauphin gespielt haben will. Er habe ihm vor allem zahlreiche Denkschriften geschickt, von denen nur deshalb keine Spur vorhanden sei, weil der König nach dem Tode alles sofort ungelesen verbrannt habe – ohne die geringste Neugier auf das, was sie enthielten. Leider haben wir darüber aber keine anderen als seine eigenen Aussagen, und offenbar hat niemand unter den Zeitgenossen eine Verbindung zwischen dem Thronerben und dem kleinen Herzog vermutet, der im allgemeinen als Wichtigtuer behandelt wurde. Man darf also vielleicht annehmen, daß Saint-Simon dreißig Jahre später, als er die Dinge rückblickend schilderte, von seiner Phantasie und seinem Selbstbewußtsein fortgerissen wurde; es wäre jedenfalls nicht der erste Fall.

Zusammen mit ihm oder ohne ihn: Der Schwan von Cambrai entwarf den Plan für seinen Staat, der nicht auf menschliches Zweckmäßigkeitsdenken, sondern auf die göttlichen Gesetze, auf eine unbeugsame Moral gegründet werden sollte. Der Erzbischof griff zunächst das an, was er am meisten haßte. Der sanfte Seelenhirte empfand ja einen wilden Haß auf die Anhänger Calvins, noch mehr aber auf die von Jansenius. Sie zu vernichten war das erste Ziel, das er sich setzte. Dann erst war der Weg frei für eine Reform, die den Luxus, die Freigeisterei, die »Bauwerke«, die allzu weich gepolsterten Karossen, diese modernen Häuser abschaffen würde, in denen die Schändlichen ihre Wollust so weit trieben, daß sie nicht mehr die ganze Familie in einem einzigen Bett verpacken wollten!

Jeder sollte den Platz einnehmen, den seine Geburt ihm zuwies, das Land in Kasten erstarren. Allein dem Adel sollten der Staatsdienst, öffentliche Ämter, Offiziersposten, richterliche Gewalt vorbehalten bleiben. Seine Privilegien – selbst die manchmal völlig übertriebene Erblichkeit der Ämter, in denen so mancher die Ursache allen Übels sehen wollte – sollten bestätigt und eher noch gestärkt werden. Die Verwaltung, die Ludwig XIV. mit Bürgerlichen besetzt hatte, würde verschwinden. Der Herrscher, nur noch eine wohltätige Autorität, sollte statt von Ministern von Räten und Gremien unterschiedlicher Bedeutung (provinzbezogenen, diözesanen) unterstützt werden. Auf dem Gipfel der Hierarchie sollten die Generalstände alle drei Jahre zusammentreten, aber das Recht haben, sich inzwischen jederzeit zu versammeln. Das hieß, auf jeder Stufe Verzögerungen, Schikanen, Gefahren der Anarchie einzubauen. Der Herr von Cambrai vertraute einer kleinen Minderheit eine absolute Macht an, organisierte sie aber so, daß sie die schlimmsten Fehler der Demokratie in sich trug. Man darf auch nicht übersehen, daß er dieser Minderheit ein angeborenes Können andichtete und nicht daran dachte, sie auf ihre Aufgabe vorzubereiten.[1]

All diese Hirngespinste wurden getreulich von einer Generation zur anderen weitergereicht, bis zu Ludwig XVI., der im Alter von zwölf Jahren aus dem *Telemach* die *Moralischen und politischen Maximen* herauszog.

In Wahrheit zeichnete sich auf dem Bild der Herrschaft, wie sie hier dem Enkel Ludwigs XIV. vorgestellt wurde, schon der Umriß eines

[1] Der Kern seiner Ideen findet sich vor allem in *L'Essai sur le gouvernement civil*, verfaßt von Ramsay nach den Gesprächen Fénelons mit dem Chevalier de Saint-Georges (dem englischen Kronprätendenten Jakob Stuart); im *Lettre du 4 août 1710* an die Herzöge Beauvillier und Chevreuse, in *L'Examen de la conscience d'un roi*, verfaßt vom Herzog von Burgund und 1734 veröffentlicht, dann zensiert und spurlos verschwunden *bis zur Thronbesteigung Ludwigs XVI.*

enthaupteten Königs ab. Und wie sich der Dauphin vom *Telemach* anregen ließ, so tat es sein unglücklicher Nachfahre, der wie er selbst gut und gutwillig war und für den Marie Antoinette[1] die Rolle spielte wie Marie Adélaide für ihn. Der Dauphin vergötterte seine Frau. Marie Adélaide war ein erlesenes Geschöpf, leichtherzig, unvorsichtig, leicht verliebt (im Augenblick liebte sie den schönen Abbé Polignac – ob in aller Unschuld?), aber auch sehr entschlossen, wenn es um eine Intrige, eine kleine Rache oder auch nur eine Laune ging. Marie Adélaide rechnete damit, bald im Namen ihres Mannes zu regieren. Regierte ihre Schwester Marie Louise denn nicht auch Spanien?

Im Augenblick verschönerte die junge Prinzessin die glücklichen Aussichten der Franzosen, die nach vielem Unglück den Krieg weichen und die Monarchie wieder aufblühen sahen.

Die Ernte des Todes

Am 7. Februar 1712 konnte sich die Dauphine, die seit zwei Tagen an Fieber litt, nicht mehr erheben. Heftige Schmerzen in den Schläfen marterten sie, ihr Körper bedeckte sich mit verdächtigen Flecken. Die verwunderten Augen weit aufgerissen, betrachtete sie ihr Erster Arzt, Boudin, und verordnete dann vergeblich Aderlässe, Brechmittel, Opium und Kautabak (sic).

Wie ihre Schwester, die Königin von Spanien, war Marie Adélaide eines jener vergänglichen Wesen, die ihre Lebenskraft allzu rasch aufzuzehren scheinen. Schon als Kind vermählt, mißbraucht durch drei Entbindungen und sechs aufeinanderfolgende Fehlgeburten, die Gesundheit heiter dem Vergnügen oder der Etikette opfernd, war sie nun ohne Abwehrkraft einer Epidemie ausgeliefert, von der ihre Umgebung nichts verstand.[2]

Man hörte sie murmeln: »Heute Prinzessin, morgen nichts, in zwei Tagen vergessen.« Sie starb am 12. Februar in ihrem siebenundzwanzigsten Lebensjahr.

Der König und Madame de Maintenon, vom Schmerz überwältigt, flüchteten nach Marly. »Es wird keinen Augenblick meines Lebens mehr geben, wo ich sie nicht vermisse«, schrieb Ludwig XIV., dem die Anmut der jungen Frau den einzigen Lichtstrahl in seine trüben Tage gebracht hatte. Der Dauphin, dessen Tränen nicht trockneten, hatte

[1] Übrigens war Marie Antoinette durch ihre Großmutter Charlotte von Orléans, Herzogin von Lothringen – eine Tochter von Liselotte –, eine Urenkelin von Monsieur, während Marie Adélaide seine Enkelin aus seiner ersten Ehe mit Henriette Stuart war.

[2] Vermutlich handelt es sich um Masern, noch wahrscheinlicher um Scharlach.

sich am Bett seiner Frau ein Fieber zugezogen. Er mußte sich in Marly ins Bett legen.

Nach dem Brauch der Zeit wurde die unglückliche Prinzessin autopsiert in Gegenwart ihrer Hofdamen, und zwar durch Boudin, durch Fagon, den Ersten Arzt Seiner Majestät, und Mareschal, des Königs Ersten Chirurgen. Über den einst so köstlichen Körper beugten sich die schwarzen Roben, die Perücken, die riesigen Brillen. Boudin war wütend, weil er nun sein Amt verloren hatte; Fagon, ein halbblinder Siebzigjähriger, erklärte, eine bösartige Substanz habe das Blut der Patientin »verbrannt«. Boudin redete sofort von Gift, und sein erlauchter Kollege stimmte ihm zu. Nur der Chirurg Mareschal weigerte sich formell, die Diagnose zu unterschreiben. Hier sei angemerkt, daß die Medizin sich noch in einem mörderischen Stadium befand, daß ihr die Chirurgie aber beträchtlich voraus war. Der Streit zog sich hin, wurde schärfer, brachte aber kein Licht in die Sache.

Ludwig XIV., dem man beide Theorien vorlegte, befahl klug Stillschweigen, doch es war zu spät. Die Neuigkeit verbreitete sich windesschnell bei Hofe, wo man immer auf Sensationen bedacht war, gelangte in die Pariser Salons, die Läden, die Kneipen. Man erinnerte sich, daß der König von Spanien seinen Bruder vor kurzem vor einem Attentat gewarnt habe; die Diener erzählten von einer Tabaksdose, die der Herzog von Noailles der Dauphine geschenkt habe und die unauffindbar sei. Die Gesandten schnitten sich ihre Gänsefedern zurecht: Wie ihre Großmutter Henriette Stuart war auch Marie Adélaide ermordet worden.

Und wieder umzischten die Vipern der alten Clique von Meudon und am kleinen Hof der Bastarde. Welch ein Unglück für den Herzog von Orléans, daß er im Laboratorium des Chemikers Humbert seine seltsamen Tränke braute! Und gespenstisch tauchte die Erinnerung an seine alte Freundschaft mit Feuquières auf, einem Mann, der in die Giftmordaffäre verwickelt gewesen war!

Aber welches Motiv sollte denn den Prinzen zu einem so schrecklichen Verbrechen getrieben haben? Vielleicht hätte die Herzogin von Berry eine Antwort gegeben, denn sie war auf ihre Schwägerin eifersüchtig und verbarg nun kaum die Freude, künftig die erste Dame des Königsreichs zu sein. Unterdessen machte der Dauphin eine nach der anderen sämtliche schmerzhaften Phasen durch, die seine Frau durchlitten hatte. »Meine arme Adélaide«, sagte er, »wie hast du doch leiden müssen! Mach, mein Gott, daß es ihrer Seele zum Heil wird!«

Am 18. Februar starb Telemach, bitter beweint von ganz Frankreich. Neue Autopsie, wieder die Stümpereien der Ärzte, wieder gegensätzliche Meinungen. Diesmal wuchs das Getuschel zu Fanfarengetöse. Die Heiligen, toll vor Verzweiflung, konnten einfach nicht einen natürlichen Tod ihres Idols hinnehmen, sie waren die ersten, die von Mord redeten. Aber bald nahmen sämtliche Cliquen von Versailles das Geschrei auf, wenn auch aus unterschiedlichen Gründen.

Liselotte schrieb: »Man fürcht schon, daß mein sohn part an der zukünftigen regierung möchte haben, drum wollen sie ihn zu Paris und bei hof odieux machen.«

Der Dauphin hinterließ zwei kleine Söhne, den Herzog der Bretagne und den Herzog von Anjou. Der ältere erbte nun mit seinen fünf Jahren den Dauphin-Titel seines Vaters. Zum Erzieher des künftigen Königs, der er nach allgemeiner Ansicht werden würde, wurde der Herzog von Berry bestimmt, doch jeder kannte die Nichtigkeit des armen Prinzen, des Pantoffelhelden. Beim Tode Ludwigs XIV. war also das einzige Mitglied der königlichen Familie, das die Macht übernehmen konnte, der Herzog von Orléans, eine Aussicht, bei der viele Leute erschraken. Deshalb mußte man so rasch wie möglich diesen Freigeist ausschalten, diesen Revolutionär und Spielverderber.

Zwischen den rauchenden Trümmern der Partei von Monseigneur und der Partei der Heiligen hatte sich gleich in der ersten Stunde die Partei der Bastarde gebildet. Der Herzog von Maine hatte sich seit seinem völligen Mißerfolg im Krieg seinen Weg geräuschlos gebahnt. Mit dem Klumpfuß schwer hinkend, schnell bereit zu Ehrerbietung, verwöhnte er auch die geringsten Edelleute mit Lächeln, Gefälligkeiten und Versprechungen, verwöhnte auch die Offiziere, bemühte sich um Parlamentsräte. Immer bescheiden, diskret, schüchtern, erlangte er ganz allmählich vom König verschwenderische Gunstbeweise: das blaue Band des Ludwigskreuzes, das Pairtum, das Kommando über die Schweizer, die Graubündener und die Artillerie, fünf Brigaden Jäger zu Fuß – hierin sogar einen Anspruch, der auf die Erben übergehen sollte –, dann das, was man der reichsten Erbin im Lande, der Grande Mademoiselle (Ludwigs XIV. Kusine, Tochter Gastons von Orléans), abgeluchst hatte, das Gouvernement Languedoc und Ehren, wie sie den Prinzen von Geblüt zustanden. Er hielt sich eng an den Vater und die alte Gouvernante, er unterhielt sie, er umschmeichelte sie.

Ludwig XIV. vergaß vergangene Enttäuschungen und bewunderte nun das hübsche Gesicht des jungen Mannes, seine Gewandtheit, seinen Eifer. Madame de Maintenon konnte sich nie ohne Rührung an ihren Kampf um das Leben des schon aufgegebenen Kindes erinnern, an die dramatischen Nächte, in denen sie ihn zu verlieren fürchtete, an beschwerliche Reisen vom Quacksalber zum Kurpfuscher. Solche Hingabe schafft sehr wirksame Ansprüche an den Schuldner. Der zwergenhaften und wirren Herzogin von Maine, Benedicte de Condé, war es gelungen, ihren Mann und sogar den König davon zu überzeugen, daß ein Widerspruch sie um den Verstand bringen könne –

und auf diese Weise hatte sie sich eine Unabhängigkeit verschafft, die sie ausnutzte, um ein Leben wie das einer tollen Schauspielerin zu führen. In dem entzückenden Palast von Sceaux, wo sie als Despotin herrschte, kannte man nur Dramen und Komödien, abgelöst von Festen, Konzerten, Feuerwerken, Bällen, poetischen Turnieren. Ihre kostspieligen Verstiegenheiten erlaubten der Prinzessin, um sich Künstler, Gelehrte und amüsante Männer zu versammeln, zu denen sich dann nach und nach Finanzleute, Beamte, Militärs, eine Menge von Anbetern und Intriganten gesellten: Auf solche Weise entstehen Faktionen.

Die gemeinen Verleumdungen, die in Marly getuschelt wurden, erhielten in Sceaux ihre Trompeten. Der Herzog von Orléans wolle die Krone seiner Tochter – seiner Mätresse! – verschaffen, der Herzog wolle sich selbst zum König machen. Man wußte ganz genau, daß er buchstäblich mit dem Teufel im Bunde war. Und Humbert hatte seine Geheimnisse von der Giftmischerin La Voisin geerbt.

Mit Kometengeschwindigkeit erfüllte das Gerücht »den Hof, Paris, die Provinzen, die entlegensten Winkel, die einsamsten Klöster, die für die Welt unbrauchbarsten und verlassensten Öden, schließlich die fremden Länder und alle Völker Europas«, schildert Saint-Simon die Lage. Madame de Maintenon, die so voreingenommen war gegen den Sohn von Monsieur, so aufgebracht über seine Skepsis und seine Sitten, glaubte vielleicht wirklich, daß ein so ungläubiger Mann auch ein Verbrechen begehen könne. Der König befand sich in einem Zustand schrecklicher Ungewißheit.

Schon am 22. Februar, als Philippe von Orléans das Weihwasser für den armen Dauphin brachte, wurde er von der Menge beschimpft. Am anderen Tag mußte er den Trauerzug leiten, der die beiden Leichen von Versailles zur Königsgruft von Saint-Denis brachte. Der Zug verließ den Palast um sechs Uhr abends und kam erst um zwei Uhr morgens über die Pariser Stadtgrenze. Sechzig graue Musketiere, sechzig schwarze Musketiere, zwei Kompanien Gendarmen und Leichte Reiterei zogen den sechs achtspännigen Trauerkarossen voran. Unzählige Fackeln warfen düsteren Schein über die Schwerter und Harnische, Mäntel und Federbüsche. Die Pagen des Königs schritten in Reihen zu dritt. Der Herzog von Aumont trug die Krone des Dauphins, Monsieur de Dangeau die der Dauphine, Monsieur de Souvé die Kette vom Heiligen Geist. Vier Almoseniere zu Pferde hielten die Schnüre des Leichenwagens.

Das Volk, bis dahin still und gesammelt, erhitzte sich plötzlich, als die Karosse mit dem orleanischen Wappen erschien. Man schüttelte die Fäuste, Pfiffe mischten sich mit Rufen, Beschimpfungen, Verwünschungen. In der Höhe des Palais-Royal wollte die aufgebrachte Menge die Gardeabsperrung durchbrechen und den mörderischen Onkel in Stücke reißen. Die Pferde bäumten sich, die Frauen schrieen. Ohne die am Tag zuvor getroffenen Sicherheitsmaßnahmen wäre der Prinz nicht lebend davongekommen.

Philippe konnte nicht daran zweifeln, daß ihn die Franzosen als Giftmischer ansahen. Der Schock war fürchterlich für diesen Mann, dem die ihm Nahestehenden oft seine übertriebene Empfindlichkeit vorwarfen. Gerade weil das Verbrechen so unsinnig war, erschien es doppelt schrecklich. Der Herzog von Orléans liebte seine Neffen und hatte viel von ihrer Thronbesteigung erwartet. Wäre ihm nach Verbrechen zumute gewesen, dann hätte er seinen Interessen besser gedient, wenn er sich eines Herrschers entledigt hätte, der ihm für alle Zeiten feindselig gegenüberstand. Von Entrüstung und Verzweiflung übermannt, ging Philippe zum König, verlangte Gerechtigkeit, bot sich an, sofort in die Bastille zu gehen, damit ein öffentlicher Prozeß seine Unschuld ans Licht bringe. Zum Glück war Ludwig XIV. besonnen genug, es abzulehnen.

Liselotte schreibt: »Der König traktiert meinen sohn wohl, das macht mich hoffen, daß die lügen keine impressionen bei Ihro Majestät getan haben.« Doch nach Saint-Simon benahm sich Ludwig »sehr ernst, sehr kalt und sogar sehr kurz«. Monsieur de Orléans redete auf ihn ein und bat dann, daß wenigstens Humbert ins Staatsgefängnis gehen, befragt und gerichtet werden könnte.

In diesem Punkt gab der König nach, doch der aufrechte Chirurg Mareschal, der davon gehört hatte, wagte es, noch am selben Abend seinen Herrn Vorhaltungen zu machen: »Was haben Sie denn vor, Sire? Wollen Sie durchaus die angebliche Schande Ihrer Familie an die große Glocke hängen? Und was wird dabei herauskommen? Daß man überhaupt nichts findet und die Schande auf Sie selbst zurückfällt!«

Humbert erhielt den Befehl, nicht in die Bastille zu gehen. Zwei Tage später wurden die beiden Söhne des Dauphins von dieser angeblich geheimnisvollen scharlachartigen Krankheit erfaßt, die damals ganz Paris und Versailles heimsuchte. Die Ärzte bemächtigten sich des armen kleinen Herzogs der Bretagne, ließen ihn zur Ader und ließen ihn erbrechen, bis am 7. März der Tod eintrat. Den zweijährigen Herzog von Anjou hätte dasselbe Schicksal getroffen, wenn nicht seine Gouvernante, Madame de Ventadour, ihn der Wissenschaft aus den Klauen gerissen und ihm ein Gegengift gegeben hätte, das sich glücklicherweise mit keinem anderen Mittel vertrug. Das Kind genas, war aber sehr kraftlos, und jeder glaubte, daß es sich bald zu seinem Bruder und seinen Eltern versammeln werde.

Das Geschrei der Kabale verdoppelte sich: Der Herzog von Orléans war im Begriff, die ganze königliche Familie auszurotten, um sich den

Weg zum Thron frei zu machen! Von Madrid aus goß Madame des Ursins Öl ins Feuer. Sie ließ im Poitou einen Franziskaner festnehmen, der angeblich die Ermordung des Königs von Spanien plante. Und natürlich war wieder Philippe von Orléans verantwortlich.

Ohne Unterlaß angegriffen, versuchte der Unglückliche vergeblich, wieder Fuß zu fassen. Auf den Strom der Verwünschungen folgte nach und nach ein halbes Schweigen, das noch unerträglicher war. Ein stummes Scherbengericht verurteilte den Prinzen zur Kaste der Ausgestoßenen. Erschien er bei einer Gesellschaft, verstummte die Unterhaltung; wandte er sich einer Gruppe zu, zog sie sich zurück und bildete sich in einigem Abstand neu. Mutige Männer zeigten ihm ihren Abscheu, die Feigen entfernten sich überstürzt wie beim Anblick eines Leprakranken. Die Frauen sparten nicht an Verachtung und Unverschämtheiten. Der Enkel Ludwigs XIII., der Held von Turin, Lerida und Tortosa fand in Versailles nicht einen einzigen Begleiter zum Spaziergang, keinen Mitspieler beim Kartenspiel, keinen Gesprächspartner.

Alles beruhigt sich wieder in Frankreich, alles wird schnell vergessen, zumal der Skandal. Doch der Herzog von Maine, der sein Glück aus dem Untergang seines Schwagers zu schmieden hoffte, verstand mit diabolischem Geschick, das abscheuliche Gerücht wachzuhalten – in Paris, in Versailles, in der Provinz, sogar im Ausland. Blutschänderischer Giftmischer: der Herzog von Orléans war in den Augen der Welt ein neuer Cesare Borgia, ein Richard III.

Das Schlimmste war, daß der Herzog, in der Öffentlichkeit so erniedrigt, schließlich wirklich heruntergekommen wirkte. Dieser starke, apoplektische, lustige Mann, oft gerötet von Trunkenheit, der die Sprache der Galeerensträflinge sprach, der Gott lästerte und den Dienerinnen in Gegenwart seiner Tochter unter die Röcke griff, roch nun nach Lastern, die er nicht hatte.

Dem alten König unter seiner wächsernen Maske schnürte die Sorge das Herz ab, wenn er seine zusammengeschmolzene Dynastie betrachtete, in der es außer dem König von Spanien und einem Urenkel, der am Rand des Grabes zu stehen schien, nur noch einen vollkommen unfähigen Erben und einen entehrten Neffen gab.

Der Glanz der untergehenden Sonne

Die Trauerfälle im Hause Frankreich hatten Verwirrung in Utrecht ausgelöst, wo die Unterhändler schon das schwankende Gebäude zuzusammenfallen sahen, das sie mit solcher Mühe zu errichten versuchten. Nur in einem einzigen Punkt waren sich alle einig: Der zweijährige Dauphin würde nicht am Leben bleiben. War er aber tot, würde

Ludwigs XIV. Krone auf Philipp V. übergehen, dessen Ansprüche 1700 feierlich bestätigt worden waren. Doch weder England noch Holland würden jemals der Vereinigung Spaniens und Frankreichs unter einem Zepter zustimmen.

Schon im März verlangte Saint-John, Philipp V. solle für sich und die Seinen auf seine Eigenschaft als französischer Prinz verzichten, und zwar zugunsten des Herzogs von Berry, nach dem dann die Ansprüche vielleicht auf das Haus Orléans und danach auf andere Zweige der Bourbonen übergehen könnten. Torcy berief sich im Namen seines Herrn auf das organische Recht des Königreichs, das auf der Thronfolge nach dem Gesetz der Primogenitur beruhte: »Dieses Gesetz wird als Werk dessen angesehen, der alle Monarchien eingesetzt hat, und wir sind in Frankreich davon überzeugt, daß er allein es abschaffen könnte. Kein Verzicht kann es also außer Kraft setzen; selbst wenn der König von Spanien seinen Verzicht ausspräche ... würde man sich täuschen, wenn man ihn als ein ausreichendes Mittel ansähe, dem Übel zuvorzukommen, das man jetzt vermeiden möchte.«

Saint-John gab schlagfertig zurück: »Sie werden uns wohl gestatten, daß wir in Großbritannien davon überzeugt sind, ein Prinz könne durch freiwillige Abtretung auf sein Recht verzichten.«

Fünf Tage genügten Ludwig XIV., um seine dynastischen Bedenken hinter die Staatsräson zurücktreten zu lassen. Doch als er seinen Enkel davon überzeugen wollte, stieß er gegen eine Mauer.

Der Groll Philipps V., als er 1709 von Frankreich im Stich gelassen worden war, dann die Begeisterung über einen Sieg, den er göttlichem Eingreifen zuschrieb, hatten in dem jungen Herrscher die letzten Reste seines Kapetingererbes ausgelöscht. Eingezwängt zwischen einer fünfundzwanzigjährigen Gemahlin, die ihrem Tode nahe war, und einer siebzigjährigen Gouvernante, war er ein vorzeitig verbrauchter Mann, verbraucht durch mystische Überspanntheit wie durch sexuelle Übertreibungen. Er wohnte wie vor ihm Karl II. in einer Welt voller Visionen und Hirngespinste. Die Zeit war vorbei, in der die Sonne von Versailles die tristen Säle des Madrider Palastes erhellte und ihn an eine vergessene Zeit erinnerte. Nun murmelte er seine Gebete, eingezwängt in die *golille*, die spanische Halskrause, die schon eher ein Halseisen war, mit erloschenem Blick, mit hängender Lippe: Seine Katholische Majestät setzte würdig die Reihe von Velasquez' Modellen fort.

Schon jetzt konnte Ludwig XIV. seinen Einfluß nur durch Madame des Ursins ausüben. Wiederum mußte er drohen, daß er auf keinen Fall Truppen und Subsidien gewähren werde. Philipp V. ließ sich zähe die Vollmachten entreißen, die sein Großvater brauchte, um in seinem Namen verhandeln zu können, und er war trotz allen Rückschlägen empört, daß sich sein Herrschaftsgebiet auf Spanien und Westindien beschränken sollte. Im Austausch für die verlorengegangenen Provinzen forderte er das Roussillon!

Der Gedanke, auf das Erbe seiner Vorfahren zu verzichten, brachte ihn auf wie eine Lästerung. Das göttliche Recht forderte, daß er in Madrid und in Paris herrschte oder, falls der Dauphin am Leben bliebe, König von Spanien und Regent von Frankreich sei. Nichts könne ihn bewegen, dieses geheiligte Prinzip zu verletzen.

Daraufhin konnte sich die englische Regierung nicht enthalten, ein Expeditionskorps unter dem Befehl des Herzogs von Ormonde zur Unterstützung von Prinz Eugen zu schicken; der Prinz war anstelle des abgesetzten Marlborough von den Verbündeten zum Generalissimus ernannt worden. Doch die Tories waren nicht bereit, eine Änderung ihrer Politik vorzunehmen. Saint-John schrieb Ormonde: »Ihre Majestät hat Gründe für die Vermutung, daß wir zu einer Einigung über den wichtigen Artikel der Union der beiden Monarchien kommen, sobald ein von Paris nach Madrid geschickter Kurier zurückgekehrt sein wird. *Die Königin befiehlt deshalb ausdrücklich, von jeder Belagerung Abstand zu nehmen und keine Schlacht zu wagen, bis Sie andere Befehle von Ihrer Majestät erhalten.*« Ebenso wichtig war die Nachschrift: *»Ich vergaß Euer Gnaden mitzuteilen, daß der französische Hof von diesem Befehl unterrichtet worden ist; das heißt also, wenn Marschall de Villars ihn privat Ihnen gegenüber erwähnt, antworten Euer Gnaden entsprechend. Sollte sich auf der einen oder anderen Seite der Befehl ändern, sind wir auf Ehrenwort verpflichtet, uns gegenseitig zu benachrichtigen.«*[1]

Doch es gibt noch ein Dokument, das wahrhaftig geeignet ist, die Darstellung der meisten Historiker von den Ereignissen des Jahres 1712 zu ändern. Es handelt sich um einen Bericht des Abbé Gautier vom 21. Mai an Torcy: »Ich fragte Monsieur Saint-John, was der Marschall de Villars tun solle, falls der Prinz Eugen und die Holländer einen Angriff unternähmen. *Er antwortete, er habe dann nichts anderes zu tun, als sich auf ihn zu stürzen und ihn und seine Armee kurz und klein zu schlagen.*«[2]

Churchill meint: »Nichts übersteigt diesen schwarzen Verrat in der Geschichte der zivilisierten Völker.« Er schrieb es zwischen 1931 und 1935 – und brauchte nicht lange zu warten, bis er Schlimmeres erlebte.

Kennt man diesen Schriftwechsel, dann ist man etwas skeptisch gegen das reichlich großartige Pathos der Szene, in der Ludwig XIV. Villars seine letzte Armee übergab. Im Falle eines Scheiterns werde er, so habe der König gesagt, »mich nach Péronne oder Saint-Quentin

[1] Bolingbroke, Briefe und Erinnerungen.
[2] *Edinburgh Review* vom Oktober 1845, zitiert von Churchill.

begeben, dort alles sammeln, was ich an Soldaten auftreiben kann, und mit Ihnen zusammen eine letzte Anstrengung unternehmen und entweder mit Ihnen untergehen oder den Staat retten«. Als Memoirenschreiber entwickelte Villars eine ähnlich lebhafte Phantasie und Vorliebe für ergreifende Szenen wie Saint-Simon.

Diese *letzte Anstrengung* vollzog sich aber – während Prinz Eugen voller Mißtrauen gegen Ormonde noch zögerte – in Madrid. Die englischen Minister hatten ein Geschäft entworfen: Sie forderten die Katholische Majestät auf, falls der Dauphin stürbe, dem Herzog von Savoyen Spanien zu überlassen und dafür sein Territorium, Savoyen, Piémont und Montferrat, dazu Sizilien, zu übernehmen. Sobald dann der französische Thron verwaist sei, könne sich Philipp V. ohne alle Schwierigkeiten die Lilienkrone aufs Haupt setzen – der er noch herrliche Blumen, die drei savoyardischen Provinzen, hinzufügen werde; Sizilien solle dann an den Kaiser fallen.

Der Plan entzückte Ludwig XIV.: er beruhigte Europa, ersparte Frankreich einen bösen dynastischen Konflikt und bezahlte alle Übel mit einem unverhofften Preis. Freilich würden die Bourbonen das Reich Karls II. verlieren, aber die Erfahrung hatte schon gezeigt, wie empfindlich die Einigkeit zwischen den beiden Höfen war, und der Große König, weise geworden durch viel Unglück, zog die unmittelbaren Interessen des Landes dem Ruhm seiner Dynastie vor.

Der Großvater schrieb dem Enkel dringlich und fügte den politischen Argumenten noch sentimentale hinzu: Philipp V. könne sich dann häufig in Versailles aufhalten und könne den so tragisch zerbrochenen Kreis der Familie neu zusammenfügen. Marie Louise von Savoyen, ihrer Schwester so ähnlich, würde den Platz der armen Adélaide einnehmen.

Der trübselige Zögling der Madame des Ursins, der jetzt wilde Hartnäckigkeit mit dem Mangel an Willenskraft vereinte, brauchte seine gewohnten Waffen – Schweigen, Untätigkeit. Wochen vergingen. Prinz Eugen begann zu handeln, er belagerte Le Quesnoy. Nun schickte Ludwig ein echtes Ultimatum: Die Katholische Majestät möge wählen zwischen dem britischen Vorschlag oder der Nachfolge Karls II., aber, wohlverstanden: Falls er Spanien wähle, gebe er damit für alle Zeiten sein erstes Vaterland auf. Und falls keine rasche Antwort komme, werde Frankreich einen Sonderfrieden schließen und seinen Verbündeten allein acht wütenden Nationen standhalten lassen.

Diese entschlossene Haltung erlaubte Verhandlungen mit den englischen Ministern über einen Waffenstillstand. Der König bot ihnen ohne Zögern Dünkirchen »als Sicherheit für seine Verpflichtungen« an. Die Gefahr wuchs ständig. Vom 10. bis 14. Juni verwüsteten 2 000 kaiserliche Reiter ungestraft die Champagne und entführten beinahe den Erzbischof von Reims. Le Quesnoy fiel am 1. Juli, aber ein paar Tage danach verließ der Herzog von Ormonde mit seinen 12 000 Briten die Verbündeten und zog sich nach Gent zurück; die fremden Söldner in britischen Diensten konnte er nicht mit sich ziehen.

Eugen war Villars an Zahl weit überlegen, denn ihm blieben noch 130 000 Mann. Er beschloß, das Schicksal durch einen Marsch auf Paris herauszufordern, und schon am Tag von Ormondes Aufbruch begann er mit der Belagerung von Landrecies (17. Juli). Panik machte sich in Versailles bemerkbar; man beschwor Seine Majestät, sich nach Chambord zurückzuziehen. Ludwig wollte nichts davon hören. Hier hat er, laut Voltaire[1], zum Marschall d'Harcourt (nicht zu Villars) gesagt, »daß er im Falle eines neuen Unglücks den gesamten Adel seines Reiches zusammenrufen und gegen den Feind führen werde, ungeachtet seines Alters und wenn er auch an der Spitze seiner Truppen untergehen werde«.

Eugen hatte es eilig, zu einem Ende zu kommen, und entschloß sich zu einer »verzweifelten Strategie«, die ihn Fehler begehen ließ. Seine Linien waren gefährlich weit auseinandergezogen. In Marchiennes befanden sich seine Depots, weit entfernt von seinem Hauptquartier, das jenseits von Le Quesnoy lag. Einer seiner Stellvertreter, Albemarle, der für die sichere Verbindung zwischen beiden Plätzen sorgen sollte, verschanzte sich mit seinen 17 Bataillonen bei Denain. Wer hat nun als erster die Möglichkeiten erkannt, die sich den Franzosen bot? Die Frage ist vor zweieinhalb Jahrhunderten gestellt worden und wird nie gelöst werden. Noch einmal halten wir uns an Voltaire, dessen Bericht zu den besten gehört:

»Die Berichte, nach denen ein Pfarrer und der Rat Le Fèvre d'Orval aus Douai, die zusammen spazierengingen, sich als erste ausmalten, daß man leicht Douai und Denain angreifen könne, zeigen am deutlichsten, wie oft die großen Affären der Welt durch unbekannte und geringe Mittel geregelt werden. Le Fèvre gab seine Einsicht dem Intendanten der Provinz weiter; dieser leitete sie dem Marschall Montesquiou zu, der unter Marschall Villars kommandierte; Villars stimmte zu und führte das Unternehmen durch. Es war in der Tat die Rettung Frankreichs, mehr noch als der Frieden mit England.

Marschall Villars täuschte Prinz Eugen: Ein Dragonerkorps rückte deutlich erkennbar in Richtung auf das feindliche Lager vor, wie zu einem Angriff; während sich die Dragoner anschließend nach Guise zurückziehen, marschiert der Marschall am 24. Juli mit seiner in fünf

[1] Der Herzog von Maine war offensichtlich aus erster Hand unterrichtet, und Voltaire, der sich lange bei der Herzogin aufhielt, verstand es, von ihr eine Menge Tatsachen zu erfahren.

Kolonnen vorrückenden Armee gegen Denain. Er nimmt die Verschanzungen von General Albemarle; alle Leute werden getötet oder gefangengenommen; der General selbst gerät in Gefangenschaft mit zwei Prinzen von Nassau, einem Prinzen von Holstein, einem von Anhalt und sämtlichen Offizieren. Prinz Eugen rückt eilig mit allen Truppen, die er zur Verfügung hat, heran, aber die Sache ist schon fast vorbei; er will eine Brücke nehmen, die nach Denain führt und von den Franzosen gehalten wird; Eugen hat Verluste und kehrt um, nachdem er die Niederlage erkannt hat.

Alle Posten auf dem Weg nach Marchiennes an dem Fluß Scarpe entlang werden sehr schnell nacheinander genommen. Marchiennes, von 4 000 Mann verteidigt, wird von den Franzosen so kraftvoll angegriffen, daß sich die gesamte Besatzung nach drei Tagen ergibt. Damit verfügen die Franzosen über das ganze Lager an Munition und Lebensmitteln, das für den Feldzug hier angelegt wurde (30. Juli 1712). Nun ist Villars eindeutig überlegen: Der ratlose Feind hebt die Belagerung von Landrecies auf und läßt sich Douai, Le Quesnoy und Bouchain wieder abnehmen; die Grenzen des Landes sind gesichert; die Armee des Prinzen Eugen zieht sich zurück, vermindert um 50 Bataillone, von denen 40 in den Kämpfen von Denain bis zum Ende des Feldzugs verlorengegangen sind. Auch der ruhmreichste Schlachtensieg hätte keine größeren Vorteile erringen können.«

Trotz seiner tiefen Trauer empfand Ludwig XIV. bei diesen Nachrichten einen Augenblick lang unaussprechliche Freude. Als Frankreich fast in eine seiner schlimmsten Katastrophen gestürzt worden wäre, hatte der alte König sein Reich und seinen Ruhm gerettet.

Sein unbeugsamer Mut im Unglück hatte seine Fehler wiedergutgemacht. Im Untergang glänzte die Sonne strahlend auf.

Bilanz einer Politik der Größe

Madame des Ursins griff als »Bittstellerin und Mutter« ein, um die Katholische Majestät zu den Ansichten seines Großvaters zu bekehren, aber ohne Erfolg. Nachdem er gebetet, kommuniziert und sich mit seinem Beichtvater beraten hatte, ließ Philipp V., erleuchtet von einem mystischen Licht, seinen Entschluß wissen: Einmal Spanier geworden, werde er für immer Spanier bleiben. Was Frankreich anbelange, dessen Krone ihm »zu funkelnd« sei, wie er überraschend erklärte, so mache er sie seinem Bruder Berry zum Geschenk.

In Versailles stieß der alte König einen Seufzer der Enttäuschung aus, in Utrecht wie in London mischten sich Unruhe und Freude. Der Spielverderber Europas kapitulierte; nun gut, aber wie sollte nun sein

Verzicht wirksam gemacht werden? In allen Hauptstädten erklärten die Verteidiger des göttlichen Rechts eine solche Abtretung für wirkungslos: Ein Prinz konnte seine Legitimität nicht ablegen.

Um seine Aufrichtigkeit zu beteuern, war Philipp V. bereit, die spanische Junta zu beauftragen, selbst den Verzicht in den nachdrücklichsten Wendungen zu formulieren. Der Text wurde dann den Gelehrten der Universität Oxford vorgelegt, wie auch die Erklärungen der Herzöge Berry und Orléans, in denen sie auf alle Rechte an Spanien verzichteten. Königin und Tories waren zufrieden. Das Parlament dankte dem Herzog von Ormonde, während Harley und Saint-John geadelt wurden, Harley zum Grafen von Oxford, Saint-John zum Vicomte Bolingbroke; dieses Titelgefälle entzweite leider die beiden Minister.

Der neue Lord Bolingbroke begab sich nach Frankreich, wo ihn König und Hof in Fontainebleau empfingen und verwöhnten wie einen Engel vom Himmel. Ludwig schenkte ihm den Diamanten, den der Herzog von Burgund an seinem Hut getragen hatte. Paris feierte ihn begeistert bei einem Fest in der Oper. Torcy bot ihm großartige Gastlichkeit und machte ihn mit einer Schönen bekannt, die sich darauf verstand, Staatsgeheimnisse zu entdecken: Madame de Tencin. Aus der Liebe, die sich nun entwickelte, zog die französische Diplomatie einigen Nutzen.

Bolingbroke handelte eine Verlängerung des Waffenstillstandes aus; dann, in der Intimität der Gemächer von Madame de Maintenon, besprach man ein Thema größerer Bedeutung. Seit dem Prozeß Sacheverell im Jahre 1710 hatte Königin Anna praktisch die Legitimität ihres Halbbruders, des Prinzen von Wales, anerkannt, den sie den Prätendenten nannte. Sie ließ die Erwähnung ihres eigenen göttlichen Rechts aus den offiziellen Schriftstücken entfernen. Allerdings verwirrte sie einigermaßen ihre Umgebung, wenn sie zuweilen Maßnahmen gegen den Sohn Jakobs II. forderte, dem sie auf keinen Fall weichen wollte; andererseits wünschte sie ebensosehr, ihm die Krone zu vererben, nicht aber ihrem unangenehmen Vetter, dem Kurfürsten von Hannover. Bolingbroke änderte selbst mehrmals seine Ansicht in dieser Frage. Die öffentliche Meinung war so eindeutig wie heftig gegen den papistischen Prinzen eingestellt. Trotzdem glaubte Ludwig XIV., daß Jakob Eduard Stuart nach dem Tod der Königin nach London zurückkehren könne. Deshalb war er bereit, die Act of Settlement vom Jahre 1701 anzuerkennen, da sie doch ungültig werden würde; ferner wollte er die Befestigungen von Dünkirchen – diesen Alptraum Englands – schleifen lassen und sogar den Prätendenten verbannen, in der Erwartung allerdings, er werde triumphierend zurückkehren.

Nachdem diese Hindernisse beseitigt waren, konnten die letzten

Verhandlungen in einer Atmosphäre von Hoffnung, ja fast in Heiterkeit zu Ende geführt werden. Allerdings weckte Philipp V. zuweilen die Besorgnis der Diplomaten, die gezwungen waren, an seiner Aufrichtigkeit zu zweifeln. So hieß es in seiner Proklamation an die Spanier: »Ich habe nicht einen Augenblick geschwankt, welche Haltung ich einzunehmen hatte, und außerdem *ließ man mir nicht die geringste Frist, mich zu beraten und zu bedenken.*«

Ein Bericht des Gesandten de Bonnac enthielt eine sehr deutliche Warnung: »Der König von Spanien tritt Frankreich seinem Bruder, dem Herzog von Berry, ab, doch falls der Herzog von Berry kinderlos stirbt, *wünscht er keinen Verzicht geleistet zu haben, der dem Herzog von Orléans zugute käme.*« Die Feindseligkeit zwischen Onkel und Neffen hatte sich seit 1709 keineswegs gemäßigt.

Doch warum Gründe zur Unruhe suchen? Die Zukunft zeigte sich hell und beruhigend. Man hatte sich mit dem vermutlichen Tod des Dauphins bereits abgefunden. Das Zepter würde dem Herzog von Berry zufallen und nach ihm dem kleinen Herzog d'Alençon, den die tolle Elisabeth soeben zur Welt gebracht hatte. Die Herrschaft der Madame des Ursins über die Königin von Spanien würde dieses Land im Kielwasser Frankreichs halten, das wiederum durch die Thronbesteigung eines katholischen Stuarts eng mit England verbunden sein würde. Welche Vergeltung so wenige Jahre nach der Demütigung von Den Haag!

Der Herzog von Orléans ließ einige gefährliche Ratschläge unbeachtet; er dachte nicht daran, die neue Ordnung, in der er keinen Platz fand, in Frage zu stellen. Als Philipp V. den Cortes »seinen Glauben und sein Königswort« verpfändet hatte, daß er den Verzicht »streng beachten und erfüllen« werde, begaben sich die Herren Berry und Orléans in Paris feierlich ins Parlament, um die Urkunde eintragen zu lassen, die den Verzicht auf ihre Rechte an das habsburgische Erbe bestätigte.

Am selben Abend schrieb der spanische Gesandte triumphierend an seinen Herrn, die französische Öffentlichkeit, die Formalitäten wenig Wert beilege, warte darauf, nach dem Tode des Dauphins Seine Katholische Majestät über die Pyrenäen ziehen zu sehen. Zum Glück blieb das unvorsichtige Schreiben den Kanzleien unbekannt.

Am 11. April 1713 wurde zu Utrecht der Friede unterzeichnet von Frankreich, Großbritannien, Holland, Preußen, Portugal, Savoyen. Der Kaiser verweigerte seine Unterschrift, und Philipp V. wäre liebend gern seinem Beispiel gefolgt, hätte ihn der Großvater nicht kräftig unter Druck gesetzt.

Der Friede zu Utrecht gab Frankreich Lille, Aire, Béthune, Saint-Venant zurück und beließ ihm mit Ausnahme weniger Ortschaften die Grenzen von 1679. Holland erhielt die berühmte »Festungsbarriere«, doch war es zugrunde gerichtet, es hatte unwiederbringlich seinen Rang als Großmacht verloren. Eine Ironie des Schicksals schenkte Ludwig XIV. auf diese Art einen späten Erfolg der Unternehmung, die er einst mit Colbert geplant und die ihn so viel gekostet hatte. Den Vorteil erntete aber nicht der Todfeind der Niederlande, sondern sein Verbündeter England. Auf solche Weise haben die Vereinigten Staaten nach dem gemeinsamen Sieg von 1945 die Auflösung des britischen Empires beschleunigt und es zu ihrem Satelliten gemacht.

In Utrecht wurde dieses Empire geboren. England legte seine Hand auf Gibraltar, Menorka, die Hudson-Bai, Akadien (Neuschottland), Neufundland. Es erhielt für die Dauer von dreißig Jahren das Recht, jedes Jahr ein Schiff zum Handel mit Südamerika zu schicken, außerdem das Recht zum Sklavenhandel. Colberts Traum war ausgeträumt. Die Vorherrschaft zur See war Frankreich entgangen.

Falls der Kaiser zum Anschluß an den Vertrag bereit gewesen wäre, hätte ihm Ludwig XIV. Landau, Straßburg, Hüningen und Breisach überlassen. Aber er lehnte ab. Nun zeigte sich, wie stark Frankreich trotz seiner Erschöpfung geblieben war: Der wohlwollenden Neutralität Englands sicher, zerschlug es in einer einzigen Schlacht die kaiserlichen Truppen trotz Prinz Eugens Genie. Villars eroberte Speyer, Worms und Landau, drang tief in die gegnerischen Linien ein, belagerte und eroberte Freiburg. Der Kaiser, bis in seine Erblande bedroht, fügte sich. Die beiden Oberbefehlshaber, ebenso Gegenstand allgemeiner Bewunderung wie der Verleumdung an den Höfen, erhielten den Auftrag, den Frieden auszuhandeln. Sie trafen sich in Rastatt. »Monsieur«, sagte Villars zu Prinz Eugen, »wir sind nicht Feinde. Ihre Feinde sitzen in Wien, meine in Versailles.«

Der in Rastatt unterzeichnete Friedensvertrag wurde in Baden von den deutschen Fürsten bestätigt. Ludwig XIV. zog nicht nur sein Angebot von Utrecht zurück, sondern erreichte jetzt auch die Wiedereinsetzung der mit ihm verbündeten Kurfürsten von Köln und von Bayern. Der Kaiser verzichtete endgültig auf das Elsaß und auf die Freigrafschaft. Allerdings erhielt Österreich einen gewaltigen Ausgleich auf Kosten Philipps V., nämlich die spanischen Niederlande, Mailand und Neapel. Der Herzog von Savoyen erhielt Nizza zurück und wurde König von Sizilien, der Kurfürst von Brandenburg als »König in Preußen« international anerkannt.

Diesmal war es Philipp V., der nicht unterschreiben wollte. Zu sehr um Vereinfachung und Verdeutlichung bemüht, lassen die Lehrbücher auf die französische Hegemonie von 1659 die englische von 1713 folgen. Aber das ist falsch. Trotz seinen Geschwadern und seinem Geld war England nicht in der Lage, irgend jemandem seinen Willen aufzuzwingen, wie es der Allerchristlichste König beim Tode Mazarins konnte. Der andere Sieger, Karl VI., war dazu ebensowenig fähig. Frankreich bildete zwischen beiden den Waagebalken, der das Gleichgewicht zwischen ihnen erhielt, offensichtlich in dem Bestreben, eine Erneuerung der alten Allianz zu verhindern.

Das war das Europa, zu dem der ungeheure diplomatische und militärische Einsatz Ludwigs XIV. gelangt war. Es war nicht das Europa, das er in seinen besten Jahren vor sich gesehen hatte – aber doch auch nicht das, zu dem er sich im Unglück hätte bequemen müssen.

Der König hatte »im Sinn der Zeit eine große Politik verfolgt, hatte sie mit festem Willen durchgeführt und mit einem sehr starken Gefühl für die Würde der Krone und für die Verantwortung gegenüber der nationalen Vergangenheit«.[1] Man kann sie aber nur gerecht beurteilen, wenn man sie unter zwei verschiedenen Aspekten sieht: Franz I. und Karl V. hatten zwei Jahrhunderte zuvor den gigantischen Kampf entfesselt, unter den die Verträge von 1713/14 den Schlußstrich zogen. Als Erbe des einen und Nachkomme des anderen vereinigte Ludwig XIV. in sich den Ehrgeiz der Kapetinger und den der Kaiser. Als Kapetinger wollte er seinen klar abgegrenzten Grund und Boden, und wollte ihn unverletzlich. Er hatte Erfolg: 1713 zählte Frankreich mehr Städte und Provinzen als 1661, und sie waren der Nation fest verbunden. Einem berühmten Wort zum Trotz brauchte an den Pyrenäen keine Wache aufgestellt zu werden. Das beachtliche Ergebnis: an Frankreichs Toren stand kein gefährlicher Nachbar mehr. Es ist von Einfällen verschont geblieben bis zum Ende des Ancien régime.

Ludwig XIV. konnte sich nicht der gesamten spanischen Niederlande bemächtigen, und man hat ihm vorgeworfen, die Gelegenheit versäumt zu haben. In Wahrheit stellte sich eine solche Gelegenheit nie ein. Ob England, ob Holland: eine der Mächte war immer stark genug, Frankreich den Weg nach Antwerpen zu verlegen. Die Dynastie hatte ihre geduldige Ausbreitung begonnen, als Philipp I. (1052–1108) den Turm von Montlhery einnahm. Ludwig XIV. schob die Grenzen bis Lille, Besançon, Straßburg und Landau hinaus. Er hätte sie zweifellos auch überschritten, wenn nicht sein Habsburger Blut und die Lektionen des in römischer Tradition aufgewachsenen Mazarin in ihm den Traum vom Kaisertum wachgehalten hätten. Der Mann, dem der Pyrenäenvertrag erlaubte, sich zum Schiedsrichter der Nationen aufzuschwingen, hoffte mehrmals, sie wirklich beherrschen zu können, die deutsche Kaiserkrone zu erringen, sich die spanische Monarchie einzuverleiben, die westliche Welt unter dem kapetingischen Zepter zu ordnen, von der Donau bis nach Kanada, von Brabant bis Peru. Darin scheiterte

[1] *Le XVIIe siècle*, hrsg. von Préclin und Victor Tapié. Ebenso: Victor Tapié, *Das Zeitalter Ludwigs XIV.*, Band 7 der *Propyläen*-Weltgeschichte, 1964.

er wie so viele vor und nach ihm, aber er bekam eine Genugtuung, wie sie ihresgleichen nicht hat.

Frankreichs geistige Ausstrahlung ersetzte den Triumph der Waffen. Europa oder doch Europas Elite wurde französisch. Sie sprach Frankreichs Sprache, ließ sich von seinen Werken anregen, ahmte die Sitten des Landes nach, in dem der Große König regierte. Unter seinen schlimmsten Feinden war kein Fürst, dessen Nachkommen nicht von Ludwigs Beispiel wie behext waren. Weil er es verstanden hatte, zugleich der Herrscher und Gönner für die großen Männer seiner Epoche zu sein, hat er die Kultur unauslöschlich geprägt. Ein Meisterwerk dieser Art ist viel schwieriger zu gestalten und viel ruhmreicher als noch so viele Eroberungen.

Das sühnende Schisma

Als Ludwig XIV. seine Enkel verlor, erfuhr er wieder den Schmerz gewöhnlicher Sterblicher. Er hatte ihn seit Marie Mancinis Abschied vor einem halben Jahrhundert vergessen; seit damals hatte sich nichts an seiner Arbeit, an seiner Zeiteinteilung geändert. Nichts bewegte das starre Gesicht: *»Diese gewöhnlichen Gefühle muß unsere Vernunft verbergen, weil sie dem allgemeinen Wohl schaden, für das allein wir da sind.«*

Mit ihm versank der Hof in Melancholie. »Hier ist alles tot, alles Leben entschwunden«, schrieb Madame de Maintenon. Keine Feste mehr, keine intimen Veranstaltungen. Auch die Pharao- und die Hasardspiele langweilten die Edelleute, die Ludwig nach Möglichkeit zu Spielernaturen gemacht hatte, um sie besser im Griff zu behalten. Die kecke Herzogin von Berry, atemlos vor Begeisterung, nun ganz oben zu stehen, benahm sich wie ein ungezähmtes Pferd, lachte und kreischte, wirbelte umher, hängte ihre Amouren (mit dem dicken Monsieur de La Haye) an die große Glocke, ruderte bis zum Umfallen. Aber die ganze Betriebsamkeit erzeugte nur ein paar Blasen, wie sie in einem stillstehenden Gewässer aufsteigen.

Dann kam der Frieden und mit ihm, wie immer nach schweren Zeiten, das Bedürfnis, sich wieder ins volle Leben zu stürzen. Da man es in Versailles bremste, traf sich die Jugend in Paris, das nach langer Pause wieder zum Mittelpunkt des Geistes, zur Hauptstadt der Vergnügungen geworden war. Welcher Vergnügungen aber! »Ich werde mich wohl hüten«, schrieb Madame de Maintenon an Madame des Ursins, »Ihnen die gegenwärtig herrschenden Sitten zu schildern, denn mir scheint, daß ich damit gegen die Liebe sündigen würde, die man seiner Nation schuldet ... Die Männer sind schlimmer als die Frauen.

Sie sind es, die das Eigentum vergeuden, sie wollen, daß die Frauen Tabak genießen, trinken, spielen, sich nicht anständig kleiden.«

Françoise war sehr niedergeschlagen. Sie hatte erleben müssen, daß alle Pläne, die sie auf die Anhänglichkeit einer Dauphine gebaut hatte, in sich zusammenfielen. Müde und verzweifelt, stellte sie mit Schrekken fest, daß nun wieder allein auf ihren Schultern die Aufgabe lastete, einen »nicht zu erheiternden« König zu zerstreuen. Sie war achtundsiebzig Jahre alt, der König fast fünfundsiebzig, was damals ein sehr hohes Alter bedeutete. Allein miteinander zwischen Kummer, Erinnerungen und Zukunftsorgen, hatten die beiden sich nichts mehr zu sagen. Dem König kamen Tränen, »deren er nicht Herr werden konnte«. Die Marquise bezahlte nun den Preis ihres üppigen Glücks. Wie gern hätte sie sich nach Saint-Cyr zurückgezogen, den alten Tyrannen verlassen, der trotz seiner schlechten Stimmung immer noch allzu sinnlich war, wie gern hätte sie den zur Totenstadt gewandelten Tempel der Sonne aufgegeben!

Sie rief sich Ludwigs Kindheitsfreund zur Hilfe, den lieben Marschall de Villeroy, dem sie Zugang zu den innersten Gemächern verschaffte. Mit seinen siebzig Jahren bewahrte der Besiegte von Ramillies die Anmut, das stattliche Aussehen, die Galanterie, den Schwung, die Unbekümmertheit, das Leichtfertige, die naive Eitelkeit und den Ehrgeiz eines kleinen Herrn. Mit Ehren, wenn auch nicht gerade mit Ruhm überhäuft, arbeitete er immer noch an seinem »Aufstieg«, als habe er ein ganzes Leben vor sich. Er stellte sich jetzt praktisch in den Dienst der Marquise, mit der Aussicht, sie insgeheim als »Maulwurf« zu behandeln.

Villeroy verstand es, das tragische Gesicht des Königs zum Lächeln zu bringen, wenn er die schönen Jugendtage zurückrief, wenn er von Geschichten aus dem Jahre 1660 sprach. Öfter stellte sich auch der Herzog von Maine als Dritter im Bunde ein. Sanft, achtungsvoll, angenehm, aber nicht frivol, fromm, ehrlich, fleißig bei seiner Arbeit, bemühte er sich, weniger den Sohn als den Schüler hervorzukehren. Der Weg war richtig: Wenn Ludwig enttäuscht um sich sah, glaubte er, daß dieser hier vielleicht imstande sein könne, den von ihm vorgezeichneten Weg einzuschlagen.

Die vielen Prüfungen schienen seiner Gesundheit nichts angetan zu haben. Mitten in den Hundstagen ging er um zwei Uhr mittags aus, um »den Wald zu durchstreifen« oder, in rotem Samt mit weißen Handschuhen, selbst seine kleine Kalesche durch die geliebten Gärten zu lenken, die er unermüdlich verschönerte. Der König blieb auch der große Jäger und fuhr fort, ständig große Mengen von Wild mit unfehlbarer Büchse zu erlegen.

Nach und nach kam das Interesse an Zerstreuungen zurück, vor allem an der geliebten Musik. »Man veranstaltete immer häufiger kleine Privatgesellschaften bei Madame de Maintenon. Diners, Musik, Theaterszenen, Opernakte, Lotterien mit lauter schwarzen Losen (die gewannen), sogar Diners in Marly und gelegentlich in Trianon, und immer dieselbe kleine Zahl von Anwesenden und immer dieselben Damen. Immer der Marschall de Villeroy bei Musik und Theater, sehr selten der Graf von Toulouse, der Musik sehr liebte«, berichtet Saint-Simon. Man spielte aus dem *Bürger als Edelmann*, dem *Geizigen*, aus *Georges Dandin*. Wieviel Unglück wäre Frankreich erspart geblieben, wenn Molières Geist den König vor den Fanatikern geschützt hätte, die ihn umlagerten!

Diese Gesellschaft, über die der erste Anhauch der Revolution hinwegging und die sich auf die verschwenderische Orgie der Regentschaftszeit vorbereitete, war berauscht von theologischen Streitfragen. Wie zu erwarten, hatte die Tragödie von Port-Royal dem Jansenismus neuen Auftrieb gegeben. Pater Tellier, Kardinal Bissy und Kardinal Rohan, der wahrscheinlich ein Sohn Ludwigs XIV. war[1], überredeten den König, daß er vor seinem Tode Frankreich von einem Krebsgeschwür heilen müsse. Das sei der Preis für die Vergebung der Sünden.

Der alte Herrscher lief in die aufgestellte Falle. Er verleugnete den Gallikanismus und bekannte sich zur ultramontanen Doktrin seines schlimmsten Feindes, Fénelon. Pater Tellier und seine Freunde »bedienten sich der königlichen Autorität, um Funken anzufachen, die man austreten konnte. Statt es wie Rom zu machen, das mehrmals beiden Seiten Schweigen geboten hatte, statt einen Mönch zur Ordnung zu rufen und den Kardinal (Noailles) zu lenken, statt diese Kämpfe wie Duelle zu verbieten und alle Priester und alle Herren zu veranlassen, sich nützlich zu machen und keine Gefahr zu bilden« (Voltaire), bat Ludwig selbst den Papst, den Krieg zu eröffnen.

Clemens XI. gab nach. Er schleuderte die Bulle *Unigenitus* heraus, die das von Pater Quesnel vor vierzig Jahren veröffentlichte Werk verdammte und eine Art Charta des Ultramontanismus entwarf. Der Nuntius brachte die Bombe am 2. Oktober 1713 nach Versailles.

Ludwig XIV. wollte einer Kirchenspaltung zuvorkommen, und nun hatte er sie veranlaßt. Ungeheurer Lärm war die Folge. Noailles und sieben Bischöfe lehnten die Bulle ab. Hinter ihnen stand die Mehrheit der Sorbonne und das Parlament. Gallikaner und Jansenisten erhoben sich gemeinsam gegen den Heiligen Stuhl. Niemals war ein so tiefer Riß in dem Block von Grundsätzen entstanden, auf dem die Macht der Kirche und die Autorität der Monarchie ruhten.

Moralisch ein Gefangener einer kleinen Gruppe überspannter Prie-

[1] Seine Mutter, die schöne und geschickte Herzogin von Soubise, hatte ihn in der Zeit zur Welt gebracht, als sie die Mätresse des Königs war.

ster, beging der König noch einmal den verhängnisvollen Fehler, Gewalt gegen Ideen einzusetzen. Noailles wurde aus Versailles, die »ablehnenden« Bischöfe in ihre Diözesen verbannt, die Jansenisten verfolgt: Zweitausend von ihnen bevölkerten die Gefängnisse im Lande. Wohlverstanden: Die Strenge steigerte nur noch die Leidenschaften. Das seit 1652 gebändigte und gehorsame Parlament fand den Geist der Fronde wieder, es weigerte sich, die Bulle einzutragen. Paris erwachte, zog die Sache ins Lächerliche, witzelte derb über Rom, die Jesuiten, die Geistlichkeit, das Dogma.

Der Kampf ging weiter bis zur Revolution. Auf diesem Feld scheiterte der König vollständig mit einer Politik, die wieder die Einheit des Glaubens herstellen sollte, nun aber die Kirche unglaubwürdig machte, ein Schisma verursachte und die Grundmauern des Regimes gefährlich unterhöhlte. Nichts hat die Entwicklung des freien Denkens mehr gefördert als sein Anspruch, die Gewissen zu beherrschen.

Das Spiel der Menschen und der Tod

Der Tod warf immer neue Schatten über die Familien des königlichen Hauses, verwirrte alles und verhinderte, daß sich der Friede endlich fest verankern konnte. Es schien ihm Spaß zu machen, menschliche Berechnungen über den Haufen zu werfen. Den kleinen Dauphin, den alle Welt ihm anbot, verschmähte er, entführte aber erst den Sohn des Herzogs von Berry, dann die mutige Königin von Spanien. Seit Weihnachten lauerte er vor der Tür von Königin Anna und erschwerte so die französisch-englische Annäherung.

Im Frühling schlug er wieder zu. Der Herzog von Berry, dessen Freßlust für eine robuste Gesundheit zu sprechen schien, hatte am 26. April 1714 einen Reitunfall, bei dem er eine innere Blutung erlitt. Er sagte niemandem etwas davon, schränkte auch in keiner Weise seine unglaublichen Mahlzeiten ein. Am 4. Mai war er tot. Einige Wochen später brachte seine Witwe ein Mädchen zur Welt, das kaum zwölf Stunden lebte. Wieder sprach man von Gift[1].

Der Tod des armen Berry verursachte nicht weniger Bestürzung in Europa als der seines älteren Bruders. Nach dem Vertrag von Utrecht mußte nun der Herzog von Orléans der Erbe des Dauphin sein, und ein Bruch dieser Abmachung hieß, die Lunte ans Pulverfaß zu legen.

[1] Seit der Liebesgeschichte der Herzogin von Berry mit Monsieur de La Haye war die fürstliche Ehe sehr schlecht; der Herzog wollte seine Frau loswerden. Elisabeth, nicht ganz zurechnungsfähig, war übrigens die einzige, der man moralisch einen Mord an denen zutrauen konnte, die ihr im Wege standen. Sie wurde auch beschuldigt, aber es gab keinen Beweis.

Doch der Gedanke, nach ihr zu verfahren, regte Philipp V. auf, entsetzte Madame de Maintenon und die Jesuiten, entrüstete die Verfechter des göttlichen Rechts und bekümmerte Ludwig XIV. tief.

Der König sprach von seinem Neffen als einem »Prahlhans in Sachen Verbrechen«; das deutet wohl an, daß er nicht an seine Schuld glaubte, enthielt aber doch einen schweren Tadel seines Benehmens. In den Augen mancher Leute wurde Philippe jetzt tatsächlich zu einer Verkörperung Satans. Wenn der König sich solchem Unsinn auch verschloß, konnte er sich doch nicht jeden Zweifel an Philippe fernhalten, zumal seine Gefährtin ihn sorgsam wachhielt. Und hatte er denn überhaupt ein Recht dazu?

Um einem quälenden Gewissenskonflikt auszuweichen, klammerte sich Ludwig an das Unwahrscheinliche, an ein Wunder, das den Dauphin am Leben ließe. Der Buchstabe, wenn auch nicht der Geist der Verträge, sah die Möglichkeit einer Regentschaft nicht vor. Kein juristisches Hindernis verbot es, die Vormundschaft für den künftigen König dessen Onkel und nächstem Verwandten, Philipp V. von Spanien, anzuvertrauen. Es war undenkbar, das Kind einem Mann zu überlassen, den man verdächtigte, seine ganze Familie ausgerottet zu haben. Aber ob dieses Argument das mißtrauische England überzeugen konnte?

Der Herzog von Orléans befand sich in einer seltsamen Lage. Plötzlich berufen zum Wächter über das europäische Gleichgewicht, zum Verteidiger der nationalen Traditionen und der Dynastie, blieb er trotz allem ein Verdächtigter, ein Ausgestoßener. Die Intrigen der Kanzleien, die Berichte der Gesandten waren voll von ihm, und er wußte davon nicht mehr als der dümmste Junge von Versailles. Philipp V. bebte vor Unruhe und Aufregung. Er schickte einen Sondergesandten nach Versailles, den Kardinal del Giudice, der dem König immer wieder in den Ohren lag, so daß der gereizte Ludwig seine Abberufung verlangte.

Ludwig hatte nicht im Sinn, die Verträge wieder in Frage zu stellen, wollte aber auch nicht erleben, daß sein Neffe die Stufen zum Thron bestieg. Da man es wußte, machte sich seine Umgebung ein Gefühl zunutze, das vor dreiundsiebzig Jahren entstanden und nie erloschen war: Der noch ganz kleine Ludwig hatte seinem Vater eine abscheuliche Szene vorspielen müssen, um nicht von seiner Mutter getrennt zu werden. Der Haß, den er seitdem gegen seinen Vater hegte, hatte den Sonnenkönig mehr oder weniger seinen Vorfahren entfremdet; die Krone trug er schon so lange, daß er sie fast als sein Eigentum ansah. Außerdem stärkte sein Stolz das Gefühl, sein eigenes Blut verschaffe einen besseren Anspruch auf die Nachfolge als das seiner Vorgänger. (Auch Napoleon und seine Marschälle rühmten sich ja, »selbst Vorfahren« zu sein.) Hatte nicht außerdem das Oberhaupt einer bedrohten Dynastie die Pflicht, einem alten, halb vertrocknetem Baum neue Säfte zuzuführen?

Im Schatten »dieser großen Haube, die sie umhüllte wie eine Wolke«, verstand es Madame de Maintenon, hinterhältig alle Minen springen zu lassen, bis sie einen Entschluß durchgesetzt hatte, wie es ihn noch nicht gegeben hatte: Am 29. Juli 1714 erklärte der König feierlich, er habe seine natürlichen Kinder in den Rang der Prinzen von Geblüt ohne Einschränkung erhoben, so daß sie nach dem Erlöschen der legitimen Zweige die Krone tragen könnten. Mit diesem unerwarteten Akt übergab er stillschweigend seinem Sohn, dem Herzog von Maine, die Geschicke des Königreichs.

Der Hochadel war vor Eifersucht außer sich, und wenn das jansenistische Parlament die Verfügung auch eintrug, so fand es dabei doch einen neuen Anlaß, seine Opposition zu zeigen. Doch trotz Saint-Simons lauter Entrüstung kam es nirgends in Frankreich zu wirklichen Unruhen.

Inzwischen trafen ernste Nachrichten aus London ein, Oxford und Bolingbroke, zu Todfeinden geworden, hatten sich in einem tragischen Auftritt gegenübergestanden, Bolingbroke danach allein die Führung der Regierungsgeschäfte in der Absicht übernommen, den Hannoveraner von der Erbfolge auszuschließen und einen Stuart als König ins Land zu holen. Sechs Wochen, sagte er, genügten ihm – aber ihm blieb nicht so viel Zeit. Erschöpft vom Wirrwarr der Gefühle und Überlegungen starb die Königin, und die Whigs, die schon heimlich alles vorbereitet hatten, ließen den Kurfürsten von Hannover als Georg I. proklamieren. Bolingbroke mußte auf den Kontinent auswandern, wo er zum eigentlichen Berater des Prätendenten wurde. »Was ist doch diese Welt!« rief er aus. »Und wie das Glück mit uns spielt!«

Seine Klage hätte man in Versailles wiederholen können: Was war noch übrig von den zwei Jahre lang gehegten Hoffnungen? England fiel wieder in die Hände der unversöhnlichen Feinde Frankreichs, es schien bereit, sich mit dem Kaiser zusammenzutun – vielleicht, um den Krieg wieder aufleben zu lassen.

In dieser verdüsterten Atmosphäre entschloß sich der König, ein Testament zu machen. Es widerte ihn an. Ob Madame de Maintenon, die sonst so darauf bedacht war, ihm nur nicht in die Quere zu kommen, wirklich gewagt hat, ihn hier unter Druck zu setzen? Den entscheidenden Einfluß müssen wieder einmal der Beichtvater und die vertrauten Kardinäle ausgeübt haben. Ludwig bezwang sich, aber mit Kummer und Groll. Am 27. August ließ er den Premierminister und den Generalprokurator des Parlaments kommen. Er hielt ihnen ein großes, in sieben Hüllen verpacktes Paket entgegen.

»Meine Herren«, sagte er, »dies ist mein Testament. Außer mir weiß kein Mensch, was darin steht.«

Mit bitterem Lächeln fügte er hinzu: »Das Beispiel der Könige, die meine Vorgänger waren, das Beispiel meines Vaters, des Königs, haben mir gezeigt, was daraus entstehen könnte. *Doch man hat es gewollt, man hat mich gequält, man hat mir keine Ruhe gelassen, was ich auch sagen mochte. O – jetzt habe ich mir meine Ruhe erkauft! Da ist es, nehmen Sie es mit, mag daraus werden, was will. Jedenfalls werde ich Ruhe haben, und ich möchte kein Wort mehr darüber verlieren.*«

»Seine Ruhe erkauft!« Tragisches Eingeständnis eines Autokraten!

Madame de Maintenon hätte die Regentschaft für Philipp V. gewünscht, die allgemeine Stellvertretung aber, also die Regierung, für den Herzog von Maine. Aber Ludwig XIV. fürchtete, der Krieg könne erneut ausbrechen, und ernannte endgültig den Herzog von Orléans zum Präsidenten eines Regentschaftsrats – doch es war ein von seinen Gegnern besetzter Rat, in dem Stimmenmehrheit den Ausschlag gab, also gegen ihn. Der Kern der Macht wurde, zusammen mit der Obhut über den jungen Herrscher, dem lieben Herzog von Maine anvertraut.

Dieses Testament ist ohne Zweifel Ludwigs XIV. schwächste Handlung. Verfolgt von Ermahnungen und Bitten, glaubte der alte Mann sich nun wirklich den Frieden seiner letzten Tage zu sichern, als er eine Handlung vornahm, deren Bedenklichkeit ihm keineswegs verborgen war. Er täuschte sich: die Schwäche eines absoluten Herrschers hat immer verhängnisvolle Folgen. Das Testament wurde zu einer für die Monarchie tödlichen Mine, denn um diesen Keim des Bürgerkriegs zu ersticken – er lag darin –, mußte Philippe vor Orléans ein Jahr später seine alten Vorrechte dem Parlament gegenüber aufgeben.

Und das ermöglichte den unbeweglichen, nun wieder allmächtigen Beamten, die über den alten Privilegien wachten und auch die kleinste Reform ablehnten, bis 1788 die Krone an den notwendigen Schritten zu hindern, durch die sich die Revolution hätte vermeiden lassen. Ludwig XIV. hatte sich seine Ruhe auf Kosten seiner Dynastie erkauft!

Das gefährliche Dokument, eingesargt in eine Säule des Palastes, blieb geheim, rief aber deshalb nicht weniger Verwirrung hervor. Im Inland erwachte der seit sechzig Jahren vergessene Parteienhader, diesmal zwischen Orleanisten und Anhängern von Philipp V.; im Ausland spielten die Engländer mit dem Gedanken, die allgemeine Unruhe zu beleben durch eine Erneuerung des alten Bündnisses.

Doch Europa war erschöpft, die Gefahr ging vorüber.

Eine andere stellte sich Ende des Jahres ein. Philipp V. in seinem Palais von Medina-Coeli, allein in Gesellschaft der Madame des Ursins, beweinte seine Frau und ertrug das Zölibat so wenig, wie ihm sein Gewissen eine Mätresse gestattete. Die besorgte Camarera durchforschte die Genealogien auf der Suche nach einer Königin, die so arm war, daß sie in ihren Händen zu einem brauchbaren Werkzeug werden konnte.

Die gebieterische Gouvernante hatte den ehemaligen Sekretär des Herzogs von Vendôme bei sich (der übrigens kurz nach seinem Triumph an Verdauungsbeschwerden gestorben war), einen kleinen, geschickten, betriebsamen Italiener, der von Einfällen überfloß. Der Abbé Alberoni war als Sohn eines Gärtners des Herzogs von Parma zur Welt gekommen und schlug nun dessen Nichte Elisabeth Farnese vor. Zweifellos gehörte sie in gewissem Grad zum Clan der Habsburger, denn sie war auch eine Nichte der Kaiserinwitwe und der Witwe Karls II. von Spanien, doch ihre Armut, ihre von Pocken verwüstete Schönheit bestimmten sie von vornherein zur Rolle eines dankbaren Zöglings. Madame des Ursins schluckte den Köder.

Während sich Philipp V. vor Ungeduld verzehrte, reiste Elisabeth Farnese, die symbolisch in Italien mit ihm verheiratet worden war, so langsam, daß sie monatelang unterwegs war. Sie empfing viele Botschaften, sie hörte viele Ratschläge, sie machte den Agenten des Königs von Frankreich viele Sorgen. Am 23. Dezember 1714 traf sie Madame des Ursins in der kleinen Stadt Jadraque. Die beiden zogen sich kurz allein zurück, und plötzlich hörte die verblüffte Menge Rufe, einen Befehl, Waffenklirren. Und schon entführte die vergoldete Karosse, von Wachen begleitet wie eine Gefängniszelle, die Camarera in ihrer großen Hofrobe den Pyrenäen zu, Frankreich zu, in die Verbannung.

Eine Revolution hatte stattgefunden, Philipp V. war in die Macht eines impulsiven und heftigen Geschöpfes geraten, dessen Willen der beunruhigende Alberoni leitete. Dreißig Jahre lang hat dieser verbissene Ehemann seine Frau nicht alleingelassen, die seine Vitalität so sehr erschöpfte, daß er schließlich völlig verblödete. Sogar ihre Leibstühle waren nebeneinander im Kämmerchen aufgestellt.

Ludwig XIV. sah das Gebäude wanken, dem er alles geopfert hatte, er begriff, daß die französisch-spanische Union, der Schlußstein seines Lebenswerks, künftig von einer Liebkosung oder Schrulle abhing, daß er in Händen einer *combinazione* von Abenteurern lag. Er versuchte noch, dem Unheil zuvorzukommen, schrieb gnädig an die Königin und zahlte Alberoni eine Pension – rückwirkend für sechs Jahre! Der Herzog von Orléans war sehr erzürnt über die Ankunft der Madame des Ursins, die er als seine schlimmste Feindin ansah. Er schwor, nicht wieder nach Versailles zu kommen, falls sie dort eine Wohnung erhalte. Der König, auffallend bemüht, seinen Schwiegersohn nicht zu kränken, verwies die Prinzessin nach Paris und wartete Monate, ehe er ihr eine einzige Audienz gewährte. Ihre Freundschaft mit Madame de Maintenon war sehr abgekühlt, die ehemalige Camarera fiel aus blendender Helle in verachtetes Dunkel. »Sie ist so fern wie Cäsar und Pompejus«, schrieb Abbé Mascara.

Diese erstaunliche Umkehr des Schicksals war notwendig, damit sich Ludwig endlich vornahm, den König von Spanien und den Herzog von Orléans miteinander zu versöhnen. Die Gelegenheit war zu schön, das ganze Gewicht der Mißverständnisse auf die Schultern der Madame des Ursins abzuwälzen.

Philipp V. tat, als füge er sich dem Wunsch seines Großvaters, ohne aber seinen Ehrgeiz aufzugeben. Er hatte immer noch den Kopf voller Hirngespinste. »Es ist wahrscheinlich«, schrieb er, »daß der König mich in seinem Testament zum Vormund ernannt und auch festgelegt hat, wer mich vertreten soll. Es ist nicht anzunehmen, daß er einen Prinzen, *meinen Feind*, als meinen Nacherben einsetzt, der nur die beiden Kronen miteinander entzweien würde.«

Im November 1714 hätten die Launen des Todes das Durcheinander fast vollständig gemacht. Madame de Maintenon schrieb zwar: »Man kann sich an die Gesundheit des Königs nicht gewöhnen, sie ist ein Wunder, das sich täglich wiederholt«, doch nun wurde der Herzog von Orléans von einem Unwohlsein befallen und so behandelt, daß man ihn seinem Ende nahe glaubte. Er kam mit knapper Not davon. Seine Mutter beruhigte ihre deutsche Verwandtschaft: »Es war nur eine Erschöpfung, und sie kam daher, daß er sehr hustete und stark erkältet war, aber trotzdem bei seiner Tochter wie ein Wolf in sich hineinschlang und noch mehr becherte.«

Nun griff der Tod nach Fénelon. Verbraucht, fiebrig, verzweifelt über den Verlust seines Schülers, fuhr der Erzbischof trotzdem fort, seine Rache vorzubereiten. Ob nun der seinem Bruder so ähnliche Philipp V. oder der Herzog von Orléans, ein großer Bewunderer des Schwans von Cambrai, obsiegte – auf jeden Fall glaubte Fénelon, nun bald triumphieren zu können. Er starb im Januar 1715. »Wie Tantalus wurde auch ihm das Wasser beharrlich jedesmal vor den Lippen weggezogen, wenn er glaubte, die Glut seines Durstes stillen zu können«, schrieb Saint-Simon.

Versäumte Möglichkeiten – vom zwanzigsten Jahrhundert her gesehen

»Nach dem vielen Unglück in seiner Familie begann ihn alles so anzuwidern, daß er eigentlich nur noch dann an etwas teilnahm, wenn er dazu verpflichtet war.«

Saint-Simon, der diese Zeilen schrieb, zweifelte nicht daran, daß der seinem Grabe nahe König an die Zukunft dachte und nach Mitteln suchte, Europa einen dauerhaften Frieden zu verschaffen. Während der letzten Wochen des Jahres 1714 plante Ludwig, der das England der Whigs für unheilbar feindselig hielt, eine kühne diplomatische Kehrtwendung, die tatsächlich den Lauf der Geschichte hätte verändern können. Er sah, daß sich die alten Nationen Frankreich, Österreich und Spanien gegen den Ehrgeiz der aufstrebenden – England, Preußen, Rußland – zusammenschließen mußten. Dem bisher geübten Brauch entgegen (seit Beginn seiner Herrschaft hatte Ludwig immer nur Gesandte zum Kaiser geschickt) ernannte er jetzt einen Botschafter, der eine neue Politik in Wien fördern sollte; er suchte sich dazu den Grafen du Luc aus, seinen Geschäftsträger in der Schweiz.

Die von Torcy nach den Angaben des Königs formulierten und von Ludwig am 3. Januar 1715 abgezeichneten Instruktionen für den Botschafter verleiten den Leser zum Träumen: Welche Katastrophen wären der Menschheit erspart geblieben, wenn dieser »große Plan« Gestalt angenommen hätte! Ludwig sprach zunächst von den »auf beiden Seiten günstigen Voraussetzungen, zwischen dem Hause Frankreich und dem Haus Österreich eine Union zu schließen, die für beider Interesse so vorteilhaft wie notwendig für Europas Ruhe« sei. »Ihre Auseinandersetzungen«, fuhr er fort, »die Quelle so vieler Kriege, haben bisher als Gegengewicht für ihre beiderseitige Größe gewirkt, künftig aber werden diese Länder durch vollständige Übereinstimmung die Überlegenheit behaupten, die ihnen zukommt.« Tatsächlich war ja die Rivalität zwischen Bourbonen und Habsburgern ein Anachronismus. Viel Unglück der neueren Zeit stammt daher, daß sie noch ein halbes Jahrhundert künstlich am Leben erhalten wurde und sich dann in der Gestalt eines hartnäckigen Vorurteils fortsetzte.« (Bis 1917, als Österreich einen Sonderfrieden anbot.) Einzig Ludwig XIV. besaß die Autorität, um dieses Vorurteil beim Kaiser, bei Philipp V., bei den Staatsmännern auszulöschen.

»Niemals vorher«, heißt es in den Instruktionen weiter, »hat sich eine Lage ergeben, in der die Pläne des Königs und die Interessen des Kaisers so übereinstimmten wie heute ... Obwohl dieser Fürst [Kaiser Karl VI.] noch Mühe hat, seine Ansichten über Spanien zu ändern, scheint es doch, daß er einsehen wird, wie nützlich künftig ein gutes Einvernehmen mit dem König sein wird ... Er beginnt zu erkennen, daß seine Absichten in Spanien illusorisch sind ... daß es nicht einmal im Interesse Europas liegt, sie zu unterstützen.«

In ungewöhnlicher Hellsicht erkannte Ludwig die Gefahr eines Bündnisses, das dann tatsächlich vierzig Jahre später den Siebenjährigen Krieg auslöste und alle Tragödien Frankreichs vorbereitete. »Der König von Preußen, Schwiegersohn des Königs von Großbritannien[1],

[1] Friedrich Wilhelm I., der »Soldatenkönig«, Vater Friedrichs II., regierte seit 1713. Er hatte die Tochter Georgs I. von England geheiratet.

hat fast 60 000 Mann unter Waffen, und die Einigkeit zwischen diesen beiden Fürsten scheint um so größer zu sein, als sie auf dem gemeinsamen Interesse und auf der Hoffnung beruht, daß der eine wie der andere sein Territorium vergrößern könne ... Wenn also die Schwierigkeiten im Norden [der Nordische Krieg] beendet worden sind ... wird sich eine protestantische Partei gebildet haben und imstande sein, Kriege zu entfesseln, die noch schlimmer sind als die, um deren Erlöschen man sich bemüht.«

Der König nannte die Grundlage, auf der endlich ein Friede zwischen Philipp V. und Karl VI. geschlossen werden könnte: »Da der König zum Verhandeln bereit ist, sollte man keine Zeit verlieren, um sich möglichst rasch über die Wege zur Eröffnung von Verhandlungen zu einigen, ferner über den Ort, an dem die Konferenzen stattfinden sollen. Wenn sie erst begonnen haben, will der König wirksam mitarbeiten, um die Schwierigkeiten auszuräumen, die den Erfolg verzögern könnten.«

Ein Dreierbündnis Frankreich–Österreich–Spanien hätte 1740 den unsinnigen österreichischen Erbfolgekrieg verhindern können, damit zugleich den Aufstieg Preußens und Rußlands, des einen zum Rang einer Hauptmacht, des anderen zum Schiedsrichter Europas.[1] »Man hat allen Anlaß zu der Hoffnung«, schlossen die Instruktionen, »daß die Union, die Seine Majestät mit ihm [dem Kaiser] zu schließen wünscht, wächst und ständig enger wird, um dem allgemeinen Wohl zu dienen.«[2]

Das zwanzigste Jahrhundert hatte also eine Chance, den Zusammenbrüchen zu entgehen, die es erleben mußte. Aber leider kam Graf du Luc, der das Bündnis Frankreichs mit den Schweizer Kantonen neu knüpfen sollte, erst im Juli nach Wien. Sechs Wochen später war Ludwig tot und die Gelegenheit versäumt. Als Ludwig XV. 1756 endlich den Plan seines Urgroßvaters wieder aufgriff, war es zu spät, den Lauf der Dinge aufzuhalten, der unerbittlich auf die Weltkriege zusteuerte.

Man hat an Ludwigs friedlichen Absichten gezweifelt, weil er, während er sich dem Kaiser näherte, Maßnahmen gegen England traf. Er ließ im Hafen Mardyck große Befestigungswerke ausführen, die er aber unterbrechen mußte, und er erneuerte die Beziehungen zum englischen Prätendenten, der als Flüchtling in Commercy lebte. Wenn auch die Bankiers, die Puritaner und die Armee König Georg I. unterstützten, setzten die Landeigentümer doch ihre Hoffnung auf den Sohn

[1] Das Erscheinen russischer Truppen am Rhein im Jahre 1748 veranlaßte Ludwig XV., den ungünstigen Frieden von Aachen zu unterzeichnen, obwohl drei siegreiche Jahre hinter Frankreich lagen. 1762 wurde Friedrich II. durch die plötzliche Kehrtwendung der Russen gerettet.

[2] Sammlung von Instruktionen für die Botschafter, Österreich, hrsg. von Albert Sorel.

Jakobs II. In Schottland bereitete sich eine Erhebung vor. Der Prätendent bat um ein Schiff und 400 000 Pfund, die ihm ermöglichen sollten, seine Getreuen zu treffen und zu ermutigen. Da Ludwig XIV. nicht die geringsten Mittel mehr besaß, ersuchte er Philipp V., die Gelder bereitzustellen. War er also doch noch auf Krieg aus? Da er die Feindseligkeit der Whigs kannte, erwartete er einen Angriff, dem er zuvorkommen wollte.

Inzwischen kam Englands neuer Botschafter Lord Stairs nach Frankreich. Verschwenderisch schüttete er seine Gunst über die Pariser Gesellschaft aus, über die Parlamentsräte, die Jansenisten – vor allem aber über den Herzog von Orléans, einen nahen Verwandten seines Königs (die Kurfürstin Sophie von Hannover, Georgs I. Mutter, war die Tante von Philippes Mutter Liselotte von der Pfalz). Tief im Wald kam es zu geheimen und geheimnisvollen Besprechungen mit Abbé Dubois, dem Erzieher und nun Berater des Herzogs. In Versailles dagegen gab sich Lord Stairs dünkelhaft, hochmütig und ungezogen. Eines Tages ging seine Frechheit zu weit.

»Herr Botschafter«, sagte Ludwig XIV., »ich bin bei mir zu Hause und zuweilen auch bei anderen immer der Herr gewesen. Erinnern Sie mich nicht daran.«

Stairs war sprachlos.

»Ich gebe zu«, sagte er später, »die alte Maschine hat mir imponiert.«

Letzter Glanz und letzter Zorn

Ludwig XIV. hatte eine Leidenschaft für Ordnung. Er wandte seine letzten Kräfte daran, sie unter den Nationen wiederherzustellen, aber vor allem auch in Frankreichs Kirche, deren verworrener Zustand ihn bekümmerte. Pater Tellier und die Frömmler am Hofe mißbrauchten seine Unruhe. Statt den alten Herrscher zu mäßigen, quälten sie ihn unbarmherzig mit dem Thema Bulle und dem unbezähmbaren Kardinal, drohten ihm mit Gottes Zorn. Ludwig versuchte wieder, »sich seine Ruhe zu erkaufen«, indem er in ungewöhnliche Mittel einwilligte: den Zusammentritt eines Konzils zur Absetzung des Kardinals von Noailles, der zum Abgott der Pariser geworden war; eine Verfügung ferner, nach der jeder Bischof, der sich nicht vollständig zur Bulle bekannte, zur Rechenschaft gezogen werden sollte.

Das Parlament zeigte sich störrisch. Der Alte stieß wieder auf einen Alptraum seiner Kindheit: die Männer in roten Roben, die der Monarchie die Stirn boten und sie in Schach hielten. Vergebens versuchte er, sie einzeln zu überzeugen. Der Generalprokurator d'Aguesseau, der für seine Sanftmut und Unentschlossenheit so bekannt war wie für seinen wissenschaftlichen Rang, zeigte sich am unzugänglichsten. Wütend ließ der König bekanntmachen, er werde einen königlichen Gerichtstag im Parlament abhalten, ein »lit de justice«.

Gegen Pfingsten trugen ihm die Widerwärtigkeiten ein kleines Fieber ein. Der Chirurg Mareschal sprach darüber zum Leibarzt Fagon und zu Madame de Maintenon, die beide nichts davon hören wollten. Die gute Dame zeigte sich sogar sehr verärgert.

Man erkannte, daß der König abmagerte und sich veränderte. In England ging man Wetten über den Zeitpunkt seines Todes ein. Ludwig erfuhr es und scherzte darüber beim Souper, war aber doch beeindruckt.

Am 12. Juni begab er sich nach Marly, wo er den neuen spanischen Botschafter Fürst Cellamare empfing. Philipp V. hatte ihn beauftragt, eine Partei zu bilden, die Minister und Generäle zu bestechen, die Jesuiten zu gewinen – kurzum: Sollte das Testament nicht die Katholische Majestät zum Vormund des Dauphins einsetzen, mußte alles für einen Staatsstreich vorbereitet sein. Die Freunde des Herzogs unternahmen ähnliche Schritte. Madame de Maintenon und der Herzog von Maine hätten es am liebsten gesehen, wenn der Regentschaftsrat sofort eingesetzt worden und auch in Tätigkeit getreten sei, so daß der Platz von Orléans unwiderruflich feststand. Doch der Alte dachte nur daran, daß man ihn dann für nicht mehr regierungsfähig halten werde.

Am 9. August ging er auf die Hirschjagd und hörte abends eine »große Musik«. Am Tag darauf machte er seinen letzten Spaziergang durch die Gärten von Marly und kam völlig erschöpft zurück, gelb, hinkend, kaum zu erkennen: Ein Altersgangrän an einem Bein hatte sich eingestellt.

Zu elend, um das *lit de justice* abzuhalten, ließ der König d'Aguesseau zu sich kommen. Als der Richter nach Versailles fuhr, gab ihm seine Frau auf den Weg mit: »Gehen Sie, vergessen Sie Frau und Kinder, verlieren Sie alles, nur nicht die Ehre.«

Die Audienz fand am 11. August statt. Seine Majestät befahl seinem Generalprokurator schlicht und ohne Umschweife, die Erklärung gegen die aufsässigen Bischöfe einzutragen. D'Aguesseau wirkte »nicht imponierend. Er war ziemlich dick und hatte ein sehr volles, freundliches und gutes Gesicht mit einem besonderen Merkmal, das zunächst Befremden, dann Heiterkeit weckte: Ein Auge war groß, das andere ganz klein ... Der König ging ihn auf alle Weise an und kam doch keinen Schritt voran. D'Aguesseau versank in Ehrerbietung und Ergebenheit und wich doch nur aus, lehnte ab, entschlüpfte ständig. Seine fließende Beredsamkeit, die langen Umschweife, die im Palast üblich waren, drehten und wendeten sich in allen Formen des Gehorsams, damit er nur nicht gehorchen müsse. Der König regte sich so auf, wie man es tut, wenn man auf Widerstand stößt, wo man Nachgiebigkeit erwartet hat.« (Michelet) Er verlor seine schon legendäre Gelassenheit, Würde, Höflichkeit. Es kam zu einem der Zornanfälle, der um so tragischer war, weil er der letzte wurde. Ludwig XIV. drohte d'Aguesseau, ihm sein Amt zu nehmen, er stampfte auf, er zerbrach seinen Stock auf dem Marmortisch. Alles umsonst.

Man wollte ihn ablenken, indem man ihn noch einmal allen Glanz entfalten ließ. Der Gouverneur einer persischen Provinz hatte einen Handelsagenten nach Frankreich geschickt, der sich »als persischer Gesandter ausgab. Pontchartain ... wollte ihn nicht entlarven, um dem König eine Freude zu bereiten. Er ließ ihn noch einmal Hof halten in dem Glauben, der Schah habe ihm einen Gesandten geschickt. Tatsächlich hielt sich der König in seinem ganzen Auftreten so hervorragend, daß man in dieser Hinsicht seinen Ruhm noch vermehrt sah.«[1]

Am 13. August erhielt der Orientale die Ehre einer großen Abschiedsaudienz in der Spiegelgalerie. Ludwig XIV. trug sein schwarzgoldenes, über und über mit Diamanten im Wert von 13 Millionen besticktes Gewand. Das schmerzende Bein hielt ihn nicht ab, vor seinem Thron zu stehen und die Huldigungen des Betrügers mit gewohnter Majestät entgegenzunehmen. Der kleine Dauphin stand rechts von ihm, links der Herzog von Orléans und die Prinzen. Die märchenhafte Feenwelt von Versailles strahlte noch einmal wie in ihren schönsten Tagen. Es war der letzte Abglanz des Sonnenkönigs.

Abschied eines großen Künstlers

Alle Persönlichkeiten verstanden sich damals auf die Kunst, in Größe und Heiterkeit zu sterben. Im Augenblick, wo der berühmteste der gekrönten Schauspieler die Bühne verlassen mußte, war er sich selbst ein Meisterwerk schuldig. Und er versagte nicht. Jean und François Anthoine, »Diener im Innendienst«, haben uns auch die kleinsten Umstände dieser letzten Tage überliefert, und das Genie Saint-Simons hat ihnen eine düstere und großartige Poesie verliehen.

Der Tod schreckte den Sohn Annas von Österreich nicht. Nur eines beunruhigte sein Gewissen: daß er die Kirche in einem chaotischen Zustand zurückließ. Daß er die Protestanten verfolgt hatte, war ihm Gewähr für sein Seelenheil. Im übrigen aber zweifelte der Allerchristlichste König nicht daran, sich im Einklang mit Gott zu befinden. In dieser Seele war die Zuversicht erstaunlich tief verankert.

[1] Anonymer Kommentar in Dangeaus *Journal*.

Der Große König konnte sich aber auf das Überschreiten der furchtbaren Schwelle nicht so vorbereiten, wie er es gewünscht hätte. Je schlechter es ihm ging, umso mehr fürchtete seine Umgebung den Orléans. Man bemühte sich, die Bedenken des Alten gegen seinen Neffen zu schüren, man bat ihn ohne Unterlaß, neue Maßnahmen zu treffen, um ihm die Hände zu binden. Hin- und hergerissen zwischen solchen Mahnungen und der Angst, eine für die Dynastie tödliche Ungerechtigkeit zu begehen, erfuhr der König die letzte Bitterkeit seines einst so köstlichen Amtes.

Noch weigerte er sich, den gewohnten Tagesrhythmus zu ändern, sondern arbeitete zu den üblichen Stunden trotz der grausamen Phantasie seiner Ärzte: Man ließ ihn im Übermaß schwitzen, dann hintereinander vierzig Feigen essen und drei Gläser geeistes Wasser trinken. Fagon verriet keinerlei Unruhe: Er vertraute auf Bäder in parfümiertem Wein, auf Chinin und Eselsmilch.

Am 22. August fand ein bemerkenswertes Ereignis statt: Der König verzichtete darauf, selbst die Revue seiner Leibwache abzunehmen, und ließ sich vom kleinen Dauphin vertreten, dem er den Herzog von Maine als Beistand mitgab. Der Herzog von Orléans, an der Spitze seiner Kompanien, grüßte den Thronfolger als einfacher Hauptmann. Der Gegensatz zwischen der Erniedrigung des echten Prinzen und dem Pomp des Bastards, zwischen dem Helden von Turin und dem kläglichen Soldaten, über den alle Welt spottete, war so herausfordernd, daß Madame de Maintenon die Fassung verlor. Als die Truppen wieder im Quartier waren, drängten sich sämtliche Offiziere um Orléans und ließen den Legitimierten allein über seine Enttäuschung brüten.

Die Mediziner stellten fest, daß sich das Bein Seiner Majestät schwarz verfärbt hatte.

Am 25. August, nach einer Nacht voller Leiden, befahl der König, den Tag des heiligen Ludwigs[1] wie üblich zu feiern, speiste in Gegenwart des Hofes, nahm die Huldigungen entgegen und hörte unter seinen Fenstern die Trommeln wirbeln und die Oboen blasen.

Nach der Zeremonie ließ er den Kanzler kommen. Er setzte eigenhändig in Gegenwart von Madame de Maintenon ein letztes Kodizill zu seinem Testament auf – er gab, erschöpft, der alten Gefährtin und dem Beichtvater nach. Wahrscheinlich aber hat er angenommen, das Kodizill werde so wenig wie das Testament nach seinem Tode in Kraft treten; hätte er es nicht mit diesem Hintergedanken aufgesetzt, dann hätte er bewußt sein Land unendlichen Wirren überlassen.

Das Kodizill übertrug tatsächlich den Befehl über die zivile und

[1] Ludwig IX., 1226–1270, wurde 1297 heiliggesprochen. Sein Feiertag ist der 25. August (Anm. d. Übers.).

militärische Versorgung des königlichen Hauses dem Herzog von Maine und nach ihm Villeroy, so daß die beiden »durch diese Verfügung die einzigen Herren über die Person und den Wohnsitz des Königs wurden, Herren über Paris ... die innere und die äußere Garde, die ganze Bedientenschaft ... so daß der Regent auch nicht den Schatten der geringsten Autorität erhielt, sondern ganz und gar von den beiden abhängig war.« Am Abend des 25. August fiel Ludwig in Ohnmacht und erhielt, sobald er wieder zu sich kam, die Sterbesakramente. Madame de Maintenon half ihm, wie uns Mademoiselle Aumale berichtet, bei seiner Gewissenserforschung und »erinnerte ihn auch an die winzigsten Sünden, die sie ihn hatte begehen sehen«. Und das, nachdem sie ihn zu einer solchen Sünde gegen die Sicherheit des Staates angetrieben hatte! Solche Seelen sind uns unbegreiflich geworden.

Was soll man nun von der Unterredung des Königs mit seinem Schwiegersohn und Neffen halten? Die beiden Männer hatten sich nicht mehr gesehen seit dem tragischen Tag, an dem der Herzog von Orléans verlangt hatte, in die Bastille gebracht zu werden. Jetzt fand Ludwig XIV. liebevolle Worte:

»Sie werden in meinem Testament nichts finden, mit dem Sie nicht zufrieden sein könnten. Ich empfehle Ihnen den Dauphin; dienen Sie ihm so treu, wie Sie mir gedient haben. Tun Sie Ihr Bestes, um ihm sein Königreich zu erhalten. Wenn er scheitert, wären Sie der Herr. Ich kenne Ihr gutes Herz, Ihre Klugheit, Ihren Mut und Ihren umfassenden Geist. Ich bin völlig davon überzeugt, daß Sie für die gute Erziehung des Dauphins sorgen werden. Und Sie werden nichts versäumen, was den Menschen meines Königreichs das Dasein erleichtern kann. Ich habe Verfügungen getroffen, die ich für die klügsten und gerechtesten im Sinne des Landes halte, *doch da man nicht alles vorhersehen kann, soll man, wenn es etwas zu ändern oder zu reformieren gibt, das tun, was man für zweckmäßig hält ...«*

Wirklich, er sprach es aus! Endlose Not der großen Männer, die im letzten Augenblick Gefangene ihrer nächsten Angehörigen sind!

Er schloß mit einem Satz, der bei diesem Gott der Klassik erstaunlich romantisch klingt: »Sie werden einen König im Grab und einen in der Wiege sehen. Bewahren Sie immer die Erinnerung an den einen, und denken Sie an die Interessen des anderen.«

Den Seinen zum Trotz bestätigte der Sterbende also die Vorrechte des Herzogs von Orléans. Sein Satz: »Sie werden in meinem Testament nichts finden, mit dem Sie nicht zufrieden sein könnten« hat ihm den Vorwurf widerwärtiger Doppelzüngigkeit eingetragen, »mit Jesus Christus auf den Lippen«, betont Saint-Simon.

In einem Augenblick, wo sich sein Schwiegersohn zugunsten von Philipp V. für enterbt halten konnte, garantierte ihm der alte König mindestens, daß er den Verzicht von Utrecht nicht außer Kraft gesetzt hatte und nicht das aus dem Vertrag hergeleitete Recht brach. Man zögert, es zu glauben.

»Sire«, antwortete Philippe von Orléans schluchzend, »ich bitte Eure Majestät inständig, mir zu glauben, daß ich sehr genau alles tun werde, was Sie mir auftragen.«

Am 26. August legte Ludwig im Geiste die Krone nieder, die er seit zweiundsiebzig Jahren trug: Als er vom Dauphin sprach, nannte er ihn »den jungen König«, von sich selbst sagte er: »Als ich König war.« Als die Umstehenden protestierten, meinte er:

»Na, warum denn? Das macht mir keinen Kummer.«

Sein Kummer war die Sache mit der päpstlichen Bulle. Was er zu den Kardinälen Bissy und Rohan darüber äußerte, rechtfertigte ihn zwar nicht, erklärt aber seine Einstellung in religiösen Fragen: »Ich bin nur Ihren Ratschlägen gefolgt. Wenn ich etwas falsch machen konnte, fällt es auf Ihr Gewissen zurück, und Sie haben es vor Gott zu verantworten!« Er fügte hinzu, daß er Kardinal Noailles nicht hasse. Fagon und Mareschal schlugen vor, den Erzbischof von Paris sogleich kommen zu lassen, doch Madame de Maintenon und Pater Tellier redeten es ihm aus.

Auf den Besuch der Kardinäle folgte die Zeremonie des Abschiednehmens. Der König führte sie mit der Majestät, der Selbstbeherrschung, der Sicherheit in der Wortwahl durch, die in vierundfünfzig Jahren nie versagt hatten. Er sprach zuerst zu den Würdenträgern und den Dienern, die in sein Zimmer geströmt waren.

»Meine Herren«, sagte er, »ich bitte Sie um Verzeihung wegen des schlechten Beispiels, das ich Ihnen gegeben habe. Sie haben mir treu gedient und waren bestrebt, meine Wünsche zu erfüllen. Es macht mich traurig, daß ich Sie nicht besser belohnt habe. Es lag an den schlechten Zeiten. Ich bitte Sie, meinem Enkel dieselbe Anhänglichkeit zu beweisen, die Sie mir erwiesen haben. Er ist ein Kind und steht vielleicht vielen Schwierigkeiten gegenüber ... Folgen Sie den Befehlen, die mein Neffe geben wird, *er wird das Königreich regieren*. Ich hoffe, daß er es gut macht. Ich hoffe auch, daß Sie alle zur Einigkeit beitragen und, falls einer sich entfremdet, helfen, ihn zurückzuführen. Ich fühle, daß ich jetzt traurig werde, und auch Sie mache ich traurig. Ich bitte um Verzeihung. Adieu, Messieurs, *ich verlasse mich darauf*, daß Sie manchmal an mich denken werden.«

Die Rührung der Höflinge war rasch überwunden, denn kaum hatten sie das Zimmer verlassen, als nur der eine entscheidende Satz zählte: Der Herzog von Orléans wird regieren. Bis dahin hatte man noch daran gezweifelt, doch nun stürmte alles in die Räume des künftigen Herrn. »Es konnte buchstäblich keine Nadel zu Boden fallen.« Der Prinz hatte keine Mühe mehr, Gesellschaft zu finden. Er handelte zum erstenmal aus eigener Machtvollkommenheit, als er unverzüglich dem Polizeileutnant d'Argenson befahl, die Kuriere bis nach dem Tode des Königs zurückzuhalten. Eine Vorsichtsmaßnahme, die vielleicht Frankreich vor einem Bürgerkrieg bewahrt hat, weil Philipp V., der erst acht Tage danach die Meldung erhielt, sich vor vollendeter Tatsache (der Regentschaft von Orléans) fand und seinen Plan aufgeben mußte.

Beim König waren jetzt nach den Edelleuten die Prinzen und Prinzessinnen. Der Sterbende mahnte seinen Enkel Monsieur le Duc (Condé) und den jungen Prinzen Conti, nicht in die Fehler ihrer Vorfahren in Zeiten der Unruhen zu verfallen. Er empfahl seinen drei Töchtern – der Herzogin von Orléans, der Herzogin von Bourbon und der Prinzessin Conti – und seiner Enkelin, der Herzogin von Berry, in Eintracht zu leben. Seine Schwägerin Liselotte, die ihn so geliebt hatte, schrieb später: »Er hat mir mit solchen tendres worten adieu gesagt, daß ich mich noch selber verwundere, wie ich nicht rack ohnmächtig geworden bin.«

Als letzter wurde der kleine Thronfolger hereingeführt. »Mein liebes Kind«, sagte der Urgroßvater, »Sie werden jetzt der größte König der Welt sein. Vergessen Sie niemals Ihre Pflicht gegen Gott. Übernehmen Sie nicht von mir die Vorliebe für den Krieg. Versuchen Sie, Ihrem Volk so gut beizustehen, wie Sie es können. Ich selbst habe es nicht gekonnt, weil die Bedürfnisse des Staates es nicht erlaubten. Denken Sie immer daran, Gott Ihre Handlungen vorzulegen. Ich gebe Ihnen Pater Tellier als Beichtvater: Folgen Sie seinem Rat, und denken Sie auch immer wieder daran, was Sie Madame de Ventadour zu danken haben.«

Er umarmte den künftigen Ludwig XV. und segnete ihn zweimal.

Abends rief er den Herzog von Orléans zu sich und forderte, er solle den kleinen König nach Vincennes bringen, wo die Luft sehr gut sei, während Versailles wieder in Ordnung gebracht werde. Dann verlangte er eine Kassette, die den Plan des alten, nach Mazarins Tod verlassenen Schlosses enthielt.

Er hatte die großen Aufzüge zu sehr geliebt, um nicht auch die Zeremonie seines Begräbnisses zu regeln. Mit überraschender Genauigkeit legte er alles bis zur Länge der Trauermäntel fest und befahl den Edelleuten, »ihre Karossen und Equipagen jetzt in Ordnung bringen zu lassen, damit die Arbeiter genügend Zeit dafür hätten und sich bei der Arbeit nicht abhetzen müßten«.

Der 17. August und der Morgen des 18. gehörten der Gattin. (Sie hat die letzten Bemerkungen des Königs notiert; das Manuskript ihrer Aufzeichnungen befindet sich im Archiv des Herzogs von Mouchy.)

Madame de Maintenon, diskret unterstützt von Mademoiselle d'Aumale, blieb allein mit dem Sterbenden. Man ging alles durch, stellte ein Inventar der Kassetten auf, verbrannte Stöße von Papier – darunter auch die Briefe Françoises an den König, der sie bat, auch die seinen zu verbrennen. Deshalb ist von ihrem Briefwechsel so gut wie nichts erhalten geblieben; besäßen wir ihn, müßten vielleicht einige Seiten im Geschichtsbuch umgeschrieben werden. Ludwig XIV. sagte:

»Ich habe sagen hören, es sei schwierig, sich zum Tod zu entschließen; mir, der ich mich auf dieser Schwelle befinde, die den Menschen so furchterregend erscheint, fällt der Entschluß nicht so schwer.«

Madame de Maintenon antwortete in ihrem belehrenden Tonfall: »Das hängt von der Zuneigung ab, die man für die Kreaturen hat, vom Haß, den man im Herzen trägt, von dem, was man wiedergutmachen müßte.«

Ludwig seufzte: »Ach, das Wiedergutmachen – als Privatmann schulde ich niemandem etwas, *doch für das, was ich dem Königreich schuldig geblieben bin, erhoffe ich Gottes Barmherzigkeit.*«

Nach seinem Wort über den Krieg war diese Bemerkung der einzige Hinweis auf Gewissensbisse. Der König erklärte seiner Gefährtin, er bedaure nur, sie verlassen zu müssen. Im gleichen unbewegten, trockenen Ton empfahl sie ihm, »nur an Gott zu denken«. Die Szene steigerte sich in ein Pathos, das diese ungewöhnliche und oft verhängnisvolle Verbindung im letzten Augenblick adelte. Der Mann, der der Sonnenkönig gewesen war, sagte weinend zu der alten Gouvernante: »Madame, *ich bitte Sie um Verzeihung, daß ich nicht immer gut mit Ihnen umgegangen bin. Ich habe Sie nicht glücklich gemacht, aber ich habe Sie immer geliebt und geachtet.*«

Er fragte rücksichtsvoll, ob doch niemand im Zimmer sei, faßte sich dann aber und meinte: »Aber wenn man auch merken sollte, daß ich Ihretwegen traurig bin, wäre doch niemand darüber verwundert.«

Madame de Maintenon zügelte ihre eigene Bewegung, falls ihr achtzigjähriges Herz noch solcher Gefühle fähig war. Sie schwieg.

»*Was wird aus Ihnen?*« fragte der König plötzlich.

Sie antwortete: »Ich bin ein Nichts, denken Sie nur an Gott.«

Sie verließ ihn. Doch von plötzlicher Angst gepackt, kehrte sie stehenden Fußes um und bat Ludwig, sie dem Herzog von Orléans zu empfehlen. Das allerdings war wirklich eine Erniedrigung, denn wie hatte sie dem unglücklichen Prinzen entgegengearbeitet! Der König tat sofort, was sie wünschte.

Die alte Frau verließ ihn nun endgültig. Sie war müde, sie konnte ihre Rolle nicht mehr spielen. Seit früher Jugend hatte »sie sich in Geduld geübt«, aber jetzt konnte sie es nicht mehr ertragen. Sie brach zwei Tage zu früh auf. In Villeroys Karosse, geleitet von der Garde, kam sie nach Saint-Cyr, fest entschlossen, es nie wieder zu verlassen.

Das war am 28. August. Am 29. schien sich der König zu erholen nach einem Hausmittel, das ihm der Herzog von Orléans gebracht hatte. Er aß zwei Biskuits, trank ein wenig Wein und fragte nach Madame de Maintenon. Die »heilige Françoise« mußte ihren Posten wieder einnehmen.

In der Nacht schwand die letzte Hoffnung. Der König fiel in den Schlummer, der dem Todeskampf vorausgeht. Am Nachmittag des 30. August kam er zu sich, erkannte die Marquise und formte die Worte: »Madame, Sie müssen viel Mut und große Freundschaft haben, um hier so lange auszuhalten.«

Nach einem Augenblick:

»Bleiben Sie nicht hier, Madame, der Anblick ist zu traurig. Ich hoffe, daß es bald vorüber sein wird.«

Vorsichtig geworden, fragte Françoise diesmal ihren Beichtvater Pater Briderey. Der Mönch ging ins Sterbezimmer, warf einen Blick auf den König und kam mit den ersehnten Worten zurück: »Er braucht Sie nicht mehr.«

Madame de Maintenon ging in ihr Appartement, um ihre Möbel unter die Bediensteten zu verteilen. Um fünf Uhr morgens verließ sie Versailles endgültig – jedenfalls als Lebende. Denn zweihundertdreißig Jahre danach kehrte ihre sterbliche Hülle zurück: Saint-Cyr war im Zweiten Weltkrieg zerstört worden. So ruht Françoise d'Aubigné, die Witwe des Dichters Scarron, Witwe Ludwigs des Großen, allein in der königlichen Kapelle von Schloß Versailles. Das ist – bis heute – der letzte Regieeinfall ihrer unglaublichen Geschichte.

Am Abend des 30. August verschwand der Hofstaat und überließ den König den Almoseniers, den Medizinern und Kammerdienern. Vergnügt empfing der Herzog von Maine Gäste zum Souper, der Herzog von Orléans vollendete seinen Staatsstreich.

Am 31. August um elf Uhr morgens klangen die Sterbegebete durch die verlassenen Vorzimmer. Als der König zu sich kam, übertönte seine Stimme die der Priester. Er erhielt noch einmal die Sterbesakramente, diesmal aus der Hand des Kardinals Rohan (seines Sohnes?), des letzten Menschen, mit dem er sprach.

»Das sind die letzten Gnadenerweise der Kirche«, sagte er.

Dann hörte man ihn murmeln: »O mein Gott, komm mir zu Hilfe, eile, mich zu retten!«

Am 1. September, morgens um viertel nach acht, befreite der Tod endlich diesen »glücklichen Fürsten, wenn es je einen gab; glücklich dank seiner einzigartigen Erscheinung, seiner körperlichen Kraft, seiner festen, gleichmäßigen, fast nie getrübten Gesundheit, glücklich durch ein in jeder Beziehung so fruchtbares und großzügiges Jahrhundert, daß man es in diesem Sinne mit dem Jahrhundert von Augustus vergleichen konnte.« (Saint-Simon)

Der Tod Heinrichs IV. und der Ludwigs XIII. hatten in ganz Frankreich tiefe Trauer ausgelöst. Ludwig XIV. büßte jetzt für die unsinnigen Schmeicheleien, in denen er sich allzusehr gefallen hatte: Seine Überführung in die Basilika von Saint-Denis wurde von den Beschimpfungen einer lärmenden, trinkenden Menge begleitet, die sich in barbarischer Freude erging. Das hatte es noch nicht gegeben. Welches Thema für die Beredsamkeit eines Bossuet! Doch er lebte nicht mehr, und ein anderer begann darüber nachzudenken, der junge Sohn des Notars Arouet, der nicht daran zweifelte, selbst einmal in der öffentlichen Meinung den Platz des eben gestürzten Idols einzunehmen, so daß man von König Voltaire wie vorher vom Sonnenkönig sprechen werde.[1]

Das Licht und der Schatten

Ludwig XIV. war die strahlende Verkörperung dieses Königtums, das – sieht man von dem kurzen napoleonischen Epos ab – Frankreich gestattete, den höchsten Gipfel seiner Macht, seines Glanzes, seiner Ausstrahlung zu erreichen. War er aber auch sein Totengräber, wie man oft gesagt hat? Der Vorwurf bezieht sich vor allem auf seine Religionspolitik, sein Testament und die Entfremdung der Monarchie vom Volk durch die Residenz in Versailles. Seine Fehler als »Soldat Gottes« stammen aus seiner allzu einfachen Erziehung her.

»Denkt denn Gott nicht an alles, was ich für ihn getan habe?« rief eines Tages der Sohn Annas von Österreich aus.

Er konnte die Kirche an ihrer Selbstzerfleischung nicht hindern, aber die Verantwortung trägt vor allem die theologische Uneinigkeit, die das Ende des 17. und den Anfang des 18. Jahrhunderts vergiftete.

Für das Testament gibt es kaum mildernde Umstände. Es hat dem Parlament ermöglicht, seine alte politische Rolle wieder zu ergreifen, und doch war es nicht Ludwig XIV., der den Richtern das Einspruchsrecht zurückgab. Wenn übrigens Ludwig XV. gegen sie schon 1750 und nicht erst 1770 aufgetreten wäre, hätte er die Opposition rechtzeitig zerbrechen können.

Und die Isolierung? Bis in seine fünfziger Jahre, ehe er also zum

[1] Ich habe mich oft auf Voltaire bezogen, weil er, der 1715 zwanzig Jahre alt war, zu der Generation gehörte, die noch unmittelbare Eindrücke von der Herrschaft Ludwigs XIV. erhielt und sich natürlich aufgefordert fühlte, den kritischen Geist an ihm auszulassen.

Märtyrer der Gicht wurde, hat der König viel gereist und selbst am Krieg teilgenommen. Seinen Nachfolgern stand es frei, diesem Beispiel zu folgen, statt sich den Gewohnheiten seines Alters anzupassen.

Die Anbetung, die man Ludwig XV. – dem »Vielgeliebten« – in der ersten Zeit seines Lebens entgegenbrachte, vor allem aber die Anhänglichkeit an die Krone, die noch aus den Beschwerdebüchern der Generalstände von 1789 hervorgeht, beweisen, daß Ludwig XIV. nichts unheilbar beendet hatte. Trotzdem beging er einen schweren Fehler: Er machte das Königtum zu einer Last, die menschliche Kräfte überstieg. Weil er den Staat in seiner Person zusammenfaßte, unterwarf er ihn den Schwächen der Natur. Man sollte auch nicht übersehen, daß vom Krieg gegen Holland bis zur Aufhebung des Edikts von Nantes gerade seine schwersten Fehler den Beifall seiner Zeitgenossen fanden – derselben Zeitgenossen, die sich über die Schöpfung Versailles und andere Werke entrüsteten, obwohl sie in unseren Augen einen überzeugenderen Anspruch auf Ruhm begründen.

Die historischen Ereignisse ändern im Laufe der Jahre ihr Gesicht wie die Landschaft im Laufe der Jahreszeiten. Wie sieht heute die Bilanz einer Herrschaft aus, die ihresgleichen nicht hat?

Die Vorherrschaft verloren, in den verwüsteten Ländern ein hartnäckiges Bedürfnis nach Rache, finanzieller Bankrott, wirtschaftliches Elend, Verfolgung der Protestanten und der Jansenisten, die katholische Kirche in bürgerkriegsartiger Entzweiung, die Grundlage der Monarchie erschüttert: Das ist die Passivseite.

Doch die Aktivposten sind nicht weniger beachtlich. Der 1661 vergötterte, 1715 verfluchte Despot hat das Land von Bürgerkriegen und Invasionen befreit, hat die Grenzen befestigt, eine ständig zum Abfall neigende Aristokratie gebändigt, für alle Zeiten die Umklammerung aufgebrochen, in der das Haus Habsburg zwei Jahrhunderte hindurch Frankreich zu erwürgen versuchte. Eine noch ungeschliffene Nation hat er zum Muster für den zivilisierten Westen gemacht.

Tatsächlich könnte ihm jeder Franzose Corneilles letzte Verse über Richelieu nachrufen:

> Ich erfuhr zuviel Gutes von ihm,
> um schlecht von ihm zu reden.
> Ich erfuhr zuviel Schlechtes von ihm,
> um gut von ihm zu reden.

»Niemals hat ein unempfindlicherer Körper eine unerschütterlichere Seele gehütet« (Lemontey). Das erlaubte Ludwig XIV., sich mit seinem Amt so zu identifizieren, daß es fast unmöglich ist, das Individuum zu beurteilen. Seine Härte und sein Mut, sein Stolz und seine Leidenschaft für die Ordnung, seine Religion und sein Schönheitskult, alles ist nur zu beurteilen im Zusammenhang mit dem, was das Herrschen forderte.

Der König war überzeugt, Frankreich zu verkörpern, und wollte es beherrschend, ruhmreich, strahlend, also glücklich, so weit es um die Nation ging; um das Glück der Franzosen kümmerte er sich nicht. Es fehlte ihm grundsätzlich an Liebe, vor allem an sozialer Caritas.

Da er seine Untertanen benutzte, wie er sich selbst vom Staat aufzehren ließ, war Ludwig ein Vorläufer der totalitären Führer. Und vielleicht wäre er in den Abgrund geglitten, der sich vor den modernen Diktatoren auftut, wenn ihm nicht das Gottesgnadentum gestattet hätte, ein Ansehen zu verachten, das sich der Urheber eines Staatsstreiches um jeden Preis erhalten muß. Trotzdem war er ein echter Revolutionär. Er hat nicht nur sein Land von Kopf bis Fuß umgestellt, sondern sein zusammenfassender und alles umgreifender Geist, sein unbezwingliches Bedürfnis nach Einigkeit ließen ihn viele Male den Wirklichkeitssinn seiner Vorfahren beiseite schieben und ihre Traditionen zugunsten maßloser Träume entwerten.

Wie Napoleon liebte Ludwig XIV. die Macht als Künstler. Über ein halbes Jahrhundert lang stand er ununterbrochen und ohne Versagen auf der Bühne der Welt, Hauptgestalt eines heroischen und großartigen Dramas, in dem sich Grauen und Großzügigkeit mischten, das Lachen der Günstlinge und die Klagen der Galeerensträflinge. Und auch hier setzte er wieder das Maß. Nach ihm mußten alle Anführer der Völker über Haltung, Posen und Inspirationen wie Schauspieler verfügen.

In seiner undurchdringlichen, geheimen Majestät erstarrt, konnte Ludwig XIV. keine Herzen bewegen. Bewunderung wird er aber immer erregen, weil »in seiner Seele eine Erhabenheit war, die ihn zu großen Dingen bewegte«, wie Voltaire sagt, und weil er tatsächlich die äußerste Huldigung seines Feindes Saint-Simon verdient:

»Das ist es, was sich Leben und Herrschen nennt.«

S le Clerc f.

ANHANG

Die Häuser Bourbon (ältere Linie) und Orléans (jüngere Linie)

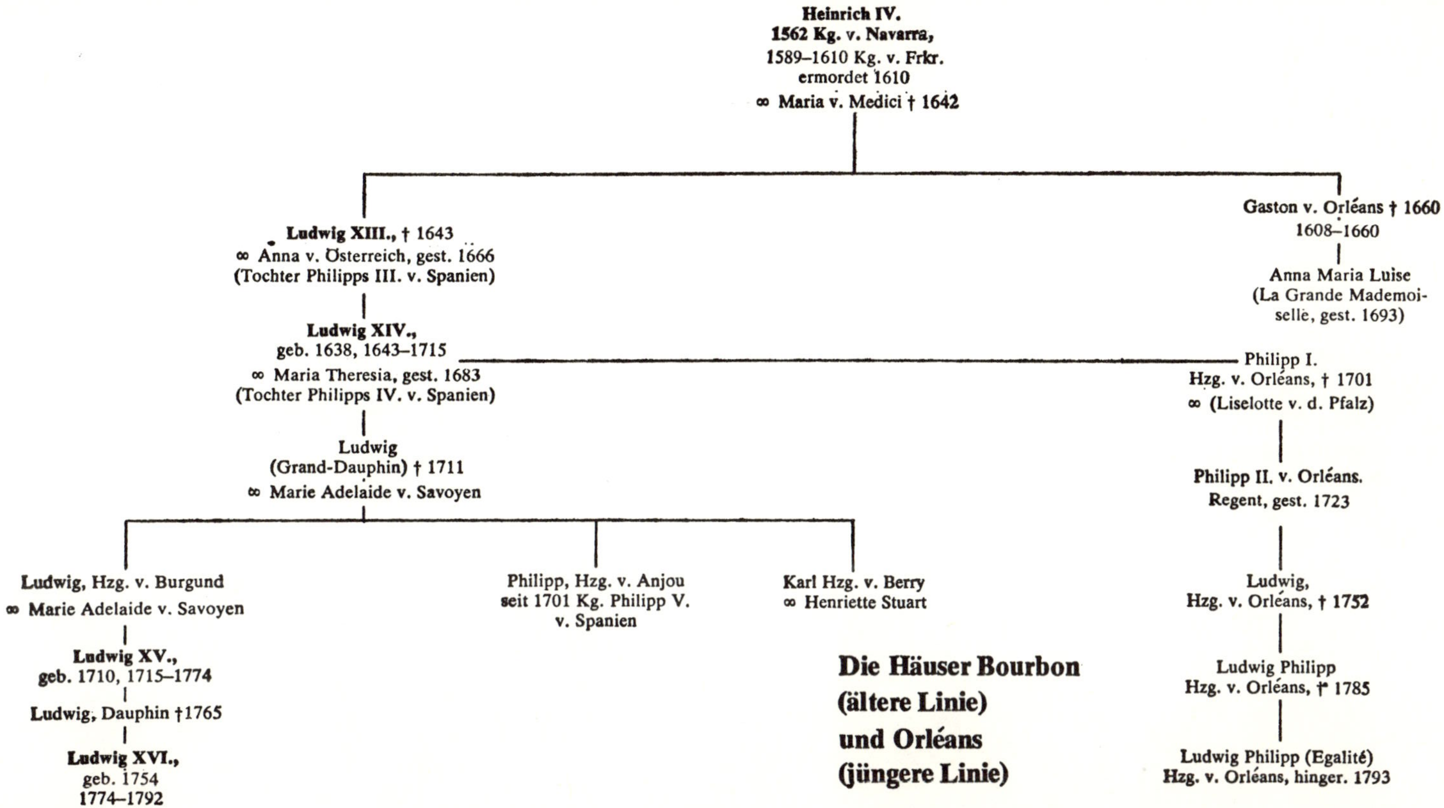

Zeittafel

1602	Geburt Mazarins.
1589–1610	Regierungszeit Heinrichs IV.
1610–1643	Regierungszeit Ludwigs XIII.
1638	5. September Geburt Ludwigs XIV.
1648	Ende des Dreißigjährigen Krieges. Der Sundgau französisch.
1648–1653	Aufstand der Fronde.
1659	Pyrenäenfrieden auf der Fasaneninsel in der Bidassoa. Das Roussillon, Artois, Diedenhofen u. a. Gebiete in Lothringen französisch.
1661	Tod Mazarins. Beginn der Selbstregierung Ludwigs XIV.
1667–1668	Erster Eroberungskrieg gegen Spanien und die spanischen Niederlande.
1668	2. Mai Friede zu Aachen. Spanische Grenzfestungen im Norden, darunter Lille, werden französisch.
1672–1678	Zweiter Eroberungskrieg gegen die Niederlande. Im Frieden von Nimwegen wird u. a. die Freigrafschaft Burgund französisch. Im Elsaß Reunionskammern seit 1680.
1681	Straßburg und Casale Montferrat französisch.
1683	Türkenbelagerung Wiens.
1685	Aufhebung des Edikt von Nantes.
1688–1697	Dritter Eroberungskrieg. Bündnis zwischen einzelnen Reichsfürsten, Holland, England, Spanien, Schweden, Savoyen gegen Frankreich.
1692	Seesieg der Verbündeten (England, Holland) über die französischen Schiffe bei La Hougue.
1697	Frieden von Rijswijk. Frankreich behält die besetzten Gebiete im Elsaß und Straßburg.
1701	Der Herzog von Anjou wird als Philipp V. König von Spanien.
1701–1714	Spanischer Erbfolgekrieg.
1704	Schlacht bei Höchstädt.
1709	Schlacht bei Malplaquet.
1710	Geburt des Thronfolgers.
1711	Tod des Dauphin.
1712	Tod des Herzogs von Burgund.
1713	Frieden von Utrecht mit Spanien.
1714	Frieden von Rastatt und Baden mit dem Kaiser.
1715	Einsetzung des Herzogs von Orléans als Regent. Tod Ludwigs XIV.

Verzeichnis der Abbildungen

21 Die »Bäder des Apoll« im Park von Versailles; Stich von Martin.

Die Abbildungen Nr. 20 und 21 entstammen dem Werk »Les Plans, Profils et Elevations des Ville, Château de Versailles ... Levez sur les Lieux, Dessinez et Gravez en 1714 et 1715. A Pariz, chez Demortain«.

Namenverzeichnis

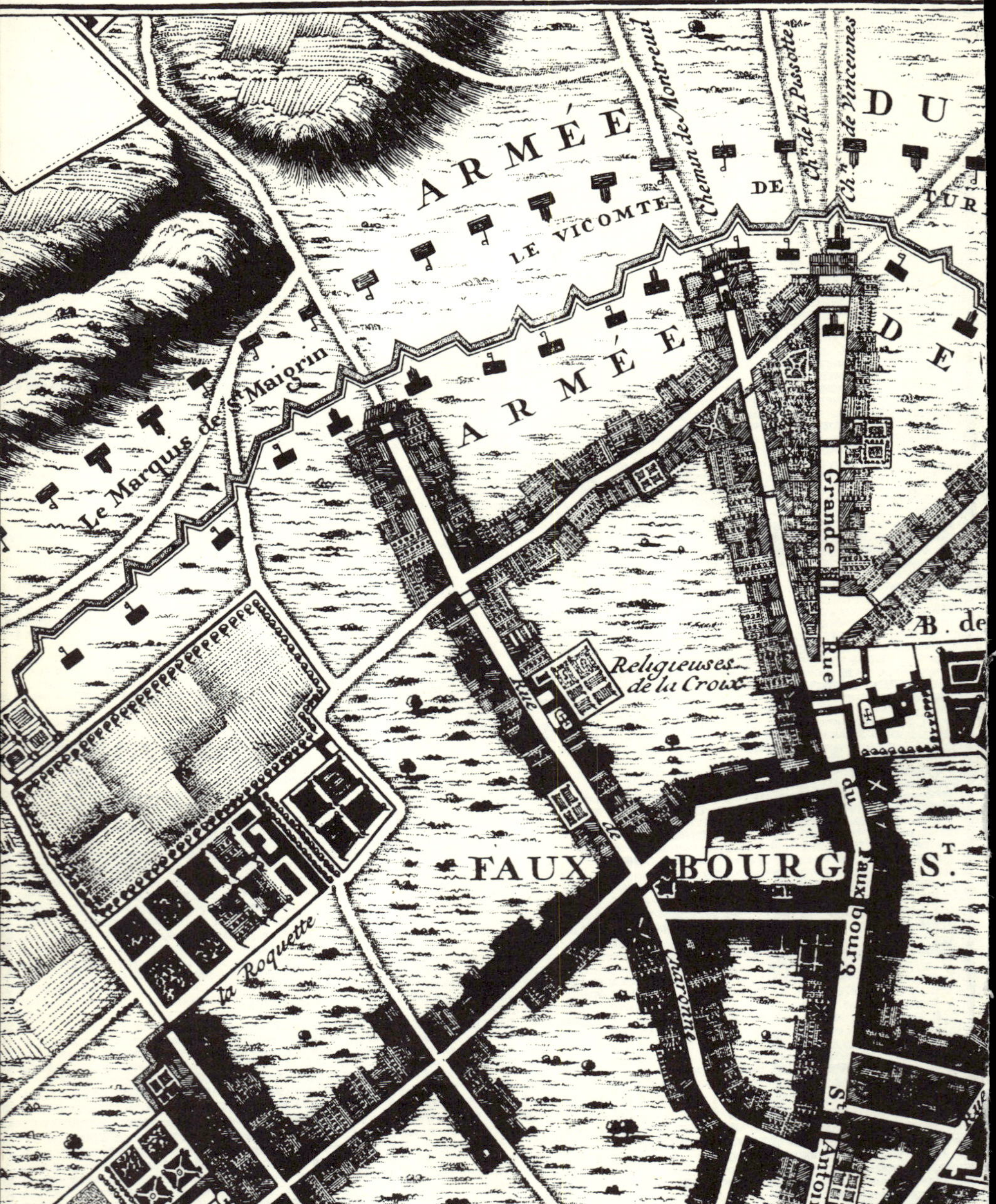
ARMÉE DU
LE VICOMTE DE TUR
ARMÉE DE
Chemin de Montreuil
Chin de la Pissotte
Chin de Vincennes
Le Marquis de St. Maigrin
Grande Rue du Faux bourg St. Antoine
Æ. de
Religieuses de la Croix
Rue de Charonne
FAUX BOURG St.
la Roquette
Village de Pincourt
Grand Boulevart de la Porte St. ANTOINE DE PARIS
la Bastille
-cens Toises.
300
400 T.